겨레가 걸어온 길

겨레가 걸어온 길 上

발행일	2017년 11월 30일		
지은이	차 재 우		
펴낸이	손 형 국		
펴낸곳	(주)북랩		
편집인	선일영	편집	이종무, 권혁신, 오경진, 최예은, 오세은
디자인	이현수, 김민하, 한수희, 김윤주	제작	박기성, 황동현, 구성우
마케팅	김회란, 박진관, 김한결		
출판등록	2004. 12. 1(제2012-000051호)		
주소	서울시 금천구 가산디지털 1로 168, 우림라이온스밸리 B동 B113, 114호		
홈페이지	www.book.co.kr		
전화번호	(02)2026-5777	팩스	(02)2026-5747

ISBN   979-11-5987-851-0 04910(종이책)   979-11-5987-852-7 05910(전자책)
        979-11-5987-853-4 04910(세트)

이 도서의 국립중앙도서관 출판예정도서목록(CIP)은 서지정보유통지원시스템 홈페이지(http://seoji.nl.go.kr)와
국가자료공동목록시스템(http://www.nl.go.kr/kolisnet)에서 이용하실 수 있습니다.

(주)북랩 성공출판의 파트너

북랩 홈페이지와 패밀리 사이트에서 다양한 출판 솔루션을 만나 보세요!

홈페이지 book.co.kr • **블로그** blog.naver.com/essaybook • **원고모집** book@book.co.kr

겨레가
걸어온 길

上

차재우 지음

북랩 book Lab

나는 꼭 이 책을 써야 했다. 겨레가 걸어온 길이 16,000리라 하면, 우리 민족이 멀고 긴 역사를 닦아서 지금까지 이어온 길을 겨레가 걸어온 길이라 할 것이다. 우리 조상이 역사와 문화를 발전시키면서 멀고 험한 길을 걸어온 과정은 무궁하다. 우리는 이 과정을 『환단고기(桓檀古記)』라 하고 한민족(韓民族)의 뿌리 역사라 한다. 그 역사를 기록한 책은 삼성조(三聖祖 : 환인조, 환웅조, 단군조) 시대로 묶어 전해온 유구한 역사이다. 삼성조 시대는 환국(桓國, BCE 7197~BCE 3897)에서 배달국(倍達國,BCE 3897~BCE2333)으로, 배달국에서 고조선(古朝鮮,BCE 2333~CE 238)의 역사를, 환단(桓檀)의 역사는 한민족이 걸어온 길 이 전개되었다.

중화(中華)의 근본(뿌리)은, 환상(喚想)의 과거사(過去事)는 우리 조상으로부터 갈림길을 걸어왔다. 그들의 최초의 조상은 배달성조(倍達聖祖)인 제5세 태우의(太虞義) 환웅(桓雄)의 아들 태호복희(太暤伏羲)이므로, 중화 역시 환웅의 후예라고 할 것이다. 그래서 중화의 한족(漢族)과 우리 한족(韓族)은 같은 족속(族屬)이라 할 것이다. 약 7,000년 전 삼성조 시대를 다스린 역대 임금의 이름, 재위 연수(在位年數), 그 치적(治績) 등을 기록한, 시원(始原) 역사를 『환단고기』라 하였다. 유구(悠久)한 우리의 고대사(古代史)인 『환단고기』는 숨겨져 있었다. 이제서야 그 실상을 밝혀내고 보니 지구촌 전역에서 하나뿐인 최고 오래된 사료(史料)이고, 그 연력(年歷)은 10,200년의 역사이다. 그 역사를 우리 겨레가 가지고 있는 것이다.

『환단고기』라 하면, 환단(桓檀 : 桓=환인, 환웅. 檀=단군), 고기(古記, 옛 기록)란 기록이며, 민족이 시작된 시점을 알려주는 고기(古記)이다. 『환단고기』는 고조선(古朝鮮) 이전의 국가들에 대하여 기록한 책이다. 이 책에 의하면 우리의 역사는 5,000년이 아니라, 1만 년(10,200년) 정도로 추정된다. 이 책은 고조선 이전에 이미 배달국(倍達國)과 12환국(桓國)들이 있었음을 밝혀주는 기록이라 할 것이다.

대한국인(大韓國人)은 10,200여 년의 유구(悠久)한 역사를 가지고 있으나, 숨겨져 있었다. 우리의 『환단고기』를 밝혀내선 안 될 이유가 있었기에 숨겨져 있었던 것이라 할 것 같다. 고조선 후기로부터 고려조(高麗朝)에 이르러 중화의 눈치를 봐야 하므로 책으로 전하지 못하고 구전(口傳)으로 전해왔다. 우리나라의 최초 역사인 『환단고기』를 제쳐놓고 『삼국사기(三國史記)』가 먼저 쓰였다. 『삼국사기』는 고려 예종(睿宗) 때 사람 김부식(金富軾, 1075~1151년)이 고려 인종(仁宗, 재위 1122~1146년)의 명을 받아 편찬했다. 그 뒤 200여 년 후 고려 충렬왕 23년~공민왕 13년 때 문하시중(門下侍中)을 지낸 이암(李嵒,1297~1364)이 1363년 10월 3일 『단군세기(檀君世紀)』를 완성시키고 『환단고기』의 사초(史草)를 마련했다. 『환단고기』는 조선시대 그의 현손(玄孫) 이맥(李陌)에 의해 편수(編修)되었다.

김부식의 『삼국사기』와 관련해 식민사관(植民史觀)에 기초를 둔 한국사(韓國史) 연구는 19세기 말 도쿄 제국대학에서 시작되었다. 이들은 일본 신공왕후(神功皇后)가 3세기 중엽(中葉) 신라를 정벌했다고 거짓 역사를 꾸며냈다. 신공황후의 아버지 오키나가노스쿠네(翁野すくね, 321~384)는 임나일본

부설(任那日本府說)을 일본의 침략적 도구로 사용했다. 즉 일제(日帝)가 19세기 말 한국을 침략할 때 일본이 한국을 식민지(植民地)로 점령하려고 개화천황(開化天皇)이 꾸며낸 허구이다.

이와 같이 일본은 한국 역사를 만주(滿洲)에 종속된 것으로 보는 만선사(滿鮮史)이다. 이는 일제강점기 때 한국인에 대한 통치를 용이하게 하기 위하여 일제에 의해 정책적·조직적으로 조작된 역사관이다. 일제(日帝)의 한국 식민 지배를 정당화하는, 역사관을 자기들 것처럼 만들었기 때문에, 『환단고기』를 남에게 침해 당하면서도 보물처럼 숨겨놓았다가 결국 빼앗겼다. 그리고 우리의 고대사(古代史)는 뒤안길 처지가 되고 말았다.

우리가 우리의 고대 역사를 모르는 사람이 절반이 되고, 우리 민족의 시조(始祖) 환웅(桓雄)께서 어디서 왔는지 그 역사조차 잘 아는 사람이 드물다. 우리 민족의 시조 환웅은 파내류 고원(波奈留高原) 분지(盆地)를 천산(天山, 6,1000m)이라 하고, 하늘에서 백두산(白頭山 2,744m)까지 내려왔다고 하였다. 하늘에서 내려온 환웅이 백두산 곰과 혼인하여 단군왕검(檀君王儉)을 낳았다는 왜곡된 지식을 인지하고 있는 사람이 70% 이상 된다고 하니, 이래서야 될까?

녹도문자(鹿圖文字)로 기록된 『환단고기』와 『천부경(天符經)』을 해운(海雲) 최치원(崔致遠)이 한자(漢字)로 번역하여 세상 밖으로 내놓지 못하고 각 사찰(寺刹)에 보관해두었던 사초(史草)였다. 만약 『환단고기』 번역문(翻譯文)를 중국에서 알게 되면 중국의 보복이 두려워서 내놓지 못했던 것이다. 그 이유는 이렇다. 『환단고기』에 이르기를 중국의 조상이 배달국(倍達國)의 제5세 태우의환웅(太虞儀桓雄)의 막내아들 태호복희(太嗥伏羲)가 BCE 3,300년경 황하(黃河)로 가서 세운 나라가 진국(辰國)이다. 그래서 진국은 배달국의 제후국(諸侯國)이었다. 그러나 한반도(韓半島)는 삼한시대(三韓時代)에 이르러 중국의 강국(强國) 자존심에 두려워 『환단고기』를 세상 밖에 내놓지 못했다고 한다.,

그래서 고려시대(高麗時代)에 이르러 철성이씨(鐵城李氏) 행촌(杏村) 이암(李嵒) 선생은 『환단고기』를 편수(編修)하고, 좋은 세상 왔을 때 내놓으라고 하셨다. 이암(李嵒) 선생은 『환단고기』를 자신의 종가집 장롱 속에 숨겨 잠자고 있다가 조선시대(朝鮮時代)에 이르러 선생님의 현손(玄孫) 이맥(李陌) 선생께서 끄집어내어 태백일사(太白逸史)를 지어서 첨부시켜 다시 보관하였던 것이다. 그런데 조선 말엽 이맥(李陌)의 현손(玄孫) 이기(李沂, 1848~1909)께서 감수하고 계연수(桂延壽)가 새로 출간했다. 이를 홍범도(洪範圖)와 오동진(吳東振)의 두 친구가 돈을 내어 목판(木版)하여 여러 권을 만들었으나 밖에 나가지 못한 것이라 한다.

이유립(李裕岦, 1907~1986)은 1919년 3월 1일 독립만세운동이 전국적으로 벌어지자 동년(同年) 4월 7일 신안동(新安洞)에서 태극기를 들고 조선독립만세운동에 가담하는 등 애국 사상이 강했다고 한다. 이유립(李裕岦)은 『단군세기(檀君世紀)』의 저자 이암 선생의 26세 손이다. 26대조(代祖) 할아버지께서 『환단고기』를 편수(編修)하시고 좋은 세상이 오면 세상 밖으로 내놓으라고 하신 유지(遺志)를 어기고, 이유립은 일제강점기에 『환단고기』를 친일파가 득실거리는 마당에 활자본(活字本)으로 대량으로 출간하여 일본에서 먼저 세상 밖으로 최초로 내놓았으니 친일파로 몰렸다. 그 시대 독립운동가였으나, 선대의 유지를 어겨서 친일파에 몰려서 유공자(有功者) 명단에 오르지 못하여 명희(名姬)를 회복 못 한 사람들이 많다고 한다.

◈ 머리말 ◈

겨레가 걸어온 길, 파내류산(波奈留山)에 살던 제7세(第七世) 환인(桓仁)의 아들 우리 조상인 환웅(桓雄)께서 16,000리 길을 걸어서 백두산에 내려오셔서 나라를 세운 그 역사 기록을 『환단고기』라 한다. 환단(桓檀)이란 【환인(桓仁) 환웅(桓雄) 단군】 성제(聖帝)의 사기(史記)를 말한다. 『환단고기』의 역사는 겨레가 걸어온 길이요, 환인(桓仁)의 부신(符信, 대나무 조각의 칙서)이 담겨 있는 화서(畵書)와 녹도문자(鹿圖文字)로 기록한 부신(符信)을 천부인(天符印)이라 하였다.

천부인 속에 담겨 있는 말씀을 경(經)이라 하였으며, 이를 『천부경』이라 하였다. 이 경(經) 속에 품고 있는 핵심을 '천(天) 지(地) 인(人)'이라 하고. 천지인(天地人) 일체(一體)라 함은 '하늘과 우주와 사람'은 일체(一體)하였으니 이를 밝혀 말해서 '천(天) 지(地) 인(人)'의 요지(要旨)를 말하면, 하늘의 「우주=宇宙」는 오궁창(五穹蒼=5천체) 육계(六界=6태양계)가 있고, 지구에는 오대양(五大洋) 육대주(六大洲)가 있으며, 사람에게 오장(五臟) 육부(六腑)가 있어서 천지인은 일체라 하였다.

그래서 사람(我)의 심령(心靈)은 하늘 에서 내려준 것이고, 입고 먹고 사는 의식주(衣食住)는 땅(地球)으로부터 얻으며, 사람(父母)으로부터 나(我) 육신(肉身)이 태어(誕生)난 것이다. 사람의 평생 기운(氣運)은 우주로부터 공급받는 음양(陰陽) 오행치수(五行治修)의 성(性,성품) 명(命,생명) 정(精,精卵)은 음성자(陰性子)와 양성자(陽性子)로 구별되어 태어났으니. 이를 운명(運命)이라 하였다. 인류 사회는 이로써 무한(無限)의 경쟁자와 먹고 즐기고 번식하며 종족(宗族)의 범위를 넓혀 대를 이어 내려왔음을 알 수 있다.

　사람이 살아가면서 겪어야 할 감(感), 식(息) 촉(觸)은 하늘의 천양(天陽)과 땅의 지음(地陰)이, 만물의 생(生)과 멸(滅)을 지켜주고 타고난 생성법칙(生成法則)이 그 속에 숨어 있으니, 이를 알려면 철학적 이론으로 풀어야 하고 실타래처럼 얽히고설켜 있는 운명을 풀려면 경(經)의 본질에서 찾을 수 있다. 이를 찾는 근본 원리의 핵심이 천(天) 지(地) 인(人)이다. 이를 얻어 인용(認容)함으로써 홍익인간(弘益人間)의 세상사를 넓히면서 우리의 거레는 멀고 먼 길을 걸어왔다. 그 길을 찾는다면 『환단고기』에 있다 할 것이고, 그 핵심이 『천부경』이며 이 속에 숨어 있는 사생관(死生管)은 기묘한 신비라 할 것이다. .

　제14세 치우(蚩尤) 환웅(桓雄)께서는 『천부경』을 통달하고 천운(天運)을 이용하여 비와 바람을 한 곳으로 모으고, 대무(大霧, 짙은 안개)를 불러들여 전술(戰術)에 접합(接合)시켜 병법(兵法)으로 인용하여 전쟁에서 소수의 병력으로 백전백승하였다. 뒤에 단군왕검(檀君王儉)은 태자부루(扶婁)를 시켜 순(舜) 임금께 오행(五行) 치수(治水) 기법(技法)을 전하였다. 순 임금은 마침내 이를 얻어 황하(黃河) 치수(治水)를 관리하였다고 한다.

　다시 『천부경』의 원리를 말하면, 태극팔괘(太極八卦)다. 이는 우주의 법칙이기에 『천부경』 속에 담겨 있는 원리가 무속신앙(巫俗信仰)의 근원이다. 무속사상을 쉽게 말하면 『천부경』 사상철학이다. 이 철학은 음양원리(陰陽原理)의 전자기(電磁氣) 이론을 겸비한 공통철학(共通哲學)이다. 이를 더 깊게

들어가려면 우주공학(宇宙工學) 법칙으로 들어가야 한다. 그래서 사상철학을 나누어 분류하여 파고들면 뇌파운동(腦波運動)이고, 이것이 정신통일(精神統一)이라 하고. 정신(精神, 마음, 령혼) 운동이며 기(氣) 운동이라 하고 그 근본을 령(靈)의 움직임이라 한다.

『환단고기』는 너무도 어려워서 서전(書傳)보다 구전(口傳)에 의지해왔다고 하였다. 이 글은 환웅(桓雄)께서 신지(神誌, 역사 사관 벼슬) 혁덕(赫德, 사람 이름)을 시켜 녹서(鹿書)를 만들어 기록했으니, 후세에 이르러 이 글을 풀지 못하여 숨겨져 있었던 사초(史草)가 되었다. 이 사초의 핵심인 『천부경』은 약 2,500년간 풀지 못했으나. 서기 890년경 신라 학자 고운(孤雲) 최치원(崔致遠) 선생께서 후세에 전하고자 녹서문자(鹿書文字)를 한자(漢字)로 번역하였다. 그렇지만 한학(漢學) 역시 백성들이 문맹(文盲)하여 널리 전하지 못한 것이다. 이 사초(史草)들은 사대부(士大夫) 집 장롱 속에 숨겨져 잠자고 있던 것인데, 이를 『환단고기』라 하였다. 이 고기(古記)는 쉽게 말하면 겨레가 걸어온 길이다. 이 속에는 무궁무지(無窮無智)한 원리가 담겨 있었다.

겨레가 걸어온 길 속에 담겨 있는 『환단고기』는 유구(悠久)한 우리 민족의 얼이 담겨 있는 역사책이다. 『환단고기』는 『천부경』 속에 담겨 있었는데, 그 근원은 환인(桓仁)의 조서(詔書)다. 이 조서(詔書)는 도덕이고 종교적이며 문화적 가치로서 정치 발전에 뒷받침되어 5,910년간 먼 길을 걸어왔으니 환국(桓國)으로부터 어언간(於焉間) 9,211년이다.

고려 중엽에 편수(編修)한 『환단고기』는 세상에 나오지 못하고 불가사의한 구전(口傳)으로 전해왔다. 『환단고기』는 비유와 상징적인 중국 한학자(漢學者)들이 쓰는 부설문법(浮說文法)의 약칭(略稱)으로 기술하였던 부분이 있었다.

앞서 일러두기에서 거론한 바와 같이 왜곡된 역사를 바로 알자! 신지(神誌)가 환단사초(桓檀史草)를 기술하면서 약칭(略稱)하여 백두산 토속 부족(土俗部族)인 '웅족(熊族)=웅가(熊加)'를 곰같이 미련한 여성이라 하여 웅녀(熊女)라 하였고, 성질이 호랑이같이 급한 남성이라 하여 호족(虎族) 또는 호가(虎加)라 칭한 것인데. 한문 기술상(漢文記述上)에 있어 약자(略字)로 기술하면서 웅녀를 웅(熊)이라 기술하고 호족(虎族) 또는 호가(虎加)를 호(虎)라고 기술하였던 것이다.

상고(上古) 시대는 사람의 성씨(姓氏)가 없었으니 짐승 칭호가 성씨였으므로 궁실(宮室) 신하들 역시 우가(牛加), 마가(馬加), 양가(羊加), 구가(狗加), 저가(猪加) 등으로 호칭하였다. 이와 같이 호칭을 약자(略字)로 쓰면 우(牛=소), 마(馬=말), 양(羊=염소), 구(狗=개), 저(猪=돼지)라 할 것이다. 이와 같이 웅(熊)과 호(虎)라고 명기(明記)하였지만 그 호칭은 미개하다는 토템(Totem)이다.

우리 민족의 조상의 나라 신시(神市) 배달국(配達國)의 문자는 일찍부터 한자(漢字)의 근본인 녹도문자(鹿圖文字)이다. 『환단고기』 속에 담겨 있기를, 중국 고대(中國古代) 삼황오제(三皇五帝) 모두가 배달국(倍達國) 환웅(桓雄)의 후손이고, 그들이 다스린 삼황오제(三皇五帝)의 나라는 국호 없이 제황(帝皇)의 이름을 국호로 삼았다. 그들은 배달국(倍達國) 환웅(桓雄)의 제후국(諸侯國)이었다. 신라시대(新羅時代) 최치원(崔致遠) 선생이 기술하여 각 사찰(寺刹)에 분산(分散) 보관시켜 놓았던 것인데, 그 사초(史草)를 후에 스님들이 찾아냈고, 그 속에서 『환단고기』와 『천부경』이 나온 것이다.

숨겨 놓은 사초를 고려시대(高麗時代) 행촌(杏村) 이암(李嵒) 선생께서 『환단고기』를 편수(編修)하여 세상 밖으로 내놓지 못한 것은 국세(國勢)가 강한 중국이 두려웠기 때문이다. 한자(漢字)로 번역한 『환단고기』를 한글로 번역하기 전, 일제강점기 때 일본 이 가지고 가서 일어(日語)로 먼저 번역하였으니, 우리나라 고대 역사를 우리 국민들 조차) 알지 못하고 일본이 왜곡시킨 그대로 고대 역사를 배워왔다. 그랬으니 『삼국사기(三國史記)』와 역년연도(歷年年度)와 1~10년 어긋난 점이 간혹(間或) 보인다.

역자(譯者)는 고서(古書)에 관심이 있었기에 부산 보수동 헌책방에서 일본 사람 녹도천(鹿島昇こき/ノクドチョン)이 일본어로 번역한 『환단고기』사본(寫本) 흥망사(興亡社)의 (桓檀古記, 写本(しゃほん); マニュスクリプト興亡史)를 구입해 와서 인용하여 우리글로 번역하였다. 서토(西土, 중국) 사초(史草)는 고려 종성(高麗宗姓) 원파록(源派錄)에서 인용하였고, 연도(年度)는 60년 만에 그 해가 되돌아오는 60갑자(60甲子) 간지(干支)년도로 계산하여 연도를 찾아 기술(記述)하면서 우서(雨書,내려쓰기)였던 원문(原文)을 가로 쓰기로 고쳐 쓰고 원문한자(原文漢字) 아래 한글로 토(吐)를 달았으며, 우리말 단어(單語) 옆 괄호 안에 한자(漢字)를 넣었다 이러한 문사(文詞)의 단어(單語) 또는 숙어(熟語)의 해석을 쉽게 이해하도록 하였다. 그래도 이해하기 어려운 한자(漢字) 단어에도 뜻을 달았으니 주(註)를 쓰지 않았지만 겨레가 걸어온 길은 쉽게 이해 하리라 생각한다.

우리의 조상 제1세 환웅(桓雄)은 파내류산(波奈留山) 환국(桓國)에서 16,000리 길을 걸어 이주(移住)하여 백두산(白頭山, 혹"태백산)에 내리시어 〈지금의 중국 하얼빈(哈尔滨,Hā'ěrbīn)〉에 도읍 신시(神市)를 차리고 국호를 배달국(倍達國)이라 하고, 그 뒤 환웅(桓雄)의 자손은 제 각기 흩어져 시베리아(Siberia)로 가서 에스키모(Eskimo)로, 일부는 아메리카(America)로 가서 인디안(Indian)으로 흩어졌다. 그래서 에스키모(Eskimo)와 아이누(Ainus), 인디안(Indian)들은 우리 한반도와 습관이 비슷하다. 제18세 환웅(桓雄)에 이르러 아들 왕검(王儉)은 국호를 단군조선(檀君朝鮮)으로 개칭(改稱)하여 47세로 이 었으며, 단군조선(檀君朝鮮)은 다시 국호를 부여(夫餘)로 개칭(改稱)하여 내 려오다가 삼국시대(三國時代)로, 고구려 신라 백제로 이어오다가 고려(高麗) 로, 다시 조선시대(朝鮮時代)로 이어왔으나, 잠깐 일제강점기에서 조국 해방 으로 지금의 남북(南北)으로 갈라진 것이다. 언젠가는 후세에 이르러 통일 조국 시대가 올 것을 바라는 바이다.

이 책을 저술(著述)한 사람은 일제강점기에 초등학교 1학년 때 2차 대전 종말(大戰終末)과 조국 해방을 함께 겪고 조국 분단으로 젊고 어려운 시절 에 살아남기 위해 산전수전(山戰水戰)을 겪고 천학비재(淺學非才)한 역자(譯 者)는 팔순(八旬)에야 고향 통영(統營)으로 찾아와서 외롭게 홀로 앉자 한적 한 시간이 있어 여러 해에 걸쳐 이 글을 쓴 것이다.

저자 차재우(車在祐)

✿ 목차 ✿

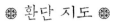

환단 지도

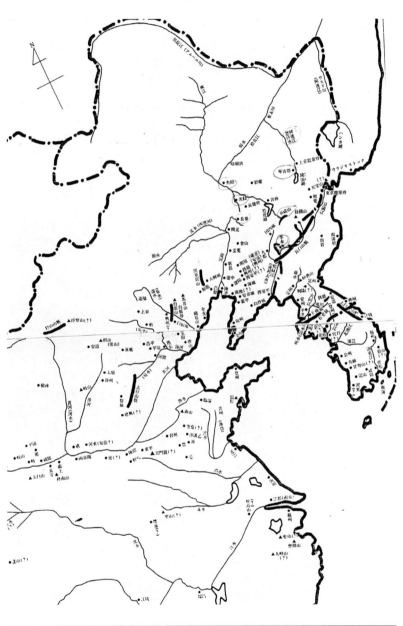

제1장

환국(桓國)에서 백두산

인류의 역사는 63,182년부터다

겨레가 걸어온 길

우리의 국조(國祖) 환웅(桓雄)이 아버지 환국(桓國)의 제7세 지위 리환인(智爲利桓仁)의 명을 받고, BC 3898년 3,000무리를 이끌고 16,000리 길을 걸어 백두산에 와서 세운 나라가 배달국(倍達國)이다. 『환단고기』에 이르기를, BC 3,897년 환인(桓仁)은 서자(庶子, 서자부 아들) 거발단(居發檀) 환웅을 동쪽 태백산(太白山)으로 보내서 나라를 세우게 하였다. 환웅은 파내류산(波奈留山)이 있는 환국에서 해뜨는 동쪽 백두산에 내려오셔서 천제(天祭)를 지내고, 하산하여 송화강(松花江) 유역에 자리 잡은 그곳을 신시(神市)라 정하고 나라를 세웠다. 그 나라가 곧 배달국이다. 나라의 편년사(編年史)는 제1세 거발환웅(居發桓雄)으로부터 제18세 거불단환웅(居弗檀桓雄)까지 1,565년간이다. 제18세 거불단의 아들 왕검(王儉)에 이르러 국호를 조선(朝鮮)이라 하고 단군왕검(檀君王儉)이라 하셨다.

인류의 역사는 63,182년 전

天海今日北海七世曆年共三千三百一年或云六萬
<small>천 해 금 왈 북 해 칠 세 역 년 공 삼 천 삼 백 일 년 혹 운 육 만</small>
三千一百八十二年未知
<small>삼 천 일 백 팔 십 이 년 말 지</small>

천해(天海)를 지금 말하기를 북해(北海)라 한다. 7세의 역년(曆年)은 3,301
년이고 혹은 63,182년은 미지라 하였다.

전생계(前生界) 인류사회(人類社會, 북해(北海) 지금의 바이칼 호수(Baikal Lake))는
천해(天海)라 하였고 후생계(后生界) 인류사회는 파내류산(波奈留山) 고원(高
原) 환인(桓仁)의 나라, 환국(桓國)의 역사가 3,301년이라 하였다. 다시 말하
면 미지의 전생계가 천해(淺海, 바이칼 호수) 부근 평지에서 63,182년까지 살
다가 전생계 인류사회는 천지개벽으로 멸망하고, 후생계는 파내류산에
살던 시조(始祖) 나반(那般)으로부터 환국(桓國)의 제7세 환인까지 역사가
3,301년이다.

전해온 말에 의하면 전생계를 저 세상(低世上, 저승)이라 하고 후생계를
이 세상(異世上, 이승)이라 분류하여, 전생계는 죽음의 세상이고 후생계는
상생(上生)의 세상이라 하였다.

그렇다면 미지의 전생계가 63,182년 이후 인류사회는 혹독한 죽음의 세
상으로 멸망하고 새로운 인류사회가 환인(桓仁)의 세상 3,301년이다. 그래
서 인류사회는 천지개벽으로 새로운 인류사회가 시작되었다. 천지개벽이
라 함은 자연계나 사회가 큰 변동으로 인해 하늘과 땅이 새롭게 열린다는
뜻이 된다. 그러면 오늘날 지구촌 역시 천지개벽과 같은 멸망이란 단어를
지울 수 없다.

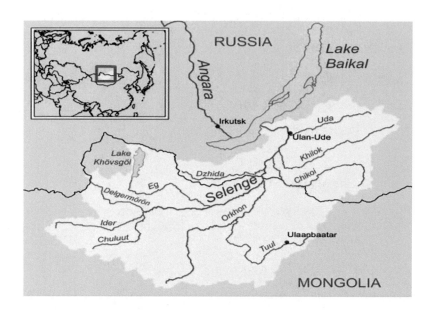

부연설(敷衍說)

미지의 전생계는 천해(淺海)에서 63,182년간 미지의 인류사회가 존재하였음을 암시한 것이다. 천지개벽(天地開闢)으로 전생계는 천해(淺海)에서 죽음으로 저 세상 사람이 되었다. 전생계에서 살아남은 새로운 인류의 시조가 있었기에 후생계가 존재한 것이다. 미지의 전생계는 얼마나 인류사회가 발달했는지 알 수 없으나, 천지개벽으로 모두를 잃고 아무것도 없이 맨몸으로 새로운 원시사회(原始社會)를 시작해야 했던 것이다. 후생계 인류의 시조로부터 전생계를 전해온 것이다.

『환단고기』는 태고시대(太古時代) 우리 국조가 남긴 유구한 한민족(韓民族)의 역사이다. 『환단고기』는 동서고금 어디서도 찾아볼 수 없는 가장 오래된 역사로서 그 덕망(德望)이 높은 민족이다. 안파견환인(安巴堅桓仁)은 BC 7,199년 파내류 고원(波奈留高原) 천산(天山)에서 세상 최초의 나라를 세웠다. 그 나라가 환국(桓國)이다. 환국의 편년(編年) 세대는 제1세 안파견환인 (安巴堅桓仁)으로부터 제7세 지위리환인(智爲利桓仁)까지 3,301년간 전해왔다.

〈삼성기(三聖記)〉 63,182년의 정의

인류의 역사를 연구하는 데 있어 문자의 기록으로 남겨진 것 중에, 〈삼성기(三聖記)〉를 남긴 원동중(元董仲)의 저서에 의하면 무(mu) 제국의 존재를 설정한 영국인 제임스 처치워트(James Church's wort)가 있다. 재료로는 작자 미상의 수메르 왕명표(王名表)가 있다. 〈삼성기〉에서는 환인 7세의 역년이 3,301년 이라고 하였고, 혹은 63,182년이라고 하였다면 지금으로부터 대략 7만 년 전에 제1세 환인이 존재했다는 것이다. 그렇지만 '혹은'이라는 단어를 미지의 63,182년으로 추정해야 한다.

영국인 제임스 처치워트의 저서에서 저자미상의 수메르 왕명표(王名表)가 있다. 이에 대제국(大帝國)이 존재했다는 자료에서도 보면 지금으로부터 7만 년 전에 어떤 왕국이 있었다. 제임스 처치워트는 20만 년 전 또는 27만 년 전의 일로 짐작된다 하였다. 김동춘 저자가 티벳(西藏country tibet) 사원(寺院)에서 추정의 실마리가 되는 나아칼(Namakkal)의 점토판을 발견했다. 그것에 따르면 약 7만 년 전 나아칼이 어머니 나라의 신성한 책에서 태평양에 침몰한 환상(幻想)의 제국과 아틀란티스(Atlantis)·영국인 제임스 처치워트이며 재료는 미상이다. 고고학자는 다시 발굴에 의해서 슈룻파크(Syureut Park)와 키시(Kashi)라는 도시가 대홍수에 피습(被襲)되었다는 사실을 발견하였다고 하였다.

카시(Kashi)라는 도시의 왕권이 하늘에서 내려와 먼저 에리두(Eridu)에 있었다. 에리두에서는 아루림(Arurim)이 왕이 되어 28.800년간 통치하였다.

아라르가르(Arar Gard)는 36,000년을 통치하였다. 두 왕은 64,800년을 다스렸는데 대홍수가 땅을 쓸어낸 뒤 왕권이 하늘에서 내려오니, 그것은 먼저 키시(Kish)에 있었다. 키시는 싸움에서 패하고 왕권을 우루크(Uruk)의 성소(聖所)로 옮겼다. 그러면 우리나라 〈삼성기〉에 나오는 미지의 63,182년의 기록과 정확하게 들어맞는다.

천지개벽

천지개벽으로 하늘과 땅이 새로 열린다 함은 새로운 천지창조(天地創造)라는 뜻이다. 과연 하늘과 땅이 새로 열린다 하면, 현세(現世)의 인류사회는 멸망하고 새로운 천지창조로 이루어진다. 그 뜻과 천지개벽이란 뜻은 같은 의미를 지니고 있다.

사람은 천지창조로부터 대자연(大自然)의 혜택을 받고 살아온 것이다. 대자연(大自然)의 혜택을 받고 살면서 자연을 고맙게 여기고 감사해야 하나, 사람이 이를 지키지 않기 때문이다. 그렇지만 사람이 살아가면서 지혜를 써서 편리한 도구를 만들었고, 먹고사는 먹이를 새롭게 개발하여 증산(增産)해왔으며, 의학(醫學)을 연구하여 병을 고쳐서 생명을 연장하면서 살았다. 그러나 인류사회는 태초로부터 짐승처럼 무리를 지어 서로 싸우면서 나라를 세웠다. 그러한 수만 년을 살아오면서 발전하여 사람이 우주여행(宇宙旅行)을 갈 수 있는 시대가 임박했다. 이런 시대 역시 항상 전쟁이 끊임없이 이어져 왔다.

과학이 극도로 발달한 현세(現世)는 핵무기를 소유한 나라가 많다. 그 나라끼리 좌우로 갈라져 혈맹(血盟)을 맺고 있어, 만약 전쟁이 발전하면 세계대전(世界大戰)으로 확대되어, 핵전쟁은 순간적으로 천지개벽과 같이 지구촌 멸망과 함께 인류사회 또한 멸망시킬 것이다. ,

【천지개벽의 한자(漢字) 뜻=하늘(天)과, 땅(地)이, 개벽(開闢, 세상이 어지럽게 뒤

집힌다】 그러면 천(天) 지(地) 인(人)은 일체(一體)라면 하늘의 우주에서 내려준 기(氣)라 할 것이고, 땅에 생산되는 만물은 사람을 생상(生相)하게 하므로 인류사회는 하늘과 땅의 혼합체(混合體)로 대자연(大自然) 속에서 살아오다가 천지개벽을 맞게 되었다.

하늘의 교통사고

1986년 가나출판사에서 출간한 저자 김동춘(金東春)의 『천부경과 단군사화(檀君史話)』를 인용하면, 저자 미상의 수메르, Su mer) 왕명표(王名表)라고 불리는 점토판(粘土版) 기록에서 700,000년 전에 신비(神祕)의 왕국이 있었다고 하였다. 왕명표의 기록을 해독(解讀)한 사람은 왕문(王文)이라 하였는데, 왕문은 고조선 중반기 학자이다.

공상적(空想的)인 그 기록에 의하면, 카시(kish)의 도시(수메르인(Sume rians)이 살았던 이라크(Iraq) 남부의 바빌론(Babylon) 유적의 동쪽 약 13km 되는 곳에 있는 도시)는 BC 4,000여 년경에 세워진 도시로, 고대네는 인접한 유프라테스 강(Euphrates) 덕분에 비옥한 관개지(灌漑地)였으나, 강의 물길이 바뀜에 따라 폐허가 되었다고 한다.

대홍수가 발생하여 유프라테스 강의 물줄기가 비꿔고 바빌론 도시와 땅을 쓸어낸 뒤 왕권이 하늘에서 우루크(Ureukeuk)에 내려왔다. 처음으로 메소포타미아(Mesopotamia)에 정착한 것은 수메르인들이었고, 그 다음으로 아카드인(Akkadian nationals), 아시리아인(Assyrians), 바빌로니아인(Babylonian), 그리고 페르시아인(Persia)이라 하였다. 연도 미상이지만, 환상(喚想)의 도시가 대홍수로 쓸려가고 강줄기가 바뀐 것이라면, 지구의 대변화가 있었다는 문언(文言)은 천지개벽이 있었다는 사실을 암시했다.

김동춘(金東春) 저자가 쓴 『천부경과 단군사화(檀君史話)』에 의하면, 근세기(近歲期) 영국의 한 신비(神祕)의 연구소 '천문학센터(Astr onomy Center)'의 미첼(Mitchell, 1920년생, 화학자)의 주장은 아래와 같이 3차례 지구의 대변화가 있었다고 한다.

제1차 7만 년~4만 9천 년

제2차 4만 9천 년~2만 8천 년

제3차 2만 8천 년~2만여 년

이렇게 3차례 주기적으로 대변화가 있었다면, 저자 역시 수메르 왕명포(王名表)라고 불리는 점토판 기록과 영국의 신비 연구소 천문학센터 미첼의 주장을 믿고 우리나라 〈삼성기전(三聖記典)〉에 실려 있는 파내류 산 신화(神話)에 힘이 실려 과감하게 개벽론(開闢論)를 전개한다.

추상적인 결론

이를 곧 개벽(開闢)이라 생각하고, 마침내 개벽 이전 지구 꼭짓점(북극점)이 북미(北美) 북동부쪽의 그린란드(Greenland)에 위치했을 것으로 생각해 보았다. 그렇게 여기면 북극점 위치에 거대한 빙산 지대였을 것이고, 유럽 저지대(低地帶)가 바다였을 것이라고 상상해보았다. 천체의 교통사고로 떠돌이 소 유성(小流星)과 지구가 충돌하여 어디인지 단정할 수 없으나 지구 한 쪽이 그어졌을 것이고, 북극점 위치가 이동하여 거대한 태평양 바다가 형성되고 바닷물 쏠림으로 만물이 태평양 속에 매몰된 것이다. 이로 인하여 큰 바다였던 유럽이 큰 대륙이 탄생하고 태평양 바다 가운데 큰 대륙이 바다 속으로 가라앉았으므로, 더 큰 바다로 바뀐 것 같아 보인다. 그래서 일본 열도(日本列島)가 한반도(韓半島)와 붙어서 건너다니던 것인데, 지구가 충돌 사고로 일본은 한반도에서 떨어져 나갔을 것이라 생각된다. 이와 같은 천지개벽으로 인하여 태평양 수위(水位)가 높아진 것이다.

천지개벽은 글자 그대로 하늘과 땅이 새롭게 열림이다. 구전(口傳)으로 전해오기를 지금으로부터 약 1만 1,500년 전이다. 지구가 교통사고로 꽝하는 뇌성(雷聲)과 함께 순식간에 지구가 곤두박질치면서, 칠흑(漆黑)같이 캄캄하고 추운 밤과 밝고 뜨거운 대낮이 시간 시간으로 바뀌면서 산더미 같은 물벼락이 지구상의 모든 만물을 덮어씌우고, 바다로 쓸어가서 매몰시켰으니, 전생계 인류사회는 멸망했다. 그래서 천지개벽이전의 인류사회를 저 세상(低世上)의 저승(低丞) 사람이라 하며, 새로운 세상에서 태어난 사람을 이 세상(以世上)사람 또는 이승(以丞)사람이라고 하는 대명사가 여기서부터 시작된 것이다.

추정대로라면 지구의 대자연(大自然)이 순식간에 멸망한 것은 필견(必見) 떠돌이 유성(流星)이 궤도를 이탈하여 지구와 충돌하여 갑자기 지구가 곤두박질치고 대지진(大地震)처럼 땅이 크게 떨리고 캄캄한 밤과 낮이 번갈아 되바뀌면서, 바닷물이 육지로 뛰어 올라와서 만물을 물과 함께 몰아 쓸어가 상전벽해(桑田碧海)를 만들고, 설상가상으로 기상 악화로 이어져 평지풍파(平地風波)를 일으켜 태풍과 함께 폭우가 쏟아져 큰 홍수까지 겹쳤다고 하였으니, 이런 것을 천지개벽이라 한다.

1986년)경 가나출판사에서 출판한 김동춘의 저서 『천부경과 단군사화(檀君史話)』를 살펴보면 다음과 같다.

수밀이국(須密爾國) 왕명표(王名表)의 책자(冊子)에 이르기를, 그 제국에 카시(kish)라는, 큰 도시가 있었다. 그 나라의, 왕은 하늘에서 내려와 에리두(eridu)라는 곳에서 왕이 되어 28,800년을 통치했다고 하였다. 원동중(元董仲)의 『환단고기』 〈삼성기〉는 파내류(波柰留) 고원 환국(桓國)의 7인의 환인시대(桓仁時代) 역년(歷年) 3301년보다 먼저 미지의 63,182년경 인류사회가 있었다고 기록되어 있다. 수밀이국(須密爾國) 왕명표는 환상(喚想)의 제국이 있었으나 큰 바다 속으로 쓸려 들어갔다고 하였다.

부연설(敷衍說)

천지개벽으로 바닷물이 이리 쏠리고 저리 쏠리면서 대도시의 건축물과 인류가 함께 뒤범벅되어 깊은 태평양으로 쏠려 매몰된 것이라고 책에 실려 있다. 파내류 산 고원지대 분지(盆地)는 바닷물이 차올라 온 것이 아니고, 수개월간 쉴 새 없이 쏟아지는 폭우로 물바다가 된 것이라 하였다. 이 곳에 살던 사람들은 물바다에 빠져서 서로 살아남기 위해 사람과 사람끼리 붙들고 뿌리치고, 밀고 당기고, 서로 머리카락을 붙잡고 밀어 넣고 올라서는 등 아비규환(阿鼻叫喚)이었다. 살아남기 위해 몸부림 치느라 무엇이든 손에 잡히는 것은 잡고 늘어지면서 높은 곳으로 기어 올라가야 했다. 그러나 더 높은 곳에 오르니 사나운 짐승들의 밥이 되는 지경에 이르렀다. 그래도 최종적으로 살아남은 사람이 개벽 이후 이 세상 인류의 시조(始祖)가 된 것이다.

그래도 처음에는 다소(多少) 사람이 살아남았으나, 수십일 동안 굶어서 탈진하여 기진맥진하고 힘을 잃고 죽어버린 자가 많았다. 그런 지경에 수개월간 집중호우(集中豪雨)로 온 세상이 물바다가 되었다. 그러니 어디가 살 곳 인지 알 수 없고, 오랜 호우(豪雨)로 질병이 만연하고 먹을 것이 없어 굶어 죽는 사람이 부지기수였다. 또 살아남았다 하더라도 언제 죽을지 기약 없는 처지였다.

이 같은 지경이 수개월간 걸리다 보니 눈앞에 보이는 사람이 없고, 혼자 남았지만 역시 살아갈 자신(自信)이 하루하루 없어졌다. 그래도 살아남기

위하여 나무뿌리와 풀뿌리, 나무껍질을 벗겨 먹고 안간힘을 다하여 생명을 유지하고, 최종적으로 살아남은 사람이 이 세상 최초 시조(始祖)가 되었다. 이와 같은 천지개벽 이후에 이르러 새로운 세상 사람을 이승 사람이라 하였고, 개벽 이전 사람은 모두가 죽었다. 개벽 이후 10,000여 년이 지난 지금까지 구전으로 이어온 말은 태평양 깊은 바다 속에는 천지개벽으로 쓸려 들어간 대도시가 있는데, 그곳이 바로 용왕국(龍王國)이 되었다고 믿었다. 옛날 신라 때는 석탈해왕(昔脫解王)이 용왕국에서 왔다고 거짓말을 하여도 그 말을 믿었다. 지금도 이와 같은 말을 믿는 사람이 없지 않을 것이다.

천지개벽을 상상해보면, 지중해가 범람하면서 지구가 크게 흔들리면서 파내류 고원의 천산(天山)과 백산(白山) 사이, 하늘에서 물벼락을 내리치면서 일시적으로 물바다로 변했다가, 산이 물을 허물어 산사태로 무너트리고 물이 급하게 빠져 나가면서 만물을 흙과 함께 묻어버리고 산 정상(頂上)은 암반(巖盤) 뿌리만 드러내놓고 민둥산이 되고, 바위 절벽 사태를 만들었다는 이야기가 구전으로 전해온 천지개벽이다.

김동춘 저자가 쓴 『천부경과 단군사화(檀君史話)』에서는 이렇게 말한다. 지금으로부터 6,000~7,000여 년 전 지구가 자연발생(自然發生)의 지열(地熱)이 나서 기온이 평시보다 갑자기 30℃ 가량 상하여 바다 수위(水位)가 4~5m로 높아졌다고 하였다. 지구의 열이 높으면 물을 채워 식혀주어야 하므로 이는 필연적인 자연의 섭리(攝理)라 할 것이다.

앞서 말한 바와 같이 서양 학자들의 연구 결과를 보면, 지구가 적게 보아도 8차례 큰 변동이 발생했다고 한다. 그를 근거로 하여 지구상에 인류사회는 65,000년부터 존재했다고 하였다. 앞서 한 말과 같이 우리나라 『환단고기』의 〈삼성기전(三聖記典)〉에서 63,218년 전이라고 하였다는 두 이론을 종합해보아도 큰 차이는 없다. 그러나 수만 년 전 역사라 하면 그

럴 수 있다고 볼 것이다.

천지개벽 이후 지구가 빙하기를 맞아 북극과 남극이 꽁꽁 얼어붙어 바다 수위(水位)가 갑자기 떨어져 새로운 큰 빙산이 생기면서 지구촌 모두가 추워서 인류가 모두 얼어붙었는데, 이 시대를 빙하기라 하였다고 한다. 빙하기를 거치고 지구 온도가 급격히 상승하여 우리나라 기후가 아열대(亞熱帶)였으니, 북극과 남극의 빙산이 녹아 지구촌 평야가 물에 잠겼을 때가 있었다. 이 시대를 구약성서(舊約聖書)에서는 노아의 방주 시대(方舟時代)라고 한다.

진정 이 말씀을 받아들인다면, 이 시대를 상상하면 우리 배달국 제3세 고시리환웅(古是利桓雄) 시대로 추정된다. 이 문사(文詞)에서 말하기를 그 시대 압록강(鴨綠江), 송화강(松花江), 황하(黃河), 양자강(揚子江)과 한반도 역시 평야와 강들이 바다로 변했으나 곧 정상 기후로 되돌아와서 5,000년간 유지하여 사람들은 그 시대를 잊고 살았다. 그 뒤 날씨가 갑작스럽게 호우(豪雨)가 빈번하여 산 사태로 골자기를 만들고 산 사(砂)가 상류로 거쳐 쓸려 강으로 내려가 강수(江水)가 바다로 하류하면서 새로운 육지로 발생시키고 있다.

고대 산동성(山東省)의 후양허(黃河) 하류 지역으로부터 저지양성(浙江省)에 이르러 대체로 하이허(害河)와 창지양(長江)에 의해 중국 동부는 태평양 연안을 일찍부터 부족사회(部族社會)를 형성한 지역이었다는 것이다. 하여 3만 4천 년 전 중국의 서북 지역 저지대(低地帶)에서는 황토(黃土)의 퇴적이 일어났다. 계절에 따라 미세 먼지가 일어나 멀리 우리나라까지 날아오는 그 원인은 개벽(開闢)으로부터 생긴 일이다. 바닷물이 잠겼던 중국의 산동성(山東省)은 바다 가운데 3개의 섬으로 고립되어 3도(島)라 하였다. 그 후 7,500여 년 전 지금의 중국은 두 개의 섬으로 나누어져 있던 산동성(山東省)이 삼각주(三角洲)의 형성에 의하여 6,500년 전에야 물이 빠졌으니,

1,000년간 물에 잠겼다가 다시 물이 빠져 완전한 반도를 이루게 되고, 평원(平原)한 육지가 되었다. 다시 말하면 7,000년 전부터 6,500년 전 신석기시대 중기(中期)에 기온이 높고 습도가 높아서 아열대성 기후를 형성하고, 어떤 때는 해수면이 상승하여 만조(滿潮) 때는 해안선이 물에 잠기는 때가 많았다고 한다. 바로 그 시대에 중국은 바다였고 한반도는 섬이었다.

서양의 생화학연구학자 미첼(Mitchell, 1920년경)의 주장에 의하면, 여러 차례 지구의 대변화가 있었다는 의론(議論)을 저자가 인용하여 추상적으로 열거한다면, 11,500년경 혹은 떠돌이 혹성(惑星planet)이 자력을 잃고 궤도를 이탈하여 지구와 사뿐 충돌하였다. 하지만 지구상의 해수(海水)는 해일(海溢)로 이어져 산더미 같은 파도를 일으켜 만물을 휩쓸어 몰아붙였다. 그것이 바로 지개벽(天地開闢)에 이르게 되었다고 생각하게 되었다.

『천부경』에서 이르기를 천지인(天地人)은 일체(一體)라 하였다. 태양이 살아서 빛을 내리고 지구 역시 살아서 빛을 받아 동식물을 살린다. 태양이 살아 움직이면서 우주를 다스리고 있으나, 궤도를 벗어난 돌연변이 혹성(惑星)이 지구와 충돌 사고를 발생시켜, 지구상의 만물이 어지럽게 휩싸여 상전벽해(桑田碧海)로 만물을 쓸어버리고 태평양 바다 가운데 있던 대륙이 바다 밑으로 가라앉고, 대서양의 중미(中美)의 도시 하나가 바다 밑으로 가라앉는 개벽시대 이후 지구가 회복되면서 모든 생태계가 바뀌어 새로운 만물이 탄생하고 인류는 새로운 시조로부터 새로운 이 세상을 맞이했다고 추정한다.

개벽 전 지구

개벽 후 지구

이와 같은 천지개벽으로 인하여 바닷물 쏠림 현상에 만물이 태평양 쪽으로 쏠려갔다는 왕명포(王名表)의 고대 기록에 있었던 말 그대로, 대도시가 쏠려갔다고 볼 것이다. 그로 인해 지중해 바다였던 유럽이 물이 빠져나가면서 거대한 대륙으로 탄생한 것이라 생각된다. 바다 해구(海溝)였던 아랄 해(Aral sea) 해구와 카스피 해(Carpia sea) 혹해(Black sea) 해구를 남긴 것이다. 사막(沙漠)이라 함은 바닷물이 쏠려가면서 모래밭으로 남긴 것을 말한다. 중동 지방의 사막과 중국의 타클라마 사막(Tarlma sim)은 물이 쏠려가면서 흔적으로 남긴 것이라 단정할 수 있을 것이다.

지금으로부터 11,500년 전쯤 천지개벽이 있었다고 구전으로 전해오고 있다. 천지개벽이라 하면 하늘과 땅이 어지럽게 뒤집혀 큰 해일(海溢)로 바닷물이 범람하고 대홍수가 겹쳤다. 이런 경우는 필경 떠돌이 유성(流星)이 궤도를 이탈하여 지구와 충돌 갑자기 지구 곤두박질치고 대지진(大地震)처럼 땅이 크게 떨리고 순식간에 캄캄한 밤과 낮이 번갈아 되바뀌면서 바닷물이 육지로 뛰어 올라와서 만물을 물과 함께 쓸어 몰아붙였으니 상전벽해(桑田碧海)를 만들었다. 설상가상 기상 악화로 이어져 평지풍파를 일으켜 태풍과 함께 호우가 쏟아져 큰 홍수까지 겹쳤다고 하였으니, 이런 것을 천지개벽이라 한다.

앞서 말한 바와 같이 11,500년경 태평양과 대서양 사이 무(Moo)라는 대륙이 바다 밑으로 가라앉았고, 대서양 상에 있던 아틀란티스(Atlantis) 대륙이 바다 밑으로 가라앉았다는 설(說)을 상상해보면, 우리나라 『환단고기』의 〈삼성기〉에서 인류시조 나반(那般)과 아만(阿曼)의 생존(生存)을 기술 것과 맞아떨어진다.

그래서 저자는 천지개벽을 상상적(想像的)이고 추상적(抽象的)이라고 했다. 천지개벽은 바닷물의 쏠림이 이리 쏠리고 저리 쏠리면서 대도시 건축물과 인류사회가 함께 뒤범벅이 되어 깊은 태평양으로 쏠어다가 매몰시킨 것이라는 그 글에 힘이 실린다. 이에 접붙여 말하면, 그래도 파내류 고원 지대까지 물이 차올라와서 이곳에 살던 사람들은 물바다에 빠져서 서로 살아남기 위해 사람과 사람끼리 붙들고 뿌리치고 밀고 당기고, 서로 머리카락을 붙잡고 밀어넣고 올라서는 아비규환(阿鼻叫喚) 속에서 살아남기 위한 몸부림을 쳤다. 그래서 무엇이든 손에 잡히는 것은 잡고 늘어지면서 기어 올라가 더 높은 곳에 오르니, 사나운 짐승들의 밥이 되는 지경에 이르렀다. 그래도 최종적으로 살아남은 사람이 개벽 이후 이 세상 인류의 시조가 됐다.

그래도 처음에는 다소(多少) 사람이 살아남았으나 수십 일 동안 굶어서 탈진하고 기진맥진하여 힘을 잃고 거의 죽었다. 그런 차에 병을 얻어 죽는 사람까지 발생하였다. 그래도 살아남은 사람은 나무뿌리와 풀뿌리, 나무껍질을 벗겨 먹고 연명(延命)하였는데, 최종적으로 살아남은 사람이 나반(那般)이다 그는 천산(天山)에 살아남았고 아만(阿曼)은 백산(白山)에 살아남아, 이 두 사람이 이 세상 최초 시조라 하였다.

이와 같은 천지개벽 이후에 이르러 새로운 세상 사람을 이승 사람이라 하였고 개벽 이전 사람은 모두 죽었으니 저 세상 사람, 따라서 저승 사람이라 하였다. 사람이 죽으면 저승 간다고 하는 말이 여기서 나온 말이다. 지중해가 범람하더니. 지구가 크게 흔들리면서 파내류 고원의 양쪽 맞은편 중심지의 천산과 백산 사이 분지(盆地)는 일시적으로 물바다가 되면서 산사태가 발생하여 무너트리고 나서 물이 산을 허문 다음, 물이 급하게 빠져나가면서 만물을 흙과 함께 묻어버리고, 산 정상은 암반(巖盤)뿌리만 드러내놓고 민둥산만 남겨서 바위 절벽 사태를 만들었다는 이야기는 구전으로 전해온 천지개벽이다. 그럼에도 불구)하고 나반(那般)과 아만(阿曼)이 살아남아 부부가 되었다고 한다.

전해온 말에 의하면, 전생계를 저 세상(低世上, 저승)이라 하고 후생계를 이 세상(以世上=이승)이라 분류하여, 전생계는 죽음의 세상이고 후생계는 상생(上生)의 세상이라 하였다. 이로 인하여 미지의 전생계가 63,182년인데 죽음의 세상으로 인류사회는 멸망하고, 새로운 인류사회는 환인(桓仁)의 세상이다. 환인 세상의 연력(年歷)이 3,301년이라는 뜻이다. 그래서 인류사회는 정확한 시기를 말할 수 없으나 천지개벽으로 새로운 인류사회가 시작되었다. 천지개벽이라 함은 자연계(自然界)나 사회가 크게 변동하여 하늘과 땅이 새롭게 열림이라는 뜻이 된다. 그러면 오늘날 지구촌 역시 천지개벽이란 단어를 지울 수 없다.

부연설(敷衍說)

미지의 전생계는 천해(淺海) 부근에서 63,182년간 미지의 인류사회가 존재하였음을 암시한 것이다. 천지개벽으로 전생계는 천해(淺海)에서 죽음으로 저 세상(低世上)사람이 되었다. 전생계에서 살아남은 새로운 인류의 시조(始祖)가 있었기에 후생계가 존재한 것이다. 미지의 전생계는 얼마나 인류사회가 발달했는지 알 수 없으나, 천지개벽으로 모두를 잃고 아무것도 없이 맨몸으로 새로운 원시사회(原始社會)를 시작해야 했던 것이다. 후생계 인류의 시조로부터 전생계라 전해온 것이다.

중국원시기(中國原始記)에 이르기를

김동춘 저자가 쓴 『천부경(天符經)』과 『단군사화(檀君史話)』에서 말한다. 지금으로부터 6,000~7,000여 년 전 지구가 자연발생으로 지열(地熱)이 높이 올라가 기온이 평시보다 갑자기 30℃ 가량 상승하여 바다 수위(水位)가 4~5m로 높아졌다고 하였다. 지구의 열이 높으면 물을 채워 식혀주기 위해 비가 내려서 지열을 식혀주는데, 이것은 자연의 섭리로서 필연적이라 할 것이다.

천지개벽 이후 지구가 빙하기를 맞아 북극과 남극이 꽁꽁 얼어붙어 바다 수위가 갑자기 떨어져 새로운 큰 빙산이 생겼다. 지구촌 모두가 추워서 인류가 모두 얼어붙었던 시대를 빙하기라 하였다고 한다. 빙하기를 거치고 지구 온도가 급격히 상승하여 우리나라 기후가 아열대(亞熱帶)였으니, 북극과 남극의 빙산이 녹아 지구촌 평야(平野)가 물에 잠겼을 때가 있었다. 이 시대를 구약성서에서는 노아 방주시대라고 한다.

진정 이 말씀을 받아들인다면, 이 시대를 상상해볼 때 우리 배달국 제3세 고시리환웅(古是利桓雄) 시대로 추정된다. 이 문사(文詞)에서 말하기를 그 시대 압록강, 송화강, 황하, 양자강과 한반도 역시 평야와 강들이 바다로 변했다. 그러나 곧 정상 기후로 되돌아와서 5,000년간 유지하여 사람들은 그 시대를 잊고 살았다. 그 뒤 날씨가 갑작스럽게 호우(豪雨)가 빈번하여 산사태로 골짜기를 만들고, 산 사(砂)가 상류(上流)로 거쳐 쓸려 강으로 내려가 강수(江水)가 바다로 하류하면서 새로운 육지를 만들어 낸 것이다. 산동성(山東省)의 후양허(黃河) 하류지역으로부터 저지양성(浙江省)에 이르러 대체로 하이허(害河)와 창지양(長江)에 의해 중국 동부는 태평양 연안이 일찍부터 부족사회(部族社會)를 형성한 지역이었다고 하여, 34,000년 전 중국의 서북(西北) 지역 저지대는 황토의 퇴적(堆積)이 일어나고 있다. 그러므로 계절에 따라 미세 먼지가 일어나 멀리 우리나라까지 날아오는 것은 개벽(開闢)으로부터 생긴 일이다. 바닷물이 잠겼던 중국의 산동성(山東省)은 바다 가운데 3개의 섬으로 고립되어 3도(島)였을 것이라 보인다.

그 후 7,500여 년 전 지금의 중국은 두 개의 섬으로 나누어져 있었다.

산동성(山東省)은 삼각주(三角洲)의 형성에 의하여 6,500년 전에야 물이 빠졌으니, 1,000년간 물에 잠겼다가 다시 물이 빠져 완전한 반도를 이루게 되고 평원(平原)한 육지가 되었다. 다시 말하면 7,000년 전부터 6,500년 전 신석기시대(新石器時代) 중기에 기온이 높고 습도가 높아서 아열대성 기후를 형성하고, 어떤 때는 해수면이 상승하여 만조(滿潮) 때는 해안선이 물에 잠기는 때가 많았다고 한다. 바로 그 시대에 중국은 바다였고 한반도는 섬이었다. (이때를 노아대홍수 시대라 한다.)

한국은 바다였고 한반도는 섬이다

천지개벽 이후 여러 차례 빙하기 시대가 있었다. 이후의 중국 동부 지역의 기후는 지금으로부터 1만 년 전부터 8천 년 전 사이에는 기온이 현재 평균 온도보다 섭씨 2~4℃ 정도 낮았고 건조한 편이었다. 또 8천 년 전부터 5천 년 사이는 연 평균 기온이 3~5℃ 정도 높았고, 그 후 여러 차례 기온이 점차 하강하기 시작하였음을 암시했다.

이러한 기후의 변화와 더불어 해안선에도 변화가 일어났다. 지금으로부터 1만 년 전부터 5천 년 전까지는 계속적으로 해안선이 육지를 향해 전진(前進)해왔다고 한다. 그러나 약 8천 년 전부터 5천 년 전 사이가 해안선이 가장 깊이 들어온 시기로 압록강의 삼각주(三角洲) 지역과 광대한 해안선 지역을 여러 차례 범람하게 하였다고 한다. 이와 같은 현상은 천지개벽 이후 지구가 확실하게 궤도를 자리 잡지 못하고 수년 만에 주기적(週期的)으로 빙하기와 온실화(溫室化)로 바뀌면서 해수면의 높낮이 차이가 발생하여 그렇게 된 것이라 할 것이다.

지구 탄생의 비밀

태초에 거대한 항성(恒星) 하나가 북극성에서 떨어져 나와 불에 타면서 폭발했다. 그것이 태양이다. 태양이 폭발하면서 떨어져 나온 파편(破片)이 떨어져 흩어졌다. 이 들이 태양의 둘레를 돌고 있는 행성(行星)들이다. 이 것이 『천부경』에서 말하는 5행과 10간(干)이다. 따라서 12지간(支干)은 지구상 동물을 말함이다. 다시 말하여 천체(天体)라 말함은, 태양에서 떨어져 나온 큰 조각은 먼 곳에 떨어져 가서 멈추어 자리를 잡았고, 작은 조각은 가까운 곳에 떨어져 멈추고 자리 잡았다. 그 외 수 많은 조각들이 하늘의 별들이고, 더 멀리서 보이는 것들이 다른 태양계의 별들이 우리 눈에 보인다고 말하면 된다. 그래서 하늘에는 여러 개 태양계가 있어서 우리 태양계와 이웃하고 있다.

태양이라 함은 거대한 항성이다. 물리학적으로 자연과 물질 수치(數値)를 측정하여볼 때, 태양이 방출(放黜)하는 에너지(Energy)는 태양 내부에서 진행하고 있는 핵융합(核融合, nuc lear fusion) 반응으로, 네 개의 수소(水素) 원자핵(原子核)이 헬륨4(Helium)으로 변화할 때 방출된다. 그 전량(全量)은 매초 3.8×1026줄(J)이다. 이를 쉽게 말하면 풍선 속에 넣는 헬륨 가스 덩어리가 핵융합으로 연속적으로 폭발되면서 그 열과 광선이 수백 광년(光年) 거리까지 태양이 지배하므로 행성들은 태양열(太陽熱)의 보호를 받게 되었다.

천체(天體, 우주)의 행성들은 태양의 에너지를 받으므로 자식들이고, 태양은 어머님이시고, 북극성은 큰 자력(磁力)으로 행성들을 이끌고 있으니 아버지 항성이다. 지구는 태양으로부터 떨어져 나온 행성 중 하나다. 지구와 태양 간의 거리가 1억 5,000만km이고, 북극성은 지구와 거리가 400광년이면 37조 8천억만km이므로 태양보다 250억만 배 먼 곳에 있다. 그렇게 먼 곳에서 자력으로 모든 행성들을 통솔하며 아버지 노릇을 단단히 하고 있으며, 천체의 짜임새는 컴퓨터 원리와 같아서 하나라도 빠지면 모든 짜임새가 그려질 것이다.

천체(天體, 우주)를 지배하고 있는 항성이 북극성이고 천체에는 여러 개의 태양계가 존재하고 있다고 추정된다. 그렇다면 천체의 여러 태양계끼리 서로 밀고 당기며 인력(引力)하고 있으므로 천(天) 지(地) 인(人)과 모든 물체가 존재하게 된 것이며 별들의 존재 역시 이와 같다고 생각된다. 그러나 우리가 살고 있는 태양계에서 또 다른 태양계까지 왕래할 수 있는 수단 방법은 없을까? 태양을 중심으로 하여 오행성(五行星=화성, 수성, 목성, 금성, 토성)은 자전하면서 공전하고, 태양 역시 자전하면서 북극성을 중심으로 하여 공전한다.

오행성은 지구의 형제로서 달은 지구를 공전하고 있으니 이 원리에서 과학이 성립된다. 지구에서 발생하는 지자력(地磁力)은 지구의 꼭짓점이 북극성의 중심으로 하여 자전하고 있으니 지구가 살아 움직이게 되었다. 이의 원리에서 지자기(地磁氣)가 발생하고 자체 운동으로 자열(自熱)을 발생시킨다. 천체의 의론(議論)을 추정해보면 지구의 탄생의 원리를 짐작할 수 있으나, 지구의 탄생년도는 정확하게 알 수 없다. 우리가 살고 있는 태양계에는 수억만 개의 별들이 반짝인다. 수만 개 별들이 자전하면서 공전함에 따라, 그 중 하나가 기력을 잃고 교통사고를 낼 수 있다고 생각된다.

밤하늘을 관찰해보면 별똥이 떨어지는 것을 쉽게 볼 수 있다. 이와 같은 원리로 그 별똥이 지구까지 떨어진 것을 운석(隕石)이라 한다. 천체에서 별과 별이 충돌하여 제 위치를 잃고 흘러다니는 별이 유성(流星)이다. 유성이 지구와 충돌하면 지구 역시 곤두박질치고, 지구는 개벽(開闢)이라는 큰 사태가 발생하게 된다. 천체의 수많은 별들이 서로 밀고 당기면서 위치를 지키고 있는 가운데 천체의 이십팔숙(二十八宿=귀신 쫓는 주문)은 지구라 하였다. 모든 별들은 태양을 중심축(中心軸)으로 하여 모두가 북극성을 향하여 꼭짓점을 지니고 있다.

그 꼭지 중심으로 자전하면서 공전하는 것이 천체의 법칙이다. 이 법칙을 인간 사회는 천륜(天倫)이라 한다. 나라를 다스리는 헌법(憲法) 역시 지엄(至嚴)하다고 하나, 하늘의 법칙은 군법(軍法)보다도 엄하고 그 질서가 법이다. 따라서 하늘의 법칙은 서로가 밀고 당겨는 인력(引力)으로 제 위치를 지키고 서로 운기(雲氣)를 주고받아서 지구의 만물을 생성(生盛)하게 하였다. 지구가 지니고 있는 지자력(地磁力)의 힘에 더불어 자체 지자기(地磁氣)를 발생시켜 기상(氣象)의 변동으로 바람이 불고 비를 만들고 내려주면서 그 습도가 수증기를 만들어 다시 비를 내리게 함을 반복하면서 만물이 성장하게 하고. 또한 식물은 동물이 일용(日用)할 양식을 생성하게 하였으며. 천체의 인력(引力)에서 동물의 기운을 생성시킨다.

지자기(地磁氣)

김동춘의 『천부경과 단군사화(檀君史話)』를 인용하면, 현재까지 지구과학(地球科學)자들이 연구해놓은 업적 가운데 가장 훌륭한 것의 하나가 지자기(地磁氣)의 연구 결과다. 지자기의 변화를 관측하면 그것은 기후의 변화와 매우 밀접한 관계를 맺고 있음을 알 수 있다.

그리고 기후의 변화는 생태계(生態界)를 변화시키는 가장 중요한 요소이므로 기자기의 변화를 연구하면 인류 이동(移動)의 원인을 밝혀낼 수 있다.

영국의 신비현상 연구가(神祕現像研究家) 죤 미셀(John-,micelle)은 다른 가설(假說)을 주장했다. 1969년에 간행된 『아틀란티스(Atlantis=해저 속으로 사라졌다는 낙원) 전망(展望)』이라는 그의 저서에서 그는 "고대 중국인은 지구에는 용맥(龍脈)의 길」이라고 불리는 자력(磁力)의 선(線)이 뻗쳐 있다는 것을 믿고 있었다"고 말하고 있다. 이 길은 세계 전체에 뻗쳐 있고 몇 개인가가 교차하는 지점, 즉 혈맥(血脈)이 있다는 것이고, 사람의 몸속에 있는 혈맥과 같다.

이 의론(議論)은 동양철학에서 말하는 풍수지리학의 의론이라 할 것이다. 그렇게 보면 풍수지리학은 초과학(超科學)이라고 해야 할 것이다. 현재 지구상에는 수많은 경락(經絡)과 경혈(經穴)이 있고, 경혈(經穴) 가운데 가장 대표적인 것은 마(魔)의 12지점(至點)으로서 우리가 잘 알고 있는 마(魔)의 버뮤(Beomyu)이다. 삼각지대(三角地帶)라는 것은 12대혈(大穴) 중의 하나이다. 그래서 지자기가 약할 때는 한랭기(寒冷期)였고, 강할 때는 온난기(溫暖期)가 되었다. 또 지자기의 강도(强度) 변화는 기후 변화를 조금 선행(先行)한 것처럼 보인다. 철학적인 의론은 자연법칙에 따라 종전의 상태로 회복된다는 것이다.

이변(異變)이라 함은 거의 10년 정도에 한 번씩 일어나는 불안정 진동(不安定震動)사건 이외에도, 더욱 비주기적(非週期的)이며 더욱 단시간(短時間)이지만 비슷한 불안정 자기장(不安定磁氣場)이 생겼다고 알려져 있다. 지금부터 18,000년 전과 49,000년 전에 지자기가 불안정해졌다. 그때 자북극(磁北極)이 북극에서 떨어져 나와 엉뚱한 장소로 이동해버렸다. 그것도 하필 적도(赤道)를 넘어 남반구(南半球)까지 이동하였음을 알았다. 이것은 「비와pluvial I」사건과 구별하여 문자 그대로 엑스커션(Eksseukeosyeon)이라 이름을 붙였다. 그 뒤 곧 "미국과 스웨덴(Sweden)에서도 지자기의 엑스커션

(Eksseukeosyeon)이 발견되어 모두 18,000년 전 및 45,000년 전이었음을 알았다.

   (1) 65,000년 전 한랭(대변동)

   (2) 49,000년 전 한랭(대변동)

   (3) 30,000년 전 한랭

   (4) 25,000년 전 아간빙기

   (5) 18,000년 전 한랭(대변기)

   (6) 10,000년 전 온도 상승(대변기)

   (7) 6,000~7,000년 전 정상 기온

   (8) 2,000년 전 온도 하강

(1) 65,000년 전

위에서 명기한 바와 같이 변화를 참고하면 65,000년 전 그 이전에 지금과 비슷한 자연환경의 조건이 몇 년 동안이나 지속됐음을 알 수 있다. 73,000년 전에 변동이 있었는데, 65,000년 전에는 기온이 급강하한 사실을 알게 되었다.

(2) 49,000년 전

지금으로부터 약 5만 년 전에 이르면 고고학자들이 구석기시대 후기라고 부르는 신인단계(新人段階)의 새로운 시대에 들어가게 된다. 그러나 실제로는 지금으로부터 약 4만 년 전에 인류학자들이 학명(學名)으로 신지인(新智人) 또는 진보지인(進步智人, homo Sapiens Sapiens)이라 부르는 신인(新人)들이 지구상에 나타나 새로운 문화를 이루게 된 것이라 한다. 이 시대는 지금으로부터 약 10,000년 전까지 계속되었다고 한다.

(3) 30,000년 전

중앙아메리카(Central America) 유가탄 반도(Peninsula yugatan)의 고대 마야(摩耶, Māyā) 문화 연구가인 르푸론 존(John reupuron) 박사는 치첸이짜(Chichenijja)의 유적(遺跡)에 있는 고대 마야의 최고 신관인 카이(Chi)의 무덤에서 12개 머리를 가진 뱀의 조각(彫刻)을 발견했다. 비문(碑文)에 따르면 12개의 머리를 가진 뱀은 칸(Cannes) 왕조(王祖)에 앞선 마야 12왕조를 나타내는 것으로 알려졌다. 그 왕조가 통치한 기간은 약 18,000년에 달한다.

(4) 25,000년 전

이짚트(Ijipteu)의 신관(神官)이자 역사가(歷史家)인 아비토우(a clay doll)가 쓴 책에 따르면, 아틀란티스(Atlantis) 대륙 사게 왕에 의한 통치는 13,900년간 계속되었다고 한다. 아틀란티스 대륙은 대서양상(大西洋上)에 있던 대륙으로, 지금으로부터 11,500년 전에 무(moo) 대륙과 마찬가지 사정으로 바다 밑으로 가라앉았다고 한다. 그때까지 13,900년 동안 왕에 의해 지배되었다고 한다. "사실상 11,5000년경 그 때가 천지개벽 시대이다."

(5) 18,000년 전

길이 2,000㎞ 면적이 120만㎢에 이르는 고비사막(Gobi Desert)은 몽골의 대부분을 뒤덮고 있다. 오래된 카라코타(Kara cotta)의 폐허(廢墟)를 발굴하여 그 거리의 무덤 속에서 18,000년 전의 네 부분으로 구획된 원(圓)의 한복판에 그리이스(Grease) 문자로 새겨져 있다고 한다.

(6) 10,000년 전

몇 십 년 전 히말리야 산(Himalia mountain) 기슭에 있는 보히스탄(Cave boiseutan) 동굴에서 천공도(天空圖)가 발견되었다고 한다. 이 천공도(天空圖)는 1925년 미국의 내셔널 지오그래픽 매거진(The training department at National Geo graphic magazine)에도 소개되었다고 한다. 지구는 살아 있는 땅이다. 지구의 몸속에 용암(鎔岩=Fade aot)은 영구불변(永久不變)한 불덩어리로서 지구의 혈액같이 지구의 몸 전체에 흐르고 있으니, 사람의 혈액과 흡사하다. 그래서 지구는 살아 있는 사람의 몸과 같은 조건을 지니고 있다. 그 용암은 사람의 뼈속에 있는 골수(骨髓)와 같으니, 그 용암이 흘러다니면서 지구의 지온(地溫)을 지속시켜줌으로써 초목(草木)이 자라게 된다.

가끔 용암이 땅 밖으로 분출(噴出)함으로 지구의 건강을 나타냄이다.

용암을 지구의 골수(骨髓)라 한다. 용암이 지구의 몸통에 흘려 다니면서 지열(地熱)을 발생시키고 지열에서 발생하는 전류(電流)에서 생기는 자기(磁氣)는 자력(磁力)을 생산함으로 극(極)이 발생하게 되고 땅속에서 지열을 발생시킨다. 땅속의 음극(陰極)은 북극성 양극(陽極)과 교합(交合)되어 열을 생산하고 열은 수분(水分)이 교합하여 수증기를 증발시킨다. 수증기가 대기권(大氣圈)의 한랭기(寒冷氣)와 마찰하여 물방울을 맺게 되니, 이것을 비구름으로 만들어 비를 내린다. 땅속에서 발생하는 지자기(地磁氣)가 약할 때는 한랭기를 맞게 되어 지구 온도가 급격히 떨어져 추워서 빙하기를 맞게 되고, 지자기가 강할 때는 온난기(溫暖期)가 발생된다. 그래서 지자기의 강도 변화에 따라 기후 변화를 조금 선행(先行)한 것이라 한다.

가부화(加附和) 또는 저부화(低附和)로 인하여 불순환(不順換) 지자기(地磁氣)에 의해 지구상의 기후 변화는 10년 주기로 일어나는 불안정적으로 비주기적(非週期的)이며, 더욱이 단시간(短時間)이지만 불안정 자기장(磁氣場)이 생겨 지금으로부터 18,000년 전과 49,000년 전에 자자기 불안정 시대가 있었다고 한다. 이는 자북극(磁北極)이 북극에서 떨어져 나와 엉뚱한 장소를 이동해 하필이면 적도(赤道)를 넘어 남반구(南半球)까지 이동한 것을 엑스커션, excursion이라 이름 붙인 것이라고 하였다. 이는 미국과 스웨덴(Sweden)에서도 지자기의 엑스커션(excursion)이 발견되어 18,000년 전과 49,000년 전이라는 점을 알았다고 한다.

지구의 대변화는 자연적으로 발생함은 기후이변(氣候異變)이라 할 것이고, 기후이변이라 함은 정상적인 기후가 아닌 것이다. 따라서 식물이 먼저 뒤바뀌게 될 것이고, 동물들은 알맞은 기후지대(氣候地帶)로 자연스럽게 대이동(大移動)하게 된다. 이것이 자연의 세계라 할 것이다.

그래서 자연법칙에 의해 기후 변화로 한랭지대(寒冷地帶)와 열대성지대(熱帶性地帶) 또는 빙하지대(氷河地帶)와 온대지대(溫帶地帶)로 구분한다. 그러나 지열(地熱)에 따라 지온 (地溫) 변화가 발생하는 것은 법칙이지만, 지구의 기후이변은 자연의 법칙에 따라 다시 종전(從前)의 기후로 회복하게 됨으로 이런 것을 개벽(開闢)이라 말 할 수 없다.

제7세 지위리환인(智爲利桓仁) 시대 파내류 고원의 환국(桓國)의 12제후국(諸侯國)에도 뜻하지 않은 이상기온으로 지자기 변화가 일어나, 지구는 이상기온이 되었다. 그로 인해 환국(桓國) 12제후국(諸侯國)은 큰 흉년을 맞아서 먹고 살기가 어렵게 되자, 인류사회는 대이주(大移住)를 하여 인구 대이동 사태를 맞게 된다.

BCE 3,897년 환인(桓仁)은 서자(庶子, 서자부 아들) 거발단(居發檀)을 동쪽 태백산(太白山)으로 보내서 나라를 세우게 하였다. 환웅(桓雄)은 파내류산 환국에서 16,000리 길을 걸어서 해 뜨는 동쪽 백두산(白頭山, 당시 태백산이라 하였음) 아래 송화강(松花江) 유역으로 와서 나라를 세웠다. 이 나라가 곧 배달국(倍達國)이다. 배달국의 편년사(編年史)는 제1세 거발환웅(居發桓雄)으로부터 제18세 거불단환웅(居弗檀桓雄)까지 1,565년간이다. 제18세 거불단(居弗檀)의 아들 왕검(王儉)에 이르러 국호를 조선(朝鮮)이라 하고 단군왕검(檀君王儉)이라 하셨다.

『환단고기』는 태고 시대 우리 국조가 남긴 유구한 한민족의 역사이다. 『환단고기』는 동서고금(東西古今) 어디서 찾아볼 수 없는 가장 오래된 역사로서, 한민족은 그 덕망(德望)이 높은 민족이다. 안파견환인(安巴堅桓仁)은 BC 7,199년 파내류 고원(波奈留高原) 천산(天山)에서 세상 최초의 나라를 세웠다. 그 나라가 환국(桓國)이다. 환국의 편년(編年) 세대(世代)는 제1세 안파견환인(安巴堅桓仁)으로부터 제7세 지위리환인(智爲利桓仁)까지 3,301년간 전해왔다.

인류의 길은 최초 파내루 산(波奈留山, Panaerusan)에서 시작되었다. 환국(桓國)은 10,000여 년 전 개벽(開闢)으로 살아남은 인류의 시조(始祖) 나반(那般, Nabhan Dynasty)과 아만(阿曼, Amann)은 파내류 고원(波奈留高原, The Highlands panaeryu)에서 1000여 년간 살면서 수만 명의 인구를 번식하여 파내류 산은 혼잡하여 나라를 세웠으니, 그 나라를 곧 환국(桓國)이라 하였다.

인류 최초 지상낙원

지금으로부터 10,600여 년(기원전 8,637년) 전 인류의 시조 나반(那般)과 아만(阿曼)이 파내류 산 아이사타(阿耳斯它)에서 새 살림살이를 시작한 것이다. 아이사타 분지(阿耳斯它盆地)는 습지(濕地)도 있었고 숲이 우거졌으며, 과실(果實)이 열려 따먹고 살았다. 아이사타(阿耳斯它)는 자연 그대로의 낙원이고, 숲속에는 새들이 지저귀며 짝을 짓고, 습지에는 백로(白鷺)들의 서식지였다. 그래서 아이사타는 인류의 조상 나반과 아만의 후손들의 천국이었다.

「삼성기전(三聖紀全)」하편(下篇)

人類之祖曰那般初與阿蔓相遇之處曰阿耳斯它夢得天
인 류 지 조 왈 나 반 초 여 아 만 상 우 지 처 왈 아 이 사 타 몽 득 천
神之敎而自成昏禮則九桓之族皆其後也
신 지 교 이 자 성 혼 례 칙 구 환 지 족 개 기 후 야

인류의 시조는 나반(那般)과 아만(阿曼)이다. 두 사람이 처음 만난 곳이 아이사타(阿耳斯它)라 했다. 꿈에 천신(天神)이 나타나서 이르기를 스스로 같이 혼례를 치르도록 가르쳐줌으로 부부가 되어 9환족(桓族)을 낳았는데, 모두가 그의 후손이다

인류 시조(始祖)의 결혼식 날

인류의 조상은 나반이다. 아만과 서로 만난 곳이 아이사타라고 하지만 또는 사타려아(斯它麗阿)라고 한다. 어느 날 꿈에 신(神)의 계시를 받아 스스로 혼례식을 올리면서 물을 떠놓고 하늘에 알리고 신부 신랑이 그 물을 마시는 순간 산남주작(山南朱鵲, 산남쪽 붉은머리까치)이 날아들어 지저귀고 수북(水北, 북쪽 바다)에 신귀정서(神龜禎瑞, 상서로운 귀신 거북이)의 등이 드러나 보였다. 서쪽 골짜기에서 백호(白虎)가 산모퉁이를 지키고 동쪽 하늘에는 창용(蒼龍, 푸른 용)이 공중을 올라가 지키고, 황용(黃龍, 누런 용)이 천해(天海,흑해)에 살면서 지켜주어. 이에 혼례를 마친 이래 9족을 낳았다. 이들 「금악(金岳) 삼위(三危) 태백(太白)」은 구환(九桓, 9 환인형제)의 9나라로 나누어 구한(九汗, 아홉 임금의 호칭을 두었는데 이들 모두가 환(桓, 환인들)에 속한다. 이들 9황제(皇帝)의 백성이 64만인데, 모두가 그의 후예들이다.

인류의 시조 나반은 파내류 고원 천산(天山)에 살아남았고, 아만은 파내류 고원 백산(白山)에 살아남았다. 천지개벽 이후 갑작스러운 기후 변화로 수년간 내리는 폭우로 아이사타(阿耳斯它) 분지(盆地) 천산(天山)과 백산(白山) 사이가 물바다로 변했다. 하루는 두 사람의 꿈에 천신(天神, 하느님)이 나타나서 아이사타(阿耳斯它)에 물이 빠졌다고 알리면서, 그곳에 가서 서로 만나도록 가르치며 두 사람은 혼인을 맺고 잘살기를 당부했다. 이로부터 두 사람은 신의 계시를 믿고 그곳에 가서 만나서 혼인을 맺고 1,000년을 살면서 아들 딸을 낳았다. 그들이 9환족(九桓族)이고 모두가 그의 후예들이라 하셨다.

불씨의 발견

童女童男八百於黑水白山之地於是桓因亦以監群居于
天界掊石發火始教熟食謂之桓國

동녀(童女) 동남(童男) 800명이 흑수(黑水, 흑해의 깊은 호수) 백산(白山, 눈에 덮여 산머리가 흰산)의 이 땅은 환인(桓仁)으로 인하여 역시 무리를 감독하고 사시며 천계(天界, 천상계)로부터 부석(掊石, 부싯돌)을 때려 쳐서 발화(發火)하여 숙식(熟食)하기를 교화(敎化)하셔서 환국(桓國, 환인의 나라)에서는 이로부터 시초였다.

而時稼穡之道不備又無火種爲憂一日偶入深山只看喬
木荒落

때에 가색도(稼穡道, 곡식 농사 짓는 방법)이 준비가 안 되고, 또한 화종(火種, 불씨)이 없어 근심스러워할 때, 하루는 우연히 심산(深山)에 들어갔는데 다만 고목(古木)들이 거칠게 얽혀 떨어진 것을 보았다.

但遺骨骸老幹枯技交織亂又立住多時沈吟無語忽然大
風吹林萬窺怒號幹相逼擦起火光閃閃爍爍乍起施消

다만 유골(遺骨)과 해골같이 노간(老幹, 늙은 뼈대)만 남은 고기(枯技, 마른 가지)가 직란(織亂, 비틀려 어지럽게)스럽게 교차하고 있었다. 또 말없이 〈림만규(林萬窺, 숲을 깊이 엿보고) 많은 시간을 서 있었는데, 홀연히 대풍(大風)이 만(萬)이 불었는데, 노(怒, 성낸)한 듯이 호(號, 큰소리)를 내면서 줄기가 서로 핍

찰(逼擦, 닥치는 대로 비벼)하여 기화(起火, 불이 일어나)되어 섬(閃, 번쩍)섬(閃, 번쩍)하며 사기(乍起, 갑자기, 일어나)하고 빛나다가 사라져버렸다.

乃猛然惺悟曰是哉是哉是乃取火之法也歸取老櫻枝擦
내 맹 연 성 오 왈 시 재 시 재 시 내 취 화 지 법 야 귀 취 노 직 지 찰
而爲火功猶不完
이 위 화 공 유 불 완

이에 맹렬(猛烈, 매우 사나운)함을 슬기롭게 깨달아 재시(哉是 옳구나) 재시(哉是, 옳구나)하고 중얼거리며, 이것이 불을 취하는. 방법이로다 하고 돌아와서 노(老 오래된) 직지(櫻枝 나뭇가지)를 찰(擦, 비벼) 마땅히 화공(火功, 노력 끝에, 불을)를 취했으나, 완전하지 못했다.

明日復至喬林處徘徊尋思忽然一個修紋虎咆哮曜來高
명 일 복 지 교 림 처 배 회 심 사 홀 연 일 개 수 문 호 포 효 요 래 고
矢氏大叱一聲飛石猛打誤中岩角炳然生火乃大喜而歸
시 씨 대 질 일 성 비 석 맹 타 오 중 암 각 병 연 생 화 내 대 희 이 귀
復
복

다음날 다시 교림(喬林)에 이르러 배회(徘徊, 이리 갔다 저리 갔다)하다가 심사(尋思, 생각)에 잠겼는데, 홀연히 일개수(一個修, 하나로 딲은) 문요(紋曜, 무늬로 빛난)의 호(虎, 호랑이)가 크게 포효(咆哮, 으르렁으르렁)거리고 달려드는데, 고시(高矢) 씨는 큰소리로 외쳐 꾸짖으면서 돌 한 개를 맹타(猛打)했는데, 오중(誤中, 빗나가) 암각(岩角, 바위 모서리)에 맞아 생화(生火, 불빛이 튕겨나서) 이에 큰 기쁨으로 다시 돌아왔다.

擊石取火從此民得火食鑄治之術始興而制作之功亦漸
격 석 취 화 종 차 민 득 화 식 주 치 지 술 시 흥 이 제 작 지 공 역 점
進矣
진 의

격석(擊石, 돌을 쳐서) 취화(取火, 불씨를 취)하여 다음부터 백성들이 따르게 하고 화식(火食. 음식을 익혀 먹음)하게 되었고, 시초로 주치(鑄治, 쇠를 녹혀)하여 제작(制作)하는 기술(技術)이 일어났으니, 공(功)이 점점 진보(進步)되었다.

부연설(敷衍說)

유골과 해골같이 늙어 뼈대만 남은 나무가지가 비틀러 어지럽게 얽혀 있었다. 또 말없이 많은 시간 엿보고 깊이 들어가 있었는데 홀연히 큰 바람이 불었다. 성낸 듯이 호 소리를 내면서 줄기가 서로 닥치는 대로 마찰함에 불이 번쩍번쩍 빛나다가 사라지는 것을 보고, 이에 오동나무가 매우 사납게 매마른 것을 깨닫고 옳구나, 옳구나 하고 중얼거리며 이것이 불을 취하는 방법이로다 하고 돌아와, 늙은 나뭇가지로 마찰시켜 불을 취했으나 완전하지 못했다. 다음날 다시 키가 큰 숲에 이르러 이리 갔다 저리 갔다 하다가 생각에 잠겼는데, 뜻밖에 일자 무늬가 그려진 호랑이가 으르렁거리며 달려들었다. 고시 씨는 큰 소리를 지르며 돌 한 개를 맹타했는데 빗나가서 바위 모서리를 쳤는데, 불이 번쩍하므로 불을 얻는 방법이 이것이구나 하고 기쁨에 중얼거리며 다시 돌아와서, 돌을 쳐서 불을 취하여 다음부터 백성들이 따르게 하여 불로 음식을 익혀 먹는 기술이 점점 진보되었다.

나반(那般)과 아만(阿曼)이 살면서 석발화(石發火. 돌에서 불을 얻었다), 즉 돌을 쳐서 불을 얻어 숙식(宿食)했다고 하였다. 오늘날같이 발달한 세상일지라도 천지개벽으로 모든 것을 잃고 없는 맨몸일 경우, 불을 얻을 수 없어 돌과 돌을 부딪쳐서 불을 얻거나 나무를 비벼서 불을 얻어야 했을 것이다. 하여 나반과 아만은 세상을 살아갈 수 있는 지혜가 있었던 것이다. 아

이사타 분지에서 1,440년간 나반과 아만의 후손의 인구가 급증하여 지상천국(地上天國)은 먹을 것 때문에 빼앗거나 빼앗기는 사건이 자연적으로 발생하였다. 이와 같은 사건을 다스릴 사람이 바로 안파견(安巴堅)이었다. 안파견은 힘이 세고 지혜가 뛰어난 사람이었다. 그래서 이들 모두가 안파견을 만장일치로 추장(酋長)으로 모시게 되었다. 안파견이 추장이 되어 파내류 산에서 나라를 세운 것을 파내류 국(波奈留國)이라 하였다가 곧 환국(桓國)이라 하였다.

(註)=나반(那般)과 아만(阿曼)이 개벽(開闢)으로부터 굳세게 살아남았다고 하여 환(굳셀,桓)이라 하였으며, 그 시대 하늘님의 말음이 환(桓)이라 하였으므로 환(桓)을 하늘 님이라 칭함이다. 나반(那般)과 아만(阿曼)의 후손 중 지배자(支配者)를 환인(桓因)이라 함이다, 환(桓)의 쓰임새는 〈환(桓, 하늘님 인因, 하여금)〉의 뜻이다. 안파견이 환국(桓國)을 세웠으므로 환인(桓仁)이라 칭함은 환국(桓國) 상제(上帝)의 연호(年號)이다. 따라서 환인(桓因, 하늘님)은 유일한 한 분이라, 하여 안파견환인(安巴堅桓仁)의 후손(後孫) 환족(桓族)들은 환인(桓仁)이 죽어서 태양신(太陽神)이 되시어 환인(桓因)은 한분이신 유일신(唯一神)이라 전(傳)해 내려 오고 있다, 칭호를 혼동(混同)하기 쉬워서 밝힘이다, 환인(桓因)은 하느님을 칭함이고 환인(桓仁)은 환국(桓國)상제(上帝)의 연호라 인식하여야 한다,

그래서 환인(桓仁)과 환인(桓因)을 혼동할 가능성이 있겠지만, 환인(桓因)과 환인(桓仁)은 확연하게 구분된다. 환인(桓仁)은 안파견(安巴堅)의 이름이다. 환인(桓仁)이라 함은 환(桓)의 족속(族屬)을 다스리는 상제(上帝)를 말함이고, 상제라 함은 죽어서 하늘로 올라가셨으니 천제(天帝)라 하여 하느님이라 하였다. 천황(天皇)은 하느님의 아들이므로 황제(皇帝)라는 뜻이다.

그래서 파내류 산(波奈留山)이 천산(天山)이고, 그 옆에 있는 산을 백산(白山, 흰 눈이 산머리에 덮인 산)이라 하였고, 백산의 서북(西北)에 흑해(黑海, Black Sea)요, 북(北)은 발하쉬호(Baihaswio) 두 호수(湖水)가 깊어 검게 보인다 하여 흑수(黙水)라 하였다.

『환단고기』의 「삼성기전(三聖記典)」 상편(上篇) 첫머리에 이렇게 기록돼 있다. 환인(桓因)은 하늘의 태양으로 비유(比喩)하여 기록된 내용이다. 우리 환(桓)의 최고의 하나의 신(神)이 존재하였다. 백성의 힘은 하늘을 위해 홀로 되신 신(神, 태양)은 우주(하늘나라)를 광명(光明)으로 비춰서 만물이 생성하도록 친히 세화(歲華=기분을 돋아)하여 오랫동안 누리게 하여 용기를 얻어서 쾌락(快樂)을 타고 놀게 되어 신묘(神妙)한 기(氣)를 얻었다. 무형(無形)의 자연은 <무위자연(無爲自然)>이라서 볼 수 없고 이를 말로 지어서 행할 수 없었다.

해가 뜨면 동쪽 산에 올라 해 뜨는 것을 보고 경배(敬拜)하고, 해가 서산 아래로 내려가면(해가 지면 저녁이 온다는 뜻) 흑수(깊은 발하쉬 호수) 백산(산머리에 흰 눈이 쌓인 파내류 산) 둘레 이 땅에 사는 동여동남(젊은 여자 젊은 남자) 800여 환족(桓族)들 모두가 환인(桓仁)의 무리들이라 이들을 감독하고 살도록 돌을 쳐서 불을 얻어 화식(火食)하고 살면서 안파견(安巴堅)으로부터 7세(世)까지 이어왔다.

일산일수(一山一水)는 각각 나라마다 여군(女群, 여자무리)와 남군(男群, 남자무리)들을 모두 나누어 서로 경계하여 달리하게 되었다. 창세(創世)의 조서(詔書) 후 오랜 세월을 보낸 뒤 제(帝) 환인(桓仁)이 나왔으니 나라를 위함이라, 그가 가는 곳마다 사람의 추대를 받았으며, 이를 안파견환인(安巴堅桓仁)이라 하였고, 그의 후손 거발환웅(居發桓雄)이 배달(倍達) 나라를 세웠다. 생각건대 안파견((安巴堅)이라 함은 하늘을 계승받은 아버지라 이름 하였고, 이를 같이하여 거발환(居發桓)이라 함은 천(天)지(地)인(人)을 하나로 정한 이름이다.

안파견(安巴堅) 환인(桓仁)의 9형제가 나라를 나누어 구환(九桓)이라 하였으며, 아홉 황제(皇帝)의 9황(皇) 아래 구환(九桓) 백성이 64만이라 하였다. 삼신(三神, 하늘신. 지신. 조상)은 하늘로부터 내려오느니라, 말씀하시며 하늘과 땅은 만물을 생성(生成)하였고 이로 인한 환인(桓仁)은 사람을 올바르게 가르쳐 세우니 자손상전(子孫相傳)은 현묘(玄妙)한 길을 광명(光明)하게 밝혀 세상을 다스렸다. 그래서 천지인(天地人)의 삼극(三極)은 대원일(大圓一, 하나의 지구)에서 생겨난 온갖 물건의 근원인데 이에 옳은 법칙을 천하구환(天下九桓)에게 전했으니 어찌 예락(禮樂)이 아니겠는가? 라고 말씀하셨다.

환인(桓仁)의 나라를 환국(桓國) 또는 파내류 국(波奈留國)이라 하고, 산은 기르기스탄(Gireuki a pakistan)의 남부 파미르 고원의 련방 봉(Ryeonbang bong 7,495m)을 천산(天山)이라 하였고, 려닝 봉(fusldphd 7,154m)을 백산(白山)이라 하였다. 하늘과 제일 가까운 세계 최고봉 히말라야 산맥(Himalia mountains)의 에베르스트산(Ebereuseut 8,848m)으로부터 마나솔루산(Manasollu, 8,117m)으로 하여 서북쪽으로 군륜(Gullun) 산맥의 난다레비산(Nandalevy, 7,817m)를 하여 서북쪽 분지(盆地)인 파내류(波奈留) 고원이다. 이 지대(地帶)에 있는 천산(天山)과 백산(白山)에서 인류 최초의 나라를 세우고 살았으니 여기가 인류 최초의 지상낙원이었다.

파내류 산맥의 동쪽 저지대가 중국의 타클라마칸(Taklimakan) 사막과 타림 분지(Tarim a basin)이고, 투루판 분지(Tworupan a basin) 중가리 분지(Jung Gari a basin)가 있고 몽골 지방의 알타이(Altai) 산맥과 안기이 산맥(Mountains they Certii cate)으로부터 러시아 시인 산맥(Russian poet Mountalns)으로, 고산지대와 저지대의 차이는 하늘과 땅처럼 보였다고 한다. 백산(白山)에서 정북 쪽에 있는 발하쉬 호수(Luke balhaswi)를 천해(天海) 또는 북해(北海), 혹해(黑海)라 하고, 서북쪽으로 아랄 해(Aral sea) 서쪽에는 카스피 해(Caspian sea)가 있다. 남북의 거리가 50,000리라면 파키스탄(Pakistan)과 인도(India)를 포함하여 카자흐스탄(Lakergion Gaza)과 러시아(Russia) 남부를 포함했을 것이며, 동서(東西)의 거리가 20,000리라면 동쪽은 중국과 몽골의 서부였을 것이고, 서쪽으로는 우즈베키스탄(U.Jubek iseu tan)과 투르크베니스탄(Turk,sennienaen) 분지라 할 것이다.

나반(那般)과 아만(阿曼)은 그곳에서 하늘의 도(道)를 얻어 춥지도 않고 병들지도 않았으며, 열매는 사철로 익어서 먹고 살기 풍부하여 해마다 자식을 낳았다. 자식들이 서로 짝을 맺어 아들이 아들을 낳고, 그 자식들이 자식을 낳았으며, 나반과 아만은 1천여 년을 살았는데, 그 아들과 딸 그들 역시 1천 년을 장수하였다. 파내류 고원 인구는 채 1천 년이 지나기 전에 수백만 명의 인구가 증가하여 질서가 혼란하여 서로 싸우고 빼앗고 하였으니, 질서를 잡고자 하여 안파견(安巴堅)이 나라를 세워 인류사회를 다스리고 국호를 파내류 국(波奈樓國) 혹은 환국(桓國)이라 하였다

환국(桓國)에서 백두산

파내류 산(波柰留山) 환국(桓國)에서 BCE 3,898년 환웅(桓雄)이 무리를 이끌고 16,000리 길을 백두산까지 걸어서 내려와 송화강(松花江) 유역에 세운 나라가 배달국(倍達國)이다. BCE 3,897년 서자(庶子, 서자부 아들)는 아버지 거발단(居發檀) 환인(桓仁)의 명을 받아 천부인(天符印) 3개를 내수(乃受)하고 개척단(開拓團) 3,000인을 거느리고 이민(移民)온 것이다.

인류의 대이동 통로

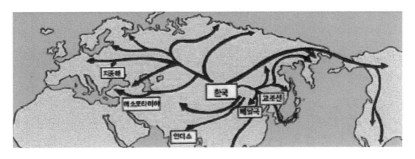

인류의 발원지(發源地) 도표(圖表) (1)

파내류 천산(波柰留 天山, Panaeryucheonsan)에서 인류의 대이동이 시작된 순서는 아래와 같다.

(1) 알타이 산맥(AltaiMountains)을 넘어 ➡ 이블로이 산맥 (EvilRoy, amoun-
tainrange) ➡ 골라마 산맥(Mountainsofthegoal, Rama) ➡ 알라스카(Alaska)
➡ 아메리카 대륙(Americas) 정착

(2) 티벡 고원(The Highlands tibek) ➡ 양자강 유역(The Yangtze valley) 정착

(3) 히말라야 산맥(Himalia Mountains) ➡ 캔더스 강 유역(Watershedandeoseu-
gang) 정착

(4) 슬라이 산맥(Sly's Mountains) ➡ 인더스 강 유역(The Indus River basin) 정착

(5) 힌두쿠스 산맥(Hindu Kush mountain range.) ➡ 카스피 해 연안(Caspian Sea)
정착

(6) 슬라이만 산맥(Sly'sMacsallthehills) ➡ 이란 고원(Iranianplateau) ➡ 메소포
타미아(Mesopotia) 정착

(7) 이란 고원(Iranianplateau) ➡ 아라비아 반도(TheArabianPeninsula) ➡ 이디
오피아 고원(Ethiopian highlands) ➡ 나일 강 유역(The Nile basin) 정착

(8) 우랄 산맥(The Ural Mountains) ➡ 스칸디나비아 반도(Scandinavia) 등으로
이주하여 세계 문명 발원지 인구는 모두 환국의 환족(桓族)들이다.

세계 4대 강 유역 문명 지역

수메르인(Sumerians)들이 메소포타미아(Mesopotamian)에 정착하기 전에 이
미 그들은 정착했다. 그러나, 오랫동안 살아온 역사(歷史)는 대개 BC 3897
년부터라 하였다

(1) 황하(黃河)

(2) 메소포타미아 강

(3) 나일 강

(4) 갠지스 강 순서였으나 지금은 세계 4대 강 차하이(車高)·싱룽(興隆) 문
화는 BC 6,000년 전에서 홍산문화(紅山文化, 우리 것으로 보이는 모든 유물)
BC 4,500~BC 3,000년에 이르기까지 열거하고 있다.

세계 4대 문화 유산

(1) 메소포타미아(Mesopotamian) 문명-유프라테스(Euphrates) 강, 티그리(Ti-
gris) 강의 두 강 유역=지금의 이라크(Iraq)

(2) 인더스(The Indus) 문명 - 인더스(The Indus) 강 인도(India)

(3) 이집트(Egypt) 문명 - 나일 강(the Nile) 이집트(Egypt)

(4) 황하(黃河) 문명 - 황하(黃河) 중국

1) 메소포타미아 고대 도시 문명의 시작은 BC 7,000~BC 6,000년
경, 북 이라크(Iraq)의 자그로스(Zagros) 산록(山麓) 지대에 정주(定

住)한 가장 오래된 농경민(農耕民)은 동시에 목축도 발달시켰다.

메소포타미아와 이집트 문명은 원초적이고 자생적인 아담과 이브(Adam and Eve)의 문명이라고도 한다. 기원전 4,000년에서 기원전 3,000년에 이르기까지 1,000년의 기간은 메소포타미아 문명의 수임(修任) 시기라고 볼 수 있다. 고왕국 시대(古王國時代: BC 2,686~BC 2,181)에 갖추어졌다. 이리하여 이집트인의 3,000년의 역사가 전개되었다. 메소포타미아의 티그리스 강과 유프라테스 강 두 강은 많은 지류(支流)가 있다.

2) 인도 문명=BC 3,000-3,500여 년, 인더스(The Indus) 문명 그리고 황하(黃河) 문명이 BC 2,800-3,000여 년 전으로 추정된다, 지금까지는…. 참고로 은(殷)나라도 공식적(公式的)인 인정을 못 받다가 은허(殷墟)에서 갑골문자(甲骨文字)의 발견으로 세계문화유산에 등록되어 역사적으로 유명)하다.

혼히 동질적(同質的)인 문화 요소, 문화 경관(景觀)을 가지고 있는 일정한 공간 범위는 BC 1,500년경부터 아리안 족(Arianjok)이 이란 고원(Iranian Plat) 방면에서 인더스 강(The Indus River) 유역과 유사하다.

그것은 대략 BC 4,000년경으로 생각된다. 그 후 BC 3,000년 전후까지의 문화 변천의 흔적은 아직도 밝혀지지 않고 있다. BC 3,000년경의 농경 촌락 문화는 가지무늬 토기)를 시표(示標)로 하는데, 적색(赤色) 토기 문화와 혼합되고 있다.

3) 이집트 문명=BC 3000년경 나일 강(the Nile)의 이집트 문명은 고대 (이집트를 대표하는 인물들로, 그들은 다양(多樣)한 문화(文化)는 예술적(藝術的)이다. 문명(文明)의 정의(定義)는 나일강(the Nile)유역(流域)에서 형성(形成)된 문명(文明)으로서, BC 2575년~BC 2200년 375년간

제4~8왕조(王朝,4왕조)이고, 제1중간기는;BC 2200년~BC 2000년
은 (200년간) 중(中) 왕국(王國)이다.

이집트는 BC 500년~BC 400년 〈(BC 400~ : 지금 2005년도이지만, 2005
년-(빼기)=2405년 정도)〉 이집트 지방 나일 강 유역의 지리적 조
건-정기적 범람⇒효과적인 치수(治水) 가능)⇒농경(문화 발달로 비
옥한 토지 조성- 도시국가 형성-강력한 왕국이다.

이집트 상형문자(象形文字)의 기원은 명백하지 않지만, 가장 빠른 문
자로서 그 유물은 기원 전이다. 고대 이집트). 환경(環境)은 북아
프리카(NorthAfrica) 전역(全域)에 걸친 사하라 사막의 나일 강 유역
이다. 이집트의 역사는 지금부터 6,000년 전이다. 이집트는 주민
의 생업과 정치, 종교, 문화의 근거지이다.

4) 황하 문명 : BC 3897년 신시(神市)에서 시작된 문화인데, BC
3,500년경 황하(黃河)로 이동해 왔다. 황하에서 처음 진국(辰國)을
세운 태호복희(太嘷伏羲)로부터다. 황하 문명의 주인공은 은(殷)나
라에서 BC 1600년경 건립되었다. 옛 은나라의 터에서 중국 최초
의 여장군(女將軍) 푸하우(Talkedpua)의 묘(墓)가 발견되었다. 사모
(師母) 무정(武丁)이라는 은나라의 여장군(女將軍)이다.

황하 문명은 중국의 황하 중하류 지역에 성립한 옛 문명의 총칭
(總稱)이다. 문명의 성립이란 일반적으로 국가로서 청동기, 문자의
성립 등이 요소가 되는데, 이런 의미(依微)에서 황하문명(黃河文明)
의 성립기(成立期)가 시작 되었다.

도표(圖表)(2)

인류의 4대 분포지(分包地)

(1) BC 3500년경 환족(桓族)들은 파내류 산(波柰留山)에서 메소포타미아
(Meso potamia)로 대이동하여 지구랏(Jigurat) 성지의 탑 건설이 시작되
었다.

(2) BC 500~BC 400년경 이집트(Egypt) 문화는 메소포타미아(Mesopota-
mia)로부터 시작된 것이다.

(3) BC 3500년경 수메르(Sumer) 문명이 만들어지고 남쪽으로 이동했던
일파(Alpha)가 BC 2500년경 동남아세아(SE Asia) 인도(印度)의 인더스
강 유역(The Indus River basin) 문명을 이룬 것이다.

(4) BC 3897년 파내류 산 환국(桓國)에서 16,000리 길을 걸어서 백두산
아래 신시(神市)를 개천(開天)했다. BC 3500년경 신시 종족들이 황하
로 이동하여 황하 문명을 발전시킨 것이다.

인종의 5종족 분류

파내류 산(波奈留山)에서부터 인류사회가 시작하여 동서양(東西洋)과 아프리카(Africa)까지 지구촌 전역 여기저기 흩어져 자리 잡고 살기 시작했다. 사람이 수천 년 동안 한 곳에 살면서 지역 풍토(風土)에 따라 피부 색깔이 달라지고, 식생활 방식에 따라 변화된 것이다. 〈예〉 (해저에 사는 해삼이 서식하는 해저 지면에 따라 변색되듯이) 사람 역시 그 종별(種別)은 신사기(紳事記)의 조화기(造化紀)에서 이르는 글이 있다. 나반(那般)과 아만(阿曼)이 짝이 되어 그 후예들의 얼굴 색깔을 나누면 다섯=5종족(五宗族)으로 분류된다.

(1) 황인종(黃人種)=피부가 누렇고 코는 튀어나오지 않으면서 광대뼈가 튀어나왔고, 머리가락이 검고 눈은 펑퍼짐하며 청록색이다. 이들은 넓은 벌판에 산다.

(2) 백인종(白人種)=피부는 희고 뺨이 나왔으며, 코가 크고 눈알이 초록색 또는 청록색이며 머리털이 희색이다. 이들은 호숫가에 산다.

(3) 흑인종(黑人種)=피부가 녹슨 구리색이고 코가 뭉퉁하며, 이마는 넓고 뒤로 기울고 머리털은 곱슬이며 색깔은 검다.

(4) 홍인족 =남녘 바닷가에 살면서 피부 색깔이 붉은색이며 황인종과 흑인종의 중간이다.

(5) 남색 인종(藍色人種)=풍족이라고 하며, 야자수 색깔이고 피부는 암갈색으로 모양은 황인종과 같다. 이들은 섬에 사는 편이다.

환인(桓仁)의 나라 12개 연방국

古記云波奈留山下有桓仁氏之國天海以東之地亦稱波
고 기 운 파 내 유 산 하 유 환 인 씨 지 국 천 해 이 동 지 지 역 칭 파

奈留之國其地廣南北五萬里東西二萬餘里惣言桓國
내 유 지 국 기 지 광 남 북 오 만 리 동 서 이 만 여 리 홀 언 환 국

分言則卑離國養雲國寇莫汗國勾茶川國一群國虞婁國
분 언 칙 비 리 국 양 운 국 구 막 한 국 구 다 천 국 일 군 국 우 루 국

(一云累那國)客賢汗國勾牟額國賣勾餘國(一云白多
일 운 누 나 국 객 현 한 국 구 모 액 국 매 구 여 국 일 운 구 다

國)斯納阿國鮮稗國(一云韋國或云斯國)須密爾國合
국 사 납 아 국 선 패 국 일 운 위 국 흑 운 사 국 수 밀 이 국 합

十二國也
십 이 국 야

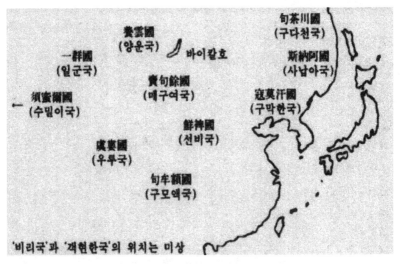

인류의 발원지(發源地) 도표(圖表) (3)

고기(古記)에 이르기를 파내류 산 아래 환인 씨의 나라가 있었다 천해(淺

海)의 동쪽 땅 역시 파내류 나라로 칭하여 그 넓이가 북(北)으로 5만 리(萬里), 동서(東西)로 2만 리(萬里)를 환국(桓國)에서 나누어 (1) 비리국(卑離國) (2) 양운국(養雲國) (3) 구막한국(寇莫汗國) (4) 구다천국(句茶川國) (5) 일군국(一群國) (6) 우루국(虞婁國) 또는 필나국(畢那國) (7) 객현한국(客賢汗國) (8) 구모액국(句牟額國) (9) 매여국(賣句餘國) 또는 직구다국(稷臼多國) (10) 사납국(斯納阿國) (11) 선비국(鮮裨國) 또는 시위국(豕韋國) 혹은 통고사국(通古斯國) (12) 수밀국(須密爾國) 합하여 12개국은 환국(桓國)에서 분국(分國)한 연방국들이다.

桓國有五訓神市有五事所謂五訓者一曰誠信不僞二曰
환 국 유 오 훈 신 시 유 오 사 소 위 오 훈 자 일 왈 성 신 불 위 이 일
敬勤不怠三曰孝順不違四曰廉義不淫五曰謙和不鬪所
경 근 불 태 삼 일 효 순 불 위 사 일 렴 의 불 음 오 일 겸 화 불 투 소
謂五事者牛加主穀馬加主命狗加主刑猪加主病
위 오 사 자 우 가 주 곡 마 가 주 명 구 가 주 형 저 가 주 병
羊加(一作鷄加)主善惡
양 가 일 작 계 가 주 선 악

환국(桓國)에 오훈(五訓)이 있었고, 신시(神市)에 오사(五事)가 있었다. 소위 오훈자(五訓者)라 함은 첫날(1일) 성실하고 믿음으로써 거짓이 없을 것이며, 2일 공경 근면하여 게으르지 않을 것이며, 3일 효도 순종하여 어김이 없어야 하며, 4일 염치와 의리 없이 음란(淫亂)치 않으며, 5일 겸손 화목하여 투쟁이 없는 것이 오사자(五事者)이다. 우가(牛加)은 곡식을 주관하고 마가(馬加)는 목숨을 주관하고 구가(狗加)에게 형벌(刑罰)을 주관하게 하고 저가(猪加)에게 병을 주관하며 양가(羊加) 또는 계가(鷄加)라 함은 선악(善惡)을 주관함을 말씀함이다.

환국주 왈(桓國註曰)

桓者全一也光明也全一爲三神之智能光明爲三神之實
<small>환 자 전 일 야 광 명 야 전 일 위 삼 신 지 지 능 광 명 위 삼 신 지 실</small>
德乃宇宙萬物之所先也
<small>덕 내 우 주 만 물 지 소 선 야</small>

환국(桓國)의 주(註)에서 말하기를 환(桓)이리는 자를 전일(全一)이라 하며 광명(光明)이라 하였다. 전일(全一)은 삼신(三神.천신(天神) 하느님 지신(地神) 전생의 조상 인신(人神) 후생계 조상인 성제)이라, 지혜(智慧)와 능력이라 하고, 광명(光明)을 삼신(三神)으로부터 실덕(實德))을, 이는 곧 우주 만물이 있는 곳을 먼저라 말함이다.

※ 환인시대 종교적인 제사 문화(祭祀文化)인 ① 천제(天祭)=하늘에 지내는 제사 ② 지제(地祭)=전생계에 지내는 제사 ③ 인제(人祭)=국조 조상님께 지내는 제사 신앙을 말함.

조대기 왈(朝代記曰)

古俗崇尚光明以日爲神以天爲祖萬方之民信之不相疑
<small>고 속 숭 상 광 명 이 일 위 신 이 천 위 조 만 방 지 민 신 지 불 상 의</small>

조대기(朝代記)에서 말하기를, 옛 풍속은 광명(光明)을 숭상하였다. 해(日)를 신(神)으로 삼고 하늘을 조상으로 삼았다. 만방(萬邦)의 백성들은 이를 믿고 서로 의심하지 아니하였다.

〈삼성기전(三聖記典)〉에 의하면

吾桓建國最古有一神在斯白力之天爲獨化之神光明照
宇宙權化生萬物長生久視桓得快樂乘遊至氣妙契自然
無形而見無爲而作無言而行日降童女童男八百於黑水
白山之地於是桓因亦以監群居于天界培石發火始敎熟
食謂之桓國是謂天帝桓因氏亦稱安巴堅也　傳七世年
代不可考也

　우리 환(桓=나라)의 건국은 오래된 옛날 일신(一神, 환인) 한 분이 있었다. 사백력(斯白力, 백야 현상의) 하늘 천산(天山)에 홀로 계신 신(神, 환인)이라 우주(宇宙, 온 세상)의 권화(權化, 다스림)로 세상을 밝게 비추시고 만물을 생성(生成)하고 장생구시(長生久視, 오랫동안 보시니) 백성은 쾌락(快樂)을 타고 노아도 무형(無形)이라 자연은 신묘(神妙)한 기운(氣運)이 무언(無言)이라, 행일(行日)에 내려오면 동녀동남(童女童男) 800여 명이 흑수(黑水) 백산(白山)에 내려온 무리들께 돌을 쳐서 불씨를 얻는 것을 가르치고 숙식하게 하며, 환국(桓國)를 바르게 가르쳐주셨으니 환인(桓因)을 한님(하늘님)이라 부르다. 환인(桓仁)씨는 안파견(安巴堅)으로부터 7대를 전했으나 그 연대는 알지 못했노라.

朝夕敬拜以爲桓式太陽者光明之所會三神之修居人得
光以作以作而無爲自化朝則齊登東山拜日始生夕則齊
趨西川拜月始生先是桓仁往而自知化育五物敷演五訓
主治五事五加衆皆勤苦使至善修行關心光明作事吉祥
往世快樂桓仁高於上上天惟意懇切百途咸自知平時稱
天帝化身而無取叛者九桓之民咸率歸于

조석(朝夕)으로 경배(敬拜)하는 것은 환인(桓仁) 방식은 태양은 광명을 만나는 곳이 회삼신(會三神)이라, 사람이 사는 곳을 다스려 빛을 얻으므로 무(無)에서 짓는 것과 짓지 아니함이 없는바, 하는 바 없이도 하는 듯하고 스스로 교화(教化)하나니. 아침이면 동산(東山)에 함께 동쪽 산에 올라 해 뜨는 것을 보고 경배하고, 저녁에는 함께 강가로 나아가 달이 먼저 뜨는 곳을 보고 경배하였다.

※ 회삼신(會三神)은 차례대로 (三神. 천신(天神) 하느님 지신(地神) 전생의 조상 인신(人神) 후생계 조상인 성제)의 제사 지냄을 말함이고, 이에 앞서 환인(桓仁)께서 오시더니 절로 5가지 물건를 아시고 오훈(五訓)을 주관(主管)하고 다스림으로 오사(五事)를 오가(五加)의 무리 모두 어려움을 참고 부지런히 잘 배워 지닌 끝에 마음의 빛을 얻어 상서(祥瑞)로운 일들을 만들고, 세상의 쾌락(快樂)하옵고, 환인(桓仁)께서는 높고 높은 하늘에 오르시어 홀로 생각하시며 온갖 일을 다스리시더니 모두 절로 화평(和平)하였다. 때에 천제(天帝)로써 몸을 나타내시니 감히 따르지 아니함이 없이 구환(九桓)의 백성이 모두 하나로 거느리고 돌아오게 되었다.

부연설(敷衍說)

태양을 아버지처럼, 달을 어머니처럼 정신적으로 효도함을 신앙으로 삼고 게으르지 아니하였다. 아침 해가 뜨기 전 동쪽 산에 올라가 뜨는 해를 보고 경배하고, 저녁이면 강변에 나가 달을 보고 경배하였다.

昔有桓國衆富且庶焉初桓仁居于天山得道長生擧身無
석 유 환 국 중 부 차 서 언 초 환 인 거 우 천 산 득 도 장 생 거 신 무
病代天宣化使人無兵人皆作力自無飢寒傳赫胥桓仁古
병 대 천 선 화 사 인 무 병 인 개 작 역 자 무 기 한 전 혁 서 환 인 고

是利桓仁朱于襄桓仁釋提壬桓仁邱乙利桓仁至智爲利
시리환인주우양환인석제임환인구을리환인지지위리
桓仁或曰檀仁
환인혹왈단인

옛적에 환국(桓國)이 있었다. 백성의 무리는 부유했다. 처음 환인(桓仁)께서 천산(天山)에 살면서 도(道)를 얻어 몸에 병이 없고 오래 살았다. 하늘을 대신하여 도를 교화(敎化 가르쳐)로 베풀고 군대를 동원하여 싸우지도, 빼앗음도 없었으며, 모두가 힘을 합하여 일하여 주림이 없고 추위를 이겨냈다. 환인으로부터 혁서 환인(赫胥桓仁), 고시리 환인(古是利桓仁), 주우양 환인(朱于襄桓仁), 석제임 환인(釋提壬桓仁), 구을리 환인(邱乙利桓仁)에 이르러 지위리 환인(智爲利桓仁)으로 전하면서 혹은 단인(檀仁)이라!

그 계대(繼代)는 아래와 같다.

황대순	환인 명(桓仁名)	황대순	환인 명(桓仁名)
제1세	안파견 환인(安巴堅桓仁)	제2세	혁서 환인(赫胥桓仁)
제3세	고시리 환인(古是利桓仁)	제4세	주우양 환인(朱于襄桓仁)
제5세	석제임 환인(釋提壬桓仁)	제6세	구을리 환인(邱乙利桓仁)
제7세	지위리 환인(智爲利桓仁) 혹은 단웅(檀雄BC 3898) ➡ 아들거발 환웅(居發桓雄) ➡ 1,6000리 길을 걸어서 백두산에 내려서 송화강 유역에서 배달국(倍達國) 세움		

제2장

환국(桓國)에서 배달국(倍達國)

배달국(倍達國) 신시(神市)

敦是桓國之末安巴堅下視三危太白皆可以弘益人間問
돈시환국지말안파견하시삼위태백개가이홍익인간문
誰可使之五加僉曰庶子有桓雄勇兼仁智嘗有意於易世
수가사지오가첨왈서자유환웅용겸인지상유의어역세
以弘益人間可遺太白而理之乃授天符印三種仍勅曰如
이홍익인간가유태백이리지내수천부인삼종잉칙왈여
今人物業己造完矣君勿惜厥勞率衆三千而住開天立教
금인물업기조완의군물석궐노솔중삼천이주개천입교
在世理化爲萬世子孫之洪範也
재세리화위만세자손지홍범야

　때에 환국 말(桓國末) 안파견(安巴堅) 환인(桓仁)이 삼위산(三危山)과 태백산(太白山)을 내려다보시고 홍익인간화(弘益人間化)에 누구를 보낼 것인가 하였을 때 오가첨(五加僉)이 말하기를, 서자(庶子) 환웅(桓仁)이 항상 어질고 용기와 지혜를 겸비(兼備)했으므로 일찍이 홍익인간으로 세상을 바꿀 사람이므로 어떻습니까? 하였을 때 천부인(天符印) 3종(種)을 곧 주면서 타이르기를, 이제 사람과 만물이 업(業)으로 만들어졌으므로 군(君)은 힘을 아끼지 아니하고 무리 3,000을 거느리고 가서 개천(開天)하고 교화(敎化)하여 재세리화(在世理化)하여 만세자손(萬世子孫)의 홍범(洪範)이 되어라 하심이다.

時有盤固者好奇術欲分道而住請乃許之遂精財寶率十
시유반고자호기술욕분도이주청내허지수정재보솔십
干十二支之神將與共工有巢有苗有燧偕至三危山拉林
간십이지지신장여공공유소유묘유수해지삼위산납림
洞窟而立爲君謂之諸畎是謂盤固可汗也
동굴이입위군위지제견시위반고가한야

때에 반고자(般固者)가 있었는데. 술법(術法)을 좋아하여 길을 나누어 가기로 하여 허락하였다. 마침내 재물을 꾸리고 10간과 12지간 역술(易術)의 신장(伸將.병력 통솔자)을 이끌고 공공(共工, 일하는 장인) 유소(有巢. 망루 짓는 사람) 유묘(有苗. 묘목 정원수) 유수(有燧, 봉화수)와 함께 보냈는데, 삼위산(태백신) 납임(拉林) 동굴까지 가서 자신이 군위지제(君謂之諸, 우리 모두가 임금)라 자칭함으로 환웅은 그를 보고 반고가한(盤固可汗, 반고를 예사롭지 않군)이라 하셨다.

부연설(敷衍說)

환족(桓族)은 여기서부터 한족(漢族)과 한족(韓族)으로 갈라졌다. ① 한족(韓族)이라 함은 환족에서 갈라선 반고족(盤固族)이 삼위산(三危山)에서 부족(部族)과 혼혈(混血)을 한족(漢族)이라 말함이고, ②한족(韓族)이라 함은 환족의 웅족(雄族)이 백두산 웅여(熊女)와 혼혈(混血)을 말함이다. ③ 동이족(東夷族)이라 함은 백두산 한족(韓族)에서 추방되어 황하에 가서 나라를 세운 수인(燧人)과 태호복희(太嘷伏羲)의 후손들과 그 일행들을 말함으로, 3족(族)이다.

반고자는 중국에서 구전으로 내려오는 전설 속 제왕(帝王)이라 하는데, 그는 제7세 환인(桓仁)의 명을 받아 태백산에 먼저 가서 삼신단(三神壇)을 조성하도록 시켜 선발대(先發隊)로 보낸 것이다. 먼저 간 반고자는 삼위산 납임 동굴에서 환웅께서 오실 때까지 기다렸다가 환웅과 만나서 서로 갈라서기로 원하여 갈라선 것이다.

환인께서 반고자를 먼저 보낸 다음 수일 내 아들 환웅(桓雄)에게 천부인(天符印) 3개를 주면서 3,000명의 건설 인력과 함께 해뜨는 동쪽 태백산(太白山, 백두산)에 보내어 나라를 세우도록 명하여, 먼저 간 반고자의 뒤를 쫓아 삼위산에 가서 반고자를 만났다. 먼저 간 반고자 일행들은 반고(般固)를 군(君)으로 모시고 길을 갈라 살기를 원함으로 환웅(桓雄)은 그를 허락하고 백두산에 와서 배달국(倍達國)을 세웠다.

여기서부터 갈라져 나간 이들이 고대 중국의 환상적인 부족 한족(漢族)이 되었으며 환웅(桓雄)은 백두산 웅족(熊族)과 합류하여 동방의 한족이 되었다. 서토(西土)에 간 한족(韓族)은 반고족(盤固族)과 혼혈되었다 하여 서방 전체를 한족이라 하였으니 모순이다.

於是桓雄率衆三千降于太白山頂神檀樹下謂之神市是
謂桓雄天王也

이에 환웅(桓雄)이 3,000무리를 거느리고 태백산 정상(頂上)에 내려 신단수(神壇樹)아래서 신시(神市) 여기에 이르러, 환웅천황(桓雄天皇)이라 하셨다.

將風伯雨師雲師而主穀主命主刑主病主善惡凡主人間
三百六十餘事在世理化弘益人間

장풍백(將風伯) 우사(雨師) 운사(風伯) (3부 요인)을 거느리고 곡식을 주관하고 생명을 주관하고 형벌을 주관하며 병을 주관하고 선악을 주관하며, 인한(人間) 360여 가지 일들 모두를 주관하시고 재세리화(在世理化, 세상에 있는 것을 다스림) 및 홍익인간(弘益人間, 널리 인간 세상을 유익하게)하라고 하셨다.

時有一熊一虎同隣而居嘗祈于神檀樹願化爲神戒之垊
雄聞之曰可敎也

때에 일웅(一熊, 웅가) 일호(一虎, 호가)가 같은 이웃 동굴에 살았는데, 일찍이 신단수(神壇樹)에 기도하면서, 원하옵건대 신계(神戒)의 백성이 될지어다. 환웅께서 듣고서 말씀하시기를 교화(敎化)가 옳다고 하셨다.

乃以呪術煥骨移神先以神遺靜解靈其艾一炷蒜二十枚
내 이 주 술 환 골 이 신 선 이 신 유 정 해 령 기 애 일 주 산 이 십 매
戒之曰爾背食之不見日光百日便得人形
계 지 왈 이 배 식 지 불 견 왈 광 백 일 편 득 인 형

이에 주술(呪術, 불행을 막으려 빔) 환골(換骨, 뼈를 깎아) 이신(移神, 신으로 옮김)이 먼저라. 이로써 신(神)이 조용히 령(靈)을 풀어 물려주시기를 그 애(艾, 쑥) 1주(炷, 불태우고) 산(蒜, 달래) 20매(枚)라, 주의시켜 말씀하시기를 너희들이 먹고 햇빛을 등지고 백일 간(百日間) 일광(日光)을 불견(不見)하면 반드시 사람다운 모습을 얻으리라 하시며 교화하셨다.

熊虎二族皆得而食之忌三七日熊耐飢寒遂戒而得儀容
웅 호 이 족 개 득 이 식 지 기 삼 칠 일 웅 내 기 한 수 계 이 득 의 용
虎則放慢不能忌而不得善業是二性之不相若也
호 칙 방 만 불 능 기 이 불 득 선 업 시 이 성 지 불 상 약 야

웅가(熊加)와 호가(虎加)의 2족(族)이 모두 이를 얻어먹고, 웅가는 삼칠(3x7)=21일 동안 주리고 차갑게 경계(儆戒)하고 지키면 의(儀)의 용모(容貌)를 얻게 되리라 하였다. 호가(虎加)는 이를 법칙을 방만(放漫)하여 불능(不能)하고 기피(忌避)하여 부득(不得)히 선업(善業, 착한 업적)의 이성(二性, 두성품)이 불상(不相)하고 괴로움이라.

熊女者無與爲歸故每於壇樹下呪願有孕乃假化爲桓而
웅 여 자 무 여 위 귀 고 매 어 단 수 하 주 원 유 잉 내 가 화 위 환 이
/使與之爲婚懷孕生子有帳
사 여 지 위 혼 회 잉 생 자 유 장

웅녀(熊女)가 참여함이 없이 매양(每樣) 단수(壇樹) 아래 돌아와 곧 잉태되기를 주원(呪願, 빌며 원함을)하므로 환웅(桓雄)은 가화(假化, 가짜)로 사여(使與)함에 혼인하고 품었는데 잉태(孕胎)하고 아들을 탄생하였다고 장부(帳簿)에 올리라고 시의(示意)하였다.

桓雄天王肇自開天生民施化演天經講神誥大訓于衆自
환 웅 천 왕 조 자 개 천 생 민 시 화 연 천 경 강 신 고 대 훈 우 중 자
是
시

환웅(桓雄) 천황(天皇)이 스스로 조(肇, 시작)하여 개천(開天, 세상을 엶)하고 생민(生民)을 시연(施演)하여 『천부경』을 강의(講義)하여 교화를 베풀고 신고(神誥, 하늘님께 신고)하고 크게 가르침에 무리들은 스스로 크게 옳다 하였다.

桓雄乃以三神設教以佺戒爲業而聚衆作誓有勸懲善惡
환 웅 내 이 삼 신 설 교 이 전 계 위 업 이 취 중 작 서 유 권 징 선 악
之法自是密有剪除之志
지 법 자 시 밀 유 전 제 지 지

환웅(桓雄)은 마침 삼신(三神, 천신, 지신, 인신)의 가르침을 만들어 전계(佺戒)를 베풀어 무리를 모아 서약(誓約)시켜 선악(善惡)에 대해 상(賞)과 벌(罰)을 주는 법을 갖게 하고 이로부터 슬그머니 토벌하여 벌을 주기로 하였다.

時族號不曰俗尙漸歧原住者爲虎新住者爲熊虎性嗜貪
시 족 호 불 왈 속 상 점 기 원 주 자 위 호 신 주 자 위 웅 호 성 기 탐
殘忍專事掠奪熊性愚慤自恃不肯和調
잔 인 전 사 약 탈 웅 성 우 곽 자 시 불 긍 화 조

이때 무리들의 이름은 하나로 통일되지 않았고 풍속도 오히려 점점 달라졌다. 원래 살던 무리는 호가(虎加) 무리였는데 서로 살기 시작한 것은 웅가(熊加) 무리였다. 호가(虎加) 무리는 성질이 잔인한 짓을 즐기며 탐욕이

많아서 이를 일삼았고, 웅가(熊加) 무리는 성질이 어리석고 자만심이 많아서 조화를 이루지 못했다

雖, 居同穴久益疎遠未嘗假貸不通婚嫁事每多不服咸
수 거 동 혈 구 익 소 원 미 상 가 대 불 통 혼 가 사 매 다 불 복 함
未有一其途也
미 유 일 기 도 야

비록 같은 굴(屈)에 오래되었지만 유익(有益)함이 멀어져 일찍부터 빌려 쓰지 아니하고 통혼(通婚)하고 시집가는 일이 매양(每樣) 불복(不服)함이 많고 모두가 하나같이 그 길을 같이한 적이 없었다.

至是熊女君聞桓雄有神德乃率衆往見曰
지 시 웅 여 군 문 환 웅 유 신 덕 내 솔 중 왕 견 왈

이에 이르러 웅녀(熊女) 무리가 문으로 들어와 환웅(桓雄)이 신(神)과 같은 덕(德)이 있다 함을 알고 무리를 이끌고 찾아가 뵙고 말했다.

願賜一穴墨一爲神戒之盟
원 사 일 혈 묵 일 위 신 계 지 맹

원컨대 같은 굴에 함께 사는 저희를 위하여 굴 하나를 내려주시고 신계(神戒)의 무리로 받아주옵소서라고 맹세하였다.

雄乃許之使之尊接生子有産
웅 내 허 지 사 지 존 접 생 자 유 산

환웅(桓雄)이 이를 허락하시고 사람을 보내 저들을 존(尊, 높이) 사귀어 받아주심이 있어 아들을 생산함이 있었다.

虎終不能悛放之四海桓族之興始此焉
호 종 불 능 전 방 지 사 해 환 족 지 흥 시 차 언

호가(虎加)는 끝내 높게 능통(能通)함을 고치지 아니함으로 사해(四海, 멀리 세상 밖)으로 내쫓았으니, 환족(桓族)의 일어남은 이렇게 하여 시작되었다.

BC 3,898년 환웅(桓雄)은 무리를 이끌고 16,000리 길을 걸어 백두산에 와서 세운 나라가 배달국(倍達國)이다 거발단(居發檀) 환웅(桓雄)은 아버지 지위리(智爲利) 환인(桓因)으로부터 홍익인간(弘益人間)하고 재세리화(在世理化)하라는 명을 받아, 해뜨는 동쪽 태백산(太白山, 백두산) 쪽으로 이주하여 배달국(倍達國)을 세우고, 백두산에 살고 있는 토속부족인 웅가(熊加)를 교화시켜 결혼하여 자식을 낳아 환웅(桓雄)의 나라는 번성(繁盛)하여 황하(黃河) 땅에 제후국(諸侯國)을 세워 번영(繁榮)의 청구(靑丘) 시대로 하여 18세 거불단(居弗檀)또는 단웅(檀雄)까지 이어와서 단군조선(檀君朝鮮)으로 이어왔다.

환웅(桓雄)은,

풍백(風伯)을 삼아서 명을 주관하게 하고,

우사(雨師)를 삼아서 병을 주관하게 하고.

뇌공(雷公)을 삼아서 형벌(刑罰)을 주관하게 하고,운사(雲師)를 삼아서 선악(善惡)을 주관하게 하시어,

이에 신인(神人)은 각각 맡은 바의 임무가 지극하여 천지자연(天地自然)의 도(道)에 화합하여 천하가 편안하고 만물이 풍성하였다.

신시기(神市記)

대변경(大辯經) 왈(日)

神市氏以佺修戒教人祭天所謂佺從人之所自全能通性
신 시 씨 이 전 수 계 교 인 제 천 소 위 전 종 인 지 소 자 전 능 통 성
以成眞也
이 성 진 야

대변경(大辯經)에서 말하기를 신시 씨(神市氏, 신시 도읍시대 왕조)는 전수(佺修. 신선 수업을 받은 자)함으로써 사람들을 계교(戒教. 경계함을 가르쳐)하여 하늘에 제사 지내고, 거기에 일컫는 신선 같은 이를 모시고 그 장소는 자연스럽고 모두가 능통(能通)하고 성품이 참으로 이루어지는 것이다.

青邱氏以仙設法教人管境所謂仙從人之所自山(山産
청 구 씨 이 선 설 법 교 인 관 경 소 위 선 종 인 지 소 자 산   산 산
也)能知命以廣善也
야   능 지 명 이 광 선 야

청구 씨(靑邱氏. 청구 시대 왕조)로부터 선설법(仙說法, 선교의 설법)을 베풀어 관경(管境. 나라 관할 경계)의 사람들 사는 곳이라 위선종인(謂仙從人, 가르쳐 선교를 따르는 사람)이 사는 곳이라, 스스로 산은 산산야(山産也, 산에서 생산)함은 능(能)히 알고 명으로 알고 선(善)을 넓혔니라.

朝鮮氏以倧建王教人責禍所謂倧從人之所自宗能保精
조 선 씨 이 종 건 왕 교 인 책 화 소 위 종 종 인 지 소 자 종 능 보 정

以濟美也
이 제 미 야

조선 씨(朝鮮氏. 단군조선 왕조)는 종(倧. 종실)에서 왕을 세우고 사람들을 가르쳐 책화(責禍, 노예의 벌칙)함이고 위선종인(謂仙從人, 선교를 따르는 사람)은 사는 곳은 스스로 종(倧. 종실)처럼 능(能)히 보정(保精, 정성 들여) 아름답게 구제(救濟)하리다.

故佺者虛焉而本乎天仙者明焉而本乎地倧者健焉而本乎人也
고 전 자 허 언 이 본 호 천 선 자 명 언 이 본 호 지 종 자 건 언 이 본 호 인 야

옛적에 전자(佺者. 도를 딱아도) 허언(虛焉. 텅 비었다 함)하지만 하늘의 근본이고 선자(仙者. 지도자)는 땅을 밝히고, 어찌 근본부터 종자(倧者, 왕실 사람) 사람이다.

주 왈(註曰)

桓仁亦曰天神卽大也一也 桓雄亦曰天王王卽皇也帝也 檀君亦曰天君主祭之長也 王儉亦卽監群管境之長也 故自天光明謂之桓也 自地光明謂之檀也 所謂桓卽九皇之謂也韓亦卽大也 三韓曰風伯雨師雲師加卽家也 五加曰牛加主穀馬加主命狗加主刑猪加主病羊加主善惡也
환 인 역 왈 천 신 즉 대 야 일 야 환 웅 역 왈 천 왕 왕 즉 황 야 제 야 단 군 역 왈 천 군 주 제 지 장 야 왕 검 역 즉 감 군 관 경 지 장 야 고 자 천 광 명 위 지 환 야 자 지 광 명 위 지 단 야 소 위 환 즉 구 황 지 위 야 한 역 즉 대 야 삼 한 왈 풍 백 우 사 운 사 가 즉 가 야 오 가 왈 우 가 주 곡 마 가 주 명 구 가 주 형 저 가 주 병 양 가 주 선 악 야

주(注)에서 말하기를 환인(桓仁) 역시 말함은 천신(天神)으로 크게 즉위한

다. 처음이다. 환웅(桓雄) 역시 말함은 천왕(天王)으로 왕에 즉위하나 황(皇) 이고 제(帝)이니라. 단군 역시 말함은 천군(天君)으로 제사 지내는 우두머리다. 왕검(王儉) 역시 즉위하여 무리를 감독하고 관할을 스스로 다스림은 옛적에 환(桓, 환웅)이시고, 스스로 이 땅을 빛냄을 말하면 단군이라. 장소(場所)에 따라 말함은 환웅(桓雄)이 즉위하여 구황(九皇)은, 역시 한(韓)과 같이 즉위함이 크다 하니 삼한(三韓)을 말하면, 풍백(風伯) 우사(雨師) 운사(雲師)들을 가(加)라 함은 가(家)에서 즉위함이요,! 오가(五加)에게 말하다. 우가(牛加)는 곡식을 주관하고 마가(馬加)는 목숨을 주관하고 구가(狗加)는 병을 주관, 양가(羊加)는 선악(善惡)을 주관할지니라 하였다.

民有六十四徒有三千遣往理世之謂開天開天故能創造
庶物是虛之同體也貪求人世之謂開人開人故能循環人
事是魂之俱衍也治山通路之謂開地開地故能開化時務
是智之雙修也

백성이 있으매 64 종복(從僕)은 3,000을 파견시켜 살게 하고 세상을 다스림이라, 하였으니 개천(開天, 나라를 세움)이라, 예부터 능(能)히 창조(創造)하고 서물(庶物)은 역시 허(虛)한 몸이라 인간세상(人間世上)으로 하여금 사람을 개명(開明)하고 개명함이 탐(貪)을 구함이다. 옛적에 능히 순환(循環. 돌고 돌아오는) 인사이기에 혼(魂. 정신)이 있고 함께 널리 퍼짐이다. 산을 뚫어 길을 내어 모두가 통하면 개지(開地)라 하고, 개지는 예부터 능(能)히 세상사(世上事)를 개화 시기에 힘쓰매 지혜롭게 둘이 닦았다.

위서물길전(魏書勿吉傳) 왈(日)

國南有徒太山魏言太皇有虎豹熊狼不害人
국 남 유 도 태 산 위 언 태 황 유 호 표 웅 랑 불 해 인

위서(魏書) 물길전(勿吉傳)에서 말하기를 나라 남쪽에 태산(太山)에 무리가 있는데 위서(魏書)에서 말하기를 범, 표범, 곰, 이리가 있지만 사람을 해치지 않으니 태황(太皇)이라 하였다.

人不得上山瘦溺行逕者皆以物盛去蓋桓雄天皇之肇降
인 불 득 상 산 수 닉 행 경 자 개 이 물 성 거 개 환 웅 천 황 지 조 강
旣在此山
기 재 차 산

사람들은 메마른 상산(上山, 산에 올라) 소변을 보면 이롭지 아니했다. 좁은 길을 행하는 사람 모두가 물건을 많이 가지고 가게 되니, 대개 환웅(桓雄)천황(天皇)께서 시작하여 벌써 내려와서 있던 산이다.

而又此山爲神州興王之靈地則蘇塗祭天之古俗必始於
이 우 차 산 위 신 주 흥 왕 지 령 지 칙 소 도 제 천 지 고 속 필 시 어
此山而自古桓族之崇敬亦此山始不?尋常也
차 산 이 자 고 환 족 지 숭 경 역 차 산 시 불 시 심 상 야

이에 또한 이 산을 신주흥왕(神州興王)을 영지(靈地. 신령의 땅)라 하였고, 소도개천(蘇塗開天. 신단을 세움)은 옛 풍속으로 반드시 천제(天際) 지내고 시작은 또 산에서 스스로 옛날 환족(桓族)들의 숭경(崇敬) 또한 이 산에서 시작하니 다만 심상(尋常)한 일이 아닐 것이다.

且其禽獸悉沾神化安棲於此山而未曾傷人人亦不敢上
차 기 금 수 실 첨 신 화 안 서 어 차 산 이 미 증 상 인 인 역 불 감 상
山溲溺而瀆神桓爲萬世敬護之表矣
산 수 닉 이 독 신 환 위 만 세 경 호 지 표 의

또 그 짐승들도 빠짐없이 더하여 신(神)의 교화(敎化)로, 편히 산에서 서식(棲息)하며, 일찍이 사람을 상처 낸 적이 없으므로 사람 역시 감히 산에 오르되 오줌 누어 신을 모독(하지 않으면 항상 만세(萬世)하옵고 공경과 보호받는 것을 표준으로 삼았다.

蓋我桓族皆出於神市所率三千徒團之帳
개 아 환 족 개 출 어 신 시 소 솔 삼 천 도 단 지 장

대개 우리 환족(桓族)은 모두가 신시(神市)에서 나왔고 3,000무리 거느리던 단체(團體)는 장막(帳幕)에서 나오더라,

後世以降雖有諸氏之別實不外於桓檀一源之裔孫也神
후 세 이 강 수 유 제 씨 지 별 실 불 외 어 환 단 일 원 지 예 손 야 신
市肇降之功恵當必傳訟而不忘則
시 조 강 지 공 덕 당 필 전 송 이 불 망 칙

후세 이상(以上) 모두 내려와 비록 씨족(氏族)은 구별이 있다. 하지만 실(實)로 하나의 근원은 환단(桓檀)의 후예 후손이니라, 신시(神市)에서 비롯해 처음 내려왔으니 공덕(功德)은 마땅히 말로써 전송(傳訟)해왔지만 반드시 법칙은 잊지 아니했다.

先王先民指其三神古祭之聖地曰三神山者亦必矣蓋神
선 왕 선 민 지 기 삼 신 고 제 지 성 지 왈 삼 신 산 자 역 필 의 개 신
市以降神理聖化之漸逐歲而尤復益深立國經世之大本
시 이 강 신 리 성 화 지 점 축 세 이 우 복 익 심 입 국 경 세 지 대 본
自與人國逈異其神風聖俗遠播於天下
자 여 인 국 형 이 기 신 풍 성 속 원 파 어 천 하

선왕(先王)과 선민(先民)들이 그 삼신고제(三神古祭)의 성지(聖地)를 말하여 삼신산(三神山)이란 자 역시 반드시 그리해야 할 것이다. 대개 신시(神市)는 신(神)이 내리시고, 성인(聖人)의 교화는 점차 세월에 따라 더욱 쫓기듯이

회복하고 더욱더 깊어지리라, 나라를 세우고 경세(經世, 세상 경제) 대본(大本)
이고 사람들이 스스로 참여하여 멀리 있는 나라들은 풍습이 다르고 성인
(聖人)은 신의 세속(世俗)을 천하에 멀리 퍼뜨렸다.

天下萬邦之人有慕於神理聖化者必推崇三神至有東北
神明舍之稱焉及其末流之弊則漸陷於荒誕不經愈出愈
奇怪誕無稽之說迭出於所謂燕齊海上怪異之方士蓋其
地與九桓神市相接民物之交特盛自能風聞警奇又復推
演附會曰

　천하 만방(萬邦)에 있는 사람들로써 신성리화(神聖理化)를 받드는 자들은
반드시 삼신(三神)을 추숭(推崇)하여 동북 쪽을 신명사(神明舍)라 칭하는 곳
이 있다. 언급(焉及, 미침)이 끝까지 흘려 폐단(弊端)의 법칙이 점점 거칠게 빠
져들어 탄생하지 아니하여 다스림이 괴상하게 뛰어나, 기이(奇異)하므로 탄
생함이 없어지고 머물렀다 말씀은 이른바 번갈아 나옴이고,

　연(燕)나라와 제(齊)나라의 바다 위에서 괴상하고 기이한 것은 대개 방사
(方士)라, 그 땅에 참여한 구환(九桓)은 신시(神市)에서 상접(相接)한 백성들이
고 물건의 교류가 특별하게 풍성하고 스스로 풍설(風說)로 듣고 깨우침이
능(能)히 기이함에 추연(推演)하여 또 부회(附會. 이치에 맞지 않는 모임)으로 말씀
으로 덮어버렸다.

三神山是蓬萊方丈瀛州在渤海中云云以惑世主也然當
時之人東至海上一望無所際涯以渤海之中更不知有他
海故輒曰三神山亦在渤海中云云實則非三神山各在三
島山也

삼신산(三神山) 역시 봉래(蓬萊) 방장(方丈)의 영주(瀛州)에 있는데 발해(渤海) 바다 가운데 있다고 운운함으로써 세상을 미혹(迷惑)하는 주요 원인이 되었다. 그렇지만 당시의 사람들은 동쪽 바다 위에서 한눈에 바라보았지만 보이는 것은 없었고, 그렇다고 발해(渤海) 가운데 다시 다른 바다가 있다 함도 편불(便不)하지만, 알고 있다고 했다. 옛적에 문득 바다를 두고 말하기를 삼신산(三神山) 역시 발해 가운데 있다고 운운했지만 실칙(實則)하여 삼신(三神)이 아닌 산이고 각각 삼(三)개의 도(島.섬)이 있는 산이라 하였다.

蓬萊蓬勃萊經之處卽天王所降方丈四方一丈之閣卽蘇
塗所在瀛州瀛環州島之貌卽天池所出摠言爲三神山而
三神卽一上帝也然尤其荒怪者不知三神之源委而乃

봉래(蓬萊)을 봉(蓬, 국화)가 만발(滿勃)한 잡초가 우거진 지름길인 곳이라 천왕(天王)이 내려와 즉위한 곳이다. 방장(方丈)은 사방 일장(一仗)의 각(閣)으로 곧 소도(蘇塗)가 있는 곳이요, 영주(瀛州)는 둥그런 바다로 주도(州島)를 에워싼 모양, 곧 천지(天池)가 샘솟아 나는 곳을 모두 말하자면, 삼신산(三神山)은 삼신(三神)으로 즉위하여 내리신 상제(上帝)님이시라, 그렇지만 더욱이 거칠고 괴상(怪狀)한 자는 삼신(三神)의 근원을 알지 못하고 말하기를,

金剛日蓬萊
금강산(金剛山)을 봉래(蓬萊山)이라 하고

智異日方丈
지리산(智異山)을 방장(方丈山)이라 하고

漢拏日瀛州是也
한라산(漢拏山)을 영주(瀛州山)이 시(是)라,

또 선가서(仙家書) 왈(曰)

三神山有還魂不老等草一名眞丹今白頭山自古有白鹿
白雉或白鷹之屬括地志所云有鳥獸草木皆白是也

또 선가서 왈(仙家書曰)에서 말하기를 삼신산(三神山)은 혼(魂)을 돌아오게 하고 늙지 아니하는 약초을 일명 진단(眞丹)이라 하고, 지금은 백두산에 예부터 스스로 흰 사슴과 흰 꿩이 있다 하여 혹(或)은 백응(白鷹, 흰 매)에 속하는 활지지(括地志.고서)가 있는 곳을 말하기를 새, 짐승, 풀, 나무였으나 모두가 이에 희다고 말했다.

又白頭山一帶多産山參世人擬之不老草山氓欲採取則
必先沐浴潔齋而祭山然後敢發其還魂不老之名亦想源
於此也

또 백두산 일대에서 많이 나는 산삼(山參)을 세인(世人)들은 이를 불노초산(不老草山)이라 하고 백성들이 채취하고자 할 때에 반드시 법칙으로 먼저 목욕(沐浴) 재계(齋戒)하고 산신(山神)에게 제사를 지내고 난 후에야 감히 자연스럽게 산에 오르라는 것이고 비로소 그 환혼(還魂)이 늙지 않는다 하는 이름은 역시 근원을 생각할지라.

世紀云檀君烏斯丘元年兆巡而得靈草云則此又驗也

세기(世記)의 말은 단군오사구(檀君烏斯丘. 제4세 단군) 원년(元年) 북쪽 순방(巡訪) 길에 영초(靈草)을 얻었다는 말이 곧 이 또한 시험했다고 하였다.

十月祭天遂爲天下萬世之遺俗此乃神州物有之盛典而
십월제천수위천하만세지유속차내신주물유지성전이

非外邦之可比也太白山獨壓崑崙之名亦有餘矣古之三
비외방지가비야태백산독압곤륜지명역유여의고지삼

神山者卽太白山也亦今白頭山也
신산자즉태백산야역금백두산야

10월 하늘에 제사 지냄은 나아가서 천하만세(天下萬世)를 물려받은 풍속
이다. 이에 신주(神州)의 만물이 성대(盛大)함에 있어 의전(儀典)으로서 외방
(外邦, 외국)에 비하면 옳다 하지 아니했다. 태백산(太白山)은 홀로 곤륜산(崑
崙山)의 명성(名聲)이 역시 남아 있어 옛적에는 삼신산(三神山)이라 하는 자
는 즉 태백산이라 하나 지금은 백두산이라 한다.

蓋上世神市之人文敎化至于近世雖不得健行而天經神
개 상세신시지인문교화지우근세수불득건행이천경신

誥猶有傳於後世舉國男女亦皆崇信於潛嘿之中人閒生
고유유전어후세거국남녀역개숭신어잠묵지중인한생

死必曰三神所主小兒十歲以內身命安相危智遇俊庸如
사필왈삼신소주소아십세이내신명안상위지우준용여

悉托於三神夫三神者卽創宇宙造萬物之天一神也
실탁어삼신부삼신자즉창우주조만물지천일신야

대개 상세(上世,고대)에 신시(神市)의 인문교화(人文敎化)는 근세(近世)에 이르
러 비록 득건(得健. 건강을 얻음)의 행함은 아니고 천경신고(天經神誥. 하늘과 신
의 깨우침)를 이미 후세에 전함이라 거국적(舉國的)으로 남녀 역시 함께 숭신
(崇信, 존중)함이 잠겨버리고 묵언(默言) 중(中)이라 할 것이다. 인간(人間)의 생
사(生死)를 말함은 반드시 삼신(三神)이 주관하는 것이다. 어린아이가 10살
이내에 신명(身命) 안전(安佺)의 위험(危險)과 우환(憂患)을 슬기롭게 용의(庸
醫)하게 모두 맡겨 삼신부(三神夫)와 삼신자(三神者), 즉 우주를 창조하고 만
물을 만드신 천일신(天一神)이시다.

진역유기 왈(震域留記曰)

齊俗有八神之祭八神者天主地主兵主陽主陰主月主日
主四時主也天好陰故祭之必於高山之下小山之上乃祭
天太白山之麓之遺法也

진역유기(震域留記)에서 말하기를 제(齊)나라 풍속에 팔신(八神)의 제사가 있었다. 팔신자(八神者)라 하면 천주(天主) 지주(地主) 병주(兵主) 양주(陽主) 음주(陰主) 월주(月主) 일주(日主) 사시주(四時主)를 말한다. 천(天)은 음(陰)을 호(好)하여 예부터 천제(天祭)지낼 때 반드시 높은 산 아래 작은 산 위에서 제천(祭天)을 지낸다 하여 태백산의 유법(遺法)이다.

地貴陽故祭之必於澤中方丘亦卽祭天塹城之檀之餘俗
也

땅은 양(陽)을 귀하게 여김이라 옛부터. 제사 지낼 때 반드시 택(澤, 못) 중방(中方) 역시 구(丘, 언덕)에서 곧 참성단(塹城檀)에서 천제(天祭)를 지내던 풍습이 남아 있다.

天主祠三神兵主祠蚩尤三神爲天地萬物之祖也

천주사(天主祠)와 삼신(三神.) 병주사(兵主祠)에서 치우(蚩尤) 삼신(三神)은 천지(天地) 만물의 조상이라 하였다.

삼한비기(三韓祕記) 왈(曰)

蓋白頭巨岳盤居大荒之中橫亘千里高出二百里雄偉嶒
峻蜿蜒磅礴爲倍達天國之鎭山神人陟降實始於此蚩以
區妙香山只係狼林西走之脉而能得參於如許聖事耶世
俗旣以妙香山爲太白則其見只局於東鴨綠水以南一隅
之地便唱山之祖宗崑崙欣欣然以小中華自甘宜其貢使
北行歷累百年而不爲之恥是乃廢書而長嘆者也

삼한비기(三韓祕記)에서 말하기를 대개 백두(白頭)는 크지만 기반이 험악(險岳)한 산이다. 대황(大荒)이 가운데 있다. 옆으로 뻗침이 천리(千里)이고 높이가 이백 리(二百里)가 나온다고 한다. 웅장하고 위대한 오르막길이 구불구불 가파른 고갯길을 오르면 벽돌 모양의 돌이 떨어지므로 하여금 배달천국(培達天國)의 진산(鎭山. 요새 산)으로 삼아 신인(神人)이 오르고 내렸으니, 실(實)로 여기서 시작한 곳이다. 이를 비웃듯함에 따라 구역(區域)을 정함은 묘향산(妙香山)에 이어 다만 낭림산(狼林山)은 맥(脈)이 서쪽을 뻗어 달리니 능(能)히 손에 잡힐 듯해서 성스러운 일들을 세속(世俗)으로, 이미 허가(許可)하리라, 세속에는 이미 묘향산을 칙정(則定)하여 태백산이라 한다. 다만 그를 보아 동 압록수(東 鴨綠水) 이남의 한 모퉁이 땅을 차지하고 산의 조종(祖宗. 조상의 최고 봉)을 곤륜산(崑崙山)이라 하고 편히 노래하고 기뻐하며 자연을 소중화(小中華)로 우리에게 조공(朝貢)을 스스로 올려도 당연하고 달갑게 받았으며, 북쪽은 사신들이 들락거렸다는 역사가 누계(累計)함이 100년이고 이를 수치(羞恥)라고 하지 아니하여 글로써 폐(廢)하고 길게 탄식(嘆息)하리라.

然今東方諸山以太白爲名者頗多世俗率以寧邊妙香山
연금동방제산이태백위명자파다세속솔이령변묘향산

當之實由於一然氏三國遺事之說而彼等眠孔如豆如太
당지실유어일연씨삼국유사지설이피등면공여두여태

安足以與之論哉
안족이여지론재

　그래서 동방(東方)의 모든 산을 태백(太白)의 이름을 붙였던 것이 파다(頗多)하나 세속에 거느리던 영변(寧邊)을 묘향산이 마땅하다는 유래(由來)였고, 실(實)로 일연 씨(一然氏)의 『삼국유사(三國遺事)』의 설(說)에서는 저쪽 구멍은 큰 콩알 같아서 후식하고 편안한 발길로 참여하여 비로소 논의(論義)하였다.

今白頭山上有大澤周可八十里鴨綠松花豆滿諸江皆發
금백두산상유대택주가팔십리압록송화두만제강개발

源於此日天池卽桓雄氏承雲天降處也妙香山曾無一小
원어차왈천지즉환웅씨승운천강처야묘향산증무일소

汚且不爲桓雄天皇肇降之太白山不足論也
오차불위환웅천황조강지태백산불족론야

　지금은 백두산 꼭대기에 큰 연못이 있어 둘레가 80리 압록강(鴨綠江), 송화강(松花江), 두만강(豆滿江)의 물줄기는 모두 여기가 시발(始發)점의 근원이 된다. 이를 말함은 천지(天地. 하늘의 연못)는 곧 환웅 씨(桓雄氏)가 구름 타고 하늘로부터 내리신 곳이다. 묘향산은 한번도 일찍부터 없었고 작고 흐린 물 또한 아니다. 태백산은 환웅천황(桓雄天皇)을 비롯하여 내려 섰던 곳이라. 부함이 없이 논 가치라 할 것인가.

桓雄天皇見人居己完萬物各得其所乃使高矢禮專掌餽
환웅천황견인거기완만물각득기소내사고시례전장궤

養之務是爲主穀
양지무시위주곡

　환웅천황께서 사람의 거처가 완성되고 만물이 각각 제자리를 가짐이 보이니 곧 고시례(高矢禮)로 하여금 먹어 살리는 의무를 권장하시고 이를 주곡(主穀)이라 하시면서 농사담당벼슬을 고시 씨(高矢氏)라 하였다.

고시례(高矢禮)의 유래

배달국(倍達國) 신시(神市) 시대로부터 고시례 제사가 있었다. 그 제사를 용신제(龍神祭)라 하고 들녘에 나가서 야식(野食)을 하면 반드시 고시례를 불려서 간단한 제사 선고례(宣告禮)를 올리고 나누어 먹는 습관이 지금까지 이어져 오고 있다.

신시(神市) 문화는 태호복희 씨(太嗥伏羲氏)로부터

신시본기(神市本紀)

桓雄天皇五傳而有太虞儀桓雄教人必使黙念清心調息
환 웅 천 황 오 전 이 유 태 우 의 환 웅 교 인 필 사 묵 념 청 심 조 식
保精是乃長生夕視之術也有子十二人長曰多儀發桓雄
보 정 시 내 장 생 석 시 지 술 야 유 자 십 이 인 장 왈 다 의 발 환 웅
季曰太嗥復號伏羲曰夢三神降灵于身萬理洞徹仍往三
계 왈 태 호 복 호 복 희 일 몽 삼 신 강 령 우 신 만 리 동 철 잉 왕 삼
神山祭天得卦圖於天河其劃三絶三連換位推理妙含三
신 산 제 천 득 패 도 어 천 하 기 획 삼 절 삼 연 환 위 추 리 묘 함 삼
極變化無窮
극 변 화 무 궁

신시본기(神市本記)에 의하면, 환웅천황(桓雄天皇, 즉위 BC 3,898~3,805)으로부터 5세를 전하여 태우의환웅(太虞儀桓雄 BC 3512~3.420)이 있었는데, 사람을 가르쳐 시키기를 반드시 묵념(黙念)하고 마음을 맑게 하여 발을 모아 숨을 고르고 굳게 보전함이 장생구시(長生久視)의 기술(奇術)이라 하였고, 아들이 12이 있었다. 장자(長子)는 다의발환웅(多儀發桓雄)이고 계자(季子, 막내) 이름이 태호(太嗥, 출생 BC 3,528~3.413=수령 115세)이고, 호(號)를 복희(伏羲)라 하여 태호복희(太嗥伏羲)라 하였다.

하루는 꿈에 삼신(三神)의 영(靈)이 내렸다. 자신에게 만리동철(萬理同徹, 만 가지 리치를 다스림)를 와서 거듭 알려 삼신산(三神山, 백두산의 고명)올라 천제(天祭, 하늘계사)를 지내고 태극(太極) 괘도(卦圖)를 얻었다. 그 천하(天河, 혹룡

강)가 쪼개져 삼절(三絶, 3번 끊어져)되더니 삼연(三連=3번)으로 이어지더라. 송화강(松花江)과 흑룡강(黑龍江), 압록강(鴨綠江)의 줄기가 한편 끊어져 위치가 바뀌어 이어지더라. 추리(推理=미루어 생각하면)하면 삼극(三極)이 묘(妙)하게 머금어 변화하여 무궁하였다.

　(註)=태호복희(太皡伏羲)가 신시(神市)에서 우사(雨師) 벼슬에 있을 때 태극팔괘(太極八卦)를 만든 것이다. 태극팔괘는 신시(神市)의 환역(桓易)이다. 태호복희(太皡伏羲)가 황하(黃河)로 귀양(歸養) 가서 중국 고대 역사의 삼황(三皇) 중에서 으뜸이시다. 복희(伏羲)의 태극팔괘를 중국 주(周)나라 시대 주역(周易)이라 하였다. 사실상 태극팔괘는 우리의 조국 배달국(倍達國)의 제5세 태우의환웅(太虞儀桓雄, 재위 기간 BC 3,512~3,420)의 아들로서 그가 만든 태극팔괘이므로, 태극팔괘는 주(周)나라 것이 아니고 사실상 우리 조국의 신시(神市) 문화이다. 그래서 대한민국의 국기(國旗)는 태극사괘(太極四卦)로 태극기(太極旗)를 제작하여 지정하게 된 것이다.

원본 보기

태호복희(太皡伏羲)가 세운 나라가 중국이다

密記曰伏羲出自神市世襲雨師之職後經青丘樂浪遂徙
밀 기 왈 복 희 출 자 신 시 세 습 우 사 지 직 후 경 청 구 낙 랑 수 사
于陳並與燧人有巢立號於西土地後裔分居于風山亦姓
우 진 병 여 수 인 유 소 입 호 어 서 토 지 후 예 분 거 우 풍 산 역 성

風後遂分爲佩觀任其庖理姒彭八氏也今山西濟水羲族
풍 후 수 분 위 패 관 임 기 포 리 사 팽 팔 씨 야 금 산 서 제 수 희 족
舊居尚在任宿須句須臾等國皆環焉
구 거 상 재 임 숙 수 구 수 유 등 국 개 환 언

밀기에서 말하기를 태호복희(太皞伏羲)는 신시(神市)에서 스스로 출생하여 우사(雨師) 직책을 세습하였으나, 뒤에 청구(靑丘)와 낙랑(樂浪)을 쫓아서 진(陳)땅으로 귀양 가면서 수인(隧人)과 유소(有巢)와 같이 가서 나란히 이름을 서토(西土. 서쪽 땅)에서 진국(陳國)을 세웠다. 뒤에 후예(後裔. 후손)들이 흩어져 풍산(風山)에 살면서 성(姓)을 풍씨(風氏)로 정했는데 뒤에 모두가 갈라져 패(佩), 관(觀), 임(任), 기(其), 포(庖), 이(理), 사(姒), 팽(彭) 씨 등 8가지 성씨가 되었다. 지금 산서성 제수(齊水)에 희족(羲族. 위 8성씨를 희족)를 말함이고, 옛 거처가 있고 임(任), 숙(宿), 수(須), 구(句), 수유(須臾)의 나라 모두가 여기에 모여 있었다고 한다.

소도경전(蘇塗經典)에 의하면

神市之世有仙人發貴理與太皞同文受學而道旣通遊觀
신 시 지 세 유 선 인 발 귀 리 여 태 호 동 문 수 학 이 도 기 통 유 관
乎方渚風山之間頗得聲華及觀阿達祭天紫府先生發貴
호 방 저 풍 산 지 간 파 득 성 화 급 관 아 달 제 천 자 부 선 생 발 귀
理之德也
리 지 덕 야

신시(神市)시대 선인(仙人) 발귀리(發貴理)가 있었는데 태호복희(太皞伏羲)와 동문으로 학문을 배우고 도통(道通. 도를 통함)하여 저(渚)와 풍산(風山) 사이에서 노닐 때 아름다운 소문이 널리 알려지고, 관광을 마치고 아사달(阿斯達)에서 하늘에 제사 지냈다. 자부(紫府) 선생은 발귀리(發貴理)의 후손이라 한다.

대변경(大辯經)에 의하면

文字而治傳六書伏羲陵今在山東漁臺縣鳧山之南神農
문 자 이 치 전 육 서 복 희 릉 금 재 산 동 어 대 현 부 산 지 남 신 농
起於列山列山本所出也
기 어 열 산 열 산 본 소 출 야

글자 육서(六書)를 만들어 전해온 태호복희(太皞伏羲)의 능(陵)은 지금의
산동성(山東省) 어대현(漁臺縣)의 부산(鳧山) 남쪽에 있다. 신농(神農)은 열산
(列山)에서 일어났는데, 열산은 열수(列水)가 나온다.

六書通字典의 일부입니다.

『천부경』과 삼황내문(三皇內門)

천부인(天符印)과 『천부경』의 천부(天符)라는 공통점이 있다고 하나, 그 본질이 다르다. 비슷한 명칭과 겉포장이 같아 보이지만 얼굴이 달라진 것이다. 천부인(天符印)이라 함은 임금님의 옥새(玉璽)라는 뜻으로, 증표(證票)로 표현할 때 쓰는 것이고, 보인(寶印)으로서 국교(國交) 결정문(決定文)에 서명(署名)하는 가치관(價値觀)이 있다. 『천부경』이라 함은 종교적으로 신격화(神格化)하여 경전(經典)을 주문(呪文)할 때 임금님도 무릎꿇고 외워야 하고 『천부경』을 널리 알리기 위해 네트워크(Network) 식으로 그 이념을 전파함이다.

『천부경』의 근원은 파내류 산(波奈樓山) 환인(桓因)의 나라 환국(桓國)에서 하늘에 제사 지내는 절차가 새겨진 천부인(天符印)을 앞세워 그 절차에 따라 천제(天祭)를 올리고 태극(太極) 팔괘(八卦)로 1년 국운(國運)을 점(占)치는 풍속에서 비롯된 부신(符信)이라 하였다.

BC 3,898년부터 우리의 시조천황(始祖天皇) 거발환웅(居發桓雄)이 아버지 지위리환인(智爲利桓因)으로부터 받아온 천부인에 새긴 부신(符信)에서 비롯된 『천부경(天符經)』은 신지(神智) 혁덕(赫德)이 녹도문자(鹿圖文字)로 새겨놓은 천제(天祭) 절차가 담겨 있는 경서(經書)다. BC 3,500년경 제5세 태우의환웅(太虞儀桓雄)의 막내아들 태호복희(太皥伏羲)가 태극팔괘(太極八卦) 원리를 녹도문자 녹서(鹿書)와 우서(雨書=내려쓰기)로 『천부경』을 지었다. 이 글을 신라 학자 고운(孤雲) 최치원(崔致遠) 선생께서 『천부경과 환국(桓國)과 배달국(倍達國)의 역사를 한문(漢文)으로 번역하였으나 중국이 두려워 세상 밖에 내놓지 못하고 각 사찰(寺刹)에 숨겼다고 한다.

天 符 經
천 부 경
천(天)=빨간색, 지(地)=청색, 인(人)=노랑색

천부경(天符經)의 정해(正解)는 소도경 본훈(蘇塗經 本訓)과 삼황내문경(三皇內文經) 및 삼일신고(三一神誥)와 삼신오제 본기(三神五帝 本記) 등을 병행하여 풀어야 한다.

본문 81자

一始無始一析三極無盡本　天一一地一二人一三　一
일 시 무 시 일 석 삼 극 무 진 본　천 일 일 지 일 이 인 일 삼　일
積十鉅无諸化三　天二三地二三人二三　大三合六生
적 십 거 무 제 화 삼　천 이 삼 지 이 삼 인 이 삼　대 삼 합 육 생
七八九　運三四成環五七　一紗衍萬往萬來用不動本
칠 팔 구　운 삼 사 성 환 오 칠　일 사 연 만 왕 만 래 용 불 동 본
本心本太陽昂明人中天地一　一終無終一
본 심 본 태 양 앙 명 인 중 천 지 일　일 종 무 종 일

『천부경』에 담긴 부신(符信)의 뜻을 풀이해보면, 한 인생(人生)이 부모님의 몸에서 잉태하여 출생하기 전 하늘로부터 영(靈)을 받아 아기의 육신(肉

身)의 머리 속에 들어가 300일 만에 출산되는 과정을 말함이고, 한 인생으로 태어나 한 평생을 살아가면서 겪어야 할 한 운명(運命)이 담겨져 있으므로 이는 태극(太極) 팔괘(八卦)로 알아낼 수 있다는 뜻이 숨겨 있다. 다음 『천부경』 풀이 참조.

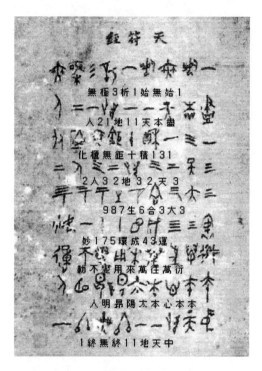

주(註) : 『천부경』의 근본은 천지인(天地人)이다 경(經)의 기호(記號=Symbol)를 하늘을 원(圓 ○), 땅을 극(極 □) 사람을 각(角 △)이라 한다 『천부경』의 본질은 '하늘 땅 사람'의 근본 이치로서 하늘의 5궁창(穹蒼)6계(界)라 하고, 땅은 5대양(大洋) 6대주(大洲)가 있으며, 사람은 5장(五臟) 6부(六腑)가 있으니 천지인일체(天地人一體)라 했다.

소도경본기(蘇塗經本記)에 의하면, 하늘의 하나 있는 신(神)이라 대미하면 천신(天神)은 조화신(造化神)이고, 땅은 하나의 신(神)에 대비하면 지신(地神)이고, 교화신(教化神)이며, 인류의 시조가 하나의 신(神)이라면 인신(人神)이요 치화신(治化神)이다. 하늘에서 성(性) 내리고 땅에서 명을 얻고 사람의 정(精)을 성(性) 명 정(精)이라 하여 무진본(無盡本)이라 하여 사람은 하늘과 땅의 근본이라 하였다. 천부(天符)의 1석 3극은 태호복희(太顯伏羲)의 꿈에 나타난 3태극(太極)을 교합시켜 9가 되고 다시 9를 교합시켜 81문자의 『천부경(天符經)』이라 한다.

해설

① 一始無始一는 1의 숫자는 무(無)에서 시작하여 1이다. 1에서 시작하면 2다. 2에서 하면 3이다. (析三極) 쪼개서 3은 극(極)이 되고, (無盡本) 다 쪼개면 본전이다(그래서 3극을 다 쪼개면 1이 되어 본전이라 함). 하여 (析三極無盡本)은 앞에 一를 연계하여 一를 쪼개서 三이 되면 자른 곳이 극(極)이 된다. 쪼개서 하늘 땅 사람으로 각 1이므로 3이 되어 하늘은 천일(天一)이고 땅은 지일(地一)이며 사람은 인일(人一)이다.

② 天一一地一二人一三一는 하늘을 일(一)이라 하여 천일일(天一一)이요, 땅은 이(二)이라 하여 지일이(地一二)이며, 사람은 삼(三)이라 하여 인일삼(人一三)이라 함은 천지인(天地人)을 말함이고, 천지인일체(天地人一體)라 해석된다. 따라서 하늘을 천일(天一)의 〈하나(一) 一을 하나이니〉 하나님이라 말할 수 있다. 한편으로는 하늘에 홀로 계신 하나님을 태양의 본질은 남양(男陽)이고, 땅은 대해(大海)와 대륙의 둘이니, 이를 여음(女陰)이라 하며, 사람은 부모자식(父母子息)의 상징으로 셋이라 하여 인삼(人三)이라. 같은 뜻이 된다.

삼신오제본기(三神五帝本記)에 의하면 천지인일체(天地人一體)는 성명정(性命精)이라 하고, 하늘(天=원(圓)이고 땅(地=극(極))이며 사람(人=角)이라 하였으며, 하늘은 땅으로 만물을 내리시고 땅은 두터워 사람의 생명을 보호하였다. 그래서 사람은 하늘에서 마음(心혼=魂)을 받고, 땅에서 기운(氣힘=力)을 얻어, 사람이 존재하게 하였다.

그래서 천삼신(三神), 오제(五帝), 오령(五靈)이 존재함은, 인류가 생활함에 따라, 전지인(天地人)의 법칙은 원극각(圓極角)이고, 성명정(性命精)의 본능에서, 심기신(心氣身)을 얻어서, 감식촉(感息觸)을 갖게 되니. 삼신(三神)이 오제(五帝)를 주관하고 감독하였다.

오제는 흑제(黑帝)를 명령하고 흑제(黑帝)는 생명(生命)을 주관하고 적제(赤帝)는 광열(光熱)을 주관하고 황제(黃帝)는 조화(造化)를 주관한다고 하였다.

오령(五靈)은 태수(太水)는 크고 윤택(潤澤)하게 하고 태화(太火)는 녹이고, 태목(太木)은 지어 이루고, 태금(太金)은 재량(才量)하여 문무(文武)를 갖추고, 태토(太土)는 씨 뿌림를 주관하여 기르라고 하였다 한다.

대변경(大變經)에서 말하기를, (惟天一神 冥冥在上乃以)=천일(天一)은 하
　　　　　　　　　　　　　　유 천 일 신　　명 명 재 상 내 이
늘의 신(神)이라 명명(冥冥)하고 아득하게 위(上)에 계시고 내리심을 삼대(三大) 삼원(三圓) 삼일(三一)을 대삼(大三)이라 하였다.

또 말하기를(靈符者大降降千萬萬世民一切惟三神所造)=령부자(靈符者)가
　　　　　　령 부 자 대 강 강 천 만 만 세 민 일 절 유 삼 신 소 조
크게 내려 섬을 생각하면 천만(千萬)의 백성이 만세(萬世) 동안 그곳에서 만들어낸 삼신일체(三神一切)라 할 것이오!,

더 붙여 말하기를 (心氣身必須相信未必永劫相守)=심기신(心機身)은 서로
　　　　　　　　　심 기 신 필 수 상 신 미 필 영 겁 상 수
가 필수적(必須的)인 믿음이오나, 아니하면, 서로가 지키지 못하면, 령(靈) 지(智) 의(意)의 삼식(三息)은 곧 령(靈) 각(覺) 생(生)의 삼혼(三魂)을 오랫동안 넘치게 되면 영겁(永劫)됨이라 하였다.

③ 一積十鉅無?化三은 하나(一)가 쌓여서 열(十)로 커졌는데 넣을 그릇
　　일 적 십 거 무 궤 화 삼

이 없다 하여도 셋이라 하였다. 삼일(三一)이 십(十)=30이요 30일이 십(十)이면=(300=10달)이라 자라고 자라서, 무궤(無匱)로 화삼(化三)은 성명정(性命精)과 심기신(心氣身)의 합일체라 하였다. 그 뜻은 태아가 자리 잡아 하나로 태어남이다.

소도경본기(蘇塗經本記)에서 말하기를, 사람과 사물의 생겨남은 서로가 삼도(三途)를 끌어들여 갈라지고 말았으니, 참된 근원을 하나(一)로 하느니라. 이는 성(性), 명, 정(精)를, 삼관(三關)이라 하였으니. 수신(守神)의, 요회(要會)라 하니, 성(性)은, 명(明)을 떠나지 않고, 명을, 성(性)을, 떠나지 않으니. 정(精)은 가운데 있느니라 고 하였다. 따라서 하늘에서, 일(一)의 성(性)을 받고, 땅에서 (二)의 명을 얻고, 사람으로부터 정(精)을 붙여 인삼(人三)이라 하였으니, 인삼이란 태아가 들어섰으니 세 사람이라 하였다.

④ 天二三 地二三 人二三은, 하늘의 이삼(二三) 땅의 이삼(二三) 사람
   천 이 삼   지 이 삼   인 이 삼
의 이삼(二三)이라 함은, 하늘에는 성(性)과 심(心)이 있고. 땅에는 명과 기(氣)가 있으며. 사람은 정(精)과 신(身)이 있다라는 말이므로, 천지인(天地人)의 교합체(交合體)라고 풀이된다. 천이삼(天二三)은 하늘의 2×3=6이요, 지이삼(地二三)은 땅의 2×3=6이며, 인이삼(人二三)은, 사람의 2×3=6이다. 각각 6×3=하면 18이라는 뜻이다. 위에서 말한 바와 같이 천이(天二)는 성(性)과 심(心)이고. 지이(地二)는 (命)과 기(氣)이며. 인이(人二)는 정(精)과 신(身)이라. 하여 성명정(性命精)과 심기신(心氣身)이라 하였다.

⑤ 六生七八九運 = 육생(六生)은 선(善) 악(惡) 청(淸) 탁(濁) 후(厚) 박(薄)
   육 생 칠 팔 구 운
의 육(六)이란 뜻이며, 칠팔구(七八九)는 감(感) 식(息) 촉(觸)이다. 앞에

서 대삼(大三)을 합하면 성명정(性命精)과 심기신(心氣身)을 갖춘 태아(胎芽)에게 육생(六生=善惡淸濁厚薄)을 합하여, 감식촉(感息觸)을 가지게 되어 태아(胎芽)는 수정 후 3, 4, 5주에서) 태아(胎兒)로 전환되어 생명체로서 지각 작용을 한다는 뜻이다.

⑥ 運三四成環五七 = 운삼사(運三四)는 3일 4번 옮긴다는 뜻이 담긴
  운 삼 사 성 환 오 칠
진리도표(眞理圖儦)를 푸는 순서이다. 다시 말하면 運三四는 三이 1, 2, 3, 4의 4단계를 거쳐서 일시무시일(一始無始一)에서 대삼합(大三合) 육칠팔구(六七八九)까지의 내용을 말함이다.

대삼합(大三合)은 태아(胎兒)로, 六 七 八 九라 함은 10달 되면 300일에 출생한다는 뜻이고, 성환(成環)은 둥글게 다스린다는 뜻이다. 하여 34와 57은 91이다. 91이면 성환(成環)의 나이가 되었다는 뜻이다.

⑦ 一妙衍萬往萬來 = 일(一)은 천일(天一) 지일(地一) 인일(人一)을 의미하
  일 묘 연 만 왕 만 래
고, 묘연(妙衍)은 넓은 들판으로 퍼진다는 뜻이다. 다시 말하면 세상을 다스리는 자는 하나지만 넓은 세상을 지배한다는 뜻으로 해석된다. 이것이 일묘연(一妙衍)이다.

만왕만래(萬往萬來)는 천신(天神) 지신(地神) 인신(人神)을, 다시 말하면 하늘 조화신(造化神) 땅 교화신(敎化神) 사람 치화신(治化神)을 말함인데, 하늘(아버지)은 만들고 땅(어머니)은 가르치고, 다스림은 사람(하늘의 아들 황제)으로서 세상의 만왕(萬王)이오니 치화신(治化神)라 하였다. 用變不動本은 용변(用變=수차례 사용하고 변해도) 부동(不動=움직이지 않고) 제자리에 있으면 본(本)은 불변으로, 손해 보지 않으면 본전이라는 뜻이다.

⑧ 本心本太陽昂은 본심(本心)은 진일심(眞一心)이고 본태양(本太陽)은 천신(天神)을 말함이다. 앙(昂)은 높이 떠오른다는 뜻이므로, 태양은 높은 하늘에서 항상 변함없이 항상 그대로 부동(不動)하니 근본을 그대로 지니고 있다는 뜻이다.

明人中天地一은 명인(明人. 마음이 밝아서 하늘과 마음이 통하는) 일신(一神)을 말함인데, '즉' 예수 그리스도(Jesus Christ) 같은 사람을 일컫는 신분이다. 명인은 진리도표(眞理圖表)에서 진일심(眞一心)은 천일지이(天一地二)=하늘과 땅 사이에서 일어나는 일체의 실상을 훤하게 깨닫고 있는 사람이라는 뜻이다.

『천부경』을 통달한 사람은 하늘을 확연하게 알기 때문에 조화(造化)를 이룰 수 있으므로, 이런 사람은 비를 내리기도 하고 대무(大霧)를 일으키거나 태풍(颱風)을 일으키는 치우환웅(蚩尤桓雄) 같은 사람을 명인중천지일(明人中天地一)이라 한다.

⑨ 一終無終一은 일종(一終. 하나를 끝마쳤으나) 무종(無終. 끝이 보이지 않고) 일(一. 그대로 하나는 그대로 있다). 시작도 끝도 없다는 이 말은 환인은 제1세로부터 제7세까지 환인은 그대로 환인이고, 환인의 아들 환웅이 이어받았고, 제1세 환웅으로부터 제18세 환웅까지 환웅은 모두 환웅이다. 그래서 환웅의 아들 단군이 이어받았으므로 단군왕검이 단군이고, 제1세 단군왕검으로부터 이어받으므로 항상 없어지지 않는다는 것이다. 이를 일종무종일(一終無終一)이라 하였다.

『천부경』 빗금식 풀이

중심의론(議論)은 삼신일체(三神一體. 천, 지, 인은 하나)다. 그 내용은 삼대(三大) 삼원(三圓) 삼일(三一)이며 대원일지도표(大圓一之圖表)와 진리도표(眞理圖表)이다.

81자 속은 삼신(三神) 오제(五帝) 오령(五靈)이 포함되어 있으므로 삼일신고(三一神誥)라 한다. 이의 근본은 제천(祭天. 하늘에 제사 지냄) 지내는 방식이요 우리 조국의 신앙적(信仰的) 근본이요 소도경전(蘇塗經典)이라 한다.

풀이 방법은, 앞의 괄호 안에 세로 9자 가로 9자로 81자를 풀이하는 방법. 빗금 식 풀이 예는 아래와 같다.

一盡始 시작과 끝남은 하나다 一本無 없어졌다 하여도 근본(魂)은 남
일 진 시   일 본 무
는다. 三三天始三 삼대(三大) 삼원(三圓) 삼일(三一)이고 이는 처음부터 천
   삼 삼 천 시 삼
지인(天地人)이라. 이와 같은 방식은 천(天), 지(地), 인(人)의 근본으로 자일이 삼(自一而三)의 진리도표(眞理圖表) 역시 사람의 형상이라 생각하고 머리는 천신(天神. 하느님)으로부터 하단의 인물이다.

삼일신고(三一神誥)를 푸는 그림. 회삼지일(會三之一)이다. 이의 근본은 삼일신고(三一神誥)의 인물 167자에 나타나 있고, 72자 세계 또는 36자 허공(虛空) 51자 일신(一神) 40자 천궁(天宮)에서 찾아보아야 정확하게 풀 수 있다. 81자의 한문으로 번역한 고운 최치원은 진리도(眞理圖)를 바탕으로 하여 일체(一體)를 나타내고, 그 중심이 천(天) 지(地) 인(人)이라 하였고, 근취제신(近取諸身. 모든 사람을 거둠은 가까운 곳) 원취제물(遠取諸物. 모든 물건을 거둠은 먼 곳에서)이라 함에 이를 깨닫는 것은 천지인일체라 하였다.

삼황내문(三皇內文)

三皇內文經紫府先生授軒轅使之洗心歸義者也

삼 황 내 문 경 자 부 선 생 수 헌 원 사 지 세 심 귀 의 자 야

　자부(紫府) 선생이 준 삼황내문경(三皇內文經)을 읽고 헌원(軒轅)이 마음을 씻고 귀의(歸義)했으며

先生嘗居三淸之宮宮在靑邱國大風山之陽軒侯親朝蚩

선 생 상 거 삼 청 지 궁 궁 재 청 구 국 대 풍 산 지 양 헌 후 친 조 치

尤路經名華有是承聞也

우 로 경 명 화 유 시 승 문 야

　자부 선생(紫府先生)은 삼청궁(三淸宮)에 살면서 청구국(靑邱國. 중국에서 환웅의 나라를 청구국)이라 했음. 대풍산상(大風山上) 양지바른 궁궐에 헌원(軒轅)은 치우(蚩尤)와 같이 살면서 아침마다 친히 시중 들고 같이 길을 걸으면서 옳은 경문은 올바르게 받아들여 그 이름이 빛났다.

經文以神市鹿書記之分爲三篇後人椎演加註別爲神仙

경 문 이 신 시 녹 서 기 지 분 위 삼 편 후 인 추 연 가 주 별 위 신 선

陰符之說

음 부 지 설

　삼황내문경(三皇內文經)의 글자가 신시녹서(神市鹿書) 기록으로 3편으로 나누어져 있으므로, 후세 사람이 글 뜻을 다르게 더 해 옮겨 내려오면 음부지설(陰符之說. 말씀이나 증거가 묻어져)로 신선(神仙)같이 사라질 것이다.

周秦以來爲道家者流之所託閒有鍊丹服食許多方術之

주 진 이 래 위 도 가 자 유 지 소 탁 한 유 연 단 복 식 허 다 방 술 지

設紛紜雜出而多惑溺至於

설 분 운 잡 출 이 다 혹 닉 지 어

주(周)나라와 진(秦)나라 이래 도가(道家)의 소재에 흘러들어 부탁하면 한가한 세월만 보내고 연단(練丹. 신선 불노주)처럼 삼켜버릴 것이 허가(許可)되며 많은 방술(方術)을 설분(設紛, 어지러운 설명)을 분잡(紛雜, 말만 시끄럽고)함만 나오고 많은 의혹(疑惑)만 물에 빠져 헤매게 되도다.

徐福韓終亦以淮泗之産素有叛秦之志至是入海求仙爲
서복한종역이준사지산소유반진지지지시입해구선위
言仍逃不歸日本紀伊有徐市題名之刻伊國新宮有徐市
언잉도불귀일본기이유서시제명지각이국신궁유서시
墓祠云徐福一稱徐市福音混也
묘사운서복일칭서시복음혼야

서복(徐福)에 이르러 한(韓)나라는 망해 마치고 회사(淮泗)출신인 그는 진(秦)나라를 배반하는 바탕이 있어 이에 신선을 찾아 바다로 들어간다고 하여 돌아오지 않고 도망쳐 일본에 가서 기이(紀伊)하여 서시(徐市)라고 이름 지어 조각하고, 이국(伊國)의 신궁(新宮)에는 서시(徐市)의 묘(墓)와 그의 사당(祠堂)에는 서복일(徐福一)이라 칭하고 서시(徐市)는 복(福)이라 하여 혼돈된 소리로 알려졌다.

(부연설명=도가(道家)는 노자(老子)를 말함이다. 도인(道人)은 무신론(無神論)을 주장하는 사람이므로 『천부경(天符經)』을 무용지물(無用之物)로 여긴 것이다.) 서복한종(徐福韓終)=서복(徐福)이가 한(韓)은 도가(노자)의 아버지 성(姓)이 한씨(韓氏)이므로 한으로서는 마친다 하였다. 노자는 한웅의 후손이고, 그의 할아버지는 한족의 풍 씨(風氏)족이며, 노자는 진(秦)나라 성황(聖皇)이고, 그의 성을 이 씨(李氏)라 하였으며 이름은 이(耳)다.

주(註)= 단군조선 말엽 서복(徐福)이가 일본에 전한 것이다. 일본은 서복일(徐福一)로부터 받아들였다. 그 공적으로 서복일의 이름을 따서 서시(徐

市)의 도시가 있고 그의 묘와 사당을 세워준 것이다. 일본의 문화는 우리 녹서(鹿書)를 본떠 만든 글이고 일본에도 우리와 같이 옛 고서가 있고 자기들도 배달국 시대 바다로 건너온 환족(桓族)이라고 말한다. (『환단고기』에서는 단군 3세 때 도일한 것으로 쓰여 있다.)

三一神誥本出於 神市開天之世而其爲書也
삼 일 신 고 본 출 어   신 시 개 천 지 세 이 기 위 서 야

〈삼일신고(三一神誥)를 풀기 위한 진리도의 내용이고 (1) 조화신(造化神) (2) 교화신(敎化神) (3) 치화신(治化神)은 일체(一切)라 하여 삼일신(三一神)의 깨우침〉이라 근본은 신시(神市)개천(開天, 나라를 세움)하고 이를 글로써 세상에 남긴 것이다

蓋以執一含三會三歸一之義爲本領而分五章祥論天神
개 이 집 일 함 삼 회 삼 귀 일 지 의 위 본 령 이 분 오 장 상 론 천 신
造化之源世界人物之化
조 화 지 원 세 계 인 물 지 화

대개 하나(一)를 잡아 셋(三)을 포함하고 셋을 모아 하나로 돌아온다는 뜻에 근본을 요긴하게 삼았다. 오장(五章)으로 나눈 상론(詳論)은 천신조화(天神造花)의 근원에서 세계의 사람과 물건들의 교화(敎化)이다.

其一曰虛空與一始無同始一終無同終也
기 일 일 허 공 여 일 시 무 동 시 일 종 무 동 종 야

그 일일(一曰)은 허공(虛空)으로 시작은 같지만 하나(一)에서 시작하여 끝을 같이함이다.

外虛內空中有常也
외 허 내 공 중 유 상 야

밖은 비웠고 안은 공중(空中)이라 항상 있음이다.

其二曰一神空往色來似有主宰三神爲大帝實有功也
기 이 왈 일 신 공 왕 색 래 사 유 주 재 삼 신 위 대 제 실 유 공 야

그 이일(二日)의 일신(一神)은 허공(虛空)에 갔다가 색상(色常)으로 와서 삼신(三神)을 주재(主宰)힘이 실(實)로 대제(大帝)의 공로가 있도다.

其三曰天宮眞我所居萬善自足永有快樂冶
기 삼 일 천 궁 진 아 소 거 만 선 자 족 영 유 쾌 락 야

그 삼일(三日)의 천궁(天宮)은 만(萬)의 선(善)이 진아(眞我, 나의 생긴 그대로)이며 거처 하는 곳이며 꾸밈은 자족(自足)하고 영원토록 쾌락(快樂)하도다.

其四曰世界衆星囑日有萬群黎大德足生也
기 사 일 세 계 중 성 촉 일 유 만 군 려 대 덕 족 생 야

그 사일(四日)은 세계 별의 무리는 해(日)에 속하고 만군(萬群)의 넋(黎)은 대덕(大德)으로 여기서 태어남이라,

其五曰人物同出三神歸一之眞是爲大我也
기 오 일 인 물 동 출 삼 신 귀 일 지 진 시 위 대 아 야

그 오일(五日)은 사람과 물건은 같이 삼신(三神)에서 나와서 하나(一)의 진실(眞實)로 돌아가나니 이를 대아(大我)라 한다.

世或以三一神誥爲道家醮靑之詞則甚誤矣
세 혹 이 삼 일 신 고 위 도 가 초 청 지 사 칙 심 오 의

세상에서는 혹은 삼일신고(三一神誥)를 가지고 도가(道家)는 제사 지낼 때

올리는 말씀이라고 하지만, 이는 크게 잘못된 것이다.

吾桓國自桓雄開天主祭天神祖述神誥恢拓山河教化人
오 환 국 자 환 웅 개 천 주 제 천 신 조 술 신 고 회 척 산 하 교 화 인
民
민

우리 환국(桓國)의 환웅(桓雄)으로부터 개천(開天)하여 천신(天神)에게 제사
지내고 신고(神誥)를 조술(祖述)하였으며 신하를 널리 개척(開拓)하였고 백성
을 교화했다.

嗚呼神市天皇之建號今旣蒙三神上帝啓無量洪祚招撫
명 호 신 시 천 황 지 건 호 금 기 몽 삼 신 상 제 계 무 량 홍 조 초 무
熊虎以安四海
웅 호 이 안 사 해

소리쳐 부르다. 신시(神市)는 천황(天皇)께서 세운 이름으로 이제 이미 삼
신상제(三神上帝)께서 열어 헤아릴 수없이 만들어 널리 불렸다 웅가(熊加)과
호가(虎加)를 다스려서 세상을 안정시켰다.

上爲天神揭弘益之義下爲人世海無告之怨於/是人自
상 위 천 신 게 홍 익 지 의 하 위 인 세 해 무 고 지 원 어 시 인 자
順天世無僞妄無爲自治無言自化
순 천 세 무 위 망 무 위 자 치 무 언 자 화

위로 천신(天神)을 위해 홍익(弘益)의 뜻을 높이고, 아래로 인간세상(人間
世上)을 위해 무고(無告)의 원(怨)을 푸시고 사람은 절로 하늘에 순종(順從)
하며 세상에 거짓과 망령(妄靈)됨이 없어져 절로 다스려지고 말없이도 절
로 교화되었다.

俗重山川不相侵涉貴相屈服投死救急旣均衣食又平權
속 중 산 천 불 상 침 섭 귀 상 굴 복 투 사 구 급 기 균 의 식 우 평 권

利同歸三神交歡誓願
리 동 귀 삼 신 교 환 서 원

풍속은 산천(山川)을 존중하고 서로가 간섭하거나 침범하지 않고 서로
가 굴복함을 귀하게 여겼으며, 목숨을 던져 남의 위급(危急)을 규제(規制)하
였다. 함께 삼신(三神)께 의지하여 서로 기쁘게 맹서(盟誓)하고 원(願)을 세
웠다.

和自爲公責禍保信通力易事分業相資男女皆有職分老
화 자 위 공 책 화 보 신 통 력 역 사 분 업 상 자 남 여 개 유 직 분 노
少同享福利人與人無相爭訟國與國無相侵奪是謂神市
소 동 형 복 리 인 여 인 무 상 쟁 송 국 여 국 무 상 침 탈 시 위 신 시
太平之世也
태 평 지 세 야

화백(和白)으로 의견을 모으고 서로 함께 책임지는 것으로 믿음을 지켰
으며, 힘을 모아 일을 쉽게 하였고 일을 나누어 서로 도왔으니, 남녀(男女)
모두가 그 직분(職分)이 있었고 늙은이와 어린이도 똑같이 복(福)과 이익을
누렸다. 사람끼리 서로가 다투어 재판(裁判)하는 일도 없었으며, 나라끼리
침입하여 빼앗는 일도 없으니, 이를 신시태평지세(神市太平之世)라 하였다.

삼일신고(三一神誥)

제1장 허공(虛空) 36자

帝曰爾五加衆蒼蒼非天玄玄非天天無形質無端倪無上
제 왈 이 오 가 중 창 창 비 천 현 현 비 천 천 무 형 질 무 단 예 무 상
下四方虛虛空空無不在無不容
하 사 방 허 허 공 공 무 불 재 무 불 용

　제(帝)께서 말씀하시기를 너희들 오가협(五加俠)들아 푸르고 푸르러도 하늘이 아니다. 검고 검어도 하늘이 아니고, 하늘은 바탕과 얼굴이 없으며, 또한 위와 아래 사방이 없고, 겉은 황(荒)하며 속은 허(虛)허(虛)공(空)공(空)텅하여 비어 볼 수가 없느니라.

제2장 일신(一神) 51자

神在無上一位有大德大慧大力生天主無數無世界造牲
신 재 무 상 일 위 유 대 덕 대 혜 대 력 생 천 주 무 삭 무 세 계 조 신
牲物纖塵無漏昭昭靈靈不敢名量聲氣願禱絶親見自性
신 물 섬 진 무 루 소 소 령 령 불 감 명 량 성 기 원 도 절 친 견 자 성
求子降在爾腦
구 자 강 재 이 뇌

　신(神)은 보이지 않는 높은 자리에 계시고 큰 덕(德)과 큰 힘이 지혜로움을 크게 지니시고 하늘에서 내리셨으니, 온 세상을 펴시고 만물을 창조하

셨음이 밝고 령(靈)하여 섬세한 티끌 만 근도 헤아릴 수 없도다. 소리 내어 빌어도 전혀 보임이 없어 자연 자성(自性)하면 너에게는 자(子)이 있으니 너의 뇌(腦)를 통해 내리니라.

제3장 천궁(天宮) 40자

天神國有天宮階萬善門萬德一神攸居群靈諸哲護侍大
천 신 국 유 천 궁 계 만 선 문 만 덕 일 신 유 거 군 령 제 철 호 시 대
吉祥大光明處惟性通功完者朝永得快樂
길 상 대 광 명 처 유 성 통 공 완 자 조 영 득 쾌 락

하늘은 신국(神國)이라. 천궁(天宮)이 있다. 만(萬)이 선(善)과 함께 만(萬)이 덕(德)을 하나같이 지녔으니 일신(一神)께서 게시는 곳이라. 군령(群靈=뭇 신령)과 제철(諸哲=모두 영재)들이 모시고 계시니 크게 길(吉)하고 크게 상(詳)스러워 크게 광명(光明)하옵고, 오직 성품을 트고 공적(空寂)을 이름이라. 널리 영원토록 쾌락(掛絡)을 얻으리라.

제4장 세계 72자

爾觀森烈星辰數無盡大小明暗苦樂不同一神造群世界
이 관 삼 열 성 진 삭 무 진 대 소 명 암 고 락 불 동 일 신 조 군 세 계
神勅日世使者率七百世界爾地自大一九世界中火震蕩
신 칙 일 세 사 자 솔 칠 백 세 계 이 지 자 대 일 환 세 계 중 화 진 탕
海幻陸遷乃成見像神呵氣包底煦日色熱行?化遊裁物
해 환 육 천 내 성 견 상 신 가 기 포 저 후 일 색 열 행 저 화 유 재 물
繁殖
번 식

너희들 총총한 별을 보라. 셈을 다할 수 없고. 크고 작음과 밝고 어두

움, 괴롭고 즐거움이 동일하지 아니하고. 일신(一神)께서 온 세상을 만드시고 일세(日世)의 사자(使者)를 시켜 700 시종(侍從)을 거느리게 하시니, 세상 땅속 지진과 화산이 분출(火山噴出)하여 바다가 변하여 육지가 되고, 이에 보이는 모양을 이루어졌니라. 일신(一神)께서 컬컬 웃으면서 물에 공기를 불어 넣으시고. 일광(日光)으로 열을 보내 부양시키고 빛을 쪼이시고 날고 헤엄치고 살아나 놀랍게 심어서 만물이 번식하리라.

제5장 인물 167자

人物同受三眞惟衆迷地三妄着根眞妄對作三途曰性命
精人全之物偏之眞性善無惡上哲通眞命青無濁中哲知
眞精厚無薄下哲保返眞一神曰心氣身心依性有善惡善
福惡禍氣依命有淸濁青壽濁沃/身依精有厚薄厚貴薄
賤曰感息觸轉成十八境/感喜懼哀怒貪厭/息芬爛寒熱
/震濕觸聲色臭味淫抵/衆善惡淸濁厚薄相雜從境途任
走隋生長消病殘苦哲止感調息禁觸一意化行改妄卽眞
發大神機性通功完是/神誌秘詞檀君達門時人神誌發
理所作也/本三神古祭誓願之文也/夫上古祭天之義要
在爲民祈福祝神興邦也/今好事之人將神誌秘詞與圖
讖星占相出人推數敷演言其震檀九變之圖又作鑑訣豫
言之先河亦謬矣哉其曰秤幹扶蘇樑者是謂辰韓古都亦
卽檀君朝鮮所都阿斯達是也/亦卽今松花江哈爾濱也/
其曰錘者五德地者是謂番韓古都今開平府東北七十里
所在湯池堡是也/其曰極器白牙岡者是謂馬韓古都今

大同江也/乃馬韓熊伯多祭天馬韓山卽此竊以三韓地
勢譬諸衡石則扶蘇樑如國之秤幹五德地如國之錘者白
牙岡如國之極器三者缺一衡不稱物國不保民也/三神
古祭之誓願惟在三韓管境允悅民衆之義也/神誌秘詞
所傳亦不外乎/是焉則爲國一念幷獎忠義祭以悅神願
以受福神必降衷福必興邦直實以行事不徵微實行不求
是則所徵所求者從何得功乎/我國文字自古有之今南
海縣郞河里岩壁有神市古刻夫餘人王文所書之法類符
擬篆紫符先生之內文太子扶婁之五行皆出於桓檀之世
/而殷學漢文蓋王文遺範也/留記云神劃曾在太白山靑
岩之壁其形如(ㄱ)世稱神誌仙人所傳也/或者以是爲造
字之始則/其劃直一曲二之形其義有管制之象其形其
聲又似出於計意然者也/故以神人之德愛求人世以準
焉則眞敎之行也/必人事皆正也/賢能在位老幼公養壯
者服義多者勤化奸詐息訟干戈閉謀是亦理化之一道也
/

사람과 만물이 한가지로 삼진(三眞)을 만나니 사람은 땅에서 삼망(三妄)을 심었으니 삼진(三眞)과 삼망(三妄)이 같이 땅에서 성품의 목숨(命)를 뿌리 내려 번뇌(煩惱) 업도(業道) 고도(苦道)로 인하여 서로 배치(背馳)되어 상철(上哲)로 통하고 참 목숨(眞命)은 맑음도 흐림도 없으리라. 중철(中哲)을 알고 참정(眞精)은 두려움이 없어 하철(下哲)이 보전하니, 진정(眞情)한 일신(一神)이 돌아감을 말하면 심(心) 기(氣)신(身)이라. 심기신(心氣身)이 성(性)에 의지하여 선악(善惡)을 이루나니 선(善)은 복(福)이 되고 악(惡)은 화(禍)가 된다. 기(氣)가 명에 의지하여 청탁(淸濁)을 이루나니 많은 것은 오래가고 탁

(濁)한 것은 사라진다. 신(身)이 정(精)에 의지하여 두텁고 엷음을 이루나니, 두터움은 귀(貴)하고 엷음은 천(賤)하다. 말하여 느낌과 숨결은 부딪침이라. 굴려 18지경을 이루나니 느낌에는 기쁨, 두려움, 더위, 슬픔, 성냄, 탐함, 싫음이요, 숨 쉼은 향내, 술내, 추위, 더위, 번뇌, 습기요, 부딪침에 소리, 빛, 냄새, 맛, 음탕, 다침, 음탕, 다침이라. 여러 사람이 착함과 맑고 흐림과 두텁고 엷음을 서로 섞어서 가닥 길을 따라 함부로 달아나다가 낳고 성장하여 늙고 병들어 죽는 괴로움에 떨어지고, 철인(哲人)은 느낌을 그치며 부딪침을 금하여 한 뜻으로 되어가서 가닥을 돌이켜 참(慘)함에 나아가서 큰 고통을 여나니, 성품을 트고 공적(公的)을 완수함이 이것이라.

신지비사(新誌秘詞. 국사 기록를 보관하는 사람)는 단군달문(檀君達門=제6세) 시대 사람 신지발리(神誌發理. 신지 발귀리)가 있으면서 지었다. 본삼신고제(本三神古祭. 묶은 제사)의 서원지문(誓願之文. 소원의 기도문)이라, 부상(夫上) 고제천(古祭天)의 의(義) 필요가 있어 백성들이 복(福)을 받고자 기도하고 복은 신이 내려줘 나라가 일어남이라.

지금 호사지인(好事之人)이라 함은 신지비사(神誌秘詞)을 알림이다. 도참(圖讖. 길흉의 예언그림)과 성점(星占. 별점)이 서로 혼돈(混沌)되는 수가 있어 추리(推理)하여 상세히 말하기를, 진단구변도(辰檀九變圖. 달과 별이 아홉 번 변함)이라 하여 또 어떤 사람은 구결(口訣. 글자풀이)로 예언(豫言) 역시 잘못된 말이라고 하였다. 그 말에 의하면 부소량(扶蘇樑)은 저울대 눈금 같은 사람이라 했으니, 진한(辰韓)의 옛 도읍 역시 즉(卽) 단군조선(檀君朝鮮)의 소도(所都) 아사달(阿斯達)이다. 역시 즉(卽) 지금은 송화강(松花江) 하르빈(哈爾賓)이라,

그 말은 추(錘. 저울대)는 오덕지(五德地)라. 이를 이르러 번한(蕃韓)의 옛 도읍을 말함이니, 지금의 개평부(開平府) 동쪽 70리에 있는 탕지보(湯池堡)가 그곳이다. 그를 지극히 말하기를 백아강(百牙岡)이라. 이에 이르러 마한(馬韓)의 옛 도읍지를 말함이며 지금의 대동강(大同江)이다.

이는 마한(馬韓)의 웅백다(雄伯多)가 마한산(馬韓山) 그곳은 천제(天祭. 하느님 제사) 지내는 삼한(三韓)의 지세비(地勢譬. 험난한 땅세를 비유)라 하였다 부소량(扶蘇樑)은 모두 저울대 눈금처럼 야물어서 도움을 구할 때 나라의 대들보처럼 바탕이 정직하여 오덕지(五德地)는 나라의 추(錘)와 같고, 백아강(白牙崗)은 나라의 저울대와 같으니, 3사람이 지켜 저울대 눈금처럼 정직하게 1개도 어김없어야 저울로 만물을 달 것이다 하여, 나라는 백성을 보호 못하면 안 된다.

삼신고제(三神古祭)를 지내면서 원함을 맹세하여 삼한관경(三韓管境) 민중은 진작 기쁜 뜻에 젖었다. 신지비사(神誌秘詞)를 바닥부터 전함은 또 이밖에 아니더라도 어찌 이 법은 국가일념(國歌一念)과 아울러 충성을 다짐하고 제사 지냈다. 신(神)의 원함에 따르면 복을 받고 신필강(神必降)으로 복 받은 가운데 반드시 나라가 흥(興)할 것이며, 진실한 행사는 작지 아니하고 실행(實行) 불구(不求)하고 이는 본 규칙이 추궁(追窮)함과 이루는 것이라. 어느 것이 공(功)이라 할 것인가?

우리나라 문자는 옛부터 있었다. 금세 남해현 낭하리(浪河里) 암벽에 신시(神市)의 옛 조각이 있다. 부여 사람 왕문(王文)이 쓴 것의 법류부의전(法類符擬篆)자로 자부(紫府) 선생의 내문(內文) 태자부루(太子扶婁)의 오행(五行)은 모두 환단지세(桓檀之世)에 나왔다. 은(殷)나라 글자(갑골문자)와 한문(漢文)은 아마도 왕문유범(王文遺範)이다. 유기(留記)의 말은 신획(神劃)에 일찍이 태백산 푸른 바위의 벽에 있다는 글이 있다. 그 모양은 ㄱ자와 같으니, 세상에 칭하기를 신지선인(神誌仙人)이 전한 것이라. 혹자는 이에 처음 만든 글자일 것이다.

참고(參考)=고조선 시대 가림토 글자는 즉 한글의 근원이고 가림토 사용은 왕문유범(王文遺範)에 사용되었다. 왕문(王文)은 기원전 12세기경 부여 사람으로 단군 부루(夫婁) BC 2,240~2,182) 한수(漢水)에 살았다. 그는 이두(吏讀)를 만든 사람으로서 기원전(924년경) 〈왕문유범(王文遺範)〉을 지었다. 왕문(王文)의 후손 왕차중(王次中)이 고조선 시대 서토(西土)에 전해진 글이다. 그 획은 직일(直一)과 곡이(曲二)의 모양이고 그 뜻은 관제(管制)의 형태는 그 모양 그 소리 또한 계획된 뜻이 그렇게 여긴다. 고로 신인(神人)의 덕애(德愛)로써 인간 세상을 구하고 이에 준해 어찌 참 교화로 칙(則)해 행할 것인가? 반드시 인사를 모두 바로 했다 현능(賢能)한 사람은 벼슬에 있고, 노유(老幼. 늙고 어린이)자는 공개적으로 봉양 양육하며, 장년은 의(義)에 복종한다. 많은 사람이 부지런하니 간사한 자는 소송을 그치고 창칼은 음모의 문을 닫는다. 이것 역시 이화(理化)의 길이다.

남해현 낭하리 계곡 고각(古刻) 옛 문자

南海縣郎河里之溪谷岩上有神市古刻其文曰桓雄出獵
致祭三神

남해현 낭하리 계곡 바위 위에 신시(神市)의 고각(古刻)이 있다. 그 글을
보면 환웅(桓雄)이 사냥 나왔다가 삼신(三神)에 제(祭)를 지냈다.

又曰大始傳古只憑口舌久而後乃形以爲書變復?變而
爲之字

또 말하기를 대시(大始)에 옛길을 전함에 있어 다만 전해오는 이야기에
의지한 지 오래다. 나중에 형상(形象) 그림으로 그려 전했으나 발달되어 문
자가 되었다.

蓋文字之源莫非出於國俗之所尊信也

생각건대 문자의 근원은 나라의 풍속에 믿음을 존중(尊重)하는 것에서
나오지 않을 수 없었다.

自一氣而祈三氣郎極也　夫天之源乃貫三極爲虛而空

幷內外而然也 極郞無也
병 내 외 이 연 야　극 랑 무 야

　스스로 하나의 기(氣)로부터 셋으로 갈라진 극(極)이 부천(夫天)의 근원이
삼극(三極)에 관(貫)하여 허(虛)요 공(空)이라. 그래서 내외(內外)는 함께 함이,
극(極)은 랑(郞)이고, 무(無)이다.

天之宮卽爲光明之會萬化所出天之一神能體其虛而乃
천 지 궁 즉 위 광 명 지 회 만 화 소 출 천 지 일 신 능 체 기 허 이 내
其主宰也 故曰一氣卽天也卽空也
기 주 재 야　고 왈 일 기 즉 천 야 즉 공 야

　하늘의 궁(宮)에 '곧' 빛(光)이 모이는 곳이고, 만 가지 변화가 나오는 곳이
라 한다. 하늘의 일신(一神)은 능(能)히 그 허(虛)를 체(體)라 할 뿐 이에 그
주재(主宰)라. 고로 말한다. 일기(一氣)는 즉 천(天)이며 곧 빈 것이다.

然自有中一之神而能爲三也三神乃天一地一太一之神
연 자 유 중 일 지 신 이 능 위 삼 야 삼 신 내 천 일 지 일 태 일 지 신
也
야

　그렇다면 스스로 중일(中一)의 신(神)이 있어 능히 삼(三)이 된다. 삼신(三
神)은 '곧' 천일(天一) 지일(至一) 태일(太一)의 신(神)이다.

一氣之自能動作而爲造敎治三化之神神卽氣也　氣卽
일 기 지 자 능 동 작 이 위 조 교 치 삼 화 지 신 신 즉 기 야　기 즉
虛也 虛卽一也
허 야　허 즉 일 야

　일기(一氣)는 그가 스스로 동작하여 이루고 가르치고 다스리는 삼화(三
化)의 신(神)이 된다. 신(神)은 '즉' 기(氣)이고 기(氣)는 '곧' 허(虛)이며 허(虛)는
'즉' 일(一)이다.

故地有三韓爲辰弁馬三京之韓韓卽皇也 皇卽大也大
고 지 유 삼 한 위 진 변 마 삼 경 지 한 한 즉 황 야 　 황 즉 대 야 대
卽一也
즉 일 야

고로 땅에는 삼한(三韓)이 있으며 진(辰) 변(弁) 마(馬)의 삼경(三京)의 한(韓)
이다 한(韓)은 곧 황(皇)이며 황(皇)은 즉(卽) 대지(大地)요 즉(卽) 일(一)이라.

故人有三眞爲性命精三受之眞眞卽衷也 衷卽業也 業
고 인 유 삼 진 위 성 명 정 삼 수 지 진 진 즉 충 야 　 충 즉 업 야 　 업
則續也續卽一也 然一始一終回復其眞也
즉 속 야 속 즉 일 야 　 연 일 시 일 종 회 복 기 진 야

고로 사람에 삼진(三眞)이 있다. 성(性) 명(明) 정(精)의 삼수(三受)의 진(眞)이
라 한다. 진(眞)은 즉 충(衷)이고 충(衷)은 곧 업(業)이고 업(業)은 곧 속(續)이
며 속(續)은 즉 일(一)이다. 그리하여 일(一)에서 시작하여 일(一)에 끝난다는
것은 돌아서 진(眞)으로 되는 것을 말한다.

卽一卽三對合於善也 徵粒積粒一歸之美也 乃性之所
즉 일 즉 삼 대 합 어 선 야 　 징 입 적 입 일 귀 지 미 야 　 내 성 지 소
善也 乃命之所淸也 更復何有曰有曰無也
선 야 　 내 명 지 소 청 야 　 갱 복 하 유 왈 유 왈 무 야

'즉' 일(一)은 삼(三)이라. 대합(對合)은 선(善)하는 것이다. 미립(微粒)의 작은
알갱이를 쌓아서 일(一)로 되돌아오는 미(美)이다. 곧 성(性)의 선(善)이라 하
는 것이고, 곧 명의 처소는 청(淸)이라 하는 것이며, 어찌 다시 회복함이 있
어 말함이 있고 말함이 없으리라,

乃精之所厚也 哉眞之爲不染也 其染者爲妄也 善之
내 정 지 소 후 야 　 재 진 지 위 불 염 야 　 기 염 자 위 망 야 　 선 지
爲不息也
위 불 식 야

곧 정(精)의 처소(處所)가 후(厚)라고 하는 이유다. 비롯 진(眞)은 물들지 아니함이다. 그 물듦을 망(妄)이라 하고, 선(善)을 불식(不息)이라 한다.

其息者爲惡也　淸之爲不散也　其散者爲濁也　厚之爲
기 식 자 위 악 야　청 지 위 불 산 야　기 산 자 위 탁 야　후 지 위
不縮也　其縮者爲薄也
불 축 야　기 축 자 위 박 야

그 식(息)을 악(惡)이라 하고 청(淸)을 불산(不散)이라 하며, 그 산(散)을 탁(濁)이라 하오니, 후(厚)를 불축(不縮)이라 하고 그 축(縮)을 박(薄)이라 한다.

所以執一含三者乃一其氣而三其神也
소 이 집 일 함 삼 자 내 일 기 기 이 삼 기 신 야

곧 일(一)을 잡아(執) 삼(三)을 머금어 이를 일(一)의 그 기(氣)는 그 신(神)의 삼(三)이라.

所以會三歸一者是亦神爲三而氣爲一也
소 이 회 삼 귀 일 자 시 역 신 위 삼 이 기 위 일 야

곧 삼(三)을 모아 일(一)로 돌아가는 이 역시 신(神)을 삼(三)하고 기(氣)을 일(一)로 하기 때문이다.

夫爲生也　者之體是一氣也　一氣者內有三神也　智之
부 위 생 야　자 지 체 시 일 기 야　일 기 자 내 유 삼 신 야　지 지
源亦在三神也
원 역 재 삼 신 야

부(夫)를 하여 생(生)이니 사람의 체(體) 이는 일기(一氣)다. 일기란 안에 삼신(三神)이 있고, 지(智)의 근원도 역시 삼신(三神)에 있다.

三神者外包一氣也　其外在也　一其內容也　一其內容
也　一其統制也
삼신자외포일기야　기외재야　일기내용야　일기내용
야　일기통제야

삼신(三神)은 밖으로 일기(一氣)를 포함하고, 그 밖에 있는 것은 일(一)이
고 그 내용도 일(一)이며 그를 통제하라,

一亦皆含會而不崎焉其爲字之源含會執歸之義存焉也
일역개함회이불기언기위자지원함회집귀지의존언야

일(一)이다. 역시 모두 합하여 포함할 수 없고, 여기에 글자의 근원을 합
하여 그 뜻이 여기에 포함되어 있다.

신시(神市)는 산목(算木. 나무로 헤아림)이 있었다. 치우(蚩尤)는 투전목(鬪佃目. 밭이
렁의 수(數) 헤아림)이 있었다. 부여(夫餘)는 서산(書算. 점자문)이 있었다. 또 전
목(佃目)이다. 그 왈 산목(算木. 나무 12그루는 가지 10이면 10그루는 100)이란 뜻이
다. 그 왈 밭 이렁 가로 5이렁이 세로 1개가 5이렁이다.

단군서기를 보면 단군가륵(제3세 檀君嘉勒)은 3사에 형제 중 2째 보륵(普

勒)이가 선정음(譔正音) 한자(漢字)의 본음으로 만든 38자는 위가림다기문왈(謂加臨多其文曰) 여러 획을 합하여 임하는 글자를 말함이다. 배달국(倍達國) 환웅천황(桓雄天皇)은 신지(神誌) 혁덕(赫德)에게 명(命)하여 녹도문신지문자(鹿圖文:神誌文字)을 창제(創製)하였다.

BCE 39-38세기경에 창제(創製)된 이 녹도문(鹿圖文)은 이집트(Egypt) 상형문자(BCE 3000년경), 수메르(Sumer) 설형문자(楔形文字:BCE 3000년경)보다 몇 세기 앞서는 세계최초(世界最初)의 문자(文字)다.

『환단고기(桓檀古記)』「태백일사(太伯逸史)」소도경전본훈(蘇塗經典本訓) 기록에 보면 환웅천황(桓雄天皇)께서 신지(神誌: 벼슬이름) 혁덕(赫德)에게 명(命)하여 녹도(鹿圖)의 글로써 천부경(天符經)을 기록(記錄)케 하였다고 한 것을 보면 그 당시에 녹도(사슴 발자국 모양)란 문자(文字)가 있었음을 알 수 있다. 환단고기를 세상에 공개한 이유립 옹도 저서 대배달민족사에 평양 소재 법수교 고비(古碑)라고 밝히면서 신지 전자(篆字)를 소개해 놓았다.

제5세 태우의(太虞義) 환웅천황(桓雄天皇)의 막내아들 태호복희(太皞伏義)씨가 녹도문(鹿圖文)을 개량(改良)하여 용서(龍書)를 만들고 이것을 주양(朱襄)씨가 육서(六書)로 남겼다고 한다(朱襄仍舊文字而始傳六書)는 시대별로 상고금문(上古金文?五帝金文: 삼황오제시대(三皇五帝時代)로부터 하(夏)왕조 때까지의 문자(文字), 은주금문(殷周金文: 은(殷)나라 갑골문(甲骨文), 주(周)나라 대전(大篆)), 춘추금문(春秋金文: 진시황 때의 소전(小篆))으로 나눌 수 있다.

상고금문(上古金文)은 은(殷)나라의 갑골문(甲骨文), 주(周)나라의 대전(大篆), 진(秦)나라의 소전(小篆)을 거쳐 한조(漢朝) 때 한자(漢子)로 완성되었다.

배달국(倍達國)에서는 숫자(數字)로서 산목(算木)이 통용되었고 14세 자오지치우(慈烏支蚩尤) 환웅천황(桓雄天皇) 때는 화서(花書 : 佃目)가 만들어져 사용되었다. 창힐(蒼頡)은 헌원(軒轅)의 신하로 새 발자국을 보고 조적서(鳥跡書)를 최초로 발명한 사람은 동이족(東夷族)이었다.

태호복희(太皥伏羲)

제5세 태우의(太虞儀) 환웅(桓雄) 때 비로소 나라의 질서가 복잡하였다. 천황(天皇)에게는 12아들이 있는데 첫째가 제6세 다의발(多義發) 환웅(桓雄)이 되고, 막내의 이름이 태호(太皥)라 하는데 그의 호(號)가 복희 씨(伏羲氏)이다. 태호복희(太皥伏羲)는 일부 병력을 동원해 화족(華族)인 수인(燧人)의 나라를 급습해 빼앗고 그들을 저 멀리 내륙으로 쫓아버린 후, 기산(岐山) 서쪽의 강수(姜水) 지역을 천황(天皇)의 영지(領地)로 편입시켰다. 그곳에서 나라를 세웠으나 후일 여동생 여와(女媧)가 왕위를 이었다.

大辯經에 曰 伏羲는 出於神市而作雨師하여
觀神龍之變 而造卦圖하고
改神市癸亥 而爲首甲子하시고
女媧는 承伏羲制度하시고
朱襄은 仍舊文字 而始傳六書하시니라
伏羲陵은 今在山東 魚臺縣 鳧山之南하니라

해설

대변경(大辯經)에 말하기를

복희(伏羲)는 신시(神市)에서 우사(雨師) 직책(職責)을 대물림하셨다.

신용(神龍)이 변(變)하는 것을 보고 괘도(掛圖)를 만들고

신시(神市)의 계해(癸亥)를 고쳐서 머리 연도를 갑자(甲子)라 하시고,

여와(女媧)는 복희(伏羲) 제도를 승계(承繼)하시고

주양(朱襄)은 잉구문자(仍舊文字)로 시작하여 육서(六書)를 전하고

복희릉(伏羲陵)은 지금 산동(山東) 어대현(魚臺縣) 부산(鳧山) 남에 있다.

후에 청구(靑丘) 낙랑(樂浪)을 지나 진(陳)땅에 이주(移住)하여 수인(燧人), 유소(有巢)와 함께 서쪽 땅(西土)에서 나라를 세우셨다. 그 후예가 풍산에 나뉘어 살면서 역시 풍(風)으로 성(姓)을 삼았다. 후에 패(佩)·관(觀)·임(任)·기(己)·포(庖)·리(理)·사(姒)·팽(彭) 여덟 씨족으로 나뉘어졌다.

제5대 태우의환웅(太虞儀桓雄)의 아들이 12인데 막내아들 태호복희(太皞伏羲)가 35살 (BC 3,493년)때 서토(西土) 황하 유역 진(陳) 땅에 가서 수인(燧人)이가 세운 진 제국을 빼앗아 최초의 제후국(諸侯國)이 되었다.

태호복희(太皞伏羲, BC 3528~3218) 씨와 여와(女媧, BC 3413~3283) 씨가 진국(震國)의 황제(皇帝)와 황후(皇后)였다. 여와가 BC 3283년 먼저 서거하고 황제 복희가 BC 3,218년 승하하여 나라를 BC 3,218년 소전(少典)이 이어받았다. 소전은 고시(高矢) 씨의 후손인데, 배달국의 제8세 안부련환웅천왕(安夫連桓雄天王)의 재임(在任, BC 3240~3167) 당시 신하로서 명을 받아 BC 3,230년경 강수(姜水)의 군병(軍兵) 감독관(監督官)으로 와서 12년 만에 소전 씨(少典氏)가 나라를 이어받아 진국(震國)의 칭호를 유웅국(兪熊國)으로 고치고 제호(帝號)를 염제(炎帝)라 하였다.

부연설(敷衍說)

　소전(少典)은 태호복희(의 나라 진국(陳國)을 선위(禪位)받고 태호복희의 공손(公孫)을 양육하게 되었다. 이로부터 소전(少典)의 별고(別孤. 적손이 아닌 아비 없는 고아) 공손(公孫. 임금의 후손)에게 짐승을 기르도록 시켰으나, 기르지 못한다 하여 헌구(軒丘) 땅으로 유배(流配)시켰고, 공손(公孫)은 7대로 이어져 왔는데 그 추장(酋長)을 헌원(軒轅)이라 하였다.

소전 씨(少典氏)

熊氏之所分曰少典安夫連桓雄之末小典以命監兵于姜水
웅 씨 지 소 분 왈 소 전 안 부 연 환 웅 지 말 소 전 이 명 감 병 우 강 수
其子神農嘗百草制藥後徙列山日中交易人多便之少典之
기 자 신 농 상 백 초 제 약 후 사 열 산 일 중 교 역 인 다 편 지 소 전 지
別孤曰公孫以不善養獸流于軒丘軒轅之屬皆其後也
별 고 왈 공 손 이 불 선 양 수 유 우 헌 구 헌 원 지 속 개 기 후 야

웅 씨(熊氏)가 갈라져서 나온 소전(少典, BC 3,250년)이라는 사람이 있었다.
그는 안부연환웅(安夫連桓雄. 제8세 환웅) 말기(末期)인 BC 3,230년경 소전은
명을 받고 강수(姜水)에 가서 병사 감독을 하게 되었다. 그는 강수에서 안
둥에게 장가들어 두 아들을 낳았는데, 장자는 염제(炎帝)신농 씨(神農氏),
차자는 염제(炎帝) 석년(石年)이다. 신농은 수많은 약초를 혀로 맛보고 약을
만들었다. 뒤에 무리들이 열산(烈山)에서 낮에는 교역(交易)하여 많은 사람
들을 편하게 하였다. 소전(小典)의 별고(別孤)에는 공손(公孫)이 있었는데 짐
승을 잘 기르지 못하므로 헌구(軒丘) 땅으로 유배(流配)시켰다. 헌원(軒轅)의
무리는 모두 그(공손[公孫]=제왕의 직계 후손)의 후손이다. (별고[別孤]=부모 없는 고
아를 아들로 삼았다.)

神農起於列山列山列水所出也神農少典之子少典與少
신 농 기 어 열 산 열 산 열 수 소 출 야 신 농 소 전 지 자 소 전 여 소
皥皆高矢氏之傍支也
호 개 고 시 씨 지 방 지 야

신농(神農)은 열산(烈山)에서 일어났고, 열산은 열수(洌水)가 흘러나오는

곳이다. 신농은 소전(少典)의 아들이다. 소전과 소호(少皞)는 모두 고시 씨(高矢氏)의 방계손(傍系孫)이라 하셨다.

『사기(史記)』에 의하면

소전 씨(少典氏)는 태호복희(太皞伏羲)의 진국(陳國)을 이어받아 국호를 유웅국(有熊國)이라 바꾸고 임금이 되었다. 신농씨(神農氏)는 어머니 안등(安登)이 강수(姜水)에 살다가 아버지 유교 씨(有嬌氏)가 소전 씨(少典氏)와 결혼시켜 아들 신농 씨는 강수에서 자란 까닭에 성을 강씨(姜氏)라 하였다. 강씨는 현전(賢傳)하는 인류의 시원(始原) 성씨이다. 신농 씨는 아버지의 나라 유웅국을 이어받아 연호(年號)를 염제(炎帝)라 하였다. 염제의 나라 마지막 임금 염제(炎帝) 유망(楡望)에 이르기까지 8대로 530년간 존속하다가, 배달국(倍達國) 치우(蚩尤) 천황(天皇)의 서토(西土) 정벌로 멸망하고 헌원(軒轅)이 유웅국을 이어받았다.

신농 씨(神農氏)를 염제라 함은

염제(炎帝)는 화덕(火德)을 가지고 있었기에 염제라 하였다. 나무를 잘라 구부려서 뇌사(耒耜)를 만들어 백성에게 농경을 가르쳤으며, 백초(百草)를 맛보아 약초를 찾아내 병을 고쳤고, 오현금(五絃琴)을 만들었으며, 팔괘(八卦)를 겹쳐 64효(爻)로 점술(占術)을 고안해냈고, 시장을 개척하여 백성들에게 교역을 가르쳤다고 한다. 신농(神農)이라 함은 조상인 고시리(高矢理) 씨의 전통으로 강수(姜水)에서 농사를 귀신같이 잘 지었다 하여 신농이라 하였다.

공손 씨(公孫氏)

時有公孫軒轅者土着之魁始聞蚩尤天王入城
시 유 공 손 헌 원 자 토 착 지 괴 시 문 치 우 천 왕 입 성

때에 공손헌원(公孫軒轅)이란 자가 있었다. 토착 백성들의 우두머리였다. 처음 치우천왕(蚩尤天王)이 입성(入城)하였다고 하였다. '즉' 치우천왕으로부터 정벌 당했다는 뜻이다.

부연설(敷衍說)

염제(炎帝) 소전((少腆)은 아들 염제신농(炎帝神農, BC 3219~2698)에게 BC 3,078년 전위(傳位)하여 8대(代)로 이어오다가, 염제유망(炎帝楡輞)이 BC 2,675년 치우(蚩尤)로부터 전사하고 멸망하여 손(孫)이 끊어져 공손(公孫) 헌원(軒轅)이 BC 2,674년 이어 받았다.

(1) 염제소전 씨(炎帝小典氏) ➡ (2) 염제신농(炎帝神農) ➡ (3) 염제임승(炎帝承) ➡ (4) 염제림(炎帝臨) ➡ (5) 염제칙(炎帝則) ➡ (6) 염제백(炎帝百) ➡ (7) 염제래(炎帝來) ➡ 염제양(炎帝襄) ➡ (8) 염제유망(炎帝楡輞)에 이르러 소전(少典)의 별고(別고=다른 소생) 공손 씨의 후손 공손헌원(公孫軒轅)이 뒤를 이어받아 제호(帝號)를 황제로 고쳐 황제 헌원(黃帝軒轅) 씨 또는 헌원 황제(軒轅黃帝)라 한다. 황제는 BC 2,674년 염제의 나라 대를 이었다.

고대 중국의 황조(皇祖)는 삼황(三皇) 오제(五帝) 시대가 있었다. 먼저 삼황은 복희 씨(伏羲氏)의 뒤를 이은 여와 씨(女媧氏) 시대에 "하늘을 받치고 있던 기둥 격인 인물이 무너지면서 천지(天地)가 무너지고 홍수가 범람하였으며 맹수들은 양민(良民)을 잡아먹고 맹금(猛禽)은 노약자(老弱者)를 채가는 등 아주 혼돈(混沌)한 세상이 되어버렸다. 이때 마침내 소전 씨라는 자가 있어 여와 씨로부터 뒤를 이어왔다 하여 복희 씨, 여와 씨, 소전 씨 순으로 삼황이라 하였다.

동쪽의 이족(夷族)에는 치우(蚩尤)라는 무서운 두령(頭領)이 있었다. 그는 네 개의 눈, 여섯 개의 손, 구리로 된 머리, 쇠로 된 이마를 가진 요괴(妖怪)스런 모습을 하고 있었으며, 사람처럼 말하고 모래나 돌 따위를 먹으며 금으로 만든 무기를 사용했다고 한다. 그 위에 안개를 뿜어낼 수 있는 조화(造化)를 가지고 있어, 전쟁을 할 경우 누구에게나 위협적인 인물이었다. 소전 씨(少典氏)나라를 이어받은 공손(公孫) 헌원(軒轅)으로부터 오제(五帝)라 하는데, 오제 모두가 황제 헌원으로부터이지만, 이들은 황제 헌원의 아들로부터 손자, 증손자, 고손자들이다.

제3장

고대 중국 황조기(皇朝記)

삼황(三皇) 오제(五帝)

삼황(三皇)은 일반적으로 아래와 같이 7종의 설(說)이 있다.

① 천황(天皇), 지황(地皇), 인황(人皇) : 『사기(史記)』, 〈보삼황본기(補三皇本紀)〉에 인용된 하도(河圖), 삼오력(三五曆)

② 천황, 지황, 태황(泰皇) : 『사기』 〈진시황본기(秦始皇本紀)〉

③ 복희(伏羲), 여와(女媧), 신농(神農) : 『풍속통의(風俗通義)』, 〈황패편(皇霸篇)〉

④ 복희, 신농, 공공(共工) : 『통감외기(通鑑外紀)』

⑤ 복희, 신농, 축융(祝融) : 『백호통(白虎通)』

⑥ 수인(燧人), 복희, 신농 : 『풍속통의』, 〈황패편〉에 인용된 예위(禮緯), 함문가(含文嘉)

⑦ 복희, 신농, 헌원 황제(軒轅黃帝) : 『십팔사략』, 〈제왕세기(帝王世紀)〉와 손씨주(孫氏注) 세본(世本)

삼황(三皇)

◑ 태호복희(太暤伏羲) ◑ 염제신농(炎帝神農) ◑ 황제 헌원(黃帝軒轅)이다.

(1) 태호복희(太暤伏羲)와 여와(女媧)는 남매이지만, 부부로서 서방(西邦) 최

초 황제와 황후였다. 여와가 먼저 BC 3,283년 졸(卒)하고 65년 후 황제 복희가 BC 3,218년 서거하여 이을 자가 마땅치 않아 소전(少典)이 대를 이었다. 소전은 제호(帝號)를 염제(炎帝)라 하였다. 소전(少典)은 그의 공손(公孫)을 거두었다(BC 3,332년~BC 3,164년).

(2) 염제신농(炎帝神農)은 아버지 염제소전(炎帝少典)으로부터 양위(讓位)받아 유웅국(有熊國)을 잘 다스려 번성하였으며 백성들을 편히 살게 하였다. 유웅국은 8세에 이르러 나라를 다스릴 인재가 없어 공손헌원(公孫軒轅)에게 양위했다.

(3) 공손헌원(公孫軒轅)이 BC 2,674년 나라를 이어받아 제호를 황제라 하여 황제로부터 오제(五帝)가 탄생했다. 〈소전(少典)=은 안등(安登)과 혼인하여 신농(神農)과 석년(石年)의 두 아들이 있었다.〉 공손헌원 〈소전지별고왈공손(少典之別孤曰公孫=소전(少典)은 별고(別孤=부모 없는) 고아 공손)〉을 거두어 키웠다 하여 공손을 소전의 별고라 하였다. 공손헌원(公孫軒轅)이 사 씨(似氏)로 변성(變姓)하였다. 희(羲=복희)는 복희(伏羲)다. 태호복희(太暤伏羲)의 성(姓)을 저풍산(渚風山)에서 살았다 하여 풍 씨(風氏)로, 풍 씨(風氏)에서 사 씨 등 8성(姓)을 분성(分姓)하여 희족(羲族, 복희족)이라 했다. 그래서 태호복희(太暤伏羲)와 여와(女媧=사 씨)의 직계손(直系孫) 공손을 소전이 거두어 키웠다 하여 별고라 하였다. 그래서 공손헌원이 태호복희(太暤伏羲)와 여와(女媧)의 후손인 듯 암시하고 있다

서방(西邦)의 복희(伏羲) 이후 천자(天子)의 전위(傳位)받을 인물이 없어서 제8세 환웅안부련(桓雄安夫連)의 신하 소전이 가서 선위(禪位)받아 치우 장군(蚩尤將軍)과 싸우다가, 복희의 공손헌원에게 선위했다. 헌

원이 즉위하여 환웅(桓雄)과 동격(同格)으로 황제라 선포하고 조국을 배반하여 치우천황(蚩尤天皇)과 맞서 10년간 전쟁을 하였다

제14세 치우환웅(蚩尤桓雄) 때, 서방제후국(西邦諸侯國) 헌원과 십년간 동족과 싸우면서 치우(蚩尤)는 헌원을 포로로 잡아 항복시키고, 헌원을 부하로 삼아 헌원을 이용하여 9 제후국(諸侯國)를 통합하였으니, 헌원이 큰 공을 세웠다 하여, 헌원의 나라를 독립국으로 인정했다. 그러나 국호 없이 배달국(倍達國) 제후국(諸侯國)으로 헌원의 나라 또는 요임금의 나라, 순임금의 나라로 내려오다가, 7세에 이르러 제순유우 씨(帝舜有虞氏) 때 국호를 하(夏)나라로 호칭했다.

부연설(敷衍說)

중국 고대 사적(史籍)에서 태호복회(太皥伏羲)와 염제소전(炎帝少典) 헌원황제(軒轅黃帝)를 삼황(三皇)이라 하였는데, 삼황 모두가 환웅천황(桓雄天皇)의 후예들이다. 오제(五帝)라 하면 헌원 황제(軒轅黃帝)의 현손(玄孫)들이므로 이들 모두가 환웅천황(桓雄天皇)의 후예들이다. 그래서 동방에 사는 사람이 동방에 와서 살면 우리와 같은 동족(同族)이라 하였다. 예부터 조선(朝鮮) 땅에 중화인(中華人)이 귀화했던 성씨들 모두가 배달민족으로서 대한국인(大韓國人)이라 한다.

태호복회 씨(太皥伏羲氏)가 우리 민족에게 남겨준 큰 유산이 태극팔괘(太極八卦)다. 『천부경』의 근본이 천(天) 지(地) 인(人)이다 천·지·인을 원(圓)이라 하고 그 원은 태극(太極)의 근본이다. 다시 말하면 태극은 천·지·인이다 이것이 곧 만물의 근원이고, 만물의 활동은 팔괘(八卦)로부터 소통(疏通)된다.

팔괘는 음(陰)과 양(陽)을 상징하는 대표적인 부호다. 이 부호는 음효(陰

爻, ⚊)와 양효(陽爻, ⚊)를 3개씩 결합하여 만든다. 이 팔괘가 두 개씩 겹쳐지면 모두 64괘(卦)가 만들어지는데, 이것은 곧 만물의 변화를 상징한다.

태극의 본질은 천(天. 하늘 임금) 지(地. 땅 나라) 인(人. 사람 백성)이다. 천지인(天地人)이 행해야 할 길의 방향을 팔괘라 할 것이다. 이것을 일찍부터 태호복희 씨가 만든 학술(學術)이다. 팔괘는 북방(건乾☰겨울) 동방(리離☲봄) 남방(곤坤☷여름) 서방(감坎☵가을) 북동(간艮☶) 북서(태兌☱) 남동(손巽☴) 남서(진震☳) 태극팔괘는 BC 3,500년경 제5세 환웅의 시대로부터 시작되었다. (복희괘도☰ ☱ ☲ ☳ ☴ ☵ ☶ ☷)

태호복희 씨의 후예가 공손(公孫)이다. 공손의 대표적인 인물이 헌원(軒轅)이라 하였다. 헌원과 그의 자손들이 삼황오제(三皇五帝)다. 중화(中華)의 역사는 헌원 황제의 후예들이며, 그의 후손들이 하(夏)나라 은(殷)나라 주(周)나라로 이어오면서 황하 문화(黃河文化)를 발전시킨 것이다.

황하 문화는 문자 발전에서 시작되어 동방 문화(東邦文化)를 앞질렀다. 녹도문자(鹿圖文字)는 신시(神市) 신지(神志) 혁덕(赫德)으로부터 나온 것이고, 갑골문자(甲骨文字)는 은나라에서 시작되었다. 전자(篆字)는 태호복희)의 팔괘 기호문자(記號文字)로 사용했던 문자이다. 위 3가지 문자를 융합하여 만든 글자가 진(秦)나라 때 진서(眞書)로, 진서(眞書)는 단군조(檀君朝)에서도 쓰게 되었다. 이 문자는 한(漢)나라 후한(後漢)의 광무제(光武帝) 유수(劉隨) 시대부터 한무제(漢武帝) 때 한나라 글자라 하여 한자(漢字)라고 명명하고 있다.

오제(五帝)

오제에 대해서는 일치하는 설이 없으며, 주로 다섯 가지로 요약된다.

① 복희(伏羲) 신농(神農) 황제(黃帝) 당요(唐堯) 우순(虞舜) : 황왕대기(皇王

大紀)

② 황제(黃帝), 전욱(顓頊), 제곡(帝嚳), 당요(唐堯), 우순(虞舜) : 세본(世本), 대대례(大戴禮), 사기(史記) 오제(五帝)본기(本紀)

③ 태고(太皐: 복희), 염제(炎帝: 신농), 황제(黃帝), 소고(少皐), 전욱(顓頊) : 예기(禮記) 월령(月令)

④ 황제(黃帝), 소고(少皐), 제곡(帝嚳), 제지(帝摯), 제요(帝堯) : 도장(道藏), 동신부(同紳部)·보록류(譜錄類)·곤원성기(混元聖記)에 인용된 양무제(梁武帝)의 말

⑤ 소호(少昊), 전욱(顓頊), 고신(高辛), 당요(唐堯), 우순(虞舜) : 상서서(尙書序), 제왕세기, 십팔사략

오제五帝)의 영정(影幀)

오제(五帝) 모두가 황제 헌원(軒轅)의 아들 ◐ 제소호(帝小昊)로부터 ◐ 손자 제전욱(帝顓頊)과 ◐ 제곡(帝嚳)은 헌원의 손자이고 ◐ 증손자 제도당요(帝陶唐堯) ◐고손자 제우순(帝虞舜) 순이다.

(1) 제소호(帝小昊) 금천(金天) 씨는 황제 헌원(黃帝軒轅)의 둘째 아들이다.

(2) 제전욱(帝顓頊)=소호(少昊) 형 아들이고 헌원의 손자다.

(3) 제곡(帝嚳)=소호(少昊)의 아들이고 헌원의 손자다.

(4) 제요(帝堯)=도당(陶唐) 요 임금은 BC 2,357년 즉위하고, 같은 해 왕검

(王儉)은 비왕(卑王)으로 책위(責位)되었다. 그 후 BC 2,333년 왕검이 단군으로 즉위한 다음, 요나라 요 임금은 제후국(諸侯國)으로 신하가 됐다.

(5) 제순유우(帝舜舜有虞)=하우(夏禹)라고도 하였다. 하(夏) 왕조는 대략 BC 2,070년에 건국되어 BC 1,600년경에 멸망했다.

고대 중국 황제기(黃帝記)

본문(本文)은 개성 왕 씨(開城王氏), 연안 차 씨(延安車氏), 문화 류 씨(文化柳氏) 원파록(源派錄) 문사(文詞) 재료(齋料)에서 인용하여 찬수(纂修)하였다.

헌원 황제기(軒轅黃帝記)

本姓公孫長居姬水故又改姓姬氏生于軒轅之邱故因名
軒轅又國有能固號有能氏土德之瑞故以土德王亦號黃
帝有慶雲之祥故以雲記官而又爲雲師色尙靑己會之一
萬三百四十人丁巳生丙寅卽位丙午朋在位百年壽齡
一百十年而葬于喬山臣石徹感思取衣冠九杖而廟祀按
史記曰有能固君少典子也

본래 성(姓)이 공손(公孫)이다. 희수(姬水)에서 태어나 오래 살았다 하여 옛 성씨를 고쳐서 희 씨(姬氏)라 하였다. 또 헌원(軒轅)의 옛 땅 이름에 인하여 헌원 또는 능고(能固)의 나라 이름이 있었으니 능고 씨(能固氏)라 하였고. 예부터 이 땅의 도덕(道德)이 성스러워 이름을 토덕왕(土德王) 또는 성스러운 칭호를 황제라 하였으니 그 이름이 구름같이 높았다.

기관(記官=사관급) 또는 운사(雲師)들이 색상청(色尙靑, 수도)에 기(己, 사람)들이 1만 340인이 모였다. 그는 정사(丁巳, BC 2684) 생(生)이며 병인(丙寅, BC 2674)에 즉위했다. 병오(丙午, BC 2574, 제16세 축다리환웅(祝多利桓雄) 17년)에 붕어(崩御)했으니 재위 100년이고 수령 110세였다.

교산(喬山)에 장사 지냈는데 의관(衣冠)하고 지팡이를 짚은 아홉 신하는 석철감사취(石撤感思取, 돌을 뚫어 만들어 그리움과 슬픔을 받아 새겨) 비(碑)를 세우고 묘(廟)에 제사 지내므로 『사기(史記)』에는 능고군(能固君) 소전(少典)의 아들이라 하였다.

綱目玉衡曰少典之君娶有嬌氏之女曰安登生二長子曰
石年育于姜求以姜爲姓是爲炎帝其次世嗣少典氏爲諸
侯至炎帝之九世孫帝揄國之代少典國君之妃曰附寶者
感電光繞斗而有娠生帝其曰少典或以爲君名或以爲國
號未知爲是也黃帝元年丁巳卽位丙午崩在位百年壽
百十歲葬于喬山也

『강목옥형(綱目玉衡)』이라는 역사책에서 말하기를, 소전지군(少典之君)은 교 씨(嬌氏)의 여식(女息=안등)이 있어 그에게 장가들었다. 안등이 아들 둘을 낳았는데 장자(長子)는 염제신농(炎帝神農)이고 차자(次子)는 염제석년(炎帝石年)이다. 장자(염제신농)가 말하였다. 〈석년(石年, 둘째 아들)이가 성육(成育)하여 강(姜)을 구할 것이므로 말기고, 성을 강(姜) 씨라 지어서〉 염제(炎帝)라 하였다. 〈이로부터 석년이가 강 씨의 시조(始祖)가 되었다.〉

그 다음 후임은 소전 씨(少典氏)의 제후(諸侯)에 이르러 염제(炎帝)의 구세손(九世孫) 제유국(帝揄國)의 대를 이었다. 소전군(少典君)의 비(妃)가 말하기를, 번개 빛이 감아드는 느낌으로 신생(娠生)함을 부합(附合)시켜 옥새(寶)을

내렸으니 〈혹은 양자로 입양하였다는 뜻으로 비유함〉이라 하였고, 소전
(少典)의 나라를 헌원(軒轅)이 양위받았으나 혹은 임금의 연호(年號)와 국호
를 어떻게 부를 것인지 알지 못하겠다고 말했다. 〈소전군(少典君)의 비(妃)
가 말함에 의하면 (軒轅)을 양자(養子)로 받아들여 양위(讓位)하였으니 이를
비유(比喩)한 말이다.〉

헌원(軒轅)이 BC 2,684년 출생하여 10세에 선위(禪位)받아 병인(丙寅)년
BC 2,674년 즉위한 후 황제(黃帝) 원년정사(元年丁巳, BC 2673)년이다. 병오(丙
午,BC 2574년)에 붕어(崩御)하시니 재위 100년 수령 110세로 장우(葬于)는 교
산(喬山)이다.

正妃有四元妃陵氏之女嫘祖生玄器昌意龍苗二妃方累
氏之女曰節生休及清三妃肜漁氏女生揮及夷彭四妃曰
女嬳貌德充生蒼林禹陽其衆妾之子十六人摠爲二十五
人其得姓者十四別爲十二姓曰其己勝箴任禮妃環依二
姬二酉

정비(正妃)가 넷이 있었는데 원비(元妃)는 서릉 씨(西陵氏)의 여식(女息)이고
누조(嫘祖)의 출생이다. 마음이 깊은 그릇(玄器) 같고, 생각이 새롭(昌意)고,
태자(龍)를 길러낼 품위(苗)라고 비유하였다.

이비(二妃)는 방누 씨(方累氏)의 여식을 일컬으면, 절생(節生=절기따라생각나는)
에 이르러 맑은 휴식(休息)의 도량이 있는 사람이라 하였다.

삼비(三妃)는 동어 씨(肜漁氏)의 여식이다 아비가 오랑캐를 휘둘려 팽(彭)
나라 땅을 빼앗은 공적이 큰 아비의 소생이다.

사비(四妃)를 일컬으면, 아름다운 얼굴과 예절 있고 덕(德)이 가득 찬 계
집이며, 수림(樹林)이 창생(蒼生)하여 그 무리를 길어서 우양(禹陽)의 궁궐에

는 여러 첩(妾)들의 아들이 16인이라.

모두를 합하면 25인이고. 그들의 득성(得姓)자는 14인데 별위(別爲=가려서) 12성 씨를 말하면 그의 몸에 시침(箴)하여 이겨낸 자가 임(任)이고, 예비(禮妃)는 둥글게 둘러싼 고리 안에 의지하여 가려서 둘은 희(姬), 둘은 유(酉)라 하였다.

〈우양 씨(禹陽氏)의 손자가 뒤에 우(禹)임금이 된다.〉

소호금천 씨(少昊金天氏)

本姓姬氏本名玄器有爵土德姓改名摯生于靑陽而國於
青陽故因姓靑陽氏邑于窮桑故亦號窮桑氏以金德王故
遂號金天氏能修人昊之法故亦日少昊元年丁未在位
八十四年壽百歲而子挢玄也

본성(本姓)이 희씨(姬氏)요 본래 이름은 현기(玄器)라는 벼슬이 있었다. 토덕성(土德姓)을 고쳐 이름을 지생(摯生)이라 하고, 청양(靑陽)의 나라는 옛 청양(靑陽)에 인하여 성을 청양 씨(靑陽氏)라 하였고. 도읍은 옛 궁상(窮桑)인데, 또 이름을 궁상 씨(窮桑氏)라 하였다.

금덕왕(金德王)에 이르러 이름을 금천 씨(金天氏)라 하면서 그 사람은 예부터 능수(能修)하기를 하늘 같은 법이라 하였고, 또 말하기를 소호금천(少昊金天)이라 한다. 정미(丁未) 원년(元年, BC 2489) 재위 84년 붕어(崩御, BC 2490년) 수령(壽齡) 100세면 출생(出生,BC 2503년)이다. 아들은 늦둥이를 낳아서 질(姪) 전욱(顓頊)이가 즉위했다.

전욱고양 씨(顓頊高陽氏)

興於高陽故因號高陽氏顓者蒙也項者敬也自幼蒙而能
恭敬故變號顓頊始作歷故爲曆宗以民事紀官故爲民師
者彭得道處玄官孔子贊其德曰淵而有謀疎通以智養財
以任地履時象天依鬼神而制義治氣性以敎衆潔誠以祭
祀巡四海而寧民年十三天下治水德王色尙白都帝丘元
年辛未在位七十八年壽九十一歲葬于僕山陽地

고양(高陽)에서 일어나서 옛날 이름이 고양 씨이다. 이름이 착하므로 전
(顓)을 입어 삼가함에 욱(項)으로 공경(恭敬)함이라 스스로 어리석음을 덮어
공손(恭遜)하고 정중(正中)함이 미쳤으니 옛 이름을 변경하여 전욱(顓項)이라
고 시작하였다.

고력(故曆)을 종력(宗曆)으로 민사(民事)를 예부터 관기(官紀=법칙)이며 옛날
에 민사(民師=민병대)가 팽(彭)나라를 얻어냈다고 하였다. 먼 훗날에 이르러
길 가다가 이를 알아듣고 이곳에 머문 현관(玄官) 공자(孔子)가 그 덕행에
의해 의견을 내어 통(通=알아듣도록)히 이르기를 고요히 칭찬하였다. 지혜를
성장시켜 맡긴 땅을 밟을 때 모양새가 귀신 같아 하늘에 의지하여 뜻을
만들어 다스림의 기운(氣運)과 성품으로 군중(群衆)를 교화시켜 참되게 청
결(淸潔)하고 제사 지내고. 사해(四海, 사방)를 순방(巡訪)하면서 백성이 편히
사는 것을 보신 13년 만에 천하를 다스리던 수덕 왕(水德王)은 색상백도(色
尙白都)로 깨끗이 청결한 도읍에 이르러 서거하였으니. 제구(帝丘) 출생(出生,
BC 2503년) 즉위(卽位, BC 2490년) 원년(元年, 2489년) 신미(辛未, BC 489년)으로부터
재위 78년 붕어(崩御, BC 2412년). 수령 91세에 장우(葬于)는 복산(僕山) 양지

바른 곳이다.

제곡고신 씨(帝嚳高辛氏)

生而神靈自言其名以名峻元年己丑在位五十五年壽百
생 이 신 령 자 언 기 명 이 명 준 원 년 기 축 재 위 오 십 오 년 수 백
歲而葬于頓丘長子廢帝摯次子唐帝堯三子商祖季四子
세 이 장 우 돈 구 장 자 폐 제 지 차 자 당 제 요 삼 자 상 조 계 사 자
周祖棄也
주 조 기 야

생김새가 신령(神靈) 같아서 그 이름을 스스로 높은 산과 같은 이름이라
하였다. 즉위(即位, BC 2412) 원년 기축(己丑, BC 2411년)으로부터 재위 55년 수
령 100세 붕어(崩御=BC 2357년) 출생(出生, BC 2457년) 장우(葬于)는 무덤이 가
팔라서 이마가 땅에 닿아 절로 절을 하게 되는 가파른 곳이니라.

장자(長子)는 폐제지(廢帝摯)요 차자(次子)는 도당제요(陶唐帝堯, 요 임금)이고
삼자(三子)는 상조계(商祖契) 뒤에 상(商)나라 시조=한편 은(殷)나라) 사자(四
子)는 주조기(周祖棄=뒤에 주(周)나라) 시조이시다.

도당 제요 씨(陶唐 帝堯氏)

嘗寄於伊長儒之家後又從祈故號伊祈氏受封於陶唐故
상 기 어 이 장 유 지 가 후 우 종 기 고 호 이 기 씨 수 봉 어 도 당 고
又號陶唐氏以其盛德之嶢口故名曰堯以其功業之尙黃
우 호 도 당 씨 이 기 성 덕 지 요 구 고 명 왈 요 이 기 공 업 지 상 황
都平之大故亦曰玫勛火德王色陽丙戌生甲辰以唐后人
도 호 지 대 고 역 왈 고 훈 화 덕 왕 색 양 병 술 생 갑 진 이 당 후 인
爲天子七十一年乙卯禪于舜二十八年癸未崩壽百十八
위 천 자 칠 십 일 년 을 묘 선 우 순 이 십 팔 년 계 미 붕 수 백 십 팔
歲葬于狄陽山穀林之焉
세 장 우 적 양 산 곡 림 지 언

항상 이장(伊長)의 유가(儒家)에서 의지하여 시종(侍從)들고 빌었다는 고호(故號=옛 이름)를 이기 씨(伊祈 氏)라 봉(封)했다. 도당(陶唐)의 옛 이름 또한 도당 씨(陶唐氏)였으니, 그 성덕(盛德=크고 훌륭함)이 요산(嶢山)같이 높다 하여 옛 이름으로 요(堯)임금이라 하였다. 그 공업(功業)을 숭상하고 황도(黃都)의 커다란 고명(故名)을 또다시 이르기를 그 고훈(攷勛=업적을 상고)으로 화덕왕(火德王)이라 하였다.

색양(色陽, 도읍)에서 병술(丙戌, BC 2403년)에 출생하여 갑진(甲辰, BC 2357년) 당후인(唐后人)하여 천자(天子=천하를 다스리는 황제)에 올라 재위 71년 을묘(乙卯, BC 2356년) 재위 71년 순(舜)에게 선우(禪于)한 후, 28년 계미(癸未, BC 2285년)에 붕어(崩御)하니 수령 118세였고, 장우(葬于)는 적양산(狄陽山) 곡림(穀林)에 분묘했다. 〈붙임글 : 요(堯) 임금 즉위한 같은 해 왕검은 비왕으로 책봉했다.〉

제순유우 씨(帝舜有虞氏)

母握登夢玉雀入懷有娠生帝於斐唐故姓斐虞卽其氏也
모 악 등 몽 옥 작 입 회 유 신 생 제 어 비 당 고 성 비 우 즉 기 씨 야
唐堯甲申生於諸聘三十二乙卯受禪兵辰卽位土德王色
당 요 갑 신 생 어 제 빙 삼 십 이 을 묘 수 선 병 진 즉 위 토 덕 왕 색
尙青都滿坂六十一年丙辰禪于禹南巡至蒼梧之也而崩
상 청 도 만 판 육 십 일 년 병 진 선 우 우 남 순 지 창 오 지 야 이 붕
壽九十三歲葬于之於蒼梧山也
수 구 십 삼 세 장 우 지 어 창 오 산 야

순(舜)의 어머니 꿈에 오색(五色)구슬같은 공작(孔雀)이 들어와 손아귀에 오르니 품었는데 임신(姙娠)하여 생제(生帝,임금을낳았다.)했다. 제(帝,순임금)은 딸을 우(虞=우임금)에게 의지하여 그의 성(姓)을 기씨(其氏)라 하였고. 요(堯)임금 으로부터 선위(禪位,BC 2285년) 받아 즉위한후 갑신(甲申,BC 2224년) 우(虞)

에게 선위(禪位)하기로 결정하고. 당뇨(唐堯=요(堯)임금)처럼 32신하를 모아 놓고 을유(乙酉,BC 2192년)우(虞)를 장가들이고 선우(禪于)하니 재위 61년이다. 제위(帝位)를 우(虞)에게 양위(讓位)하고. 병진(丙辰,BC 2191년) 나라 안 남쪽을 순방(巡訪)길에 창오(蒼梧)에 이르러 들판에서 붕어(崩御)했다. 수령(壽齡) 93 세(歲)요 장우(葬于)는 창오산(蒼梧山)이다.

하후우 씨(夏后禹氏)

本姓姬氏賜姓似氏唐堯六十一年甲辰生癸酉娶塗山之
본성희씨사성사씨당요육십일년갑진생계유취도산지
女有九尾狐爲王之詳治洪水手足胼眠四目漆黑玄圭告
녀유구미호위왕지상치홍수수족변저사목칠흑현규고
功聲教訖于四海丙辰受禪于舜時年七十三丁巳卽位以
공성교흘우사해병진수선우순시년칠십삼정사즉위이
水德王都安邑謂之松社以寅月爲歲首大統也尚忠色尚
수덕왕도안읍지송사이인월위세수대통야상충색상
黑牡用玄二十七年癸未南巡至會稽山二崩壽百歲葬于
흑모용현이십칠년계미남순지회계산이붕수백세장우
會稽山也
회계산야

본래 성이 희 씨(姬氏)다. 갑진(甲辰, BC 2249)년에 생(生)하여 계유(癸酉, BC 2223)년 사 씨(似氏)로 사성(賜姓)받았다. 순(舜) 임금 61년 병진(丙辰, BC 2223)년 장가들고 선우(禪于)를 받았는데, 취도산여인(娶塗山女人, 순 임금 딸 기 씨 부인)은 꼬리가 9개 달린 구미호(九尾狐)였다. 임금의 다스림에 손과 발을 묶고 4눈마저 감았으나. 그 재앙을 깨끗이 밝혀냈으므로 공훈(功勳)을 사해(四海, 사방)에 소리 내 알렸다.

병진(丙辰, BC 2223)년 순 임금으로부터 선우받아 정사(丁巳, BC 2222)년 즉 위함으로 수덕왕(水德王)의 도읍이 시작되는 정월(寅月)부터 늘 푸르게 안정 되게 나라를 통치하였다 소중한 충성심(忠誠心)은 색상도읍(色尚都邑)이 검은 모란(牧丹)처럼 쓰임새가 현묘(玄妙)한 27년이었다. 계미(癸未, BC 2149)년 남쪽 순방 길에서 회계산(會稽山)에 이르러 서거하니 재위 73년이고 수령 100세였다.

역대기(歷代記)

제1대 황제(黃帝) 헌원(軒轅)
출생 BC 2,684년
즉위 BC 2,674년 원년 BC 2,673년 재위 100년
서거 BC 2,574년 수령 110세

제2대 제소호(帝小昊)
출생 BC 2,590년
즉위 BC 2,574년 원년 BC 2,573년 재위 84년
서거 BC 2,490년 수령 100세

제3대 제전욱(帝顓頊)
출생 BC 2,503년
즉위 2,490년 원년 BC 2,489년 재위 78년
서거 BC 2,412년 수령 91세

제4대 제곡(帝嚳)
출생 BC 2,457년
즉위 BC 2,412년 원년 BC 2,411년 재위 55년

붕어 BC 2,357년 원년 수령 100세

제5대 당제요(唐帝堯)=요(堯) 임금

출생 BC 2,403년

즉위 BC 2,357년 원년 2,356 재위 71년

선우 BC 2,286년 수령 1후 28년

서거 BC 2,285년 118세

제6대 우제순(虞帝舜)

출생 BC 2,315년

즉위 BC 2,285년 원년 BC 2,284년 재위 61년

선우 BC 2,224년

서거 BC 2,222년 수령 93세

제7대 하후우(夏后禹) 하(夏)나라우(禹)임금

출생 BC 2,249년

즉위 BC 2,223년 원년 BC 2,221년 재위 73년

서거 BC 2,149년 수령 100세

※ 중국 역사는 BC 3,500년경부터~BC 2,679년까지 321년간을 삼황(三皇) 시대라 하나 국호와 연호를 알 수 없다. BC 2,678년 헌원 황제(軒轅黃帝)의 오제(五帝)로부터 다음과 같이 중화민국(中華民國)까지 역대(歷代)는 확실하다.

황조(皇朝) 표기

(1) 제1황조 삼황(三皇)

1) 태호복희(太皞伏羲) BC 3525~3283 씨가 진국(秦國)을 BC 3413~3283 세워 태호복희(太皞羲) 씨가 BC 3283년 승하하여 황후 여와(女媧)가 전위(傳位)
2) 여와(女媧) BC 3283~3218년 ➡ 소전(少典)에게 양위한다 소전(少典)은 염제(炎帝)로 함
3) 소전(少典) BC 3218~2698년 아들 신농(神農)에게 양위하여 염제(炎帝) 신농 나라

(2) 제2황조 염제(炎帝)

1) 염제(炎帝) 소전(少典) BC 3218~2698년	2) 염제(炎帝) 신농(神農)
3) 염제(炎帝) 임괴(臨魁)	4) 염제(炎帝) 승(承)
5) 염제(炎帝) 명(明)	6) 염제(炎帝) 직(直)
7) 염제(炎帝) 리(履)	8) 염제(炎帝) 애(哀)
9) 염제(炎帝) 유망(楡罔)	10) 공손(公孫) 헌원(軒轅) 제호(帝號) 황제(黃帝)

(3) 제3황조 황제(黃帝)

1) 황제 헌원(軒轅) BC 2674~2574	2) 황제 소호(小昊) BC 2574~2490
3) 황제 전욱(顓頊) BC 2490~2412 양위	4) 황제 제곡(帝嚳) BC 2412~2357
5) 황제 도당요(陶唐堯) BC 2357~2285	6) 황제 우순(虞舜) BC 2285~2224
7) 황제 하후우(夏后禹) BC 2224~	

중국 왕조 역대 도표

국가			연대
하(夏)나라			약 BC 22세기~약 BC 16세기
상(商)나라			약 BC 16세기~약 BC 1066
주(周)나라	서주(西周)		약 BC 1066년~약.BC 771년
	동주(東周)		약 BC 771년~BC 256년
	춘추(春秋)		BC 770년~BC 476년
	전국(戰國)		BC 475년~BC 221년
진(秦)나라			BC 221년~BC 206년
한(漢)	서한(西漢)		BC 206년~AD 23년
	동한(東漢)		AD 25년~220년
삼국(三國)	위(魏)나라		220년~265년
	촉(蜀)나라		221~263년
	오(吳)나라		222년~280년
진(晉) 16국 (16국(國)	서진(西晉)		265년~316년
	동진(東晉)		317년~420년
	16국(國)		304년~439년
남북조(南北朝)	남조(南朝)	송(宋)나라	420년~479년
		제(齊)나라	479년~502년
		양(梁)나라	502년~557년
		진(陳)나라	557년~569년

남북조(南北朝)	북조(北朝)	북위(北魏)	386년~534년
		동위(東魏)	534년~550년
		북제(北齊)	550년~577년
		서위(西魏)	535년~557년
		북위(北魏)	557년~581년
수(隨)나라			581년~618년
당(唐)나라			618년~907년
오대십국(五代十國)		후양(後梁)	907년~923년
		후당(後唐)	923년~936년
		후진(後晉)	936년~946년
		후한(後漢)	947년~950년
		후주(後周)	951년~960년
		십국(十國)	902년~979년
송(宋)나라		북송(北宋)	960년~1127년
		남송(南宋)	1127년~1279년
요(遼)나라			907년~1125년
서하(西夏)			1032년~1227년
금(金)나라			1115년~1234년
원(元)나라			1279년~1366년
명(明)나라			1368년~1644년
청(靑)나라			1644년~1911년
중화민국(中華民國)			1912년~1249년
중화인민공화국(中華人民共和國)			1249년 10월 1일 성립~현재

역대 인물의 업적

시대	인물	업적
전한	사마천	BC 90년 『사기(史記)』 완성
후한	광무제 (유수)	후한(後漢)의 초대 황제(재위 25~57)
삼국시대	유비 현덕	삼국시대 촉한(蜀漢)의 제1대 황제 (재위 221~223)
	조조 맹덕	중국 삼국시대 위 왕조(魏王朝)를 세운 장군
진	사마예	중국 동진(東晉)의 제1대 황제(재위 317~322).
당	측천무후	당나라의 제3대 고종(高宗)의 황후
송	쿠빌라이	몽골제국 제5대 칸[汗]이며, 중국 원(元)나라의 시조 (재위 1260~1294), 칭키스칸의 손자
청 청	서태후	광서제로 즉위시켜 자신은 섭정이 됨
	이홍장	중국 청말(淸末)의 정치가
중화민국	위안스카이	중국의 군인, 정치가
	쑨원	삼민주의를 제시한 중국 혁명의 선도자, 정치가
	장제스	중국 국민당의 지도자
중화인민 공화국	모택동	국가 주석 및 혁명군사위원회 주석 역임. 중화인민공화국 정부 설립
	등소평	중화인민공화국 중앙군사위원회 주석

　중국의 고대 왕조 모두가 배달국(倍達國) 환웅천황(桓雄天皇)의 후손들이다. 제5세 태우의환웅(太虞儀桓雄)의 아들 태호복희(太曍伏羲,BC 3525~32 83)가 유배 가서 세운 나라를 제8세 안부연환웅(安夫連桓雄) 때 소전(少典, BC 3218

~2698)이 강수(姜水)의 병력 관리자(兵力管理者)로 가서 복희(伏義)의 나라를 이어받았고, 소전의 염제(炎帝) 나라를 공손헌원(公孫軒轅)이 이어받아 황제 헌원(黃帝軒轅)의 아들로부터 그의 후손이 하(夏)나라를 세워, 역시 헌원의 후손이 하나라를 빼앗아 은나라로 헌원의 후손이 은나라를 찬탈하여 주(周)나라로 이어왔으니 중국왕조 연대는 배달국 환웅의 후예로서 이들을 동이족(東夷族)이라 한다. 중국은 진(秦)나라 때부터 동이족과 반고족(盤固族)의 혼혈족(混血族)이 나라를 장악하여 한(漢)나라로 이어지면서 이들을 한족(漢族)이라 한다. 한족들이 득세하여 우리의 고조선을 침입한 이래 우리 한족(韓族)과 한족(漢族) 간의 감정이 격화되기 시작하여 고구려로부터 동서(東西)는 끊임없이 전쟁이 1,000년간 계속되어 끝내는 신라가 당(唐)나라와 손을 잡고 동방(東邦)을 장악하게 되었다.

『논어(論語)』「태백편(泰伯編)」에 이르기를

子曰 巍巍乎 舜禹之有天下也而不與焉이여
자 왈 외 외 호   순 우 지 유 천 하 야 이 불 여 언

자(子, 공자 이름 약칭)가 말하기를 높고 크도다(=높고 큰 외산을 2번 법칙으로 강조). 순(舜) 임금과 우(禹) 임금은 천하(天下=거대한 나라)를 가지고 (有)있으면서 집착(與)하지 아니(不)하였다. 〈순(舜)임금이 우(禹) 임금에게 왕위를 양위(讓位)했다 하여 이를 칭찬한 문언(文言)이다.〉

子曰 大哉라 堯之爲君也여 巍巍乎라 唯天이 爲大시어늘
자 왈 대 재   요 지 위 군 야   외 외 호   유 천   위 대
唯堯則之하시니 蕩蕩乎라 民無能名焉이로다 巍巍乎라 其
유 요 칙 지   탕 탕 호   민 무 능 명 언   외 외 호   기
有成功也여 煥乎라 其有文章
유 성 공 야   환 호   기 유 문 장

공자(子)가 말하기를 크도다 요(堯) 임금이여 오직(唯) 하늘(天)만이 위대하다고 하지만 요 임금의 덕(德)은 이에 비할 만함으로 넓고 넓어라. 백성은 요(堯) 임금의 덕(德)이 너무나 커서 무어라 형언(形言)하지 못하니 위대하여라.

그가 이룬 공적(功績)이여 빛나도다. 그가 이룩한 문화여!

舜 有臣五人天下治 武王曰 予有亂臣十人 孔子曰
순 유신오인천하치 무왕왈 여유란신십인 공자왈
才難 不其然乎 唐虞之際於斯爲盛 有夫人焉 九人而
재난 불기연호 당우지제어사위성 유부인언 구인이
已 三分天下 有其二 以服事殷 周之德 其可謂至德
이 삼분천하 유기이 이복사은 주지덕 기가위지덕
也已矣
야이의

순(舜) 임금은 5사람의 신하가 있어 다스렸다. 무왕(武王)이 말하기를 "나는 10사람의 신하가 있어 잘 다스렸다"고 하였는데, 이를 공자(孔子)가 말하기를 인재(人才)의 어려움이 그렇지 못함이 그런 것이라 하였고, 요(堯) 임금과 우순(虞舜)의 사이에 교체(交替)는 이와 성세(盛世)함은 무왕(武王)의 신하 중에는 부인(婦人)이 한 사람 있으니 실은 아홉 사람뿐이었다. 주(周)나라는 천하의 3분지 2를 가지고도 은(殷)나라에 복종하였으니, 주(周)나라의 덕(德)이야말로 지극한 덕(德)이라 할 수 있도다.

제4장

배달국(倍達國)의 제2 도성

청구(靑丘) 시대

我蚩尤天王承神市之餘烈興民更張能得開天知生開土
_{아 치 우 천 왕 승 신 시 지 여 열 여 민 갱 장 능 득 개 천 지 생 개 토}
理生開人崇生衆物原理盡自檢察德無不至慧無不宜力
_{리 생 개 인 숭 생 중 물 원 리 진 자 검 찰 덕 무 불 지 혜 무 불 의 역}
無不備
_{무 불 비}

우리 치우천왕(蚩尤天王)께서는 신시(神市)를 승계(承繼)하니 위엄이 남아 베푸시니 참여하는 백성들의 편리 베푸시니 능히 얻으므로 개천지생(開天知生, 하늘을 열고 태어났음을 알았고) 개토리생(開土理生, 땅을 여니 도리(道理)가 생기고) 개인숭생(開人崇生, 사람이 개명(開明)하면 숭상함이 생긴다) 무리는 물건의 원리를 진(盡, 빠짐없이) 스스로 살펴 점검하고 살피면 덕(德)이 없지 아니할 것이고 혜(慧, 사리를 밝게 함)가 없지 아니하고 마땅한 힘을 갖추지 아니함이 없었다.

乃興民分治虎据河朔內養兵勇外觀時變及楡罔衰政乃
_{내 여 민 분 치 호 거 하 삭 내 양 병 용 외 관 시 변 급 유 망 쇠 정 내}
興兵出征
_{흥 병 출 정}

이에 백성을 참여시켜 호(虎, 호족)를 갈라 다스려 거(据, 일만) 시켜 하삭(河朔, 처음 물가에)에 살도록 하고 안으로는 양성(養性) 외관(外觀, 겉모양)은 용감한 병사였다. 시변(時變, 때때로 변함)으로 유망(楡罔)의 정권(政權)의 급(及, 미치게)이 변(變)하여 쇠약했으므로 이에 병사를 출정시켜 정벌하였다.

選兄弟宗黨中可將者八十一人部領諸軍發葛盧山之金
선형제종당중가장자팔십일인부령제군발갈려산지금
大制釛鎧矛戟大弓楛矢一幷齊整拔涿鹿而登九渾連戰
대제쇠개모극대궁고시일병제정발탁녹이등구혼연전
而捷勢若疾風慴伏萬軍威振天下
이첩세약질풍습복만군위진천하

뽑기를 형제 종당(宗黨, 가문)에서 장수될 만한 자 81인을 골라서 부대(部隊)의 영(領, 대장)이 되게 하고 갈로산(葛盧山)의 쇠를 캐내어 쇠개(釛鎧) 모극(矛戟) 대궁(大弓) 고시(楛矢, 화살대)를 많이 만들어 하나같이 함께 제(齊, 가지런)히 정발(整拔, 나란히 쳐서)하여 탁록(涿鹿)을 쳐서 베고 구혼(九渾)에 올랐다. 연이어 전첩(戰捷)하는 위세(威勢)로 괴롭히고 쫓아 질풍(疾風, 거센 바람)에 만군(萬軍)이 겁에 질려 굴복함으로 위세는 천하를 떨쳤다.

一歲之中凡拔九諸侯之地更就雍狐之山以九治發水金
일세지중범발구제후지지갱취옹호지산이구치발수금
石金而制芮戈雍狐之戟更整師躬率而出陳洋水殺至空
석금이제예과옹호지극갱정사궁솔이출진양수살지공
桑空桑者今之陳留楡岡所都也
상공상자금지진유유망소도야

한 해 가운데 무려 아홉을 베어 모두 땅을 차지하고 다시 옹호산(雍狐山)에서 아홉을 다스려 일으키고 수금(水金), 석금(石金)으로 방패 끈과 창을 옹호(雍狐)에서 만들고, 다시 갈라진 창을 가지런히 정리하여 몸소 무리를 거느리고 출진(出陣)하여 양수(洋水)를 건너면서 죽을 뻔하고 공상(空桑)에 이르렀다. 공상은 지금의 진류(陳留)이며 유망(楡岡)이 도웁했던 곳이다.

蚩尤天王乃卽祭天而誓告天下泰平更復進兵圍迫涿鹿
치우천왕내즉제천이서고천하태평갱복진병위박탁녹
一擧而滅之管子所謂天
일거이멸지관자소위천
下之君頓戰一怒伏尸滿野者是也
하지군돈전일노복시만야자시야

치우천왕(蚩尤天王)이 즉위하고 이에 하늘에 제사 지내고 맹세하여 천하의 태평을 갱복(更復)하고 병사를 회복시켜 진격하여 탁록(涿鹿)의 둘레를 닥치는 대로 일거(一擧, 단숨에 빼앗아) 멸망한 것을 관자(管子)가 말함은 〈천하의 임금이 전쟁에서 한번 화를 내자 쓰러진 시체가 들판에 가득 찼다〉는 이를 말함이다.

時有公孫軒轅者土着之魁始聞蚩尤天王入城空桑大市
시유공손헌원자토착지괴시문치우천왕입성공상대시
新政而敢有自伐爲天子之志乃大興兵馬來與欲戰天王
신정이감유자벌위천자지지내대흥병마래여욕전천왕
先遣降將少昊圍迫涿鹿而滅之
선견강장소호위박탁록이멸지

때에 공손헌원(公孫軒轅. 제후의 후손 헌원)이란 자가 있었는데, 토착(土着)의 우두머리 였다. 처음은 치우천왕(蚩尤天王)이 공상(空桑)에 입성(入城)하여 대시(大市, 큰 나라)를 열고 새로운 정치를 편다는 말을 듣고 감히 자기 스스로 즉위)하여 천자(天子)의 큰 뜻을 갖고 병마(兵馬)를 일으켜 와서 전쟁에 참여하고자 하므로, 천왕(天王)은 먼저 항복한 장수를 소호(少昊)에 보내 탁록(涿鹿)을 포위하여 전멸시켰다.

軒轅猶不自屈敢出百戰天王動令九軍分出四道自將步
헌원유불자굴감출백전천왕동령구군분출사도자장보
騎三千直與軒轅連戰于
기삼천직여헌원연전우
涿鹿有熊之野縱兵四麾軒斬殺無算又作大霧咫尺難辯
탁록유웅지야종병사휘헌참살무산우작대무지척난변
而督戰賊軍乃心慌手亂奔竄逃命百里兵馬不相見於
이독전적군내심황수난분찬도명백리병마불상견어

헌원(軒轅)은 오히려 스스로 굴복하지 아니하고 감히 100번을 출전해 오는 것을 천왕(치우)은 구군(九軍)에 명을 내려 네 갈래로 나누어 자장(自將)의 보병(步兵), 기마병(騎馬兵) 3000과 직접 참여하여 이끌고 헌원(軒轅)과 탁록(涿鹿)에서 연전(連戰)하여 유웅(有熊) 벌판에서 종병(縱兵, 병사를 따르게)하여 사축(四蹙, 사방을 좁혀 들임)하여 헌살(軒殺, 헌원을 죽일 계획)을 하려 했으나, 헌원의 숫자가 또한 셀 수 없이 많아서 죽이지 못하고 대무(大霧)를 일으켜 지척(咫尺, 8치 앞)이 어지럽게 하고 타일러 전쟁을 독려(督勵)하니, 적군도 마침내 마음에 겁을 먹게 하여 혼란시키므로 도망 가서 숨고 달아나 백리(百里) 안에는 병마(兵馬)의 그림자도 보이지 아니했다.

是冀克淮岱之地盡爲所據乃城於涿鹿宅於淮岱軒轅之
시기연회대지지진위소거내성어탁록택어회대헌원지
屬皆稱臣入貢蓋當時西土之人徒憑矢石之力不解鎧甲
속개칭신입공개당시서토지인도빙시석지력불해개갑
之用又値蚩尤天王之法力高强心驚膽寒每戰輒敗
지용우치치우천왕지법력고강심경담한매전첩패

이에 기연(冀克, 바르게 하고자)함은 회대(淮岱) 땅을 다하여 근거지로 하여 탁록(涿鹿)에 성(城)을 쌓고 회대(淮岱)를 헌원(軒轅)의 소속으로 하고 모두 다 신하가 되었으니 조공(朝貢)을 바쳤다. 대개 당시의 서토(西土, 서쪽 나라)의 사람은 도빙(徒憑, 무리가 의지함)하여 살면서 활과 돌의 힘을 풀지 아니함으로 개갑(鎧甲, 갑옷)의 쓰임새를 다시 가치를 풀었으므로, 치우천왕(蚩尤天王)의 법의 힘이 고강(高强, 높이 강력함)에 마음이 놀라서 간담이 얼어붙어, 싸울 때마다 매양 패했다

雲笈軒轅記之所謂蚩尤始作鎧甲兜鍪時人不知以爲銅
운급헌원기지소위치우시작개갑두무시인불지이위동
頭鐵額者亦可想見其狼狽之甚矣
두철액자역가상견기랑패지심의

『운급헌원기(雲笈軒轅記)』라는 기록에 소위(所謂, 흔히 말하는 바) 치우(蚩尤)가 처음으로 개갑(鎧甲, 갑옷)과 두무(兜鍪, 투구)를 만들었을 때, 사람들이 이를 알지 못했고 동두철액자(銅頭鐵額者, 구리로 만든 머리와 쇠로 만든 이마를 가진 사람)

이라 하였다. 역시 가상견(可想見, 보고 생각을 더함)은 그 낭패(狼狽, 계획하거나 기

대한 일이 실패하거나 어긋나 딱하게 됨)에 심(甚)히 단정함이라

蚩尤天王益整軍容四面進擊十年之間與軒轅戰七十三
치 우 천 왕 익 정 군 용 사 면 진 격 십 년 지 한 여 헌 원 전 칠 십 삼
回將無疲色軍不退
회 장 무 피 색 군 불 퇴

치우천왕(蚩尤天王)은 군용(軍容, 군대 사기)을 익정(益整, 정비를 더함)하여 사면

(四面, 사방)를 진격 십년간 헌원(軒轅)과의 전쟁에서 칠십삼 회나 참여시켰

는데, 장수는 느슨한 기색이 없고 군은 물러서지 아니했다.

後軒轅旣屢戰敗尤益大興士馬効我神市而廣造兵甲又
후 헌 원 기 루 전 패 우 익 대 흥 사 마 효 아 신 시 이 광 조 병 갑 우
制指南之車敢出百戰天王赫然震怒使兄弟宗黨務要大
제 지 남 지 거 감 출 백 전 천 왕 혁 연 진 노 사 형 제 종 당 무 요 대
戰而立威使軒轅之軍不敢生意於追襲與之大戰混殺一
전 이 입 위 사 헌 원 지 군 불 감 생 의 어 추 습 여 지 대 전 혼 살 일
陣然後方熄是役也
진 연 후 방 식 시 역 야

뒤에 헌원은 이미 여러 차례 싸웠으나 패배했으므로 사마(士馬, 무사와 기

마사)를 더욱더 크게 일으켜 효아신시(効我神市, 우리 신시를 널리 본받아) 병갑(兵

甲, 병기와 갑옷)을 만들고 또 지남(指南)의 수레를 만들어 감히 백전(百戰)에

출전하는지라, 천왕(天王)은 혁연(赫然, 불같이 흥분)하고 진노하여 사람을 보

내 형제와 종당(宗黨)들께 힘쓰도록 하고, 요직(要職)에 세워 큰 전쟁 준비

에 힘쓰도록 하면서 사람을 보내 위세(威勢)를 세우니, 헌원의 군대는 감

히 공격의 뜻을 품지 못하게 하였는데, 추습(追襲, 뒤좇아 습격)하는 대혼전

(大混戰)에 참여하여 일진(一陣)이 혼살(混殺)되어버린 후에야 시역(是役, 옳은

싸움)의 방식(方熄, 방향의 불이 꺼져) 멈추었는데…

십 년간 탁록(涿鹿) 전쟁

배달국(倍達國)의 제14대 치우 천황(蚩尤, BC 2,707년 즉위)은 중국의 유망(楡罔)과 유망의 뒤를 이은 황제 헌신원(軒轅)과 탁록(涿鹿)에서 결전하여 대승을 거두었으며, 도읍을 청구(靑丘)로 옮기고 배달국의 청구 시대를 열었다.

여기서 청구는 현재 산동반도(山東半島)의 태산(泰山) 아래를 가리킨다. 「대변경(大辯經)」을 보면, 치우(蚩尤) 천황은 천하를 평정하고 회대(淮岱)를 점령했는데, 그의 능(陵)이 동평군 수장현 관향성에 있다고 하였다.

「진서지리지(晉書地理志)」에도 동평국(東平國) 장현(壽張縣)에 치우사(蚩尤祠)라는 사당이 있다는 기록이 있다. 「신시본기」의 기록에는, 치우(蚩尤) 환웅은 갈로산(葛盧山)의 쇠를 캐고, 옹호산(雍狐山)에서 야금(冶金)을 하여 도개. 모극. 대궁. 호시 등을 만들었다고 한다. 「규원사화(揆園史話)」에서는 치우 환웅(蚩尤桓雄)이 공상(空桑)에서 제위(帝位)에 올랐다는 기록이 있다.

도깨비 형상의 '붉은 악마'가 고대사(古代史)에 등장하는 치우천황(蚩尤天皇)의 가상적 형상)이다. 치우천황은 중국 민족의 시조인 황제 헌원(黃帝軒轅)을 제압하고 동방(東邦) 세계를 대통일(大統一)한 배달국의 제14대 환웅(桓雄)이라는 사실도 세상에 알려지고 있다. 치우천황은 백전백승의 용장(勇將)이며, 신의(信義)와 인의(仁義)로써 백성을 다스렸고, 신력(神力)과 정의(正義)를 만고(萬古)에 떨쳤던 배달국의 황제였다.

치우천황은 탁록(涿鹿)에서 동두철액(銅頭鐵額, 청동 머리에 무쇠 이마의 투구)을 하고 중국의 황제 헌원과 싸워, 모든 전투에서 승리했다고 한다. 한편, 치우천황이 워낙 용맹했기 때문에 중국 역사에서는 전쟁의 신(神), '즉' 군신(軍神)으로 추앙(推仰)하였고, 큰 전쟁을 앞두고 반드시 치우천황에게 제사를 지냈다고 한다. 특히 치우왕릉(蚩尤王陵)에서 제사를 지내면 능(陵) 정상에서 붉은 기운이 솟아나와 붉은 깃발이 나부끼는 것 같았다는 이야기도 있다. 또한 명(明)나라 때에는 북경(北京)에 천단(天壇)을 세우고 하늘에 제사를 지냈는데, 이 천단에는 풍백(風伯), 우사(雨師), 운사(雲師)의 삼신(三神)과 더불어 뇌사(雷師), '즉' 전쟁 신(戰爭神)이었던 치우천황을 모셨었다. 여기서 풍백, 우사, 운사 등의 삼신은 단군의 부하인 삼신과도 동일한 것이다.

치우천황의 청구 배달국은 황하 남쪽 하남성(河南城)으로부터 산동반도(山東半島) 일대와 양자강(揚子江) 북쪽의 회대(淮代)까지 지배하였다고 한다. 배달국 청구 시대의 중심은 하남성(河南城) 개봉시(開峰市) 진류(陳留)에서 시작하여 산동성(山東省) 제하(濟河), 치하(淄河) 유역의 임제(臨濟), 임치(臨淄), 임구(臨丘), 안구(安丘), 청구(靑丘) 등지로 옮겨갔다.

그리하여 치우천황은 BC 2,700년에 산동반도의 청구에 도읍하여 배달국 청구 시대의 용산 문화(龍山文化)를 일으켰다. 용산 문화가 최초로 발견된 곳은 산동성 제남시(齊南市)의 동쪽에 있는 용산(龍山) 지역이다.

용산 문화의 옥기(玉器)는 옥면(玉面)에 짐승이나 매, 독수리의 그림을 새기고, 삼태극(三太極)의 옥환(玉環)이 나타난다. 반월형(半月形) 석도(石刀)가 출현했으며, 돌삽, 돌낫 등의 출현으로 농업이 혁신되었다. 가축 사육에서 개나 돼지 외에 소와 양, 말이 사육되었다. 질그릇에서 채도(彩陶)는 줄고 회색, 흑색 토기가 주로 되며 손잡이 달린 세발솥이 이 시대의 대표적인 특징이다.

용산 문화는 BC 2,700~2,000년 사이에 하남(河南), 섬서(陝西), 산동(山東), 하북(河北) 지방으로 널리 통용되었다. 치우천황 시대에 가장 중요한 특징은 청동기 문화의 도입이다. 치우(蚩尤)는 동두철액(銅頭鐵額, 청동 머리에 무쇠 이마)하였으니, 이미 청동기 시대에 돌입하였음을 알 수 있다.

그러나 배달국 청구 시대의 용산 문화 유적지에서 잔동추(殘銅錐), 동련사(銅煉渣)와 공작석(孔雀石, 구리와 탄소 결합 보석) 등의 동편(銅片)이나 동액(銅液) 흔적, 동령(銅鈴) 등의 다양한 청동 문화 흔적이 잇달아 발굴되고 난 다음부터는 이제 용산 문화가 하(夏)나라보다 앞서는 것으로 인정하고 있다.

배달국 청구 시대의 용산 문화가 동북 아세아에서 최초의 청동기 문화 인정받게 되었다. 용산 문화 유적지에서는 청동기 유물들이 매우 많이 발견되고 있다고 한다. 치우천황의 용산 문화는 중국에 청동기를 전파하기도 했는데, 이렇게 전파된 청동기의 흔적은 산동성의 교현(橋縣) 유하현(流下)縣), 장도현(壯途縣), 일조현(日照縣) 등과 하남성의 정주(定州), 임여현(臨汝縣), 등봉현(登封縣) 등이며, 산서성의 양분현(襄賁縣)까지 널리 분포하고 있다.

현재 동북방에 남아 있는 청동 도검(刀劍) 중에서 가장 오랜 것은 금주시(錦州市) 수수영자(秀手營子)의 토갱묘에서 발굴된 청동과(靑銅戈)이다. 이는 BC 18세기경 상(商)나라의 도검보다 앞선 것인데, 상나라에서는 도검의 검날만 발굴되었고, 수수영자(秀手營子)의 청동과(靑銅戈)는 도검의 자루까지 청동으로 만들어졌다.

치우(蚩尤)의 생애

治尤高矢神誌之苗裔繁衍最盛及至治尤天王登極造九
치 우 고 시 신 지 지 묘 예 번 연 최 성 급 지 치 우 천 왕 등 극 조 구
治以採銅鐵鍊鐵以作刀戟大弩而狩獵征戰賴以爲神遠
야 이 채 동 철 연 철 이 작 도 극 대 노 이 수 렵 정 전 뢰 이 위 신 원
外諸族甚畏大弓之威聞風膽寒者久矣故彼謂我族爲夸
외 제 족 심 외 대 궁 지 위 문 풍 담 한 자 구 의 고 피 위 아 족 위 과
說文
설 문

치우(治尤)는 고시(高矢) 신지(神誌)의 후예인데, 어려서부터 성장함이 가장 번성하게 커서 치우천황(治尤天皇)의 등극(登極)에 이르러 구야(九冶, 9개 대장간)을 만들어 동(銅)과 철(鐵)을 채취한 후 연철(鍊鐵)하여 도극(刀戟. 칼과 갈라진 창) 대궁(大弓)을 만들어 사냥 정벌 전쟁에 힘입게 했다. 이로부터 신(神)의 존재로 원외(遠外, 멀리 밖)로 제족(諸族, 모든 족속)들은 대궁)의 위엄을 보고 심히 두려워 소문만 듣고 겁이 나 간담이 오랫동안 서늘했다. 오래된 옛날 저들은 우리의 종족(宗族)을 글로써 가르쳐 말하기를 과(夸, 자랑스럽게 여겨)함이라 하였다.

所謂夸從大從弓爲東方人者是也乃至孔丘氏春秋之作
소 위 과 종 대 종 궁 위 동 방 인 자 시 야 내 지 공 구 씨 춘 추 지 작
而夸之名逐與戎狄?爲腥?之稱惜哉
이 과 지 명 축 여 융 적 병 위 성 조 지 칭 석 재

이른바 설문(說文)에서 과(夸)는 종대(從大, 크게 쫓다)는 것 종궁(從弓, 활을 쏘아 쫓다)는 것으로부터 나온 글자로, 동방에 사는 사람이라 함이다. 공구씨(孔丘氏, 공자)의 춘추(春秋, 춘추 좌시전)에 이르러 이의 이름을 융적(戎狄, 오랑캐)과 나란히 성조(腥臊, 더러운 날고기의 비린 냄새)의 칭호라 했는데, 애석한 일이다.

我蚩尤天王承神市之餘烈與民更張能得開天知生開土
아 치 우 천 왕 승 신 시 지 여 열 여 민 갱 장 능 득 개 천 지 생 개 토

理生開人崇生衆物原理盡自檢察德無不至慧無不宜力
리생개인숭생중물원리진자검찰덕무불지혜무불의역

無不備乃興民分治虎据河朔內養兵勇外觀時變及楡罔
무불비내여민분치호거하삭내양병용외관시변급유망

衰政乃興兵出征
쇠정내흥병출정

우리 치우천왕(蚩尤天王)께서는 신시(神市)를 승계(承繼)하니 위엄이 남아 베푸시니 참여하는 백성들의 편리 베푸시니 능히 얻으므로 개천지생(開天知生, 하늘을 열고 태어났음을 알았고) 개토리생(開土理生, 땅을 여니 도리(道理)가 생기고) 개인숭생(開人崇生, 사람이 개명(開明)하면 숭상함이 생긴다.) 무리는 물건의 원리를 진(盡, 빠짐없이) 스스로 살펴 점검하고 살피면 덕(德)이 없지 아니할 것이고, 혜(慧, 사리를 밝게 함)가 없지 아니하고 마땅한 힘을 갖추지 아니함이 없었다. 이에 백성을 참여시켜 호(虎, 호족)를 갈라 다스려 거(据, 일만)시켜 하삭(河朔, 처음 물가에)에 살도록 하고 안으로 양성(養性) 외관(外觀, 겉모양)은 용감한 병사였다. 시변(時變, 때때로 변함)으로 유망(楡罔)의 정권(政權)의 급(及, 미치게)이 변하여 쇠약했으므로 이에 병사를 출정시켜 정벌하였다.

選兄弟宗黨中可將者八十一人部領諸軍發葛盧山之金
선형제종당중가장자팔십일인부령제군발갈려산지금

大制劍鎧矛戟大弓楛矢一幷齊整拔涿鹿而登九渾連戰
대제쇠개모극대궁고시일병제정발탁녹이등구혼연전

而捷勢若疾風慴伏萬軍威振天下一歲之中凡拔九諸侯
이첩세약질풍습복만군위진천하일세지중범발구제후

之地更就雍狐之山以九治發水金石金而制芮戈雍狐之
지지갱취옹호지산이구치발수금석금이제예과옹호지

戟更整師躬率而出陳洋水殺至空桑空桑者今之陳留楡
극갱정사궁솔이출진양수살지공상공상자금지진류유

罔所都也
망소도야

형제들을 종당(宗黨, 집안 가문)에서 장수 될 만한 자 81인을 골라 뽑아서 부대의 영(領, 대장)이 되게 하고 갈로산(葛盧山)의 쇠를 캐내어 '병기(兵器) 쇠개(劍鎧) 모극(矛戟) 대궁(大弓) 고시(楛矢, 화살대)'를 많이 만들어 하나같이 함께 제(齊, 가지런)히 정발(整拔, 나란히 쳐서)하여 탁록(涿鹿)을 쳐서 베고 구혼(九渾)에 올랐다.

연이어 전첩(戰捷)하는 위세(威勢)로 괴롭히고 쫓아 질풍(疾風. 거센 바람)에 만군(萬軍)이 겁에 질려 굴복함으로 위세(威勢)는 천하를 떨쳤다. 한 해 가운데 무려 아홉을 베어 모두 땅을 차지하고 다시 옹호산(雍狐山)에서 아홉을 다스려 일으키고 수금(水金), 석금(石金)으로 방패 끈과 창을 옹호에서 만들고, 다시 갈라진 창을 가지런히 정리하여 몸소 무리를 거느리고 출진(出陣)하여 양수(洋水)를 건너면서 죽을 뻔하고 공상(空桑)에 이르렀다. 공상은 지금의 진류(陳留)이며 유망(楡罔)이 도읍했던 곳이다.

是歲之中兼併十二諸侯之國殺得伏尸滿野西土之民莫
시 세 지 중 겸 병 십 이 제 후 지 국 살 득 복 시 만 야 서 토 지 민 막
不喪膽奔竄時楡罔使少昊拒戰天王興揮芮戈雍狐之載
불 상 담 분 찬 시 유 망 사 소 호 거 전 천 왕 여 휘 예 과 옹 호 지 재
與少昊大戰又作大霧使敵將兵昏迷自亂少昊大敗落荒
여 소 호 대 전 우 작 대 무 사 적 장 병 혼 미 자 란 소 호 대 패 낙 황
而走入昊拒戰天王揮芮戈雍狐之空桑偕楡罔出奔
이 주 입 호 거 전 천 왕 휘 예 과 옹 호 지 공 상 해 유 망 출 분

이 해에 중겸(中兼)에 나란히 12제후국(諸侯國)를 득(得, 점령)하고 굴복시켜 죽였는데, 쓰러진 시체가 만야(滿野, 들판을 가득)를 메웠으며, 서토(西土)의 백성들은 간담이 서늘해져 죽을 뻔하여 분찬(奔竄, 달아나 숨어서)하지 아니한 자가 없었다. 때에 유망(楡罔)은 소호(少昊)를 시켜 전쟁을 막아내도록 하였으나, 천왕(天王)은 예과(芮戈)와 옹호국(雍狐戟, 갈라진 창)을 휘둘러 소호가 전쟁에 참여하고 있으니, 또 대무(大霧, 큰 안개)를 일으켜 적의 장수와 병사가 혼미해져 스스로 혼란에 빠지게 하였으니, 소호는 대패(大敗)하여 낙황(落荒)하여 도주하는 것을 천왕(天王)이 뒤쫓아 방패와 과(戈), 옹호(雍狐)로 휘둘러 공상(空桑, 도읍)으로 들어갔을 때, 유망은 공상을 버리고 도망 갔다.

『삼한비기』왈(三韓祕記曰)

伏羲旣受封於西鄙位職盡誠不用干戈一域化服逐代燧
人號令域外後有曷古桓雄與神農之國劃定疆界空桑以
東屬我又數傳而至慈烏支桓雄神勇冠絶其頭額銅鐵熊
作大霧造九冶以採磺鑄鐵作兵造飛石迫擊之機天下大
畏之共尊爲天帝子蚩尤夫蚩尤者俗言雷雨大作山河改
換之義也

『삼한비기(三韓秘記)』에서 말하기를 복희(伏羲)는 기(旣, 이미) 서비(西鄙, 서쪽 행정구역) 수봉(受封)받아 직위(職位)에 다하여 정성을 다했다. 창과 방패를 쓰지 않고 한 지역을 책무화(責務化)하여 다스리면서 수인(燧人)을 대신하여 지역 밖에까지 호령(號令)하였다. 뒤에 갈고환웅(曷古桓雄, 제10세 환웅)이 있었는데 신농(神農)의 나라와 구역 경계를 획정(劃定)하여 공상(空桑) 동쪽이 우리에게 속했다. 또 여러 해를 전해 이르러 자오지(慈烏支) 환웅(桓雄) 치우천황(蚩尤天皇)이 등장했는데, 귀신 같은 용맹이 끊어지지 않았다. 그 우두머리 이마의 관(冠)은 구리와 쇠로 웅(熊)이 만들어 쓰고, 큰 안개(를 일으키고 구야(九冶, 3가닥 삽)을 만들어 주석(朱錫)과 쇠를 캐내어 병기(兵器)를 만들고 돌을 날리는 박격기(迫擊機, 날리는 틀)를 만들었다. 천하는 크게 두려워했고 공존(共尊)하면서 이를 천제자(天帝子, 천제의 아들)이고 치우(蚩尤)라 하였으며, 치우자(蚩尤者)란 말은 속언(俗言)으로 번개와 비가 크게 내리게 하여 산하(山河)가 뒤바뀌게 한다는 뜻으로 떠도는 말이 됐다.

蚩尤天王見神農之衰遂抱雄圖屢起天兵於西進據淮岱
之閒及軒轅之立也直赴涿鹿之野擒軒轅而臣之後遺吳

將軍西擊高辛有功
장 군 서 격 고 신 유 공

　치우천왕(蚩尤天王)은 신농 씨(神農氏)가 쇠약했을 때 드디어 용감하게 둘러싸 도루(圖屢, 여러 번 대책)를 세워서 천병(千兵)을 일으켜 여러 차례 서쪽을 진격하여 회대(淮岱) 사이에 근거를 잡았을 때 헌원(軒轅)을 세워 즉위함에 직부(直赴, 곧바로 알리고)하고 탁록(涿鹿)의 벌판에서 헌원(軒轅)을 사로잡아 신하로 삼은 뒤에 장군으로서 오(吳)나라로 파견시켜 서쪽 고신(高辛)을 격파시킨 공(功)이 있었다.

蚩尤天王乃卽祭天而誓告天下泰平更復進兵圍迫涿鹿
치 우 천 왕 내 즉 제 천 이 서 고 천 하 태 평 갱 복 진 병 위 박 탁 록
一擧而滅之管子所謂天下之君頓戰一怒伏尸滿野者是
일 거 이 멸 지 관 자 소 위 천 하 지 군 돈 전 일 노 복 시 만 야 자 시
也
야

　치우천왕(蚩尤天王)이 즉위하고 이에 하늘에 제사 지내고 맹세하여 천하의 태평(太平)을 갱복(更復)하고 병사를 회복시켜 진격하여 탁록(涿鹿)의 둘레를 닥치는 대로 일거(一擧, 단숨에 빼앗아) 멸망시킨 것을 관자(管子)가 말함이다. 천하지군돈전일복시만야자시야(天下之君頓戰一伏尸滿野者是也)=천하(天下)의 군(君,임금)이 전쟁(戰爭)에서 한번 분노(忿怒)하니 쓰러진 시체(尸體)가 만야(滿野,들판에 가득) 찼다고 이를 말함이다.

時有公孫軒轅者土着之魁始聞蚩尤天王入城空桑大市
시 유 공 손 헌 원 자 토 착 지 괴 시 문 치 우 천 왕 입 성 공 상 대 시
新政而敢有自伐爲天子
신 정 이 감 유 자 벌 위 천 자
,之志乃大興兵馬來與欲戰天王先遣降將少昊圍迫涿
지 지 내 대 흥 병 마 래 여 욕 전 천 왕 선 견 강 장 소 호 위 박 탁
鹿而滅之
녹 이 멸 지

때에 공손헌원(公孫軒轅, 제후의 후손 헌원)이란 자가 있었는데, 토착의 우두머리였다. 시(始, 처음)는 치우천왕(蚩尤天王=14세 환웅)이 공상(空桑)에 입성하여 대시(大市, 큰 나라)를 열고 새로운 정치를 편다는 말을 듣고 감히 자기 스스로 즉위하여 천자(天子, 하늘이 내린 왕)가 될 뜻을 갖고 크게 병마(兵馬)를 일으켜 와서 전쟁에 참여하고자 하므로 천왕은 먼저 항복한 장수를 소호(少昊)에 보내 탁록(涿鹿)을 포위하여 전멸시켰다.

軒轅猶不自屈敢出百戰天王動令九軍分出四道自將步
헌 원 유 불 자 굴 감 출 백 전 천 왕 동 령 구 군 분 출 사 도 자 장 보
騎三千直與軒轅連戰于涿鹿有熊之野縱兵四麾軒斬殺
기 삼 천 직 여 헌 원 연 전 우 탁 녹 유 웅 지 야 종 병 사 축 헌 참 살
無算又作大霧咫尺難辯而督戰賊軍乃心慌手亂奔竄逃
무 산 우 작 대 무 지 척 난 변 이 독 전 적 군 내 심 황 수 난 분 찬 도
命百里兵馬不相見於
명 백 리 병 마 불 상 견 어

헌원(軒轅)은 오히려 스스로 굴복하지 아니하고 감히 100번을 출전해오는 것을 천왕(치우)은 구군(九軍)에 명을 내려 네 갈래로 나누어 자장(自將)의 보병(步兵) 기마병(騎馬兵) 3000과 직여(直與)하여 이끌고 헌원과 탁록에서 연전(連戰)하여 유웅(有熊) 벌판에서 종병(縱兵, 병사를 따르게)하여 사축(四麾, 사방을 좁혀 들임)하여 헌살(軒殺, 헌원을 죽일 계획)을 하려 했으나 헌원의 숫자가 또한 셀 수 없이 많아서 죽이지 못하고 대무(大霧)를 일으켜 지척(咫尺, 8치 앞)이 어지럽게 하고 타일러 전쟁을 독려(督勵)하며 적군이 겁을 먹게 하여 혼란시키므로 도망가서 숨고 달아나 백리(百里) 안에는 병마(兵馬)의 그림자도 보이지 아니했다.

是冀克淮岱之地盡爲所據乃城於涿鹿宅於淮岱軒轅之
시 기 기 연 회 대 지 지 진 위 소 거 내 성 어 탁 녹 택 어 회 대 헌 원 지
屬皆稱臣入貢蓋當時西土之人徒憑矢石之力不解鎧甲
속 개 칭 신 입 공 개 당 시 서 토 지 인 도 빙 시 석 지 력 불 해 개 갑
之用又値蚩尤天王之法力高强心驚膽寒每戰輒敗
지 용 우 치 치 우 천 왕 지 법 력 고 강 심 경 담 한 매 전 첩 패

이에 기연(冀兗, 바르게 하고자)함은 회대(淮岱) 땅을 다하여 근거지로 하여 탁록(涿鹿)에 성(城)을 쌓고 회대(淮岱)를 헌원의 소속으로 하고 모두 다 신하가 되었으니 조공을 바쳤다. 대개 당시의 서토(西土, 서쪽 나라)의 사람은 도빙(徒憑, 무리가 의지함)하여 살면서 활과 돌의 힘을 풀지 아니하므로 개갑(鎧甲, 갑옷)의 쓰임새를 다시 가치를 풀었으므로 치우천왕의 법의 힘이 고강(高强, 높이 강력함)함에 마음이 놀라서 간담이 얼어붙어, 싸울 때마다 매양 패했다

雲笈軒轅記之所謂蚩尤始作鎧甲兜鍪時人不知以爲銅頭鐵額者亦可想見其狼狽之甚矣

『운급헌원기(雲笈軒轅記)』라는 기록에 소위(所謂, 흔히 말하는 바) 치우(蚩尤)가 처음으로 개갑(鎧甲, 갑옷)과 두무(兜鍪, 투구)를 만들었을 때 사람들이 이를 알지 못했고 동두철액자(銅頭鐵額者, 구리로 만든 머리와 쇠로 만든 이마를 가진 사람)이라 하였다. 역시 가상견(可想見, 보고 생각을 더함)은 그 낭패(狼狽, 계획하거나 기대한 일이 실패하거나 어긋나 딱하게 됨)이 심상(甚詳)치 아니했다.

蚩尤天王益整軍容四面進擊十年之閒與軒轅戰七十三回將無疲色軍不退

치우천왕(蚩尤天王)은 군용(軍容, 군대 사기)를 익정(益整, 정비를 더함)하여 사면(四面, 사방)을 진격, 십 년간 헌원과 전쟁에서 칠십삼 회나 참전 장수는 기색이 밝고 군은 물러서지 아니했다.

後軒轅旣屢戰敗尤益大興士馬効我神市而廣造兵甲又

制指南之車敢出百戰天王赫然震怒使兄弟宗黨務要大
戰而立威使軒轅之軍不敢生意於追襲與之大戰混殺一
陣然方熄是役也

뒤에 헌원(軒轅)은 이미 여러 차례 싸웠으나, 패배했으므로 사마(士馬, 무사와 기마사)를 더욱더 크게 일으켜 효아신시(効我神市, 우리 신시를 널리 본받아) 병갑(兵甲, 병기와 갑옷)을 만들고 또 지남(指南)의 수레를 만들어 감히 백전(百戰)에 출전하는지라. 천왕(天王)은 혁연(赫然, 불같이 흥분)하고 진노하여 사람을 보내 형제와 종당(宗黨)들께 힘쓰도록 하고 요직에 세워 큰 전쟁 준비에 힘쓰도록 하면서 사람을 보내 위세를 세우니 헌원의 군대는 감히 공격(의 뜻을 품지 못하게 하였는데, 추습(追襲, 뒤쫓아 습격)하는 대혼전(大混戰)에 참여하여 일진(一陣)이 혼살(混殺)되어버린 후에야 시역(是役, 옳은 싸움)은 방향을 멈추고 불을 밝혔다.

軒轅猶不自屈敢出百戰天王動令九軍分出四道自將步
騎三千直與軒轅連戰于涿鹿有熊之野縱兵四麾軒斬殺
無算又作大霧咫尺難辯而督戰賊軍乃心慌手亂奔竄逃
命百里兵馬不相見於

헌원(軒轅)은 오히려 스스로 굴복하지 아니하고 감히 100번을 출전해오는 것을 천왕(치우)은 구군(九軍)에 명을 내려 네 갈래로 나누어 자장(自將)의 보병(步兵) 기마병(騎馬兵) 3000과 직접 참여하여 이끌고 헌원(軒轅)과 탁록(涿鹿)에서 연전(連戰)하여 유웅(有熊) 벌판에서 종병(縱兵, 병사를 따르게)하여 사축(四麾, 사방을 좁여 들임)하여 헌살(軒殺, 헌원을 죽일 계획)을 하려 했으나 헌원(軒轅)의 숫자가 또한 셀 수 없이 많아서 죽이지 못하고 대무(大霧)를 일으켜 지척(咫尺, 8치 앞)이 어지럽게 하고 타일러 전쟁을 독려(督勵)하니 적군도 미침내 마음에 겁을 먹게 하여 혼란시키므로 도망가서 숨고 달아나 백리(百里) 안에는 병마(兵馬)의 그림자도 보이지 아니했다.

是冀兖淮岱之地盡爲所據乃城於涿鹿宅於淮岱軒轅之
시 기 연 회 대 지 지 진 위 소 거 내 성 어 탁 녹 택 어 회 대 헌 원 지
屬皆稱臣入貢蓋當時西土之人徒憑矢石之力不解鎧甲
속 개 칭 신 입 공 개 당 시 서 토 지 인 도 빙 시 석 지 력 불 해 개 갑
之用又値蚩尤天王之法力高强心驚膽寒每戰輒敗
지 용 우 치 치 우 천 왕 지 법 력 고 강 심 경 담 한 매 전 첩 패

이에 기연(冀兖, 바르게 하고자)함은 회대(淮岱) 땅을 다하여 근거지로 하여 탁록(涿鹿)에 성(城)을 쌓고 회대(淮岱)를 헌원의 소속으로 하고 모두 다 신하가 되었으니 조공을 바쳤다. 대개 당시의 서토(西土, 서쪽 나라)의 사람은 도빙(徒憑, 무리가 의지함)하여 살면서 활과 돌의 힘을 풀지 아니함으로 개갑(鎧甲, 갑옷)의 쓰임새를 다시 가치를 풀었으므로 치우천왕의 법의 힘이 고강(高强, 높이 강력함)에 마음이 놀라서 간담이 얼어붙어 싸울 때마다 매양 패했다.

雲笈軒轅記之所謂蚩尤始作鎧甲兜鍪時人不知以爲銅
운 급 헌 원 기 지 소 위 치 우 시 작 개 갑 두 무 시 인 불 지 이 위 동
頭鐵額者亦可想見其狼狽之甚矣
두 철 액 자 역 가 상 견 기 랑 패 지 심 의

운급칠첨(雲笈七籤,11세기에 송(宋)나라의 장군방(張君房)이 편찬한 헌원기(雲笈軒轅記)의 기록에 소위(所謂, 흔히 말하는 바) 치우(蚩尤)가 처음으로 개갑(鎧甲, 갑옷)과 두무(兜鍪, 투구)를 만들었을 때 사람들이 이를 알지 못했고 동두철액자(銅頭鐵額者, 구리로 만든 머리와 쇠로 만든 이마를 가진 사람)라 하여 역시 가상견(可想見, 보고 생각을 더함)은 그 낭패가 심상치 않았다.=(심(甚)히 단정함이라)

蚩尤天王益整軍容四面進擊十年之閒與軒轅戰七十三
치 우 천 왕 익 정 군 용 사 면 진 격 십 년 지 한 여 헌 원 전 칠 십 삼
回將無疲色軍不退
회 장 무 피 색 군 불 퇴

치우천왕(蚩尤天王)은 군용(軍容, 군대 사기)을 익정(益整, 추가정비)하여 사면
(四面, 사방)을 진격, 십 년간이나 헌원(軒轅)과 싸워서 칠십삼 회나 참여했는
데, 장수는 느슨한 기색이 없고 군은 불퇴(不退)라.

後軒轅旣屢戰敗尤益大興士馬効我神市而廣造兵甲又
후 헌 원 기 루 전 패 우 익 대 흥 사 마 효 아 신 시 이 광 조 병 갑 우
制指南之車敢出百戰天王赫然震怒使兄弟宗黨務要大
제 지 남 지 거 감 출 백 전 천 왕 혁 연 진 노 사 형 제 종 당 무 요 대
戰而立威使軒轅之軍不敢生意於追襲與之大戰混殺一
전 이 입 위 사 헌 원 지 군 불 감 생 의 어 추 습 여 지 대 전 혼 살 일
陣然後方熄是役也
진 연 후 방 식 시 역 야

뒤에 헌원(軒轅)은 이미 여러 차례 싸웠으나, 패배했으므로 사마(士馬, 무
사와 기마사)를 더욱더 크게 일으켜 효아신시(効我神市, 우리 신시를 널리 본받아)
병갑(兵甲, 병기와 갑옷)을 만들고 또 지남(指南)의 수레를 만들어 감히 백전(百
戰)에 출전하는지라. 천왕(天王)은 혁연(赫然, 불같이 흥분)하고 진노하여 사람
을 보내 형제와 종당(宗黨)들께 힘쓰도록 하고 요직(要職)에 세워 큰 전쟁
준비에 힘쓰도록 하면서 사람을 보내 위세(威勢)를 세우니, 헌원(軒轅)의 군
대는 감히 공격의 뜻을 품지 못하게 하였는데, 추습(追襲, 뒤쫓아 습격)하는
대혼전(大混戰)에 참여하여 일진(一陣)이 혼살(混殺)되어버린 후에야 시역(是
役, 옳은 싸움)의 방식(方熄, 방향의 불이 꺼져)이 멈추었는데….

我將蚩尤飛者不幸有急功陣沒
아 장 치 우 비 자 불 행 유 급 공 진 몰

우리 측 장수 치우비(蚩尤飛)라 하는 자가 있었는데 불행하게도 공(功)을

세우고 진(陣)이 침몰되었다.

史記所謂擒殺蚩尤者蓋謂此也天王赫怒動師新造飛石
사기소위금살치우자개위차야천왕혁노동사신조비석
迫擊之機成陣聯進賊陣終不能抗也於是分遣精銳西守
박격지기성진연진적진종불능항야어시분견정예서수
芮涿之地東取淮岱爲城邑而當軒轅東侵之路及
예탁지지동취회대위성읍이당헌원동침지로급
至崩逝數千載而猶有萬丈光烈能起感於後人者也
지붕서수천재이유유만장광열능기감어후인자야

『사기(史記)』에 역사 왜곡으로, 금살치우(擒殺蚩尤)『환단고기』「삼성기전하」에 의하면 所謂擒殺蚩尤者=치우(蚩尤)를 금살(擒殺, 사로잡아 죽이다) 한 곳이라고 한 것은 蓋(대개, 생각건대) 위차(謂此, 버금가는 설명을 하다)하는 말이라. 천왕께서 혁노(赫怒, 버럭 성내어)하여 군사를 움직여 돌을 날려 보내는 박격기구(搏擊器具)를 만들어 진(陣)을 깨고 잇달아 진격하니 적진(敵陣)은 끝내 저항조차 못했다. 이에 정예(精銳)를 나누어 파견시켜 서쪽 예탁(芮涿)의 땅을 지키고 동쪽은 회대(淮岱) 땅을 취하여 성읍으로 삼아 담당하여 헌원이 동쪽을 침략할 길을 잃고 붕서(崩逝, 죽고 떠난 지) 수천재(數千載. 수천 해을 지냄)에 수유(猶有)를 만장(萬丈)의 광열(光烈. 아름다운 명예)하니 능(能)히 후인(後人)의 감정이 일어난 자들이다.

今據漢書地理志其陵在山東東平郡壽張縣闕鄕城中高
금거한서지리지기능재산동동평군수장현궐향성중고
七丈秦漢之際住民猶常以十月祭之必有赤氣出如疋絳
칠장진한지제주민유상이십월제지필유적기출여필강
謂之蚩尤旗其英魂雄魄自與凡人逈里歷千歲而猶不泯
위지치우기기영혼웅백자여범인형이력천세이유불민
者歟軒轅以是索然楡岡亦從以永墜矣
자여헌원이시삭연유망역종이영추의

지금 『한서(漢書) 지리지(地理志)』에서 그의 능(陵)은 산동성(山東省) 동평군(東平郡) 수장현(壽張縣) 궐향성(闕鄕城) 가운데 높이가 7장(丈)이고 진(秦)나라와 한(漢)나라 사이 주민들이 항상 10월이면 제사 지낸다. 반드시 적기운 (赤氣運) 같은 것이 나오는데 필강(疋絳, 붉은 연기)은 치우기(蚩尤旗)라 하고 그 영웅의 혼백(魂魄)이고 웅백(雄魄, 환웅의 혼백)이라 하였다. 스스로 멀리 있는 사람이 참여하여 범도(凡道)를 따랐으며 형리력(迥里歷, 먼, 거리를 지난)의 천세(千歲, 천년의 세월)를 지나서도 오히려 민자(泯者, 망하는 사람이)가 없는지라. 헌원은 또 이에 삭연(索然, 외롭고 쓸쓸함)했고 유망(楡罔) 역시 따라서 영원히 떨어져버렸다.

蚩尤天王之餘烈世襲能振盡有幽靑聲威不墜軒轅以來
치 우 천 왕 지 여 열 세 습 능 진 진 유 유 청 성 위 불 추 헌 원 이 래
世不自安終其世而未嘗安枕而臥
세 불 자 안 종 기 세 이 미 상 안 침 이 와

치우천왕(蚩尤天王)의 남은 맹렬을 세습(世襲)하여 떨침을 더함이 있었으며 그윽한 젊음으로 명성과 위엄은 떨어지지 아니하였다. 헌원 이래 세상은 스스로 안전하지 아니하여 그가 세상을 마칠 때까지 베개 베고 누워서 상안(嘗安, 편안함을 맛봄)함이라.

치우(蚩尤)의 죽음

蚩尤天王見炎農之衰遂抱雄圖屢起天兵於西又自索度
진병거유회대지한급헌후지입야
進兵據有淮岱之間及軒侯之立也

치우(蚩尤) 천왕(天王)께서 염제(炎帝) 신농(神農)이 쇠(衰)함을 보고 드디어
천병(天兵)을 일으켜 환웅(桓雄)의 도루(圖屢, 계획대로 여러 번) 서쪽을 포위하
고 또는 스스로 색도(索度)로부터 병사를 진격시켜 회대(淮岱) 사이에 의거
(依據)해 있다가 헌원(軒轅) 제후(諸侯)가 일어남이다.

直赴涿鹿之野擒軒轅而臣之後遣吳將軍西擊高辛有功
직부탁록지야금헌원이신지후견오장군서격고신유공

즉시 탁록(涿鹿)의 벌판으로 다가가 헌원(軒轅, 황제, BC 2692~2592)을 사로잡
아 신하로 삼고 뒤에 오장군(吳將軍)을 보내 서쪽 고신(高辛)을 격파하여 공
(功)이 있었다.

時天下鼎峙涿之北有大撓東有倉頡西有軒轅自相以兵
시천하정치탁지북유대요동유창힐서유헌원자상이병
欲傳其勝而未也
욕전기승이미야

때에 천하가 정(鼎, 세발솥) 셋으로 대치하고 있으니 탁(涿)의 북(北)에 대요
(大撓)가 있었고 동쪽에 창힐(倉頡)이 있었으며 서쪽에 헌원(軒轅)이 있었다.

스스로 서로가 병욕(兵慾)을 전해 승리해보려고 했으나 이루지 못했다.

初軒轅秒後起於蚩尤每戰不利欲依大撓而未得又依倉
초헌원초후기어치우매전불리욕의대요이미득우의창
頡而不得二國皆蚩尤之徒也
힐이불득이국개치우지도야

처음 헌원이 치우(蚩尤)보다 조금 뒤 치우(蚩尤)가 일어나 싸움이 매양 불리하여 대요(大撓)에게 의존하고자 했으나 얻을 것이 아니므로 또 창힐(倉頡)에게 의존해도 얻을 것이 아니었다. 두 나라 모두가 치우(蚩尤)의 무리였다.

史記所謂被山通路未嘗寧居邑于涿鹿之河遷徙往來無
사기소위피산통로미상녕거읍우탁녹지하천사왕래무
常定處以師兵爲營衛者蓋其戰兢之意歷歷可觀而尙書
상정처이사병위영위자개기전긍지의역역가관이상서
呂刑亦云若有古訓惟蚩尤作亂彼之畏威奪氣而世傳其
여형역운약유고훈유치우작난피지외위탈기이세전기
訓以爲後人戒者亦甚矣我將蚩尤飛者不幸有急功陣沒
훈이위후인계자역심의아장치우비자불행유급공진몰

『사기(史記)』에서 소위(所謂, 이른바) "피산(被山, 산을 달리는)하는 통로를 미상(未嘗, 맛보지 아니함)이며, 탁록하(涿鹿河)의 영거읍(寧居邑)을 천사(遷徙, 옮겨)하여 항상 왕래하는 정처(定處, 일정한)함이 없고 장수와 사병을 시켜 지키게 하였다"라고 한 것은 대개 전긍(戰兢, 전전긍긍)했던 뜻을 역역(歷歷)히 보여준 것이다. 또 상서(尙書) 여형(呂刑) 역시 이르다. 만약 고훈(古訓, 옛날 가르침)을 생각하면 치우(蚩尤)가 외위(畏威, 두렵고 엄숙함)한 기세(氣勢)였다고 세상에 전함이라, 후인(後人) 심히 조심하는 자 역시 그 가르침이다. 우리 측 장수 치우비(蚩尤飛)라 하는 자가 있었는데 불행하게도 공을 세우고 진(陣)이 침몰되었다.

부연설

헌원(軒轅)은 치우천왕(蚩尤天王)와 10년 동안 72회나 싸웠지만 단 한 번도 이기지 못하였다. 그러나 지남거(指南車)를 발명하여 태양을 등지고 치우(蚩尤)천왕과 싸워 승리하여 치우(蚩尤)천왕이 전사(戰死)하니 그 시신(屍身)이 공상(公桑) 들을 가득 메웠다고 한다,.

史記所謂擒殺蚩尤者蓋謂此也天王赫怒動師新造飛石
사기소위금살치우자개위차야천왕혁노동사신조비석
迫擊之機成陣聯進賊陣終不能抗也於是分遣精銳西守
박격지기성진연진적진종불능항야어시분견정예서수
芮涿之地東取淮岱爲城邑而當軒轅東侵之路及至崩逝
예탁지지동취회대위성읍이당헌원동침지로급지붕서
數千載而猶有萬丈光烈能起感於後人者也
수천재이유유만장광열능기감어후인자야

『사기(史記)』에서 "치우(蚩尤)를 잡아 죽이다"라고 기록한 것은 대개 위차(謂此, 버금가는 설명하다)하는 말이라. 천왕(天王)께서 혁노(赫怒, 버럭 성내어)하여 군사를 움직여 돌을 날려 보내는 새로운 박격기구를 만들어 진(陣)을 치고 잇달아 진격하니 적진(敵陣)은 끝내 능히 저항도 못 했다. 이에 정예(精銳)를 나누어 파견시켜 서쪽은 예탁(芮涿)의 땅을 지키고, 동쪽은 회대(淮岱) 땅을 취하여 성읍으로 삼아 담당하여 헌원이 동쪽을 침략할 길에 미치게 함에 이르러 붕서(崩逝, 죽고 떠난 지)가 수천재(數千載)에 오히려 만장(萬丈)이 있어 광열(光烈)함이 능히 후인(後人)의 감정(感情)이 일어나는 자이다.

史記所謂擒殺蚩尤者蓋謂此也天王赫怒動師新造飛石
사기소위금살치우자개위차야천왕혁노동사신조비석
迫擊之機成陣聯進賊陣
박격지기성진연진적진
終不能抗也於是分遣精銳西守芮涿之地東取淮岱爲城
종불능항야어시분견정예서수예탁지지동취회대위성
邑而當軒轅東侵之路及
읍이당헌원동침지로급

至崩逝數千載而猶有萬丈光烈能起感於後人者也
지 붕 서 수 천 재 이 유 유 만 장 광 열 능 기 감 어 후 인 자 야
永墜矣
영 추 의

　지금『한서(漢書) 지리지(地理志)』에서 그의 능(陵)은 산동성(山東省) 동평군(東平郡) 수장현(壽張縣) 궐향성(闕鄕城) 가운데 높이가 7장(丈)이고 진(秦)나라와 한(漢)나라 사이 주민들이 항상 10월이면 제사 지낸다. 반드시 적기운(赤氣運) 같은 것이 나오는데 필강(疋絳, 붉은 연기)은 치우기(蚩尤旗)라 하고, 그 영웅의 혼백(魂魄)이고 웅백(雄魄, 환웅의 혼백)이라 하였다. 스스로 멀리 있는 사람이 참여하여 범도(凡道)를 따랐으며 형리력(逈里歷,먼 거리에 지나온)을 천세(千歲,천 년의 세월)를 지나서도 오히려 민자(泯者, 망하는 사람이)가 없는지라, 헌원(軒轅)은 또 이에 삭연(索然.자연스럽게 꼬여서) 하여 유망(楡罔) 역시 따라서 영원히 떨어져버렸다.

蚩尤天王之餘烈世襲能振盡有幽靑聲威不墜軒轅以來
치 우 천 왕 지 여 열 세 습 능 진 진 유 유 청 성 위 불 추 헌 원 이 래
世不自安終其世而未嘗安枕而臥
세 불 자 안 종 기 세 이 미 상 안 침 이 와

　치우천왕(蚩尤天王)의 남은 맹렬을 세습(世襲)하여 떨침을 더함이 있었으며 그윽한 젊음으로 명성과 위엄은 불락(不落)이라. 헌원 이래 세상은 스스로 불안하여 그가 세상을 마칠 때까지 베개 베고 누워서 상안(嘗安)이라,

진천문지(晉天文志)

蚩尤旗類慧而後曲象旗所見之方下有兵云則乃蚩尤天
치 우 기 류 혜 이 후 곡 상 기 소 견 지 방 하 유 병 운 칙 내 치 우 천
王上爲列宿也
왕 상 위 열 숙 야

『진천문지』에서는 치우(蚩尤) 무리의 기(旗, 깃발)는 혜성(慧星, 꼬리별)과 닮았다. 후에 의전상(儀典象)의 기 장소를 보면 모퉁이다. 병란(丙亂)이 있다고 하니 이는 치우 천왕(天王)이 올라가서 별이 되어 자고 있다.

『통지(通志)』

氏族畧蚩氏蚩尤之後或曰倉頡與高辛亦皆蚩尤氏之苗
裔生大棘城而轉徙於山東淮北者也蓋蚩尤天王之英風
雄烈播傳遠域之深推此可知也

『통지(通志)』에서는 씨족(氏族)을 약(畧, 다스림)에 치씨(蚩氏)는 치우(蚩尤)의 후예라 했고, 혹(惑)은 창힐(蒼頡)을 참여시켜 고신(高辛) 역시 모두 치우 씨(蚩尤氏)의 묘예(苗裔, 먼 후대)로서 대극성(大棘城)에서 태어나 산동(山東)의 회북(淮北)으로 이리저리 전전(傳傳)옮겨 다닌 자이다. 대개 치우천왕(蚩尤天王)의 영풍위열(英風偉烈. 영걸스러운 풍채와 위대한 공적)은 원역(遠域, 먼 나라) 깊숙한 곳까지 이르러 파전(播傳, 씨 뿌려 전함)되었음을 알 수 있다.

燕齊之士沈惑於神異誣謾之說亦尚矣自齊威燕昭照之
時遺使求三神山秦漢之際宋無忌正伯僑克尚羡門子高
最後之徒則燕人也

연(燕)나라 제(齊)나라 선비들은 심혹(沈惑, 무엇을 몹시 좋아함)하기를 신의(神異)하고. 이상(異象)하게 무만(誣謾, 거짓과 속임수 말)으로 또한 스스로가 소중히 여겼고, 제(齊)나라가 위태로움이 비칠 때 연(燕)나라 소왕(昭王)에게 사신 보내 구함을 얻고자 진(秦)나라와 송(宋)나라 사이 삼신산(三神山)에서 기정(忌正) 백교(伯僑) 극상(克尙)은 선망(羨望, 부러워)하여 문 전(門前)에서 자고(子高)의 최후 무리로서 곧 연(燕)나라 사람이라 하였다.

文成伍利公孫卿申公之屬皆齊人也
문 성 오 리 공 손 경 신 공 지 속 개 제 인 야

문성오리공(文成伍利公)과 손경신공(孫卿申公) 무리는 제나라에 속한 사람들이었다.

昔呂尚亦蚩尤氏之後故亦姓姜蓋蚩尤居姜水而有子者
석 여 상 역 치 우 씨 지 후 고 역 성 강 개 치 우 거 강 수 이 유 자 자
皆爲姜氏也姜太公治齊先修道術祭天於天齊池而亦受
개 위 강 씨 야 강 태 공 치 제 선 수 도 술 제 천 어 천 제 지 이 역 수
封於齊八神之俗尤盛於此地後世其地多好道術者出與
봉 어 제 팔 신 지 속 우 성 어 차 지 후 세 기 지 다 호 도 술 자 출 여
神仙黃老混會敷演尤爲之潤飾則此又姜太公爲之助俗
신 선 황 노 혼 회 부 연 우 위 지 윤 식 칙 차 우 강 태 공 위 지 조 속
也
야

옛날 여상(呂尙) 모두가 치우(蚩尤)의 후손이고, 옛 또한 성(姓)이 강(姜)이다. 대개 치우는 강수(姜水)에 살았으며 아들이 있었는데 두루 강 씨(姜氏)였다. 강태공(姜太公)은 제나라를 통치하기에 앞서 도술(道術)을 닦고, 제천(祭天)은 천제지(天齊池)에서 지냈다. 또 제나라로부터 팔신(八神)의 풍속을 수봉(受封)하고 이 땅에서 우(尤, 더욱)이 번성했다. 후세에 그 땅에 도술(道術)을 좋아한 자가 많이 나와 신선(神仙)으로 참여함이 섞여 모여들여서 퍼지게 되어 황토(黃老, 황제와 노자) 역시 도술자(道術者)였으며 꾸며 다듬었으니 바로 강태공이 풍속을 도우리라 하였다.

嘗作陰符經註祖述紫府三皇之義則燕齊之士安得以不
상 작 음 부 경 주 조 술 자 부 삼 황 지 의 칙 연 제 지 사 안 득 이 불

好怪異浮誕之說哉且其五行治水之法黃帝中經之書又
出於太子扶婁而又傳之於虞司空後復爲箕子之陳洪範
於紂王者亦卽黃帝中經五行治水之說則蓋其學本神市
邱井均田之遺法也

　일찍이 『음부경(陰符經)』의 주(註)를 지어 자부삼황(紫府三皇)의 의칙(義則)을 조술설(祖述)하였으므로 연(燕)나라와 제(齊)나라 선비들이 괴상하고 이상한 부탄(浮誕說, 말을 부풀려 지어냄)하여도 편안함을 얻었으니 좋지 않겠는가 하였다. 또 그 오행치수(五行治水)의 법과 『황제중경(黃帝中經)』이라는 책은 태자부루(太子扶婁, 2세 단군부루)로부터 또 나와서 우(虞)나라 사공(司空)에게 또 전해진 것이다. 뒤에 다시 기자(箕子)가 홍범(洪範)을 진나라 주왕(紂王)에게 말했다는 자가 곧 『황제중경』과 오행치수 설(說)을, 곧 짐작했던 그 학문의 근본은 신시(神市) 구정(邱正)과 균전(均田)으로부터 보낸 법칙이다.

『밀기(密記)』운(云)

古者徙死無出鄕合葬一處表爲支石後變爲壇稱支石壇
亦祭夕壇在山頂而塹山爲城壇者曰天壇在山谷而植木
爲土壇者曰神壇今徒混以帝釋稱壇則非古也護守三神
以理人命者爲三侍郞本三神侍從之郞三郞本倍達臣亦
世襲三神護守官也

　『밀기(密記)』에서 말함은 옛날에 사람이 옮겨 죽어도 향리(鄕里)를 벗어나감이 없었고 한 곳에 합장(合葬)하고 지석(支石, 돌을 세워)하여 표시했다.

뒤에는 변하여 단(壇)이라 불렀다. 지석단(支石壇) 역시 저녁에 제사 지냈다. 단이 있는 산정(山頂,산마루)을 참산(塹山)이라 하여 성단(城壇)이라는 자가 맡은 천단(天壇)이 있다고 했다. 산골짜기에 나무를 심어 토단(土壇)이라는 자의 말은 신단(神壇)이라 했다가, 지금은 승도(僧徒)들이 혼동하여 제석(帝釋, 석가)이라 칭하여 단칙(壇則)이 아니라 함은 옛날이다. 보호하고 지키는 삼신(三神)을 이인(理人)이라 명함을 삼시랑(三侍郎)이라 하고 본래 삼신시종(三神侍從)이라 하고 낭삼랑(郎三郎)이라고 했다. 본래는 배달(倍達)의 신하요 또는 삼신(三神) 수호하는 사람의 벼슬이라 하였다.

天好陰故祭之必於高山之下小山之上乃祭天太白山之麓之遺法也
천호음고제지필어고산지하소산지상내제천태백산지록지유법야

천(天)은 음(陰)을 좋아한다 하여 예부터 제사 지내고 반드시 높은 산 아래 작은 산의 위에서 제천(祭天, 하늘에 제사) 지낸다. 태백산 산기슭의 유법(遺法)이다.

地貴陽故祭之必於澤中方丘亦卽祭天塹城之檀之餘俗也
지귀양고제지필어택중방구역즉제천참성지단지여속야

땅은 양(陽)을 귀하게 여김이라. 예부터 제사 지낼 때 반드시 택(澤, 못) 가운데 역시 모서리 언덕에서, 곧 참성단(塹城檀)에서 천제(天祭) 지내던 남은 풍습.

天主祠三神兵主祠蚩尤三神爲天地萬物之祖也
천주사삼신병주사치우삼신위천지만물지조야

천주사(天主祠)와 삼신(三神) 병주사(兵主祠)에서 치우(蚩尤) 삼신(三神)은 천지 만물의 조상이라 하였다.

蚩尤爲萬古武神勇强之祖作大霧驅水火
치우위만고무신용강지조작대무구수화

치우는 만고의 무신(武神)으로서 구(驅, 말을 타고) 용맹스런 강조라 할 것이며 대무(大霧, 큰 안개)를 만들고 물과 불을 마음대로 사용했다.

又爲萬世道術之宗喚風雨招萬神是以大始之世桓爲天
우위만세도술지종환풍우초만신시이대시지세환위천
下戎事之主海岱之地旣爲奄藍陽介嵎萊徐淮八族之所
하융사지주해대지지기위엄람양개우래서회팔족지소
宅則八神之說萌於八族而盛行於當時也
택칙팔신지설맹어팔족이성행어당시야

또 만세(萬世) 도술(道術)의 조종(祖宗)으로서 바람과 비를 부르고, 모든 만(萬)은 귀신을 불렀다. 이에 태시(太始)의 세상은 항상 천하의 융사(戎事, 군사)의 주(主)가 되었다. 해대(海岱)의 땅은 이미 엄(奄) 람(藍) 개(介) 우(嵎) 래(萊) 서(徐) 회(淮)의 8족(族)이 자리 잡고 사는 곳이 되었고, 그래서 8신(神)의 설(說)은 8족(族)으로부터 싹터서 당시에 성행했다.

劉邦雖非夷系而起兵於豐沛則豐沛之俗祠蚩尤也
유방수비이계이기병어풍패칙풍패지속사치우야

유방(劉邦)은 비록 이(夷, 동이족) 계통이 아니지만 일어난 병사들은 풍패(豐沛, 비가 내려 풍년 됨)함이고, 곧 풍패하여 풍속은 사당(祠堂)에서 치우(蚩尤)를 모셨다.

故邦亦因俗以祠蚩尤而釁鼓旗遂以十月至霸上與諸侯
고방역인속이사치우이흔고기수이십월지패상여제후

平咸陽而立爲漢王則因以十月爲歲首此雖襲秦正朔而
<small>평함양이입위한왕칙인이십월위세수차수습진정삭이</small>
亦因崇敬東皇太一敬祠蚩尤也
<small>역인숭경동황태일경사치우야</small>

고방(故邦, 옛 도읍) 역시 풍속에 인하여 사당(祠堂)에서 피를 내어 깃발 들고 북을 치고, 치우(蚩尤)는 10월에 이르러 패상(覇上, 으뜸자리 위에 앉아) 제후들을 참여시켜 바로잡아 함양(咸陽, 중국 섬서성 위수 유역)에서 세우고 한왕(漢王)이 되어 이로 인하여 십월(十月)을 일년(一年, 한 해)의 시작으로 하여 비로소 진(秦)나라의 정삭(正朔, 정월 초하루)로 인 역시 숭경(崇敬)하였으며, 동황태일(東皇太一)을 받들어 사당에 치우(蚩尤)를 모셔 존경함은 이와 같음이라 했다.

『대변경(大辯經)』왈

神市氏以佺修戒敎人祭天所謂佺從人之所自全能通性
<small>신시씨이전수계교인제천소위전종인지소자전능통성</small>
以成眞也
<small>이성진야</small>

『대변경(大辯經)』에서 말하기를 신시씨(神市氏, 신시 도읍 시대 왕조)는 전수(佺修, 신선 수업을 받은 자)함으로써 사람들을 계교(戒敎, 경계함을 가르쳐)하여 하늘에 제사 지내고, 거기에 일컫는 신선 같은 이를 모시고, 그 장소는 자연스럽고 모두가 능통(能通)하고 성품이 참으로 이루어지는 것이다.

青邱氏以仙設法敎人管境所謂仙從人之所自山（山産
<small>청구씨이선설법교인관경소위선종인지소자산（산산</small>
也）能知命以廣善也蚩尤爲萬古武神勇强之祖作大霧
<small>야）능지명이광선야치우위만고무신용강지조작대무</small>
驅水火
<small>구수화</small>

청구 씨(靑邱氏, 청구 도읍 시대 왕조)로부터 선설법(仙說法, 선교의 설법)을 베풀어 관경(管境)의 사람들 사는 곳이라 위선종인(謂仙從人, 가르켜 선교를 따르는 사람)이 사는 곳이라, 스스로 산은 산산야(山産也, 산은 산을 낳았음이라)함은 능(能)히 알고 명으로 알고 선(善)을 넓혔음이라, 치우(蚩尤)는 만고(萬古)의 무신(武神)으로서 구(驅, 말을 타고) 용맹스런 강조(强祖)라 할 것이며 대무(大霧, 큰 안개)를 만들고 물과 불을 마음대로 사용했다.

又爲萬世道術之宗喚風雨招萬神是以大始之世桓爲天
우 위 만 세 도 술 지 종 환 풍 우 초 만 신 시 이 대 시 지 세 환 위 천
下戎事之主海岱之地旣爲奄藍陽介嵎萊徐淮八族之所
하 융 사 지 주 해 대 지 지 기 위 엄 람 양 개 우 래 서 회 팔 족 지 소
宅則八神之說萌於八族而盛行於當時也
택 칙 팔 신 지 설 맹 어 팔 족 이 성 행 어 당 시 야

또 만세(萬世) 도술(道術)의 조종(祖宗)으로서 바람과 비를 부르고 모든 만(萬)은 귀신을 불렀다. 이에 태시(太始)의 세상은 항상 천하의 융사(戎事, 군사)의 주(主)가 되었다. 해대(海岱)의 땅은 이미 엄(奄) 람(藍) 개(介) 우(嵎) 래(萊) 서(徐) 회(淮)의 8족(族)이 자리 잡고 사는 곳이 되었다. 그래서 8신(神)의 설(說)은 8족(族)으로부터 싹터서 당시에 성행했다.

史記所謂被山通路未嘗寧居邑于涿鹿之河遷徙往來無
사 기 소 위 피 산 통 로 미 상 녕 거 읍 우 탁 녹 지 하 천 사 왕 래 무
常定處以師兵爲營衛者
상 정 처 이 사 병 위 영 위 자
蓋其戰兢之意歷歷可觀而尙書呂刑亦云若有古訓惟蚩
개 기 전 긍 지 의 역 역 가 관 이 상 서 여 형 역 운 약 유 고 훈 유 치
尤作亂彼之畏威奪氣而世傳其訓以爲後人戒者亦甚矣
우 작 난 피 지 외 위 탈 기 이 세 전 기 훈 이 위 후 인 계 자 역 심 의

『사기(史記)』에서 소위(所謂, 이른바) 피산(被山, 산속) 통로를 미상(未嘗, 결코). 탁록하(涿鹿河)의 영거읍(寧居邑)을 천사(遷徙, 옮겨) 항상 왕래(往來)하는 정처(定處, 일정한)가 없고 장수와 사병을 시켜 지키게 하였다. 대개 전긍(戰兢, 전

전궁궁)했던 뜻을 역력히 보여준 것이며. 또 상서(尙書)와 여형(呂刑) 역시 이르다. 만약 고훈(古訓)을 생각하면 치우(蚩尤)가 만든 난(亂)은 위협하여 두려워함에 탈취할 기세 세상에 전함은 후인(後人)들이 심히 조심하는 사람 역시 그 가르침이다.

其後三百年無事只與顓頊一戰破之蓋自神市開天傳
기 후 삼 백 년 무 사 지 여 전 욱 일 전 파 지 개 자 신 시 개 천 전
十八世歷一千五百六十五年而始有檀君王儉以熊氏神
십 팔 세 역 일 천 오 백 육 십 오 년 이 시 유 단 군 왕 검 이 웅 씨 비
王遂代神市統一九域分三韓以管境是謂檀君朝鮮也斯
왕 수 대 신 시 통 일 구 역 분 삼 한 이 관 경 시 위 단 군 조 선 야 사
瓦羅桓雄之初熊女君之後曰黎始得封於檀墟爲王儉樹
와 라 환 웅 지 초 웅 여 군 지 후 왈 려 시 득 봉 어 단 허 위 왕 검 수
德愛民土境漸大諸
덕 애 민 토 경 점 대 제

土境王儉來獻方物以歸化者千餘數後四百六十年有神
토 경 왕 검 래 헌 방 물 이 귀 화 자 천 여 수 후 사 백 육 십 년 유 신
人王儉者大得民望陞爲裨王居攝二十四年熊氏王崩於
인 왕 검 자 대 득 민 망 승 위 비 왕 거 섭 이 십 사 년 웅 씨 왕 붕 어
戰王儉遂代其位統九桓爲一是爲檀君王儉也
전 왕 검 수 대 기 위 통 구 환 위 일 시 위 단 군 왕 검 야

그 후 300년은 별일이 없었는데 다만 전욱(顓頊)을 일전(一戰)에 깨워버리고 참여시켰다. 대개 신시개천(神市開天. 신시에서 개국하고 하늘에 제사 지낸) 이후 전해오기를 18세역(歲歷)이고 1565년 만에 처음 있었던 단군왕검(檀君王儉)은 웅 씨(熊氏)로서 비왕(裨王, 왕태자)으로서 왕을 대신 수취(遂取, 성취)하여 신시(神市) 9구역을 통일하고 관경(管境. 관할 국경)을 삼한(三韓)을 나누어 이를 모두 단군조선(檀君朝鮮)이라고 하였다.

사와라환웅(斯瓦羅桓雄, 제13세 환웅)의 초기 일이다. 웅녀군(熊女君)의 후예로서 '려(黎)'라는 이가 처음 단허(壇墟)에 책봉받아 왕검(王儉)이 되어 덕(德)을 심어 백성을 사랑하고 영토 방면을 점점 크게 넓히니, 왕검(王儉)이 단군이 되었으니 구환(九桓)에서 산물(産物)을 바치고 귀화하는 자가 천여 명

이라 했다. 뒤에 460년 지나 신인(神人, 신과 같은 사람) 왕검(王儉)이라는 사람이 있었는데, 크게 백성들의 신망(信望)을 받아 비왕(裨王)에 오르시어 거섭(居攝, 섭정) 24년이라 하였는데, 웅씨(熊氏, 신시 시대 모계 성씨) 왕이 전쟁하다가 붕어(崩於)하시니 왕검이 왕위를 대신하여 구환(九桓)을 통일하고 단군왕검이라 하였다.

乃召國人立約曰自今以後聽民爲公法是謂天符也夫天
내 소 국 인 입 약 왈 자 금 이 후 청 민 위 공 법 시 위 천 부 야 부 천
符者萬世之綱典至尊所在不可犯也遂與三韓分土而治
부 자 만 세 지 강 전 지 존 소 재 불 가 범 야 수 여 삼 한 분 토 이 치
辰韓天王自爲也
진 한 천 왕 자 위 야

곧 나라 안 사람들을 불러 세워 약속하시는 말씀은, 이제부터 앞으로는 백성의 뜻을 물어 공법(公法)을 만들고 이를 천부(天符, 하늘의 증거)라 할지니라. 그 천부라 함은 만세(萬歲)의 강전(綱典)이므로 지극히 존중하여 소재(所在)를 범(犯)하기 불가함이다. 마침내 삼한(三韓)으로 나누어 참여시켜 통치하여 진한(辰韓)은 천왕(天王, 단군왕검)께서 직접 다스리고,

立都阿斯達開國號朝鮮是爲一世檀君阿斯達三神所
입 도 아 사 달 개 국 호 조 선 시 위 일 세 단 군 아 사 달 삼 신 소
祭之地後人稱王儉城以王儉舊宅尙存故也其後三百
제 지 지 후 인 칭 왕 검 성 이 왕 검 구 택 상 존 고 야 기 후 삼 백
年無事只與顓頊一戰破之蓋自神市開天傳十八世歷
년 무 사 지 여 전 욱 일 전 파 지 개 자 신 시 개 천 전 십 팔 세 역
一千五百六十五年而始有檀君王儉以熊氏裨王遂代神
일 천 오 백 육 십 오 년 이 시 유 단 군 왕 검 이 웅 씨 비 왕 수 대 신
市統一九域分三韓以管境是謂檀君朝鮮也
시 통 일 구 역 분 삼 한 이 관 경 시 위 단 군 조 선 야

도읍을 아사달(阿斯達)에서 개국(開國)하고 국호를 조선(朝鮮)이라 하시고 제일세(第一世) 단군(檀君)이라 하였다. 아사달은 삼신을 제사 지내는 소도(蘇塗)인데 후인(候人)들은 왕검(王儉)의 옛 집이 아직 남아 있으므로 왕검성

(王儉城)이라 하였다. 그 후 300년은 별일이 없었는데, 다만 전욱(顓頊)을 일전(一戰)에 깨워버리고 참어시켰다. 대개 신시개천(神市開天) 이후 전해오기를 18세역(歲歷)이고 1,565년 만에 처음 있었던 단군왕검(檀君王儉)은 웅씨(熊氏)로서 비왕(裨王, 왕태자)으로써 왕(王)을 대신 수취(遂取, 성취)하여 신시(神市) 9구역(區域)을 통일하고 관경(管境. 관할 국경)을 삼한(三韓)을 나누어 이를 모두 단군조선이라고 했다.

신시역대(神市歷代) 환웅(桓雄) 역대표(歷代表)

왕대 순번	환웅(桓雄) 호칭 명	재위년 (在位年)	서력(西曆)
제1세	환웅(桓雄) 또 거발환(居發桓) 환웅(桓雄)	94년	BC 3,898년~3,804년
제2세	거불리(居佛理) 환웅(桓雄)	86년	BC 3,804년~3,718년
제3세	우야고(右耶古) 환웅(桓雄)	99년	BC 3,718년~3,619년
제4세	모사라(慕士羅) 환웅(桓雄)	107년	BC 3,619년~3,512년
제5세	태우의(太虞儀) 환웅(桓雄)	93년	BC 3,512년~3,419년
제6세	다의발(多儀發) 환웅(桓雄)	98년	BC 3,419년~3,321년
제7세	거련(居連) 환웅(桓雄)	81년	BC 3,321년~3,240년
제8세	안부련(安夫連) 환웅(桓雄)	73년	BC 3,240년~3,167년
제9세	양운(養雲) 환웅(桓雄)	96년	BC 3,167년~3,071년
제10세	갈고(葛古) 또는 독로한(瀆盧韓)	100년	BC 3,071년~2,971년
제11세	거야발(居耶發) 환웅(桓雄)	92년	BC 2,971년~2,879년
제12세	주무신(州武愼) 환웅(桓雄)	105년	BC 2,879년~2,774년
제13세	사와라(斯瓦羅) 환웅(桓雄)	67년	BC 2,774년~2,707년
제14세	자오지(慈烏支) 또 치우(蚩尤) 환웅(桓雄)	109년	BC 2,707년~2,598년
제15세	치액특(蚩額特) 환웅(桓雄)	89년	BC 2,598년~2,509년

제16세	축다리(祝多利) 환웅(桓雄)	56년	BC 2,509년~2.453년
제17세	혁다세(赫多世) 환웅(桓雄)	72년	BC 2,453년~2.381년
제18세	거불단(居弗檀) 또는 단웅(檀雄)	48년	BC 2,381년~2.333년

제18세 환웅(桓雄) 거불단(居弗檀) 또는 단웅(檀雄)의 아들 왕검(王儉)이 신시(神市) 아사달에서 BC 2.333년 전위(傳位)받아 천황(天皇)으로 즉위하고 제1세 단군왕검(檀君王儉)으로서 국호를 단군조선(檀君朝鮮)이라 칭하고 사방 천지(天地)에 선포하셨다.

3황5제는 대한민국 조상이다(대한신보[인류시조성전건립회])

BC 3897년 환웅(桓雄)은 천산환국(天山桓國)에서 백두산에 내려와서 하늘에 제사 지내고 송화강(松花江) 유역에 신시(神市) 배달국(倍達國)을 세워 18세 거불단환웅(居弗檀桓雄)까지 1565년을 전해왔다. BC 2333년 거불단 환웅 붕어(崩御)하셨으니 아들 왕검(王儉)이 나라를 이어받았다.

BC 2333년 환웅(桓雄)은 아들 왕검(王儉)에게 전하여 왕검은 단군조선으로 국호를 변경하여 고조선은 제1왕조 시대~제3왕조 시대를 거쳐 2095년과 제4왕조로 북부여(北夫餘)에서 동부여(東夫餘)까지 244년간 총 7,205년간의 역사 기록을 『환단고기』라 한다.

18세 환웅(桓雄)의 아들 왕검(王儉)에게 나라를

그 후 300년은 별일이 없었는데 다만 전욱(顓頊)과 일전(一戰)하여 깨워 버리고 참여시켰다. 생각하면 신시개천(神市開天) 이후 전해오기를 18세이고 1,565년 만에 처음 있었던 단군왕검(檀君王儉)은 웅씨(熊氏)로서 비왕(卑王, 태자 노릇)으로 왕을 대신하여 신시(神市)에서 9구역(區域)을 통일하고 관경(管境)을 삼한(三韓)을 나누어 이를 모두 단군조선(檀君朝鮮)이라 했다.

제5장

단군조선(檀君朝鮮)

단군조선 역대기

서문

제18세 환웅(桓雄)의 아들 왕검(王儉)은 BC 2,357년 아버지 환웅 아래 비왕(卑王, 세자)으로 책봉받았다. 한편 서방(西邦)에서는 도당(陶唐) 요(堯) 임금이 즉위했던 때와 같은 해이다. 왕검(王儉)은 아버지를 보좌하는 비왕(卑王)으로서 아버지를 24년간 보좌하다가 BC 2,333년 아버지 환웅(桓雄)께서 전사하고 아들 왕검(王儉)이 즉위하고 국호를 조선(朝鮮)이라 칭하고, 세호(世號)를 단군(檀君)이라 칭했다.

단군조선(檀君朝鮮)은 치우(蚩尤) 천황(天皇)께서 탐욕이 많은 제후국(諸侯國)을 모조리 평정(平定)하여 흡수 정리하여 국토 관경(管境)은 안정된 지 오래되었고, 서방 요 임금은 제후국으로서 사이좋게 지내면서 조공(朝貢)했다. 하여 국토 광역(廣域) 관경(管境)이 문제 없이 안전했다.

정개론(政開論)

　정개론(政開論)이라 함은 내정사(內政事)와 외정사(外政事)를 분류해서 말함이다. 고대사(古代史)를 살펴보면 내정사(內政事)는 주관사(主官使)이고, 외정사(外政事)는 주제사(主題詐)가 다반사(茶飯事)라. 다시 말하면 주관사는 독재 정치요 주제사(主題詐)는 기만 전법(欺瞞戰法)이다. 이 전법은 중국『삼국지(三國志)』에서 오로지 속임수로 사용해 왔다.

　그러나 우리 배달민족의 시조 환웅조(桓雄朝)께서 걸어온 그 길을 살펴보면 정개론의 근본이념이 품고 있는 홍익인간(弘益人間)의 그 뜻은 널리 인간을 이롭게 함이고, 배달국(倍達國)으로부터 단군(檀君)왕검(王儉)의 건국 이념으로서 우리나라 정치, 교육, 문화의 최고 이념이며. 사상이라 하였고, 이 말씀을 일연(一然) 스님의『삼국유사(三國遺事)』에서 고조선(古朝鮮) 건국 신화에 인용하였다.

환웅조(桓雄朝)

　BC 3,897년 배달국을 세운 환인(桓仁)의 아들 환웅(桓雄)은 미개한 백두산 부족들을 사람답게 살도록 교화시키면서 난고(難苦)를 몹시 겪었다. 처음 언어불통(言語不通)으로 경계(徵戒)하여 숨거나 맹수(猛獸)를 대항하므로 불통함이 극심했던 것 같다. 더구나 성질이 난폭하여 호랑이 같다 하여 이름을 호(虎)라고 칭하게 되었다. 환족(桓族)들은 부족들을 가르쳐 사람답게 같이 살기를, 교제(交際)하기를 청했으나 불신(不信)하여 고집불통이라 이들을 곰(熊) 같다 하여 만평(漫評)처럼 웅(熊)이라 이름 지어 불렀다.

　호(虎)는 교화(敎化) 받기를 거절하고 짐승처럼 대항하므로 도태되고 웅

(熊)은 오랜 세월 동안 자주 접하고 따르게 하여 마침내 교화(敎化)를 받아들여 아름다운 사람의 얼굴을 찾게 되었다. 그러나 생식(生食)하던 그들을 숙식(熟食)하게 하고 육식(肉食)에서 잡식(雜食)하게 가르치고, 곡식하고 경작(耕作)하게 만들었다. 마침내 3,000명의 환족(桓族)들과 웅녀(熊女)들이 짝을 짓게 되었고, 환웅 또한 순박한 웅녀(熊女)와 혼인하게 되었으니 새로운 웅족(熊族)이 태어나게 되었다. 고기(古記)에 의하면 환웅께서 맨 먼저 웅녀와 혼인한 것으로 적혀 있다. 이와 같은 수준으로 이르기를 수백 년이 경과되었다.

처음에는 전곡(田穀)을 경작하면서 숫자 쓰기를 밭이랑 표시 (一 = ≡ ≣ ≣ ⊥ ⊥ ⊥ ≟ ꀸ | Ⅱ Ⅲ ⅢⅢ ⅢⅢ Ⲧ Ⲧ Ⲧ ꓷ ꓝ ꓕ ꓕ ꓕ ꓕ ꓕ ꓕ ꓕ ꓕ)로 가르쳐 숫자 개념)을 갖게 하였다. 제5세 태우의(太虞儀) 환웅의 아들 태호복회(太皥伏羲)가 우사(右使)로 지내면서 농사를 담당하면서 해와 달을 차례로 얽혀 측정하고 오행의 수리(數理)를 꾸짖어 칠정운천도(七政運天圖)를 제작하였으니, BC 3,500여 년경에 이르러 칠성력(七星曆, 달력)을 만들었으므로 이때부터 숫자 개념을 알게 되었고, 칠성력에 의해 날짜 가는 줄을 알게 되었으므로 사람답게 살게 되었다.

BC 3,450년경 태호복회(太皥伏羲)가 서토(西土)의 황하(黃河) 치수관리(治水管理) 자로 가서 그곳에서 BC 3,413 진국(辰國)을 세웠다. 태호복회가 세운 진국(辰國)은 급속하게 문화가 발전하여 모국(母國) 배달국을 앞서게 되었다. 황하 유역의 기후조건이 모국 신시(神市)보다 따뜻하고 기름진 땅이라 벼농사가 절로 되어 많은 수확을 얻게 되었고, 모국 신시(神市) 백성들의 이사 행렬이 이어졌다. 그래서 웅족(熊族)의 인구 70%가 황하의 서토(西土)로 몰려들었다.

인류사회는 살기 좋은 곳에 자리 잡고 살면서 그곳을 떠나지 않고 그곳을 보금자리로 삼게 된다. 먼저 그곳에 자리 잡고 사는 사람들은 신시 사람들이 그만 오기를 바라면서 신시 사람들을 동방 동이족(東夷族, 오랑캐)이라고 욕(辱)스럽게 하였으니, 이때부터 웅족(雄族)에서 동쪽에서도 서쪽을 서방(西邦)이라 불렀다.

BC 2,670년경 동서방(東西邦)의 싸움이 벌어져 치우(蚩尤) 천왕(天王)은 황제(黃帝) 헌원(軒轅)과의 싸움에서 인류 최초로 철기 문화를 발전시켜 오직 전술용 무기에만 사용되어 헌원(軒轅)을 사로잡아 부하로 삼아 앞장세워 구한(九韓)의 한(汗)들을 항복시켜 구한(九汗)을 통일시키고 BC 2,598년 치우(蚩尤) 천왕(天王)이 전사(戰死)했는데 그 시신이 탁록(琢鹿) 들판에 가득했다고 하였다. 이로부터 몇 년 후 헌원(軒轅) 역시 BC 2,574년 붕어(崩御)하였다.

BC 2,357년 신시배달국(神市倍達國) 제18세 거불단(居弗㽪) 환웅(桓雄)의 아들 왕검(王儉)이 비왕(卑王)으로 책봉 받는 같은 해 서방 헌원(軒轅) 황제(黃帝)의 증손(曾孫) 도당제(陶唐帝) 요(堯) 임금이 즉위했다. 이때부터 거불단(居弗㽪) 환웅(桓雄)과 땅 빼앗기 싸움이 치열하게 싸우다가 끝내 거불단(居弗㽪) 환웅(桓雄)이 전사(戰死)하였다.

단군조(檀君朝)

BC 2,333년 아버지께서 전사하고 아들 왕검이 신시(神市) 아사달(阿斯達)에서 즉위하고 국호를 조선(朝鮮)으로 개칭하고 제호(帝號)를 단군(檀君)이라 하더니, 진한(辰韓), 마한(馬韓), 번한(番韓)으로 나누어 연방(聯邦) 정개론(政開論)을 펴면서 마침내 삼한(三韓) 시대에 이르러 삼한 통합 민족을 한족(韓族)이라 하면서 서방 한족(漢族)과 동방 한족(韓族)으로 갈라져 2,500여 년간 끝없는 대립이 이어진다.

조선은 삼한 시대로

단군왕검(檀君王儉)은 조선(朝鮮)을 삼한(三韓 : 진한, 마한, 번한)을 나누어 연방 정치가 시작되었다. ① 진한(辰韓)은 북부여(北扶餘), 지금의 만주 지방은 단군왕검(檀君王儉)이 직접 다스리면서 삼한을 통치하고 ② 마한(馬韓)은 한반도 지역 ③ 번한(番韓)은 요동 요서 지방이다.

마한(馬韓) 왕은 왕검(王儉)의 신하 웅백다(雄伯多, BC 2,333)가 즉위하여 영토를 지켜오면서 35대 맹남(孟男)까지 전해오다가 맹남이 죽고, BC 238년 기후(箕詡)가 빼앗아 변조선(弁朝鮮)과 마조선(馬朝鮮)을 통합하여 막조선(莫朝鮮)이라 하고 기후가 막조선을 다스렸다.

번한(番韓)은 치두남(蚩頭男, 치우환웅의 후손)이 단군왕검으로부터 BC 2,330년 명을 받아 왕이 되었으니 변방 역을 2,000여 년 간 왕들이 직접 지켜 전쟁터에서 싸우다가 90%가 전사했다.

BC 238년 번한의 68대 수한 왕(水韓王)이 전사하자 후사가 없어서 기자(箕子)의 32세손 기후(箕詡)가 변한(弁韓)의 69대 왕이 되어 기 씨 왕조(箕氏王祖)가 시작되었고 기후 왕(箕詡王)으로부터 이를 기씨조선(箕氏朝鮮)이라 하였을 뿐, 기자조선(箕子朝鮮)이란 명칭은 없었다. 하지만 『사기(史記)』에는 버젓이 기자조선이라 운운한 것은 왜곡되었고, 기씨조선이라 함이 마땅하다. 번조선(蕃朝鮮) 기 씨의 정치는 백성들이 편안하여 호감(好感)을 얻었다고 하였다.

BC 238년 번조선(蕃朝鮮) 72대 기윤왕(箕潤王)이 마조선(馬朝鮮)을 빼앗아 번마(蕃馬)를 합쳐서 막조선(莫朝鮮)이라 하고 기씨(箕氏) 왕조(王朝)라 하였다. 기씨 왕조는 BC 194년 번조선(番朝鮮)의 제74대 기준 왕(箕準王)에 이르러 연(燕)나라 떠돌이 위만(衛滿)의 꾐에 속아 위만(衛滿)을 박사(博師)로 받아들여 국정에 참여시킨 것은 왕실에 호랑이를 들인 격이 되었다. 하여

기준 왕은 위만에게 나라를 빼앗기고 바다로 도망가고, 위만은 국호를 위만조선(衛滿朝鮮)이라 하였다

위만조선(衛滿朝鮮)은 3대에 이르러 BC 108년 우거 왕(右渠王)이 무능(無能)하여 중국 전한(前漢)의 무제(武帝) 유철(劉徹)은 우거 왕을 죽이고 막조선을 빼앗아 행정구역을 편제하여 '진번군(眞番郡) 임둔군(臨屯郡) 현도군(玄兎郡) 낙랑군(樂浪郡)'으로 나누어 한사군(漢四郡)을 설치했다. 멀지 않아 북부여(北扶餘)는 고구려(高句麗)를 건설하여 한사군(漢四郡)을 빼앗아 우리 땅을 회복하였다.

제1세 단군왕검

왕검(王儉)의 아버지는 단웅(檀雄)이고 어머니는 웅 씨 왕녀(熊氏王女)이다. 신묘년(辛卯年) BC 2,370년 5월 2일 인시(寅時) 신단수(神檀樹, 제사 지내는 박달나무) 아래서 신(神)과 같이 덕(德)을 얻어 태어났으므로 주변사람들이 두려워했고 복종했다.

14살 때 갑진년(甲辰年) BC 2,357년 웅 씨 왕문(熊氏王聞)은 이때부터이며, 신성(神聖)같이 여겼으므로 나이 14살에 '서방(西邦)의 제요도당(帝堯陶唐) 즉위할 때' 비왕(神, .황태자)으로 책봉되어 부왕(父王)의 정사(政事)에 섭정하고 대읍(大邑)으로 웅읍(雄邑)하고 광역(廣域) 영토와 도성의 백성을 다스리다.

BC 2,333년 무진년(戊辰年) 왕위에 올라 단국(檀國)을 세우고 아사달(阿斯達)에 단목(檀木, 박달나무)을 심었다. 단목나무는 나무 중에서 제일 단단하여 임금나무로 상징하였고, 백성들은 단군을 천제(天帝)의 아들로 모시게 되었다.

단목(檀木)에 의해 단군을 조선(朝鮮)의 연호(年號)로 삼게 됐다. 백성이 단

군의 아들로 하여 하나로 뭉쳤을 때 구환(九桓)이 멀리서도 신격화(神格化)하고 믿어주었다. 단군왕검은 비왕(裨王) 24년 만에 왕위에 올라 재위 93년 수령 130세까지 사셨다.

제2세 단군 부루(夫婁)

신축(辛丑) 원년(元年, BC 2240) 단군께서는 어질면서 다복(多福)하시고 재물(財物)을 저장하니 크게 풍부했고 백성과 더 불어 함께 산업(産業)을 다스리시니, 한 사람도 굶주리거나 추위에 시달리는 사람이 없었다. 봄과 가을엔 나라 안을 두루 살피시고 하늘에 제사를 올려 예(例)를 다하고 모든 잘못을 살피시고 상벌(賞罰)을 신중히 내렸으며, 도량(道梁)을 치고 고치며 농사를 짓게 하고 뽕나무를 심도록 하고, 관리들은 학문을 일으켜 문화가 진보되어 명성이 날로 밝아졌다.

처음 우순(虞舜. BC 2233~2183)이 유주(幽州)와 영주(營州) 두 주(州)의 남국(藍國, 가난한 나라)을 린제(隣祭, 이웃)에 있었으니 제(帝)께서 병정(兵征)을 보내서 모두 겉으로 쫓아내고, 동무(東武)와 도라(道羅)를 제께서 제후국의 임금으로 봉하고 그 공로를 표창하였다.

신시(神市) 이래 하늘에 제사 지낼 때마다 나라 안에서 큰 행사로 나란히 서서 노래하고 찬양하며 고마워하였으며, 신인(神人, 임금)은 사방을 화합시켜 식(式)을 올림으로 참전(參佺, 신선들이 모여), 같이 고(告)함의 노래 왈,

於阿於阿我等大祖神大恩德倍達國我等皆百百千千勿
어 아 어 아 아 등 대 조 신 대 은 덕 배 달 국 아 등 개 백 백 천 천 물
忘於
망 어

어아 어아 우리들 조상님네 은혜 높은 공덕

배달(倍達)나라 우리들 누구라도 백백(百百)천천(千千) 잊지마세

阿於阿善心大弓成惡心矢的成我等百百千千人皆大弓
아 어 아 선 심 대 궁 성 악 심 시 적 성 아 등 백 백 천 천 인 개 대 궁
絃同善心直矢一心同於
현 동 선 심 직 시 일 심 동 어

어아 어아 착한 마음 큰 할일이고 나쁜마음 과녁이라

우리들 누구라도 사람마다 백백(百百)천천(千千) 큰 할일이니 활 줄처럼
똑같으며

착한마음 똑같아라

阿於阿我等百百千千人皆大弓一衆多矢的貫破沸湯同
아 어 아 아 등 백 백 천 천 인 개 대 궁 일 중 다 시 적 관 파 비 탕 동
善心中一塊雪惡心於
선 심 중 일 괴 설 악 심 어

어아 어아 우리들 누구라도 사람마다 백백(百百)천천(千千) 큰 할일 과녁
마다

뚫어지고 끓는 마음 착한 마음 눈과 같이 악한 마음

阿於阿我等百百千千人皆大弓堅勁同心倍達國光榮
아 어 아 아 등 백 백 천 천 인 개 대 궁 견 경 동 심 배 달 국 광 영
百百千千年大恩德我等大祖神我等大祖神
백 백 천 천 년 대 은 덕 아 등 대 조 신 아 등 대 조 신

어아 어아 우리들 누구라도 사람마다 백백(百百)천천(千千) 큰 할일이라

굳게 뭉친 같은마음 배달(倍達)나라 영광(永光)일세

천년(千年) 만년(萬年) 크신 은덕 한배 검이시여 한배 검이시여

(백백(百百)천천(千千)년 크신 은덕 우리들 태조신(太祖神) 우리들 태조신(太祖神))

계묘(癸卯) 3년(BC 2238년) 9월 조사(詔使)를 시켜 백성들 모두 편발(編髮, 머리를 길러 땋음)로 걸어 다니더라. 경술(庚戌) 10년(BC 2231년) 4월 우물과 비탈진 밭을 경계를 그어서 나누고 문서(文書)를 만들어 사사로운 이익을 구하지 않게 하였다.

제3세 단군 가륵(加勒)

기해(己亥) 원년(BC 2182) 5월 왕은 덕(德)이 능하고 의(義, 바른 도리)로 세상을 다스려 각각 그 삶을 편안하게 함에 와의 바른 다스림을 백성에 미침으로 따르게 되었으며, 바른 다스림은 나라가 선택하는 것이고 종자(倧者, 옛 神人)는 나라에서 뽑았으며 그곳 백성들은 전자(佺者, 신선같이 선한 사람)의 행실(行實)을 삼았다.

모두가 7일 동안 삼신(三神, 天地人의 神)님께 나아가 세 번 맹세했으나 삼홀(三忽, 3고을)의 사람은 전(佺)의 대우를 받게 되어 구환(九桓, 9환족)의 사람은 그 길로 종자(倧者, 종이 되는 사람)가 되었다.

그 길은 아비가 되려 하는 이는 곧 아비답게 하고, 임금 노릇 하고자 하는 이는 곧 임금답게 하며, 스승이 되고자 하는 이는 곧 스승답게 하고, 아들이 되고자 하며 제자가 되고자 하는 이도 역시 아들답고 신하답고 제자답게 한다.

경자(庚子) 2년(BC 2181) 아직 풍속이 같지 않았다. 지방마다 말이 서로 다르고 형상(形狀)으로 뜻을 나타내는 상형문자(象形文字) 참 글이 있다 해도, 옆집 사는 마음에도 말이 통하지 않는 경우가 많고 백리 되는 땅의 나라에서도 글을 서로 이해하기 어려웠다. 이에 삼랑(三郎)을 보륵(保勒)에게 명하여 정음(正音) 38자를 만들어 이를 가림토(加臨土) 문자라 하였으며, 그 글자는 아래와 같다.

ㆍㅣ一ㅓㅏㅜㅗㅡㅐㅔㅖㅠㅍ×ㅋ
ㅌㅆㅛㅗㆅㅿㅋ한ㅅMㅇㄱ
ㅏㄹㄹ?ㅐ?

제4세 단군 오사구(烏斯丘)

갑신(甲申) 원년(BC 2137년) 황제의 동생 오사달(烏斯達)을 몽고리(蒙古里) 한(汗)으로 봉(封)했다. 어떤 사람은 지금의 몽골족이 바로 그의 후손이라고 한다. 겨울 10월에는 북쪽을 순시(巡視)하다가 태백산(太白山, 백두산)에 이르러 삼신(三神)께 제사 지내고 신비한 약초를 얻으니 이를 인삼(人蔘)이라고도 하고 선약(仙藥)이라고도 한다.

무자(戊子) 5년(BC 2133년) 둥근 구멍이 뚫린 조개 모양의 돈을 만들었다. 가을 8월에는 하(夏)나라 사람이 찾아와서 특산물을 바치고 신서(神書)를 구해갔으며 10월에는 조정(朝廷)과 백성의 구별을 돌에 새겨 써서 백성들에게 널리 알렸다.

임인(壬寅) 19년(BC 2119) 하나라 왕 상(相)이 백성들에게 덕(德)을 잃어버리니, 단제(檀帝)께서는 식달(息達)에게 명령하여 남(藍) 진(眞) 변(弁) 3부의 병력을 이끌고 가서 이를 정벌하도록 하였다. 천하가 이를 듣고 모두 복종하게 되었다.

제5세 단군 구을(丘乙)

　계해(癸亥) 2년(BC 2098년) 5월 황충(蝗蟲, 메뚜기)의 떼가 크게 일어나서 밭과 들에 가득 찼다. 단제(檀帝)께서 직접 황충이 휩쓸고 간 밭과 들을 둘러보시고 삼신(三神)에게 고하여 이것을 없애주기를 빌었는데, 며칠 후 진멸(盡滅, 모두 멸사)되었다.

　을축(乙丑) 4년(BC 2096) 처음 60갑자(甲子, 천간) 10지간 12를 교합(交合)하면 60이 되고 6갑(甲)이 됨을 사용하여 달력(월력, 세력)을 만들었다.

제6세 단군 달문(達門)

　임자(壬子) 35년(BC 2049) 모든 한(汗, 변한 왕)을 상춘(常春, 이른 봄)에 모이게 하여 삼신(三神, 천신 지신 인신)을 구월산(九月山)에 제단을 조성하여 제사 지내게 하고, 신지(神誌, 지난 국사 기록)는 발리(跋理)로 하여금 서효사(誓效詞, 문사를 본받아)를 짓게 하였다.

　먼저 겨레가 소중함을 가르치고, 다음은 죄인들을 사로잡아 병제(並除)하여 용서하고, 사형(死刑)은 화(禍)를 대신하여 책임을 지어 면(免)하게 하였다. 국경을 지키고 화백(和白, 나라의 중대사 의논) 내용을 공전(公專, 공개)하여 베풀어 하나로 화합하는 마음으로서 겸손(謙遜)하게 자신을 기르고, 어진 정치로부터 시작한 동맹을 맺어 공물을 바쳤던 대국(大國)이 둘이고 소국(小國)이 20이며, 언덕마을이 3624동네였다. 계축(癸丑) 36년(BC 2048) 단제 붕어하여 양가한율(羊加翰栗)이 즉위했다.

제7세 단군 한율(翰栗)

사적(史蹟) 미상하여 상고(詳考)할 수 없음.

제8세 단군 우서한(于西翰)

무신(戊申) 원년(BC 1993) 20분의 1을 세금을 내는 법을 정하여 널리 통함이 있는 곳과 없는 곳이 있어 모자람을 보충하게 하였다. 기유(己酉) 2년(BC 1992) 이 해는 풍년(豊年)이 들어 벼 1줄기에 8이삭이 맺혔다. 신해(辛亥) 4년(BC 1990) 단제(檀帝)께서 미복잠(微服潛, 미복 입고, 몰래, 숨어)하여 국경을 시찰(視察)하여 여름 정세를 살피고 돌아와서 크게 관제(官制)를 고쳤다.

제9세 단군 아술(阿述)

정사(丁巳) 2년(BC 1984) 푸른 바다에 있던 욕살(褥薩) 우착(于捉)이가 군대를 일으켜 궁성(宮城)을 잡아 빼앗으려고 침범하여 단제(檀帝)는 피신하시고, 이른 봄에 신궁(新宮)을 구월산(九月山)의 남쪽 기슭에 창건케 하시고, 우지(于支)와 우률(于栗)에게 명령하여 보내면서 이들을 토벌하고 베어버리도록 하여, 지시받아 가서 돌아온 때는 3년 후였다. 경인(庚寅) 35년(BC 1951) 단제 붕어하시고 우가(牛加) 노을(魯乙)이 즉위하였다.

제10세 단군 노을(魯乙)

을미(乙未) 5년(BC 1946년) 궁문 밖에 신원목(伸寃木, 원통함을 소문내는 곳)을 설치하여 백성들의 억울한 사연을 들으시니 크게 기뻐했다. 병오(丙午) 16년(BC 1935년) 동문(東門) 밖 십리의 육지에서 연꽃이 피어서 질 줄 모르니, 불함산(不咸山)에 누워 있던 돌이 절로 일어서고 천하(天河, 은하수가 비치는 하천)에 거북이 그림자가 나타나고 윷판과 같은 것이 천하에 나타났고, 발해(渤海) 연안에서 금괴(金塊) 속에서 금덩이 수량이 13섬이 나왔다. 을축(乙丑) 35년(BC 1916년) 처음 감성(監星), 감사(監查)하는 벼슬을 설치했다. 기축(己丑) 59년(BC 1892년) 단제께서 붕어하시고 태자도해(道奚)가 즉위했다.

제11세 단군 도해(道奚)

정사(丁巳) 28년(BC 1886년) 설소(設所)를 마련하여 사방에서 물건을 모아서 천하의 백성들이 헌납한 진기한 것들을 진설(陳設)한 것이 산과 같았다. 정묘(丁卯) 38년(BC 1846년) 백성들은 장정(壯丁)으로 불려 병사로 함께하여 선사(選士, 선비를 뽑아) 20명을 하(夏)나라 도읍으로 처음 보내 가르침을 나라에 전하여 위성(威聲, 위세가 소리)이 높았다.

을해(乙亥) 46년(BC 1838년) 송화강(松花江) 개안에 청사(廳舍)를 지었으며, 노 젓는 배를 만들어 띄우고, 살림에 쓰는 온갖 물건을 생산하여 세상에 공개하여 큰 행사 엑스포(EXPO)를 열었다. 3월에 산 남쪽에서 삼신 제사를 올리고 그날 저녁 술과 안주를 준비하여 이바지하고 치사(致辭)하고, 나라에 찾아온 손님들이 마시고 둘레 안을 백번 관람하고 피로연(披露宴)으로 술을 따라주고 즐겨 놀게 하였다.

이 자리가 끝나자 누전(樓殿)에 올라 경(經, 천부경)에 대해 논(論)하시고 고(誥, 삼일신고)를 강연하시며, 오가(五加, 5신하)와 함께 돌아온 후 이제부터 스스로 살생(殺生)을 금하고 방생(放生)하며 옥문(獄門)을 개방하기도 했다. 떠도는 사람에게 밥을 주어 살아갈 수 있게 하고 사형제도를 없앴으니, 내외적으로 이 소문을 듣고 크게 열광(熱狂)하였다.

병술(丙戌) 57년(BC 1825년) 단제(檀帝)께서 붕어하시어 백성이 이를 슬프게 여김이 마치 부모상(父母喪)을 당함과 같이 여기고, 3년 동안 온 세상에 음악 소리가 끊겼으며 뒤를 이어 우가아한(牛加阿漢)이 즉위했다.

제12세 단군 아한(阿翰)

무자(戊子) 2년(BC 1833년) 여름 4월 뿔 하나 달린 짐승이 송화강 북변(北邊)에 나타났고, 가을 8월 단제께서 나라 안을 두루 순방하였는데, 요하(遼河)의 좌(左) 쪽에 들여 관경(管境, 국경)에 순수비(巡狩碑, 임금님이 순방한 곳의 기념비)를 새기면서 역대 제왕의 이름을 새겨서 전하게 된 것은 금석(金石)으로 최초다.

乙卯二十九年命菁芽褥薩丕信西沃沮褥薩高士琛貊城
褥薩突蓋封爲列汗

을묘(乙卯) 29년 (BC 1806) 청아(菁芽)의 욕살(褥薩)을 크게 믿고 명(命)하여 서옥저(西沃沮) 오랑캐 성(城) 고사침(高士琛)이 맥성(貊城) 욕살(褥薩) 돌개(突蓋)를 봉(封)하여 열(列,무리)의 한(汗,왕)으로 삼았다

後滄海力士黎洪星過此題一詩曰
후 창 해 력 사 려 홍 성 과 차 제 일 시 왈

뒤에 창해역사(滄海力士) 여홍성(黎洪星)이 지나다가 잠깐 이 비석(碑石)표제(標題)를 보고 말하기를

村郊稱弁韓別有殊常石臺荒躑躅紅字沒苺苔碧生於剖
촌 교 칭 변 한 별 유 수 상 석 대 황 척 촉 홍 자 몰 매 태 벽 생 어 부
判初立了興亡夕文獻俱無徵此非檀氏跡
판 초 립 료 흥 망 석 문 헌 구 무 징 차 비 단 씨 적

마을 밖 변한(弁韓)이라 칭(稱)하는 곳

일찍부터 뛰어난 돌 하나 있었네

붉은 누대(樓臺)는 철쭉만 붉었고

글자는 가라앉아 이끼만 푸르구나

다듬어져 처음 생긴 그대로

흥망(興亡) 황혼(黃昏)에 우뚝 서 있으니

보이지 않는 문헌(文獻) 증거(證據)하나 없지만

부름없는 이곳이 단군(檀君)의 자취(自取)가 아닌가

제13세 단군 올달(㐗達)

갑오(甲午) 16년(BC 1767년) 주(州)와 현(縣)을 나누어 정해 세우고 직책(職責)의 한계(限界)를 정했다. 관리는 권력을 겸(兼)함이 없었고, 정치는 법칙을 넘침이 없이 없었으니, 백성은 고향을 떠남이 없었다. 스스로 일하는 곳에서 편안하므로 악기와 노래 소리가 넘쳤다.

이 해 겨울에는 은(殷)나라 사람이 하(夏)나라를 정벌하므로 하나라 걸

왕(桀王)이 구원을 청하자, 단제께서는 읍차(邑借)의 말량(末良)으로 하여금 자병(自兵)과 구환(九桓)의 병사를 이끌고 전사(戰士)를 협조했으므로, 은나라 탕 왕(湯王)이 사신을 파견하여 사죄하였다. 이에 말갈(靺鞨)에게 어명(御命)을 내려 군대를 되돌리게 하였는데 걸 왕은 약속을 깨고 견병(見兵)의 길을 막았다.

이때 은나라 사람과 함께 걸 왕을 정벌하기로 밀견(密見)하기로 하고 신지(臣智)와 우량(于亮)을 파견하여 견군(畎軍, 농민 위병)으로 위장하여 이끌고 가서 낙랑(樂浪)과 합쳐 관중(關中)의 번(番)과 기(岐)의 땅을 차지하고 관제(官制, 나라 행정조직)를 설치했다.

무술(戊戌) 20년(BC 1763년) 소도(蘇塗, 하늘의 제단)를 많이 설치하고 천지화(天指花)를 심었다. 미혼(未婚)의 자제(子弟)들도 글 읽고 활 쏘는 것을 익히게 하여 이들을 국자랑(國子郞)이라 부르게 하고, 국자랑(國子郞)들이 돌아다닐 때 머리에 천지화를 꽂았으며, 사람들은 이들을 천지(天地) 화랑(花郞)이라 했다.

제14세 단군 고불(古弗)

경진(庚辰) 원년(BC 1721년) 을유(乙酉) 6년(BC 1716년) 이 해에 큰 가뭄이 있었는데, 단제(檀帝)께서 친도(親禱, 친히 제사 지냄)로 하늘에 기도하여 비가 내리기를 빌며 말씀하시기를,

天雖大無民何施雨雖膏無穀何貴民所天者穀天所心者
천 수 대 무 민 하 시 우 수 고 무 곡 하 귀 민 소 천 자 곡 천 소 심 자
人也
인 야
天人一體天何棄民乃雨滋穀濟化以時言訖大雨立降數
천 인 일 체 천 하 기 민 내 우 자 곡 제 화 이 시 언 흘 대 우 입 강 수

千里
천　리

하늘이 비록 위대하여도
백성이 없으면 베풀 일이 없고
비가 비록 만물을 기름지게 하여도
곡식이 없으면 어찌 귀하리오
백성이 하늘처럼 여기는 것은 곡식이요
하늘이 마음으로 삼는 바는 사람이도다

하늘과 사람이 한 몸인데
하늘이 어찌 백성을 버리나이까
어서 비를 내려 곡식이 잘 자라도록 하여
저희 백성을 제대로 구하여 주옵소서

하였다.
기도가 끝나기 전에 큰 비가 수천 리에 내렸다.

제15세 단군 대음(代音)

경진(庚辰) 원년(BC 1661년) 은나라 왕 소갑(小甲)이 사신을 보내 화친(和親)을 구했다. 이 해 단제께서는 80분의 1의 세법(稅法)을 정했다. 신사(辛巳) 2년(BC 1660) 홍수가 크게 나서 민가(民家)가 크게 해(害)를 입었다. 이에 단제께서 심히 불쌍하게 여기고 곡식을 창해사수(創海蛇水) 땅으로 옮겨 백성들께 균등히 나누어주셨다. 겨울 10월 양운수밀이이국(養雲須密爾二國, 파내류 환인시대 12개국 중 양운국과 수밀이국을 말함) 사람이 와서 특산물을 바쳤다.

기축(己丑) 10년(BC 1652년) 단제(檀帝)께서 서쪽 약수(弱水)로 가서 신지(臣智, 사리에 밝고 능력 있는 신하) 우(禹)와 속(粟)에게 금과 철 또는 기름을 채취하도록 했다. 가을 7월에 우루(虞婁)사람 20가구가 투항해 왔는데, 염수(鹽水) 근처에 정착하게 하였다.

제16세 단군 위나(尉那)

신미(辛未) 원년(BC 1610년) 무술(戊戌) 28년(BC 1583) 9환의 모든 한(汗, 우두머리)를 영고탑(寧古塔)에 모이게 하여 삼신과 상제배(上帝配, 상제 배위)께 제사 지낼 때 환웅(桓雄, 18위와 배위) 치우(蚩尤, 청구천황) 단군왕(檀君王儉, 왕검)를 배향(配享)하셨다. 5일 동안 백성을 참여시킨 무리를 큰 연회(宴會)는 등불을 밝혀 밤을 지키며 창경(唱經, 노래와 『천부경』)을 외우고, 일변(一邊)은 횃불을 나란히 하고 일변은 즉 마당 밟기를 하면서 둥글게 돌며 춤을 추고 노래를 함께 불렀다.

애환가(愛桓歌, 옛 국조를 사랑하는 노래)와 애환(愛桓, 사랑하는 국조)은 곧 옛날에 신(神)에게 올리는 노래 종류이고, 선인(先人)들은 환화(桓花, 환단에 심은 꽃 피는 나무)의 이름을 꽃이라고 하였다. 애환의 노래가 있었는데 그 노래는 다음과 같다.

〈산유화(山有花)야 산유화(山有花)야〉

去年種萬樹今年種萬樹=거년(去年)에 만(萬) 그루 심고 금년(今年)에 만
(萬) 그루 심어

春來不咸花萬紅有事=불함산(不咸山)에 봄이 오면 산전부(山全部)가 붉
었고

天神樂太平=천신(天神)을 섬기고 태평(太平)하고 즐거웠다.

무진(戊辰) 5년(BC 1553) 단제께서 붕어하시고 태자 여을이 즉위했다.

제17세 단군 여을(余乙)

경신(庚申) 52년(BC 1501년) 단제(檀帝)께서 오가(五加, 5신하)를 데리고 차례
(次例)로 순방(巡訪)하여 나라 가운데 개사성(蓋斯城) 경계에 이르렀을 때,
푸른 도포(塗布)를 입은 노인이 하례(賀禮)의 말씀을 하니, 오래 사는 신선
(神仙)의 나라는 낙원이고 신선이 백성 되어 살고 있어 단제의 덕(德)은 두
루 미쳐 허물이 없고 왕의 도(道)가 두루 미침이 없어도 백성들의 이웃은
근심 고통이 없고, 꾸짖으나 허물을 보지 아니했고 믿음으로 은성(殷盛)을
지켜 경계하여 나라는 전쟁을 볼 수 없었다.

단제께서 말씀하시기를, "암 그래야지, 반드시 그렇게 해야지, 짐(朕)의 덕
닦음이 일천하여 백성이 바라는 바에 보답하지 못할까 두렵도다" 하셨다.
병자(丙子) 68년(BC 1485) 단제께서 붕어하심에 태자 동엄(冬奄)이 즉위했다.

제18세 단군 동엄(冬奄)

정축(丁丑) 원년(BC 1484년) 병신(丙申) 20년(BC 1465년) 지배 특정(特定)에 있는 사람이 와서 특산물을 바쳤다. 을축(乙丑) 49년(BC 1436년) 단제께서 붕어하시고 태자구모소(緱牟蘇)가 즉위하였다. 이상은 사적(史蹟)이 미상하여 상고(詳考)할 수 없다.

제19세 단군 구모소(緱牟蘇)

병인(丙寅) 원년(BC 1435년) 기축(己丑) 24년(BC 1412년) 남상인(南床人)이 벼슬을 얻어 조정(朝廷)에 들어왔다. 기미 54년(BC 1382년) 자리숙(自利淑)이 주나라 천역(天曆)과 태호희 씨(太皡伏羲氏)의 팔괘(八卦)로 비교 중론(重論)이 있었다. 경신(庚申) 55년(BC 1381년) 단제께서 붕어하시고 우가고홀(牛加固忽)이 즉위했다.

제20세 단군 고홀(固忽)

신유(辛酉) 원년(BC 1380년) 신미(辛未) 11년(BC 1370년) 가을 백주(白晝)에 태양이 무지개를 뚫었다. 병신(丙申) 36년(BC 1345년) 영고탑(寧古塔)을 고치고 별궁(別宮)을 세웠다. 경자(庚子) 40년(BC 1341년) 공공공(共工工, 장인(匠人) 여럿이 함께)들이 구환(九桓)의 지도(地圖)를 가볍게 만들어 바쳤다. 계묘(癸卯) 43년(BC 1338년) 사해(四海, 온 천하)가 평화롭지 않은데, 단제께서 붕어하시어 태자 소태(蘇台)가 즉위했다.

제21세 단군 소태(蘇台)

갑진(甲辰) 원년(BC 1337년)

은(殷)나라 왕 소을(小乙, BC 1349~1339)이 사신을 보내 공물(供物)을 바쳤다. 경인(庚寅) 47년(BC 1291년) 은나라 왕 무정(武丁, BC 1339~1280)이 귀방(鬼方)을 쳐 이기고 또 군대를 이끌고 색도(索度) 영지(令支) 등을 침공하였으나 우리에게 대패(大敗)하고 화해를 청하여 조공을 바쳤다. 임진(壬辰) 49년(BC 1289년) 개사원요살(蓋斯原嶢薩)의 고등(高登)이 군사를 잠입(潛入)하여 귀방(鬼方)을 습격하여 멸망시킴으로 일군(一群)과 양운(養雲)두 나라가 사신을 보내 조공을 바쳤다. 이때 고등은 무겁고 가벼운 서북 땅을 빼앗아 악략(握略, 손안에 넣고) 그 세력이 반발하였고, 이에 여러 번 사람을 보내와서 우현왕(右賢王)을 정해주도록 청했으나, 단제는 꺼려 허락하지 않다가 청을 받아들여 허락하고 이름을 두막루(豆莫婁)라 하였다.

제2왕조 (제22세~43세)

단군색불루(檀君索弗婁)~단군물리(檀君勿理, BC 1285~860년)=860년)간은 국내 반란 사건이 심화되어 심히 불안전했다.

제22세 단군 색불루(索弗婁)

을묘(乙卯) 20년(BC 1266년) 이때 남국(藍國, 청국)이 치우치게 강성(强性)하여 고죽군(孤竹軍)과 여러 적들을 쫓고 남으로 이동하여 엄독홀(奄瀆忽)에 이르러 그곳에 살게 되어 은(殷)나라 경계가 가까웠다. 이에 여파달(黎巴達)로 병사를 나눠 진격하여 높은 빈(邠) 땅에 의지하여 그곳의 유민(遺民)과 서로 단결하여 나라를 세워 여(黎)라 칭하고, 서융(西戎)과 함께 은나라 제후들 사이를 차지하고 살았는데, 남(藍) 씨의 위세(威勢)가 심히 성(盛)하여 황제화(皇帝化)는 먼 항산(恒山) 이남 땅까지 미치게 하였다.

제23세 단군 아홀(阿忽)

갑신(甲申) 원년(BC 1237년) 단제(檀帝)의 숙부(叔父) 고불가(固弗加)에게 명하여 낙랑홀(樂浪忽)을 통치하도록 하고 웅갈손(熊乫孫)을 보내서 남국(藍國)의 왕과 함께 남쪽을 정벌한 군대가 은나라 땅에 6읍(邑)을 설치하는 것을 살펴보았다. 은나라 사람들은 서로 싸워 결판(決判)을 보지 못하여 이에 병력을 진격시켜 쳐부수고, 가을 7월 변방(邊防)을 지키던 신독(神督)을 주살(誅殺)하고 도읍으로 돌아와서 포로들을 석방(釋放)하도록 했다. 을유(乙酉) 2년(BC 1236년) 남국의 임금이 청구(靑丘)의 임금, 구려(句麗)의 임금과 주개(周愷)에서 몽고리(蒙古里)에 이르러, 그곳에서 병력을 합쳐 은나라를 쳐부수고 성책(城柵) 깊숙이 오지(奧地)로 들어가 회대(膾代)의 땅을 평정(平定)하고, 포고(浦古) 씨는 엄(淹)으로, 영구(盈古) 씨는 서(徐) 땅을, 방고(邦古) 씨는 회(淮) 땅을 봉(封)했다. 은나라 사람들은 막상 겁을 먹고 감히 접근하기를 두려워했다.

제24세 단군 연나(延那)

경자(庚子) 원년(BC 116년1) 황숙(皇淑) 고불가(高弗加)를 섭정하게 하셨다. 신축 2년(BC 1160년) 모든 한(汗, 변방의 우두머리)들을 소개받고 지시함은 소도(蘇塗, 제단)를 증설(增設)하여 하늘에 제사 지냈으며, 나라의 대사(大事)와 다른 재해(災害)가 있으면 칙첩(則輒, 그때그때 규칙)을 정하여 여기서 도(禱, 제사 지내고 빎)를 올려 백성의 뜻을 하나로 모았다. 경술(庚戌) 11년(BC 1151년) 단제께서 붕어하시어 태자솔나(率那)가 즉위했다.

제25세 단군 솔나(率那)

정해 37년(BC 1114년) 기자(箕子)가 서화(西華, 서중국)에 있으면서 인사받는 일도 사절했다. 정유(丁酉) 47년(BC 1104년) 단제께서 높은 곳 소도(蘇塗, 제단)에 계시면서 예로부터 있었던 예(禮)를 강론하시면서 영신(佞臣)과 직신(直臣)의 구분을 물으셨는데, 삼랑홍운성(三郞洪雲性)이 나서서 대답했다. 이치(理致)를 지켜 굽히지 않는 자는 직신(直臣)이옵고 위세(威勢)를 두려워 굽히고 복종하는 자는 영신(佞臣)이오며, 임금은 근원이요 신하는 흐르는 물입니다.

근원이 이미 흘렸으면 그 흐름을 맑기를 구하여도 이것이 불가(不可)하므로, 예부터 임금이 성인(聖人)이 된 후에 신하가 바른 것입니다. 단제 가로되 착하고 바른 말이라 하셨다. 기유(己酉) 59년(BC 1092년) 밭곡식이 풍년이 들어 한 줄기에 5개 이상의 이삭의 조가 있었다. 무인(戊寅) 88년(BC 1063년) 단제께서 붕어하시니 태자 추노(鄒魯)가 즉위했다.

제26세 단군 추노(鄒魯)

기묘(己卯) 원년(BC 1062년) 가을 7월 백악산(白岳山, 장당경 부근 산)의 계곡에 흰 사슴 200마리가 무리 지어 와서 뛰놀았다. 계미(癸未) 65년(BC 998년) 단제께서 붕어하시고 태자 두밀(豆密)이 즉위하였다.

제27세 단군 두밀(豆密)

갑신(甲申) 원년(BC 997년) 천해(天海)의 물이 넘쳐 아난산(阿蘭山)이 붕괴되고 이해 수밀이국(須密爾國)과 양운국(養雲國) 구다천국(句茶川國) 등 모두에 사신을 보내 특산물을 헌납했다. 신묘(辛卯) 8년(BC 990) 큰 가뭄 뒤에 큰 비가 쏟아져서 백성들의 수확(收穫)이 없어서 단제께서 명을 내려 창고를 열어 두루 나누어주도록 하였다. 기유(己酉) 26년(BC 972년) 단제께서 붕어하심에 해모(奚牟)가 즉위하였다.

제28세 단군 해모(奚牟)

경술(庚戌) 원년(BC 971년) 단제께서 병들어 앓고 있어 백의동자(白衣童子, 탱화불화단청불상)로 하여금 하늘에 기도하게 하니 곧 병이 나으셨다. 경신(庚申) 11년(BC 961년) 여름 4월 태풍이 크게 몰아치고 폭우가 쏟아져 땅에 물고기가 어지럽게 쏟아져 내렸다. 정묘(丁卯) 18년(BC 954년) 빙해(氷海)의 한(汗, 추장) 모두가 사신을 보내 공물을 들여주었다.

제29세 단군 마휴(摩休)

무인(戊寅) 원년(BC 943년) 주(周)나라 사람이 공물을 바쳤다. 을유(乙酉) 8
년(BC 936년) 여름 지진이 있었다. 병술(丙戌) 9년(BC 935년) 남해(南海)의 조수
(潮水)가 3자(尺)이나 떨어졌다. 신해(辛亥) 34년(BC 910년) 단제께서 붕어하시
고 태자 내휴(奈休)가 즉위했다.

제30세 단군 나휴(奈休)

임자(壬子) 원년(BC 909년) 단제께서 남쪽 청구(靑邱)의 다스림을 순방(巡訪)
하시고 돌에 치우천황(蚩尤天皇)의 공덕(功德)을 새겼다. 서쪽 엄독홀(奄瀆忽)
에 이르러 분조(分朝, 조선 땅을 나눔)의 한(汗, 추장)들을 모두 만나고 열병(閱兵,
사열) 받고 하늘에 제사 지내고 주(周)나라 사람들을 만나 수교(修交)를 맺
었다. 병진(丙辰) 5년(BC 905년) 흉노(凶奴, 몽고지방 유목민)가 공물을 바쳤다.

제31세 단군 등올(登屼)

정해(丁亥) 원년(BC 874년) 임인(壬寅) 16년(BC 859년) 봉황(鳳凰, 닭과의 새)이 백
악산(白岳山, 백두산)에서 울고, 기린(麒麟)이 와서 상원(上苑, 앞 뜰)에 놀았다.
신해(辛亥) 25년(BC 850년) 단제께서 붕어하시고 아들 추밀(鄒密)이 즉위했다.

제32세 단군 추밀(鄒密)

계미(癸未) 2년(BC 818년) 주(周)나라 사람이 와서 호랑이와 코끼리 가죽을 바쳤다. 무자(戊子) 7년(BC 813년) 영고탑(寧古塔) 서문(西門) 밖 감물산(甘勿山) 아래 삼성사(三聖祠)를 세우고 친히 제사를 올리시고 맹세하고 올린 글에 의하면, 몸소 제사를 올리면서 서고문(誓告文)에 이렇게 말씀하셨다.

三聖之尊與神=삼성(三聖.환인 환웅 단검)의 높고 존귀(尊貴)하심은

齊功三神之=삼신(三神.천신, 지신, 인신)의 공덕(功德)이 가지런하고

德因聖益大=덕(德)은 성(聖)보다 더욱 유익(有益)이 크시니라

虛祖同體個全一一=텅 빈 것과 큰 것은 한 몸이며 낱개와 전체(全體)는 하나로다

如智生雙修形魂俱衍=지혜(智惠)와 생명(生命)을 같이 닦고 형(形. 육신)과 혼(魂) 함께 넓힘이고

眞教乃立信久自明=참된 가르침이 세워지니 믿음이 오래가고 저절로 밝혀지리라

乘勢以尊回光反躬=삼신(三神)이 힘을 타면 존귀(尊貴)해지고 빛을 돌려 낸 몸을 살펴보세

截彼白岳萬古一蒼=높고 가파른 백악산(白岳山)은 만고(萬古)에 하나같이 푸르고나

列聖繼作文興禮樂=역대(歷代) 성조(聖祖)의 대(大)를 이어 예(禮) 악(樂)을 부흥(復興)시키니

規模斯大道術淵宏=규모(規模)가 이토록 위대(偉大)하니 도술(道術)이 넓은 연못 같아서

執一含三會三歸一大演=하나를 잡으면 셋을 머금고 셋을 합하면 하

나로 돌아온다

天戒永世爲法=하늘의 가르침을 크게 펴시고 세상(世上)은 영원(永遠)토록 법(法)으로 삼아라

을사(乙巳) 24년(BC 796년) 단제께서 붕어하시고 태자 오루문(奧婁門)이 즉위했다.

제33세 단군 감물(甘勿)

병오(丙午) 원년(BC 795년) 이 해 오곡(五穀)이 풍성하게 익어서 만백성은 기뻐 즐거워 '두리가(蠹吏歌)'를 지어 그 노래 왈,

天有朝暾=하늘엔 아침 해가 있고

明光照耀=맑은 빛 비추어 빛나다

國有聖人德敎=나라의 어진 임금님의 가르침의 전(傳)함은

廣被大邑國=넓고 큰 고을에 이불로 덮었고

我倍達聖朝=내 나라 배달성조(倍達聖朝)

多多人=많고 많은 사람은

不見苛=가혹(苛酷)함을 보지 못했고

政熙皡=빛난 정치(政治)를 펼침은

歌之長太平=긴 노래로 태평(太平)하리라

乙卯十年兩日並出仍黃霧四塞=을묘(乙卯) 10년(BC 786) 두 개의 해가 나란히 뜨니 누른색 안개가 사방(四方)을 막았다.

제34세 단군 오루문(奧婁門)

한편 서방(西邦)의 유목민인 견융(犬戎)이 호경(鎬境)을 공략한 이듬해에 주(周)나라가 수도를 동쪽의 낙양(洛陽)으로 옮기고 난 뒤부터 진(晉)나라가 한(漢)나라, 위(魏)나라, 조(趙)나라로 분열할 때(기원전 403년)까지를 춘추시대라 하였다.

한편 중국은 주(周)나라(BC 1122~256년) 춘추시대(春秋時代, 봄과 가을처럼 살기 좋은 시대)를 거쳐 전국시대(戰國時代, 전쟁으로 불편했던 시대)에 이르러 칠웅(七雄)이라 불리는 강국(强國)들이 BC 256~BC 205년까지 50년간을 힘을 겨루었으며, 최종적으로 진나라가 삼국을 통일했다.

제35세 단군 사벌(沙伐)

임오(壬午) 14년(BC 759년) 갑술(甲戌) 6년(BC 767년) 이 해에 큰 메뚜기 피해와 홍수가 있었다. 호랑이가 궁전에 들어왔다. 임진(壬辰) 24년(BC 748년) 큰비가 내려서 산이 무너져 골짜기를 메웠다 무오(戊午) 50년(BC 723년) 단제께서 장군 언파(彦波)와 불합(弗哈)을 보내 바다의 웅습(熊襲,くまそ(熊襲) 구마소)을 평정했다. 갑술(甲戌) 66년(BC 707년) 단제께서 조을(祖乙)을 파견하여 연(燕)나라 도읍에 바로 뚫고 들어가서 제(齊)나라 군사를 참여시켜 싸워서 남치(鹽淄, 제나라 수도)의 남쪽 교외에서 싸워 크게 이겼음을 알려왔다.

제36세 단군 매륵(買勒)

정축(丁丑) 원년(BC 704년) 갑진(甲辰) 28년(BC 677년) 지진과 해일(海溢)이 있었다. 무신(戊申) 32년(BC 673년) 서촌(西村)의 한 백성 집에서 다리가 8개 달린 송아지를 낳았다. 신해(辛亥) 35년(BC 670년) 용마(龍馬)가 은하천(銀河川)에서 나왔는데, 등에는 별무늬가 있더라. 갑인(甲寅) 38년(BC 667년) 협야후(陝野侯)에 배반(裵幣), 명을 내려 보내서 바다 도적을 토벌하게 하여 12월에는 3도(일본.閨秀.本州市コール규수, 혼슈시코루)를 모두가 평정했다.

무진(戊辰) 52년(BC 653년) 단제께서 병(兵)을 참여시켜 보내 수유(須臾, 기씨 집)의 군대와 함께 연(燕)나라를 정벌하였다. 이에 연나라 사람이 제나라에 취급(取扱)함을 고(告)하여 알리므로 제나라 사람들이 크게 일어나 고죽(孤竹)을 쳐들어왔는데, 두 병력과 싸워보았지만 불리하자 화해를 구걸(求乞)하고 물러갔다. 갑술(甲戌) 58년(BC 647년) 단제께서 붕어하심에 태자 마물(麻勿)이 즉위했다.

제37세 단군 마물(麻勿)

단군 마물부터 BC 646~BC 471년까지 무방비(無防備) 정치를 펴고 태평세월만 보내고 사초(史草)가 미상하다.

제38세 단군 다물(多勿)

신미(辛未) 원년(BC 590년) 사적(史蹟)이 미상하여 상고(詳考)할 수 없다. 을

묘(乙卯) 45년(BC 546년) 단제께서 붕어하시어 태자 두홀(豆忽)이 즉위하였다.

제39세 단군 두홀(豆忽)

병진(丙辰) 원년(BC 545년) 사적이 미상하여 상고할 수 없다. 신묘(辛卯) 36 년(BC 510년) 단제께서 붕어하시어 태자 달음(達音)이 즉위하였다.

제40세 단군 달문(達音)

임진(壬辰) 원년(BC 509년) 사적이 미상하여 상고할 수 없다. 기유(己酉) 18 년(BC 492년) 단제께서 붕어하시어 태자 음차(音次)가 즉위하였다.

제41세 단군 음차(音次)

경술(庚戌) 원년(BC 491년) 사적이 미상하여 상고할 수 없다 기사(己巳) 20 년(BC 422년) 단제께서 붕어하시어 태자 을우지(乙于支)가 즉위하였다.

제42세 단군 을우지(乙于支)

경오(庚午) 원년(BC 471년) 기묘(己卯) 10년(BC 462년) 단제께서 붕어하시어 태자 물리(勿理)가 즉위했다.

제43세 단군 물리(勿理)

경진(庚辰) 원년(元年,BC 461)

을묘(乙卯) 36년(BC 426) 융안(隆安)의 사냥꾼 우화충(于和沖)이 장군(將軍)을 자칭(自稱)하고 무리 수만 명(數萬名)으로 모아서 난(亂)을 일으켜 서북(西北) 36군(郡)을 함락(陷落)시켰다.

帝遣兵不克冬賊圍都城急攻帝與左右宮人奉廟杜主浮
제 견 병 불 극 동 적 위 도 성 급 공 제 여 좌 우 궁 인 봉 묘 두 주 부
舟而下之海頭尋崩
주 이 하 지 해 두 심 붕

단제께서 병력을 파견시켰으나 이기지 못하고 겨울이 되어 도적들은 도성둘레를 에워싸고 급공(급히,공격)함으로 단제(단군천제)께서는 좌우 궁인들과 종묘사직(宗廟社稷)을 받들어 배를 타고 해두(海頭,뱃머리)로 피난 가다가 얼마 지나지 않고 붕어(崩御,타계)하셨다.

이 해 백성의 욕살구물(褥薩丘勿,지방관 종친,구물)이 명을 내려 군대를 일으켜 먼저 장당경(藏唐京,궁궐)을 점령했을 때, 9곳의 군사들이 따라서 동서압록(鴨綠)의 18성(城) 모두가 병력을 보내와서 원조하였다.

제44세 단군 구물(丘勿)

병진(丙辰) 원년(BC 25년) 3월 큰 홍수가 도성을 휩쓸어 적들이 큰 혼란에 빠졌다. 구물 단제(丘勿檀帝)께서 일 만의 군대를 거느리고 가서 쳤는데, 적들은 싸워보지 못하고 무너지고 우화충(于和沖)을 잡아 참수(斬遂)했다. 이

에 구물 단제는 여러 장수들의 추앙을 받아 3월 16일 단(壇)을 쌓아 하늘에 제사 지내고 장당경(藏唐京)에서 즉위했다. 이에 나라 이름을 대부여(大夫餘)라고 고치고, 삼한(三韓)은 삼조선(三朝鮮)이라 고쳐 불렀으며, 스스로 이때부터 삼조선은 단군을 높이 하나로 받들어 다스림의 제도를 임(臨)하였으나, 오로지 화전(和戰, 전쟁과 화합)은 부재일존(不在一尊,한 사람에게 있지 않음)하였고 국호(國號)를 대부여(大夫餘)라 개칭(改稱)하고 삼조선(三朝鮮)을 분립(分立)하였다.

7월에는 해성(海城)을 개축하게 하고 평양(平壤)이라 부르게 하고 리궁(離宮)을 짓도록 했다. 정사(丁巳) 2년(BC 424년) 예관(禮官)이 청하여 3월 16일 삼신의 영고제(迎鼓祭, 북을 치고 맞이하는 제사)를 지냈다. 곧 단제께서 친히 행경(幸敬)하여 절하고 초배(初拜) 북 3번 치고, 재배(再拜) 북 6번 치고, 삼배(三拜) 북 9번 치는 예를 올리는데, 무리를 거느리고 특별히 북 10번 치고, 이를 삼육(三六)의 대례(大禮)라 하였다.

임신(壬申) 17년(BC 409년) 감찰관(監察官)을 각 주(州)와 군(郡)에 파견하여 백성들을 살펴보아, 효도를 잘하는 자와 청렴결백한 관리를 천거(薦擧)하도록 했다. 무인(戊寅) 23년(BC 403년) 연(燕)나라에서 사신을 보내와 새해 문안(問安) 인사를 올렸다. 갑신(甲申) 29년(BC 397년) 단제께서 붕어하시고 태자 여루(余婁)가 즉위했다.

제45세 단군 여루(余婁)

을유(乙酉) 원년(BC 396년) 장령(長嶺)의 낭산(狼山)에 성(城)을 쌓았다. 신축(辛丑) 17년(BC 380년) 연(燕)나라 사람이 변두리 군(郡)을 침범하며 수비 장수 묘장춘(苗長春)이 이들을 격파시켰다. 병진(丙辰) 32년(BC 365년) 연나라 사람 배도(倍道)가 요서(遼西)에 들어와서 닥치는 대로 함락시키고 운장(雲障)에 육박(肉薄)해 왔다. 번조선(番朝鮮)이 상장군(上將軍) 우문언(于文言)에게 명하여 막았으며, 진조선(眞朝鮮)과 막조선(莫朝鮮) 이조선(二朝鮮)이 또한 파병해와서, 이를 구원해 오면서 숨겨놓은 매설병(埋設兵)이 이들을 공격하여 연나라, 제나라 군사를 오도하(五道河)에서 항복받아 요서(遼西)의 제성(諸城) 모두를 찾아 복원했다.

정사(丁巳) 33년(BC 364년) 연나라 사람이 싸움에 지고 연운도(連雲島)에 주둔(駐屯)하며 배를 만들어 습격해올 것 같아서, 우문언(于文言)이 추격하여 대파(大破)하고 그의 장수를 사살했다.

신미(辛未) 47년(BC 350년) 북막(北漠)의 추장(酋長) 액니거길(厄尼車吉)이 찾아와서 말 200필을 바치고 함께 연나라를 칠 것을 청했다. 번조선(番朝鮮)의 젊은 장수 신불사(申不私)가 병력 1만 명을 이끌고 합세하여, 연나라 상곡(上谷, 위 골짜기)을 공격하고 이를 도와 성읍을 쌓게 했다. 무인(戊寅) 54년(BC 343) 상곡의 싸움 이후 연나라가 해마다 침범해오다가, 이때 이르러 사신을 보내 화합을 청하므로 이를 허락하고 또는 조양(造陽)의 서쪽으로 경계로 삼았다. 기묘(己卯) 55년(BC 342년) 여름 크게 가물었다. 죄 없이 옥에 갇힌 사람이 있는지 염려하여 사면(赦免)하고 친히 나아가서 기우제(祈雨祭)를 올렸다. 9월에 단제께서 붕어하시어 태자 보을(普乙)이 즉위했다.

제46세 단군 보을(普乙)

경진(庚辰) 원년(元年), BC 341년) 12월 번조선(番朝鮮) 왕 해인(解仁)이 연(燕)나라가 보낸 자객(刺客)에게 시해(弑害) 당하여 오가(五加)가 다투어 일어나서 번조선(番朝鮮)이 혼란스러웠다. 무술(戊戌) 19년(BC 323년) 정월(正月) 읍차(邑借) 기후(箕珝)가 병력을 이끌고 입궁(入宮)하여 번조선왕(番朝鮮王)이라고 자칭하고 사람을 보내 윤허(允許)를 구함에 단제께서 이를 허가하시고, 연나라에 대비하도록 했다. 정사(丁巳) 38년(BC 304년) 도성에 큰 불이 나서 모두 타버려 단제께서는 해성(海城)의 이궁(離宮)으로 피난하였다. 계해(癸亥) 44년(BC 298년) 북막(北漠)의 추장 이사(尼舍)가 음악을 헌납하심에 이를 받으시고 후하게 상(賞)을 내렸다.

을축(乙丑) 46년(BC 296년) 한개(韓介)가 수유(須臾)의 군사를 거느리고 궁궐을 침범하여 스스로 왕이 되겠다 하니, 고열가(高列加)가 의병(義兵)을 일으켜 이를 쳐부수었다. 단제께서 도성으로 돌아오셔서 대사령(大赦領)을 내리셨는데, 이때부터 자연히 나라 힘이 약해져 나라의 비용(費用)도 제대로 쓸 수 없었다. 단제께서 붕어하셨는데 후사가 없었으므로 고열가가 '제44세 단군 물리(勿理)'의 현손자(玄孫子)로서 제족(帝族)이므로 무리들의 추앙(推仰)을 받았고, 그의 공로가 있어 뒤를 이음이 지당하므로 즉위했다.

제47세 단군 고열가(古列加)

병인(丙寅) 원년(BC 295년) 기묘(己卯) 14년(BC 282년) 단군왕검(檀君王儉)의 묘(廟)를 백악산(白岳山)에 세우고 유사(有司)에게 명을 내려 4시(4철) 제사 지내게 하고, 단제께서는 1년에 한번 친히 제사 지냈다. 기유(己酉) 44년(BC 252년) 연(燕)나라가 사신을 보내어 새해 인사를 했다.

계축(癸丑) 48년(BC 248년) 10월 1일 일식(日蝕)이 있었고, 이 해 겨울 북막(北漠)의 추장 아리당부(阿里當夫)가 군사를 내어 연나라를 칠 것을 청했는데, 단제께서 불가하다 하여 이때부터 원망(願望)하면서 조공(朝貢)을 내지 아니했다.

임술(壬戌) 57년(BC 23년) 4월 8일 해모수(解慕漱)가 웅심산(熊心山)을 내려와서 군사를 일으켰는데, 그의 선조(先祖)는 고리국(槀離國. 몽골 이전 부여의 모체) 사람이다. 계해(癸亥) 58년(BC 238년) 단제께서 어질고 결단력이 없어 영(令)을 내려도 행하지 않는 일이 많고, 여러 장수의 용맹만 믿을 뿐 난리(亂離)를 피우기 때문에 백성들은 사기(使氣)가 쇠퇴하여 3월 하늘에 제사 지내던 날 저녁 오가(五加)들과 의논하였다.

그리고 단제께서 말씀하시기를 옛적에 열성(列聖)들은 지극히 덕(德)이 넓어 만 리(萬里)까지 오랜 세월 동안 잘 다스려왔지만, 이제 왕도(王道)는 쇠미(衰微)하거늘 여러 한(汗)들과 다투고 있도다. 짐(朕)은 마음이 강하거나 덕이 나약하고 서늘하게 식어 다스릴 능력이 없어서 불러 채찍 못 하고 어루만질 뿐이니, 백성들은 떨어져 흩어지므로 오직 오가(五加) 너희들이 구별 없이 현명한 사람을 천거(薦擧)하라 하시고 옥문(獄門)을 크게 열었다.

사형수 이하 모든 죄수를 돌려보내도록 하였다. 이튿날 왕위를 버리고 입산수도(入山修道)하여 신선(神仙)이 되었으니, 이에 오가(五加)들이 공동으로 나라를 다스린 지가 6년이 되었다

고구려 호칭의 기원

蓋北夫餘之興始此而高句麗乃解慕漱之生鄕也故亦稱
高句麗也自檀君紀元元年戊辰至今上踐祚後十二年
癸卯凡三千六百十六年也

대개 북부여가 일어남이 시작됨은 제1세 단군 해모수(解慕漱)로부터라

할 것이다. 해모수(解慕漱)의 작은아들 고진(高振)은 제2세 단군 모수리(慕漱離)의 동생이다. 모수리가 죽고 아들 고해사(高奚斯) 제3세 단군 때, 숙부 고진(高振)을 고구려후(高句麗侯)에 봉했다. 차(此,이곳)에 고구려는 곧 해모수의 태어난 고향이기 때문이라, 역시 고구려라 칭하는 바라. 해모수가 스스로 단군이 되었으므로 고구려 호칭의 기원이라 하였다. 하여 고구려는 북부여 시대 이미 내용은 고구려라 할 것이다.

是歲十月三日紅杏村?書于江都之海雲堂
시 세 십 월 삼 일 홍 행 촌 수 서 우 강 도 지 해 운 당

이날을 약 3616년(역자가 수정, 3658)에 이르러 10월 3일 홍향촌(紅香村)의 늙은이가 강화도 해운당(海雲堂)에서 쓰다.

단군조선(檀君朝鮮) 왕조 표

왕 대	단군 호칭	재위 기간	연력(年歷)
1	단군 왕검(王儉)	BC 2333년~2240년	93년
2	단군 부루(夫婁)	BC 2240년~2182년	58년
3	단군 가륵(嘉勒)	BC 2182년~2137년	45년
4	단군 오사구(烏斯丘)	BC 2137년~2099년	38년
5	단군 구을(丘乙)	BC 2099년~2083년	16년
6	단군 달문(達門)	BC 2083년~2047년	36년
7	단군 한율(翰栗)	BC 2047년~1993년	54년
8	단군 우서한(于西翰)	BC 1993년~1985년	8년
9	단군 아술(阿述)	BC 1985년~1950년	35년
10	단군 노을(魯乙)	BC 1950년~1891년	59년
11	단군 도해(道奚)	BC 1891년~1839년	57년
12	단군 아한(阿翰)	BC 1839년~1782년	52년
13	단군 흘달(屹達)	BC 1782년~1721년	61년
14	단군 고불(古弗)	BC 1721년~1661년	60년

15	단군 대음(代音)	BC 1661년~1610년	51년
16	단군 위나(尉那)	BC 1610년~1552년	58년
17	단군 여을(余乙)	BC 1552년~1484년	68년
18	단군 동엄(冬奄)	BC 1484년~1435년	49년
19	단군 구모소(緱牟蘇)	BC 1435년~1380년	55년
20	단군 고홀(固忽)	BC 1380년~1337년	43년
21	단군 소태(蘇台)	BC 1337년~1285년	52년
22	단군 색불루(索弗婁)	BC 1285년~1237년	48년
23	단군 아홀(阿忽)	BC 1237년~1161년	76년
24	단군 연나(延那)	BC 1161년~1150년	11년
25	단군 연나(率那)	BC 1150년~1062년	88년
26	단군 추노(鄒魯)	BC 1062년~997년	65년
27	단군 두밀(豆密)	BC 997년~971년	26년
28	단군 해모(奚牟)	BC 971년~943년	28년
29	단군 마휴(摩休)	BC 943년~909년	34년
30	단군 나휴(奈休)	BC 909년~874년	35년
31	단군 등을(登屼)	BC 874년~849년	25년
32	단군 추밀(鄒密)	BC 849년~819년	30년
33	단군 감물(甘勿)	BC 819년~795년	24년
34	단군 오루문(奧婁門)	BC 795년~772년	23년
35	단군 사벌(沙伐)	BC 772년~704년	68년
36	단군 매륵(買勒)	BC 704년~646년	58년
37	단군 마물(麻勿)	BC 646년~590년	56년
38	단군 다물(多勿)	BC 590년~545년	45년
39	단군 두홀(豆忽)	BC 545년~509년	36년
40	단군 달음(달음)	BC 509년~491년	18년
41	단군 음차(音次)	BC 491년~471년	20년
42	단군 을우지(乙于支)	BC 472년~461년	10년
43	단군 물리(勿理)	BC 461년~425년	36년
45	단군 여루(余婁)	BC 425년~396년	29년
46	단군 보을(普乙)	BC 396년~341년	46년
47	단군 고열가(古列加)	BC 341년~295년	47년

북부여기(北扶餘記)

제1세 해모수(解慕漱)

임술(壬戌) 원년(BC 239년) 해모수(解慕漱) 단제께서는 용맹스러운 몸가짐으로 꿰뚫어 바라봄이 신(神) 같은 사내로 천왕(天王)이라 할 만큼 위엄이 있었다. 나이 23세에 하늘의 일꾼으로 내려오셨다 하시니, 때는 단군 고열가(古烈加) 57년 임술년(壬戌年) 4월 8일이라, 웅심산(熊心山)에 의지하여 궁실(宮室)을 난변(蘭邊)에 축성하였다. 까마귀 깃털 갓을 쓰고 용광(龍光)의 칼을 차고 오룡(五龍)의 수레를 타고 따르는 종자(從者) 5백인과 함께 아침에 정사(政事)를 들으시고 저녁에 산에 오르시며 이에 이르러 즉위했다.

계해(癸亥) 2년(BC 238년) 3월 16일 하늘에 제사 지내고 연호법(烟戶法, 호적법)을 제정하고 오가(五加, 5신하)와 병력을 배치하여 밭을 갈아 자급자족하여 염려(念慮)를 대비하여 잘못이 없게 했다. 기사(己巳) 8년(BC 232년) 단제께서 무리를 거느리고 옛 도읍에 가서 오가(五加)들을 깨우쳐 공화(共和)의 정치를 거두어 이에 만백성(萬百姓)들의 추대를 받고 단군이 되시고, 이 해 겨울 10월 공양대모(公養胎母, 유아 공양 육성)법을 세워 사람을 가르침은 반드시 태아(胎兒) 때부터 가르치게 했다.

임신(壬申) 11년(BC 229년) 북막(北漠)의 추장(酋長) 산지액융(山只喀隆)이 영주(寧州)를 순사(巡使, 순찰)하는 목원등(穆遠登)을 죽이고 크게 약탈해 갔다. 경진(庚辰) 19년(BC 221) 번조선(番朝鮮) 왕 기비(箕丕)가 죽어서 아들 준(準, 기준)이 아비의 뒤를 이어 번조선 왕(番朝鮮王)으로 봉해졌다. 번조선 왕 준을 번조선의 관리자로서 병사를 감독하고 연나라에 대비하여 힘쓰게 하였고, 연나라는 장수 진개(秦介)를 파견하여 번조선의 서쪽 변두리 땅에 이르러 침략하여 번조선은 가득히 한(汗, 추장)의 세상이 됐다.

신사(辛巳) 20년(BC 220년) 명을 내려 백악산(白岳山) 아사달(阿斯達)에서 하늘에 제사 지내고 7월 새 궁궐 366칸을 지어 이름을 천안궁(天安宮)이라 하였다.

계미(癸未) 22년(BC 219년) 창해(滄海)의 역사(力士) 려홍성(黎洪星)이 한인(韓人) 장량(張良)과 함께 진나라 왕정(王政)을 박랑사(博浪沙) 가운데서 저격했으나 오발(誤發)되어 부차(副車) 가운데 맞아 부차만 박살 냈다.

임진(壬辰) 31년(BC 209년) 진승(陳勝)이 병(兵)을 일으킴으로 진나라 사람들이 대혼란으로 연나라, 제나라, 조(趙)나라 백성이 도망쳐서 번조선에 귀순한 자가 수만 명이 되어, 이들을 운장(雲障)에 상하로 갈라 살게 하고 장군을 파견시켜 감독토록 했다.

기해(己亥) 38년(BC 202년) 연(燕)나라의 노관(盧綰)이 요동(遼東)의 옛 요새를 다시 수리하고, 동쪽 패수 강(浿水江)은 요동의 패수 강이라. 지금은 란하강(灤河江)이다.

병오(丙午) 45년(BC 195년) 연나라 노관이 한(漢)나라를 배반하고 흉노(凶奴)로 망명했으나, 그의 무리 위만(衛滿)이 우리에게 망명했는데 우리 단제께서 이를 허락하지 아니하였다.

단제께서 병으로 인해 스스로 결단을 내리지 못하여 번조선왕(番朝鮮王) 기준(箕準)이 큰 실수로 위만(衛滿)을 박사로 받아들여 상하(上下)의 운장(雲障)을 봉(封)했다. 이 해 겨울 단제께서 붕어하시고 웅심산(熊心山) 동쪽 기슭에 장사 지내고 태자 모수리(慕漱離)가 즉위했다.

제2세 단군 모수리(慕漱離)

　　정미(丁未) 원년(BC 194년) 번조선왕(番朝鮮王) 기준(箕準)은 수유(須臾)에 영
구적(永久的)으로 은혜(恩惠)를 많이 심어 백성들이 넉넉한 부(富)를 누렸다.
뒤에 흘려 다니는 도적 위만(衛滿)에게 패하여 망한 뒤 바다로 들어가서
돌아오지 아니했다. 오가(五加)의 무리들은 상장군(上將軍) 탁(卓)을 받들어
길을 떠나 바른 대도(大道)에 올라 월지(月支)에 이르러 나라를 세웠는데,
월지는 탁(卓)이 태어났던 고향이라, 여기를 마한(馬韓)의 가운데라 하였다.
이에 이르러 변(弁韓), 진(辰韓), 이한(二韓) 역시 그들이 각각 반봉(半封)하고
백리(百里)에 수도를 세워 스스로 나라이름을 정했으나 모두가 마한(馬韓)
의 다스림을 따르며 세세토록 배반하지 않고 살았다.

　　무신(戊申) 2년(BC 193년) 단제께서 상장군(上將軍) 연다발(延佗勃)을 파견시
켜 평양(平壤)에 성책(城柵, 성을 둘러 친 나무)를 둘러쳐 도적 위만을 방비(防備)
했는데, 위만이 싫증내게 하여 또다시 침범 못 하게 길들여놓았다.

　　기유(己酉) 3년(BC 192년) 해성(海城)을 평양도(平壤道)에 속하게 하고 황제
(皇帝)의 동생 고진(高辰, 고주몽의 증조)을 시켜 이를 수비하게 하였는데. 중부
여(中扶餘) 일대가 모두 복종하며 그들에게 양곡(糧穀)을 풀어 구제(救濟)하
였다. 이 해 겨울 10월 경향분수(京鄕分守, 서울과 시골을 나누어 지킴)의 법으로
도성은 천황(天皇)이 직접 총괄(總括)하고, 지방은 네 갈래로 나누어 군사
를 주둔시켰으니 마치 윷놀이 용도(龍圖)의 싸움 구경하듯 변화로 알게 되
었다. 신미(辛未) 25년(BC 170년) 단제께서 붕어하시고 태자 고해사(高奚斯)가
즉위했다.

제3세 단군 고해사(高奚斯)

임신(壬申) 원년(BC 169년) 정월(正月) 낙랑왕최숭(樂浪王崔崇)이 곡식 300석을 해성(海城)에 들려 올렸다. 이보다 먼저 최숭(崔崇)은 스스로 낙랑(樂浪)에서 진귀한 보물을 산더미처럼 싣고 바다를 건너 마한(馬韓) 도읍 왕검성(王儉城)에 이르렀는데, 단군 해모수(解慕漱) 때 병오년(丙午年, BC 195년) 겨울에 그렇게 하였다. 계축(癸丑) 42년(BC 128년) 단제께서 보졸(步卒) 기병(騎兵) 만 명을 궁술(弓率) 하고 남려성(南閭城)에 파견시켜 위만(衛滿) 도적떼를 관리하도록 두었다. 경신(庚申) 49년(BC 121년) 일군국(一群國, 옛 환국 시대 12개국 중 하나)이 사신을 보내와 방물(方物, 특산물)을 헌납하였고, 이 해 9월 단제께서 붕어하시고 태자 고우루(高于婁)가 즉위하였다.

제4세 단군 고우루(高于婁)

신유(辛酉) 원년(BC 120년) 장군을 파견시켜 우거(右渠)를 토벌하였으나 불리하여 고진(高振)를 뽑아서 서압록(西鴨綠)을 지키도록 하니, 병력을 증강하여 많은 성책(城柵)을 설치하여 우거(右渠)를 대비하는 데 공(功)이 있었으므로 승진시켜 고구려 과녁이 됐다. 계해(癸亥) 3년(BC 118년) 우거의 도적이 크게 들어와서 빼앗으므로 우리 군대가 크게 패하여 해성(海城) 이북 50리 땅이 우거의 땅으로 사로잡혔다.

갑자(甲子) 4년(BC 117년) 단제께서 장군을 파견시켜 성(城)을 공격했으나 석 달이 되어도 극복 못 했다. 병인(丙寅) 6년(BC 15년) 단제께서 친히 정예군(精銳軍) 5천을 거느리고 습격하여 해성(海城)을 격파하고 추격하여 살수(薩水)에 이르니, 구려하(九黎河)의 동쪽 모두가 항복하였다.

정묘(丁卯) 7년(BC 114년) 목책(木柵, 나무울타리)을 좌원(坐原)에 설치하고 군대를 남려(南黎)에 두어 염려하지 않도록 준비하게 했다. 계유(癸酉) 13년(BC 108년) 한(漢)나라 한무제(漢武帝) 유철(劉徹)이 평나(平那)에서 도둑질하고 우거를 멸망시켜 따르게 하더니, 사군(四郡)을 설치하고자 하여 사방에 병력으로 침략시켰다. 이에 고두막(高豆莫)의 한(汗)들이 의병을 일으켜 가는 곳마다 한나라 도둑군을 연파(連破)하였다. 이에 유민(遺民)들이 사방에서 일어나 호응하여 싸우는 군사에 협조함에 그 보답(報答)이 크게 떨쳤다.

갑오(甲午) 34년(BC 87년) 10월 동명왕(東明王, 고무서)이 고두막(高豆莫)에게 사람을 심부름시켜 보낸 사람이 와서 고했다. "나는 천제의 아들 장수일 뿐 여기를 도읍하고자 하옵니다. 왕께서 이곳에서 옮겨가십시오"라고 하므로 단제가 어렵게 되어 그 걱정으로 병을 얻어 붕어하였다. 동생인 해부루(解夫婁)가 이에 즉위하였는데, 동명왕은 여전히 군대를 앞세워 위협하기를 끊이지 않으므로 군신(君臣)이 파란(波瀾) 지경이었을 때, 국상(國相)인 아란불(阿蘭弗)이 "통하(通河) 물 갓을 근원하여 가섭(迦葉)에 있는 땅은 토양이 기름지고 오곡이 잘되어 도읍이 마땅하고 가능한 곳입니다."라고 하므로 마침 왕에게 권하여 도성을 옮겼다. 이를 가섭원부여(迦葉原夫餘) 또는 동부여(東夫餘)라 하였다.

제5세 단군 고두막루(高豆莫累)

계유(癸酉) 원년((BC 108년) 이 해가 단군 고우루(高于婁) 13년이다. 제(帝)는 사람됨이 호준(豪俊, 용기 있고 재주가 뛰어남)하여 항상 용병술(用兵術)이 뛰어났다. 북부여(北扶餘)가 쇠약해지고 한구(漢寇, 한나라 도둑)은 불칼같이 성(盛)해짐을 보고 분연(忿然, 분함)이 있어 세상을 구제할 뜻을 품고 졸본(卒本)에서 즉위하고 스스로 이름을 동명(東明)이라 했다.

　을해(乙亥) 3년(BC 106년) 단제가 스스로 장수가 되어 전격소(傳檄所, 군병 훈련소라 전함)하니 이르는 곳마다 무적(無敵)이었고, 순월(旬月, 열흘 또는 한달 안에)에 무리가 5,000명이 모여 한(漢)나라 도둑들과 싸울 때마다 먼 곳에서 그 모습을 보고 드디어 무너져 흩어짐으로 군대를 이끌고 구려하(九黎河)를 건너 요동(遼東)의 서안평(西安平)에 이르니 바로 옛 고리국(稾離國)이었다. 갑오(甲午) 22년(BC 87년) 이에 단군 고우루 34년 단제께서 장수를 파견시켜 배천(裵川)의 한구(漢寇, 한나라 도둑)를 쳐부수고 유민(遺民)과 힘을 합하여 향하는 곳마다 한나라 도둑떼를 연파(連破)하고 그 수장(守將)을 사로잡았으며 방치(放置)를 갖추어 대비했다.

乙未二十三年北夫餘擧城邑降屢哀欲保帝聽之降封解
夫婁爲侯遷之岔陵帝前導鼓吹率衆數萬而入都城仍稱
北夫餘秋八月與漢寇屢戰于西鴨綠河之上大捷

　을미(乙未) 23년(BC 86년) 북부여가 읍성(邑城)을 빼앗으므로 항복하였는데, 자주 보전하고자 슬퍼하므로 단제께서 이를 듣고 해부루(解夫婁)를 낮추어 제후(諸侯)로 삼아 차능(岔陵)으로 옮기게 하고, 북을 치고 나팔 부는 이들을 앞세우고 수만 군중(群中)을 이끌고 도성에 돌아와 북부여라 칭했다. 이 해 가을 8월에 서 압록강(西鴨綠江) 상류에서 한나라 도둑과 여러 차례 싸워서 크게 이겼다.

辛酉四十九年帝崩以遺命葬于卒本川太子高無胥立

　신유(辛酉) 49년(BC 60) 제(帝)께서 붕어(崩御) 하면서 유명(遺命)하심에 이에 따라 졸본천(卒本川)에 장사(葬事)지내고 태자(太子) 고무서(高無胥)가 즉위(卽位)했다.

제6세 단군 고무서(高無胥)

임술(壬戌) 원년(BC 59년) 단제께서 졸본천(卒本川)에서 즉위하고 백악산(白岳山)에서 부노(父老, 나이 든 어른)들과 함께 모여 사례(事例, 전례)에 따라 널리 세상에 알리고 하늘에 제사 지냈다. 단제께서 태어나면서부터 신(神)과 같은 덕(德)이 있어 능히 주술(呪術, 神에 빌어 이상적인 타복의 술법)으로 바람과 비를 불러 선진(善振, 세상에 좋은 일을 일으킴)으로 민심을 크게 얻어 소해모수(小解慕漱)라 불렸다. 이때 한(漢)나라 도둑들이 요하(遼河)의 왼쪽에서 소란을 피우므로 여러 차례 싸워 이겼다. 계해(癸亥) 2년(BC 58) 제(帝)께서 영고탑(寧古塔)을 순시하는데 흰 노루가 들어와서 불길함에, 그 해 겨울 10월에 제(帝)께서 붕어하시면서 내린 유명(遺命, 죽으면서 내리는 말씀)에 따라 고주몽(高朱蒙)이 대통(大統)을 이었다. 이보다 앞서 단제는 아들이 없고 여식(女息)을 두었는데, 고주몽이 즉위할 때 여식을 고주몽의 처로 삼도록 이르렀으니, 이 해에 고주몽의 시년(時年, 나이)이 21세였다.

고주몽이 졸본(卒本)으로 오게 된 것은 동부여인(東扶餘人)들이 그를 죽이려 했다. 오이(烏伊), 마리(摩離), 협부(陝父) 등 3사람은 덕(德)으로 사귄 친구(親舊)인데, 주몽 모(朱蒙母) 유화(柳花)의 명을 받아 이들과 같이 졸본으로 가면서, 차릉(岔陵)에 이르러 물을 건널 돌다리가 없어 물을 보고 고(告)하기를, "나는 천제(天帝)의 아들이고 하백(河伯)의 외손(外孫)인데, 쫓아오는 추격병(追擊兵)이 이곳에 닥치게 되니 어찌하오리오?" 하였다. 이때 물고기 자라들이 떠올라 다리를 만들어줌으로 주몽이 건너간 뒤 물고기와 자라가 흩어져갔다.

북부여 단군왕조 표

왕대	단군 호칭	재위 기간	연력(年歷)
1	단군 해모수(解慕漱)	BC 239년~194년	45년
2	단군 모수리(慕漱離)	BC 194년~169년	25년
3	단군 고해사(高奚斯)	BC 169년~120년	49년
4	단군 고(해)우루(高(解)于婁)	BC 120년~108년	34년
5	단군 고(두)막루(高(豆)莫婁)	BC 108년~59년	49년
6	단군 고무서(高無胥)	BC 59년~58년=고주몽에게 양위=고구려	2년

〈참고〉

① 협부(陝父) : 훗날 일본을 건너가서 다파라국(多波羅國)을 세웠다.

② 마리(摩離 일명 馬離)는 훗날 온조(溫祚)를 따라가 백제를 세운 공로자가 되었으며, 그가 마 씨(馬氏)의 시조가 되었다.

가섭원부여기(迦葉原夫餘紀)

제1세 왕 해부루(解夫婁)

을미(乙未) 원년(BC 86년) 왕(王, 동부여 왕)은 북부여의 제약(制約)을 받아 가섭원(迦葉原) 혹은 차능(岔陵)이라 하는 곳으로 옮겨 살았다. 오곡(五穀)이 모두 잘되었는데 특히 보리가 많았으며 범, 표범, 곰, 이리가 많아서 사냥하기 편했다. 정유(丁酉) 3년(BC 84년) 국상(國相) 하란불(河蘭弗)에게 명령하여 널리 베풀어 주변의 유민(流民)들을 불러 모았다. 먹여주고 따뜻하게 살 곳 주며 밭을 주어 경작하게 하여 수년 동안 나라와 백성이 부은(富殷, 부유)했다. 때맞게 비가 내려 차능(岔陵)을 기름지게 하여 백성들은 왕에게 정춘(正春)의 노래를 지어 불렀다.

임인(壬寅) 8년(BC 79년) 앞서 하백녀(河伯女) 유화(柳花)가 나들이 나갔는데 부여황손(夫餘皇孫) 고모수(高慕漱)가 유혹하여 강제로 압록강변 집 가운데서 간통하여 잉태시키고 승천(昇天)하고 돌아오지 않았다. 유화의 부모는 유화의 무도(無道)한 책임으로 쫓아내 강변 집에 귀양(歸養)살이를 시켰다. 부여 황손(夫餘皇孫) 고모수(高慕漱)의 본명은 불리지(弗離支) 혹은 고진(高振)의 손자라고 하였다.

해부루(解夫婁) 왕(王, 동부여 왕)께서 유화를 이상히 여겨 수레에 동승(同乘)시켜 궁(宮)으로 돌아와 유화를 먼 곳에 거처하게 하였다. 임인(壬寅) 8년(BC 79) 5월 5일 유화 부인은 알 하나를 낳았는데, 한 사내아이가 그 알을 파각(破殼, 껍질을 깨고)하고 나왔다 하여 아이 이름을 주몽(朱蒙)이라 하였다. 생김새가 단단하고 나이 7살 때 활을 스스로 만들어 시술이 백발백중(百發百中)하여 부여(扶餘) 말로 잘 맞춘다 하여 이름을 주몽이라 이름 지어 불렀다.

갑진(甲辰) 10년(BC 77년) 해부루(解夫婁) 왕(동부여 왕)이 늙어서도 아들이 없었다. 하루는 산천(山川)에 제사 지내면서 자손을 구하는 기도를 하고 말을 타고 곤연(鯤淵)에 이르자, 큰 돌이 서로 보고 협루(俠漏, 눈물 흘림)하여 왕(동부여 왕)은 그 돌이 의심스러워 사람을 시켜 굴렸다. 그런데 그들이 있던 곳에 소아(小兒)가 금색(金色)의 개구리 형태로 보여 왕은 기뻐 '하늘이 나에게 내려준 아기로다' 하고 곧 거두어 기르며 이름을 금와(金蛙)라 하고, 그가 장성하자 태자로 책봉하였다.

임술(壬戌) 28년(BC 59년) 나라 백성들이 주몽을 가리켜 나라에 이로움이 없는 인물이라 하여 그를 죽이려 했다. 고주몽(高朱蒙)은 어머니 유화 부인의 명을 받들어 동남쪽으로 도주하여 엄리대수(淹利大水)를 건너 졸본천(卒本川)에 가서 명년(明年)에 새로 개국한 나라가 고구려이고, 이에 시조(始祖)가 되었다. 계유(癸酉) 39년(BC 48) 왕(王, 동부여, 가섭원 왕)이 죽고 금와(金蛙)가 즉위했다.

제2세 금와(金蛙) 왕

갑술(甲戌) 원년(BC 47년) 왕(금와 왕)이 고구려에 사신을 보내 특산물을 바쳤다. 정유(丁酉) 24년(BC 23년) 유화 부인이 타계(他界, 죽음)하셔서 왕(금와 왕)은 고구려에 호위병(護衛兵) 수만으로 졸본(卒本)으로 모셔와 장사 지내고 황태후(皇太后)의 예(禮)로 천거(遷居)하고 취산(就山) 같은 능(陵)을 만들고 옆에 묘사(廟祠, 사당)를 짓게 했다. 갑인(甲寅) 41년(BC 7년) 왕이 돌아가시고 태자 대소(帶素)가 즉위했다.

제3세 대소(帶素) 왕

을묘(乙卯) 원년(BC 6) 봄 정월(正月) 고구려에 사신을 보내 국교(國交)를 청하고 왕자(王子)를 인질로 삼자고 하였다. 고구려의 열제(烈帝)가 태자 도절(都切)로 하여 인질로 삼으려 하였으나 도절이 가지 않아서 왕(王, 대소 왕)이 그를 꾸짖고 겨울 10월 병력 5만을 이끌고 가서 졸본성(卒本城)을 침략했다. 그러나 큰 눈이 많이 내려 동사(凍死)자만 내고 퇴각하였다. 계유(癸酉) 19년(서기 13년) 왕께서 고구려를 침공하였는데 학반령(鶴盤領) 아래서 복병(伏兵)을 만나 크게 패배했다.

임오(壬午) 28년(서기 22년) 2월 고구려가 나라를 빼앗기 위해 침공해오므로 왕(대소 왕) 스스로 무리를 거느리고 출전하였는데, 진흙탕을 만나 왕의 마(馬)가 빠져나오지 못했을 때 고구려 상장군(上將軍) 괴유(怪由)가 바로 앞에 있다가 살해당했다. 그래도 아군(我軍, 동부여군)은 굴하지 않고 고구려 적(適)을 여러 겹으로 포위했는데, 대무(大霧)가 7일 동안 계속되어 고구려 열제(烈帝)는 몰래 병사를 이끌고 야간 탈주(脫走)하여 한도(閒道, 틈길)로 달아났다.

여름 4월 왕(죽은 대소 왕)의 동생이 따르는 자 수백인과 함께 달아나다가 압록곡(鴨綠谷)에 이르렀을 때 해두 왕(海頭王, 압록곡 부족의 왕)이 사냥 나왔는데, 이를 죽이고, 그의 백성이 달아남을 취하여 보호하면서 갈사수(曷思水) 변두리를 차지하여 나라를 세워 자칭 왕이라 칭하여 이를 갈사(曷思)라 이른다. 태조무열제릉무(太祖武烈帝隆武, 갈사국의 태조 무열제의 굳세고 큰 다스림) 16

년 8월에 이르렀을 때 도두 왕(都頭王)이 고구려가 날로 강해짐을 보고 나라를 들어 항복함으로 차례(次例)로 3세를 47년 만에 나라는 끝을 맺고 도두를 명하여 우태(于台)라 부르도록 하고, 다음 차례는 집을 하사(下賜)하고 혼춘(琿春)을 식읍(食邑)으로 삼게 하여 동부여 후(東夫餘侯)에 봉(封)하였다.

가을 7월 왕의 종제(從弟)가 여러 사람들께 선왕(先王)께서는 시해(弑害)당하여 나라는 망하고 백성들이 기댈 곳이 없었으나 갈사(曷思)는 편안히 치우쳐 스스로 나라를 다시 일으킬 바람이 없어, 무리의 둔한 재주(財主)로 슬기롭지 아니하므로 공손히 항복함으로써 살기 위한 그림이라 하고 옛 도읍의 백성 만여 명이 고구려에 투항하였다. 고구려는 그를 연나부(椽那部) 왕으로 봉하여 안치(安置)하였다. 그의 등에 띠와 같은 무늬가 감겨 있어서 락씨(絡氏) 성(姓)을 하사하였고, 뒤에 차츰 자립(自立)하여 개원(開原)에서 무리가 서북(西北) 백랑곡(白狼谷)에 이르러 또 연(燕)나라 근지(近地)에 이르렀고, 문자열제(文咨烈帝)의 명치(明治) 갑술(甲戌, 서기 494년년) 또 그를 나라에서 꺾어 고구려의 연나부(椽那部)에 들임으로 낙 씨(絡氏) 제사까지 끊겼다.

가섭원(迦葉原) 역대표

왕대	왕의 호칭	재위 기간	연력(年歷)
1	왕 해부루(解夫婁)	BC 86년~47년	39년
2	왕 금와(金蛙)	BC 47년~BC 6년	41년
3	왕 대소(帶素)	BC 6년~서기 22년=멸망	28년

이보다 먼저 대해모수(大解慕漱)는 종실(宗室, 왕실 종중)과 수유(須臾, 기 씨 집안)와 밀약(密約)하고 습거(襲據, 습격)하여 고도(故都)를 백악산(白岳山)에서 천왕(天王)이라 칭했다. 젊은 사내들은 사방 경계시키고 모두 청명(聽命, 청

의 명령)으로 모든 장수들은 시봉(是封)받아 승급(陞級)시키고, 수유후(須臾侯) 기비(箕丕)를 권하여 번조선(番朝鮮) 왕으로 봉하고 상하의 운장(雲長)을 지키게 했다.

이때 단군 해모수(檀君解慕漱)를 제1세 단군으로 하여 제6세 단군 고무서(高無胥, BC 238~58년)까지 180년간 북부여(北夫餘)의 수족(手足) 같은 기준(箕準)은 고조선(古朝鮮)을 연나라 위만(衛滿)에게 빼앗기고, 위만의 손자 우거 왕(右渠王)은 앞서 말한 바와 같이 BC 108~107년 한나라 무제(武帝) 유철(劉鐵, BC 141~87)에게 멸망하였다. (상세한 내용은 번한〔番韓〕 ➡ 변조선〔弁朝鮮〕 ➡ 위만조선〔衛滿朝鮮〕 ➡ BC 107년 한무제〔漢武帝〕에 멸망 참조.)

요동반도(遼東半島) 전역을 빼앗기고 남은 땅은 북부여와 동부여(東夫餘)가 남았으며, 마조선(馬朝鮮)의 한반도 일부만 남았던 것이다. 그렇게 되었을 때 북부여를 BC 58년 고주몽이 이어받아 고구려를 세웠고(BC 57년), 진한(辰韓) 남단에 혁거세(赫居世)가 서라벌에서 신라를 세웠으며, 중부지방(中部地方) 마한(馬韓)에서 BC 19년 백제가 일어났다.

마한세가(馬韓世家)

상(上)

　웅호교쟁(熊虎交爭.웅가(熊加)들과 호가(虎加)들이 서로 싸움) 세상(世上)에 환웅천왕(桓雄天王)께서 군림(君臨)하시기 전(前) 구황(九皇.9환의 황제)이 하나가 있었다.

　옛날 이미 우리 환족(桓族)은 묘환(苗桓)이 유목(遊牧)농경(農耕)했던 때에 신시(神市)에 가르침이 열렸다, 다스리기 위하여 적(積)을 하나로 모아 음(陰)은 십거(十鉅)를 세우고 양(陽)은 무궤(無匱)로를 만들고 충(衷)은 여기서 생긴 것이다. 봉황(鳳凰)은 날아 모여들어 백아강(白牙岡)에 살고 선인(仙人)은 법수교(法首橋)로 오고갔으니 법수(法首)는 선인(仙人)의 이름이다.

　사람과 문물(文物)이 어느덧 풍부(豊富)하였으나 때 마침 이때에 이 시간에 자부선생(紫符先生)께서 칠회제신(七回祭神.月火水木金土日 7회신)의 책력(冊曆)을 만드시고 삼황내서문(三皇內書文.수인(首人) 복희(伏羲) 신농(神農)의 글)을 천폐(天陛)에 진상(眞想)하니 천왕(天王)께서 이를 칭찬(稱讚)하였다. 삼청궁(三淸宮)을 세우고 그곳에 거(居)하시게 했으니 공공(共工) 헌원(軒轅) 창힐(倉頡) 대요(大撓)의 무리가 모두 와서 여기서 배웠다. 이에 윷놀이를 만들어 이로써 환역(桓易)을 강연(講演)한 것은 신지(神誌) 혁덕(赫德)이 적은 바로 천부(天符)의 유의(遺意)였다.

옛날 환웅(桓雄)천왕(天王)께서 천하지대비일인(天下之大非一人,천하가 크다함을 아심)이라, 능(能)히 교화(教化)할 수 있는 바가 아니라고 하시며 풍백(風伯) 우사(雨師) 운사(雲師)를 거느리고 곡식(穀食)을 주관(主管)케 하고 생명(生命)을 주관(主管)케 하고 형벌(刑罰)을 주관(主管)케 하고 병(病)을 주관(主管)케 하고 선악(善惡)을 주관(主管)케 하고 세상(世上) 모두 360여사(餘事)를 주관(主管)하시고 책력(冊曆)을 만들어 365일 5시간 48분 46초를 1년으로 하였다,

삼신(三神)일체(一切)를 윗 어른이 남긴 유법(遺法)이다. 고로 삼신(三神)으로써 가르침을 세워 뜻을 펴는 표준(標準)으로 삼았다. 그 글에 말함은 일신(一神)은 충(衷,상충)에 내리고 성(性)은 광명(光明)으로 통(通)하여 세상(世上)에 있으면서 이치(理致)에 따라 교화(教化)하여 스스로 인간(人間)을 널리 이롭게 했다. 이때 부터 소도(蘇塗.제사지내는 제단)가 세워지는 곳마다 환웅(桓雄)의 형상(形象)은 산(山)에서 보기 가능(可能)했고 모두가 산(山)꼭대기 있어 사방(四方)에서 온 백성(百姓)들이 둥글게 모여 있는 언덕에서 떨어져 부락(部落)을 이루고 4집이 한 우물을 썼으며 20분의 1의 세금(稅金)를 내고 해마다 풍년(豐年)이 들어 길에 산더미로 쌓아놓고 마을의 많은 백성(百姓)들이 기뻐 즐거워 태백환무(太白環舞)의 노래를 만들어 전(傳)해졌다.

계속(繼續)하여 치우 씨(蚩尤氏)가 있었다. 구야(九冶,두갈래 창날)를 만들어 광석(廣石)을 캐 철(鐵)을 주조(鑄造)하여 병기(兵器)를 만들고 돌을 날리는 기계(器械)를 만들었으니 이에 천하(天下)에 감(敢)히 그에게 대적(大賊)할 자(者)가 없었다. 때에 헌구(軒丘)가 굴복(屈伏)하지 아니하니 치우씨(蚩尤)는 몸소 군사(軍事)를 거느리고 가서 이를 정벌(征伐)하고자 하여 크게 탁녹(涿鹿)에서 싸웠다. 탁녹(涿鹿)은 지금 산서성(山西省)의 대동부(大同符)이다.

싸움이 있기 전(前)에 탁녹(涿鹿)이 격문(檄文,널리 일반에게 알리는 글)로써 81

종당(宗黨)의 대인(大人)를 소환(召喚)했다.

먼저 치우(蚩尤)의 형상(形像)을 그려서 분포(分包)하면서 목숨을 바칠 것을 맹세(盟誓)하고 하시는 말씀은 다음과 같았다.

그대 헌구(軒丘)야! 짐(朕)의 고(誥)함을 듣거라 태양(日)의 아들은 오직 짐(朕)한 사람뿐이야. 만세(萬世)를 위하고 공통(共統)의 올바른 인간(人間)의 마음을 닦는 맹세(盟誓)를 짖노라!

너 헌구(軒丘)야!

우리의 삼신일체(三神一體) 원리(原理)를 모독(冒瀆)하고 삼륜구서(三倫九誓)를 행(行)하지 않으니 삼신(三神)은 오래 동안 그 더러운 것을 싫어하여 짐(朕) 한 사람에게 명(命)하여 삼신(三神)은 토벌(討伐)을 행(行)하도록 하였으니 너는 일찌감치 마음을 씻어 고쳐서 행동(行動)을 고칠 것이다.

행동(行動)의 자성(自性)은 너에게서 쫓을 것이니 그대의 머릿속에 있음이로다, 만약(萬若) 명령(命令)에 순응(順應)치 않는다면 하늘과 사람이 함께 진노(震怒)하여 그 목숨이 제 목숨이 아닐 것이다. 너 어찌 두렵지 않은가? 라고 했다. 이에 헌구(軒丘)가 평정(平定)되어 복종(僕從)하니 천하(天下)는 우리를 기둥처럼 여기더라.

시(時, 때)에 위자(爲子)가 묘향산(妙香山)에서 은둔생활(隱遁生活)하고 있었는데 그의 학문(學文)은 자부선생(紫符先生)으로부터 나왔다.

지나가다가 웅씨군(熊氏君)을 뵙게 되었는데 군(君)은 나를 방비(防備)하는 도(道)를 청(請)했다 그 대답(對答)은 도(道)의 대원(大原)은 삼신(三神)에서 나왔고

도(道)라고 한 것이 있다면 나타날 수 없는것이며 나타남이 있다면 도

(道)는 아닐것이오

도(道)는 항상(恒常)같은 것이 아니고 수시(隨時,때에따라)로 따르는 것이니, 도(道)의 귀(歸)함이 있는 것이다,

항상 말없는 백성이 편안하기를 이에 말하여 장소에 따라 결실(結實)을 말함이라

그 겉모양이 없으면서 크다함은 속이 없는 것이다, 작은 도(道)는 장소가 없나니 이에 머물지 아니함이라,,

하늘에는 기틀이 있으니 내 마음의 기틀에서 땅을 볼 수 있나니 모양을 본다면 내 몸의 모양이라 사물(四物)에는 재(宰,다스림)에서 알 수 있으니 내 기(氣)가 재(宰,다스림)이라,

이에 (一)을 잡아도 (三)을 머금어 (三)을 모아서 (一)로 돌아가는 것이라,

일신(一神)이 하강(下降)함은 만물(萬物)을 다스림이니 바로 천일(天一)이 생수(生水)하는 도(道)라,

성품(性品)이 광명(光明)에 통합(統合)은 이에 생(生)을 다스림이라,

이에 지이(地二)가 생화(生火)함이 도(道)이니라,

세상에 있는 다스림 역시 마음을 안정시킴이다,

이에 인삼(人三,하늘 땅 사람은)이 생목(生木,나무를 살리는)이라,

대개 대치(大治)에 산신(山神,정기)은 삼계(三界)를 생(生)하였으니 수(水)는 천(天)을 근본(根本)이고 화(火)는 지(地)의 근본(根本)이며 목(木)은 인(人)이 근본(根本)이다, 무릇 목(木)이라는 것은 지(地)에 근본(根本)을 두고 천(天)을 향(向)하였으니 역시(亦是) 인(人)이 지(地)를 밟고 서서 능(能)히 천(天)을 대신(代身)함은 임금께서 옳은 말이여! 하시더라.

단군왕검(檀君王儉)은 천하(天下)를 평정(評定)하시고 삼한(三韓) 관경(觀境)

을 나누시고 곧 웅백다(熊伯多)를 봉(封)하여 마한(馬韓)이라 하였다. 달지국(達支國)에 도읍(都邑)을 정(定)하고 역시(亦是) 백아강(白牙岡)이라 하셨다.

마한산(馬韓山)에 올라가 하늘에 제사(祭祀)지내고 천왕(天王)께서 조서(詔書)를 내려 말씀하시기를 사람이 거울을 보면 그 곱고 미운 것이 저절로 나타난다. 백성(百姓)들이 임금을 보면 그 치란(治亂)은 정치(政治)에 나타난다. 반드시 먼저 형체(形體)를 보고 임금을 보면 반드시 먼저 정치(政治)를 보는 것이라 하시더라,

마한(馬韓)은 글을 올려 말하기를 거룩한 그 말씀이여! 성주(聖主)는 능(能)히 대중(大衆)의 뜻에 따르는 고로 도(道)가 넓고 무능(無能)한 임금은 독선(獨善)을 쓰는 고로 도(道)가 좁사오니 속으로 반성(反省)하여 게으름이 없어야 고 하셨다.

단군왕검(檀君王儉) 51년(BC 2282) 천왕은 운사(雲師)인 배달신(倍達臣)에게 명(命)하여 삼랑성(三郎城)을 혈구(穴口,강화도 마리산)에 쌓고 제천(祭天)의 단(壇)을 마리산(摩璃山)에 조성(造成)했으며 강남(江南)의 장정(壯丁) 8000인(人)이 조역(助役)하였다.

신유(辛酉)(BC 2280년) 3월 천왕은 몸소 마리산(摩利山)으로 행차(行差)하여 하늘에 제사(祭祀)지냈다. 웅백다(熊伯多.마한의 임금)가 재위(在位)55년에 죽으니 아들 노덕리(盧德利) 즉위(即位)하였다. 노덕리(盧德利)가 죽으니 그의 아들 불여래(弗如來)가 즉위(即位)하였다. 이때가 단군부루(檀君扶婁.제2세단군) 12년(BC 2228) 가을 10월이다, 명(命)을 내려 칠회(七回.7차례)의 책력(冊曆.달력)을 백성(百姓)들에게 나누어 주었다. 이듬해 봄(BC 2227) 3월 처음 백성(百姓)들을 가르치고 버들나무를 백아강(白牙岡)에 심고 도정(都亭)을 지었다.

병진년(BC 2223)에 삼일신고(三一神誥)의 비(碑)를 새겨 남산(南山)에 세우게 했다.

경신년(庚申年)(BC 2219)에 도전(稻田.논)을 일구고

기해(己亥) 2206)년에 소도(蘇塗)를 세우고 삼륜구서(三倫九誓.3가지 윤리와 9가지 약속)를 교화(敎化)하여 치화(治化)로 크게 행(行)하여 다스렸다.

단군(檀君) 가륵(嘉勒) 3년(三年) (BC 2180년) 불여래(弗如來.마한왕)가 죽고 아들 두라문(杜羅門)이 즉위(卽位)했다.

을사(乙巳) (BC 2176) 9월 천왕(天王)께서 칙서(勅書)를 내려 말씀하시기를 천하(天下)의 대본(大本)은 우리마음 중심(中心)속에 있다니

사람이 중심(中心)을 잃으면 일이 성취(成就)되지 아니하고 물건(物件)도 중심(中心)을 잃으면 물체(物體)는 뒤죽 박죽 되나니 임금의 마음까지 오직 위태(危殆)롭고 무리의 마음이 오직 작아질 것이다. 전인(全人.知 情 意)가 원만(圓滿)한 사람은 통찰(通察)하여 중심(中心)에서 잃고 말았으니 그런 후에야 균일(均一)하게 정(定)한 것이다.

생각하고 생각한 가운데 하나의 도(道)에 위하면 어버이는 마땅히 아들을 사랑하고 아들은 마땅히 효도(孝道)하고 임금은 마땅히 정의(正義)롭고 신하(臣下)는 마땅히 충성(忠誠)하고 부부(夫婦)는 서로 존경(尊敬)해야 하고 형제(兄弟)는 마땅히 서로 사랑할지라.

늙은이와 젊은이는 마땅히 질서(秩序)가 있고 붕우(朋友)는 마땅히 믿음이 있어야 할지라. 식신(飾身) 공검(恭儉) 수학(修學) 연업(鍊業) 계지(啓智) 발능(發能) 홍익(弘益)은 서로 힘쓰고 성기(成己) 자유(自由) 개물(開物)은 평등(平等)하면 천하(天下)는 스스로 맡기게 되어 마땅히 국가(國家)의 대통(大統)을 존중(尊重)하여 헌법(憲法)을 지키고 각자(各自)가 나아가 그 직장(職場)에 부지런히 산업(産業)을 보전(保全)할지라.

그래야 국가(國家)에 일이 있으면 내 몸을 던져 정의(定意)에 따르며 힘께 나아가면 세상만사(世上萬事)에 무강(武剛)한 나라를 이룸에 큰 힘이 되는

것이다.

이에 짐(朕)은 너희들이 참여한 나라와 사람은 성(聖)스럽고 성(聖)스러운 옷을 입고 패(佩)를 차고 바꾸는 일이 거의 없었다. 모두가 완전(完全)하고 확실(確實)함에 이르렀는데 어찌 그 공경(恭敬)함을 잊겠나이까.

두라문(杜羅門)이 죽고 아들 을불리(乙弗利)가 즉위(卽位)했다. 을불리(乙弗利)가 죽으니 아들 근우지(近于支)가 즉위(卽位)하였다. 이때가 단군(檀君)오사구(烏斯丘.제4세단군) 을유년(乙酉年) (BC 2136)이다.

경인년(庚寅年) (BC 2135)에 30인(人)을 파견(派遣)하여 살수(薩水)에서 선박(船泊)을 만들게 했다. 진한(辰韓)의 남해안(南海岸)에는 임자년(壬子年) (BC 2128)에 한(韓)은 명(命)을 받아 상춘(常春)에 들어가 구월산(九月山)에서 삼신제(三神祭)를 도왔다. 10월에 이궁(離宮.궁궐을 옮김)하게 하여 모란봉(牧丹峯) 중턱 기슭기에 세워 천왕(天王)이 순주(巡駐)하다가 머무는 장소(場所)를 삼았다.

3월이 될 때마다 마한(馬韓)에 명(命)하여 열무(閱武.열병)하고 밭을 갈고 사냥하게 하고 16일에는 기린굴(麒麟窟)에서 제천(祭天.하늘에 제사)지내고 급의(皂衣.검은 옷)를 하사(下賜)하여 가관(加冠)의 례(禮)를 행(行)하고 노래 부르고 춤을 추며 가면(假面)놀이와 곡예(曲藝), 요술(妖術)을 하고 마쳤다.

갑인년(甲寅年) (BC 1987) 근우지(近于支, 마한왕)가 죽고 아들 을우지(乙于支)가 즉위(卽位)하였고 을우지(乙于支)가 죽으니 동생(同生) 궁호(弓戶)가 즉위(卽位)했다. 궁호(弓戶)가 죽었는데 후사(後嗣)가 없어서 두라문(杜羅門.초대 마한왕)의 동생(同生) 두라시(杜羅時)의 증손(曾孫) 막연(莫延)이 명(命)을 받아 마한(馬韓)의 왕위(王位)를 계승(繼承)하였다.

무신년(戊申年) (BC 1987) 단군(檀君) 우서한(于西翰.제8세단군)께서 백아강(白

牙岡)에 머무르면서 명(命)하여 땅을 갈라 밭을 주면서 4가문(家門)을 1구(區)로 만들게 하시고 각구(各區)는 일승(一乘.수레하나)을 내서 향토(鄕土)를 지키도록 했다. 임인년(壬寅年) (BC 1939)에 막년(莫延.마한왕)이 죽었으므로 동생(同生) 아화(阿火)가 즉위(卽位)했다. 때에 단군(檀君) 도해(道奚.제11세단군)가 날카로웠던 점(點)을 개화(開化)하고 평등(平等)하게 다스리도록 명(命)을 내려 대시전(大始殿)을 대성산(大聖山)에 세우고 대동강(大同江)에 큰 다리를 만들어 삼홀(三忽)로 전(佺)을 삼아 경당(扃堂)을 설치(設置)하여 칠회제신(七回祭神.일곱차례 제사)의 의식(儀式)을 정(定)하고 삼륜구서(三倫九誓.3가지 윤리와 9가지 맹세)의 가르침을 강론(講論)하게 하였다. 한도(桓道)의 문명(文明)이 번성(繁盛)함은 먼 외역(外役)까지 들어서 하(夏)나라 임금 근(厪)이 사신(使臣)을 보내 특산물(特産物)을 바쳤다.

정사년(丁巳年) (BC 1864) 아화(阿火)가 죽으니 아들 사리(沙里)가 즉위(卽位)했다. 사리(沙里)가 죽어서 아우 아리(阿里)가 즉위(卽位)하고 단군고불(檀君古弗).제12세단군)때라,

을묘년(乙卯年) (BC 1806) 아리(阿里)가 죽고 아들 갈지(曷智)가 즉위(卽位)했다. 갈(曷智)가 죽었는데 단군(檀君) 대음제(代音祭.제15세단군)때라,

무신년(戊申年) (BC 1633) 아들 을아(乙阿)가 즉위(卽位)했다

기유년(己酉年) (BC 1631) 탐모라(耽牟羅) 사람이 말 30필(匹)을 바쳐왔다.

을아(乙阿)가 죽고 단군(檀君) 여을(余乙.제17세단군) 신미년(辛未年) (BC 1550) 아들 두막해(豆莫亥)가 즉위(卽位)했다.

임신년(壬申年) (BC 1549) 3월 16일 천왕(天王)께서 몸소 마리산(摩璃山)에 행차(行差)하시어 삼신(三神) 참성단(塹城壇)에서 제사(祭祀)지내셨는데 하(夏)나라 임금 외임(外壬)이 사신(使臣)을 파견(派遣)시켜 제사(祭祀)를 도왔다. 두막

해(豆莫亥)가 죽었는데

기축년(己丑年) (BC 1532)에 아들 독노(瀆盧)가 즉위(卽位)하였다. 독노(瀆盧)가 죽고 아들 아루(阿婁)가 섰다가 단군(檀君)고홀(固忽.제20세단군)때라,

경오(庚午)년 아들 아루(阿婁)가 즉위(卽位)하고 아루(阿婁)가 죽어서

무오년(戊午年) (BC 1371) 동생 아라사(阿羅斯) 즉위(卽位)했다. 이 해에 고등(高登)이 반란(反亂)을 일으켜 개성(開城)에 의지(依支)하면서 천왕(天王)에게 항명(抗命)하였다. 마한(馬韓)이 군사(軍事)를 일으켜 토벌(討伐)하고자 하여 홍석령(紅石領)의 경계(境界)지점(地點)에 이르렀는데 천왕(天王)께서 고등(高登)을 용서(容恕)하고 우현왕(右賢王)으로 삼았으므로 토벌(討伐)을 중지(中止)했다.

을미년(乙未年) (BC 1346)에 천왕(天王)은 해성(海城)에서 욕살(褥薩.종족 벼슬명) 서우여(徐于餘)를 타이름이 불가(不可)하여 허락(許諾)하지 아니하고 색불루(索弗婁.현우의 아들)이 즉위(卽位)하고 마한(馬韓)의 군사(軍事)를 정돈(整頓)하여 몸소 이끌고 나가 해성(海城)에서 싸워 지고 돌아오지 못했다

하(下)

단군(檀君)색불루(索弗婁.제22세 단군)은 아버지 손으로 이룬 병력(兵力)을 계승(繼承)하여 장악(掌握)하니 진한(辰韓)은 스스로 무너지고 이한(二韓)은 한 번을 승리(勝利) 못하고 모두 패멸(敗滅)했다. 전제(前帝)는 사람을 심부름시켜 옥책(玉冊)과 국보(國寶.국인)를 전(傳)하여 양위(讓位)하였다.

신제(新帝)는 백악산(白岳山)에 도읍(都邑)을 세우니 여러 욕살(褥薩.종족)들이 반대(反對)하여 다스리지 못했는데 여원홍(黎元興)과 개천영(蓋天齡)등이 부름을 받아 설득(說得)시켜 이에 욕살(褥薩)모두를 필복(畢服)시켰다.

병신(丙申) (BC 1285) 단군(檀君) 색불루(索弗婁.제22세 단군) 원년(元年) 정월(正月) 녹산(鹿山)에서 즉위(卽位)하고 나아가 이를 백악산아사달(白岳山阿斯達)이라 하고

3월에 조서(詔書)를 내려 말씀하기를,

너에게 아사달(阿斯達)에 사람을 보내 옥책(玉冊)과 국보(國寶)를 전(傳)해 전제(前帝)는 선양(禪讓)하노라 이제 이름을 세습(世習)하여 존귀(尊貴)하도다. 크고 거대(巨大)한 안(安)의 산천(山川)은 이미 그 이름이 장부(帳簿)에 돌아와 있다. 장(帳)

제천(祭天)의 례(禮)는 국전(國典)에 당연(當然)히 존재(存在)하고 남용(濫用)은 불가(不可)함이다

옛날 반드시 불러들여 결실(結實)를 달성(達成)한 성의(誠意)와 경의(敬意)하옵고 다하고자 하는 자(者)는 이제 마땅히 제사(祭祀)를 환영(歡迎)하여 이전(以前)의 제물(祭物)들을 골라 삼가신(三嘉神)의 영역(營域)을 깨끗이 하고 청결(淸潔)히 한 후 성폐(牲幣.제물)를 삼신(三神)께 바쳐 보답(報答)할지니라.

이에 제(帝)는 재(齋)를 택(擇)하여 7일 동안 가르쳐서 여원흥(黎元興)에게 향축(香祝)을 이르게 하고 16일간 이른 아침 경행(敬行) 축사(祝辭)를 봉향(奉享)하기를 하고 삼한(三韓) 백두산(白頭山)의 천단(天壇)에서 제사(祭祀)를 행(行)하고 단제(檀帝)가 몸소 백악산(白岳山) 아사달(阿斯達)에 제사(祭祀)를 지냈다.

그 백두산(白頭山)의 서고문(誓告文)의 말씀

짐(朕) 소자(小子) 단군(檀君) 색불루(索弗婁)는 손을 모아 머리가 땅에 닿

게 절하옵니다. 친(親)히 천제(天帝)의 아들로서 나를 스스로 닦고 이로써 백성(百姓)에 미치게 하여 반듯이 스스로 제천(祭天.하늘에 제사)지내고 공경(恭敬)하겠나이다.

황상(皇上.전황)은 삼신(三神)의 밝은 명(命)을 받으시고 큰 덕(德)으로 은혜를 함께 베풀어서 이미 삼한(三韓) 오만리(五萬里)의 땅을 주시고 더 하여 사람들에게 널리 홍익인간(弘益人間.널리 인간을 이롭게 하라)을 베풀어 누리게 하였으므로 마한(馬韓)의 려원홍(黎元興)을 보내어 삼신일체(三神一體) 상제(上帝)의 단(壇)에서 제사(祭祀)를 올렸습니다,

신(神)의 몸은 그 밝고도 밝으신 지라 물건(物件)을 남겨 줌이 없사오며 재실(齋室)을 청결(淸潔)하고, 제물(祭物)로서 정성(精誠)드려 묵념(默念)하고 바쳐 올리오니 내려시어 흠향(歆饗)하옵시고 말없이 도우시옵소서 반드시 새 임금의 기틀을 도우시소서!

세세(歲歲)도록 삼한(三韓)이 천만년(千萬年) 무강(無疆)한 왕업(王業)을 보전(保全)하고 해마다 곡식(穀食)이 풍성(豊盛)하여 나라는 부강(富强)하고 백성(百姓)은 풍족(豐足)하게 하옵소서 바라 옵진대 밝으신 우리의 성제(聖帝)시여, 나를 비워서 만물(萬物)이 있기를 염원(念願)하나이다! ,라고 하였다,

오월(五月) 제도(制度)를 개정(改正)하여 삼한(三韓)을 삼조선(三朝鮮)이라 하였고 조선(朝鮮)관경(管境)이라 말했다. 진조선(眞朝鮮)은 천왕(天王)이 몸소 다스리고 땅은 곧 옛날의 진한(辰韓)대로 하고

정치(政治)는 천왕(天王)이 친(親)히 다스리도록 하였으니 삼한(三韓)이 모두 하나같이 통취령(統就令)에 따랐다

여원홍(黎元興)에게 명(命)하여 마한(馬韓)이 되어 막조선(莫朝鮮)으로 다스리게 하고 서우여(徐于餘)는 하여금 번한(番韓)을 번조선(番朝鮮)으로 다스리게 하였다. 이를 통(通)틀어 이름하여 단군관경(檀君觀境)이라 하였고 이 법

칙(法則)을 진국사(辰國史)에서 단군조선(檀君朝鮮)이라 함이다.

원흥(元興)이 이미 대명(大命)을 받아 대동강(大同江)에 진(鎭)을 지키고 모두 칭(稱)함을 왕검성(王儉城)이라 하였다. 천왕(天王) 또한 매년(每年) 봄에는 반듯이 마한(馬韓)에 머무시며 백성(百姓)이 근면(勤勉)하기를 정치(政治)로써 장려(獎勵)하였으니 이에 자공후렴(藉供後斂.나라에 이바지함을 빙자하여 무거운 세금)의 폐단(弊端)을 근절(根絶)하였다. 이보다 먼저 조서(詔書)말씀에 의(依)하면 오직 짐(朕) 한 사람을 공양(供養)하기 위해 백성(百姓)들이 번거로우면 정치(政治)가 없다 할 것이고 이를 거울삼아야 하고

정치(政治)가 없으면 임금이 어찌 쓸모 있으리라 엄(嚴)하게 명(命)하여 능(能)히 지켰다.

무자(戊子) (BC 1233년) 마한(馬韓)은 명(命)을 받고 도읍(都邑)에 들어와 간언(諫言.거슬린 말)하기를 도읍(都邑)을 영고탑(寧古塔)으로 옮기라고 하였는데 불가(不可)하다고 하시며 이에 따르지 않했다. 여원흥(黎元興)이 죽으니

기축년(己丑年) (BC 1232) 아들 아실(阿實)이 즉위(卽位)하였고 아실(阿實)이 죽으니 동생(同生) 아도(阿闍)가 즉위(卽位)했다.

기묘년(己卯年) (BC 1216)에는 은(殷)나라가 망(亡)했다. 3년 후(後)

신사년(辛巳年) (BC 1214)에 아들 서여(胥餘)가 거처(居處)를 태행산(太行山) 서북(西北)땅에 갔는데 막조선(莫朝鮮)은 이를 듣고 모든 주(州)와 군(君)을 순심(巡審.챙겨봄)하고 열병(閱兵)을 하고 돌아왔다. 아도(阿闍)가 죽고

경술(庚戌) (BC 1184) 아들 아화(阿火)가 즉위(卽位)하였고 아화(阿火)가 죽으니

병술년(丙戌年) (BC 1148)에 동생(同生) 아사지(阿斯智)가 즉위(卽位)했다. 아사지(阿斯智)가 죽고 단군(檀君) 마휴(摩休.제29세단군)

정해년(丁亥年) (BC 925)에 형(兄)의 아들 아리손(阿里遜)이 즉위(卽位)했다.

아리손(阿里遜)이 죽으니 아들 소이(所伊)가 즉위(卽位)했고 소이(所伊)가 죽으니

정해년(丁亥年) (BC 634) 아들 사우(斯虞)가 즉위(卽位)했다.

무자년(戊子年)(BC 589)에 주(周)나라 왕(王) 의구(宜臼)가 사신(使臣)을 보내 신년(新年)을 축하(祝賀)했다. 사우(斯虞)가 죽어서

갑진년(甲辰年) (BC 573)에 아들 궁홀(弓忽)이 즉위(卽位)하더니

갑인년(甲寅年) (BC 563) 협아후(狹野侯)에게 명(命)하여 전선(戰船)500척(隻)을 이끌고 가서 해도(海島)을 쳐서 왜인(倭人)의 반란(反亂)을 평정(平定)하도록 했다. 궁홀(弓忽)이 죽으니 아들 동기(東杞)가 즉위(卽位)하였고 동기(東杞)가 죽자 단군(檀君) 다물(多勿.제38세단군)때

계유년(癸酉年) (BC 588)에 아들 다도(多都)가 즉위(卽位)했다. 다도(多都)가 죽자

임진년(壬辰年) (BC 569)에 아들 사라(斯羅)가 즉위(卽位)하였고 사라(斯羅)가 죽자 아들 가섭라(迦葉羅)가 즉위(卽位)했다. 가섭라(迦葉羅)가 죽으니 아들 가리(加利)가 즉위(卽位)하였는데

을묘년(乙卯年) (BC 485)에 융안(隆安)의 사냥군 수만(數萬)이 모반(謀反)을 일으켜 관병(官兵)이 싸울 때 마다 패(敗)하여 심(甚)히 급(急)하게 되었을 때 적(敵)이 도성(都城)에 쳐들어와서 가리(加利)가 출전(出戰)하여 화살에 맞아 죽었다.

병진년(丙辰年) (BC 484) 상장군(上將軍) 구물(丘勿)이 드디어 사냥꾼들의 두목(頭目) 우화충(于和沖)을 죽여버리고 도성(都城)을 장당경(藏唐京)으로 옮겼다. 이보다 먼저 가리(加利)의 손자(孫子)라는 이유(理由)로 전나(典奈)가 들어가 막조선(莫朝鮮)을 계승(繼承)하여 이때부터 정치(政治)가 날로 쇠퇴(衰退)하였다.

전나(典奈)가 죽고 아들 진을례(進乙禮)가 즉위(卽位)했다. 진을례(進乙禮)가

죽으니

을묘년(乙卯年) (BC 425)에 아들 맹남(孟男)이 즉위(卽位)했다

무술년(戊戌年) (BC 382) 수수(須叟)의 사람 기후(箕詡.기자의 후손)이 병력(兵力)을 이끌고 번한(番韓)에 들어와서 자리 잡고 자칭(自稱)하여 번조선(番朝鮮) 왕(王)이라 했다. 연(燕)나라는 사신(使臣)을 보내와 우리와 함께 기후(箕詡)를 치자고 했으나 막조선(莫朝鮮)이 따르지 않았다.

계해(癸亥) (BC 238년) 단군(檀君) 고열가(高烈加. 제47세단군)이 드디어 왕위(王位)를 버리고 아사달(阿斯達)에 들어갔다. 진(眞)은 조선(朝鮮)을 섭정(攝政)하고 오가(五加)들이 정치(政治)를 회복(回復) 못 하고 종말(終末)을 맞았다.

마한(馬韓)세가(世家)역대

왕대	왕명	재위기간	왕대	왕명	재위기간
1	웅백다	BC2332~2277	19	여원흥	BC1285~1232
2	노덕리	BC2277~2229	20	아실	
3	불여래	BC2229~2180	21	아도	
4	두라문		22	아화지	BC1091~1055
5	을불리		23	아사지	BC1055~934
6	근우지	BC2136~2107	24	아리손	
7	을우지		25	소이	
8	궁호		26	사로	~BC754
9	막연	~ BC1939	27	궁홀	BC754~677
10	아화	~BC1924	28	동기	
11	사리	~BC1806	29	다도	~ BC588
12	아리	~BC1716	30	사라	BC588~509
13	갈지		31	가섭라	

14	을아	BC1633~1550	32	가리	
15	두막해	BC1550~1496	33	견나	
16	독로		34	진을래	~BC366
17	아루	BC1371~1287	35	맹남	BC366~238
18	아라사	BC1287~1285			

번한세가(番韓世家)

치우천왕(蚩尤天王)은 서쪽으로 탁예(涿芮)를 남쪽으로 회대(淮岱)를 평정(平定)하고 산(山)을 뚫고 길을 통(通)하니 땅 넓이가 만리(萬里)에 이르렀다.

단군왕검(檀君王儉)은 당요(唐堯.요(堯)임금)과 나란히 같은 세상(世上)이었다.

요(堯)임금의 덕(德)이 날로 쇠퇴(衰退)하자 서로 땅을 다투는 일이 쉬지 않았다.

천왕(天王)은 우순(虞舜. 우(虞)나라 순(舜)임금)에 명(命)하여 땅을 나누어 다스리도록 병력(兵力)을 파견(派遣)하여 주둔(駐屯)시키고 함께 당요(唐堯)를 공벌(共伐)하기로 약속(約束)하니 요(堯)임금이 힘이 굽혀서 순(舜)임금에게 의지(依支)해 생명(生命)을 보전(保全)하고 나라를 양보(讓步)했다.

이에 순(舜)임금의 부자(父子) 형제(兄弟)가 다시 돌아와 같은 집에 살게 되었으니 아마도 나라를 다스리는 길은 죽은 아비께 공경(恭敬)함을 앞세운 것이다

9년 홍수(洪水)피해(被害)로 만백성(萬百姓)까지 이에 미쳐서 단군왕검(檀君王儉)은 태자(太子)부루(扶婁)를 보내서 순(舜)임금과 약속(約束)하고 불러들여 도산(塗山)에서 만나고 순(舜)임금은 사공(司公)인 우(禹)를 파견(派遣)하였고 우리는 이를 받아들여 오행치수(五行治水)의 할 일을 법(法)으로 정(定)하여 이에 우(虞)나라에서 설치(設置)하고 감독(監督)함은 낭야성(琅耶城)에 두기로 결정(決定)하고 구려(九黎. 9부족)의 정치(政治)분리(分離)를 의논(議論)하

여 곳곳에 즉서(卽書)를 내렸다. 동순(東巡) 길에 차례(次例)로 기다리는 동후(東后)를 찾아주고 이곳 진국(辰國)은 천제(天帝)의 아들이 다스리는 곳이다. 고(故)로 5년마다 순방(巡訪)하여 낭야(琅耶)에 1번씩 이른다.

순(舜)의 제후(諸侯)는 고(故)로 아침에 뵙기를 네 번이다.

이는 단군왕검(檀君王儉)은 치우(蚩尤)의 후손(後孫)가운데 지모(智謀)가 있었으므로 용역(用役)이 뛰어난 자(者)를 번한(番韓)의 험독(險瀆)에 부(府)를 세우게 하여 지금도 역시(亦是) 이곳을 왕검성(王儉城)이라 한다.

치두남(蚩頭男)은 치우천왕(蚩尤天王)의 후손(後孫)으로 용기(勇氣)와 지혜(智惠)가 분명(分明)하여 세상(世上)에 소문난 사람이였다. 단군(檀君)이 곧 불러보시고 이를 기이(奇異)하게 여기시고 곧 그를 번한(番韓)을 거느리고 우(虞)나라를 감시(監視) 겸직(兼職)케 했다.

경자년(庚子年) (BC 2301)에 요중(遼中)에 12개 성(城)을 쌓았는데 험독(險瀆) 령지(令支) 탕지(湯池) 용도(桶道) 거용(渠鄘) 한성(汗城) 개평(蓋平) 대방(帶方) 백제(百濟) 장령(長嶺) 갈산(碣山) 려성(黎城) 등이다.

치두남(蚩頭男)이 죽고 아들 낭사(琅邪)가 즉위(卽位)했다. 이 해 경인년(庚寅年) (BC 2251) 3월 가한성(可汗城)을 개축(改築)한 것은 우(虞)나라에 대비(對備)한 것이며 가한성(可汗城)을 일명(一名) 낭사성(琅邪城)이라 함은 번한(番韓)의 낭사(琅邪)에 세워졌기 때문이다.

갑술년(甲戌年) (BC 2266) 태자(太子) 부루(扶婁)는 명(命)을 받들어 도산(塗山)으로 가는 길에 반달동안 낭사(琅邪)의 반월(半月)에 머물고 살면서 민정(民情)을 청문(廳問)했다,

우순(虞舜,중국왕조) 또한 사악(四岳.4제후)를 거느리고 치수(治水)의 여러 일들을 보고하였다. 번한(番韓)은 태자(太子)의 명(命)을 받고 국경내(國境內) 문(門)을 닫고 경당(敬堂)을 크게 일으켜 물리치고 삼신(三神)을 태산(泰山)에서

제사(祭祀) 지내도록 하였다. 이로부터 이에 스스로 삼신고속(三神古俗. 삼신을 받드는 옛풍속)을 회(淮)와 대(岱)사이 지방(地方)의 대행사(大行事)였다.

태자(太子)는 도산(塗山)에 이르러 회의(會議)를 주재(主宰)하고 번한(番韓)의 다스림에 인(因)하여 우(虞)나라 사공(司空)에게 이르러 말씀하시기를 나는 북극(北極) 수정(水精)의 아들이니라. 여후(汝后)가 나에게 물의 범람을 막고 자함과 땅을 건지고 백성(百姓)을 구원(救援)함을 지도(指導)를 청(請)했는데, 삼신상제(三神上帝)는 내가 가서 돕는 것을 기꺼워하시므로 내가 온 것이라.

천자(天子)의 땅에 전문(篆文. 골서글체)이 새겨진 천부(天符. 하늘의 증표) 왕인(王印. 임금님의 옥쇄)를 증표(證票)를 보이시면서 말씀하셨다. 패(佩. 직책이 새겨진 증표)를 패용(佩用)하면 지넘이 능(能)하지 않고 험준(險峻)하고 위태(危殆)로움과 흉(凶)함을 만나도 피해(被害)가 없을 것이다. 또 신침(神針.눈금있는 말뚝) 하나가 있어 능(能)히 물이 깊고 얕음을 측정(測程)하는데 쓰임이고 변화(變化)가 없으면 무궁(無窮)할 것이라 하였다.또 황거종(皇秬倧. 검은 보물함)의 보물(寶物)이 있어 험요(險要. 위험을 요함)의 물이라도 진압(鎭壓)시켜 영원(永遠)토록 편안(便安)하리라 하시고 또 이 삼보(三寶)를 어김없이 그대에게 주노라 하시면서 천제(天帝) 아들의 대훈(大訓)에 어긋남이 없어야 큰 공(功)을 이룰 것이니라,

이에 우(虞)나라 사공(司空,삼공벼슬)이 369배(拜)하고 나아가 말씀 하시를, 천제(天帝)의 아들 명(命)하여 근행(勤行, 부지런히 일함)하라 히시고 우리 우(虞)나라 순(舜)임금의 정치적(政治的) 도움이 클 것이라 하셨다.

이에 삼신(三神)에 보답(報答)하니 어찌 극진(極盡)하지 않겠소이까? 스스로 태자(太子)부루(扶婁)로부터 금간옥첩(金簡玉牒)를 받으니 진실(眞實)한 기밀(機密)을 생각(生覺)건대 오행(五行)은 치수(治水)의 요결(要訣)이었다.

태자(太子)께서 구려(九黎)를 도산(塗山)에 모으고 우(虞)나라 순(舜)임금께

명(命)하여 곧 우공(虞貢.우(虞)나라 공물)를 구체적(具體的)으로 보고(報告)하도록 하고 지금 여기서 우공(禹貢)을 공개(公開)하고 이것이라고 하였다.

낭사(琅邪)가 죽어서

계묘년(癸卯年) (BC 2259) 아들 물길(勿吉)이 즉위(卽位)하고 물길(勿吉)이 죽어서

갑오년(甲午年) (BC 2190) 아들 애친(愛親)이 즉위(卽位)했고 애친(愛親)이 죽어서 아들 도무(道茂)가 즉위(卽位)했고 도무(道茂)가 죽어서

계해년(癸亥年) (BC 2099) 아들 호갑(虎甲)이 즉위(卽位)했고

정축년(丁丑年) (BC 2084)에 천왕(天王.제5세 단군구을)께서 순시(巡視)하시어 송양(松壤)에 이르러 병(病)을 얻어 붕어(崩御)하셔서 번한(番韓)은 사람을 보내 문상(問喪)하고 치안(治安)군사(軍事)를 나누어 계엄(戒嚴)하였다. 호갑(虎甲)이 죽었을 때 단군(檀君) 달문(達門.제6세 단군) 때,

기축년(己丑年) (BC 2072) 아들 오라(烏羅)가 즉위(卽位)했다.

갑신년(甲申年) (BC 2017) 하(夏)나라 왕(王) 소강(少康)이 사신(使臣)을 보내 단군(檀君) 한율(翰栗제7세 단군)때 새해 인사(人事)를 올렸다. 오라(烏羅)가 죽어서

병술년(丙戌年) (BC 2015) 아들 이조(伊朝)가 즉위(卽位)했다.

이조(伊朝)가 죽어서 단군(檀君) 아술(阿述.제9세 단군)

병인년(丙寅年) (BC 1975)에 동생(同生) 거세(居世)가 즉위(卽位)했다.거세(居世)가 죽어서

신사년(辛巳年) (BC 1960), 아들 자오사(慈烏斯)가 즉위(卽位)했다.

자오사(慈烏斯)가 죽어서

을미년(乙未年) (BC 1946) 아들 산신(散新)이 즉위(卽位)했다. 산신(散新)이 죽어서

무자년(戊子年) (BC 1892) 아들 계전(季佺)이 즉위(卽位)했다.

경인년(庚寅年) (BC 1890) 명(命)을 만나 삼신단(三神壇)을 탕지산(湯池山)에 설치(設置)하고 관리(官吏)들의 집을 옮기게 하였다. 탕지(湯池)는 옛날 안덕 향(安德鄉)이다. 계전(季佺)이 죽어서

정사년(丁巳年) (BC 1863) 아들 백전(伯佺)이 즉위(卽位)했고

백전(伯佺)이 죽어서

을미년(乙未年) (BC 1825)에 중제(仲弟.가운데 동생) 중전(仲佺)이가 즉위(卽位)했 다. 중전(仲佺)이 죽어서

신묘년(辛卯年) (BC 1769) 아들 소전(少佺)이 즉위(卽位)했다.

갑오년(甲午年) (BC 1766)에 장군(將軍) 치운(蚩雲)을 파견(派遣)하여 탕(湯)을 도와 걸(桀.걸민족)을 치게 했다.

을미년(乙未年) (BC 1765)에 묵태(墨胎)를 파견(派遣)하여 탕(湯)임금이 즉위 (卽位)를 축하(祝賀)했다. 소전(少佺)이 죽어서

갑자년(甲子年) (BC 1736) 아들 사엄(沙奄)이 즉위(卽位)했다. 사엄(沙奄)이 죽 은 뒤 아우 서한(棲韓)이 즉위(卽位)하고 서한(棲韓)이 죽어서

정축년(丁丑年) (BC 1663) 아들 물가(勿駕)가 즉위(卽位)하고 죽었다,

신사년(辛巳年) (BC 1659) 아들 막진(莫眞)이 즉위(卽位)했다. 막진(莫眞)이 죽 어서

정묘년(丁卯年) (BC 1612), 아들 진단(震丹)이 즉위(卽位)했다. 이 해 은(殷)나 라 왕(王) 태무(太戊)가 찾아와서 특산물(特産物)을 바쳤다. 진단(震丹)이 죽 어서

계유년(癸酉年)(BC 1606) 아들 감정(甘丁)이 즉위(卽位)했다.

감정(甘丁)이 죽은 뒤 아들 소밀(蘇密)이 즉위(卽位)하였다.

계사년(癸巳年) (BC 1586)에 은(殷)나라가 조공(朝貢)을 바치지 않으므로 가서 북박(北亳)을 치게 하니 그의 왕(王) 하단갑(河亶甲)이 이에 사죄(謝罪)하였다.

소밀(蘇密)이 죽어서 아들 사두막(沙豆莫)이 즉위(卽位)했다. 사두막(沙豆莫)이 죽어서 계부(繼父) 갑비(甲飛)가 즉위(卽位)했다. 갑비(甲飛)가 죽어서

경신년(庚申年) (BC 1499)에 아들 오립루(烏立婁)가 즉위(卽位)하였고 그 오립루(烏立婁)가 죽어서 아들 서시(徐市)가 즉위(卽位)했다. 그 서시(徐市)도 죽어서

무신년(戊申年) (BC 1391)에 아들 안시(安市)가 즉위(卽位)했다.

안시(安市)가 죽어서 아들 해모라(奚牟羅)가 즉위(卽位)했다.

기축(己丑)년 아들 해모라(奚牟羅)가 죽어 단군(檀君)소태(蘇台.제21세 단군) 5년 (BC 1332) 우사(雨師)인 소정(小丁)을 번한(番韓)에 보출(保出)했다.

생각건대 고등(高登)이 꾀가 많고 슬기로우며 활솜씨와 무리의 용병술(用兵術)이 뛰어났기 때문에 제(帝)에게 권(勸)하여 보출(保出)했을 때 은(殷)나라 왕(王) 무정(武丁)이 군사(軍事)를 일으켜 칠려고 할 때 고등(高登)이 이를 알고 마침내 상장군(上將軍) 서여(西余)와 함께 이들을 격파(擊破)하고 추격(追擊)하여 색도(索度)에 이르렀는데 병사(兵事)를 보내 불 지르고 약탈(掠奪)한 뒤 돌아왔다.

서여(西余)는 북박(北亳)을 습격하여 격파하고 병사들을 탕지산(湯池山)에 주둔(駐屯)케하고 자객(刺客)을 보내 소정(小丁)을 죽이게 한 후 무기(武器)와 갑옷들을 모두 싣고 돌아왔다.

단군(檀君) 색불루(索弗婁.제22세 단군) 초에 삼한(三韓)을 합병(合倂)하고 나라의 제도(制度)를 크게 개혁(改革)했다. 은(殷)나라 왕(王) 무정(武丁)은 사신(使臣)을 파견(派遣)시켜 조공(朝貢)을 약속(約束)했다. 이보다 먼저 서우여(徐于餘)를 폐(廢)하고 서인(庶人)을 삼았는데 서우여(徐于餘)는 숨어서 좌원(坐

原)에 돌아와서 사냥꾼무리 수천인(數千人)과 짜고 군대(軍隊)를 일으키는 것을 개천령(蓋天齡)이 듣고 토벌(討伐)하려다가 패(敗)하여 싸움터에서 죽고 말았다.

단제(檀帝)께서 몸소 삼군(三軍)을 이끌고 토벌(討伐)하러 가면서 이에 먼저 사람을 보내 서우여를 비왕(裨王)에 봉할 것을 약속하고 설득함으로 서우여가 이에 따르므로 단제께서는 서우여(徐于餘)를 번한(番韓. 왕직)으로 삼았다.

기해(己亥) (BC 1282년)에 진조선(辰朝鮮)은 천왕(天王. 단제)의 칙서(勅書.임금이 내리는 훈계문)를 전(傳)하였는데 〈너희들 삼한(三韓)의 무리는 천신(天神)을 위로 받들어야 하고 이에 백성(百姓)들이 스스로 나오게 하여 교화(敎化)하라.〉 했다. 이때부터 백성(百姓)들에게 예의 누에치고 베 짜기와 활쏘기 글 등을 가르쳤으며 백성(百姓)들을 위하여 금팔법(禁八法)을 만들었다.

서로 죽이면 당시(當時) 같이 죽이고 서로 다치게 하면 곡식(穀食)으로 배상(賠償)케 하고 남의 것을 도둑질하면 남자(男子)는 신분(身分)을 무시(無視)해 버리고 그 집의 노예(奴隸)가 되게 하고 여자(女子)는 계집 종(婢)이 되게 하며 소도(蘇塗)를 훼손(毀損)시키는 자(者)는 가두어 두며 예(禮)의를 잃은 자(者)는 군(軍)에 복무(服務)하게 하고 근면(勤勉)하게 노동(勞動)하지 않는 자(者)는 부역(負役)을 시키며 음란(淫亂)한 행동(行動)을 하는 자(者)는 태형(笞刑. 볼기를 때림)으로 다스리고 지키는 자(者)는 훈계(訓戒) 방면(放免)하지만 스스로 속죄(贖罪)하려하면 여러 사람을 모아 놓고 공개(公開)하여 살펴서 수치(羞恥)스럽게 여겨서 결혼(結婚)을 하지 못하게 하고 방면(放免)하게 했다.

이로부터 백성(百姓)들은 서로 도둑질 따위는 하지 않았으니 문을 닫거나 잠그는 일이 없고 부녀자(婦女子)들은 정숙(靜肅)하여 음란(淫亂)하지 않았다. 밭이나 들 도읍지(都邑地)를 막론(莫論)하고 모두가 음식(飮食)을 바쳐 제사(祭祀) 올리니 어질고 겸양(謙讓)하는 풍속(風俗)이 가득했다.

신축년(辛丑年) (BC 1280)에 은(殷)나라 왕(王) 무제(武帝)가 번한(番韓)을 거쳐 천왕(天王)께 글을 올리고 방물(方物)을 바쳤다.

병신(丙申) (BC 1224년)에 서우여가 죽으니 정유(丁酉)년에 아락(阿洛)이 즉위(卽位)하고 그 아락(阿洛)이 죽었다.

정축(丁丑) (BC 1184년)에 솔귀(率歸)가 즉위(卽位) 솔귀(率歸)가 죽었다

갑자(甲子) (BC 1137년)에 임나(任那)가 즉위(卽位)했다.

신미(辛未) (BC 1130년)에 천왕(天王)의 조서(詔書)로써 천단(天壇)을 동교(東郊)에 설치(設置)하고 삼신(三神)께 제사(祭祀)지냈다. 무리들이 둥글게 모여 북치며 그 노래하기는 다음과 같이 놀았다.

精誠(乙奴)天檀築(爲古)=정성(精誠)으로 천단(天壇)을 쌓아
정성 을노 천단축 위고

三神主其祝壽(爲世)=삼신(三神)을 축수(祝壽)하세
삼신주기축수 위세

皇運(乙)祝壽(爲未於)=황운(皇運)을 축수(祝壽)함이여
황운 을 축수 위미어

萬萬歲(魯多)=만만세(萬萬歲)로다
만만세 노다

萬民(乙)睹=만민(萬民)을 돌아봄이여
만민 을 도

羅保美(御)豊年(乙)=날보미 어 풍년(豊年)을
라보미 어 풍년 을

叱居越(爲度多)=즐거워하도다
질거월 위도다

임나(任那)가 죽으니

병신년(丙申年) (BC 1105)에 동생(同生) 노단(魯丹)이 즉위(卽位)했다.

북막(北莫)이 쳐들어와서 노략질 하니 노일소(路日邵)를 보내 토벌(討伐)하고 이를 평정(平定)하였다. 그 노단(魯丹)이 죽었다,

기유년(己酉年) (BC 1092)에 아들 마밀(馬密)이 즉위(卽位)하고 그 마밀(馬密)이 죽어서

정묘년(丁卯年) (BC 1074)에 아들 모불(牟弗)이 즉위(卽位)했다.

을해(乙亥) (BC 1066년)에 감성(監星)을 두었다. 모불(牟弗)이 죽어서

정해(丁亥) (BC 1054년)에 아들 을나(乙那)가 즉위(卽位)하고

갑오(甲午) (BC 1047년) 주(周)나라 왕(王) 하(瑕)가 사신(使臣)을 보내 조공(朝貢)을 바쳤다.

을나(乙那)가 죽으니 정묘(丁卯) (BC 1014년)에 마휴(麻休)가 즉위(卽位)하고 그 마후(麻休)가 죽자

기사(己巳) (BC 1012년)에 동생(同生) 등나(登那)가 즉위(卽位)했다. 이극회(李克會)가 아뢰옵기를 소연대연(小連大連.상례)를 종묘(宗廟)에 세워 3년 상(喪) 제도(制度)를 정(定)하옵기를 주청(奏請)하니 이에 따르셨다. 등나(登那)가 죽어서 무술(戊戌) (BC 983년)에 아들 해수(奚壽)가 즉위(卽位)했다.

임인(壬寅) (BC 968년)에 아들 물한(勿韓)을 보내 구월산(九月山)에 가서 삼성묘(三聖廟)에 제사(祭祀) 지내게 하였으니 아들은 상춘(常春.이른 봄) 주가성(朱家城) 묘(廟)에 갔다. 해수(奚壽)가 죽어서

기묘(己卯) (BC 941년)에 아들 오문루(奧門婁)가 즉위(卽位)했다. 오문루(奧門婁)가 또 죽었다

정묘(丁卯) (BC 893년)에 아들 루사(婁斯)가 즉위(卽位)한 후

무인(戊寅) (BC 882년)년 천자(天子)를 찾아 뵙고 태자(太子) 등올(登屼)과 작은아들 등리(登里)가 별궁(別宮)에서 한가롭게 기거(寄居)함으로 태자(太子) 형제(兄弟)께 바친 노래는 이렇다.

兄(隱伴多是) 弟(乙) 愛(爲古)=형(兄)은 반드시 동생을 사랑하고
형 은 반 다 시 제 을 애 위 고

弟(隱味當希) 兄(乙) 恭敬(爲乙支尼羅)=동생(同生)은 마땅히 형(兄)
제 은 미 당 회 형 을 공 경 위 을 지 니 라
을 공경(恭敬)할지니라

桓常毫毛之事(魯西)=항상(恒常)호모(毫毛) 지사(之事)로써(魯西)
환 상 호 모 지 사 노 서

骨肉之情(乙)傷(厄)勿(爲午)=골육(骨肉)의 정(情)은 상(傷)하지 마오
골 육 지 정 을 상 치 물 위 오
(爲午)

馬(度五希聞)同槽(奚西)食(爲古)=말도 오희려 동조(同槽)해서 먹
마 도 오 회 려 동 조 해 서 식 위 고
이고(爲古)

鴈(度)亦一行(乙)作(爲那尼)=기러기도 역시(亦是) 한 줄로 나니(那
안 도 역 일 행 을 작 위 나 니
尼)

内室(穢西非綠)歡樂(爲古)=내실(内室) 에서 비록(非綠) 환락(歡樂) 위
내 실   에 서 비 록   환 락 위 고
고(爲古)

細言(乙良)愼聽勿(爲午笑)=세언(細言) 을랑(乙良) 진정(愼聽)묻자 위오
세 언 을 양 신 청 물 위 오 소
소(爲午笑)

루사(婁斯)가 죽어서

을미(乙未)(BC 839년)에 아들 이벌(伊伐)이 즉위(卽位)했다.

병신(丙申)년에 한수(漢水)사람 왕문(王文)이 이두법(吏讀法)을 바치니 천왕(天
王)께서 좋다고 하시며 삼한(三韓) 모두에 칙서(勅書)를 내려 시행(施行)하였다,

기미(己未) 상장군(上將軍) 고력(高力)을 파견(派遣) 회군(淮軍)과 합(合)하여
주(周)나라를 패배(敗北)시켰다,이벌(伊伐)이 죽어서 ,

신유(辛酉)년 아들 아륵(阿勒)이 즉위했다

병인(丙寅) (BC 824년) 주(周)나라의 이공(二公)이 사신(使臣)을 보내와 특산
물(特産物)을 바쳤다. 아륵(阿勒)이 죽어서

을축(乙丑) (BC 835년)에 아들 마휴(麻休혹은 麻沐)가 즉위(卽位)했다.

마휴(麻休)가 죽어서

병진(丙辰)년에 아들 다두(多斗)가 즉위(卽位)했다, 다두(多斗)가 죽어서

기축(己丑) (BC 811년)에 아들 나이(奈伊)가 즉위(卽位)했다.

나이(奈伊)가 죽어서

기미(己未) (BC 781년)에 아들 차음(次音)이 즉위(卽位)했다. 차음(次音)이 죽어서

을사(乙巳) (BC 735년)DP 아들 불리(不理)가 즉위(卽位)했다. 불리(不理)가 죽어서

을사(乙巳) (BC 735년)에 아들 여을(餘乙)이 즉위(卽位)했다.

여을(餘乙)이 죽어서

갑술(甲戌) (BC 706년)에 엄루(奄婁)가 즉위(卽位)했다.

무인(戊寅) (BC 702년) 흉노(凶奴)가 번한(番韓)에 사신(使臣)을 파견(派遣)하여 천왕(天王)을 알현(謁見)하고자 청(請)하여 신하(臣下)로 봉(封)함 받고 공물(貢物)을 바치고 돌아갔다 엄루(奄婁)가 죽어서 아들 감위(甘尉)가 즉위(卽位)하고 감위(甘尉)가 죽어서

무신(戊申) (BC 672년)에 아들 술리(述理)가 즉위(卽位)했다. 술리(述理)가 죽어서

무오(戊午) (BC 662년)에 아들 아갑(阿甲)이 즉위(卽位)했다.

경오(庚午) (BC 660년)에 천왕(天王)은 사신(使臣) 고유(高維)를 파견(派遣)하여 먼저 환웅(桓雄) 치우(蚩尤) 단군왕검(檀君王儉)의 삼조(三祖)의 상(像)를 나누어서 이를 관가(官家)에서 모시게 했다.

아갑(阿甲)이 죽어서

계유(癸酉) (BC 647년)에 고태(高台)가 즉위(卽位)했다. 고태(高台)가 죽어서 아들 소태(蘇台)가 즉위(卽位)했다.

정유(丁酉)년 아들 소태(蘇台)가 즉위(卽位)하고 소태(蘇台)가 죽어서

을사(乙巳) (BC 615년)에 아들 마건(馬乾)이 즉위(卽位)했다. 마건(馬乾)이 죽어서

병진(丙辰) (BC 604년)에 천한(天韓)이 즉위(卽位)했다. 천한(天韓)이 죽어서

병인(丙寅) (BC 564년)에 아들 노물(老勿)이 즉위(即位)했다. 노물(老勿)이 죽어서

신사(辛巳) (BC 539년)에 아들 도을(道乙)이 즉위(即位)했다.

계미(癸未) (BC 537년) 노(魯)나라사람 공구(孔丘)는 주(周)나라에 가서 노자(老子) 이이(李耳)에게 례(禮)를 물어 보면서.부친(父親)의 안부(安否)를 물었는데. 이이(李耳)의 아비의 성은 한(韓)이요 이름은 건(乾)이며 그의 선조(先祖)는 풍(風. 한웅시대 복희후예 성씨)의 사람이였다.

뒤에 서(西)쪽으로 관문(官門)을 열고 내몽고(內蒙古)를 굴려서 아유타(阿踰佗)에 이르러 그 백성(百姓)들께 도(道)를 교화(敎化)시켰다. 도을(道乙)이 죽어서

병신(丙申) (BC 524년)에 아들 술휴(述休)가 즉위(即位)했다. 술휴(述休)가 죽어서

경오(庚午) (BC 490년)에 아들 사양(沙良)이 즉위(即位)했다. 사양(沙良)이 죽어서

무자(戊子) (BC 472년)에 아들 지한(地韓)이 즉위(即位)했다. 지한(地韓)이 죽어서

계묘(癸卯) (BC 457년)에 아들 인한(人韓)이 즉위(即位)했다. 인한(人韓)이 죽어서 다.

신사(辛巳) (BC 419년)에 아들 서울(西蔚)이 즉위(即位)했다 서울(西蔚)이 죽어서

병오(丙午) (BC 394년)에 아들 가색(哥索)이 즉위(即位)했다. 가색(哥索)이 죽어서

경진(庚辰) (BC 360년)에 아들 해인(解仁)이 즉위(即位)했다. 일명(一名) 산한(山韓)이라 했는데 이 해 자객(刺客)에게 시해(弑害) 당(當)했다.

신사(辛巳) (BC 359년) 아들 수한(水韓)이가 즉위(即位)했다.

임오(壬午) (BC 358년) 연(燕)나라 사람 배도(倍道)가 쳐들어와서 안촌홀(安村忽)을 공격(攻擊)했다. 또 험독(險瀆)에서도 노략질 하여 수유(須臾)의 사람 기후(箕詡)가 자식(子息)과 제자(弟子)들 5,000인(人)을 데리고 와 싸움을 도왔다. 이에 적군(敵軍) 세력(勢力)이 떨어지더니 곧 진(眞) 번(番) 2한(二韓)의 병력(兵力)과 함께 협격(挾擊)하여 이를 대파(大破)하고 또 한쪽으로 군사(軍事)를 나누어 파견(派遣)하여 계성(薊城)의 남쪽에서도 싸울 준비 중(準備中)에 연(燕)나라가 두려워하며 사신(使臣)을 보내 사과(謝過)하여 대신(大臣)과 자제(子弟)를 인질(人質)로 삼았다.

무술戊戌) (BC 342년)에 수한(水韓)이 죽었는데 후사(後嗣)가 없어서 기후(箕詡)가 명(命)을 받아 군령(軍令)을 대행(代行)했다. 연(燕)나라는 사신(使臣)을 보내 이를 축하(祝賀)했다. 기후(箕詡)도 역시(亦是) 명(命)을 받아 번조선(番朝鮮)의 왕(王)이 됐다.

처음에 번한성(番汗城)에 머무르며 사태(事態)에 대비(對備)했다. 기후(箕詡)가 죽어서

병오(丙午)년 아들 기욱(箕煜)이가 즉위(卽位)했다. 기욱(箕煜)이가 죽어서

신미(辛未) (BC 309년)에 아들 기석(箕釋)이가 즉위(卽位)했다. 이 해 주군(州郡)에 명(命)하여 어질고 지혜(智惠) 있는 자(者)를 추천(推薦)하여 일시(一時)에 선택(選擇)된 자(者)가 270인(人)이 있었다.

기묘년(己卯年) (BC 301) 번한(番韓)이 교외(郊外)에서 몸소 밭을 갈았다.

경술(庚戌) (BC 270년)에 아들 기윤(箕潤)이 즉위했다. 그(기윤)이가 죽어서

기사(己巳)(BC 250년)에 아들 기비(箕丕)가 즉위(卽位)했다. 처음 기비(箕丕)는 종실(宗室)의 해모수(解慕漱)와 밀약(密約)하여 제위(帝位)를 찬탈(簒奪)하려 했으니 열심히 명령(命令)을 받들어 보좌(保佐)했다. 해모수(解慕漱)가 능(能)히 대권(大權)을 쥐게 된 것은 생각건대 기비(箕丕)가 죽어서 아들 기준(箕準준

왕)가 즉위(卽位)하는데

정미년(丁未年) (BC 212)에 떠돌이 도적(盜賊) 위만(衛滿)의 꾀임에 빠져 패
(敗)하고 마땅히 바다로 들어간 후 돌아오지 않았다.

번한(番韓)의 기씨(箕氏) 왕조

무술(戊戌, BC 342년)에 수한(水韓)이 죽었는데 후사가 없어서 기후(箕詡)가
명을 받아 왕의 군령(軍令)을 대행하면서 번한성(番汗城)에 머무르며 사태에
대비하였다. 연나라는 사신을 보내 이를 축하했다. 기후도 역시 명을 받
아 번조선(番朝鮮)의 왕이 되었다. 기후가 죽어서 아들 기욱(箕煜)이가 즉위
했다. 기욱이가 죽어서 신미(辛未, BC 309년)에 아들 기석(箕釋)이가 즉위했
다. 이 해 주군(主君)에 명하여 어질고 지혜 있는 자를 추천)하여 일시에
선택된 자가 270인이 있었다.

기묘년(己卯年, BC 301년) 번한이 교외(郊外)에서 몸소 밭을 갈았다. 을유년
(乙酉年, BC 295년) 연나라가 사신을 파견 보내 조공을 바쳤다. 기석이가 죽
어서 경술(庚戌, BC 270년)에 아들 기윤(箕潤)이 즉위했다. 기윤이가 죽어서
기사(己巳, BC 250년)에 아들 기비(箕丕)가 즉위하고, 처음 기비는 종실(宗室)
의 해모수(解慕漱)와 밀약하여 제위(帝位)를 찬탈하려 했으니 열심히 명령
을 받들어 보좌하였다. 하여 해모수가 능히 대권(大權)을 쥐게 된 것이다.

생각건대 기비가 죽어서 아들 기준(箕準, 준왕)이가 즉위하는데, 정미년(丁
未年, BC 212년)에 떠돌이 도적 위만(衛滿)의 꾀임에 빠져 패하고 마땅히 바다
로 들어간 후 돌아오지 않았다. 기준 왕(箕準王)은 본성이 인자하고, 오직
태평성대(太平聖代)로 백성들이 살기 좋았으나 너무도 귀가 얇아서 남의 말
을 잘 믿는 성격이라서, 연나라에서 온 위만(衛滿)의 지식(知識)을 존경하여

궁실(宮室) 박사로 맞아들였다. 위만은 왕께 간언하기를, "궐(밖에 들리는 동요(童謠)에 이하면 어떤 반정(反政)의 무리가 거병(擧兵)하고 있다는 소문이 파다하옵니다. 신(臣)이 무장(武裝)하고 그 소문을 찾아서 토벌하고자 합니다" 하고 고(告)한 다음 자신이 무장하고 군사를 일으켜 궁실(宮室)을 침범하니, 준왕(準王)은 도피하여 바다를 건너가서 오지 못하니 위만이가 권좌(權座)에 오르면서 자칭 왕이라 선포하고 국호를 위만조선(衛滿朝鮮)이라 하였다.

당시 고조선(古朝鮮) 삼한(三韓)의 영토는 지금의 중국 영토 절반을 차지하고 있었다. 광역(廣域) 국토(를 지키기 위하여 3한(韓)으로 나누어 관경(管境)을 지켰다. 특히 번한(番韓)은 중국 측과 하루가, 멀다 하고 싸움이 끊이지 아니하였으니, 번한 왕(番韓王)이 몸소 군사를 관리하고 지휘해야 하였으므로 번한 왕은 제 명대로 살지 못하고 99%가 전사했다. 그러므로 고조선(古朝鮮)은 2,225년 동안 76왕조의 평균 재임 연수가 29년간이었다.

기자조선(箕子朝鮮)이란?

辛亥元年丁亥三十七年箕子徙居西華謝絶人事
신 해 원 년 정 해 삼 십 칠 년 기 자 사 거 서 화 사 절 인 사

신해(辛亥) 원년(BC 1150년) 정해(丁亥) 37년(BC 1114년) 기자(箕子)가 서화(西華, 서 중국 땅)에 있으면서 인사 받는 것을 사절했다고 하셨다. 기자(箕子)에 대한 사적(史蹟)은 은나라가 무왕(武王)에 의해 멸망할 때 은나라 재상(宰相)이었던 기자(箕子)가 내수자(內囚者)였는데, 석방시키면서 기자의 고향 기(箕) 땅으로 추방했다. 기자(箕子)는 본래 순(舜) 임금의 후예로서 벼슬길에 오르고 기 땅에 살았다 하여 이름을 기자라 하였는데. 그가 조정(朝廷)에서 추방되어 기(箕)땅에 와서 살면서 기 씨(箕氏)라 하였다.

기(箕) 땅은 본래 은(殷)나라 땅이었지만, 그 당시는 번조선(番朝鮮)의 국경 안에 있던 땅이다. 기자가 고향에 들어왔을 때, 기 땅의 사람들이, 기자를, 기 땅의 왕으로 추대하였다고 하여, 그곳을 기자조선(箕子朝鮮)이라 하였다면, 번조선 서변(西邊)의 수유(須臾) 땅을 말함이다. 수유 땅은 기자(箕子)가 태어난 땅이다. 그 땅의 넓이는 지금의 1개 군(郡) 수준의 땅인데 기자의 나라로 호칭했던 것이다.

『환단고기』에 이르기를 제25세 단군 솔라(檀君率那) 천제신해원년(天帝辛亥元年) BC 1150년이고, 단군 솔라(率那) 37년 정해(丁亥) BC 1114년 기자 동래설(東來說)을, 『삼국사기(三國史記)』는 주(周)나라가 멸망하면서 BC 1122년 동쪽으로 도망 왔을 때 다음과 같이 글이 발견되었다고 하였다.

대청일통지(大淸一統誌)

西華故箕地在開封府西九十里初聖師食宋箕故稱箕子
서 화 고 기 지 재 개 봉 부 서 구 십 리 초 성 사 식 송 기 고 칭 기 자
今邑中有箕子臺
금 읍 중 유 기 자 대

서화(西華)는 옛 기자의 땅인데 개봉부(開封府) 서쪽 90리에 있다. 처음 기자가 은나라 기 땅에 살았기 때문에 기자라고 이름 지은 것이다. 지금은 읍(邑) 가운데 기자대(箕子臺)가 있다고 기록돼 있다.

杜豫曰梁國蒙縣北有薄伐城城內有湯塚其西有箕子塚
두 예 왈 양 국 몽 현 북 유 박 벌 성 성 내 유 탕 총 기 서 유 기 자 총
두예(杜預)에서 말하기를 양(梁)나라 몽현(蒙縣)의 북쪽 박벌성(薄伐城)이 있는데, 성내(城內)에 은나라 탕(湯) 임금의 무덤이 있고, 그 서쪽에 기자의

무덤이 있다고 하였다. (하남성 서화 지방은 중국 남조시대 양나라 땅이고, 그곳은 기 땅이다. 그래서 기자를 기 땅의 일족들이 왕으로 추대하고 죽은 후 이곳에 무덤을 지은 것이다)

BC 340년경 번조선(番朝鮮)의 68대 수한 왕(水韓王) 때 연나라 배도(裵途)가 번조선을 괴롭힐 때, 수유서화(須臾西華) 사람 기후가 자식과 제자 5000명을 데리고 와서 싸움을 도와 번조선이 대승하였으므로 왕은 그를 번조선장수(番朝鮮將帥)로 기용(起用)했다고 한다.

BC 340년 무술년(戊戌年), 번조선(番朝鮮)의 수한 왕(水韓王)이 전쟁터에서 전사하여 왕권을 이어받을 자식이 없었고, 가까운 친척마저 없었다. 그래서 번조선이 혼란스럽게 되자, 기후가 나서서, 번조선의 왕이라고 자칭하였으나, 반대하는 자가 없었으니, 기후가 번조선의 69대 왕이 되었는데, 기후는 기자(箕子)의 32세손(世孫)이다.

BC 239년 임술(壬戌)년 제47세 단군고열가(檀君古列柯)5 7년 웅심산(熊心山)에서 해모수(解慕漱)가 내려와서 고조선(古朝鮮) 궁궐을 차지하고 국호를 북부여(北夫餘)라 하고, 자신이 제1세 단군이라 하였다. 해모수의 작은아들 고진(高振)으로부터 성(姓)을 고 씨(高氏)로 사용했으니, 고조선 조정(朝廷)에서 처음 사용한 성씨(姓氏)다. 고진(高振)의 현손(玄孫) 고주몽은 제6세 단군 고무서(高無胥)가 BC 58년 계해(癸亥)년에 승하하고 뒤를 이어 즉위하고 국호를 고구려라 칭했으니 명실공히 고 씨는 BC 239년부터 시작되었다.

번조선의 기 씨 왕조

BC 340년부터 기 씨 왕조(箕氏王朝)가 시작된 다음. BC 239년 임술(壬戌)년 단군 해모수(解慕漱)가 즉위했다. 그 다음 기비(箕丕)가 병력을 끌고 입궁(入宮)하여, 단제 앞에 예(禮)를 갖추고, 자칭 번조선(番朝鮮) 왕이라 하니,

단제께서 이를 허락하시고, 연(燕)나라에 대비하도록 하였으므로, 이때부터 기자(箕子)의 32세손, 기후(箕詡)가 번조선의 왕이 되어, 이때부터, 기 씨 왕조는 69대~74대 기준(基準)까지 6대로 전해졌으니, 이때부터 번조선을 기씨조선(箕氏朝鮮)이라 하였다.

기 씨 왕조는 기후(箕詡)가 죽고 아들 기욱(箕煜)이 즉위했고, 기욱이 죽어서 신미년(辛未年, BC 290년) 아들 기석(箕釋)이 즉위했고, 기석이 죽어서 경술년(庚戌年, BC 251년) 아들 기윤(箕閏)이가 즉위했고, 기윤이 죽어서 기사년(己巳年, BC 232년) 아들 기비(箕丕)가 즉위했고, BC 239년 북부여 제1세 단군 해모수(解慕漱)가 즉위하셨으므로 기비(箕丕)는 단군 해모수를 방문하고 번조선의 73대 왕으로 인정받았다. 그 뒤 기비(箕丕)가 죽고 그의 아들 기준(箕準)이가 번조선의 74대 왕으로 즉위했다.

준왕(準王)은 위만(衛滿)이가 연(燕)나라에서 BC 195년 조선(朝鮮)으로 망명 온 위만을 받아들여 박사로 삼고 대우하여 100여 리(餘里)의 땅까지 하사(下賜)하고 서쪽 변방을 지키게 하여 국경 경비를 맡았던 위만이 BC 194년 중국 출신 유민(流民)들을 모아 모반(謀反)을 일으키자, 준왕은 측근을 데리고 남쪽 바다로 피신하고 돌아오지 않아 위만 왕위를 찬탈하였다.

위만조선(衛滿朝鮮)

위만조선(衛滿朝鮮, BC 194년~BC 108년) 위씨조선(衛氏朝鮮)은 고조선의 마지막 왕조로, BC 194년 연나라에서 이주한 위만이 고조선의 왕인 준왕(準王)의 왕위를 찬탈)하고, 국호는 그대로 조선(朝鮮)으로 한 뒤 왕검성(王儉城)에 도읍하여 건국되었다.

위만조선은 대체로 중국계 유민(流民)과 토착민(土着民)이 연합된 국가이다. 이들은 철기 문화를 적극적으로 수용(受容)하여 주변 지역을 활발히 정복하였고, 중계(中繼) 무역(貿易)으로 막대한 이익을 취했다. 위만조선(衛滿朝鮮)의 세력이 성장하면서 진국(辰國)과 한(漢)나라의 교역(交易)로를 가로막게 되었고, 이에 전한(前漢) 무제(武帝)가 BC 109년 사신 섭하(涉何)가 고조선군(古朝鮮軍)에 살해된 것을 빌미로 대대적으로 침공하였다. 이때 순체(順遞)가 총공격(總攻擊)을 감행하는 중에 왕검성(王儉城) 내의 조선조정 에서는 화(和)·전(戰) 양파(兩派)로 대립이 심각하여 주화파(主和派)는 집단적으로 이탈하거나 한군(漢軍)에게 투항하는 현상까지 일어나게 되었던 것 같다.

한나라와의 1년간의 전쟁 끝에 내분(內分)이 발생, 위만(衛滿)의 손자이자 고조선)의 마지막 왕인 우거 왕(右渠王)이 살해되고, 왕검성이 함락되어 BC 108년 번한(番韓)과 마한(馬韓)이 멸망하고 한나라에서 조선 땅에 한사군(漢四郡)이 설치되었다.

변한(弁韓) 역대표

왕대	왕명	재위 기간	왕대	왕명	재위 기간
1	치두남		39	등나	BC 1014~1012
2	낭사	BC ~2351	40	해수	BC 1012~983
3	물길	BC 2351~2238	41	오루문	BC 983~966
4	애친	BC 2238~2187	42	누사	BC 966~954
5	도무	BC 2187~	43	이벌	BC 954~926
6	호갑	BC ---2098	44	아륵	BC 926~900
7	오라	BC 2098~2072	45	마휴~마목	BC 900~836
8	이조	BC 2072~2015	46	다두	BC 836~785
9	거세	BC 2015~1975	47	내이	BC 785~752
10	자오사	BC 1975~1960	48	차음	BC 752~746
11	산신	BC 1960~1946	49	불리	BC 746~736

12	이전	BC 1946~1893	50	여을	BC 736~736
13	백전	BC 1893~1844	51	엄루	BC 707~703
14	중전	BC 1844~1826	52	감위	BC 703~703
15	소전	BC 1826~1770	53	슬리	BC 703~675
16	사엄	BC 1770~1727	54	아갑	BC 675~663
17	서한	BC 1727~	55	고태	BC 663~648
18	물가	BC ---1664	56	소태이	BC 648~634
19	막진	BC 1664~1600	57	마건	BC 634~618
20	진단	BC 1600~1554	58	천한	BC 618~605
21	감정	BC 1554~1518	59	노물	BC 605~595
22	소물	BC 1518~	60	도을	BC 595~520
23	사두막		61	술휴	BC 520~505
24	감비		62	사랑	BC 505~471
25	오립무	BC ---1411	63	지한	BC 471~453
26	서시	BC 1411~	64	인한	BC 453~438
27	안시	BC ---1393	65	서위	BC 438~400
28	해모라	BC 1393~1352	66	가색	BC 400~375
29	소정	BC 1352~1333	67	해인	BC 375~341
30	서우여	BC 1333~1285 ~1225	68	수한	BC 341~340
31	아락	BC 1225~1224	69	기후	BC340~323(기씨)
32	솔귀	BC 1224~1184	70	기욱	BC 323~315
33	임나	BC 1184~1137	71	기석	BC 315~290
34	노단	BC 1137~1105	72	기윤	BC 290~251
35	마밀	BC 1105~1092	73	기비	BC 251~232
36	모볼	BC 1092~1074	74	기준	BC232~194위만에게
37	을나	BC 1074~1054	75	위만(조선)	BC194~128 (손자우거)
38	마휴	BC 1054~1014	76	우거 왕	BC 128~108 멸망

제6장

삼국시대(三國時代)

고구려 왕조기(王朝記)

BC 239년 임술(壬戌)년 제47세 단군 고열가(檀君古列柯) 57년 웅심산(熊心山)에서 해모수가 내려와서 고조선 궁궐을 차지하고 국호를 북부여(北夫餘)라 하고 자신이 제1세 단군이라 하였다. 해모수(解慕漱)의 작은아들 고진(高振)으로부터 성을 고 씨로 사용한 듯하나, 고조선 때 성씨 사용한 것이다 고진(高振)의 현손(玄孫) 고주몽(高朱蒙)은 제6세 단군 고무서(高無胥)가 BC 58년 계해(癸亥)년에 승하하고 뒤를 이어 즉위하고 국호를 고구려라 칭했으나 명실공히 고구려는 BC 239년 고진(高振)으로부터 시작되었다.

고구려 제1대 고주몽

성은 고 씨요, 휘(諱)는 주몽(朱蒙)이다 아버지는 고모수(高牟漱=불리지[弗離支])이고, 어머니는 하백(河伯)의 딸 유화(柳花)이다. 주몽은 BC 58년 제7대 북부여(北扶餘) 단군으로 즉위하여 국호를 고구려라 하고 도성은 졸본성(卒本城)에서 Bce 37년 국내성(國內城)으로 옮기고 Bc 19년 서거했다.

북부여의 국통(國統)을 계승한 고주몽(高朱蒙)은, 북부여 단군 해모수(解慕漱)의 둘째 아들 고구려 후(高句麗侯)에 봉)해진 고진(高辰)의 현손(玄孫)이다. 광개토대왕비(廣開土大王碑)에서도 "옛날 시조(始祖) 추모 왕(鄒牟王)이 나라를 세웠는데, 왕은 북부여 천제(天帝)의 아들이다"라고 한다. '단군의 고조선→북부여→고구려'로 이어지는 한민족사(韓民族史)의 국통(國統)은 삼신문화(三神文化)가 전수된 정신사적(精神史的) 정통맥(正統脈)일 뿐만 아니라, 직계조상(直系祖上)과 후손으로서 혈통(血統) 줄을 타고 계승된 것이다. 드라마(drama) 〈주몽〉에서 보이는 부여(扶餘)는 엄밀히 말해서 동부여(東扶餘)이다. 동부여시조(始祖)는 해부루(解夫婁)이다. 해부루(BC 86~BC 47년)는 북부여 4대 천황(天皇) 고우루(高優婁)의 둘째 아들이자 고두막(高豆莫)의 아우다.

역사에서 사라진 인물, 동명성왕 고두막한

고주몽은 북부여 해모수의 차자(次子) 고리국 왕(高離國王) 고진(高辰)의 증손자이다. 아버지는 고진(高辰)의 아들 옥저후(沃沮侯) 고모수(高牟漱=불리지(弗離支)이고 그의 아들이 고주몽이다. 불리지가 주몽 모 유화(柳花)에게 혼외자(婚外子)로 주몽(朱蒙)을 임신시킨 다음, 불리지가 죽고 BC 79년 유화가 동부여에서 낳았는데, 동부여 왕(東扶餘王) 해부루(解夫婁, BC 86~BC 47년)가 아들이 없어 주몽에게 관심이 많았다. 그러나 밖에 BC 77년 해부루는 금와(金蛙)를 얻었다. 여기서부터 주몽은 동부여에서 밀려 나게 된 것이다.

동부여를 떠나온 고주몽은 북부여의 국통(國統)을 잇게 되는데, BCE 58년 고무서(高無胥) 단군이 죽자 고주몽이 유명(遺命)을 받들어 즉위하여 고구려를 세웠다. 주몽은 북부여의 6대 단군인 고무서(高無胥)의 둘째딸 소서노(召西奴)와 혼인하여 두 아들 비류(沸流)와 온조(溫祚)를 낳는다. 잘 알려진 것처럼 후일 소서노는 그의 아들 온조와 함께 백제를 건국한다

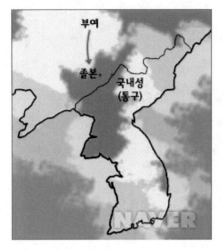

드라마에서는 소서노를 거상(巨商) 연타발(延陀勃)의 딸이라 하였지만, 그것은 잘못된 것이다. 연타발은 고구려의 창업(創業) 공신(功臣)으로 고주몽을 도와 나라를 세우는 데 큰 공(功)을 세운 인물이다. 그리고 고주몽은 동명성왕(東明聖王)이 아니다. 고무서(高無胥) 단군의 아버지 고두막한(高豆莫汗)이 바로 '동명성왕이다. 그러므로 소서노는 동명성왕의 손녀이다.

『환단고기』〈삼성기전(三聖記典)〉상편(上篇)

고추모(高鄒牟) 역시 천제(天帝)의 아들로서 계해년(BC 58)의 봄 정월에 북부여를 계승하여 고구려가 일어났다. 단군의 옛 전장(傳掌)을 회복하고 해모수를 태조(太祖)로 제사 지내고 처음으로 건원(建元)하여 다물(多勿)이라 했다. 그가 고구려의 시조다.

북부여기(北扶餘記) 하편(下篇)

단군 고두막(高豆莫=동명왕) 30년 임인(壬寅, BC 79) 5월 5일에 고주몽(高朱蒙)이 차릉(岔陵)에서 태어났다. 단군 고무서(高無胥) 2년 계해(癸亥, BC 58) 겨울 10월에 제(帝)가 붕어(崩御)하니 고주몽이 유명(遺命)을 따라 대통(大統)을 계승하였다.

제(帝)에게는 아들이 없어 고주몽을 보고 비상(非常)한 사람이라 딸을 아내로 주어 이에 이르러 즉위하니, 이때 스물셋(23살)이었다. 한때 동부여(東扶餘) 사람들이 그를 죽이고자 하여 모친 유화의 명을 받들고 오이(烏伊), 마리(馬利), 협보(陝父)를 친구(親舊)로 삼아 함께 차릉수(岔陵水)를 건너서 졸본(卒本) 땅에 도달하였다.

북부여기(北扶餘記) 가섭원(迦葉原) 부여기(扶餘記)

시조 해부루(解夫婁, 8년) 임인(壬寅, BC 79)보다 먼저 하백(河伯)의 딸 유화(柳花)가 놀러나가 부여(扶餘) 황손(皇孫) 고모수(高慕漱)의 유혹을 받아 강제(强制)로 압록강변의 집으로 가서 사통(私通)하고 승천(昇天)하고 돌아오지 않았다. 부모는 중매(仲媒) 없이 그렇게 된 것을 책망하고 변방으로 유배 보냈다. 고모수의 본명은 불리지(弗離支)인데, 혹 말하기를 고진(高辰)의 손자라 하였다.

태백일사(太伯逸史) 고구려국본기(高句麗國本紀)

고리군왕(高離郡王) 고진(高辰)은 해모수의 둘째 아들이고 옥저후(沃沮侯) 불리지는 고진)의 손자인데, 모두 적도(賊盜) 위만(衛滿)을 토벌하여 그 공으로 봉작(封爵)되었다. 불리지가 일찍이 서 압록(西鴨綠)을 지나다가 하백(河伯)의 딸 유화(柳花)를 만나 기뻐서 거둬들여 고주몽을 낳았다. 그때가 임인(壬寅) BC 79년 5월 5일로 한(漢) 소제(昭帝) 원봉(元奉) 2년이다. 불리지가 죽고, 유화는 유복자(遺腹子) 아들 주몽을 데리고 웅심산(熊心山)으로 돌아갔다. 웅심산은 지금의 서란(西亂, 지금 길림성)이다. 자라서 사방을 주유(周遊)하다 가섭원(迦葉原)을 택(擇)해서 살다가, 관가(官家)에 뽑혀 목마(牧馬)가 되었으나, 얼마 후 관가에서 꺼리자 오이(烏伊), 마리(馬利), 협보(陝父) 3 친구(親舊)와 달아나 졸본(卒本)으로 갔다. 이때 부여 왕(扶餘王)이 후계가 없어 주몽이 드디어 사위가 되어 대통(大統)을 이어받아 고구려의 시조가 되었다.

가섭원부여기에 이렇게 기록돼 있다

乙未元年王爲北夫餘所制徙居迦葉原亦稱岔陵宜五穀
尤多麥又多虎豹熊狼便於獵

을미 원년(BC 86) 왕은 북부여의 제약을 받아 가섭원(迦葉原) 혹은 차능(岔陵)이라 하는 곳으로 옮겨 살았다. 오곡이 모두 잘되었는데 특히 보리가 많았으며 범, 표범, 곰, 이리가 많아서 사냥하기 편했다.

丁酉三年命國相河蘭弗設賑招撫遠近流民使及時飽暖
又給田耕作不數年國富民殷時有雨滋岔陵民歌王正春
之謠

정유(丁酉) 3년(BC 84) 국상(國相) 하란불(河蘭弗)에게 명령하여 널리 베풀어 주변의 유민들을 불러 모았다. 먹여주고 따뜻하게 살 곳을 주며 밭을 주어 경작하게 하여 수 년 되어 나라와 백성이 부은(富殷, 부로 성함)했다. 때

맞게 비가 내려 차능(岔陵)을 기름지게 하여 백성들은 왕에게 정춘(正春)의 노래를 지어 불렀다.

壬寅八年先是河伯女柳花出遊爲夫餘皇孫高慕漱之所
임인팔년선시하백녀류화출유위부여황손고모수지소
誘强至鴨綠邊室中而私之仍升天不歸父母責其無媒而
유강지압록변실중이사지잉승천불귀부모책기무매이
從之遂謫居邊室高慕漱本名弗離支或曰高辰之孫王異
종지수적거변실고모수본명불리지혹왈고진지손왕이
柳花同乘還宮而幽之是歲五月五日柳花夫人生一卵有
류화동승환궁이유지시세오월오일류화부인생일란유
一男子破殼而出是謂高朱蒙骨表英偉年甫七歲自作弓
일남자파각이출시위고주몽골표영위년보칠세자작궁
矢百發百中夫餘語善射爲朱蒙故以名云
시백발백중부여어선사위주몽고이명운

임인(壬寅) 8년(BC 79) 앞서 하백녀(河伯女) 유화 나들이 나갔는데 부여의 황손(皇孫) 고모수가 유혹하여 강제로 압록강변 집 가운데서 간통하여 잉태시키고 승천하고 돌아오지 않았다. 유화의 부모는 유화의 무도한 책임으로 쫓아내 강변 집에 귀양살이시켰다.

고모수의 본명은 불리지(弗離支) 혹은 고진(高振)의 손자라고 하였다. 왕께서 유화를 이상히 여겨 수레에 동승(同乘)시켜 궁으로 돌아와 먼 곳에 있게 했다. 이 해 5월 5일 유화 부인은 알 하나를 낳았는데, 한 사내아이가 그 알을 파각(破殼, 껍질을 깨고)하고 나왔다. 아이 이름을 고주몽(高朱蒙)이라 하였고, 생김새가 단단하였고, 나이 7살 때 활을 스스로 만들어 궁술(弓術)이 백발백중하여 부여 말로 잘 맞춘다 하여 주몽(朱蒙)이라 하였다.

壬戌二十八年國人以高朱蒙爲不利於國欲殺之高朱蒙
임술이십팔년국인이고주몽위불리어국욕살지고주몽
奉母柳花夫人命東南走渡淹利大水到卒本川明年開新
봉모류화부인명동남주도엄리대수도졸본천명년개신
國是爲高句麗始祖也
국시위고구려시조야

임술(壬戌) 28년(BC 59년) 나라 백성들이 주몽을 가리켜 나라에 이로움이 없는 인물이라 하여 그를 죽이려 했다. 고주몽은 어머니 유화 부인의 명을 받들어 동남쪽으로 도주하여 엄리대수(淹利大水)를 건너 졸본천(卒本川)에 가서 명년(明年)에 새로 개국하여, 이에 고구려 시조)가 되었다. .

금와(金蛙)의 탄생

甲辰十年王老無子一日祭山川求嗣所乘馬至鯤淵見大
石相對俠淚王怪之使人轉其石有小兒金色蛙形王喜曰
此乃天賚我令胤乎乃收而養之名曰金蛙及其長立爲太
子癸酉三十九年王薨太子金蛙立

갑진(甲辰) 10년(BC 77년) 왕이 늙어서도 아들이 없었다. 하루는 산천(山川)에 제사 지내면서 자손을 구함으로 기도하고 말을 타고 곤연(鯤淵)에 이르자 큰 돌이 서로 보고 협루(俠淚. 눈물 흘림)하여, 왕은 그돌이 의심스러워 사람을 시켜 굴렸는데, 그들이 있던 곳에 소아(小兒)가 금색(金色)의 개구리 형태로 보여 왕은 기뻐 '하늘이 나에게 내려준 아기로다' 하고 곧 거두어 기르며 이름을 금와(金蛙)라 하고, 그가 장성함에 태자로 책봉하였다. 계유(癸酉) 39년(BC 48년) 왕이 죽고 금와가 즉위했다.

고구려 제2대 유리명왕(瑠璃明王)

휘(諱)는 유류(儒留)라고도 전하며, 중국의 『위서(魏書)』 〈고구려전(高句麗

典)〉에는 여달(閭達), 여해(閭諧)라고 기록되어 있다. 아버지 동명왕(東明王) 주몽의 장남이며 어머니는 예씨(禮氏)이다. 북방)으로 영토를 넓히고 수도를 국내성(國內城)으로 옮겨 고구려의 기틀을 세웠다.

BC 38년(37년이라고도 함)에 동부여(東扶餘)에서 태어났다. 아버지 주몽은 유리(儒留)가 태어나기 전에 동부를 떠났기 때문에 아버지 없이 자랐다. 성장한 후 아버지 주몽이 남긴 징표인 부러진 칼을 일곱 모 난 주춧돌과 소나무 기둥 사이에서 찾아내었고, BC 19년 4월 고구려를 세워 동명왕(東明王)이 된 주몽을 찾아가 이 부러진 칼로 아들임을 입증(立證)받고 태자에 올랐다. 그 해 9월 동명왕이 죽자 왕위에 올랐다. 첫 부인은 송양(松讓)의 딸 송 씨(松氏)이다.

주몽의 아들이었던 비류(沸流)와 온조(溫祚)는, 유리(瑠璃)가 태자에 오르자 고구려를 떠나 남쪽으로 내려와, 비류(沸流)는 지금의 인천(仁川) 지역에 미추홀(彌鄒忽)을 세우고, 온조(溫祚)는 하남(河南) 위례(慰禮) 지역에 백제국(百濟國)을 세웠다. 고구려 유리명왕(瑠璃明王)이 국내성으로 천도(遷都)하면서 쌓은 성이다. BC 18년(재위 2년) 송 씨를 비(妃)로 삼았다. 이듬해 왕비가 죽자 화희(禾姬)와 한나라 사람 치희(稚姬)를 계비(繼妃)로 삼았는데, 이들이 서로 싸우고 치희가 떠나자 '황조가(黃鳥歌)'를 지어 외로움을 노래했다.

국방(國防)에 힘써서 외적(外敵)을 퇴치하고 영토를 넓혔다. 9년 선비족(鮮卑族)이 국경을 넘나들며 노략질을 일삼자, 토벌하여 항복을 받았으며, BC 6년 부여(扶餘)의 공격을 막아내면서 국방(國防)의 중요성을 깨닫고, AD 3년 수도를 졸본성(卒本城)에서 국내성로 옮기고, 위나암성(尉那巖城=환도성[丸都城)이라고도 함)을 쌓았다. 4년 왕자 해명(解明)을 태자로 삼았으나 해명이 이웃 나라와 외교적 문제를 일으키자 자결(自決)하도록 했다.

12년 중국 신(新)나라의 왕망(王莽)이 흉노(匈奴)를 정벌하는 데 고구려 군사가 참여하기를 요구하자 이에 불응했다. 왕망이 이에 분노하여 고구려를 공격하면서 천시(賤視)하는 뜻으로 고구려 왕을 '하구려후(下句麗侯)'라고 비하(批下)하자, 오히려 신(新)나라를 공격했다. 13년에는 부여(扶餘)가 침입했는데 왕자 무휼(無恤)에게 나가 싸우게 하여 이겼다. 14년에는 현도군(玄菟郡)의 고구려현(高句麗縣)을 병합(倂合)했고, 이해에 무휼(無恤)을 태자로 책봉했다.

고구려 3대 대무신왕(大武神王)

『대무신왕기(大武神王記)』는 초기 고구려의 기틀을 다졌다고 평가받는 고구려 3대왕(大王) '대무신왕(大武神王) 무휼(無恤)'의 이야기다. 대무신왕은 주몽의 시대로부터 고구려를 위협한 부여 왕 대소(帶素)를 죽였고, 한(漢)나라 요동 태수(遼東太守)의 백만 대군을 막아내며 동이족(東夷族)의 안녕을 가져온 전쟁의 신(神)이다. 『삼국사기(三國史記)』를 바탕으로 부여 왕 대소가 머리가 두 개인 붉은 까마귀를 보내왔다는 이야기를 비롯해, 대무신왕(大武神王)이 안개를 이용해 허수(虛數)아비에 무기를 들려 병사로 위장한 이야기, 을두지(乙豆智)의 잉어(鯉魚) 계책(計策), 호동왕자(好童王子)와 낙랑공주(樂浪公主)가 등장하는 자명고(自鳴鼓) 이야기 등이 대무신왕 시대를 배경으로 하고 있다.

부여(富榮)의 대소(帶素)와의 대결이나 한(漢)나라의 침공 등을 비롯한 고구려 초의 정복 사업과 고구려 왕실 내부의 암투(暗鬪), 구다국(句茶國), 낙랑국(樂浪國), 옥저(沃沮) 등 고구려에 위협받는 주변국들의 이해관계들을 박진감 넘치게 묘사한다. 많은 이들이 고구려의 제왕 중(帝王中)에서 주몽(朱蒙), 유리왕(瑠璃王), 광개토왕(廣開土王) 대제(大帝) 정도만 기억한다. 하지만 동북아를 아우르는 위대한 대제국(大帝國)의 초석(礎石)을 다진 것은 바

로 3대 왕인 '대무신왕 무휼(無恤)'이다

고구려 제4대 민중왕(閔中王)

휘(諱)는 해색주(解色朱)이다. 『삼국사기(三國史記)』에는 제3대 대무신왕의 아우로 나와 있고, 『삼국유사(三國遺事)』에는 대무신왕의 아들이라고 되어 있다. 대무신왕이 죽은 뒤 태자 해우(解憂, 제5대 모본왕[慕本王])가 어리므로 대신 왕으로 추대되었다. 45년 5월에 국동(國東)에 홍수가 나서 민간에 기근이 일어나자 창고를 열어 곡식을 나누어주었다.

47년 7월 민중원(閔中園)에 사냥하러 나갔다가 한 석굴(石窟)이 있음을 보고 좌우(左右) 신하에게 부탁하길 "내가 죽거든 반드시 여기다 장사해주고 달리 능지(凌遲)는 만들지 말라"고 했다. 그해 10월에 잠지락부(蠶支落部)의 대가(大家, 大加)인 대승(戴升) 등 1만(萬) 여 가(家)가 낙랑(樂浪)으로 가서 한(漢)나라에 귀부(歸附)했다. 재위 5년 만에 죽자 유명(遺命)에 따라 석굴에 장사하고 묘호(墓號)를 민중왕(閔中王)이라 했다.

고구려 5대 민중왕(閔中王)

『삼국사기(三國史記)』에서 휘(諱)을 해우(解憂) 또는 해애루(解愛婁)라 했고, 『삼국유사(三國遺事)』에서는 해(解)를 성(姓)으로 보고 해류(解留)·우라 했다. 제3대 대무신왕의 아들로, 32년 12월 태자에 책립(責立)되었다. 대무신왕이 죽자 태자가 어리다 하여 대무신왕의 동생인 민중왕(閔中王)이 왕위에 올랐고, 민중왕이 죽은 뒤 왕위를 계승했다.

49년 한(漢)나라의 북평(北平)·어양(漁陽)·상곡(上谷)·태원(泰元) 등지(等地)를 공격했으나, 한나라 요동 태수(遼東太守) 채동의 제의로 화친(和親)을 맺었다. 성품이 사납고 정사(政事)를 잘 돌보지 않아 백성들의 원한을 사고 있던 중, 재위 6년 만에 신하인 모본(模本)인 두로(頭顱)에게 피살되었다. 장지(葬地)는 모본원(慕本原)이다. 즉위년 10월 왕자(王子) 익을 태자로 책립했으나, 그가 죽은 뒤 고추(高秋)가 재사(再沙)의 아들인 궁(宮)이 제6대 태조왕(太祖王)으로 즉위했다

고구려 6대 태조왕(太祖王)

고구려의 제6대 왕을 국조왕(國祖王)·태조대왕(太祖大王)이라고도 한다. 이름은 궁(宮)이고 아명(兒名)은 어수(於漱)이다. 아버지는 유리왕(瑠璃王)의 아들 고추(高秋)가 재사(再思)이며, 어머니는 부여 사람이다. 53년 모본왕(慕本王)이 살해된 후 신하들의 추대를 받아 7세의 어린 나이로 즉위했다

55년 요서(遼西)에 10성(城)을 쌓아 후한(後漢)의 침입에 대비했다. 이듬해 동옥저(東沃沮)를 정벌하여 동(東)으로는 동해(東海)까지, 남으로는 살수(薩水, 淸川江)까지 국경을 확장했다. 72년 달고(達賈)를 파견하여 조나(藻那)를 정벌했으며 74년에는 설유(薛儒)로 하여금 주나(朱那)를 공격하게 하여 그 왕자(王子) 을음(乙音)을 사로잡아 고추가(高秋家)로 삼았다.105년 후한의 요동 6현(縣)을 공략했으나 요동 태수(遼東太守) 경기(京妓)에게 패했다. 118년에는 예맥(濊貊)과 함께 현도(玄菟)를 침입해 화려성(華麗城)을 공격했다. 121년 한(漢)나라 유주 자사(幽州刺史) 풍환(馮煥), 현도 태수(玄菟太守) 요광(姚光), 요동 태수(遼東太守) 채풍(蔡諷)의 침공을 받았으나 아우 수성(遂成, 뒤의 차대왕(次大王)이 이를 잘 방어했으며, 4월에는 선비(鮮卑)와 함께 요대현(遼隊

縣)을 공격해 요동 태수 채풍(蔡諷)을 살해했다.

146년 우보(右輔) 고복장(高福章)이 아우 수성(壽成)을 제거할 것을 건의했으나, 12월 수성(壽成)에게 왕위를 물려주고 별궁(別宮)에서 은거(隱居)했다. 태조왕대(太祖王代)의 영토확장 및 중앙 통제력 강화로 고구려 국가 발전의 기틀이 마련되었으며, 이때부터 계루부(桂婁部)에 의한 왕위 계승이 확립되었다. 『후한서(後漢書)』에는 121년에 죽어 아들 수성(壽成)이 왕위에 오른 것으로 되어 있고, 『삼국유사(三國遺事)』에는 태조왕(太祖王)과 차대왕(次大王) 모두 신대왕(新大王)에 의해 살해된 것으로 되어 있다

고구려 7대 차대왕(次大王)

이름은 수성(遂) 혹은 수성(遂成)이며, 태조왕(太祖王)의 동생이다. 용감하고 체격이 건장하여 위엄이 있었으나 인자하진 않았다고 한다. 태조왕 때부터 후한과의 유주 자사(幽州刺史) 풍환(馮煥)과 전쟁에서 장군으로 활약하여 이때부터 군국정사(軍國亭舍)를 도맡았다. 이후 세력이 커지자 태조왕의 양위(讓位)를 받아 왕위에 올랐다. 『삼국사기(三國史記)』에는 차대왕(次大王)의 혹정(酷政)으로 연나부(椽那部)의 조의답부(皂衣(答夫)가 왕을 시해(弑害)한 것으로 기록되어 있으나, 『삼국유사(三國遺事)』에는 신대왕(新大王)에게 살해된 것으로 기록되어 있다.

태조왕이 선양(禪讓)하여 왕위에 올랐다. 즉위 후 147년 측근세력(側近勢力)인 관나패자(貫那沛者) 미유(彌儒)와 환나우태(桓那于台) 어지류(菸支留)를 좌보(左補)에, 비류나조(沸流那助)의 양신(兩臣)을 중외대부(中畏大夫)에 임명해 세력을 강화하고 태조왕의 측근인 우보(右輔) 고복장(高福章)과 태조왕의 아들인 막근(莫勤)·막덕(莫德)을 제거했다. 165년 연나부(椽那部) 조의답

부(皂衣笞夫)에게 살해되었다

고구려 8대 신대왕(新大王)

이름은 백고(伯固) 혹은 백구(伯句)이다. 영특(英特)하며 성품이 인자했다고 한다. 『삼국사기(三國史記)』에는 태조왕의 동생으로, 『후한서(後漢書)』에는 차대왕(次大王)의 아들로 나온다. 『삼국사기(三國史記)』에 의하면 둘째 형인 차대왕이 포학하여 신민(臣民)이 따르지 않자, 해를 당할까 두려워 산곡(山谷)으로 도망했다가 왕이 명림답부(明臨笞夫)에 의해 살해당한 뒤 좌보(左輔) 어지류(菸支留) 등 여러 신하들의 추대로 왕위에 올랐다고 전한다. 한편 『삼국유사(三國遺事)』에는 차대왕(次大王)이 백고(伯固)에 의해 살해당한 것으로 나온다.

166년 신대왕(新大王 2년)에 차대왕의 태자 추안(鄒安)을 양국군(讓國君)으로 봉(封)하고, 구산뢰(狗山瀨)와 누두곡(婁豆谷) 2곳을 식읍(食邑)으로 주어 반대 세력을 무마했다. 그해에 명림답부(明臨笞夫)를 국상(國相)에 임명하고, 그에게 군사 관계의 일을 맡겼으며, 양맥부락(梁貊部落)을 통솔하게 했다. 이때부터 좌우보제(左右輔制)가 국상제(國相制)로 바뀌었다

168년 한나라 현도군(玄菟郡) 태수(太守) 경림(耿臨)이 변방(邊防)을 침공해 수백 명을 죽이자 항복했다. 그 다음해에는 대(代)가 우거(優居)와 주부(主簿) 연인(然人) 등으로 하여금 현도군(玄菟郡) 태수를 도와 부산적(富山賊)을 토벌하게 했다. 그러나 172년 한나라 군대가 다시 쳐들어오자, 성을 견고하게 지키면서 지연 작전을 쓰다가, 그들이 지친 틈을 타 기습해 크게 승리했다. 이때 전공(戰功)을 세운 명림답부(明臨笞夫)에게 좌원(坐原)과 질산(質山) 두 곳을 식읍(食邑)으로 주었다. 죽은 뒤 고국곡(故國谷)에 장사 지냈다.

고구려 9대 고국천왕(故國川王)

　신대왕의 둘째 아들로, 첫째 아들 발기(件記)를 제치고 신하들의 추대를 받아 왕위에 올랐다. 기존 귀족 출신이 아닌 한미(寒微)한 출신의 을파소(乙巴素)를 국상(國相)에 임명하여 국정(國政)을 안정시켰으며, 몰락한 농민들이 귀족들의 노예(奴隷)로 전락하는 것을 방지하기 위해 진대법(賑貸法)을 실시하는 등, 왕권 지지기반을 확대하는 데에 주력하였다.

　즉위 후 180년에 연나부(椽那部) 우소(右蘇)의 딸을 왕비로 맞아들임으로써 왕비족(王妃族)과 연합하여 왕권 지지기반을 확대했으며, 184년에 후한(後漢) 요동 태수(遼東太守)의 침략을 좌원(坐原)에서 격퇴했다.

　190~191년에 걸쳐 귀족 세력인 좌가려(左苛慮)와 어비류(於界留)의 반란을 진압했고, 191년에 구래귀족(舊來貴族)들의 반대를 무릅쓰고 한미(寒微)한 출신인 을파소(乙巴素)를 국상(國相)에 임명하여 유력한 귀족들을 억누르는 중앙집권책(中央集權策)을 강력히 추진했다.

　194년에는 심화되는 계급 분화에 따라 발생한 몰락 농민들이 귀족의 예민(銳敏)으로 되는 것을 막고, 국가의 공민(公民)을 확보하기 위해 진대법(賑貸法)을 실시했다. 또한, 고국천왕대(故國川王代)에 고구려를 구성한 각 부족(部族)의 부명(賦命)을 지방을 나타내는 방위명(防衛名)으로 바꿈으로써 독자성(獨自性)을 억눌렀다. 이러한 왕권의 강화 과정을 통해 왕위 계승(王位繼承) 방법도 형제 상속(兄弟相續)에서 부자 상속(父子相續)으로 바뀌게 되었다. 죽은 뒤 고국천원(故國川園)에 묻혔다

고구려 10대 산상왕(山上王)

이름은 연우(延優) 또는 이이모(伊夷模)이며, 고국천왕(故國川王)의 둘째 동생이다. 고국천왕 사후(死後), 왕비 우 씨(虞氏)가 밤중에 몰래 연우의 집에 가서 공모(共謀)한 다음, 왕의 유명(遺命)이라 거짓말하여 연우가 왕비의 지원(志願)으로 형 발기(勃起)를 제치고 왕위에 올랐다. 재위 기간 동안에는 198년 집안(集安)에 환도성(丸都城)을 쌓아 수도를 옮겼다. 한편, 아들이 없어 주통촌(酒桶村)의 여자를 소후(所后)로 삼아 아들을 낳아 교체(郊禘)라 했다. 교체는 후에 동천왕(東川王)이 되었으므로, 산상왕대(山上王代)부터 고구려 왕계(王系)의 부자 상속(父子相續)이 확립된 것으로 본다.

형인 발기는 연우가 우 씨와 모의하여 왕위에 오른 것에 분노하여 한(漢)나라 공손도(公孫道) 세력과 함께 왕궁(王宮)을 포위했으나, 연우의 동생인 계수(罽須)에게 패했고 그 자신은 자살했다. 왕은 후에 우 씨를 왕비로 삼았다. 이 사실은 형이 죽으면 형수(兄嫂)를 취하여 산다는 취수혼(娶嫂婚)의 사례로서 유명하다. 고구려는 이후부터 왕위계승 방법이 형제 상속에서 부자 상속으로 바뀌었다.

한편 산상왕(山上王)은 아들이 없어 고심하던 중에 주통촌(酒桶村)의 여자를 소후로 삼고 아들을 낳아 이름을 교체(郊彘)라 했다. 교체(郊彘)는 213년에 태자로 책봉되고 후에 왕위에 오르니 이가 바로 동천왕(東川王)이다. 198년 집안(集安) 지역에 환도성(丸都城)을 쌓고 209년에 그곳으로 수도를 옮겼다. 217년 한(漢)나라 평주(平州) 사람인 하요가 백성 1,000여 호(戶)를 이끌고 투항하자 이들을 책성(責成)에 살게 했다. 죽은 뒤 산상릉(山上陵)에 장사 지냈다.

고구려 11대 동천왕(東川王)

　동양왕(東襄王)이라고도 한다. 이름은 우위거(憂位居)·위궁(位宮)·소명(少名)·교체. 산상왕(山上王)의 아들이며 어머니는 관노부(灌奴部) 주통촌(酒桶村) 출신의 산상왕(山上王) 소비(小妃)이다. 213년(산상왕 17년) 태자에 봉해졌으며 부왕(父王)인 산상왕(山上王)이 죽자 왕위를 계승했다.

　재위한 3세기(世紀) 전반기(前半期)는 고구려의 대외관계가 복잡하게 전개된 시기였다. 234년 공손 씨(公孫氏)의 배후에 위치한 위(魏)나라가 화친(和親)을 희망해오자 위나라와의 관계를 강화했다. 238년에는 위나라를 도와 공손(公孫) 연(燕)을 토벌, 위나라와 친선관계를 맺었다. 그러나 위나라와 국경을 접하게 되자 위와의 긴장이 고조되어 242년 위나라 요동(遼東)의 서안평(西安平)을 공격했다.

　245년 신라를 공격했다가 248년에는 화친(和親)했다. 246년 위나라 유주자사(幽州刺史) 관구검(毌丘儉)이 환도성(丸都城)에 쳐들어와 성이 함락되었고, 동천왕(東川王)은 남옥저(南沃沮) 방면으로 피신, 다시 북옥저(北沃沮) 지방으로 피난했다. 후에 장군 밀우(密友)와 유유(紐由)의 활약으로 국토를 회복했으나, 환도성(丸都城)이 파괴되었으므로 247년 서울을 동황성(東黃城)으로 옮겼다. 248년 왕이 죽었는데 왕의 은덕(恩德)을 사모해 따라 죽은 사람이 많았다고 한다. 시원(柴原)에 장사 지냈으며 현재 평안남도(平安南道) 강동군(江東郡) 마산면(馬山面)에 동천왕릉(東川王凌)이라 전해지는 고구려 봉토분(封土墳)이 있다고 한다.

고구려 12대 중천왕(中川王)

　이름은 연불(然弗)이며, 중양왕(中壤王)이라고도 한다. 아버지는 동천왕(東川王)이고, 비(妃)는 연 씨(燕氏)이다. 243년 동천왕 17년 태자가 되었다가 248년 9월 동천왕이 죽자 즉위했다. 즉위한 해 11월 동생인 예물(預勿)이 반역을 도모하다가 발각되어 처형당했다. 250년 국상(國相) 명림어수(明臨於漱)에게 중외(中外)의 병마사(兵馬使)를 맡겼다. 251년에는 투기(投機)가 심한 관나 부인(貫那夫人)을 가죽주머니에 넣어 서쪽 바다에 던져 죽였다. 254년 명림어수(明臨於漱)가 죽자 비류부(沸流部) 패자(敗者) 음우(陰友)를 국상(國相)으로 삼았고, 255년에는 아들 약로(藥盧)를 태자로 삼았다. 다음해에는 공주를 연나부(椽那部) 출신 명림홀도(明臨笏都)에게 시집보냈다

　259년 위나라 장수 위지해(尉遲楷)가 군사를 거느리고 침입해오자 정예(精銳) 기병(騎兵) 5,000명을 선발해서 양맥(兩貊) 골짜기에서 싸워 8,000여 명을 참수(斬首)하는 승리를 거두었다. 260년 졸본(卒本)에 가서 시조(始祖)의 사당에 제사를 지냈다. 270년 10월에 죽자 중천지원(中川祗園)에 장사 지냈다.

고구려 13대 서천왕(西川王)

　왕을. 서양왕(西壤王)이라고도 한다. 이름은 약로(藥盧) 또는 약우(若友)이다. 중천왕(中川王)의 둘째 아들로 255년 중천왕 8년 태자로 책봉되었다가, 270년 12월 왕이 죽자 즉위했다. 271년 서부(西部) 대사자 우수(于漱)의 딸을 왕비로 삼았다. 그해 국상(國相) 음우(陰友)가 죽자 그의 아들인 상루(尙婁)를 국상(國相)에 임명했다

재위 후 국경 수비를 강화하기 위해 신성(新城)에 종종 행차(行差)했다. 신성(新城)은 오늘날의 중국 푸순(撫順) 부근에 있었던 고이산성(古理山城)으로, 모용외(慕容廆)의 세력을 막아내는 데 전초기지 역할을 하던 고구려의 서북쪽 국경 지대였다. 신성(新城)의 위치가 이처럼 중요했기 때문에 당시 왕은 국경 수비를 보다 강화하기 위해 이 지역에 행차했던 것이다.

숙신(肅愼)이 침입하자 동생 달가(達可)를 보내어 격퇴하였다. 이후 동생 달가(達可)로 하여금 안국군(安國君)에 봉(封)하고 군사의 일을 담당하게 하였으며, 숙신(肅愼)의 부락을 다스리게 했다. 286년에는 286년에는 동생 일우(逸友)와 소발(素勃)이 역모를 꾸미자 그들을 처형했다. 사후 서천지원(西川之原)에 묻혔다.

고구려 14대 봉상왕(烽上王)

왕을. 치갈왕(雉葛王)이라고도 한다. 이름은 상부(相夫) 또는 삽시루이며, 서천왕(西川王)의 맏아들이다. 질투와 시기심이 많아 부왕(父王)과 백성들의 신망(信望)이 두터웠던 아우 돌고(咄固)가 자신을 배반하는 마음을 품었다 여겨 죽였다. 그 아들 을불(乙弗)까지 없애려 했으나 을불은 왕을 피해 달아났다.

전왕대(前王代)에 숙신(肅愼)을 격파하여 백성들의 신망이 두터웠던 숙부(叔父) 달가(達賈)를 의심하여 죽인다. 이후 가뭄으로 백성들이 굶주리는 가운데 무리하게 궁실(宮室)을 수리하는 등 실정(失政)을 행하자, 여러 신하들이 모의하여 봉상왕(烽上王)을 폐위(廢位)시켰다.

한편 선비족(鮮卑族)의 일파(一派)인 모용선비(慕容鮮卑)의 추장(酋長)이 된 모용외(慕容廆)는 자기의 세력 기반을 강화하고, 주변의 여러 세력을 통합하여 영토를 급속히 확대한 다음, 293년에 고구려의 서북 국경의 중요한 요새(要塞)인 신성(新城) 부근을 침략 했다. 그러나 신성(新城) 장관(將官)이었던 고노자(高奴子)가 이끄는 고구려군에게 격퇴당했다.

이후 296년에 또다시 모용외(慕容廆)가 쳐들어와 서천왕(西川王)의 무덤을 도굴(盜掘)하려고 했으나 도굴하던 인부가 이유 없이 죽고 무덤 안에서 음악소리가 나자, 도굴)을 중단하고 돌아갔다. 봉상왕(烽上王)은 고노자(高奴子)를 신성태수(新城太守)로 삼고 서북 국경지대의 방어를 더욱 강화했다. 이에 따라 모용외는 한동안 고구려를 침략하지 못했다.

300년에는 가뭄으로 백성들이 굶주리는 가운데, 9월 왕이 궁실을 수리하려고 백성들을 징발(徵發)하자 도망하는 자가 급증했다. 이에 국상(國相) 창조리(倉助利)가 그 역사(役事)의 부당함을 간(諫)했으나 왕이 듣지 않자, 여러 신하들과 모의하여 왕을 폐위시켰다. 왕은 사태를 돌이킬 수 없다는 것을 알고 두 아들과 함께 자살했다.

고구려 15대 미천왕(美川王)

왕을. 호양왕(好壤王)이라고도 한다. 이름은 을불(乙弗) 또는 우불(憂弗)이다. 제13대 서천왕(西川王)의 손자이고, 고추(高秋)가 돌고(咄固)의 아들이다. 중국 대륙의 진(晉)나라가 붕괴되는 국제정세를 이용하여 한사군(漢四郡)의 세력을 몰아내고 고구려의 영토를 넓히는 데 진력했다.

293년 봉상왕(烽上王, 2년) 큰아버지인 봉상왕(烽上王)이 아버지 돌고(咄固)를 반역 혐의로 죽이자, 을불(乙弗)은 고용(雇傭)살이와 소금장수 등을 하면서 숨어 지냈다. 300년 국상(國相) 창조리(倉助利) 등이 봉상왕을 즉위 후 영토 확장에 힘을 기울여 서방과 남방으로 팽창해나갔으며, 선비족(鮮卑

族) 모용부(慕容部)와 충돌하기도 했다. 302년 3만 명의 군사로 현도군(玄菟郡)을 공격하여 적군 8,000여 명을 사로잡고, 311년에는 요동(遼東)의 서안평(西安平)을 점령했다. 또한 313년 낙랑군(樂浪郡), 314년에는 대방군(帶方郡)을 정벌하여 고구려의 영토로 삼았다.

이와 같이 서방과 남방으로의 급속한 팽창을 도모하는 과정 속에서 요동 지방으로 점차 세력을 확장해오는 선비족(鮮卑族)의 일파(一派)인 모용부와 충돌이 불가피했다. 따라서 선비족의 일파인 단부(段部)·우문부(宇文部)와 연합하여 모용부를 공격했으나 성공하지 못하고, 319년에는 고구려의 장군 여노자(如奴子)가 모용부의 포로가 되기도 했다. 330년에는 후조(後趙)에 사신을 파견하여 중원세력(中原勢力)과의 연결을 통해 모용부를 견제하고자 노력했다. 죽은 뒤 미천지원(美川之原)에 묻혔다.

고구려 16대 고국원왕(故國原王)

왕을. 강상왕(罡上王) 혹은 국강상왕(國罡上王)이라고도 한다. 이름은 쇠(釗) 또는 사유(斯由)이다. 제15대 미천왕(美川王)의 아들이며, 어머니는 주씨 부인(朱氏夫人)이다. 314년 미천왕(美川王,15년) 정월(正月)에 태자로 책봉되고, 331년 2월에 미천왕이 죽자 즉위했다.

재위 기간 동안 전연(前燕)과 대립하여 신성(新城)과 국내성(國內城)을 증축하는 등 방어에 힘썼다. 그러나 모용황(慕容皝)의 침략으로 국내성(國內城)이 함락되어 동황성(東皇城)으로 천도(遷都)하게 되었다. 이후 백제가 한반도 중부 지역으로 진출을 꾀하자 전투를 벌였으나 패하였고, 고국원왕(故國原王)은 371년 평양성(平壤城) 전투에서 전사하였다.

당시 고구려는 요동 지역 확보를 위하여 선비족(鮮卑族)의 일파(一派)인 모용부가 세운 전연(前燕)과 대립하고 있었다. 고국원왕은 336년 고국원왕 (故國原王, 6년) 동진(東晉)과, 338년에는 후조(後趙)와 연결을 꾀하여 외교 면(外交面)에 힘을 기울였고, 335년 제3 현도군(玄菟郡) 지역을 차지하여 신성(新城)을 축조하고, 342년 국도(國都)인 국내성(國內城)을 중축하는 등 전연과의 대결을 준비했다. 그러나 342년 전연(前燕) 모용황(慕容皝)의 침략으로 국내성이 함락되어, 미천왕(美川王)의 시체를 빼앗기고 왕모(王母)·왕비가 잡혀갔다. 그리하여 343년 국도(國都)를 평양(平壤) 동황성(東皇城)으로 옮기고, 전연에 사절(使節)을 파견하여 스스로 신하로 칭하여 355년에 전연(前燕)으로부터 낙랑공(樂浪公) 고구려 왕에 봉해졌다.

그 뒤 전연과의 관계는 소강상태(小康狀態)를 유지했으나, 370년 전진(前陣)이 전연을 격파하고 고구려와 경계를 접하게 됨에 따라 전진과의 우호 수립에 노력했다. 한편 369년 백제가 한반도 중부 지역 진출을 꾀하자, 스스로 군대를 이끌고 백제를 침공했으나 치양(雉壤,지금의 황해도 배천) 전투에서 백제 태자 근구수(近仇首)에게 패했고, 371년 평양성에서 백제 근초고왕(近肖古王) 군을 맞아 싸우다가 죽었다.

고구려 17대 소수림왕(小獸林王)

왕을. 소해주류왕(小解朱留王) 또는 해미류왕(解味留王)이라고도 한다. 이름은 구부(丘夫)이다. 아버지 고국원왕(故國原王)의 장남이다. 비운(悲運)의 고국원왕은 백제의 근초고왕)과의 평양성 전투에서 전사한다. 그나마 다행인 것은 완전히 함락되지 않았다.

기본법(基本法)인 율령(律令)을 반포하고, 교육기관인 태학(太學)을 설립(設立)하였으며, 전진(前秦)에서 불교를 도입하는 등, 전반적인 국가 체제를 갖추는 데 기여했다. 『삼국사기(三國史記)』 『삼국유사(三國遺事)』 『해동고승전(海東高僧傳)』 등에 관련 기록이 남아 있다. 체격이 건장했고 머리가 좋았다. 355년에 아버지 고국원왕에 의해 태자로 책봉된 후, 능력을 인정받아 선비족(鮮卑族)이 세운 나라인 전연(前燕)에 사절(使節)로 파견되기도 했다. 전연에 인질로 잡혀 있다가 370년에 전연이 망한 후 귀국했고 371년 고국원왕이 백제군과의 평양성 전투에서 사망하자 왕위에 올랐다.

소수림왕(小獸林王)이 즉위한 4세기 후반은 낙랑군(樂浪郡)과 대방군(帶方郡)을 멸망시킴으로써 백제와 국경을 접했던 고구려가 남하정책(南下政策)을 활발히 전개하여 백제와 첨예한 대립을 하던 시기였다. 고구려가 남진(南進)해오자 백제의 근초고왕(近肖古王)이 3만 명의 군사를 보내 평양성을 공격하여 고국원왕을 전사시키는 등, 오히려 백제의 기세(氣勢)가 상승해 있었기 때문에 고구려로서는 안팎으로 위기를 맞은 시기였다. 소수림왕(小獸林王)은 부왕(父王)의 전사(戰死)에 따른 국내외적인 위기를 극복하면서 새롭게 지배 세력을 정비해야 하는 시기에 즉위하여, 즉각적으로 국가 체제 정비에 나섰다.

짧은 재위 기간임에도 소수림왕(小獸林王)은 고구려의 체제를 정비하고 재위 2년 372년 전진(前秦)에서 승려 순도(順道)가 외교사절(外交使節)과 함께 불상(佛像)과 경전(經典)을 가지고 왔으며, 374년에는 아도(阿道)가 들어와 불교를 전래했다. 왕은 초문사(肖門寺)와 이불란사(伊弗蘭寺)를 창건해 각각 순도(順道)와 아도(阿道)를 머물게 했다. 375년에는 초문사를 창건하고 승려 순도를 고구려에 머물게 했다. 이를 통해 전진(前秦)과 평화적 관계를 유지할 수 있었고, 민간(民間)에 불교 보급 정책을 통해 불교를 호국(護國) 사상으로 삼았다.

『삼국사기(三國史記)』는 이때부터 한국에 불교가 전래되었다고 기록하고 있다. 그는 372년에 유교(儒敎) 교육 기관인 태학(太學)을 설치해 귀족 자제들에게 유학(儒學)을 가르쳤고, 다음해에는 율령(律令)을 반포했다. 율령의 반포는 이전의 여러 관습법(慣習法) 체계를 재구성하고 성문화(成文化)했음을 의미한다. 고구려는 이를 통해 왕을 중심으로 하는 중앙집권적인 국가 체제를 보다 공고히 정비할 수 있었으며, 이러한 바탕 위에서 광개토왕 대(代)에 대외 팽창을 활발히 전개하여 최대의 전성기를 맞이할 수 있었다.

소수림왕(小獸林王)의 치세(治世) 아래, 고구려는 대외적으로 백제에 대한 견제를 계속했다. 375년 7월에 백제의 수곡성(水谷城)을 침공했고, 다음해에는 백제의 북쪽 국경을 공격했으나 3만 명의 백제군(百濟軍)에게 평양성을 역습당했지만 역습으로 이를 격퇴하고 백제를 정벌했다. 한편 남쪽의 백제에 전력을 기울이던 틈을 타서 378년에는 거란(契丹)이 북쪽의 변방을 기습하여 8개 부락이 함락되기도 했다.

대체로 소수림왕(小獸林王)의 재위 시기에는 북중국(北中國)의 전진(前秦)과 우호관계(友好關係)를 유지함으로써 북방(北方)의 경비에 따른 국력의 분산을 막을 수 있었기 때문에 고구려는 국가의 지배 체제를 정비하는 것이 가능했다. 죽은 뒤 소수림(小獸林)에 장사 지냈다. 아들이 없어 동생 이련(伊連)이 즉위했는데, 그가 고국양왕(故國壤王)이다.

고구려 18대 고국양왕(故國壤王)

왕을 국양왕(國壤王)이라고도 한다. 이름은 이련(伊連)·이속(伊速)·어지지(於只支)이다. 아버지 고국원왕(故國原王)의 아들로, 형인 소수림왕이 후사가 없어 뒤를 이었다. 선왕(先王)인 소수림왕이 만들어놓은 안정적인 정치 체제를 바탕으로 외치(外治)에 힘써 국력을 외부(外部)에 떨치면서, 안으로는 불교를 널리 펴 문화를 발전시켰다. 아들이 광개토왕(廣開土王)이다. 『삼국사기(三國史記)』와 『삼국유사(三國遺事)』및 광개토왕릉비(廣開土王陵碑) 자치통감(資治通鑑) 등에 관련 기록이 남아 있다.

고국양왕(故國壤王)은 선왕 시절에 정비된 국가 정치 체제를 바탕으로 적극적으로 대외 정책을 펼쳤다. 주(主)된 대립 관계는 북쪽으로 후연(後燕), 남쪽으로 백제와 이루어졌다. 즉위 이듬해인 385년에는 4만 군사를 동원하여 후연을 공격하여 요동군(遼東郡)과 현도군(玄菟郡)을 점령했고, 386년에는 남쪽으로 백제를 공격했다.

비록 재위 3년인 386년 후연에게 요동군(遼東郡)과 현도군(玄菟郡)을 다시 빼앗겼으나, 이때의 요동군(遼東郡) 지역에 대한 경험은 이후 아들인 광개토왕(廣開土王)에 이르러 요동(遼東) 정벌을 하는 데 큰 도움이 되었다. 일찌감치 재위 3년 아들 담덕(談德)을 태자로 삼아 국사(國事)에 관심을 갖게 하여 후일을 도모했다. 재위 8년인 391년에는 불교를 장려하였고, 사직(社稷)을 세웠으며 종묘(宗廟)를 수리(修理)해서 정통성(正統性)을 계승할 수 있도록 했다. 고국양왕은 이 해 죽었고, 아들 담덕(談德)인 광개토왕(廣開土王)이 즉위했다.

고구려 19대 광개토대왕(廣開土大王)

『삼국사기(三國史記)』에 의하면 광개토대왕 재위 연대가 392~413년으로 실려 있다. 재위 기간 동안 영락(永樂)이라는 연호(年號)를 사용했으므로 재위 시(에는 영락대왕(永樂大王)이라 일컬어졌다. 사후(死後)의 시호(諡號)는 국강상광개토경평안호태왕(國岡上廣開土境平安好太王)이다. 본명은 담덕(談德)인데, 중국 측 기록에는 안(安)으로 전한다. 고국양왕(故國壤王)의 아들로 어려서부터 체격이 크고 뜻이 고상)했으며, 386년 고국양왕(故國壤王,3년) 태자로 책봉되었다가 부왕(父王)의 사후 즉위하였다.

재위 기간 동안 비록 그 구체적인 내용에 있어서는 『삼국사기(三國史記)』
와 광개토왕릉비(廣開土王陵碑)는 어느 정도 다르게 기술(記述)하고 있지만,
시호(諡號)가 의미하는 바와 같이 고구려의 영토와 세력권(勢力圈)을 크게
확장시켰다.

먼저 예성강(禮成江)을 경계로 그 동안 일진일퇴(一進一退)를 거듭해온 백
제에 대해 즉위 초부터 적극적인 공세(攻勢)를 취하여, 392년 4만 병력을
거느리고 석현성(石峴城: 開豊郡 北面 靑石洞)을 비롯한 10개성을 빼앗았는가
하면, 이어 난공불락(難攻不落)의 요새(要塞)임을 자랑하던 관미성(關彌城=예
성강(禮成江) 하류, 강화(江華) 교동도(喬桐島) 등을 불과 20여 일 만에 함락시
켰다.

또, 빼앗긴 땅의 탈환(奪還)을 위해 침공해온 백제군을 394년에는 수곡
성(水谷城,지금의 新溪)에서, 395년에는 패수(浿水,지금의 禮成江)에서 각각 격퇴
하고, 백제와의 접경지대에 7성(城)을 쌓아 방비(防備)를 강화하는 한편,
396년에는 한강 너머까지 진격하여 58성(城) 700촌락(村落)을 공파(空破)했
다. 뿐만 아니라 백제의 아신왕(阿莘王)으로부터 많은 전리품(戰利品)과 함
께 영원히 노객(奴客)이 되겠다는 맹세를 받고 왕의 동생과 대신(大臣)들을
인질로 잡아오는 대전과(大戰果)를 올렸다.

백제는 이에 굴복하지 않고 세력 만회(挽回)를 위해 왜(倭)를 내세워 399
년에는 고구려와 연결되어 있는 신라를 공격했고, 404년에는 고구려가 장
악하고 있는 대방고지(帶方故地)를 침공해왔다. 이에 대해 고구려는 병력 5
만을 파견하여 왜구를 신라에서 몰아내고 가야 지역까지 추격했으며, 대
방고지(大防高地)에 침입한 왜구도 궤멸시켰다.

나아가 407년에는 백제를 공격하여 막대한 전리품을 노획(勞劃)하고 6성
(城)을 쳐부수어 백제를 응징했다 광개토왕릉비(廣開土王陵碑)에는 407년 작

전의 대상을 기록한 부분이 마멸(磨滅)되어 있어 이를 후연(後燕)으로 보는 견해도 있으나, 백제로 보는 것이 옳을 것이다. 또, 신라에 대해서는 친선 관계(親善關係)를 맺고 영향력을 행사하기 시작하여 신라로 하여금 복속의 담보물(擔保物)로 인질을 보내게 했으며, 400년에는 의 침입으로 위기에 처한 신라를 구원함으로써 영향력을 더욱 강화하였다. 이러한 남방(南方)으로의 세력 확장과 함께 서방(西方)으로의 진출을 꾀하기도 했다.

당시 고구려의 서쪽에는 모용 씨(慕容氏)의 후연국(後燕國)이 있었다. 후연(後燕)과는 396년 모용보(慕容寶)가 후연 왕(後燕王)으로 즉위하여 대왕(大王)을 '평주목요동대방이국왕(平州牧遼東帶方二國王)'에 책봉하는가 하면, 400년에는 후연에 사절(謝絶)을 파견하는 등 한동안 평화적인 관계를 유지했다. 그러나 400년 후연 왕 모용성(慕容盛)이 소자하(蘇子河) 유역에 위치한 고구려의 남소성(南蘇城)과 신성(新城)을 침공해 옴으로써 양국 관계는 파탄에 이른다.

이에 왕은 후연에 대한 보복전(報復戰)을 감행하여 402년에는 요하(遼河)를 건너 멀리 평주(平州)의 중심지인 숙군성(宿軍城)을 공격, 평주자사(平州刺史) 모용귀(慕容歸)를 도망치게 했고, 404년에도 후연(後燕)을 공격하여 상당한 전과(戰果)를 올렸다

이러한 과정에서 요동성(遼東城, 지금의 遼陽)을 비롯한 요하(遼河) 이동(以東) 지역을 차지했으며, 후연 왕 모용희에 의한 405년의 요동성 침입과 406년의 목저성(木抵城, 지금의 木奇) 침입을 격퇴함으로써 요하 이동 지역에 대한 장악을 더욱 확고히 하였다. 대왕(大王)이 중국의 산동성에 중심을 둔 남연(南燕)의 왕 모용초(慕容超)에게 천리마(千里馬) 등을 보내며 접근을 꾀한 것도 후연(後燕)을 견제하기 위한 외교정책의 일환이었던 것으로 보인다. 그러나 서방(西方)으로의 진출은 408년 후연을 멸망시키고 등장한 북연(北燕)과 우호 관계를 유지함으로써 일단락된다.

이 밖에도 392년에는 북(北)으로 거란(契丹)을 정벌하여 남녀 500인을 사로잡고 거란(契丹)에게 빼앗긴 고구려인 1만 인을 데리고 돌아왔으며, 395년에는 거란의 일부로 추측되는 비려(碑麗)를 친정(親政)하여 염수(鹽水) 방면의 부락 600~700영(營)을 격파하고 많은 가축을 노획하여 개선했다.

398년에는 소규모 군대를 파견하여 식신(息愼), 즉 숙신(肅愼)을 정벌하여 조공관계(朝貢關係)를 맺었고, 410년에는 동부여(東夫餘) 두만강 하류 방면의 혼춘설(琿春說)과 함남(咸南) 남부와 강원(江原) 북부에 걸치는 영흥만(永興灣) 방면을 친정(親政)하여 굴복시킴으로써 북쪽과 동쪽으로 영역 내지 세력권(勢力圈)을 확장하였다.

이렇듯 정력적(精力的)인 정복(征服) 사업을 펼친 결과 재위 기간 중 64성과 1,400촌락을 공파(攻破)했으며, 고구려의 영역을 크게 팽창시켜 서(西)로는 요하(遼河), 북(北)으로는 개원(開原)에서 영안(寧安), 동(東)으로는 혼춘(琿春), 남으로는 임진강(臨津江) 유역에 이르게 했다.

대왕(大王)은 이처럼 고구려의 영역을 크게 확장시켰을 뿐만 아니라 내정(內政)의 정비에도 노력하여 장사(長史)·사마(司馬)·참군(參軍) 등의 중앙 관직(官職)을 신설(新設)했는가 하면, 역대 왕릉(王陵)의 보호를 위해 수묘인(守墓人) 제도를 재정비했다.

또 393년에는 평양(平壤)에 9사(寺)를 창건하여 불교를 장려하는 한편, 다음의 장수왕(長壽王) 때 단행되는 평양(平壤) 천도(遷都)의 발판을 마련했다. 광개토왕릉비(廣開土王陵碑)에 광개토왕 때에는 "나라가 부강(富强)하고 백성이 편안했으며 오곡(五穀)이 풍성하게 익었다"고 표현한 것도 이러한 내정(內政) 정비의 결과라고 하겠다

고구려 20대 장수왕(長壽王)

장수왕(長壽王)은 79년 동안 재위했으며, 이 시기가 고구려 역사상 가장 강력한 국력을 가졌던 시기로 알려져 있다. 광개토왕(廣開土王)의 맏아들로 408년에 태자로 책립(冊立)되었다가 413년 광개토왕이 죽자 뒤를 이어 즉위했다. 광개토왕이 이룩해놓은 업적을 바탕으로 대외적으로는 적극적인 외교를 추진하고 대내적으로는 왕권을 강화하는 데 힘을 기울였다. 그 결과 고구려는 북(北)으로 부여성(扶餘城), 남으로는 남한강(南漢江) 유역, 서(西)로는 요동(遼東), 동(東)으로는 훈춘(薰春)에 이르는 광대한 영토를 차지하게 되었다.

성은 고 씨(高氏)요 이름은 거련(巨璉)이다. 광개토왕의 맏아들이다. 408년 광개토왕(廣開土王, 18년) 태자로 책립(冊立)되었다가 413년 10월 광개토왕이 죽자 뒤를 이어 즉위했다. 79년에 걸친 장수왕(長壽王)의 재위 기간은 고구려 역사상 가장 국력이 충실한 시기였다.

장수왕은 중국이 남북조(南北朝)로 나뉘어 왕조(王朝)의 교체가 빈번했던 국제정세 하에서 다각적인 대(對) 중국 외교를 전개했다. 즉위하던 해 동진(東秦)에 사신을 보내 외교 관계를 수립한 이래 남조(南朝)의 여러 왕조(王朝)와 계속 외교 관계를 유지했으며, 435년에는 북중국의 북위(北魏)에 사신을 파견하여 수교(修交)했다. 436년 북위의 압박을 받고 있던 연(燕)의 풍홍(馮弘)의 피신을 돕고, 북위의 압송(押送) 요구를 거절했으며, 466년에는 북위의 혼인 요청을 거절하는 등 독자적인 입장을 견지하기도 했으나 재위 기간 동안 대체로 북위(北魏)와는 긴밀한 관계를 유지했다. 특히 백제가 북위와의 관계를 강화하려 하자 매년 2차례씩 사신을 보내어 견제했다.

479년에는 강력한 국력을 배경으로 뻔뻔함과 함께 대흥안령(大興鞍嶺)의 지두우(地豆于)를 분할(分割)할 계획을 추진하기도 했다. 신라는 당시 고구려에 인질을 보내는 입장에 있었는데, 이를 이용하여 417년 신라의 왕위 계승 분쟁에 관여하여 눌지마립간(訥祇麻立干)을 즉위시켰다. 그러나 신라는 서서히 고구려의 영향력에서 벗어나려는 노력을 했다. 450년에 신라가 고구려의 장수를 실직(失職)에서 살해한 사건 이후 신라와의 관계는 적대적인 방향으로 바뀌어 468년 말갈(靺鞨)의 군사 1만 명을 시켜 신라의 실직주(悉直州)를 공격하게 했다

481년 무렵에 세워진 것으로 추정되는 중원(中原) 고구려비(高句麗碑)는 당시까지도 신라가 고구려의 강한 영향력 아래 놓여 있었음을 보여주고 있다. 475년에는 왕이 직접 군사 3만 명을 거느리고 백제를 공격했다. 당시 신라는 구원군(救援軍)을 파견했으나 미처 도착하기 전(前)에 백제의 수도 한성(漢城)이 함락되고 개로왕(蓋鹵王)은 살해당했다. 장수왕은 이에 앞서 승려 도림(道琳)을 백제에 보내 민심을 이반(離反)시키는 작업을 수행(遂行)하게 했다고 한다. 결국 백제는 웅진(熊津)으로 천도(遷都)하지 않을 수 없었고 국력이 위축되었다.

장수왕대(長壽王代)의 국내정치(國內政治)에서 가장 주목되는 것은 427년에 이루어진 평양 천도(平壤遷都)였다. 이때 옮긴 곳이 지금의 평양 동북쪽 대성산성(大城山城)이다. 평양 천도에 의해 기존에 통구(通溝)를 중심으로 잔존(殘存)한 5부(部) 세력의 기반이 약화되고 국왕의 권한은 강화되었으리라 짐작된다. 백제 개로왕(蓋鹵王)이 북위(北魏)에 보낸 국서(國書)에는 장수왕이 귀족에 대한 대대적인 숙청을 단행한 사실이 나타난다.

수도가 넓은 평야지대(平野地帶)에 자리 잡게 됨에 따라 정치·문화·경제의 중심지로 기능하게 되었으며, 장수왕은 재위 연간(年間)에 강력한 왕권을 행사할 수 있었다. 491년에 98세로 죽자 북위(北魏)의 효문제(孝文帝)는 거기대장군(車騎大將軍) 태부(太傅) 요동군(遼東郡) 개국공신(開國功臣) 고구려왕(高句麗王)으로 추증(追贈)하고 시호(諡號)를 강(康)이라 했다.

고구려 21대 문자명왕(文咨明王)

왕을 명치호왕(明治好王)이라고도 한다. 이름은 나운(羅雲) 또는 고운(高雲) 등으로 전해진다. 아버지는 왕자(王子)인 고추대가(古鄒大加) 조다(助多)이며, 아버지 장수왕보다 먼저 죽어 손자가 왕위를 이었다. 그는 장수왕이 이루어놓은 외교적 업적과 국제적 위상(位相)을 계승했고, 북(北)으로는 부여(扶餘)를 투항시키고 남으로는 신라와 백제의 연합군과 영토 싸움을 벌이면서 세력을 확장했다. 『삼국사기(三國史記)』, 〈위서(魏書)〉, 〈남제서(南齊書)〉, 〈양서(梁書)〉 등에 관련 기록이 남아 있다.

장수왕의 아들인 아버지 고조다(高助多)가 태자였으나, 일찍 죽는 바람에 장수왕에 의해 왕위 계승자로 지목(指目)되어 궁중에서 지냈다. 491년 장수왕이 98세의 나이로 죽은 후 즉위했다. 문자명왕(文咨明王)은 선왕(先王)인 장수왕이 오랫동안 구축해놓은 원만한 외교 정책을 충실하게 계승했다. 장수왕이 중국 남북조(南北朝)의 분열과 갈등 상황에서 균형 잡힌 외교를 통해 안정적인 국제질서(國際秩序)를 이룩한 데 이어, 북위(北魏)와는 조공(朝貢)을 통한 우호적인 화친(和親) 관계를 유지했다. 이와 함께 남조(南朝)의 제(齊)나라와 양(梁)나라 하고도 조공을 통한 외교 관계를 유지, 남북조(南北朝)의 나라들을 서로 견제하도록 했다.

재위 3년인 494년에는 부여(北夫餘)의 왕과 가족의 투항을 받아들이는 한편, 남쪽으로는 백제와 신라를 지속적으로 견제했다. 재위 6년인 497년에는 신라를 침공하여 우산성(牛山城)을 점령했고, 재위 21년인 512년에는 백제를 침공, 가불성(加弗城)과 원산성(圓山城)을 점령하는 등 영토 쟁탈전을 벌여 판도를 넓혔다. 한편 재위 7년인 498년 금강사(金剛寺)를 세워 불교를 정신문화의 근간으로 삼고자 했다. 문자명왕(文咨明王) 시대는 선왕(先王)인 광개토왕(廣開土王)과 장수왕에 이어 고구려의 최전성기라고 알려져 있다.

고구려 22대 안장왕(安臧王)

이름은 흥안(興安)이다. 문자왕(文咨王)의 장자(長子)로 태어나 498년 문자왕(文咨王, 7년)에 태자로 책봉되었으며, 문자왕의 사후에 왕위를 계승하였다.

중국 양(梁)나라로부터 '영동장군(寧東將軍) 도독(都督) 영평(營平) 이주제군사(二州諸軍事) 고구려왕(高句麗王)'에 봉해졌고, 북위(北魏)로부터도 '안동장군(安東將軍) 영호(領護) 동이교위(東夷校尉) 요동군개국공(遼東郡開國公) 고구려왕(高句麗王)'에 봉해졌다. 이와 같이 중국의 남북조 양쪽에서 지위를 인정받는 한편, 양측과 조공무역 관계를 유지하여 전대(前代)에 이미 확립된 대(對) 중국 양면 외교 정책을 따라 행하였다.

이러한 양면 외교 정책은 남북조(南北朝)의 분열을 이용하여 대 중국 방면의 안정을 추구하던 고구려의 전통적 외교 정책이었던 것이다. 523년과 529년에는 백제를 침략하였다. 이것은 전통적인 남진(南進) 정책을 계속 추진해나갔음을 보여준다.

이와 같이 중국의 남북왕조(南北王朝)가 고구려왕(高句麗王)을 앞다투어 책봉한 이유는 당시 동아세아(東亞細亞) 국제사회에서 고구려가 차지하는 비중이 매우 크기 때문이었다. 왕은 또 전통적인 남진 정책을 적극 추진하여 523년에 백제를 침략한 바 있으며, 529년에는 오곡성(五谷城)에서 백제군과 싸워 승리했다. 아들이 없이 재위 12년 만에 죽자, 그 동생 보영(寶迎)이 뒤를 이어 즉위하니 그가 안원왕(安原王)이다

고구려 23대 안원왕(安原王)

　　왕은 문자명왕(文咨明王)의 차자(次子)이다. 형인 안장왕(安臧王)이 후사 없이 죽어서 왕위를 이었다. 선왕(先王)의 정책을 이어 국제관계에서는 동위(東魏)와 양(梁)나라 사이에서 균형 외교(均衡外交)를 취하면서 안정을 꾀했다. 남쪽으로는 백제와 신라 사이에서 간헐적인 충돌이 있었으나 대체로 소강상태(小康狀態)를 지냈다. 다만 계속되는 자연재해로 어려움을 겪었고, 말년에 후계 문제로 지배층 간에 권력투쟁이 일어나면서 국력이 쇠퇴하기 시작했다.

　　아버지 문자명왕(文咨明王)의 아들로, 선왕(先王) 안장왕의 동생이다. 신장(身長)이 7척 5촌에 이르렀다고 하는데, 지금의 척도로 2m가 훨씬 넘는 큰 키에 도량(度量)이 넓었으며, 형인 안장왕이 총애했다고 전한다. 즉위와 함께 남조(南朝)의 양(梁)나라 고조(高祖)로부터, 다음 해에는 북위(北魏)로부터 고구려의 왕으로 책봉되었다. 당시 중국은 선비족(鮮卑族) 탁발 씨(拓跋氏)가 세운 북위(北魏)와 한족(漢族)의 양(梁)나라가 남북조로 갈라져 대립하던 형세였는데, 고구려는 남북조 모두와 외교 관계를 맺어 국제정세의 안정을 꾀했다.

　　534년 북위(北魏)가 동위(東魏)·서위(西魏)로 분열되었는데 동위(東魏)는 종래(從來)의 관호(官戶)에 표기대장군(驃騎大將軍)이라는 칭호를 더해주었다. 당시 삼국관계(三國關係)는 장수왕·문자명왕대(文咨明王代)의 고구려의 남하정책(南下政策)에 백제와 신라가 동맹(同盟)을 맺어 대항하는 형세였으나 커다란 충돌은 없었다.

　　재위 10년인 540년 백제가 우산성(牛山城)을 공격했을 때 군사를 보내어 격퇴한 것이 유일한 전투였다. 이렇게 대외 전쟁이 소강상태였음에 비해 국내적으로는 535년에 큰 홍수와 지진·전염병이 발생했고, 다음해에는 가 몸이 심해 기근이 계속되는 등 자연재해가 계속되어 내치(內治)에 어려움을 겪었다.

재위 말년에 왕의 정부인(正夫人)에게 아들이 없자 중부인(中夫人)과 소부인(小夫人)이 서로 자기 아들을 왕위에 앉히려고 했는데, 이때 그들을 후원하는 귀족세력이었던 추군(麤群)과 세군(細群)은 전투를 방불케 하는 무력충돌을 벌였고 이 과정에서 세군 측(細君側)의 2,000여 명이 죽었다. 이 권력투쟁으로 말미암아 고구려의 국력이 급격히 쇠퇴했으며, 그 결과 후왕(後王)인 양원왕(陽原王) 때인 551년 신라와 백제의 연합군에게 한강 유역을 잃게 되었다. 안원왕(安原王)은 추군(麤群)과 세군(細群)의 권력투쟁이 격렬하게 진행되는 도중에 죽은 것으로 보인다.

고구려 24대 양원왕(陽原王)

왕의 이름은 평성(平成)이며, 양강상호왕(陽崗上好王) 또는 양강왕(陽崗王)이라고도 한다. 안원왕(安原王)의 맏아들이다. 어릴 때부터 지혜롭고 총명(聰明)하며 성격이 호방(豪放)했다고 한다. 533년 안원왕(安原王,3년)에 태자로 책봉되었다가 545년에 즉위했다. 즉위한 뒤 동위(東魏) 북제(北齊)와 외교관계를 맺어 사신의 왕래가 빈번했으나, 백제·신라와 잦은 충돌이 있었다.

548년에 예(濊)의 군사 6,000명을 동원하여 백제 독산성(禿山城)을 쳤으나 신라의 구원군(救援軍)이 와서 물러났다. 그 뒤 550년 정월(正月)에 백제가 도살성(道薩城,지금의 천안)을 함락시키자 3월에 백제의 금현성(錦峴城)을 공격했다. 그러나 양쪽 군사가 피로한 틈을 타서 신라의 진흥왕(眞興王)이 군사를 내어 두성(城)을 점령해버렸다. 551년에는 신흥(新興) 유목민족인 돌궐(突厥)이 신성(新城)을 포위했다가 실패하고, 백암성을 공격하자 장

군 고흘(高紇)을 시켜 군사 1만을 거느리고 가서 싸우게 하여 적군 1,000
여 명을 살해했다. 이때 고구려의 관심이 북쪽에 쏠린 틈을 타서 신라가
거칠부(居柒夫) 등을 보내 죽령(竹嶺) 이북의 10군(郡)을 점령함에 따라 한강
유역을 잃었다. 552년부터 장안성(長安城, 지금의 평양성)을 짓기 시작했다.

557년에는 왕자(王子) 양성양성(陽城, 뒤의 평원왕)을 태자로 책봉하고 내전
(內戰)에서 군신(群臣)들에게 연회를 베풀었다. 이해 10월 반란을 일으킨 환
도성(丸都城)의 간주리(干朱理)를 주살(誅殺)했다.

고구려 25대 평원왕(平原王)

휘(諱)는 양성(陽成)이다. 평강상호왕(平崗上好王) 또는 평강왕(平岡王)이라
고 한다. 양원왕(陽原王)의 큰아들로 557년 양원왕(陽原王, 13년) 태자가 되었
으며, 559년 양원왕이 죽자 왕위에 올랐다. 즉위 후 민심을 수습하기 위해
많은 노력을 기울였다. 대외적으로는 중국의 남북조(南北朝)와 두루 외교
관계를 맺는 정책을 펴 561년 진(陳)나라에 사신을 보냈으며, 564년에는
북제(北齊)에 사신을 보냈다. 577년 북주(北洲)에 사신을 파견하여 관직(官
職)을 받았으며, 581년에는 수(隋)나라 고조(高祖)로부터 대장군(大將軍) 요
동군공(遼東郡公)이라는 관작(官爵)을 받았다.

586년 평양(平壤) 대성산(大城山)에서 장안성(長安城)으로 도읍을 옮겼다.
고구려는 수(隋)나라가 건국된 직후부터 사신을 보내 외교 관계를 맺었으
나, 남조(南朝)인 진(陳)과도 여전히 통교(通交)했다. 수(隋)나라가 진나라를
멸망시키고 중국을 통일하자 평원왕(平原王)은 수나라의 공격에 대비해 전
쟁준비(戰爭準備)를 서둘렀다. 590년 평원왕(平原王)이 죽은 뒤 아들 원(元)이
즉위하여 더욱 강력하게 전쟁 준비를 했다.

고구려 26대 영양왕(嬰陽王)

왕(王의 휘(諱)는 원(元)또는 대원(大元)이다. 아버지는 평원왕(平原王)이다. 중국을 통일한 수(隋)나라에 맞서 대립하다가 4차례에 걸친 수(隋)나라의 침공을 살수(薩水)에서 막아내었다. 한편 역사서(歷史書) 발간에 힘써 유기(留記)를 재편(再編)한 신집(新集) 5권을 발간했다.

아버지 평원왕(平原王)의 장남으로, 풍채(風采)가 준수하고 쾌활했으며 세상을 다스리고 백성을 편안하게 하는 일을 자신의 책무(責務)로 생각했다고 한다. 565년 평원왕에 의해 태자로 책봉되어, 25년 동안 태자로 지내다가 평원왕이 죽은 뒤 즉위했다.

영양왕은 590년 평원왕에 이어 왕위에 오른 이래, 세상을 구하고 백성을 평안하게 하는 것을 책무라고 여기며 내치(內治)와 국방(國防)에 힘썼다. 영양왕이 즉위할 무렵, 중국은 진(陳)나라를 함락시키고 중국을 통일한 상황이었다. 영양왕은 즉위 직후부터 북(北)으로는 동쪽으로 세력을 넓히려는 수(隋)나라, 남으로는 호시탐탐 영토를 확대하려는 백제와 신라의 위협에 둘러싸여 있었다.

영양왕은 백제와 신라의 북진(北進)을 막아 남쪽을 안정시켜야 수나라에 대한 총력적(總力的)인 대응이 가능하다고 생각했고, 즉위 원년(元年)부터 신라에 대한 견제에 나섰다. 평강공주(平岡公主)의 남편인 온달(溫達)이 신라의 아단성(阿旦城)을 공격하다가 전사한 것도 이때이다.

한편 영양왕은 수나라에 대해서는 화전(火戰) 양면(兩面) 정책을 구사했다. 영양왕이 598년 말갈(靺鞨) 군사 1만을 이끌고 요서(遼西) 지방을 공격하자, 이에 격노한 수 문제(隋文帝)가 30만 대군을 내어 고구려를 침공했으나 장마·기근·질병(疾病)으로 실패하고 돌아갔다. 영양왕은 패전한 수(隋)나라에 화친(和親)을 제의했고, 수 문제(文帝)가 화친을 받아들여 수 문제 재위 동안에는 두 나라 사이에 평화가 유지되었다.

수(隋)나라의 1차(次) 침공을 성공적으로 방어한 영양왕은 600년에 태학박사(太學博士) 이문진(李文眞)을 시켜 고구려의 옛 역사서인 『유기』 100권을 정리하여 『신집』 5권을 만들게 했다. 백제·신라에서 새로운 역사서가 편찬된 시기가 대개 국력이 한참 신장(新粧)될 때였던 것과 같이, 영양왕 때의 고구려도 평원왕(平原王) 이후 안정된 왕권과 국가체제를 유지했다.

수 문제에 이어 황제(皇弟)가 된 수(隋) 양제(煬帝)는 문제와 달리 야심이 커서 만리장성(萬里長城)을 개축하고, 대운하 공사를 벌였으며, 동북(東北)으로 영토를 확장하려는 정책을 펼쳤다. 수 양제는 고구려를 복속하려는 야심으로 조공(朝貢)을 요구했으나 영양왕은 응하지 않았고, 수 양제는 612년 113만 대군(大軍)을 이끌고 수륙(水陸) 양면으로 침공했다. 그러나 고구려는 서전(西殿)을 유리하게 이끌었으며, 마침내 을지문덕(乙支文德)의 활약으로 적군을 살수(薩水)에서 대파한 살수대첩(薩水大捷)이 있었다.

수 양제는 613년에 35만(萬) 군사를 이끌고 고구려를 재차 침공했으나 고구려가 잘 막아내는 가운데 수(隋)나라 군(軍) 내부에서 반란이 일어나 퇴각(退却)했다. 수(隋) 양제(煬帝)는 이듬해인 614년 신하들의 반대에도 불구하고 다시 군사를 모아 고구려 정벌에 올랐으나, 영양왕이 화친을 제의하자 이를 받아들였다.

수나라는 여러 차례에 걸친 고구려 침공의 실패와 거듭된 토목공사(土木工事)로 백성들의 삶이 피폐(疲弊)해지면서 반란이 빈발했고, 마침내 618년 반란군(叛亂軍)에게 수 양제가 살해 당하면서 멸망했다.

영양왕은 성공적으로 4차례에 걸친 수나라의 침공을 막아내면서, 남쪽으로는 백제와 신라에 대한 견제를 멈추지 않았다. 598년 수 문제의 침공을 물리친 후 백제가 수나라와 연통(煙筒)하여 수나라에게 고구려 공격을 요청했다는 정보(情報)를 입수(入手)한 영양왕은 즉시 백제를 공격하여 기세를 제압했다.

이후 603년에는 신라의 북한산성(北漢山城)을 공격했고, 607년에는 백제의 송산성(松山城)과 석두성(石頭城)을 공격하는 등 압박을 계속한 끝에 608년에 이르러 아리수(阿利水, 지금의 한강) 북쪽의 영토를 회복했다. 신라, 백제와 적대적 관계를 계속한 것과는 달리 영양왕은 일본과는 활발한 교류를 가졌다.

595년에는 혜자(惠慈)가 일본으로 건너가 쇼토쿠태자(聖德太子)의 스승이 되었고, 610년에는 담징(曇徵)·법정(法定) 등의 승려가 일본으로 건너가 오경(五經)과 채화(彩畵) 등을 가르쳤다. 담징은 일본 호류지(法隆寺)에 '금당벽화(金堂壁畵)'를 그리기도 했다. 영양왕(嬰陽王)은 618년 수(隨)나라가 멸망하고 당(唐)나라가 중국에 세워지는 것을 보면서 오랜 전쟁으로 약해진 국력을 회복하기 위해 노력하던 중에 죽었다. 후손이 없었던 영양왕의 뒤를 이복동생인 영류왕(榮留王)이 계승했다.

고구려 27대 영류왕(榮留王)

휘(諱)는 건무(建武) 또는 성(成)이다. 영양왕(嬰陽王)의 이복동생이다. 영양왕이 죽은 뒤 왕위를 계승하였다. 왕의 개인적 성품이나 행적(行蹟) 등에 대한 자료는 남아 있지 않다. 즉위한 해인 618년 영류왕(榮留王, 1년) 수(隋)나라가 망하고 당나라가 서자 곧 사신을 보내 평화적인 관계를 맺기 위해 노력했다. 622년에 사신을 보냈을 때 당나라 조정(朝政)에서 수(隨)나라의 고구려 원정 때 본국으로 돌아가지 못한 중국인의 송환을 요구하자, 1만여 명의 포로를 돌려보냈다.

624년에는 당(唐)에서 형부상서(刑部尙書) 심숙안(沈叔安)을 보내 왕을 상

주국(上柱國) 요동군공(遼東郡公) 고구려 국왕(高句麗國王)으로 책봉했고, 도사(道士, 승려)를 보내 천존상(天尊像), 신선상(神仙像)과 도법(道法)을 전해주었다. 그러나 당(唐)과의 관계는 당(唐)이 돌궐(突厥)을 평정하면서부터 서서히 긴장 상태에 들어갔다. "즉" 당(唐)은 631년에 광주사마(廣州司馬) 장손사(長孫師)를 보내 수(隨)의 고구려 침입 때 죽은 병사의 해골(骸骨)을 파묻고, 고구려가 수군(隋軍) 격퇴를 기념하기 위해 세운 경관(景觀)을 헐어버렸다. 이에 그해 2월부터 백성을 동원하여 북동쪽 부여성(扶餘城 : 지금의 만주 눙안[農安])에서 남서쪽 바다(발해)에 이르는 천리장성(千里長城)을 쌓기 시작하여 당의 침입에 대비했다. 장성은 16년 만인 648년 보장왕(寶藏王, 7년)에 완성되었다.

한편 신라와는 적대관계가 계속되었다. 629년 김유신(金庾信)의 공격을 받아 낭비성(娘臂城, 지금의 청주)을 빼앗겼고, 638년에는 군사를 내어 신라의 칠중성(七重城)을 공격했으나 패했다. 640년 당에 세자(世子) 환권(桓權)을 보내 조공(朝貢)했으며, 청년(靑年) 자제(子弟)들을 파견하여 당의 국학(國學)에 입학(入學)을 청했다. 642년에 장성 축조의 감독을 맡고 있던 연개소문(淵蓋蘇文)을 제거하려 했으나, 거꾸로 연개소문이 정변(政變)을 일으켜 영류왕(榮留王)이 죽음을 당했다

고구려 28대 보장왕(寶藏王)

보장왕(寶藏王)은 고구려의 마지막 왕이며, 이름은 장(藏) 혹은 보장(寶藏)이다. 왕은 영류왕(榮留王)의 아우인 태양왕(太陽王)의 아들이다. 연개소문이 정변(政變)을 일으켜 영류왕(榮留王)을 살해하고 왕으로 옹립(擁立)했기 때문에 그는 재위 기간 동안 명목상(名目上)의 왕에 불과했고 정치적 실권

(實權)은 연개소문이 차지하고 있었다. 주변정세는 당시 한반도(韓半島)에서는 고구려와 백제가 연결되어 신라를 공격하고 있었으며, 당나라는 중국을 통일한 뒤 대외적으로 세력을 확대하고 있었다.

이러한 정세 속에서 보장왕대(寶藏王代)에 고구려는 영류왕대(榮留王代)의 온건(穩健)한 외교 정책과는 달리 당(唐)과 신라에 대해 모두 강경한 외교적 입장을 견지(遣支)하고 있었다. 물론 즉위 초년)에는 당(唐)과 화친(和親)을 맺고 당에서 도교(道敎)를 수용(受容)하기도 했으나, 이는 어디까지나 연개소문이 정변(政變)을 일으킨 후 정권(政權)을 안정시키려는 의도에서 나타난 일시적 현상(現狀)이었다. 642년 신라는 김춘추(金春秋)를 고구려에 보내어 화친을 모색했으나, 한강 유역을 되돌려줄 것을 요구하는 연개소문의 강경한 태도 때문에 실패했다.

그뒤 신라는 외교적 고립(孤立)을 벗어나기 위해 당과의 외교 관계에 주력(主力)했고, 당 역시 고구려를 견제하기 위해 사신을 파견하여 고구려에 외교적 압력을 가했다. 마침내 645년 당 태종(太宗)은 직접 대군(大軍)을 거느리고 고구려를 침공하여 요동성(遼東城)을 비롯한 고구려의 10성(城)을 함락시켰으나, 안시성 싸움에서 대패(大敗)하고 돌아갔다. 그 뒤 당은 전략을 바꾸어 여러 차례 소규모 부대(部隊)를 출동시켜 고구려를 침략했으나 별다른 성과를 거두지 못했다.

당은 신라와 군사동맹(軍事同盟)을 맺어 660년 백제를 멸망시키고, 고구려를 협공(挾攻)했다. 고구려군(高句麗軍)은 계속되는 당군(唐軍)의 공격에 완강히 저항했으며, 662년 살수전투(薩水戰鬪)에서는 연개소문이 당의 장군 방효태(龐效太)와 그의 군대를 전멸시키는 대승(大勝)을 거두기도 했다. 그러나 백제의 멸망으로 군사 활동이 용이(容易)해진 신라군(新羅軍)과 당군(唐軍)의 양면 공격이 거듭되자 고구려도 더 이상 견디지 못하고 서서히 무너져갔다.

666년 연개소문이 죽자 그의 맏아들 남생(男生)이 뒤를 이어 대막리지(大莫離支)가 되었는데, 동생인 남건(男建)·남산(男山)과의 사이에 불화가 일어나 동생들에게 쫓겨 국내성(國內城)으로 물러났다. 그 후 그는 당에 투항하여, 당의 고구려 침공에 길잡이가 되었다. 이러한 지배층의 분열과 함께 민심도 동요되어 보장왕(寶藏王) 후기에는 고구려의 멸망을 예언하는 비기가 유포(流布)되었으며, 지방세력들도 이탈해갔다.668년 부여(扶餘) 지역의 40여 성(城)이 당군에 항복했고, 9월에는 평양성(平壤城)이 함락되어 고구려는 멸망하고 말았다.

고구려 부흥운동(復興運動)이 일어났는데, 고구려를 멸망시킨 후 당은 평양(平壤)에 안동도호부(安東都護府)를 설치하고, 고구려 유민(遺民)의 부흥운동을 진압해가는 한편, 보장왕을 비롯한 많은 고구려 유민을 당의 내지(內地)로 사민(徙民)시켰다. 그러나 고구려 유민의 부흥운동이 치열하게 계속되자 677년 당(은 보장왕을 요동주도독(遼東州都督) 조선왕(朝鮮王)으로 삼아 요동 지방에 보내 무마시키고자 했다.

보장왕)은 요동에 가서 오히려 고구려 유민을 모으고 말갈(靺鞨)과 연결하여 고구려의 부흥을 꾀했기 때문에 당(唐)은 681년에 다시 보장왕을 소환했다. 682년 보장왕이 사망하여 당(唐)으로부터 위위경(衛尉卿)에 추증(追贈)되었다. 아들로는 복남(福男)·임무(臨撫)·덕무(德撫) 등이 있다 고구려는 662년 살수전투(薩水戰鬪)에서 연개소문이 당(唐)의 군대를 전멸시키는 대승을 거두기도 했으나 백제의 멸망으로 군사 활동이 용이해진 신라군(新羅軍)과 당군(唐軍)의 양면 공격이 거듭되면서 668년 9월에 평양성(平壤城)이 함락되고 고구려는 멸망했다

고구려 왕조 역대표

왕대	왕 명	재임 기간	왕대	왕 명	재임 기간
1	시조(始祖) 동명왕(東明王)	BC 58~19	15	미천왕(美川王)	서기 300~331년
2	유리왕(瑠璃王)	BC 19~서기 18년	16	고국원왕(故國原王)	서기 331~371년
3	대무신왕(大武神王)	서기 18~44년	17	소수림왕(小獸林王)	서기 371~384년
4	민중왕(閔中王)	서기 44~48년	18	고국양왕(故國壤王)	서기 384~391년
5	모본왕(慕本王)	서기 48~53년	19	광개토왕(廣開土王)	서기 391~413년
6	태조왕(太祖王)	서기 53~146년	20	장수왕(長壽王)	서기 413~491년
7	차대왕(次大王)	서기 146~165년	21	문자명왕(文咨明王)	서기 491~519년
8	신대왕(新大王)	서기 165~178년	22	안장왕(安臧王)	서기 519~531년
9	고국천왕(故國川王)	서기 178~197년	23	안원왕(安原王)	서기 531~545년
10	산상왕(山上王)	서기 197~227년	24	양원왕(陽原王)	서기 54~559년
11	동천왕(東川王)	서기 227~248년	25	평원왕(平原王)	서기 559~590년
12	중천왕(中川王)	서기 248~270년	26	영양왕(嬰陽王)	서기 590~618년
13	서천왕(西川王)	서기 270~292년	27	영류왕(榮留王)	서기 618~642년
14	봉상왕(烽上王)	서기 292~300년	28	보장왕(寶藏王)	서기 642~668년 니(羅) 당(唐)=멸망

2

신라 왕조기(王朝記)

신라 초대 박혁거세 거서간(居西干)

『환단고기』는 신라 시조(始祖) 박혁거세(朴赫居世)의 출생 비밀을 밝혀준다. 신라 박혁거세는 알에서 태어난 것이 아니라, 북부여 시조(始祖) 해모수(解慕漱)의 5대손 고두막(高豆莫) 단군의 딸 파소(婆蘇)의 아들이다. 『환단고기』의 기록에 의하면, 신라 시조(始祖) 박혁거세의 어머니 파소(婆蘇)가 부여(夫餘) 황실(皇室)의 딸이다. 종래(從來) 사대주의(事大主義) 사관(史官)의 왜곡 날조(歪曲捏造)에 의해 중국 진나라 사람들이 한반도로 들어와 신라를 세운 것으로 잘못 인식돼왔다.

신라 박혁거세의 어머니 파소(婆蘇)는 고두막한(高豆莫汗)의 딸로서 남편이 없이 임신한 여인이다. 그런 파소(婆蘇)는 몰래 진한(辰韓) 나을촌(那乙村)으로 도망가서 박혁거세를 낳았다.

『환단고기』 고구려국본기(高句麗國本紀)

斯盧始王仙桃山聖母之子也昔有夫餘帝室之女婆蘇不
夫而孕爲人所疑自嫩水逃至東沃沮又泛舟而南下抵辰
韓奈乙村時有蘇伐都利者聞之往收養於家而及十三岐

詳然夙成有聖德於是辰韓六部共尊爲居世干立都徐羅
_{상연숙성유성덕어시진한육부공존위거세간립도서라}
伐稱國辰韓亦曰斯盧
_{벌칭국진한역왈사로}

사로의 처음 임금은 선도산(仙桃山) 성모(聖母)의 아들이다. 옛날 부여(夫
餘) 제실(帝室)의 딸 파소(婆蘇)가 있었는데 남편 없이 아들을 배어 사람들
의 의심을 받게 되자 눈수(嫩水)로부터 도망쳐 동옥저(東沃沮)에 이르렀다.
또 배를 타고 남하하여 진한(辰韓)의 나을촌(奈乙村)에 이르렀다. 이때에 소
벌도리(蘇伐都利)라는 자가 그 소식을 듣고 가서 집에 데려다 거두어 길렀
다. 나이 13세가 되자 뛰어나게 영리하고 숙성(熟成)한 데다가 성덕(聖德)이
있었다. 이렇게 되어 진한 6부의 사람들이 모두 존경하여 거세간(居世干)
이 되니, 도읍을 서라벌(徐羅伐)에 세우고 나라이름을 진한(辰韓)이라 하고
또한 사로라고도 하였다.

신라 2대 남해거서간(南解居西干)

남해왕(南海王)은 혁거세왕(赫居世王)과 알영 부인(閼英夫人) 사이에서 태어
났다. 체격이 장대하고 성품이 깊고 두터웠으며 지략(智略)이 많았다고 전
한다. 태자도, 장남도 아니었던 그가 왕위에 오른 경위는 분명치 않다. 『삼
국사기(三國史記)』는 이에 대해 남해왕자신의 입을 빌려 이렇게 기술(記述)
하고 있다. 이 기록에 따르자면 남해왕은 혁거세왕에게 왕위를 넘겨받은
것도 아니고 왕위 계승권자도 아니었다. 그는 불의의 사고로 혁거세왕과
알영 부인이 죽자, 백성들에 의해 추대되었다.

그렇다면 혁거세왕과 알영 부인이 함께 죽고, 왕위 계승이 제대로 이뤄
지지 못한 이유는 무엇인가? 이는 혁거세왕 60년 9월의 '금성(錦城) 우물에

두 마리의 용(龍)이 나타났다'는 표현은 곧 내란이 일어나 왕을 칭하는 자가 두 명이었다는 뜻이다. 말하자면 이때 신라국(新羅國) 내부에 큰 반란 사건이 일어났고, 그 반란의 와중에 혁거세왕과 알영 부인이 모두 죽음을 당한 것이다.

혁거세왕이 죽은 것은 이듬해 3월이었고, 이때 알영도 함께 죽었다. 『삼국유사(三國遺事)』에 따르면 이들의 시신은 죽은 지 7일 만에 발견되었고, 혁거세왕의 시신은 다섯 토막으로 잘려 있었다. 말하자면 혁거세왕은 살해당한 뒤, 다시 시신이 조각조각 잘렸던 것이다. 거기다 그와 함께 죽은 알영과 왕족들의 시신들도 모두 토막이 난 상태였던 모양이다. 그 때문에 왕과 왕비 및 왕족(王族)들의 사체(死體)를 제대로 수습할 수 없게 된 신하들은 시신을 5기(基)의 능(陵)을 조성하여 안장(安葬)하여야 했기 때문에 후세에 이르러 오릉(五陵)이라한다 한다

신라 3대 노례 왕(弩禮王)

서기24년에 신라2대 임금인 남해왕(南解王)이 세상을 떠나자. 뒤를 이어서 신라3대 임금인 노례 왕(弩禮王, 유리왕)이 즉위했다. 그런데 노례 왕은 처음에는 매부(妹夫)가 되는 탈해왕(脫解王)에게 왕위를 물려주려고 했다. 그러자 탈해왕은 이렇게 말을 하였다. "대개 덕이 높은 사람은 이빨 수가 많다고 합니다. 그러니 서로 임금을 가지고 시험해본 다음 왕위를 이어받을 사람을 결정하지요."

노례 왕은 그 말에도 일리가 있는 것 같아서 탈해의 제안을 따르기로 하였다. 두 사람은 각자 떡을 깨물어서 이빨 자국을 생기도록 하였다. 그것을 가지고 자세히 살펴보니 노례 왕의 치아가 더 많음을 알게 되었다.

이것은 곧 하늘이 정한 순리이니 따르도록 하여서 노례 왕이 먼저 왕위에 올랐다.

즉 유리 이사금(儒理尼師今)이 왕위에 올랐다. 그는 남해(南解)의 태자이다. 어머니는 운제 부인(雲帝夫人)이며 왕비는 일지갈문 왕(日知葛文王)의 딸이다. 혹은 왕비의 성은 박 씨(朴氏)이며, 허루 왕(許婁王)의 딸이라고 한다. 애초에 남해가 돌아가셨을 때, 유리가 당연히 왕위에 올라야 하는데, 유리는 대보(大輔) 탈해가 본래 덕망(德望)이 있다고 생각하였으므로 그에게 왕위를 사양하였다. 탈해가 말하였다. 임금이라는 자리는 보통 사람이 감당할 수 있는 것이 아닙니다. 훌륭하고 지혜(智慧)로운 사람은 나이가 많다고 들었습니다. 시험 삼아 떡을 깨물어 보시지요.” 그 결과 유리의 이 자국이 많았으므로 즉시 가까운 신하들과 함께 그를 받들어 왕위에 오르게 하고, 왕호(王號)를 이사금(尼師今)이라 하였다. 예부터 전해오는 말이 이와 같았다. 남해왕(南解王)의 사위인 탈해(脫解)가 유리(儒理)에게 진작에 양보(讓步)하려고 이런 제안을 한 것으로 보인다.

김대문(金大問)이 이르기를 “이사금(尼師今)은 방언(放言)이다. ‘이사금’은 곧 ‘이의(異意) 자국(自國)’이란 말이다. 이전에 남해가 죽음을 앞두고 아들 유리와 사위 탈해에게 내가 죽은 뒤에는 너희들 박(朴)과 석(昔) 두 성씨(姓氏)를 가진 사람 중에서 나이가 많은 자가 왕위를 이르라”고 말했다. 그러나 후에 김 씨(金氏) 성이 또한 흥기(興起) 하였으므로 세 성씨들 중에 나이가 많은 사람이 왕위를 이었다. 이러한 이유로 임금을 이사금이라고 불렀다”라고 하였다.

신라 천년사직(千年社稷)이 가능했던 이유가 이처럼 박(朴), 석(昔), 김(金) 세 성씨가 돌아가면서 자연스럽게 왕위를 계승하는 일이 가능했기 때문이라고 생각된다. 성만 틀렸지 사실 이들은 박혁거세를 시조 왕(始祖王)으로 한 친인척을 형성했기 때문이다. 신라 왕은 성씨를 불문하고 모두 혁거세(赫居世)의 후손이었다. 모든 왕들이 즉위 후 시조묘(始祖廟)와 신궁(神宮)에 가서 제사를 지냈다. 이후 석 씨(昔氏)는 상대(上代) 8명의 왕을 배출한 이후 성씨가 크게 쇠락하여 현재 1만 명 수준으로 남아 있으나, 박 씨(朴氏)와 김 씨(金氏)는 폭발적으로 증가하여 수백만 명에 이르고 있다. 물론 중간에 끼어든 사람과 가짜가 많아 그들이 다 혈손(血孫)이란 뜻은 아니다.

신라 4대 탈해 이사금(脫解尼師今)

탈해왕(脫解王, 57~80)은 신라 왕실 3성(姓) 가운데 석(昔) 씨로서는 첫 번째 왕이었다. 용성국(龍城國, 신라 건국 기 주변에 있던 소국) 출신으로 신라에 들어와 왕이 되었다.

가야국(伽倻國)을 찾아 수로 왕(首露王)과 내기를 벌인다든지, 신라의 아진포(阿珍浦)에 이르러 아진(阿珍) 의선(依禪)에게 보살핌을 받는다든지, 괴상한 꾀를 써서 호공(瓠公)의 집을 빼앗는가 하면, 물을 떠오던 부하가 먼저 한 모금 맛보려다 낭패를 당한다. 노례 왕과 벌인 치아 숫자 내기가 아닐까 한다.

탈해는 제2대 남해왕(南解王)의 사위였다. 왕은 아들인 노례보다 나이나 지혜가 위인 탈해(脫解)에게 왕위를 물려주려 했는데, 정작 탈해는 내기를 해서 처남을 먼저 왕으로 만들었다는 것이다. 노례가 죽고 나서야 탈해는 왕위에 올랐다.

탈해가 지팡이를 잡고 노비 둘을 이끌고서, 토함산 위로 올라가 돌무덤을 쌓고 7일 동안 머물렀다. 성안에서 있을 만한 곳을 찾기 위해서였다. 한 봉우리를 보니 마치 초승달과 같아 오래 머물 만한 형세였는데, 내려가 살펴보니 호공(瓠公)의 집이었다. 간사(奸詐)스럽게 꾀를 내기로 하였다. 집 곁에다 숫돌과 숯을 몰래 묻었다. 다음 날 아침 그 집에 가 짐짓 꾸짖는 투로 말했다. "이곳은 우리 선조 때 집이오." 그러자 호공(瓠公)은 "아니다."라고 하였다. 말다툼이 일었으나 해결을 보지 못하자 관아(官牙)에 아뢰었다. 관리가 물었다. "무엇으로 네 집임을 증명하겠느냐. 우리 집이 본디 대장간을 했는데, 잠시 다른 지방에 가 있는 사이 남이 들어와 산 것입니다. 땅을 파서 조사해보시기 바랍니다. 이 말을 따라해보니 과연 숫돌과 숯이 나왔다. 탈해(脫解)는 이 집을 차지해 살게 되었다. 하여 호공(瓠公)의 집을 빼앗았다.

이는 박 씨(朴氏)와 석 씨(昔氏) 사이의 연합에 모종의 문제가 생겼음을 암시하는지 모른다. 탈해(脫解)가 뒷문까지 단단히 잠그지 못한 것 같다. 실로 탈해를 포함해 석 씨 왕은 8명, 신라 56명의 왕 가운데 겨우 15%이고, 그나마 16대 흘해왕(訖解王, 310~356)을 끝으로 그 뒤로는 나오지도 않았다. 17대 내물왕(奈勿王) 이후 탈해의 후손은 정치적으로 도태되고 말았다.

신라 5대 파사니사금(婆娑尼師今)

재위 80~112년이고, 성)은 박 씨(朴氏). 유리 이사금의 둘째 아들로 태자 일성(逸聖)보다 인물이 뛰어나 즉위하였다고도 하고, 유리 이사금(儒理尼師今)의 아우인 내로(奈老)의 아들이라고도 한다. 어머니는 사요왕(辭要王)의 딸이고 비(妃)는 허루갈문왕(許婁葛文王)의 딸인 사성 부인(史省夫人) 혹은 사초 부인(史肖夫人)이다. 비계(妃系)가 김 씨(金氏) 한기부(漢岐部)의 유력자임은 파사 이사금이 유찬(榆湌)의 못으로 사냥 갔을 때 이찬(伊湌) 허루(虛漏)가 딸을 데리고 나와 춤을 추었으며, 이어 허루는 주다(酒多, 나중에 角干)가 되었음을 보아도 알 수 있다.

파사 이사금이 유리 이사금의 직계(直系)라면 탈해 이사금 이후 왕위를 계승한 것이 문제가 없으나, 그가 내로(奈老)의 아들일 경우 월성(月城)에 기반을 둔 석 씨(昔氏)세력과 긴밀한 관계를 맺어 즉위한 것으로 보기도 한다. 87년에 가소성(加召城), 마두성(馬頭城)을 쌓았으니, 이것은 경주를 벗어난 맨 처음의 축성(築城) 기록이다. 94년에 가야(伽耶) 군사가 마두성(馬頭城)으로 쳐들어왔을 때 1,000여 명의 기병(騎兵)을 사용하였으니, 이미 기마전투(騎馬戰鬪)의 양상을 볼 수 있다. 101년에 월성(月城)을 쌓아 궁실(宮室)을 옮겼다.

신라 6대 지마니사금(祇摩尼師今)

성은 박 씨(朴氏)다. 지미(祇味) 혹은 지마(祇磨)라고도 한다. 파사 이사금(婆娑尼師今)의 아들이다. 어머니는 허루갈문왕(許婁葛文王)의 딸인 사성 부인(史省夫人)이며, 비(妃)는 갈문왕 마제(摩帝)의 딸 애례 부인(愛禮夫人) 김 씨이다.

백제와는 원만한 관계를 유지했으나 가야(伽耶)와는 사이가 좋지 않아, 가야가 침공하면 정벌하는 일이 반복되었다. 즉위 후 115년과 116년에 몸소 군사를 이끌고 가야 공격에 나섰으나 성과가 없었다. 123년 왜국(倭國)과 강화를 맺었다. 125년 정월에 말갈(靺鞨)이 북쪽 변경(邊境)으로 쳐들어와 노략질을 하고 다시 7월에 침공했을 때에는 백제의 도움으로 이를 물리쳤다. 재위 23년 만에 죽었는데 아들이 없어 일성 이사금(逸聖 泥師今)이 즉위하였다.

신라 7대 일성 이사금(逸聖尼師今)

일성 이사금(逸聖尼師今, AD 132년)이 왕위에 올랐다. 성은 박 씨(朴氏)로써 유리왕(儒理王)의 맏아들이다. 혹은 일지(日知) 갈문왕(葛文王)의 아들이라고도 한다. 비(妃)는 박 씨 지소례왕(支所禮王)의 딸이다. 원년(元年서기 134) 9월, 죄수들을 크게 사면(赦免)하였다. 『삼국사기(三國史記)』에는 80년(탈해 24) 제4대 탈해 이사금(재위 57~80)이 죽은 뒤에 신하들이 유리 이사금의 태자였던 일성 이사금을 왕으로 세우려 했지만, 동생인 파사 이사금(재위 80~112)이 더 위엄이 있고 현명해 그를 왕위에 앉혔다고 기록되어 있다. 그래서 일성 이사금은 파사 이사금을 거쳐 조카인 지마 이사금이 134년(지마 23) 후사를 남기지 못하고 죽은 뒤에야 왕위에 오를 수 있었다. 그런데 134년은 유리 이사금이 죽은 지 77년이나 지난 뒤이므로 일성 이사금은 80세가 되어서야 왕위에 오른 것이다.

신라 8대 아달라왕(阿達羅王)

아달라왕(154~184 재위)은 일성 이사금의 큰아들이다. 어머니는 박 씨(朴氏)로 지소례왕(支所禮王)의 딸이며, 비(妃)도 박 씨로 지마 이사금의 딸인 내례 부인(內禮夫人)이다. 『삼국사기(三國史記)』에 의하면 키가 7척이며 코가 크고 얼굴 모양(模樣)이 기이(奇異)했다고 한다. 156년 계립령(鷄立嶺)을, 158년에는 죽령(竹嶺)의 길을 개통(開通)했다. 재위 중에 왜인과는 평화적인 관계를 유지하여 158년 왜인의 방문(訪問)이 있었고, 173년에는 왜국(倭國) 여왕 히미코(卑弥呼)의 사신이 내방한 적이 있다.

165년에는 반역을 도모하다 도망한 아찬(阿湌) 길선(吉宣)을 백제가 돌려

보내지 않아 167, 170년 2차례에 걸쳐 백제와 충돌이 있었다. 이에 167년 충돌 때에는 백제가 서쪽의 두 성을 격파하고 1,000여 명의 주민을 포로로 잡아가자, 일길찬(一吉飡) 흥선(興宣)을 시켜 2만 명의 군사를 동원하고, 왕이 몸소 기병(騎兵) 8,000명을 이끌고 한수(漢水)에 다다르니, 백제가 주민들을 돌려보내고 화친(和親)을 청했다고 한다. 신라 말기에는 그의 후손들이 3대 신덕왕(神德王), 경명왕(景明王), 경애왕(景哀王)에 걸쳐 왕위를 이었다.

신라 9대 벌휴 이사금(發暉尼師今)

성은 석(昔) 씨. 부계(父系)는 석탈해(昔脫解)의 아들인 구추각간(仇鄒角干)의 아들이므로 석탈해의 손자이고, 어머니는 김 씨(金氏) 지진내례 부인(只珍內禮夫人)이다. 탈해 이후 석 씨 세력이 쇠퇴하여 그 기록이 제대로 남아있지 않다.

벌휴(伐休)가 홍수·가뭄 및 그 해의 풍흉(豐凶)을 미리 알았고 사람의 사정을 알아맞혀 성인(聖人)이라 불린다. 『삼국사기(三國史記)』 벌휴 이사금이 즉위 조의에 기록이 없다. 벌휴(伐休)가 즉위한 것은 아달라 이사금이 죽고 아들이 없으므로 나라 사람들이 임금으로 세웠다고 한다. 이는 전투 능력을 비롯한 문화 수준에 있어서 우위(優位)를 가진 새로운 세력 집단이 경주(慶州)로 진출하여 종래의 지배층을 압도한 것으로 풀이된다. 따라서 석 씨 왕계(昔氏王界)의 성립 이후 신라는 보다 급격한 영역 확대를 실현시켰다.

신라 10대 내해 이사금(奈解尼師今)

　내해 이사금(奈解尼師今196~230년)의 성은 석 씨(昔氏)이고, 아버지는 벌휴 이사금(伐休尼師今)의 아들인 이매(伊買)이고, 어머니는 내례 부인(內禮夫人)이다. 사후 아버지 이매를 헌성대왕(憲聖大王)에 추존하였다 한다. 벌휴 이사금의 태자인 석골정(昔骨正)과 둘째 아들 석이매(昔伊買)가 일찍 죽고, 적손(嫡孫)인 석골정(昔骨正)의 아들 조분(助賁)이 어렸기 때문에 왕이 되었다. 비(妃)는 조분 이사금(助賁尼師今)의 누이 석 씨서 사촌 간)에 근친 결혼을 했다. 자녀로는 태자 우로(于老)와 병마사(兵馬事)를 관장했던 이벌찬(伊伐湌), 이음(利音), 조분왕(助賁王)의 비(妃)가 된 딸 아이혜(阿爾兮)가 있다.

　재위 중 자주 백제의 침입을 받았다. 214년 백제군(百濟軍)이 요차성(腰車城)을 공격해오자 반격(反擊)에 나서 백제의 사현성(沙峴城)을 함락시켰다. 218년 백제가 장산성(獐山城)에 침입해오자 직접 군대를 이끌고 나가 격퇴했다. 이밖에 가야(伽耶)와 밀접한 교류를 했다.

신라 11대 조분 이사금(助賁尼師今)

　성은 석씨(昔氏). 제귀(諸貴)라고도 하는데, 이는 제분(諸賁)의 잘못일 것이다. 벌휴 이사금(伐休尼師今)의 손자로, 골정갈문왕(骨正葛文王)의 아들이다. 어머니는 구도갈문왕(仇道葛文王)의 딸 옥모 부인 김 씨(玉帽夫人金氏)이고, 비(妃)는 내해 이사금의 딸 아이혜 부인(阿爾兮夫人)이다.

　내해 이사금이 죽을 때 사위인 조분(助賁)에게 왕위를 잇도록 유언하였다고 하지만, 조분은 이미 벌휴의 대손(大孫)이었고 개인의 능력이 뛰어났다는 것도 왕위 계승의 충분한 이유가 될 것이며, 왕비계(王妃系) 김씨세력

(金氏勢力)의 영향력도 있었을 것이다. 즉위 후 영토 확장에 주력하여 231년 7월에 감문국(甘文國) 경상북도 금릉군(錦陵君) 개령면(開寧面)을 정벌하고, 236년 2월에는 골벌국(骨伐國) 경상북도 영천(永川)을 병합하여 각각 군(郡)으로 삼았다.

232년과 233년에는 금성(金城)과 변경(邊境)에 침입한 왜적(倭敵)을 물리쳤으며, 245년에는 고구려가 북변(北邊)을 쳐들어왔다. 이 같은 대외 전쟁을 주도하였던 장군은 내해 이사금의 태자인 우로(于老)인데, 그는 244년에 이찬(伊湌)에서 서불한(舒弗邯, 이벌찬의 별칭)이 되었고 병마사(兵馬事)도 맡아보았다.

신라 12대 첨해 이사금(沾解尼師今)

일명 이해, 첨해(沾解)라고도 한다. 조분 이사금(助賁尼師今)의 동모제(同母弟)로, 아버지는 골정(骨正)이고, 어머니는 옥모 부인(玉帽夫人)이다. 즉위년(卽位年, 247)에 아버지 골정을 세신갈문왕(世神葛文王)에 봉(封)하였다. 따라서 첨해 이사금의 즉위를 형제 상속으로 보기도 하고, 골정계(骨正系)의 독립이라는 점에서 가계 내의 계승으로 보기도 한다.

248년 고구려와 화의(和議)를 맺었고, 255년 백제가 봉산성(烽山城, 지금의 榮州?)을 공격해왔으나 이를 빼앗기지 않았다. 한편, 영토 확장에 노력하여 달벌성(達伐城, 지금의 大邱)을 쌓았으며 사벌국(沙伐國, 지금의 尙州)을 점령하였다. 그리하여 이때에는 사로국(斯盧國)이 진한(辰韓)의 전 지역을 통일하였다. 그러나 261년 12월에 갑자기 병이 들어 죽었다.

신라 13대 미추 이사금(味鄒尼師今)

미추왕(味鄒王)의 계보(系譜)는 알지(閼智)에서부터 비롯하여, 알지(閼智) →
세한(勢漢, 熱漢) → 아도(阿道) → 수류(首留) → 욱보(郁甫) → 구도(仇道) →
미추(味鄒)로 이어진다. 그러나 문무왕릉(文武王陵) 비문(碑文)을 비롯한 금
석문(金石文)자료에는 김 씨 왕실의 시조를 성한(星漢, 聖漢)이라 하여, 이를
세한(世漢)으로 보는 설(說)과 반대의 설이 있어 아직 결론이 나지 않았다.
미추(味鄒)의 조상으로 역사에 나타나는 인물은 아버지인 구도(仇道)로서
그는 8대 아달라 이사금(阿達羅尼師今)에서부터 9대 벌휴 이사금(伐休尼師今)
때까지 활약한 인물이며, 263년에 갈문왕으로 추봉(追封)되었다.

구도(仇道)는 이칠(伊柒) 갈문왕의 딸인 술례 부인(述禮夫人, 혹은 生乎) 박 씨
와 혼인하였고, 그의 딸인 옥모 부인(玉帽夫人)은 골정(骨正) 갈문왕과 혼인
하였다. 미추 이사금의 비(妃)는 조분 이사금의 딸인 광명 부인(光明夫人)으
로, 결국 그는 조분 이사금의 사위라는 자격으로 왕위에 올랐다.

백제가 봉산성(烽山城, 지금의 榮州)·괴곡성(塊谷城) 등을 쳐들어왔다는 『삼
국사기(三國史記)』의 기사(記事)가 있는데, 이것을 역사적 사실로 볼 것인가
는 학자에 따라 견해가 다르다. 재위 23년에 죽으니 대릉(大陵, 竹長陵이라고
도 함)에 장사 지냈다고 한다.

14대 유례 이사금(儒禮尼師今) 14년 이서고국(伊西古國, 지금의 淸道)이 금성
(金城)을 쳐들어왔을 때, 귀에 대나무 잎을 꽂은 죽엽군(竹葉軍)이 갑자기 신
라군(新羅軍)을 도와 이들을 물리친 일이 있는데, 이들 병사들이 돌아간
곳을 찾아보니 죽장릉(竹長陵) 위에 대나무 잎이 쌓여 있어 선왕(先王)의 음
덕(蔭德)이라는 것을 알았다는 설화(說話)가 있다.

신라 14대 유례 이사금

유례 이사금(儒禮 泥師今, 284~298년)은 신라의 14대 임금이다. 석씨(昔氏) 계열의 왕이다. 아버지는 조분 이사금(助賁尼師今)이며, 어머니는 나음(奈音) 갈문왕의 딸 박 씨이다.

286년 백제와 화친(和親)했다. 287년에는 왜인(倭人)들이 일례부(一禮部)를 쳐 일천 명의 주민을 잡아갔다. 289년 음력 6월 왜인이 다시 쳐들어온다는 소문이 돌자 선박(船舶)과 병기(兵器)를 수리하고 전쟁 준비를 했는데, 이 해 왜인이 쳐들어오지는 않았다. 292년 음력 6월 왜인이 다시 쳐들어와 사도성(沙道城)을 점령하자, 일길찬(一吉湌) 대곡(大谷)으로 하여금 구원하게 하였다. 293년 음력 2월에는 사도성을 다시 개축(改築)하고, 주민 80여 호(戶)를 옮겨 살게 하였다. 294년 여름 왜(倭)가 다시 쳐들어와 장봉성(長峰城)을 쳤으나 격퇴되었다.

295년 이사금이 신하들을 모아놓고 "왜인이 계속 침범하여 백성들이 편안히 살 수 없다. 백제와 계획을 세워 바다를 건너 왜국(倭國)을 공격하고자 하는데 어떠한가?" 하자 서불한(舒弗邯) 홍권(弘權)이 신라군(新羅軍)은 수전(水戰)에 익숙하지 못하며 백제를 믿을 수 없다 하여 반대하여 왜 정벌 계획은 취소되었다.

297년 이서고국(伊西古國), 혹은 이서국(伊西國)이 금성(金城)을 공격하였다. 신라가 크게 군사를 동원하였으나 물리칠 수 없었다. 〈신라본기(新羅本紀)〉에 따르면 이때 귀에 대나무 잎을 꽂은 이상한 병사들이 나타나 이서국군(伊西國軍)을 쳐부순 뒤 사라졌는데, 이후 미추 이사금(味鄒尼師今)이 묻힌 죽장릉(竹長陵)에 수만 개의 대나무 잎이 쌓인 것을 보고 백성들이 "돌아가신 임금님이 하늘나라 병사들을 보내 도우셨다"라고 하였다.

선왕(先王) 미추(味鄒)가 네 명의 석 씨 왕(昔氏王)에 이어 조분 이사금(助賁

尼師今)의 사위 자격으로 왕위에 올랐으므로 왕위는 다시 석 씨인 유례(儒禮)에게로 돌아온 것이다. 유례 이사금의 비(妃)는 알 수 없다.

신라 15대 기림 이사금(基臨尼師今)

기림(基立) 이사금이라고도 부르는데, 조분(助賁) 이사금의 아들, 손자, 중손이라는 등 여러 설(說)이 있으나, 나이 차이로 보아서 아들일 가능성은 희박하다. 기림 이사금(基臨尼師今)이 조분 이사금(助賁尼師今)의 손자나 중손일 경우, 아버지는 걸숙(乞淑)이고, 어머니는 아이혜 부인(阿爾兮夫人)이다. 300년에 비열홀(比烈忽,지금의 安邊)을 시찰(視察)하였고, 우두주(牛頭州, 지금의 春川)에 이르러 태백산을 망제(望祭)하였으며, 낙랑(樂浪), 대방(帶方) 두 나라가 귀속하였다고 하나 모두 믿기 어려운 기술(記述)이다. 307년에 '덕업일신 망라사방(德業日新 網羅四方)'의 뜻을 따라 국호를 다시 신라로 정했다고 하나, 실제(實題)로 이것은 지증왕(智證王) 4년의 일이었다. 재위 13년 만에 사망하였고 묻힌 곳은 알려지지 않는다.

신라 16대 홀해 이사금(訖解尼師今)

신라의 제16대 왕 내해 이사금(奈解尼師今)의 손자이며 따라서, 내해(奈解)→우로(于老)→흘해(訖解)로 계보가 이어지는데 생존 연대 상으로 미루어 보아 우로(于老)와 흘해(訖解) 사이에 2, 3세대가 더 있을 것이라는 설(說)도 있다. 어머니는 조분 이사금(助賁尼師今)의 딸인 명원 부인(命元夫人)이다. 기림 이사금(基臨尼師今)이 아들 없이 죽자 귀족들의 추대를 받아 즉위했다.

312년에 왜왕(倭王)이 사신을 보내어 아들의 혼인을 청하므로, 아찬(阿飡) 급리(急利)의 딸을 시집보내어 화친(和親)을 꾀하였다. 그러나 그 뒤 단교(斷交)하였고, 왜병(倭兵)이 풍도(風島)와 변방(邊方) 민가(民家)를 약탈하고 금성(金城)까지 포위하였으나 격퇴시켰다. 『삼국사기(三國史記)』에는 330년에 벽골지(碧骨池,전라북도 김제)를 개착(開鑿)하였다고 기록되어 있으나, 이는 백제의 기록이 잘못 들어온 것 같다. 한편, 『삼국유사(三國遺事)』에는 백제병(百濟兵)이 처음으로 쳐들어왔다고 하였으니, 이것은 두 나라가 처음으로 직접 충돌한 것이라고 보아 『삼국사기(三國史記)』의 초기 백제 관계 기사(記事)를 의심하게 한다. 재위 47년에 아들 없이 죽었다.

신라 17대 내물 마립간(奈勿麻立干)

신라의 제17대 왕. 성은 김 씨(金氏)요 할아버지는 갈문왕(葛文王) 구도갈문왕(仇道葛文王)이고, 아버지는 각간말구(角干末仇)이다. 어머니는 휴례 부인(休禮夫人)이시고, 미추 이사금(味鄒尼師今)의 조카이자 사위로서, 미추 이사금의 딸인 보반 부인(保反夫人)과의 사이에서 눌지 마립간(訥祇麻立干)을 낳았다.

고대국가 체제를 정비하고 김 씨 왕위 세습의 기반을 다졌다. 356년 흘해 이사금(訖解尼師今)의 뒤를 이어 왕위에 올랐다. 주변 나라들과의 접촉에 관심을 기울였다. 364년에 부현(符縣) 동방(東方)에서 쳐들어온 왜병(倭兵)과 싸워 크게 이겼으나, 그 뒤에도 계속 말갈(靺鞨)과 왜(倭)의 침입을 받았다. 366년과 368년에 백제와 교류했으며, 381년에는 전진(前秦)에 공물을 보냈다.

신라 18대 실성 마립간(實聖麻立干)

　신라 제18대 왕. 재위 402~417. 성은 김 씨(金氏). 알지(閼智)의 후손으로 이찬(伊飡) 대서지(大西知)의 아들이다. 어머니는 아간(阿干) 석등보(昔登保)의 딸인 이리부인(伊利夫人)이며, 왕비는 미추 이사금의 딸인 아류 부인(阿留夫人)이다.

　내물왕(奈勿王)이 죽자 그 아들이 어리므로 실성을 세워 계승하게 하였다. 즉위하기 전 392년(내물왕 37)에 고구려에 볼모로 갔다가 401년에 귀국하였으므로, 즉위하자 일본과 수호(修好)하고, 내물왕(奈勿王)의 아들 미사흔(未斯欣)을 볼모로 보내고, 412년(왕 11)에는 역시 내물왕(奈勿王)의 아들 복호(卜好)를 고구려에 볼모로 보내고, 417년에는 내물왕의 아들은 눌지(訥祗)를 없애려다가 도리어 죽고 말았다.

신라 19대 눌지 마립간(訥祗麻立干)

　성은 김 씨(金氏)요. 눌지왕(訥祗王)이라고도 한다. 아버지는 제17대 내물왕(奈勿王)이며, 제18대 실성왕(實聖王)의 딸을 비(妃)로 맞았다. 자신을 해치려는 실성왕을 제거하고 왕위에 올랐다.

　418년 고구려의 영향력에서 벗어나고자 볼모로 간 동생 복호(卜好)를 데려왔으며, 또 박제상(朴堤上)을 일본에 보내 역시 볼모로 간 다른 아우 미사흔(未斯欣)을 탈출시키는 데 성공하였다. 그러나 박제상(朴堤上)은 일본을 속이고 미사흔(未斯欣)을 빼돌린 사실이 발각되어 잡혀 죽었다. 미사흔(未斯欣)의 귀국 이후에도 왜구의 침입이 있었으나 모두 막아냈다.

　438년 우차(牛車)법을 제정하였다. 455년 고구려가 백제를 공격하자 백제와 공수동맹(攻守同盟)을 맺고 백제에 원병(援兵)을 보냈다. 재위 기간에 고구려의 묵호자(墨胡子)가 처음으로 불교를 전파하기 시작했다.

신라 20대 자비 마립간(慈悲麻立干)

자비(慈悲) 마립간(麻立干, 재위 458~479년)은 눌지 마립간의 맏아들이고, 어머니는 실성 마립간의 딸이고, 왕은 실성 이사금의 외손자이다. 왕비 김씨 간택(揀擇)은 서불한 미사흔의 딸로, 재위 4년째인 461년에 비(妃)로 맞았다. 자비왕(慈悲王, 458~479)은 기미(己未)에 훙거(薨去)하니 재위 22년이다.

재위 기간 동안 왜국(倭國)과 관계가 좋지 않았다. 459년에 왜병(倭兵)이 공격해와 월성(月城)을 포위했으나 견고하게 지키다가 물러갈 때 추격(追擊)하여 바닷가에서 대파(大破)했다. 463년에는 왜병이 삽량성(歃良城, 지금의 양산)에 침입했다가 돌아갈 때 벌지(伐智)와 덕지(德智)를 시켜 군사를 거느리고 길목에 매복(埋伏)해 있다가 공격하여 크게 이겼으며 연해지방(沿海地方)에 두 성(城)을 쌓았다.

474년 고구려의 장수왕(長壽王)이 직접 군사를 이끌고 백제를 공격하여 백제 왕자(王子) 문주(文周)가 구원을 청해오자 군사를 내어 구원했으나, 신라의 구원군(救援軍)이 도착했을 때는 이미 성이 함락되고 개로왕(蓋鹵王)은 죽은 뒤였다.

신라 21대 소지 마립간(炤智麻立干)

일명 소지왕(炤智王, 479~500)은 자비왕(慈悲王)의 맏아들이다. 송(宋)나라

승명(昇明)3년 기미(己未) 즉입(卽立)하고 재위 22년 11월에 훙거(薨去)했다. 비(妃)는 선혜 부인(善兮夫人)이다. 늦게 입궁(入宮)하여 하룻밤 급숙(及宿)은 이벌찬(伊伐飡)의 여(女) 역시 무사(無嗣, 자식이 없음)하여 재종제(再從弟)가 계승하였다.

재위 2년에 말갈(靺鞨)이 북방(北方)을 침입, 3년에 고구려가 쳐들어왔고, 4년에 왜인이 해변(海邊)을 침범했다. 6년에는 고구려의 재침(再侵)을 백제와 함께 물리쳤으며, 8년 왜인의 재침(再侵)이 있었다. 백제와는 화평(和平)을 유지해 이벌찬(伊伐飡) 비지(比智)의 딸을 백제 왕에게 보내었다. 9년에 처음으로 각 지방에 우편역(郵便驛)을 설치하였고, 10년 왕이 월성(月城)으로 옮겼으며, 12년에는 시장(市場)을 열었다.

신라 22대 지증 마립간(智證麻立干)

지증왕(智證王,500~514)의 성은 김 씨(金氏). 이름은 지대로(智大路)인데, 혹은 지도로(智度路)·지철로(智哲老)라고도 한다. 내물 마립간(奈勿麻立干)의 증손이며, 습보갈문왕(習寶葛文王)의 아들이다. 어머니 김 씨는 눌지 마립간(訥祇麻立干)의 딸인 조생 부인(鳥生夫人)이며, 왕비 박 씨는 이찬(伊飡) 등혼(登欣)의 딸 연제 부인(延帝夫人)이다. 왕은 몸이 건장(健壯)하였으며 담력(膽力)이 있었다고 한다. 재종형(再從兄)인 소지왕(炤智王)이 후계자가 없이 죽자 64세의 나이로 왕위를 계승하였다. 원제(元帝) 2년 500년 경진(庚辰)에 즉립(卽立)하고, 양(梁)나라 태조(太祖) 514년 갑오(甲午)에 훙거(薨去)하였으니, 재위 15년이다.

502년 지증왕(智證王, 3)에 순장(殉葬)을 금지하는 법령(法令)을 내리고, 주군(州郡)에 명하여 농업을 권장하도록 하였으며, 비로소 우경(牛耕)을 시행하도록 하는 일련의 개혁 조처(改革措處)를 단행함으로써 농업 생산력 증대의 계기를 마련하였다. 또한 이 무렵에는 벼농사가 확대, 보급되면서 수리사업(水利事業)도 활발히 진행되었는데, 바로 우경(牛耕)이 시작되던 해에 순장을 금지시켰다.

신라 23대 법흥왕(法興王)

법흥왕(法興王, 514~540년)의 성은 김 씨(金氏), 이름은 원종(原宗), 모즉지(牟卽智, 另卽智)라고도 한다. 지증왕(智證王)의 아들이며 어머니는 연제 부인(延帝夫人) 박 씨(朴氏)이고, 왕비는 보도 부인(保刀夫人) 박 씨이다. 지증왕의 뒤를 이어 백관(百官)의 공복(公服)을 정비하는 등 신라의 국가 체제를 정비하였으며, 연호(年號)를 사용하고 불교를 공인(公認)했다.

신라 24대 진흥왕(眞興王)

재위 540~576이고 성은 김 씨로 휘(諱)는 맥종(麥宗)이다. 양(梁)나라 대동(大同) 6년 540년 경신(庚申)에 즉위 개원(改元)하고 또는 개국(開國)하여 연호(年號)는 대창(大昌), 혹은 홍제(鴻濟)이다. 재위 36년 진(陳)나라 고종(高宗) 태련(太連) 8년 병신(丙申)에 홍거(薨去)하다.

법호(法號)는 법운(法雲)이고 지증왕(智證王)의 손자, 법흥왕(法興王)의 아우 갈문왕(葛文王) 입종(立宗)의 아들로 7세에 즉위하여 한때 왕태후(王太后) 김 씨의 섭정을 받았다. 진흥왕 대는 신라가 미약했던 국가 체계를 벗어나 일로 팽창하여 가는 과도기에 들어가는 시대였다.

왕은 2년(541)에 이사부(異斯夫)에게 내외병마사(內外兵馬使)를 맡기고 백제와 화친(和親)하였으며, 6년(545)에는 이사부로 하여금 국사(國史)를 수찬(修撰)케 하고 12년(551)에는 연호를 개국(開國)이라 고치고 우륵(于勒)으로 하여금 가야금(伽倻琴)을 제작, 연주케 하였으며 국토 확장에 힘쓰기도 했다.

신라 25대 진지왕(眞智王)

성)은 김 씨이며, 이름은 사륜(舍輪) 또는 금륜(金輪)이다. 진흥왕의 둘째 아들로 어머니는 각간(角干) 영사(英史)의 딸 사도 부인(思道夫人) 박 씨이며, 비(妃)는 지도 부인(知道夫人)이다 왕은 진흥왕의 둘째 아들이었으나, 태자 동륜(銅輪)의 죽음과 거칠부(居柒夫) 세력에 힘입어 즉위하였다. 즉위 후 이찬(伊湌) 거칠부(居柒夫)를 상대등(上大等)으로 삼아 국사(國事)를 맡겼다. 백제와는 전투가 잦았다.

577년 10월 백제가 서쪽 변방(邊防)의 주군(州郡)을 침입하자 이찬(伊湌) 세종(世宗)으로 하여금 군사를 이끌고 싸우게 하여 일선 북쪽에서 무찌르고 3,700여 명을 죽였으며, 내리서성(內利西城)을 쌓아 백제의 공격에 대비했다.

신라 26대 진평왕(眞平王)

성은 김 씨요. 이름은 백정(白淨)이며, 아버지는 진흥왕(眞興王)의 태자인 동륜(銅輪)이며, 어머니는 입종갈문왕(立宗葛文王)의 딸인 만호 부인(萬呼夫人) 김 씨이다. 선비(先妃)는 복승갈문왕(福勝葛文王)의 딸인 마야 부인(摩耶夫

시) 김 씨이고, 후비(後妃)는 승만 부인 손 씨(僧滿夫人孫氏)이다.

진평왕은 태어나면서부터 얼굴이 기이(奇異)하고 신체가 장대했으며 의지(意志)가 굳고 식견(識見)이 명철했다고 한다. 진흥왕에 이어 관제(官制)의 정비를 통해 왕권을 성장시켰다.

불교 진흥에도 힘써 원광(圓光) 등을 중국에 보내 불교를 공부하고 돌아온 이들을 지원하여 불사(佛寺)뿐만 아니라 국사(國事)에도 참여하도록 해 호국불교(護國佛敎)의 확립에 기여했다.

신라 27대 선덕여왕(善德女王)

이름은 덕만(德萬)이다. 진평왕(眞平王)과 마야 부인(摩耶夫人)의 장녀(長女)인데, 남편은 음갈문왕(飮葛文王)으로만 기록되어 있다. 그녀는 사서에 선덕왕(善德王)으로 기록되어 있지만 오늘날 그녀를 선덕여왕으로 부르는 것은 제37대 국왕 선덕왕(宣德王)과 구별하기 위해서이다.

632년 진평왕이 아들 없이 죽자 국인(國人)들이 왕녀(王女) 덕만공주(德萬公主)를 새로운 왕으로 추대한 다음 '성조황고(聖祖皇姑)'라는 존호(尊號)를 올렸다. 즉위 시 선덕여왕(善德女王)의 나이는 알려져 있지 않지만, 조카인 김춘추(金春秋)가 603년에 태어난 것으로 미루어 볼 때 40대 중후반이었을 것으로 추측된다.

신라는 본래 골품제(骨品制)에 따라 외부의 혈통(血統)이 전혀 섞이지 않은 성골(聖骨)들만이 왕위를 계승하는 것이 관례(慣例)였다. 하지만 그 무렵에는 성골(聖骨) 출신의 남자들이 계속 줄어들어 근친혼(近親婚)으로 간신히 대를 이어가고 있었다.

당시 김 씨 성골의 남자가 남아 있지 않아 여왕을 세웠다고 기록되어 있다. 그러므로 선덕여왕의 아버지 진평왕이 성골로서는 최후의 남자였음을 알 수 있다. 진평왕에게는 덕만공주(德曼公主)·천명공주(天明公主)·선화공주(善化公主) 세 딸이 있었다. 둘째인 천명공주는 훗날 진골(眞骨) 최초의 국왕(國王)인 태종무열왕(太宗武烈王) 김춘추의 어머니였고, 셋째인 선화공주는 백제 무왕(武王)과의 로맨스(romance)를 통해 '서동요(薯童謠)'라는 노래를 빚어낸 인물이다.

신라 28대 진덕여왕(眞德女王)

성은 김 씨, 이름은 승만(勝曼)이고 부군(夫君)은 김기안(金基安)이다. 아버지는 진평왕의 모제(母弟)인 국반(國飯) 또는 국분(國芬)의 진안갈문왕(眞安葛文王)이다. 어머니는 갈문왕(葛文王)의 딸 월명 부인(月明夫人) 박 씨이다.

진덕여왕은 자질(資質)이 풍만(豊滿)하고 아름다웠다고 한다. 연호(年號)를 태화(太和)라 하였다. 648년(왕 2)에 김춘추를 당나라에 보내어 백제 토벌의 원군(援軍)을 청하게 하고, 장복(章服)을 당제(唐帝)에 따라 개편하기를 청하자, 이를 허락하여 649년 이를 실시케 했고, 650년 영휘연호(永徽年號)를 사용하여 당나라의 환심(歡心)을 사고 652년 김인문(金仁問)을 당에 입조(入朝)시켜 머무르게 하여 당과 친교(親交)를 맺으며, 안으로는 김유신(金庾信) 같은 명장(名將)으로 하여금 국력을 튼튼하게 하여 삼국통일의 전초(前哨) 공작(工作)을 충실히 하였다.

즉위하던 해(647)에 선덕여왕 말년에 반란을 일으켰던 비담(毗曇)을 비롯한 30인을 붙잡아 처형(處刑)하고, 알천(閼川)을 상대등(上大等)에 임명함으로써 정치적 안정을 꾀하였다. 그리고 사신을 파견해 당나라와의 외교 관계를 지속시켰는데, 이것은 당나라의 힘을 빌려 고구려와 백제를 견제하기 위한 정책이었다.

고구려와 백제는 진덕여왕(眞德女王)이 즉위하면서부터 계속적으로 신라를 침공해왔다. 이에 신라는 김유신(金庾信)을 중심으로 백제의 공격을 막는 한편 648년 진덕여왕 2년에는 김춘추를 당나라에 보냈다.

이로써 군사적(軍事的) 지원(支援)을 요청하는 청병외교(請兵外交)와 당나라와의 외교 관계를 더욱 공고히 하는 숙위외교(宿衛外交)를 전개하였다. 그 결과 신라 문제에 대해 소극적(消極的)이던 당나라 태종(太宗)으로부터 군사적(軍事的) 지원(支援)을 허락받는 데 성공하였다. 또한 김춘추(金春秋)가 당나라에서 외교활동(外交活動)을 벌인 결과 신라 내정(內政)에도 많은 변화가 초래(招來)되어 정치개혁(政治改革)이 이루어졌다. 독자적 연호(年號)인 태화(太和)를 버리고 당나라 고종(高宗)의 연호(年號)였던 영휘(永徽)를 사용하기 시작하였다.

이와 같이 중국의 관제(官制)와 연호(年號)의 사용은 김춘추(金春秋)의 건의에 따라 이루어진 것으로 당나라의 선진문물을 수용한다는 긍정적(肯定的)인 측면(側面)도 있지만, 당나라에 대한 신라의 정치적 예속(禮俗)이 강화되었다는 부정적(否定的)인 면도 무시할 수 없다. 또한 651년에 백관(百官)이 왕에 대해 행하는 정조하례제(正朝賀禮制)를 실시하고 품주(稟主)를 개편한 집사부(執事部)를 설치한 것은 왕권 강화를 의미하는 정치적 개혁으로 김춘추(金春秋) 김유신(金庾信) 일파(一派)에 의해 추진되었다. 재위한 지 8년 만에 죽었다.

신라 29대왕 태종무열왕(太宗武烈王)

성은 김 씨(金氏)요, 휘(諱)는 춘추(春秋)이다. 진골(眞骨) 출신으로 이찬(伊

湌)을 지낸 아버지 김용춘(金龍春)과 진평왕(眞平王)의 차녀(次女) 천명공주 (天明公主)의 아들이다. 선덕(善德)·진덕(眞德) 두 조정(朝政)에 걸쳐 국정 전반, 특히 외교 문제에 있어 중요한 역할을 맡았다. 당나라 고종 5년 갑인(甲寅) 에 즉입(卽立)하고, 7년 경신(庚申)에 백제를 멸망시키고 당나라 고종 현경 (顯慶) 6년에 훙거(薨去)하셨으니 재위 8년이다. 비(妃)는 문명왕후(文明王后), 김 씨의 부(父)는 각간서현(角干舒玄)이고, 김유신의 매(妹)이다. 초호(初號)는 훈제 부인(訓帝夫人)이라 하셨고, 이름은 문희(文姬)이다.

특히 진덕여왕 때는 이찬(伊湌)에 이르게 되고 진덕여왕 사후 대리청정 (代理聽政)으로써 국인(國人)들의 추대를 받은 알천(閼川)의 사양(辭讓)으로 진골 출신인 김춘추가 최초의 신라 국왕으로 즉위하였으며 백제를 멸망시 키고 삼국통일의 기틀을 다졌다. 그렇게 신라 중대왕실(中代王室)의 첫 왕 이 된 김춘추는 아들 문왕(文王), 지경(智鏡)과 개원(愷元)을 각각 이찬(伊湌) 으로 관등(官等)을 올려줌으로써 자기의 권력 기반을 강화시켰다.

신라 30대 문무왕(文武王)

성은 김 씨, 이름은 법민(法敏). 태종무열왕(太宗武烈王)의 원자(元子)이다. 어머니는 소판(蘇判) 김서현(金舒玄)의 작은딸이자 김유신(金庾信)의 누이인 문명왕후(文明王后)이다. 비(妃)는 자의왕후(慈儀王后)로 파진찬(波珍湌) 선품 (善品)의 딸이다.

법민(法敏)은 영특하고 총명해 지략이 많았다. 진덕여왕 때 고구려와 백 제의 압력에 대항하기 위해 당나라까지 가서 외교 활동을 하였다. 부왕 (父王) 태종무열왕(太宗武烈王) 때 파진찬(波珍湌)으로서 병부령(兵部令)을 역 임했으며 얼마 뒤 태자로 책봉되었다.

660년 태종무열왕(太宗武烈王, 7년) 부왕(父王)과 당나라의 소정방(蘇定方)이 연합해 백제를 정벌할 때 법민(法敏)도 종군(從軍)해 큰 공을 세웠다. 661년 태종무열왕(太宗武烈王)이 삼국(三國)을 미처 통일하지 못하고 죽자 법민(法敏)이 왕위를 계승해 삼국통일의 과업(科業)을 완수하였다. 그러므로 문무왕(文武王)이 재위한 21년 동안은 거의 백제 부흥군(復興軍)과, 고구려 그리고 당(唐)나라와의 전쟁이 연속이었다. 문무왕은 즉위하던 해인 661년에 옹산성(甕山城, 지금의 대전시 대덕)과 우술성(雨述城)에 웅거(雄據)하던 백제 잔적(殘賊)을 공격해 항복을 받고 그 곳에 웅현성(熊峴城)을 축조하였다.

당나라의 힘을 빌려 백제와 고구려를 멸망시킨 신라는 이제 삼국통일을 위해 마지막 장벽(障壁)을 넘어야 했다. 백제에 이어 눈엣가시 같은 고구려까지 무너지자, 당나라가 신라를 제치고 한반도를 모두 차지하려는 야욕(野慾)을 본격적으로 드러냈기 때문이다. 신라로서도 결코 물러설 수 없는 터라 신라와 당나라의 한판 승부(勝負)는 필연적(必然的)이었다. 그 결정적인 승부는 매소성에서 벌어졌고, 결과는 신라의 승리였다. 신라는 중국 세력이 한반도 정벌을 결코 허용하지 않았다.

이때 당나라의 행군총관(行軍摠管) 설인귀(薛仁貴)가 신라를 나무라는 글을 보내오자 문무왕은 이에 대하여 신라의 행동이 정당함을 주장하는 글을 보냈다. 그리고 드디어 사비성(泗沘城:지금의 扶餘)을 함락시키고 여기에 소부리주(所夫里州)를 설치하여 아찬(阿湌) 진왕(眞王)을 도독에 임명함으로써 백제 고지(高地)에 대한 지배권(支配權)을 장악하였다. 한편, 같은 해 바다에서는 당나라의 운송선(運送船) 70여 척을 공격하여 큰 전과(轉科)를 올리기도 하였다. 고구려의 옛 땅에서도 신라와 당나라의 치열한 전투가 있었다.

특히, 신라가 백제의 고지(高地)를 완전히 점령한 뒤에 침략해온 당군(唐軍)과 전투가 가장 치열하였다. 문무왕 672년 이래로 당나라는 백제와 고구려를 멸(滅)할 때와 마찬가지로 대군(大軍)을 동원하여 침략해옴으로써 신라는 한강으로부터 대동강(大同江)에 이르는 각지에서 당군과 여러 차례 싸우지 않으면 안 되었다.

당나라는 674년 유인궤(劉仁軌)를 계림도(雞林道) 대총관(鷄林道 大摠管)으로 삼아 침략해옴과 동시에 문무왕의 동생 김인문(金仁問)을 일방적으로 신라왕(新羅王)에 봉하여 문무왕에 대한 불신(不信)의 뜻을 보이기도 하였다. 신라의 당나라에 대한 항쟁(抗爭)은 675년 그 절정에 이르렀다. 이해에 설인귀는 당나라에 숙위(宿衛)하고 있던 풍훈(風訓)을 안내자(案內者)로 삼아 쳐들어왔으나, 신라 장군 문훈(文訓)은 이를 격파하여 1천 4백 명을 죽이고 병선(兵船) 40척(隻), 전마 1천 필(匹)을 얻는 전과(戰果)를 올렸다. 이어서 이근행(李謹行)이 20만의 대군(大軍)을 이끌고 침략해오므로 신라군은 매초성(買肖城, 지금의 楊州)에서 크게 격파하여 이들을 물리쳤다. 이 매초성의 승리는 북쪽 육로(陸路)를 통한 당군의 침략을 저지하는 효과를 가져왔다.

한편, 676년 해로(海路)로 계속 남하(南下)하던 설인귀(薛仁貴)의 군대를 사찬(沙湌) 시득(施得)이 지벌포(伎伐浦)에서 격파함으로써 신라는 서해(西海)의 제해권(制海權)을 장악하게 되었다. 이리하여 당나라는 결국 676년 안동도호부(安東都護府)를 평양(平壤)으로부터 요동성(遼東城, 지금의 遼陽)으로 옮기게 되었다. 그 결과 신라는 많은 한계성(限界性)을 지니는 것이기는 하지만, 대체로 대동강에서 원산만(元山灣)에 이르는 이남의 영토에 대한 지배권을 장악함으로써 한반도를 통일할 수 있었던 것이다.

문무왕은 이와 같이 삼국통일을 완수하는 과정에서도 국가 체제의 정비를 위하여 적지 않은 노력을 기울였다. 이것은 증가한 중앙관부(中央官府)의 업무와 확장된 영역의 통치를 위하여 불가피한 조처였던 것이다.

우선, 문무왕이 재위한 21년 동안 잡찬(迊湌) 문왕(文王)을 비롯한 문훈(文訓), 진복(眞福), 지경(智鏡), 예원(禮元), 천광(天光), 춘장(春長), 천존(天存) 등

8명의 인물이 행정(行政) 책임자로서 집사부(執事部) 중시(中侍)를 역임하였다. 그리고 문무왕(文武王)은 671년과 672년에 걸쳐 병부(兵部), 창부(倉部), 예부(禮部), 사정부(司正府)와 같은 중앙관부(中央官府)의 말단행정(末端行政) 담당자(擔當者)인 사(使)의 인원(人員)수를 증가시켜 업무처리를 원활하게 하였다.

지방통치를 위해서는 673년 진흥왕 대(眞興王代)에 이미 소경(小京)을 설치한 중원(中原)에 성(城)을 축조(築造)하였으며, 통일한 후인 678년 북원소경(北原小京)을, 680년 금관소경(金官小京)을 두어 왕경(王京)의 편재(遍在)에서 오는 불편함을 극복하고 신문왕대(神文王代)에 완성되는 5소경제(小京制)의 기틀을 마련하였다.

또한, 삼국통일 후의 신라군사 조직은 신라민(新羅民)과 피정복민(被征服民)으로 구성(構成)된 중앙의 9서당(誓幢)과 지방의 9주(州)에 설치된 10정(停)이었다. 여기에서 9서당(書堂)은 대체로 신문왕 대에 완성되는 것이지만, 9서당(書堂) 중에서 백금서당(白衿誓幢)은 문무왕 백제 지역을 완전히 점령한 다음해인 672년에 백제민(百濟民)을 중심으로 조직한 것이다.

이와 같은 문무왕의 체제정비 작업은 675년 백사(百司)와 주군(州郡)의 동인(銅印)을 제작(制作), 반포(反哺)한 데서 잘 나타나고 있다. 시호(諡號)는 문무(文武)이며, 장지(葬地)는 경상북도 경주군(慶州郡) 감포(甘浦) 앞바다에 있는 해중왕릉(海中王陵)인 대왕암(大王巖)이다.

이 사료(史料)는 죽어서 큰 용(龍)이 되어 나라를 지키고자 했던 문무왕(재위 661~681)의 호국정신과 문무왕을 동해(東海) 바다에 장사 지냈다는 사실을 보여주는 중요한 문헌 기록이다. 또 이 사료(史料)에 따르면, 백제와 고구려를 평정하고 당나라의 세력을 몰아내 삼국통일을 완수한 문무왕)이 681년에 죽자, 그의 유언(遺言)에 따라 동해 바다 속 큰 바위에 장사를 지냈다고 한다.

『삼국사기(三國史記)』에는 왕이 변(變)해서 용이 되었다고 하여 그 바위를 대왕바위라고 했다는 기록이 있으며『삼국사기(三國史記)』권 7, 〈신라본기(新羅本紀)〉, 문무왕 21년 조),『삼국유사(三國遺事)』만파식적(萬波息笛) 조에는 문무왕의 유골(遺骨)을 간직한 곳을 대왕암(大王岩)이라고 했다는 이야기가 실려 있다.

신라 31대 신문왕(神文王)

성은 김 씨요, 휘(諱)는 정명(政明) 또는 명지(明之)라 한다. 자(字)는 일초(日招)이다. 문무왕의 장남이며, 어머니는 자의왕후(慈儀王后)이시다. 즉위하자마자 절대왕권의 강화와 정치적 안정을 위해 김흠돌(金欽突)의 모반(謀反)을 기회로 귀족들에 대한 숙청(肅淸)을 단행했다. 이어 국학(國學)을 설치하고 관리제도를 정비했으며, 지방 통치 제도의 정비차원(次元)에서 9주(州) 5소경(小京)으로 개편했다.

통일 신라의 국가제도를 완비(完備)했으며 귀족들을 누르고 국왕(國王)의 권위를 확립했다. 즉위 초인 681년에 김흠돌(金欽突) 등의 모반(謀反)을 평정(平定)하고, 귀족들에 대한 대규모 숙청(肅淸)을 단행한 후 절대왕권을 확립했고, 국립(國立) 유교(儒敎) 교육 기관인 국학(國學)을 세워 유교적 정치질서를 확립했으며, 관리제도를 정비했다. 685년에는 지방 통치 조직인 9주(州) 5소경(小京)을 완비(完備)하고 통일기(統一期)의 군제(郡制)인 9서당(書堂)을 완성했다. 이러한 정책 기조(基調) 위에서 지방제도를 조정했고, 귀족들의 녹읍(祿邑)을 폐지하고 매 세조(世祖)를 지급(支給)하게 함으로써 국왕을 정점으로 한 중앙집권화를 추진했다

신라 32대 효소왕(孝昭王)

성은 김 씨(金氏)요. 휘(諱)는 이홍(理洪)인데 후에 이공(理恭)이라고 개명했다. 신문왕의 아들인데, 692년 신문왕이 죽자 왕위에 올랐다 어머니는 김흠운(金欽運)의 딸 신목왕후(神穆王后) 김 씨이다. 6살의 나이로 왕이 되었기 때문에 모후(母后)인 신목왕후가 섭정했다. 재위 9년이던 700년 신목왕후가 죽고, 2년 뒤에는 효소왕(孝昭王)이 16세의 나이로 죽었으므로, 대부분의 효소왕 때의 치적(治績)은 신목왕후의 섭정에 의한 것이라 볼 수 있다. 즉위 후 관제(官制)를 정비하고 아찬(阿飡) 원선(元善)을 중시(中侍)로 삼았다. 그해 일본에 사신을 파견했으며, 당나라에서 돌아온 도증(道證)으로부터 천문도(天文圖)를 받았다. 의학교육 기관인 의학(醫學)을 설립(設立)하고 의학박사(醫學博士)를 두어 중국의 의서(醫書)인『본초경(本草經)』『침경(針經)』『맥경(脈經)』 등을 가르치게 했다. 700년 이찬(伊飡) 경영(慶永)이 모반(謀反)하자 그를 처형했다. 702년 7월 효소왕이 죽자 시호(諡號)를 효소(孝昭)라 하고, 망덕사(望德寺) 동쪽에 장사 지냈다.

신라 33대 성덕왕(聖德王)

신문왕의 둘째 아들이며 효소왕(孝昭王)의 동복(同腹) 동생이다. 휘(諱)는 홍광(興光)이다. 당나라 현종(玄宗)의 이름과 같아서 홍광(興光)으로 고쳤다. 효소왕이 아들이 없이 죽자 귀족들의 추대를 받아 당나라 사성(嗣聖)19년 임인(壬寅)에 즉입(卽立)하고 재위 36년 2월에 홍거(薨去)했다. 친제백관(親諸百官) 군신(群臣) 대감(大監) 수충(守忠)들이 성시(筬示)였다. 스스로 당(唐) 상문(上文)은 선왕(宣王) 급(及)에 10철(哲) 72제자를 두고 있다. 704년 소판(蘇判) 김원태(金元泰)의 딸 성정왕후(成貞王后)을 비(妃)로 맞았으나 713 년에 내보냈고, 720년 계비(繼妃)는 이찬(伊湌) 김순원(金順元)의 딸을 맞아 소덕왕후(炤德王后)로 삼았다. 성덕왕 대는 정치적 안정과 함께 사회적(社會的)으로도 통일신라의 전성기라고 할 수 있다. 당(唐)에는 빈번 사신을 파견하여 728년에는 당의 국학(國學)에 신라 귀족 자제(子弟)들의 입학을 요청했고, 733년에는 당(唐)의 요청을 받아 발해(渤海)를 공격하기도 했다.

신라 제34대 효성왕(孝成王)

성은 김 씨, 휘(諱)는 승경(承慶)이다. 성덕왕(聖德王)의 차남(次男)이며, 어머니는 성덕왕(聖德王)의 계비(繼妃)인 소덕왕후(炤德王后)이고, 비(妃)는 이찬(伊湌) 김순원(金順元)의 딸 혜명(惠明)이 정순왕후(定順王后)이다. 선왕(先王)인 성덕왕 때부터 원만한 관계를 유지해온 당나라와 외교 관계를 강화하고 선진문물을 받아들였다. 재위 6년 만에 죽었다.

신라 35대 경덕왕(景德王)

성은 김 씨이며 휘(諱)는 헌영(憲英)이다. 33대 성덕왕(聖德王)의 셋째아들이며, 어머니는 소덕왕후(炤德王后)이다. 효성왕의 동모제(同母弟)이다. 효성왕이 아들이 없었기 때문에 태자로 책봉되었다가 왕위를 계승하였다. 왕비는 이찬(伊湌) 김순정(金順貞)의 딸이었으나, 경덕왕(景德王, 2년) 다시 서불한(舒弗邯) 김의충(金義忠)의 딸을 왕비로 맞이하였다.

경덕왕 때에는 신라 중대(重大) 왕실의 전제 왕권이 새로운 귀족 세력의 부상(浮上)으로 인해 흔들리기 시작하던 시기였다. 따라서 경덕왕은 왕권의 재강화(再强化)를 위한 일련의 관제정비(官制整備)와 개혁조치(改革措置)를 취하였다. 개혁정치의 주역(主役)은 경덕왕과 신라 중대(重大)에서 행정 책임자였던 집사부(執事部)의 중시(中侍)였다.

749년에는 천문박사(天文博士, 첨성대에서 천문학을 연구한 학자) 1인과 누각박사(漏刻博士, 물시계를 맞아본 학자) 6인을, 758년에는 율령박사(律令博士, 법률을 맞아보는 법학박사) 2인을 두었다. 이것은 모두 위민의식(爲民儀式)에 바탕을 둔 이상적인 유교정치(儒敎政治)를 수행하는 데 필요한 기술적인 분야(分野)에 대한 제도적인 배려였다. 경덕왕(景德王)의 개혁적 제도 정비는 귀족 세력을 제어(制御)하면서 전제 왕권 체제를 강화하려는 일종의 한화 정책(漢化政策)으로 이해할 수 있다. 그러나 이러한 한화정책 추진은 745년 귀족 세력을 대표하는 상대등(上大等)에 임명된 김사인(金思仁)에 의해 비판을 받게 되었다. 그는 756년 상소(上所)를 통해, 근년(近年)의 빈번한 천재지이(天災地異)를 들어 현실정치(現實政治)의 모순에 관해 신랄(辛辣)하게 비판하였다. 그리고 당시의 시중(侍中)에 대해서 정치적 책임을 물었다.

신라 36대 혜공왕(惠恭王)

성은 김 씨, 휘(諱)는 건운(乾運)이다. 경덕왕(景德王)의 아들이며, 어머니는 서불한(舒弗邯) 의충(義忠)의 딸 만월 부인(滿月夫人) 김 씨이다. 비(妃)는 이찬 유성(維誠)의 딸 신보왕후(新寶王后)가 원비(元妃), 이찬 김장(金璋)의 딸인 창창부인(昌昌夫人)이 차비(次妃)이다. 재위 기간은 765년~780년까지 15년간이고. 경덕왕의 적자(嫡子)로 무열왕(武烈王)의 마지막 직계(直系)였다. 비극(悲劇)의 시작은 8세의 나이에 즉위하여. 친어머니인 만월부인이 섭정하게 된 것이었다. 어린 왕을 둘러싸고 왕실의 귀족들은 호시탐탐 왕위를 노리기 시작했다. 왕권 위협은 계속되고. 정치적 불안정은 지속되었다. 768년에는 일길찬(一吉湌) 김대공(金大恭)과 그의 아우인 아찬(阿湌) 김대렴(金大廉)이 무리를 모아 반기(叛旗)를 들어 왕궁을 포위하고 33일 동안 압박을 가했다. 이때 왕경(王京)과 전국(全國)에 있는 96각간(角干)이 들고일어나 왕궁 파(王宮派)와 김대공 파(金大恭派)로 갈아서 싸움을 벌여. 결국 왕궁 파가 김대공 파를 밀어내고 왕위를 간신히 지켰다. 하지만 770년에는 대아찬(大阿湌) 김융(金融)이 모반(謀反) 혐의로 처형되었고 775년에는 이찬(伊湌) 김은거(金隱居)가 모반으로 처형되었다.

780년에는 모반(謀反)에 정점을 찍은 사건이 발생하는데, 이찬(伊湌) 김지정(金志貞)이 반란을 일으켜 궁궐을 장악한 후 혜공왕(惠恭王), 태후(太后)인 만월부인(滿月夫人), 원비(元妃), 차비(次妃)인 두 김 씨를 죽인다. 이는 첫 번째로 발생한 왕의 궁중 시해(弑害) 사건이다.

신라 37대 선덕왕(宣德王)

성은 김 씨(요, 휘(諱)는 양상(良相)이다. 아버지는 효방(孝芳) 해찬(海湌)으로 뒤에 개성대왕(開聖大王)에 추봉(追封)되었다. 어머니는 성덕왕(聖德王)의 딸 사소 부인(四炤夫人) 김 씨로 뒤에 정의 태후(貞懿太后)로 추봉(追封)되었다. 비(妃)는 각간(角干) 양품(良品)의 딸 구족 부인(具足夫人)이다. 혜공왕(惠恭王) 재위 시 일어난 김지정(金志貞)의 반란 와중에 혜공왕과 왕족이 살해당하자, 상대등(上大等)에 있다가 왕위에 올랐다. 김양상(金良相)은 내물 마립간의 10대손으로, 할아버지 각간(角干) 원훈(元訓)의 손자이다.

764년 경덕왕(景德王, 23년)에 시중(侍中)에 임명되었고, 771년 혜공왕 7년에 제작된 성덕대왕신종(聖德大王神鐘)의 명문(銘文)에 보면, 김양상(金良相)이 종(鐘)의 제작 책임자의 위치에 있었다. 774년 혜공왕 10년에는 지금의 총리격(總理格)인 상대등(上大等)이 되었으며, 776년에는 당대의 정치를 비판하면서 전제군주제(專制君主題)로 회귀하려는 움직임에 대하여 논하기도 했다.

김양상(金良相)이 왕위에 오르게 된 것이 우발적인 것인지 계획된 것인지에 대해서는 분명하지 않다. 권위를 잃었던 유약한 혜공왕 때에는 줄곧 중앙 귀족들의 왕위 쟁탈전이 벌어지고 있었다. 780년 이찬(伊湌), 김지정(金志貞)이 무리를 이끌고 반란을 일으켜 궁궐을 에워쌌다. 이때 김양상(金良相)은 이찬, 김경신(金敬信)과 함께 군사를 일으켜 김지정을 죽였는데, 그 와중에 혜공왕(惠恭王)과 왕비가 살해되자 자신이 왕위에 올랐다.

선덕왕(善德王)의 재위 기간 중에는 흉년이 그치지 않았고 정치적으로도 불안한 상태가 계속되었다. 선덕왕(善德王)은 즉위 5년 만에 왕위를 내놓으려 했지만 추종자(追從者)들의 만류로 뜻을 이루지 못했다. 재위 중의 활동으로 주목(注目)되는 것은, 781년에 패강(浿江, 지금의 대동강) 남쪽 군현(郡縣)을 안무(按撫)하고 이듬해에는 직접 한주(漢州, 지금의 서울)를 순행(巡行)하여 그 민호(民戶)를 옮겼으며, 783년에 패강(浿江) 진전(眞殿)의 두상대감(頭上大監)을 설치하는 등 북방(北方)개척(開拓)을 시도한 점이다.

신라 38대 원성왕(元聖王)

성은 김 씨(金氏)요, 휘(諱)는 경신(敬信)이다. 내물왕(奈勿王)의 12대손(代孫)으로 아버지 일길찬(一吉湌) 효양(孝讓)은 명덕대왕(明德大王)이고, 할아버지는 위문(魏文)은 흥평대왕(興平大王), 증조할아버지 의관(義寬)은 신영대왕(神

英大王), 고조할아버지 법선(法宣)은 현성대왕(玄聖大王)으로 추존되었다. 어머니는 계오 부인(繼烏夫人) 박 씨(朴氏)이다. 비(妃)는 숙정 부인(淑貞夫人) 김 씨로 각간(角干) 신술(神述)의 딸이다. 780년 김지정(金志貞)의 난(亂)을 뒤에 선덕왕이 된 김양상(金良相)과 같이 평정한 뒤 상대등(上大等)이 되었다. 선 덕왕이 후사가 없이 죽자, 왕위에 올랐다. 원성왕(元聖王) 때부터 신라 하 대정치(下代政治)의 특징인 왕실 친족 집단의 권력 장악이 이루어졌다.

김경신(金敬信)은 당나라 정원(貞元) 원년 을축(乙丑) 785년 중의(衆議, 중론) 추천으로 즉위하고, 재위 15년 798년 무인(戊寅) 2월 29일 훙거(薨去)했다. 추출미(秋出米) 3,200석(石)을 기민(飢民)에게 반미(飯米)로 방출했다.

780년 혜공왕(惠恭王, 16년)에 김양상(金良相)과 함께 김지정(金志貞)의 난을 평정하고 혜공왕을 죽인 뒤, 김양상이 선덕왕으로 즉위하는 데 큰 공(功) 을 세워 상대등에 임명되었다. 그뒤 선덕왕이 자식 없이 죽자 김주원(金周 元)과 왕위 다툼을 하게 되었다. 『삼국사기(三國史記)』에 따르면, 김주원의 집은 서울 북쪽 20리에 있었고, 그때 마침 큰 비가 내려 알천(閼川)의 물이 불어서 김주원이 건너오지 못했는데, 사람들이 말하기를 "인군(人君)의 큰 자리는 본래 인모(人謀)로 되는 것이 아니다.

오늘의 폭우는 하늘이 혹시 김주원을 내세우지 못하게 함이 아닌가? 지금 상대등(上大等) 김양상(金良相)은 전왕(前王)의 동생으로 본래 덕망(德 望)이 높고 인군(仁君)의 자격이 있다."고 하여 만장일치로 그를 세워 왕위 를 계승하게 하니, 얼마 안 있어 비가 그치고 백성들이 모두 만세를 불렀 다고 한다.

『삼국유사(三國遺事)』에 이르기를 당시 김경신(金敬信)보다 서열(序列)이 높 은 김주원이 왕위에 추대되었는데, 김경신(金敬信)이 복두(幞頭, 관대)를 벗고 흰 갓을 쓴 뒤 십이현금(十二絃琴)을 들고 천관사(天冠寺) 우물 속으로 들어 가는 꿈을 꾸었고, 아찬 여삼(餘三)의 해몽(解夢)을 따라 북천신(北川神)에게 제사를 올렸더니 알천(閼川)의 물이 불어 왕위에 오를 수 있었다는 설화가 전해진다.

신라 39대 소성왕(昭聖王)

성은 김 씨요, 휘(諱)는 준옹(俊邕)이다. 원성왕(元聖王)의 맏아들 인겸(仁謙)의 아들로, 원성왕(元聖王)의 장손(長孫)이다. 인겸(仁謙)이 태자 시절에 죽자 손자 준옹(俊邕)은 궁궐에서 자랐다. 장성하여 대아찬(大阿湌)과 파진찬(波珍湌)을 거쳐 시중(侍中)에 임명되었으며, 795년 태자로 책봉되었다. 원성왕(元聖王)이 죽은 후 즉위하였으나 재위 2년 만에 죽어 이후 왕위 계승을 둘러싼 분쟁의 시발점이 되었다.

원성왕(元聖王)의 태자인 인겸(仁謙)의 아들이며, 어머니는 김 씨이다. 왕비는 계화 부인(桂花夫人) 김 씨(의 부(父)는 대아찬(大阿湌) 숙명(淑明)의 딸이다 785년 원성왕(元聖王)이 즉위하여 곧 인겸(仁謙)을 태자로 삼았으나 791년에 죽자 손자 준옹(俊邕)을 궁중에서 키웠다. 준옹은 789년 당나라에 사신으로 다녀와서 대아찬(大阿湌)이 되었고, 790년에는 파진찬(波珍湌)으로 재상이 되었다.

791년 시중(侍中), 792년 병부령(兵部令), 795년 태자가 되었다가 799년에 원성왕이 죽자 즉위했다. 이 해에 청주(靑州,지금의 경남 진주) 거로현(居老縣, 지금의 경남 거제)을 국학생(國學生)의 녹읍(祿邑)으로 삼아 국학(國學)을 장려했고, 아버지를 추봉(追封)하여 혜충대왕(惠忠大王)이라 했다. 재위 2년 만에 죽었으며, 시호(諡號)는 소성(昭聖)이다.

신라 40대 애장왕(哀莊王)

성은 김 씨요, 휘(諱)는 청명(淸明)이며, 뒤에 중희(重熙)라 개명(改名)했다. 소성왕(昭聖王)의 아들로, 어머니는 계화 부인(桂花夫人) 김 씨이다. 800년 왕위에 오를 때 13세였으므로 숙부 병부령(兵部令) 김언승(金彦昇)이 섭정했다. 왕권을 강화하고 귀족들의 권한(權限)을 제한하는 개혁을 단행했는데, 이것이 권력 장악을 위한 김언승(金彦昇)의 의도 때문인지 독자적인 왕권 강화를 꾀한 애장왕의 본심인지는 구분하기 어렵다. 결국 재위 10년 김언승(金彦昇)에게 살해당했다.

애장왕은 즉위한 해에 태종(太宗)·문무 두 왕의 묘(廟)를 세우고 시조대왕(始祖大王, 味鄒尼師今) 및 왕의 고조부(高祖父) 명덕대왕(明德大王), 증조부(曾祖父) 원성대왕(元聖大王), 조부(祖父) 혜충대왕(惠忠大王), 아버지 소성대왕(昭聖大王)을 5묘(廟)로 삼았다.

802년에는 해인사(海印寺)를 창건했다. 805년 1월 어머니 김 씨를 대왕후(大王后)로, 왕비 박 씨를 왕후로 봉(封)했다. 8월에는 공식(公式·법규) 20여 조(條)를 발표(發表)했으며, 같은 해 위화부(位和府)의 금하신(衿荷臣)을 영(令)으로 고쳐 불렀고, 예작부(例作府)에 성(省) 2명을 두었다. 806년에는 새로 절을 짓는 것을 금하고 수리(修理)만 허용했으며 불교 행사에 금수(錦繡)의 사용을 금했다.

808년에는 사신을 12도(道)로 보내 모든 군읍(郡邑)의 경계를 새로 정했다. 이러한 조치(措置)들은 왕권을 강화하기 위한 것으로 생각되나 어느 정도 실효(失效)를 거두었는지는 의문이다. 당시의 실권(失權)은 상대등(上大等)에게 있었던 것으로 분석되고 있다.

809년에 김언승(金彦昇)이 동생인 제옹(悌邕)과 함께 반란을 일으켜 군사를 거느리고 대궐로 들어가 왕을 죽였다. 이때 왕의 동생 체명(體明)이 왕을 시위(施威)하고 있다가 같이 살해되었다. 그뒤 김언승(金彦昇)이 즉위하여 헌덕왕(憲德王)이 되었다.

신라 41대 헌덕왕(憲德王)

성은 김 씨요, 휘(諱)는 언승(彦昇)이다. 소성왕(昭聖王)의 동생으로, 아버지는 원성왕(元聖王)의 큰아들인 혜충태자(惠忠太子) 인겸(仁謙)이다. 어머니는 성목태후(聖穆太后) 김 씨이며, 비(妃)는 숙부인 각간(角干) 예영(禮英)의 딸 귀승 부인(貴勝夫人) 김 씨이다. 애장왕을 섭정할 때부터 법령(法令)을 개정하고 관제(官制)를 개혁하여 왕권을 강화했으며, 즉위한 후에는 자신의 일족(一族)을 중심으로 권력을 집중했다. 이에 따라 김헌창(金憲昌)의 난(亂)과 같이 소외(疏外)된 귀족 계급의 반란이 이어졌다 .

소성왕(昭聖王)의 동생으로, 790년 원성왕(元聖王,6년) 당나라에 사신으로 다녀와 대아찬(大阿飡)이 되었으며, 이듬해 제공(悌恭)의 난(亂)을 진압하여 잡찬(雜纂)이 되었다. 794년 시중(侍中)에 임명되고, 795년 이찬(伊飡)으로 재상(宰相)에 올랐으며, 796년 병부령(兵部令)이 되었다. 800년 애장왕 즉위와 함께 섭정의 지위에 올랐으며, 이듬해에는 상대등이 되었다. 809년 동생인 이찬(伊飡) 제옹(悌邕)과 함께 난(亂)을 일으켰으며, 애장왕이 살해되자 왕위에 올랐다.

신라 42대 흥덕왕(興德王)

성은 김 씨, 휘는 경휘(景暉)이다. 헌덕왕(憲德王)의 동생으로, 아버지는 원성왕(元聖王)의 큰 아들인 혜충태자(惠忠太子) 인겸(仁謙)이며, 어머니는 성목태후(聖穆太后) 김 씨이다. 비(妃)는 소성왕(昭聖王)의 딸인 장화 부인(章和夫人) 김 씨인데, 왕으로 즉위한 해에 죽었으므로 정목왕후(定穆王后)로 추봉(追封)되었다.

형인 김언승(金彦昇)을 도와 반란을 일으켜 애장왕을 살해하고 김언승이 왕위에 오르는 것을 도왔다. 상대등이 되었다가 헌덕왕 이어 왕위에 올랐다. 골품제도(骨品制度)를 강화하여 신분제도(身分制度)를 엄(嚴)히 지켰으며, 청해진(淸海鎭)과 당성진(唐城鎭)을 설치해 해적(海賊)을 막았다.

당나라 보력(寶曆) 2년 928년 병오(丙午)에 즉위하고, 재위 11년 12월에 홍거(薨去)하셨다. 무자(無子)로 전우(傳于) 희강왕(僖康王)의 사치(奢侈)를 금하고 의관(衣冠)하고 서남쪽을 제도적으로 순행(巡行)하고, 사치(奢侈)하는 자와 외롭게 지내는 자를 문의(問議)하여 가려내어 노인들에게 곡식을 내렸다.

신라 43대 희강왕(僖康王)

성은 김 씨요. 휘는 제륭(悌隆)·개륭(愷隆) 또는 제옹(悌顒)이다. 아버지는 원성왕(元聖王)의 손자인 이찬(伊飡) 헌정(일명 초노(抄奴))이며, 어머니는 대아찬(大阿飡) 충연의 딸인 포도 부인(包道夫人)이다. 비는 충공(忠公) 갈문왕(葛文王)의 딸인 문목 부인(文穆夫人)이다.

선대왕인 홍덕왕이 후사 없이 죽자, 왕실에서 왕위 계승을 둘러싼 분쟁이 발생하였다. 제륭(悌隆)은 시중(侍中) 김명(金明) 등의 도움을 받아 숙부(叔父) 균정(均貞)을 죽이고 왕위에 올랐고, 즉위 후 김명(金明)을 상대등으로 삼아 국사를 맡게 하였다. 재위 3년 만에 김명(金明)과 이홍(李鴻) 등이 반란을 일으키자 목을 매어 자결했다.

신라 44대 민애왕(閔哀王, 838~839)

성은 김 씨요, 휘는 김명(金明)이다. 아버지는 김충공(金忠恭)이고, 어머니는 귀보부인(貴寶夫人) 박 씨이다. 비는 각간(角干) 영공(永公)의 딸 윤용 부인(允容夫人) 김 씨이다. 시중 벼슬을 지내다가 흥덕왕이 죽자 김제륭(金悌隆)과 김균정(金均貞) 사이의 왕위 다툼에서 김제륭을 받들었다. 무력충돌 중에 김균정이 죽어 김제륭이 희강왕(僖康王)으로 즉위했으나, 김명(金明)이 반란을 일으켜 희강왕이 자살하고, 김명이 왕위에 올라 민애왕이 되었다. 민애왕은 즉위하자마자 김균정의 아들인 김우징(金祐徵)이 장보고(張保皐)의 청해진(淸海鎭) 세력에 의탁해 반란을 꾀하자, 이를 맞아 싸웠으나 패하여 결국 살해되었다.

김명은 김균정이 지금의 총리 격(總理格)인 상대등(上大等)에 오르면서 19세의 나이로 시중 벼슬을 하게 되었다. 836년 흥덕왕이 후사 없이 죽자 김균정과 그의 조카 김제륭 사이에 왕위 계승을 두고 싸움이 일어났다. 김명의 누이들이 각각 김균정과 김제륭과 혼인하였기 때문에 둘 다 김명의 매형이었다. 김명은 김제륭을 받들었는데, 두 세력 사이에 무력(武力) 충돌이 발생하여 김균정이 죽고 김우징(金祐徵)은 도망쳤다. 김제륭이 왕위에 오르니 희강왕(僖康王)이다. 희강왕 재위 2년에 김명은 22살의 나이로 상대등이 되었다. 김명은 희강왕 재위 3년, 시중 이홍(利弘)과 반란을 일으켜 희강왕을 압박하여 목을 매어 자살하게 하고 왕위에 올랐다.

민애왕(閔哀王)이 즉위한 후, 아버지 충공(忠公)을 선강대왕(宣康大王)에, 어머니 박 씨는 귀보 부인(貴寶夫人)을 선의태후(宣懿太后)에 봉하고, 처(妻) 김 씨는 윤용왕후(允容王后)라 했다. 즉위한 해에 김우징)이 청해진 대사(大使) 장보고의 지원을 받아 쳐들어오자, 12월 김민주(金敏周)로 하여금 싸우게 했으나 패배했고, 다음해 정월(正月) 달벌(達伐, 지금의 대구)에서의 싸움도 크게 패했다.

민애왕은 고립무원(孤立無援)의 상태에서 병사들에게 잡혀 살해되었다. 이때 나이 23세였다. 희강왕과 민애왕의 옹립 과정과 사건의 전개는 신라 후대 귀족 계급 간에 벌어졌던 권력 투쟁 양상을 보여주는 대표적인 사례이다. 이와 같은 지배층의 분열은 급속하게 신라의 쇠망(衰亡)을 촉진했다.

신라 45대 신무왕(神武王)

성은 김 씨요, 휘는 우징(祐徵)이다. 아버지는 김균정(金均貞)이고, 어머니는 진교부인(眞矯夫人) 박 씨이다. 신라 하대(下代)의 왕실 친족 간에 벌어졌던 권력투쟁의 대표적인 인물로, 흥덕왕(興德王) 사후(死後)에 아버지 김균정과 후일 희강왕이 된 김제륭, 후일 민애왕이 된 김명 사이에 벌어졌던 권력투쟁 끝에 민애왕을 살해하고 왕위에 올라 신무왕(神武王)이 되었다. 신무왕은 즉위한 뒤 반년 만에 종기(腫氣)를 앓다가 죽었다.

김우징(金祐徵)은 김균정의 아들로, 흥덕왕 아래 시중(侍中) 벼슬을 지내다가 835년 흥덕왕이 아버지 김균정을 상대등(上大等)으로 발탁하자 시중을 사임(辭任)했고 김명이 그 자리를 이었다. 836년 흥덕왕이 후사 없이 죽자 김제륭(金悌隆)과 김균정 사이에 왕위 계승 분쟁이 발생했다. 양쪽 세력의 무력(武力) 충돌 중에 김균정이 전사하여 김우징은 청해진(淸海鎭)으로 도피했고, 장보고(張保皐)에게 도움을 청했다. 836년 김제륭(金悌隆)이 희강왕으로 즉위했으나 3년 뒤 김명이 반란을 일으켜 희강왕이 자살하고, 김명이 왕위에 올라 민애왕(閔哀王)이 되었다.

김우징(金祐徵)은 장보고(張保皐)의 지원군(支援軍) 5,000명을 이끌고 반란을 꾀하여 839년 민애왕(閔哀王)의 군사를 격파하고 민애왕(閔哀王)을 살해한 후 왕위에 올라 신무왕(神武王)이 되었다. 신무왕은 839년 즉위 후 할아버지를 혜강대왕(惠康大王), 아버지를 성덕대왕(成德大王), 어머니를 헌목태후(憲穆太后)로 각각 추봉(追封)했다. 또한 자신의 즉위에 공(功)을 세운 장보고를 감의군사(感義軍使)로 삼아 2,000호(戶)의 실봉(實封)을 내렸다. 그러나 신무왕(神武王)은 즉위한 뒤 반년 만에 종기를 앓다가 죽었다. 신무왕은 신라 왕들 가운데 재위 기간이 가장 짧았던 왕이다.

신라 46대 문성왕(文聖王)

성은 김 씨요, 휘는 경응(慶應)이다. 신무왕의 아들이며, 어머니는 정계부인(貞繼夫人) 정종태후(貞從太后)이다. 흥덕왕 이후 계속 이어졌던 왕위 계승 투쟁에서 승리한 신무왕이 병으로 반년 만에 죽자, 그 뒤를 이어 왕위에 올랐다. 재위 기간 내내 선왕(先王)인 신무왕의 즉위까지 이어졌던 왕실 친족 간의 내분(內紛)이 크고 작은 반란의 형태로 나타났다.

문성왕 대(文聖王代)에 일어났던 지배층의 분열을 이해하기 위해서는 흥덕왕 시대로 거슬러 올라가야 한다. 문성왕(文聖王)의 아버지 김우징(金祐徵) 후에 신무왕(神武王)이 되었는데 김균정의 아들로, 흥덕왕 아래 시중 벼슬을 지내다가 835년 흥덕왕이 김균정을 상대등(上大等)으로 발탁하자 시중을 사임(辭任)했고 김명이 그 자리를 이었다. 836년 흥덕왕이 후사 없이 죽자 김제륭과 김균정 사이에 왕위 계승분쟁(繼承紛爭)이 발생했다.

양쪽 세력의 무력(武力) 충돌 중에 김균정이 전사하여 김우징은 청해진

(淸海鎭)으로 도피했고, 장보고에게 도움을 청했다. 836년 김제륭이 희강왕으로 즉위했으나 3년 뒤 김명이 반란을 일으켜 희강왕이 자살하고, 김명이 왕위에 올라 민애왕이 되었다.

김우징은 장보고의 지원군(支援軍) 5,000명을 이끌고 반란을 꾀하여 839년 민애왕의 군사를 격파하고 민애왕을 살해한 후 왕위에 올라 신무왕(神武王)이 되었다. 신무왕(神武王)은 즉위한 뒤 반년만에 종기를 앓다가 죽었다. 문성왕(文聖王)은 신무왕이 죽은 뒤 왕위를 이었다.

문성왕은 부왕(父王)인 신무왕이 왕위쟁탈 과정에서 승리해 즉위했지만 6개월도 안 되어 죽자, 왕위쟁탈 과정에서 발생한 많은 문제들을 안고 즉위했다. 문성왕은 즉위 초에 신무왕을 도운 귀족 세력인 장보고를 진해장군(珍海將軍), 예징(豫徵)을 상대등(上大等), 김양(金陽)을 병부령(兵部令)에 임명했다. 그러나 이와 같은 귀족 세력은 왕권을 제약하는 요소로 작용해 그의 재위기간 중 모반 사건(謀反事件)이 자주 일어났다.

841년 일길찬(一吉湌) 홍필(弘弼)이 반란을 일으켰고, 846년에는 장보고가 자기 딸을 왕비로 삼게 하려다가 실패한 데 반발해 반란을 일으켰다. 또 847년에는 이찬(伊湌) 양순(良順)과 파진찬(波珍湌) 홍종(興宗)의 반란이 있었고, 849년에는 이찬김식(金式)·대혼(大昕) 등이 반란을 일으켰다. 이와 같은 와중에 재위한 문성왕(文聖王)은 별다른 치적(治績)을 남기지 못하고 857년 숙부인(淑夫人) 의정(擬晶)에게 왕위를 계승시킨다는 유조(遺詔)를 내리고 죽었다. 경주(慶州) 공작지(孔雀趾)에 능(陵)이 있다.

신라 47대 헌안왕(憲安王)

성은 김 씨요, 휘(諱)는 의정(誼靖) 혹은 우정(祐靖)이다. 신무왕(神武王)의 이복동생으로, 아버지는 균정(均貞)이고, 어머니는 충공(忠恭)의 딸 조명 부인(照明夫人) 김 씨이다. 조카 문성왕(文聖王)의 유언(遺言)에 의해 왕위에 올랐다. 선대(先代)의 왕위계승 투쟁 때에 당나라에 사절(使節)로 파견 중이어서 파벌(派閥)의 영향을 덜 받았다. 불교 친화정책(親和政策)으로 지방세력의 불만을 회유하면서 원만한 재위 기간을 보냈다.

헌안왕(憲安王)은 흥덕왕 때부터 선왕인 문성왕에 이르기까지 나타났던 왕실 친족 내부의 치열했던 권력투쟁이 어느 정도 마무리된 후 왕위에 올랐다. 헌안왕은 김균정의 아들로, 신무왕(神武王) 김우징(金祐徵)의 배다른 동생이다. 문성왕 아래 시중(侍中) 벼슬을 지내다가 849년 상대등(上大等)이 되었다. 836년 흥덕왕이 후사 없이 죽었을 때 김제륭(金悌隆)과 김균정 사이에 발생했던 왕위계승 분쟁 때에는 당나라에 사신으로 가 있어 직접적인 관계가 적었다.

857년 조카 문성왕(文聖王)이 유언(遺言)으로 왕위를 계승하여 왕위에 올랐다. 즉위하기 전(前)부터 불교신앙(佛敎信仰)이 깊어서, 성주사(聖住寺) 시주(施主)인 낭혜화상(朗慧和尚) 무염(無染)의 제자를 자처(自處)했고, 즉위한 뒤에도 수시로 자문(自問)을 받고 불교를 통치의 기본 이념으로 삼고자 했다. 사위인 응렴(膺廉)을 맞을 때에도 흥륜사(興輪寺)의 승려에게서 조언(助言)을 들었다고 전한다. 그는 또한 무주(武州) 보림사(寶林寺)의 선승(禪僧)인 체징(體澄)을 후원하여 859년에 가지산문(迦智山門)을 개창(開創)하도록 했다.

헌안왕은 중앙에서 파견된 지방관(地方官)과 왕경(王京)의 진골귀족(眞骨貴族)이 가지산문(加持山門)을 후원하는 가운데 이루어지는 종교적 교화(敎化)를 통해 그들의 불만을 회유(懷柔)하려 했던 듯하다. 즉위한 해에 가뭄이 들고 기근이 발생하자 제방(堤坊)을 고치게 하고 농사를 권장했다. 왕위를 사위인 응렴(膺廉)에게 넘기고 죽었다

신라 48대 경문왕(景文王)

48대 왕은 중앙 귀족의 모반(謀反)과 지방의 반란을 평정(平定)하기에 힘썼으나, 하대사회(下代社會)의 혼란을 수습하지 못하고 죽었다. 휘(諱)는 응렴(膺廉)이다. 희강왕(僖康王)의 손자이고, 아버지는 아찬(阿飡) 계명(啓明), 어머니는 광화 부인(光和夫人)이다. 비(妃)는 헌안왕(憲安王)의 딸 문의왕후(文懿王后). 아들은 황(晃, 정강왕(定康王)· 정(晸, 헌강왕(憲康王)· 윤(胤)이고, 딸은 만(曼), 진성여왕(眞聖女王)이 있다. 선대왕 헌안왕이 아들 없이 죽자 사위로서 왕위를 이었다.

선대왕 헌안왕이 아들 없이 죽자, 사위의 자격으로 왕위에 올랐다. 아버지는 14년간 시중을 역임해왔던 계명(啓明)이었으며, 아들의 즉위 후 경문왕(景文王)이 중심 세력기반(勢力基盤)이 되었다. 재위 기간 동안 빈번히 역모(逆謀)가 발발했으나 모두 수습되었으며 이후 경문왕가(景文王家)의 왕위 계승 기반을 마련하였다.

즉위 뒤에 대사면(大赦免)을 실시하고, 862년 이찬(伊飡) 김정(金晸)을 상대등(上大等)으로, 아찬(阿飡) 위진(魏珍)을 시중에 임명했다. 불교와 국학(國學)에 많은 관심을 나타내어, 864년에는 국학에 가서 박사로 하여금 경전(經典)의 뜻을 강론하게 했고, 871년에는 황룡사(皇龍寺) 9층탑을 수축(修築)했다. 열성적(熱誠的)으로 정치에 임했으나 진골귀족 간의 오랜 분쟁으로 인해, 861년 이찬(伊飡) 윤흥(尹興)과 숙흥(叔興)·계흥(季興)의 모역(謀逆)과, 868년 이찬(伊飡) 김예(金銳)·김헌(金鉉) 등의 모반(謀反), 874년 근종(根腫) 등 세 차례(次例)의 모역(謀逆)이 있었다.

신라 49대 헌강왕(憲康王)

성은 김 씨요, 휘는 정(晸)이다. 아버지는 경문왕(景文王)이고, 어머니는 헌안왕(憲安王)의 큰딸 영화부인(寧花夫人) 김 씨이다. 경문왕에 이어 왕위에 올랐다. 초기에는 숙부(叔父) 김위홍(金魏弘)이 섭정을 했고, 879년부터 직접 다스리기 시작했다. 지배층의 분란(紛亂)과 달리 전란(戰亂)과 재해(災害)가 없어 수도였던 서라벌(徐羅伐)은 태평성대를 누렸다고 기록되어 있다. 불교와 교육에 관심이 많았는데, 불교의 힘으로 국가와 왕실의 안녕(安寧)을 기원하고 교육을 통해 신진(新進) 사대부(士大夫)를 육성하여 지지세력을 확보하려 했다.

어린 나이에 즉위했으므로 초기에는 숙부(叔父) 김위홍(金渭洪)이 섭정을 했다. 본래 공부(工夫)를 좋아하였으며 불교에도 관심이 많았다. 876년에는 황룡사(皇龍寺)에 백고좌(百高座) 고승(高僧)을 모시고 설법(說法)을 듣는 법회(法會)를 열어 불경(佛經)을 가르치게 했으며, 스스로도 황룡사를 찾아 강의를 듣는 일이 있었다.

879년에는 국립교육기관인 국학(國學)에 나가 특강(特講)을 행하게 했다. 헌강왕(憲康王)의 관심은 불교를 통해 국가의 안녕(安寧)을 기원하고, 국학을 통해 신진(新進) 사대부(士大夫)를 키워 자신의 지지세력을 확보하려는 데 있었던 것으로 보인다. 재위 기간 동안 수도인 서라벌(徐羅伐)은 모든 가옥(家屋)이 와가(瓦家) 지붕을 덮고 숯으로 밥을 짓는 등 태평성대(太平聖代)를 누렸다고 기록되어 있는데, 실제로는 신라가 쇠퇴기로 접어들어 지방의 하층민(下層民)들과 지배층과의 괴리(乖離)가 깊어졌던 시기라고 분석되고 있다.

당나라에서 문명(文名)을 떨친 최치원(崔致遠)이 885년 귀국하여 헌강왕(憲康王)에게 중용(重用)되었는데, 그는 왕실 사찰(寺刹)과 승려의 발원문(發

願文) 등을 짓고, 당나라에 보내는 문서(文書)를 작성하며 신임(信任)을 얻었다. 그는 그의 문집(文集)인『계원필경(桂苑筆耕)』등을 헌강왕에게 올리면서 제도 개혁을 위해 노력했으나 귀국 이듬해 헌강왕이 숨진 후 진골(眞骨) 귀족들에게 배척당하는 불운(不運)을 겪었다. 헌강왕이 죽은 뒤, 태자 김요(金嶢)가 아주 어린 나이였으므로 동생인 김황(金晃)이 왕위를 계승하여 정강왕(定康王)이 되었다.

신라 50대 정강왕(定康王)

휘는 황(晃)으로, 경문왕(景文王)의 둘째 아들이며, 헌강왕의 동생이다. 최치원(崔致遠)의 글 <사추증표(謝追贈表)>에는 헌강왕의 죽음과 정강왕(定康王)의 즉위가 887년으로 되어 있어 1년의 차이가 있다. 헌강왕이 죽었을 때 그 아들 요(嶢)가 아직 돌이 되지 못한 어린 나이였으므로 즉위하게 되었다. 즉위 직후 이찬(伊飡) 준흥(俊興)을 시중으로 삼았다. 887년 황룡사(皇龍寺)에서 백좌강회(白座講會, 밤샘 강의)를 열어 직접 참석했으며, 이찬(伊飡), 김요(金蕘)가 반란을 일으키자 군사를 내어 진압했다. 병이 위독(危篤)해지자 준흥(俊興)에게 여동생 만(曼, 뒤의 진성여왕)의 천성이 명민하고 체격이 남자 같으므로 왕위에 세울 것을 유언하여 뒤를 잇게 했다.

신라 51대 진성여왕(眞聖女王)

휘는 만(曼)또는 만헌(曼憲)이다. 아버지는 경문왕(景文王)이고, 어머니는 헌안왕(憲安王)의 맏딸인 영화 부인(寧花夫人) 김 씨이다. 신라 시대 3명의 여왕 중 마지막 왕이다. 상대등 위홍(魏弘)이 섭정을 하던 즉위 초기에는 조세(租稅)를 감면(減免)하고 죄수를 사면(赦免)하며 불경(佛經) 강해(講解)를 여는 등 민심 수습에 힘썼으나, 재위 1년에 위홍이 죽은 후 국가 재정(財政)이 어려워지자 사방에서 도적과 반란이 일어났다. 궁예(弓裔)와 견훤(甄萱) 등이 발흥(發興)하여 국토의 대부분이 지방 호족(豪族)과 반란군에게 장악되면서 국력이 급격하게 쇠퇴했다.

헌강왕(憲康王)과 정강왕(定康王)의 누이 동생이다. 선왕 정강왕의 유언(遺言)에 골격(骨格)이 장부(丈夫)와 같으며 총명하니 왕위를 잘 감당할 것이라고 하면서 왕위를 계승했다. 즉위했을 때의 나이는 20세 안팎이었을 것으로 추측된다. 진성여왕은 즉위 직후 죄수들을 사면하고, 모든 주군(州郡)의 조세를 1년 동안 면제하는 등 민심 수습에 힘썼다. 888년 각간(角干) 위홍(魏弘)으로 하여금 대구화상(大矩和尙)과 함께 향가(鄕歌)를 수집(收集), 편찬하게 하여 『삼대목(三代目)』이라는 향가집(鄕歌集)을 만들었다. 그 해 위홍이 죽자 혜성대왕(惠成大王)으로 추증(追贈)했다. 초기의 민심 수습책이 부작용을 낳아, 재위 3년인 889년에 이르자 여러 주·군(州郡)에서 세금을 내지 않아 국가 재정이 고갈(枯渴)되기 시작했다.

『삼국사기(三國史記)』 등에는 진성여왕이 위홍의 사후 젊은 남자들을 불러들이고 요직(要職)을 맡겨 국정(國政)이 문란해졌다고 기록되어 있다. 진성여왕이 재정(財政) 확보를 위해 신하를 보내 독촉하자 지방 곳곳에서 도적이 일어났다. 이때 원종(元宗)과 애노(哀奴) 등이 사벌주(沙伐州, 지금의 상주)에서 반란을 일으켰는데, 이를 진압하지 못하자, 이후 여러 곳에서 계속 난(亂)이 일어났다.

891년 10월 북원(北原, 지금의 원주)에서 난을 일으킨 양길(梁吉)이 부하인 궁예(弓裔)를 시켜 명주(溟州, 지금의 강릉)를 습격했다. 892년에는 완산(完山, 지금의 전주)에서 견훤(甄萱)이 일어나 스스로 후백제(後百濟)라고 하여, 무주(茂

朱) 동남쪽의 군현(郡縣)들이 그에게 항복했다. 왕권이 지역에 미치지 못하는 시국(時局)이 반복되자, 894년 2월 최치원(崔致遠)이 시무책(時務策) 10여 조를 바쳤다.

『삼국사기(三國史記)』에는 이 시무책(時務策)이 받아들여진 것으로 되어 있으나, 그 내용이 유교적 이념을 표방하여 진골귀족(眞骨貴族)의 이익보다는 6두품 중심으로 왕권을 강화하려는 것이었기 때문에, 실제로는 귀족들의 반발로 시행되지 않았을 것으로 보인다. 그해 10월 궁예가 군사 600여 명을 이끌고 하슬라(何瑟羅, 지금의 강릉)에 진입해 스스로 장군이라 불렀으며, 895년 8월에는 한주(漢州, 지금의 서울) 관내(管內)의 10군현(郡縣)을 차지했다.

이후 신라의 실질적인 통치 영역은 경주(慶州)와 그 주변지역으로 한정되었다. 진성여왕(眞聖女王)은 뒤늦게 시정(施政)을 개혁하려 했으나 이루지 못했고, 10월 헌강왕의 서자(庶子) 요(嶢)를 태자로 삼았다. 896년에는 적고적(赤袴賊)이 난을 일으켜 경주(慶州) 서부 모량리(牟梁里)까지 이르러 민가(民家)를 약탈했다. 897년 6월 태자 요(嶢)에게 왕위를 물려주었고, 12월 북궁(北宮)에서 죽었다. 시호(諡號)를 진성(眞聖)이라 하고 황산(黃山)에 장사 지냈다.

신라 52대 효공왕(孝恭王)

휘는 요(嶢)이다. 헌강왕(憲康王)의 서자(庶子)이며, 어머니는 의명왕태후(義明王太后) 김 씨이다. 비(妃)는 이찬(伊飡) 예겸(乂兼)의 딸이다. 헌강왕(憲康王)이 사냥을 나갔다가 만난 여인과의 사이에서 낳은 아들로 진성여왕에 의해 895년 진성왕 9년 태자로 봉(封)해지고 이어 왕위를 물려받았다.

898년 효공왕(孝恭王, 2년) 서불한(舒弗邯) 준흥(俊興)을 상대등으로, 아찬

(阿飡) 계강(繼康)을 시중으로 임명했다. 그해 궁예(弓裔)에게 패서도(浿西道)와 한산주(漢山州) 관내(管內)의 30여개 성(城)을 빼앗겼고, 900년에는 서남쪽의 땅을 견훤에게 빼앗겼다. 903년 궁예의 부하 왕건(王建)에게 금성(金城) 등 10여 개 군현을 빼앗겼으며, 907년 일선군(一善郡) 남쪽의 10여 개 성을 견훤에게 빼앗겼다. 이처럼 효공왕(孝恭王) 재위 시에는 신라 왕실의 권위가 떨어지고 궁예와 견훤의 세력이 확장되었다. 효공왕이 이러한 상황에서도 천첩(賤妾)에 빠져 정사(政事)를 돌보지 않자, 911년 대신(大臣) 은영(恩榮)이 첩을 죽였다. 912년 죽은 뒤 시호(諡號)를 효공(孝恭)이라고 하고, 사자사(師子寺) 북쪽에 장사 지냈다.

신라 53대 신덕왕(神德王)

성은 박 씨요, 휘는 경휘(景暉), 본명은 수종(秀宗). 아달라 이사금(阿達羅尼師今)의 원손(元孫)으로 아버지는 정강왕(定康王) 때 대아찬(大阿飡)을 지냈고 선성대왕(宣聖大王)으로 추봉(追封)된 예겸(乂兼, 또는 銳謙)이다. 일설에 예겸은 의부(義父)이고 친아버지는 흥렴대왕(興廉大王)으로 추봉된 각간 문원(文元)이라고도 한다. 어머니는 성호대왕(成虎大王)으로 추봉된 순홍(順弘)의 딸 정화 부인(貞和夫人)이며, 비(妃)는 헌강왕(憲康王)의 딸인 의성왕후(義成王后) 김 씨이다. 슬하(膝下)에 승영(昇英)이와 위응(魏膺)이 있었는데, 승영(昇英)은 경명왕(景明王)이 되었고 위응(魏膺)은 경애왕(景哀王)이 되었다.

신덕왕의 본명은 수종(水宗)이고, 예겸은 의부(義父)이며, 친부(親父)는 왕의 즉위와 함께 흥렴대왕(興廉大王)으로 추봉(追封)된 이간(伊干)이라고 전하여 약간(若干)의 차이가 있다. 효공왕(孝恭王)이 죽고 아들이 없었으므로 귀족들의 추대를 받아 즉위했다. 당시 신라는 경주(慶州) 일원(一圓)을 제외한

나머지 지역의 대부분을 이미 궁예와 견훤 세력에게 상실한 상태에 있었으며, 916년 견훤(甄萱)이 대야성(大耶城)을 공격하다가 이기지 못한 사건이 있었으나, 신라는 스스로 외세(外勢)를 막아낼 능력이 없었다. 승영(昇英)·위응(魏膺)의 두 아들이 있어 각각 경명왕(景明王)과 경애왕(景哀王)이 되었다. 죽은 뒤 시호(諡號)를 신덕(神德)이라 하고 죽성(竹城)에 장사 지냈다.

신라 54대 경명왕(景明王)

신덕왕(神德王)의 아들로 선왕 사후 왕위에 올랐다. 휘(諱)는 승영(昇英)이고. 아버지는 신덕왕이며, 어머니는 헌강왕의 딸인 의성왕후(義成王后)이다. 당시 신라는 왕경(王京)인 경주(慶州)를 중심으로 일부 지역을 다스리는 데 불과했고, 나머지는 궁예와 견훤 등 지방 세력들이 장악하고 있었다.

918년 경명왕(景明王,2년)에는 현승(玄丞)의 반란이 일어나 신라의 몰락은 가속화되었다. 같은 해 궁예를 제거하고 고려(高麗)를 세우자, 왕건(王建)과 손을 잡고 920년에 견훤의 대야성(大耶城) 공격을 물리쳤다. 그러나 변방(邊防) 장군중(將軍中) 왕건에게 가담하는 자가 많아, 후당(後唐)에 조공을 바쳐가며 국세(國勢)를 회복하고자 했으나 뜻을 이루지 못했다.

재위 중 여러 가지 변괴(變怪)가 있었다고 하는데, 919년 사천왕사(四天王寺) 벽화(壁畫)의 개가 울었고, 927년 황룡사탑의 그림자가 사지(寺址) 금모(金慕)의 집 뜰에 열흘이나 머물렀으며, 사천왕사(四天王寺) 오방신(五方神)의 활줄이 모두 끊어지고 벽화의 개가 뜰로 쫓아 나왔다는 기록들이 있다. 이러한 설화(說話)들은 기울어져가는 신라의 모습을 나타낸 것으로 볼 수 있다.

신라 55대 경애왕(景哀王)

성은 박 씨요, 휘는 위응(魏膺)이다. 아버지는 신덕왕(神德王)이며, 어머니는 헌강왕(憲康王)의 딸 의성왕후(義成王后)이다 할아버지는 선성대왕(宣聖大王)으로 추봉된 예겸(乂謙)이다. 일설에는 예겸이 신덕왕의 의부(義父)라 하여, 친할아버지는 흥렴대왕(興廉大王)으로 추봉된 각간 문원(文元)이며, 할머니는 성호대왕(成虎大王)으로 추봉된 순홍(順弘)의 딸 정화 부인(貞花夫人)이라고도 한다. 서기 924년(甲申) 8월 형 경명왕(景明王)의 뒤를 이어 왕위에 올랐다. 비(妃)는 석 씨(昔氏)다. 신라 말기 전란 시대로 영토는 왕건과 견훤에게 거의 다 빼앗겼다.

경애왕(景哀王) 때 후삼국(後三國)의 패권 다툼은 이미 왕건 쪽에 유리하게 전개되었다. 925년 고울부 장군(高鬱府將軍) 능문(能文)이 항복하였고, 927년 강주(康州, 지금의 晉州)의 왕봉규(王逢規)가 관할(管轄)하는 돌산(突山) 등이 왕건에게 항복하였다. 이러한 상황 속에서 왕건과 견훤은 잠시 싸움을 그치고 강화하였는데, 견훤이 보낸 질자(質子)인 진호(眞虎)가 고려에서 죽자 견훤은 926년 다시 출병(出兵)하여 고려를 공격하였다. 한편, 경애왕(景哀王) 때 황룡사에 백좌경설(百座經說)을 설치하고 선승(禪僧) 300여 명에게 음식을 대접하였는데, 이것을 백좌통설선교(百座通說禪教)라 부르며, 대규모 선승 모임의 시초가 되었다.

경애왕(景哀王, 3년), 서기 926년 1월에 고려가 백제를 정벌할 때 왕은 군사를 내어 이를 지원(支援)하였다. 이해 3월엔 황용사탑 요동(搖動)하여 북쪽으로 기울었다. 같은 해 9월에 견훤이 군사를 이끌고 고울부(高鬱府)를 침범하므로 경애왕(景哀王)은 고려에 구원병(救援兵)을 요청하였으나 구원이 도착하지 않았다.

경애왕 4년(서기 927) 11월에 후백제 견훤이 군사를 일으켜 신라의 도움

금성(金城)으로 들어왔다. 이때 경애왕은 시조 왕(始祖王)이 창업하신 신라의 천년(千年) 사직(社稷)이 전란(戰亂)으로 인해 위태함을 안타까이 여겨 시조 왕을 비롯한 선왕들의 신위(神位)가 모셔진 위패당(位牌堂) 포석사(鮑石祠,鮑石亭)로 나아가 국가의 안위(安危)를 기원하는 대제(大祭)를 올리고 있었다. 그때 견훤이 군사를 풀어 도성 안의 공사재물(公私財物)을 약탈하고 궁궐로 쳐들어와 군사들에게 명하여 왕을 찾게 하였다. 결국 포석사(鮑石祠)를 습격하여 왕과 왕비를 비롯하여 종척(宗戚)과 공경대부(公卿大夫), 시녀(侍女)에 이르기까지 수난을 당하였다. 이때의 경애왕은 현장에서 견훤에게 강요당하여 자살하였고, 김부(金傅)를 권지국사(權知國事)로 삼으니 이가 곧 신라 제 56대 경순왕(敬順王)이다.

신라 56대 마지막 경순왕(敬順王)

성은 김 씨요, 휘는 부(傅)이고. 시호(諡號)는 경순(敬順)이며, 효애(孝哀)라고도 한다. 『삼국유사(三國遺事)』에서는 이름을 따서 '김부대왕(金傅大王)'으로도 기록되어 있다. 신라 46대 문성왕(文聖王, 839~857)의 후손으로 아버지는 이찬(伊飡) 김효종(金孝宗)이며, 어머니는 49대 헌강왕(憲康王, 875~886)의 딸, 계아태후(桂娥太后) 김 씨이다. 『삼국사기(三國史記)』에서는 서발한(舒發翰) 김인경(金仁慶)의 아들인 김효종(金孝宗)이 어머니를 봉양)하려고 부잣집에 자신의 몸을 팔아 종이 된 효녀 지은(知恩)의 몸값을 갚아주고 양민(良民)으로 만들어주자, 정강왕(定康王886~887)이 이를 대견(對見)하게 여겨 그를 헌강왕의 딸과 결혼시켰다고 기록되어 있다.

왕비의 이름은 전해지지 않으나 고려(高麗)에 투항하기 전에 이미 마의태자(麻衣太子) 등의 왕자가 있었다. 고려에 투항한 뒤에는 고려 태조(太祖, 918

~943) 왕건의 맏딸인 안정숙의공주(安貞淑儀公主)와 아홉째 딸인 왕씨(王氏) 부인(夫人)을 아내로 맞이했으며, 고려(高麗)의 제5대 경종(景宗,976~981)의 왕 비인 헌숙왕후(獻肅王后) 김 씨 등을 낳았다.『삼국유사(三國遺事)』에는 경순 왕의 막내 왕자는 신라가 망한 뒤에 출가(出家)하여 범공(梵空)이라는 법명 (法名)을 사용했으며, 법수사(法水寺)와 해인사(海印寺)에 머물렀다고 기록되 어 있다.927년 경애왕(景哀王, 4년) 음력 9월 후백제의 견훤게 살해당한 경 애왕(景哀王,924~927)의 뒤를 이어 왕위에 올랐다. 신라는 제54대 경명왕(景 明王,917~924) 때부터 고려(高麗)의 세력에 의지해 후백제를 견제하려는 정책 을 펼쳐왔다. 그래서 927년 음력 정월(正月)에는 왕건(王建)이 후백제를 공 격하자 군사를 보내 그를 돕기도 했다. 그러자 견훤은 그해 음력 9월에 신 라의 수도인 금성(金城)을 기습해 경애왕(景哀王)과 왕비를 죽이고, 경애왕 (景哀王)의 이종사촌(姨從四寸)인 경순왕(敬順王)을 왕으로 세웠다. 견훤의 추 대로 왕위에 오른 경순왕은 경애왕(景哀王)의 시신을 수습해 장례(葬禮)를 치르고, 자신의 아버지를 신흥대왕(神興大王), 어머니를 계아태후(桂娥太后) 로 추봉했다.

견훤은 고려의 원병(援兵)이 오자 금성(金城)에서 물러났으나, 계속해서 신라를 침범해왔다. 927년 음력 12월에 견훤은 다시 대목군(大木郡, 지금의 칠곡)을 쳐들어왔으며, 928년 경순왕 2년에는 강주(康州, 지금의 진주)의 장군 유문(有文)이 견훤에게 투항했다. 견훤은 대야성(大耶城,지금의 합천) 아래에 주둔하면서 군사들을 보내 대목군(大木郡)의 벼를 베어갔으며, 겨울에는 무곡성(武谷城)을 공격해 함락시켰다. 929년 경순왕 3년에는 가은현(加恩縣, 지금의 문경)을 에워싸고 공격해왔다. 이렇듯 견훤의 계속된 침공으로 국가 의 존립(存立) 자체가 흔들리면서 신라의 장군과 관리들은 잇달아 고려로 투항했다. 930년 경순왕 4년 봄에는 재암성(載巖城)의 장군 선필(善弼)이 고 려로 투항했고, 가을에는 동해(東海) 연안의 주(州)와 군(郡)이 모두 고려로 투항했다. 931년 경순왕 5년 왕건(王建)이 금성(金城)을 찾아오자 경순왕은 그를 만나 연회(宴會)를 베풀고, 사촌동생인 김유렴(金裕廉)을 볼모로 딸려 보냈다. 왕건(王建)은 그해 음력 8월에 사신을 보내 경순왕과 관리들에게 선물을 보내왔다. 『삼국유사(三國遺事)』에는 이 일이 무자년(戊子年)인 928년 경순왕 2년의 일로 기록되어 있다. 930년 정월(正月) 고려는 고창(古昌, 지금의 안동)에서 후백제에 큰 승리를 거두었고, 그 뒤 고려는 후백제에 우위(優位)를 차지하며 세력을 더욱 넓혔다. 934년 경순왕(敬順王, 8년)에는 후백제가 지배하던 웅진(熊津, 지금의 공주) 이북 운주(運州, 지금의 홍성)의 30개 군현(郡縣)이 고려로 투항했다. 935년 음력 6월에는 견훤이 아들인 신검(神劍)에 의해 금산사(金山寺)에 갇혔다가 고려로 도망쳐 투항하는 사건도 벌어졌다. 왕건은 견훤을 받아들여 상보(尙父)라 높여 부르고, 양주(楊州, 지금의 양주)를 식읍(食邑)으로 주며 남궁(南宮)에 머무르게 했다. 이렇게 고려의 세력이 커지자 경순왕은 935년 음력 10월 나라를 보존하기 어렵다고 판단하고 신하들과 함께 고려로 투항할 것을 의논하였다. 신하들의 의견이 분분(忿憤)한 가운데 마의태자(麻衣太子)가 나서서 반대했으나 경순왕은 시랑(侍郞) 김봉휴(金封休)를 시켜 왕건(王建)에게 투항을 요청하는 편지(片紙)를 보냈다. 왕건(王建)은 시중(侍中) 왕철(王鐵)과 시랑(侍郞) 한헌옹(韓憲邕) 등을 보내 이에 응답하였다. 경순왕은 음력 11월에 문무백관(文武百官)과 함께 금성(金城)을 떠나 송악(松嶽, 지금의 개성)으로 향했다. 『삼국사기(三國史記)』에는 당시 경순왕의 행렬(行列)이 30리가 넘게 이어졌으며, 구경꾼이 몰려나와 울타리를 두른 듯했다고 기록되어 있다. 경순왕이 송악에 도착하자 왕건(王建)은 교외(郊外)로 나가 그를 맞이했으며, 도성으로 불러들여 유화궁(柳花宮)에 머무르게 했다. 그리고 신명순성왕후(神明順成王后) 유 씨(柳氏)와의 사이에서 낳은 맏딸로 낙랑공주(樂浪公主)라고도 하는 안정(安貞) 숙의공주(宿衣公主)를 시집보내 경순왕을 사위로 삼았다. 『삼국유사(三國遺事)』에는 경순왕이 자기 나라를 버리고 남의 나라에 와서 산다고 어미에게서 떨어져 사는 난조(鸞鳥)에 비유(比喩)해 공주(公主)를 신란공주(神鸞公主)라고 고쳐 불렀으며, 시호(諡號)를 효목(孝穆)이라고 했다고 기록되어 있다. 『고려사(高麗史)』에는 왕건이 경순왕에게 신란궁(神鸞宮)을 지어주었고, 공주를 신란궁 부인(神鸞宮夫人)이라고 불렀다고 기록되어 있다. 경순왕은 음력 12월에 정승공(正承公)으로 봉(封)해지고 1천 석(石)의 녹봉(祿俸)을 받았다. 경순왕이 왕건의 신하가 되면서 신라는 경주(慶州)로 개칭(改稱)되어 경순왕에게 식읍(食邑)으로 주어졌다. 『고려사(高麗史)』에는 음력 11월에 경순왕이 왕건에게 왕업(王業)의 보존이 어려우니 신하로 받아들여 달라고 청했으나 왕건이 이를 받아들이지 않았다가, 음력 12월 12일이 되어서야 신하들의 간언(諫言)을 받아들여 이를 승인(承認)했다고 기록되어 있다. 그리고 이때 경순왕을 경주(慶州)의 사심관(事審官)으로 임명해 부호장(副戶長) 이하 관직(官職)에 관한 업무를 맡게 한 것에서 고려의 사심관(事審官) 제도가 비롯되었다고 기록되어 있다.

신라 왕조 역대표

대	왕명	재임 기간	대	왕명	재임 기간
1	혁거세(赫居世)왕	BC 57~서기4)	29	태종무열왕(太宗武烈王)	서기654~661)
2	남해차차웅(南解次次雄)	서기4~24)	30	문무왕(文武王)	서기654~661)
3	유리 이사금(儒理尼師今)	서기24~57)	31	신문왕(神文王)	서기681~691)
4	탈해 이사금(脫解尼師今)	서기57~80)	32	효소왕(孝昭王)	서기692~702)
5	파사 이사금(婆娑尼師今)	서기80~112)	33	성덕왕(聖德王)	서기702~737)
6	지마 이사금(祗摩尼師今)	서기112~132)	34	효성왕(孝成王)	서기737~742)
7	일성 이사금(逸聖尼師今)	서기132~164)	35	경덕왕(景德王)	서기742~765)
8	아달라이사금(阿達羅尼師今)	서기164~184)	36	혜공왕(惠恭王)	서기765~780)

9	벌휴 이사금(伐休尼師今)	서기184~196)	37	선덕왕(善德王)	서기780~785)
10	내해 이사금(奈解尼師今)	서기196~230)	38	원성왕(元聖王)	서기785~798)
11	조분 이사금(助賁尼師今)	서기230~247)	39	소성왕(昭聖王)	서기798~800)
12	첨해 이사금(沾解尼師今)	서기247~261)	40	애장왕(哀莊王)	서기800~809)
13	미추 이사금(味鄒尼師今)	서기261~284)	41	헌덕왕(憲德王)	서기809~928)
14	유례 이사금(儒禮尼師今)	서기284~298)	42	흥덕왕(興德王)	서기928~836)
15	기림 이사금(基臨尼師今)	서기298~310)	43	희강왕(僖康王)	서기836~838)
16	흘해 이사금(訖解尼師今)	서기310~356)	44	민애왕(閔哀王)	서기838~839)
17	내물 이사금(奈勿尼師今)	서기356~402)	45	신무왕(神武王)	서기839~839)
18	분성 이사금(賁聖尼師今)	서기402~417)	46	문성왕(文聖王)	서기839~857)
19	눌저 마립간(訥祗麻立干)	서기417~458)	47	헌안왕(憲安王)	서기857~861)
20	자비 마립간(慈悲麻立干)	서기458~479)	48	경문왕(景文王)	서기861~875)
21	소지 마립간(炤智麻立干)	서기479~500)	49	헌강왕(憲康王)	서기875~886)
22	지증 마립간(智證麻立干)	서기500~514)	50	정강왕(定康王)	서기886~887
23	법흥왕(法興王)	서기514~540)	51	진성여왕(女王)	서기887~897)
24	진흥왕(眞興王)	서기540~576)	52	효공왕(孝恭王)	서기897~912)
25	진지왕(眞智王)	서기576~579)	53	신덕왕(神德王)	서기912~917)
26	진평왕(眞平王)	서기579~632)	54	경명왕(景明王)	서기917~924)
27	선덕여왕(善德女王)	서기632~647)	55	경애왕(景哀王)	서기924~927)
28	진덕여왕(眞德女王)	서기647~654)	56	경순왕(敬順王)	서기927~935)

그 뒤 경순왕은 왕건이 성무 부인(聖茂夫人) 박 씨와의 사이에서 낳은 아홉째 딸도 아내로 맞이했다. 『고려사(高麗史)』에는 937년 태조(太祖 20년) 음력 5월에는 진평왕(眞平王)이 차던 허리띠로 알려진 성제대(聖帝帶)를 왕건에게 바쳤다고 기록되어 있다. 『삼국유사(三國遺事)』에는 천사옥대(天賜玉帶)라는 명칭으로 기록된 이 허리띠는 장육금상(丈六金像), 황룡사 9층탑과 더불어 신라의 3대 보물로 꼽히던 것이었다.경순왕은 왕건의 손자인 경종

(景宗)이 즉위한 975년 경종(景宗,1년) 음력 10월에 상보(尙父)·도성령(都省令)의 직위(職位)와 추충순의숭덕수절공신(推忠順義崇德守節功臣)의 칭호를 받았으며, 이전 것과 합하여 모두 1만 호(萬戶)의 식읍(食邑)을 지급(支給)받았다. 그리고 978년 경종(景宗, 3년) 음력 4월에 죽었고, '경순(敬順)'이라는 시호(諡號)를 받았다. 오늘날 경기도(京畿道) 연천군(漣川郡) 백학면(白鶴面)에 위치한 연천(漣川) 경순왕릉(敬順王陵)은 사적(事蹟) 제244호로 지정되어 있다.

백제 왕조기(王朝記)

백제 제1대 온조왕(溫祚王)

　고구려 시조(始祖)인 동명성왕(東明聖王) 주몽(朱蒙),또는 추모(鄒牟)는 북부여에서 졸본부여(卒本扶餘)로 도망 왔을 때, 그곳의 왕은 아들이 없고 딸만 셋이 있었다. 주몽이 보통 인물이 아님을 알고 둘째 딸을 아내로 삼게 했는데, 얼마 뒤 왕이 죽고 주몽이 왕위에 올랐다. 이들 사이에는 아들이 둘이 있었는데 큰아들이 비류(沸流) 둘째 아들이 온조(溫祚)였다. 뒤에 주몽이 북부여에 있을 때 낳은 아들인 유리(瑠璃)가 찾아와 태자가 되자, 비류와 온조는 백성을 이끌고 남하했다.

　비류는 미추홀(彌趨忽, 지금의 인천)에 정착하고, 온조는 하남위례성(河南慰禮城,지금의 경기도 하남시 일대) 에 도읍을 정하고 국호를 십제(十濟)라고 했다. 비류는 미추홀(彌趨忽)의 땅이 습(濕)하고 물이 짜 정착에 실패하고 죽었는데, 그를 따르던 사람들이 온조(溫祚)의 위례성(慰禮城)에 합쳐진 후 국호를 백제로 고쳤다. 그 세가(世家)가 고구려와 마찬가지로 부여에서 나왔으므로 부여(扶餘)를 성씨(姓氏)로 삼았다.

　『삼국사기(三國史記)』등에 기록된 온조왕 재위 연간(年間)의 대부분의 일들은 백제의 발전 과정에서 점차 이루어진 일들을 소급(遡及)하여 실은 것으로, 당시 마한(馬韓) 전체를 통할(統轄)했다는 기록도 훨씬 뒤의 일로 보인다. 또 백제 연맹체(聯盟體)의 단계를 넘어서는 왕권의 확립은 온조왕(溫

祚王) 때가 아닌 고이왕(古爾王) 때로 보는 것이 일반적이다.

백제 제2대 다루왕(多婁王)

　다루왕(多婁王)은 온조왕(溫祚王)의 큰아들이며, 기루왕(己婁王)의 아버지
이다. 10년 온조왕 28년에 태자가 되고, 28년 온조왕이 죽자 왕위를 이었
다. 33년 나라 남쪽의 주(州)·군(郡)에 처음으로 벼농사를 짓게 했다. 재위
중에 말갈(靺鞨) 신라와의 싸움이 끊이지 않았다. 30년 10월 동부(東部)의
흘우(屹于)가 마수산(馬首山) 서쪽에서 싸워 이겼고, 31년 8월에는 고목성
(高木城)의 곤우(昆優)가 싸워 크게 이겨 적 200여 명을 죽였다.

　55년 8월에 말갈(靺鞨)이 북변(北邊)을 침입해오자 56년 2월 동부(東部)에
우곡성(牛谷城)을 쌓아 이에 대비하게 했다. 64년에 군사를 파견하여 신라
의 주산성(朱傘城)을 공격했으나 이기지 못하고 구양성(狗壤城)으로 옮겼다
가, 신라 기병(騎兵)의 역습으로 퇴각했다. 그 뒤 주산성(朱傘城)을 66년, 75
년 두 차례(次例)에 걸쳐 함락시켰으나, 곧 신라에게 다시 빼앗겼다.

백제 제3대 기루왕(己婁王)

　다루왕(多婁王)의 맏아들이다. 33년에 태자에 책봉되었고, 77년 다루왕
이 죽자 왕위를 계승했다. 85년 신라의 변방(邊防)을 공략했다. 105년 신라
에 사신을 파견하여 화친(和親)을 맺었다. 125년 신라가 말갈의 침입을 받
았을 때 원병(援兵)을 보냈다. 『삼국사기(三國史記)』〈기루왕조(己婁王朝)〉에
는 천문(天文), 기상이변, 지진, 가뭄 등 흉조를 뜻하는 기록이 대부분인데,

이를 바탕으로 기루왕 때에는 백제가 큰 시련기였음을 짐작할 수 있다. 재위 51년 만에 죽었으며, 아들 개루왕(蓋婁王)이 뒤를 이어 즉위하였다.

백제 제4대 개루왕(蓋婁王)

왕은 기루왕(己婁王)의 아들이다. 성품이 순하고 말과 행동에도 조심하여 잘못됨이 없었다. 132년 2월, 북한산성(北漢山城)을 쌓았다. 155년 정월(正月) 그믐날, 일식(日蝕)이 있었다. 10월에 신라의 아찬(阿湌) 길선(吉宣)이 반란을 꾀하다가 탄로나 백제로 도망해왔다. 신라 왕이 글을 보내 돌려보내기를 청했지만 보내지 않았다. 그러자 신라 왕이 노하여 군사를 거느리고 쳐 들어왔다. 모든 성(城)이 굳게 지키니, 신라 군사는 양식(糧食)이 떨어져 물러났다. 166년 왕이 세상을 떠났다. 백제의 개루왕(蓋婁王) 때, 도미(都彌)라는 사람의 아내가 아름답고 품행이 얌전하여 사람들이 칭송(稱頌)을 받았다. 하루는 개루왕이 도미를 불러 말하기를 "비록 부인(夫人)의 덕(德)은 정결(貞潔)이 첫째라지만 만일 남이 모르는 곳에서 좋은 말로 꾀인다면 마음이 움직이지 않는 자는 적을 것이다" 하였다. 도미는 "사람의 마음은 측량(測量)하기 어려우나 저의 아내와 같은 사람은 비록 죽는다고 해도 딴 마음은 먹지 않을 것입니다." 하고 대답하였다. 그 말을 듣고 왕은 시험해보고자 도미를 궁(宮)에 머무르게 하고, 하인(下人)을 거느리고 밤중에 도미의 집으로 가서 하인으로 하여금 왕이 왔다는 것을 알리게 했다. 그리곤 들어가 그녀에게 말하기를 "그대가 아름답다는 말을 듣고 도미와 내기를 하여 내가 그대를 얻게 되었으니, 내일(來日)부터는 궁궐에 들어와 궁인(宮人)이 되라. 이제부터는 그대는 나의 아내가 되는 것이다" 하였다.

개루왕이 도미의 처(妻)를 탐내어 난행(難行)하려고 하자, 도미의 처(妻)

대딘 계집종을 잘 꾸며 들여보냈다. 이에 속은 줄 안 개루왕은 도미에게 일부러 죄를 내려 그의 눈을 빼어버리고 작은 배에 태워 강 위에 띄웠다. 그리고 다시 그녀를 탐하려 하자 도미의 처는 왕을 속이고 궁궐을 빠져나와 남편(을 찾아가 함께 고구려 산산(蒜山) 아래에 당도(當到)하여 구차한 생활을 하며 나그네로 생을 마쳤다.

백제 제5대 초고왕(肖古王)

일명 소고왕(素古王) 혹은 속고왕(速古王)이라고도 한다. 개루왕의 맏아들이다. 개루왕(蓋婁王) 말년에 신라에서 모반(謀叛)을 꾀하다가 발각되어 백제로 도망해온 아찬(阿飡) 길선(吉宣)의 송환 문제로 신라와 불화가 생겼다. 이로 말미암아 초고왕(肖古王)의 즉위 후 신라와의 공방전(攻防戰)이 되풀이되었다.

188년 초고왕(肖古王, 23년) 신라의 모산성(母山城)을 공격하였고, 189년 7월 신라군(新羅軍)과 구양(狗壤, 지금의 옥천)에서 싸우다가 패배하였다. 190년 신라의 서쪽 국경 지대(地帶)의 원산향(圓山鄕, 지금의 예천군 일원)을 공격한 뒤, 추격해 오는 신라군(新羅軍)을 와산(蛙山, 지금의 보은)에서 크게 격파하였고, 204년에는 신라의 요거성(腰車城, 지금의 상주)을 함락시키고 성주(星州) 설부(薛夫)를 전사시키는 전과(戰果)를 올렸다.

이와 같이 이 시기에 양국 사이의 주(主)된 전장(戰場)은 예천(醴川)·옥천(玉川)·보은(寶銀)을 잇는 소백산맥(小白山脈) 일대였다. 한편, 왕은 북한강 상류를 타고 내려오는 말갈의 침입에 대비하여 210년 적현(赤峴)·사도(沙道) 두 성(城)을 쌓아 동부(東部)의 민호(民戶)를 옮겨 충실하게 하였다. 214년 북부 출신 진과(眞果)로 하여금 말갈의 석문성(石門城, 지금의 서흥)을 공격하여 탈취(奪取)하도록 하였다. 그러나 말갈은 날랜 기병(騎兵)으로 술천(述川, 지금의 여주) 지역까지 내침(來侵)하기도 하였다.

백제 제6대 구수왕(仇首王)

초고왕(肖古王)의 맏아들이며, 제7대 사반왕(沙伴王)이 그의 맏아들이다. 키가 7척에 풍채(風采)가 빼어나 비범했다는 구수왕(仇首王)은 온조계(溫祚系) 왕족 출신으로, 구수왕 대(仇首王代)를 경과하는 동안 온조계 왕족에 큰 변동이 있었던 것으로 추정된다.『삼국사기(三國史記)』에는 구수왕이 죽은 뒤 아들 사반왕(沙伴王)이 왕위를 계승했으나 어려서 정치를 할 수 없어 초고왕의 아우인 고이왕(古爾王)이 즉위했다고 전한다.

『삼국사기(三國史記)』에서 구수왕 치세(治世)는 말갈·신라 등과의 전투로 점철되어 있다. 그러한 전투들은 대부분 백제(白帝)의 참패(慘敗)로 끝나고, 구수왕대(仇首王代) 말(末)에는 혹심한 가뭄이나 기근 등의 재난(災難)까지 겹친 것으로 나온다. 연맹(聯盟) 체제 아래서 이러한 사실들은 구수왕이 속한 초고왕(肖古王)계 세력의 몰락에 결정적인 영향을 줄 수 있는 것들이다.

한편 고이왕(古爾王)의 즉위는 백제 국가체제 형성 과정에서 하나의 전환점을 이루었다. 이는 구수왕대(仇首王代) 말(末)의 왕실교체(王室交替)가 당시 광범위한 정치·사회적 변동과도 관련되었음을 뜻한다. 초고왕계(肖古王係)의 재등장은 그 뒤 비류왕(比流王)의 즉위로 이루어지는데, 그의 후손으로는 근구수왕(近仇首王)이 있다.

백제 제7대 사반왕(沙伴王)

『삼국사기(三國史記)』에 의하면 234년 구수왕(仇首王)이 죽자 사반(沙伴)이 맏아들로서 왕위에 올랐으나 나이가 어려 정사(政事)를 잘 처리하지 못하므로 제5대 초고왕(肖古王)의 동생 고이왕(古爾王)이 즉위했다고 한다. 사반왕(沙伴王)이 폐위(廢位)되고 고이왕(古爾王)이 즉위한 것을 왕실방계(王室傍系)의 성장에 의한 왕위 교체로 파악하고, 고이왕을 지지한 해 씨(該氏) 세력을 압도한 결과로 보는 견해도 있다

백제 제8대 고이왕(古爾王)

제6대 구수왕(仇首王)이 죽은 뒤 큰아들 사반왕(沙伴王)이 왕위를 계승했으나 어려서 정치를 할 수 없자, 사반왕을 폐위(廢位)시키고 제8대 왕위에 올랐다. 국가체제의 정비와 집권력(執權力)의 강화에 주력(主力)하여 고대국가(古代國家)로서 백제의 기반을 다져놓았다. 즉위 후 집권력(執權力) 강화를 위해 좌장(座長)을 설치하여 내외 병마권(内外兵馬權)을 관장(管掌)케 함으로써 족장(族長)들의 독자적인 군사력(軍事力)을 약화시켰고, 지배체제의 정비를 위해 중앙 관등제(中央官等制)인 6좌평(佐平)·16관등제를 마련했다.

또한 관리들의 규율(規律)을 강화하기 위하여 뇌물수수(賂物授受)를 금지하는 범장(犯贓) 지법(地法)을 제정했으며, 남쪽 평야지대(平野地帶)에 논을 개간(開墾)하도록 하여 농업 생산력의 증대(增大)를 장려했다. 대외관계에서는 직산(稷山)에 자리 잡은 목지국(目支國)의 세력을 압도하여 이전의 부용(附庸) 관계를 청산하고 한강 유역의 실질적인 영도(領導) 세력의 위치를 확립했으며, 낙랑군·대방군을 공격했다. 이와 같이 고이왕 때는 안으로는 지

배체제를 정비함으로써 집권력의 강화를 보게 되었고, 밖으로는 영역을 확대하여 중국 군현(郡縣)과 대등한 위치에 올라서게 되었다.

백제 제9대 책계왕(責稽王)

왕을. 청계왕(青稽王)이라고도 한다. 아버지는 고이왕(古爾王)이며, 비(妃)는 대방왕(帶方王)의 딸 보과(寶菓)이다. 체구가 장대하고 의지가 굳세었다고 한다. 286년 즉위 직후 장정(莊丁)들을 징발(徵發)하여 위례성(慰禮城)을 수리(修理)했다. 같은 해 고구려가 대방(大防)을 공격하자 군사를 보내어 구원했다. 고구려가 이를 원망하자 그 침략에 대비해 아차성(阿且城)과 사성(莎城)을 수리했다. 298년 한(漢)의 군현(郡縣) 세력이 맥인(貊人)과 함께 쳐들어오자 이를 막다가 전사했다.

백제 제10대 분서왕(汾西王)

왕은 책계왕(責稽王)과 대방왕녀(帶方王女) 보과(寶菓) 사이에서 태어난 아들로, 책계왕(責稽王) 사후(死後) 뒤를 이어 왕위에 올랐다. 즉위 후 한(漢)나라 세력에 공격을 단행하였으나, 낙랑태수(樂浪太守)가 보낸 자객에게 피살당하고 말았다. 재위 6년 만의 죽음이었다. 이후 고이왕계(古爾王係)에서 초고왕계(肖古王係)의 비류(比流)가 왕위에 오르게 되었다.

백제 제11대 비류왕(比流王)

왕은 제6대 구수왕(仇須王)의 둘째 아들이며, 제7대 사반왕(沙伴王)의 동생이다. 그러나 구수왕(仇首王)이 234년까지 재위했고, 그로부터 70년 뒤에 비류(比流)가 즉위하여 41년간 재위한 것으로 되어 있어 연대상(年代上) 무리가 따른다.

한(漢)나라 군현(郡縣) 세력에 의해 피살된 고이왕계(古爾王係)의 책계왕(責稽王)·분서왕(汾西王)의 뒤를 이어 초고왕계(肖古王係)로서 다시 왕위에 올랐기 때문에 이와 같은 계보 상의 착오가 생긴 것으로 보인다. 그는 구수왕(仇首王)의 아들이었다기보다는 손자 또는 그보다 먼 후손으로 보는 것이 정확할 것 같다. 낙랑태수(樂浪太守)가 보낸 자객(刺客)에게 분서왕(汾西王)이 암살당한 후, 그 뒤를 이을 자식이 있었지만 모두 어려서 즉위할 수 없자 신민(臣民)들이 비류(比流)를 왕으로 추대했다.

312년 해구(解丘)를 병관좌평(兵官佐平)으로 삼아 군사관계의 일을 전담(專擔)하게 했으며, 321년 이복동생 우복(優福)을 내신좌평(內臣佐平)으로 임명했다. 그러나 327년에 우복(憂服)이 북한성(北漢城)을 근거지로 반역을 꾀하자, 군대를 보내 평정하였다. 재위 41년 만에 죽자 분서왕(汾西王)의 아들인 계왕이 왕위를 계승했으나 곧 사망하고, 비류왕의 둘째 아들인 근초고왕(近肖古王)이 계왕에 이어 즉위했다. 근초고왕은 초고왕(肖古王)과의 계승관계를 분명히 하기 위해 초고왕(肖古王)에 근(近)자를 관칭(款稱)했다. 이로써 초고왕계(肖古王係)는 왕위 계승에서 고이왕계(古爾王係)를 완전히 배제할 수 있었으며, 이를 기반으로 왕권을 강화할 수 있었다.

백제 제12대 계왕(契王)

　왕은 10대 분서왕(汾西王)의 맏아들로, 11대 비류왕(比流王)의 뒤를 이어 왕위에 올랐다. 성품이 강직(强直)하고 용감하며 활쏘기와 말 타기를 잘했다고 전한다. 『삼국사기(三國史記)』에 따르면 분서왕(汾西王)의 맏아들이었던 그가 분서왕이 죽은 후 곧바로 왕위에 오르지 못하고 비류왕(比流王)이 왕위에 오르게 된 이유는, 그의 나이가 어렸기 때문이라 한다. 사료(史料)에는 계왕(契王)에 대한 기록이 즉위 때와 3년 후 사망 기록밖에 없는 것을 보아, 계왕(契王)은 명목상(名目上) 왕위를 계승하였다고 보는 견해도 있다. 계왕(契王) 이후 근초고왕이 왕위에 오르면서 실질적으로 백제의 왕실 지파(支派)의 세력이 고이왕계(古爾王係)에서 초고왕계(肖古王係)로 교체(交替)되는 과정으로 해석(解析)되고 있다.

백제 제13대 근초고왕(近肖古王)

　제11대 비류왕(比流王)의 둘째 아들로 계왕(契王)이 죽자 뒤를 이어 즉위했다. 즉위한 뒤 초고왕계(肖古王係)의 왕위 계승권을 확고히 해 부자 상속을 확립하고, 진 씨 가문(眞氏家門)에서 왕비를 맞아들여 왕실지지 기반(支持基盤)으로 삼았다. 그리고 지방에 대한 통제를 더욱 효율적으로 하기 위해 영역을 나누어 지방통치조직(地方統治組織)을 만들고 지방관(地方官)을 파견했다. 백제 최전성기(最全盛期)의 왕으로 왕권강화(王權强化)와 정복사업(征服事業)을 통해 강력한 고대국가의 기반을 확립했다.

　이러한 왕권 확립을 바탕으로 활발한 정복사업을 벌여나갔다 마한(馬韓)과 대방(大邦)을 복속시켜 이전까지 백제의 지배권 밖에 있던 전라도 지역을 복속시켰다. 남방 지역의 정복이 일단락된 후 북방(北方)으로 진출을 도모하자, 남하정책(南下政策)을 추진하던 고구려와 충돌하게 되었다.

두 나라의 싸움은 369년 치양성(雉壤城, 지금의 배천)에서 시작되었다. 이어 371년 9월에 고구려 고국원왕(故國原王)이 침입하자 패하(浿河, 예성강)에서 크게 무찌르고, 겨울에 태자와 더불어 정예(精銳) 병사 3만 명을 이끌고 고구려를 침입하여 평양성(平壤城)에서 고국원왕(故國原王)을 전사시켰다.

이로써 백제는 지금의 경기(京畿)·충청(忠淸)·전라도(全羅道)의 전부와 강원도(江原道)·황해도(黃海道)의 일부를 차지하는 강력한 고대국가의 기반을 마련했다. 366년 고구려에 대항하기 위해 동맹(同盟) 관계를 맺는 한편, 372년에는 중국의 동진(東震)과 외교 관계를 맺었다. 그리하여 동진으로부터 영동장군영낙랑태수(嶺東將軍領樂浪太守)에 책봉되기도 했다.

한편 중국이 북방민족(北方民族)의 침입으로 분열된 틈을 타서 요서(遼西) 지역으로 진출하여 백제군(百濟郡)을 설치했다 백제의 요서 지역 진출은 요동 지역으로 진출해 오는 고구려 세력을 견제함과 동시에 상업적인 측면에서 무역기지(貿易基地)의 확보라는 의미를 가지고 있었다. 또한 요서(遼西)와 한반도, 일본 지역에 자리 잡은 백제계(百濟係) 세력들을 연결하여 고대 상업망(商業網)을 형성함으로써 무역의 중심 구실을 하였다.

이러한 국제적 조건들을 이용하여 중국의 남조(南朝) 문화를 들여와 문화의 질을 높이는 한편 일본에 문화를 전수(傳授)해주기도 했다. 지배 영역이 확대되고 통치가 안정되자, 왕실의 위엄을 돋보이게 하기 위해 박사 고흥(高興)에게 국사(國史)를 편찬 하게 했다

백제 제14대 근구수왕(近仇首王)

왕은 근초고왕(近肖古王)의 맏아들이다. 비(妃)는 아이부인(阿尒夫人)으로 침류왕(枕流王)을 낳았다. 『삼국사기(三國史記)』에는 귀수(貴須, 貴首)로, 신찬 (新撰) 『성씨록(姓氏錄)』에는 근귀수(近貴首)로 표기(表記)되어 있다. 태자 때부터 부왕(父王)의 정복사업을 도왔다. 369년 고구려 고국원왕(故國原王)의 침입을 근초고왕 함께 치양성(稚陽城) 전투에서 격퇴하고 5,000명을 포로로 잡았다. 371년 평양성(平壤城) 전투에서는 귀순(歸順)해온 자로부터 군사기밀을 제보받아 고구려군을 대파(大破)한 뒤, 고국원왕을 전사시키고 여세 (餘勢)를 몰아 수곡성(水谷城)까지 영토를 넓혔다.

즉위한 뒤인 377년 10월에도 군사 3만 명으로 다시 고구려의 평양성을 침공하는 등 국력을 신장(伸張)했다. 근초고왕 대(代)에 확립된 초고왕계(肖古王係)의 왕위 계승권을 확고히 했으며, 장인(丈人)인 진고도(眞高道)를 내신 좌평(內臣佐平)으로 임명하여 정사(政事)를 위임했다. 중국·일본과 국교(國交)를 맺었다. 특히 일본에 손자 진손왕(眞孫王)과 왕인(王仁)을 파견하여 일본의 문화 발전에 많은 도움을 주었다.

백제 제15대 침류왕(枕流王)

왕은 근구수왕(近仇首王)의 맏아들로, 어머니는 아이 부인(阿爾夫人)이다. 『삼국사기(三國史記)』에 따르면 즉위한 해에 동진(東震)에서 호승(胡僧) 마라난타(摩羅難陀)가 오자, 침류왕(枕流王)이 그를 궁궐에 거처하게 하고 예우했다고 한다. 이로써 백제에 공식적(公式的)으로 불교가 수용(受容)되었다. 이듬해 385년에는 한산주(漢山州)에 절을 짓고 10명의 승려를 두었다. 재위한 지 2년 만에 단명(短命)하였으며, 원인은 밝혀지지 않고 있다. 불교의 공인(公認) 과정에서 찬반 세력의 갈등으로 인한 결과로 보는 견해도 있다. 침류왕 사후 아들은 너무 어려 왕위를 잇지 못하고, 동생 진사왕(辰斯王)이 왕위를 계승하였다.

백제 제16대 진사왕(辰斯王)

왕은 제14대 근구수왕의 둘째 아들이며, 제15대 침류왕의 동생이다. 『삼국사기(三國史記)』에 따르면 침류왕이 죽었을 때 태자의 나이가 어렸기 때문에 숙부(叔父)인 진사(辰斯)가 즉위했다고 하며, 니혼쇼키(ニホンショキ)는 진사가 왕위를 찬탈한 것으로 되어 있다.

당시 백제는 근초고왕(近肖古王) 말년부터 시작된 고구려의 공격으로 긴장된 상태에 있었으므로 즉위 직후인 386년에 15세 이상의 주민을 동원하여 관방(官方)을 쌓았다. 389년 고구려의 남쪽 변경(邊境)을 공격하기도 했고, 390년에는 달솔(達率) 진가모(眞嘉謨)를 시켜 고구려의 도곤성(都崑城)을 함락하게 해 200명을 포로로 잡았다. 그러나 고구려의 광개토왕(廣開土王)이 즉위하면서부터 백제는 수세에 몰렸다.

391년 7월 광개토왕(廣開土王)이 군사 4만 명을 거느리고 북쪽 변경(邊境)의 석현성(石峴城) 등 10여 성(城)을 함락시켰으나, 진사왕(辰斯王)은 광개토왕이 군사작전에 뛰어나다는 말을 듣고 맞서 싸우지 못했다. 10월에는 험준한 요새지(要塞地)인 관미성(關彌城)마저도 함락당했다. 진사왕(辰斯王)은 그해 구원(丘園)에 사냥을 나갔다가 행궁(行宮)에서 죽었다. 그러나 니혼쇼키(ニホンショキ)에는 진사왕이 피살된 것으로 되어 있어 정치세력 간(政治勢力間)의 갈등으로 죽음을 당한 것으로 보인다.

백제 제17대 아신왕(阿莘王)

왕은 아방왕(阿芳王) 또는 아화왕(阿花王)이라고도 한다. 제15대 침류왕의 맏아들이다. 진사왕(辰斯王)에 이어 왕위에 올라 394년에 장자(長子)인 전지(腆支)를 태자로 봉하고, 이복동생인 홍(洪)을 내신좌평(內臣佐平)으로 삼아 왕실의 세력기반을 다졌다. 당시 백제는 대외적으로 고구려 광개토왕의 남침(南侵) 압력에 시달리고 있었다.

395년 좌장(左將) 진무(眞武) 등에게 고구려를 공격하게 하자, 광개토왕이 군사를 이끌고 한강 이북의 58성(城)과 700촌(村)을 쳐서 차지했다. 이때 아신왕(阿莘王)은 왜군(倭軍)을 동원하기 위해 태자전지(腆支)를 왜(倭)에 인질로 파견했으며, 여러 차례에 걸쳐 실지(失地) 회복을 위해 고구려를 공격했으나 큰 성과를 거두지 못했다. 더욱이 399년 고구려를 치기 위해 백성들을 병사로 징발(徵發)하자 상당수의 백성들이 이를 피해 신라로 도망가기도 했다.

태자가 왜국(倭國)에 인질로 간 지 8년 만인 404년에 왕이 죽자, 왕의 둘째 동생인 훈해(訓解)가 태자의 환국(還國)을 기다리며 섭정했으나, 왕의 셋째 동생 설례가 훈해를 죽이고 스스로 왕위에 오르는 사태가 벌어졌다. 이로 말미암아 당시 백제의 지배 세력은 설례를 지지)하는 파와 태자 전지(腆支)의 영립(迎立)을 도모하는 파로 나뉘어 대립하게 되었다. 이 대립에서 태자 전지 파(腆支派)가 승리함으로써 그가 왕위에 올랐다

백제 제18대 전지왕(腆支王)

왕의 이름은 전지(腆支) 또는 직지(直支)라고도 하며 양서(梁書)에는 영(映)

이라고 전한다. 아신왕(阿莘王)의 맏아들이며, 왕비는 팔수부인(八須夫人)이다. 394년 아신왕(阿莘王, 3년)에 태자가 되었고, 397년부터 왜국(倭國)에 볼모로 가 있었다. 405년에 아신왕이 죽자 동생 훈해(訓解)가 정사(政事)를 대신하며 그의 귀국을 기다렸으나 막내 동생 설례가 훈해(訓解)를 죽이고 스스로 왕위에 올랐다. 이때 전지(腆支)는 아버지의 부음을 듣고 돌아가기를 청하자 왜국(倭國) 왕이 군사 100명으로 호송(護送)하게 했다. 전지가 국경에 들어서자 한성(漢城)인 해충(害蟲)이 정세가 불안하니 경솔(輕率)히 들어오지 말라고 했다. 이에 전지가 왜인을 시켜 자신을 호위하게 하면서 섬에서 기다렸더니 귀족들이 설례를 죽이고 그를 맞이해 왕으로 추대했다.

즉위한 뒤 406년에는 동명왕(東明王)의 사당(祠堂)에 제사 지내고 죄수를 크게 사면(赦免)했으며, 해충을 달솔(達率)로 삼고 한성(漢城)의 조(租) 1,000석을 주었다. 407년에는 서제(庶弟)인 여신(餘燼)을 내신좌평(內臣佐平)으로, 해수(解鬚)를 내법좌평(內法佐平)으로, 해구(海丘)를 병관좌평(兵官佐平)으로 임명했다. 408년에는 여신(餘燼)을 다시 상좌평(上佐平)으로 임명해 군국(軍國) 정사(正使)를 맡겼다. 416년에 동진(東震)의 안제(安帝)가 사신을 보내어 왕을 사지절도독백제제군사진동장군백제왕(使持節都督百濟諸軍事鎭東將軍百濟王)으로 책봉하였다.

한편 대외관계에서 전지왕(腆支王)은 동진과 긴밀한 외교 관계를 유지해, 416년에 '진동장군 백제왕(鎭東將軍百濟王)'이라는 작호(爵號)를 받았다. 또 왜와의 우호관계도 계속 유지했는데, 야명주(夜明珠)를 보내온 왜의 사자를 우대하고 왜(倭)에 비단 10필을 보내기도 하였다.

백제 제19대 구이신왕(久爾辛王)

왕은 제18대 전지왕(腆支王)의 맏아들이며, 어머니는 팔수부인(八須夫人)이다. 구이신왕(久爾辛王)은 백제의 해상 무역권을 유지하고, 고구려에 대항하기 위하여 남조(南朝)의 송(宋)나라와 외교 관계를 강화했다. 이때 고구려는 중국의 북조(北朝)와 동맹(同盟)을 맺어 적극적인 팽창 정책을 전개하고 있었다. 423년과 425년에는 송나라에 사신을 파견했고, 송으로부터 진동대장군(鎭東將軍)의 칭호를 받았다. 425년 이후에는 매년 사신을 파견하여 송나라와의 관계를 더욱 긴밀히 했다.

백제 제20대 비유왕(毗有王)

왕은 구이신왕(久爾辛王)의 큰아들 또는 18대 전지왕(腆支王)의 서자(庶子)라고 하며, 21대 개로왕(蓋鹵王)의 아버지이다. 구이신왕(久爾辛王)이 죽은 뒤 즉위했다. 428년 4부(部)를 순무(巡撫)하고 가난한 자에게 곡식을 나누어주었다. 일찍이 전지왕대(腆支王代)에 왕권 강화를 위해 상좌평직(上佐平職)을 신설(新說)하여 전지왕(腆支王)의 동생인 여신(餘燼)을 임명하는 등 귀족 세력에 대한 통제를 강화했으나, 429년 비유왕(毗有王, 3년) 여신(餘燼)이 죽자 해수(解須)가 상좌평(上佐平)이 되는 등 외척(外戚) 세력이 권력의 핵심부를 장악했다.

같은 해 가을 송나라에 사신을 보냈으며, 430년 송나라로부터 사지절도독백제제군사진동장군백제왕(使節都督百濟諸軍事鎭東將軍百濟王)이라 책봉하고 작호(爵號)를 받았다. 433년 신라에 사신을 보내 화의(和義)를 맺음으로써 고구려에 대항하는 나제동맹(羅濟同盟)을 형성했으며, 왜와의 동맹 관계도 유지했다.

백제 제21대 개로왕(蓋鹵王)

　왕의 이름은 경사(慶司), 일명 근개루왕(近蓋婁王)이라고도 한다. 20대 비유왕(毗有王)의 맏아들이며, 22대 문주왕(文周王)의 아버지이다. 즉위 뒤 고구려의 남침(南侵)에 대비하는 조치를 취하여, 469년 고구려의 남부 지역을 선제공격하는 한편 요충지(要衝地)인 청목령(青木嶺, 개성 부근)에 대책(對策)을 설치해 방어 태세를 보강했다. 472년에는 북위(北魏)의 세력을 이용하여 고구려의 남침(南侵) 세력을 분산(分散)·약화시키려는 외교적인 시도를 했으나 실패로 끝났다. 또한 나제동맹(羅濟同盟)의 유지·강화에도 힘썼다. 475년 고구려가 쳐들어오자 왕자(王子, 뒤의 문주왕)를 보내 구원을 요청, 신라군(新羅軍) 1만 명과 함께 고구려 3만(萬)의 병력에 대항하여 싸웠으나 불과 7일 만에 방어 전선(戰線)이 무너졌다. 이때 탈출하다가 잡혀 참수(斬首)되었다

　백제가 쉽게 무너진 것은 내정 문제 때문이었다. 개로왕(蓋鹵王)은 구래(舊來)의 대귀족(大貴族) 세력들이 그대로 존속(尊屬)하는 가운데 그들을 배제시킨 왕족(王族) 중심의 집권체제를 추구함으로써, 백제 내부의 정치적 결속력을 와해시키고 백제 왕실의 영도력(領導力) 자체도 약화시켰다.

　『삼국사기(三國史記)』 개로왕(蓋鹵王, 21년조)에는 고구려 장수왕(長壽王)의 간첩(間諜)으로 파견된 승려 도림(道琳)의 계략으로 백제의 패배를 설명하고 있다. 개로왕(蓋鹵王)은 도림(道琳)을 신임(信任)하여 고구려 침공에 대비할 생각을 하지 않은 채 화려(華麗)한 궁궐을 축조(築造)하는 등 대대적(大大的)인 토목공사(土木工事)를 벌여 국력을 피폐시켰다고 한다.

백제 제22대 문주왕(文周王)

왕을 문명이라고도 한다. 제21대 개로왕(蓋鹵王)의 아들이고, 제23대 삼근왕(三斤王)의 아버지이다. 왕자(王子)로 있을 때 상좌평(上佐平)을 지내면서 부왕(父王)을 보좌했다. 475년 개로왕(蓋鹵王,21년) 고구려의 침입을 받아 수도 한성이 포위되자, 동맹국인 신라에 가서 1만여 명의 구원병(救援兵)과 함께 돌아왔으나 이미 도성은 함락되고 개로왕(蓋鹵王)은 살해된 뒤였다.

그는 곧 즉위하여 지금의 공주지방(公州地方)인 웅진(熊津)을 새 도성으로 정하고, 대두산성(大豆山城)을 수리)하는 등 국방에 힘을 쏟았다. 그러나 한강 유역을 잃은 백제는 문주왕(文周王)의 노력에도 불구하고 큰 혼란에 휩싸였다. 부여 씨(扶餘氏)·해 씨(解氏)·진 씨(眞氏) 등 부여족 계통의 지배세력은 남부(南部)에 토착(土着)하고 있던 사 씨(沙氏)·연 씨(燕氏) 등 마한계 세력의 도전을 받았다. 또한 부여족 계통의 구 귀족들 내부의 갈등이 이러한 상황을 더욱 어렵게 만들었다. 귀족들의 통제에 실패한 문주왕(文周王)은 477년 당시 정권을 장악한 병관좌평(兵官佐平) 해구(解丘)의 자객(刺客)에게 살해되었다

백제 제23대 삼근왕(三斤王)

왕은 삼걸왕(三乞王), 임걸왕(壬乞王)이라고도 한다. 문주왕(文周王)의 맏아들로서 문주왕이 병관좌평(兵官佐平) 해구에게 피살되자, 13세의 어린 나이로 왕위에 올랐다. 즉위하자마자 해구에게 모든 정사(政事)를 맡겼다. 해구는 웅진(熊津) 천도(遷都) 이후에 정치가 불안정한 상황인 476년 문주왕(文周王, 2년) 병관좌평이 되어 군사권을 장악했다가 다음해 삼근왕(三斤王)의

동생인 내신좌평(內臣佐平) 곤지(昆支)가 사망하자, 나라의 모든 실권(實權)을 완전히 독차지했다. 그는 그 해에 문주왕(文周王)을 살해한 다음, 왕의 어린 아들을 왕위에 앉히고 자신의 권력을 보다 강화했던 것이다.

478년 해구(解丘)가 왕위마저 찬탈하려고 은솔(恩率) 연신(燕臣)과 함께 대두성(大頭城)을 근거지로 반역을 꾀했으나 덕솔(德率) 진로(振鷺)에 의해 평정되었다. 이후 진 씨(眞氏) 세력이 백제의 유력한 귀족으로 부상했다. 해구의 반란이 평정된 이듬해 삼근왕(三斤王)이 죽고 곤지(昆支)의 아들 동성왕(東城王)이 즉위했다.

백제 제24대 동성왕(東城王)

왕의 이름은 『삼국유사(三國遺事)』에는 마제(麻帝)로, 『삼국사기(三國史記)』에는 마모(摩牟) 등으로 기록되어 있다. 21대 문주왕(文周王)의 아우인 좌평(佐平) 곤지(昆支)의 아들로서 담력(膽力)이 있고 활을 쏘는 솜씨가 뛰어났다. 삼근왕(三斤王) 때 일어난 해구(解丘)의 반란을 평정한 뒤 정권(政權)을 잡은 진 씨(眞氏) 세력에 의해 옹립(擁立)되어 삼근왕(三斤王)의 뒤를 이었다.

동성왕(東城王)은 웅진(熊津) 천도 초기의 정치적 불안을 종식시키고 실추된 왕권을 강화하기 위한 노력을 줄기차게 시도했다. 먼저 금강(錦江) 유역권을 지배 기반으로 한 백씨(苩氏)·사 씨(沙氏)·연 씨(燕氏) 등의 신진세력을 중앙귀족(中央貴族)으로 등용해, 한성(漢城)에서 이동해온 남래귀족(南來貴族)과의 세력균형을 꾀해 정치적 안정을 도모했다. 이들 신진세력은 점차 세력 기반을 확대해 후에 정치적 실권을 장악하게 되었다. 또한 고구려의 군사적 압력에 대처하기 위하여 493년 동성왕(東城王) 15년에는 신라와 혼인동맹(婚姻同盟)을 맺어 고구려에 대항했다.

한편, 고구려에 의해 서해(西海)의 해상 교통로가 차단당하자 남제(南齊)에 사신을 파견하여 중국과의 외교 관계를 재개했다. 나성(羅城)을 축조(築造)하고 우두성(牛頭城)·이산성(耳山城) 등을 축조하여 수도의 방어망(防禦網)을 정비했으며, 가림성(加林城)등을 축조하고 중앙에서 관리를 파견하여 중앙 통제를 강화했다. 이때 신진세력이 커져 이를 견제하자 그들의 불만을 샀으며, 결국 그 중 1명인 가림성주(加林城主) 좌평(佐平) 백가(苩加)에게 살해되었다.

동성왕대(東城王代)에 추구된 일련의 정책은 백제왕실(百濟王室)의 기반 확대 및 후의 무령왕(武寧王)·성왕대(聖王代)의 정치적 안정과 백제 중흥의 토대가 되었다.

백제 제25대 무령왕(武寧王)

왕의 이름은 사마(斯摩, 斯麻), 융(隆) 또는 여륭(餘隆)이다. 동성왕(東城王)의 둘째 아들 혹은 동성왕(東城王)의 이모형(異母兄)이라고도 한다. 501년 12월 위사좌평(衛士佐平) 백가(苩加)가 보낸 자객에게 동성왕이 살해되자, 그 뒤를 이어 즉위했다.

502년 정월 가림성(加林城)에 근거를 두고 저항하던 백가(苩加)를 토벌했고, 같은 해에 고구려 수곡성(水谷城)을 공격했다. 507년 말갈의 침입에 대비해 고목성(高木城) 남쪽에 2개의 책(柵)을 세우고 장령성(長嶺城)을 쌓았다. 512년 고구려가 가불성(加弗城)과 원산성(圓山城)을 함락시키자, 군사 3,000명을 이끌고 위천(葦川)의 북쪽으로 진출해 크게 무찔렀다. 523년 좌평(左平) 인우(因友)와 달솔(達率) 사오(沙烏)로 하여금 쌍현성(雙峴城)을 쌓게 했다. 이와 같이 고구려와 말갈의 침입에 대비하는 한편, 512,~521년에 중국 남조(南朝)의 양(梁)나라에 사신을 보내 외교 관계를 강화했다.

521년 양(梁)무제(武帝)로부터 사지절도독백제제군사영동대장군(使持節都督百濟諸軍事寧東大將軍)의 작호(爵號)를 받았다. 513, 516년에 오경박사(五京博士) 단양이(段楊爾)와 고안무(高安茂)를 각기(各其) 일본에 보냈으며, 민생(民生)의 안정에도 힘써 제방(堤坊)을 수축하고 유식자(遊食者)들을 구제해 농사를 짓게 했다. 1971년 무령왕(武寧王)과 왕비가 합장된 능(陵)이 충청남도 공주(公州)에서 발굴되었다. 시호(諡號)는 무령(武寧)이다.

백제 제26대 성왕(聖王)

왕의 이름은 명농(明濃)이고, 무녕왕(武寧王)의 아들이다. 양서(梁書)에 의하면 『백제전(百濟典)』에는 이름을 명(明)이라 했고, 『일본서기(日本書紀)』에는 명왕(明王) 또는 성명왕(聖明王)으로 표기(表記)되어 있으며 『삼국사기(三國史記)』에는 "영민(英敏)하고 비범하며 결단력이 있어 나라 사람이 성왕(聖王)으로 칭하였다"라 했고, 『일본서기(日本書紀)』에는 "천도(天道)·지리(地理)에 통달(通達)해 그 이름이 사방에 퍼졌다"라고 찬양해 그의 인물 됨됨이가 비범했음을 알 수 있다. 동성왕(東城王)·무령왕(武寧王)이 웅진(熊津) 초기의 정치적 불안정을 수습하면서 추진해온 왕권 강화 정책을 계승해 538년 성왕(聖王, 16년)에 사비(泗沘) 천도(遷都)를 단행하였다. 성왕의 사비 천도는 고구려의 남침(南侵)이라는 외부 세력의 강요에 의해 행해졌던 웅진(熊津) 천도(遷都)와는 달리 성왕의 의도적인 계획하에 단행된 것이다.

따라서 이 사비 천도는 왕권과 국력 강화 정책의 마지막 마무리 작업이었다고 할 수 있다. 그리고 이 사비 천도에는 사비 지역의 토착 신진세력이었던 사 씨(沙氏), 사택 씨(沙宅氏)의 정치적 지지가 강하게 작용하였다.

사비(泗沘) 천도(遷都) 후 국호를 일시 '남부여(南扶餘)'라 개칭(改稱)해 부여족(扶餘族)으로서의 전통을 강조하였다. 그리고 중국의 양조(梁朝)와 빈번하게 교류하면서 모시박사(毛詩博士)·공장(工匠)·화공(火工)등을 초빙(招聘)하고 열반등경의(涅槃等經義)를 수입(收入)해 백제 문화의 질적 수준을 향상시키는 데 크게 힘썼다.

또한 성왕(聖王)은 인도(印度)에서 산스크리트(In Sanskrit=범어(梵語) 문자로된 5부율(五部律)을 가지고 온 겸익(謙益)을 우대해 고승(高僧)들을 모아 5부률을 번역시키고, 아울러 담욱(曇旭)·혜인(惠仁) 등이 지은 『율소(律疏)』 30권에 친히 비담신율서(毗曇新律序)를 써서 백제 신율(新律)을 성립시켰다. 성왕(聖王)의 이러한 계율(戒律)의 장려는 불교 교단의 정비를 의미하는 것이었다.

그리고 달솔(達率) 노리사치계(怒唎思致契) 등을 일본에 파송(派送)해 석가불금동상(釋迦佛金銅像) 1구, 번개약간(幡蓋若干), 경론약간(經論若干) 권(券)을 보내줌으로써 일본에 불교를 전파하게 되었다. 이 밖에도 의박사(醫博士)·역박사(曆博士) 등의 전문가(專門家)와 기술자(技術者)를 교대(交代)로 파견함으로써 일본에 대대 선진문물의 전수자로서의 구실을 하였다. 이와 더불어 사비 천도를 전후해 웅진 시대(熊津時代) 이후 이루어졌던 내외관제(內外官制)를 정비해 지배체제의 정비와 통치 질서를 확립하였다.

중앙관제(中央官制)로는 1품(品) 좌평(佐平)에서 16품(品) 극우(克虞)에 이르는 16관등제(官等制)와 전내부(前內部) 등 내관(內官) 12부(部)와 사군부(司軍部) 등 외관(外官) 10부(部)로 된 22부제(部制)가 정비되었다. 또 왕도(王度)의 통치 조직으로는 수도를 상부(上部),전부·중부(中部)·하부(下部)·후부(後部)의 5부(部)로 구획하고 5부(部) 밑에 5항(五巷)을 둔 5부(部)5항제(項制)를 정비하였다.

지방 통치조직으로는 종래의 담로제(擔魯制)를 개편해 전국을 동방(東方)·

서방(西方)·남방(南方)·북방(北方)·중방(中方)의 5방으로 나누고, 그 밑에 7~10개의 군(郡)을 두는 5방(方)·군(郡)·성(城)(현(縣))제(制)를 정비하였다. 이와 같이 중앙 관제와 지방의 통치 조직을 정비함으로써 성왕(聖王)은 정치 운영(運營)에서 귀족회의체(貴族會議體)의 정치적 발언권을 약화시켜 왕권 중심의 정치운영 체제를 확립할 수 있었다.

그리고 성왕(聖王)은 국제 관계에도 힘을 기울여 전대(前代)부터 유지되어 온 신라와의 동맹관계를 그대로 지속함으로써 고구려의 남진(南進) 압력에 대항해 나갔다. 그리고 양(梁) 및 왜(倭)와의 외교 관계를 유지하면서 무역과 이에 따르는 문화교류(文化交流)를 적극적으로 추진하고 백제의 국제적 지위를 높였다.

한편, 성왕(聖王)은 숙원(宿願)의 과제라고 할 수 있는 고구려에 빼앗긴 한강 유역 탈환(奪還) 작업에 나섰다. 이 목적을 달성하기 위해 551년에 백제군을 주축으로 해 신라군과 가야군으로 이루어진 연합군을 일으켰다. 이 연합군은 북진(北進)해 백제군이 먼저 고구려의 남평양(南平壤, 지금의 서울)을 공격, 격파함으로써 기선(基線)을 제압해 고구려군을 패주(敗走)시켰다. 그 결과 백제는 한강 하류의 6군(郡)을 회복했고 신라는 한강 상류의 10군을 차지하게 되었다.

그러나 신라의 진흥왕(眞興王)은 나제동맹(羅濟同盟) 관계를 무시한 채 한강하류 유역을 빼앗고자 당시 남북(南北)으로부터 군사적 위협에 처해 있던 고구려와 밀약(密約)을 맺고 553년에 군사를 돌이켜 백제를 공격해 옴으로써 백제는 한강 하류 유역을 신라에 빼앗기게 되었다.

신라의 공격으로 백제의 실지(失地) 회복이 수포로 돌아가자 성왕은 554년에 비전파(非傳播)들의 반대에도 불구하고 신라에 보복하기 위해 군사를 일으켰다. 여기에는 가야(伽耶)의 원군(援軍)도 합세하였다. 백제의 이와 같은 군사 동원으로 양국 간(兩國間)의 대결은 피할 수 없게 되었다.

이때 양국(兩國)의 싸움은 관산성(管山城)에서 절정을 이루었다. 이 싸움에서 초기에 우세를 보였던 백제는 성왕이 구천(狗川) 지역에서 신라 복병(伏兵)의 기습 공격을 받아 전사함으로써 대패하고 말았다. 이 전쟁에서 백제는 왕을 비롯해 4명의 좌평(佐平)이 전사하고 3만 명에 달하는 군사들이 전사하는 결정적인 타격을 입었다.

이러한 패전(敗戰)의 결과로 국내 정치 정세(政勢)도 심대한 영향을 받아 동성왕(東城王) 이후 성왕 대까지 확립되었던 왕권 중심의 정치 체제가 귀족 중심의 정치 운영체제로 전환하게 되었다. 이와 더불어 1세기 이상 신라와의 사이에 맺어졌던 나제(羅濟) 동맹 관계는 이 싸움 이후 완전히 결렬되었다. 이리하여 양국은 최후까지 적대적으로 대결하는 원수(怨讎)의 관계가 되었으며, 이는 한반도에서 삼국(三國)의 역학관계(易學關係)의 성격을 결정 짓게 되었다

백제 제27대 위덕왕(威德王)

왕의 이름은 창(昌)이고, 아버지는 성왕(聖王)이다. 태자 시절부터 아버지 성왕과 함께 국사(國事)에 나섰다. 신라와의 전투에서 성왕이 전사한 후 즉위했고, 재위 기간 동안 고구려, 신라, 수(隨)나라 사이에서 위태로운 외교와 전투를 펼쳤다.

위덕왕(威德王)은 성왕의 장남으로 525년에 태어났다. 그가 소년(小年)이된 538년 성왕(聖王, 16년) 사비(泗沘, 지금의 부여)로 도읍을 옮긴 백제는 중흥의 발판을 다지고 있었다. 성왕(聖王)은 551년 신라와 함께 고구려를 공격하여 한강 유역의 6군(郡)을 되찾았으나 곧 신라군의 공격으로 다시 빼앗겼다. 왕자(王子)였던 창(昌)은 신라를 공격하자고 주장했고, 554년 창의 지

휘 아래 신라의 관산성(管山城, 지금의 옥천)을 공격했다. 성왕은 뒤이어 출전했다가 신라의 장수 김무력(金武力)의 역습을 받아 성왕이 전사하면서 전세(戰勢)가 역전되었다. 백제는 이 싸움에서 좌평(佐平) 4명과 3만 명에 달하는 병사를 잃는 참패를 당했다.

왕자 창(昌)은 성왕의 죽음에 충격을 받아 출가(出家)하여 불도(佛道)를 닦으려 했으나 신하들의 만류로 철회(撤回)하고 3년 상(喪)을 치른 다음 557년 공식적으로 왕위를 승계했다. 위덕왕(威德王)은 즉위하기 전부터 고구려의 침공에 맞서야 했다. 554년 10월 고구려가 백제의 전(前) 도읍이었던 웅진성(熊津城)까지 침공하여 겨우 방어에 성공했다. 위덕왕(威德王)은 즉위한 후에도 고구려와 신라의 위협 아래 노심초사할 수밖에 없었다. 그는 오랜 동맹인 가야(伽耶)와 내통한 가운데 561, 580년에 군사를 보내 신라를 공격했으나 신라군의 반격으로 패배했다. 이후 위덕왕은 대외적으로 불안정한 상태에 머물러 있다가 말기에 와서야 국력을 회복했다.

성왕(聖王)이 전사한 관산성(管山城) 전투의 패전(敗戰)으로 성왕 때에 추진되었던 왕권강화(王權強化) 노력은 중단되었으며, 위덕왕 때는 대성(大姓) 8족(族)이 발호(跋扈)하여 왕권이 위축되었다. 왕은 이를 대외적으로 만회(挽回)하기 위해 일본·북제(北齊)·진(陳)·북주(北周) 등에 빈번히 사신을 보냈다. 이는 신라·고구려와 대립하는 가운데 국제적 고립을 면하고자 하는 의도였다. 위덕왕은 수(隋)나라가 중국을 통일하자 축하 사절을 보냈고, 598년에는 사신을 보내 고구려 공격을 건의하기도 했지만 성과는 없었다. 오히려 고구려가 이 사실을 전해 듣고 백제 국경을 침략하여 곤경(困境)에 빠진 상태에서 74세의 나이로 죽었다.

백제 제28대 혜왕(惠王)

　왕의 이름은 계(季)이고, 아버지는 성왕(聖王)이다. 형인 위덕왕에 이어 왕위에 올랐다. 위덕왕 이후 왕권이 약화되고 국력도 쇠한 상태에서 즉위하였으나, 고구려 황해(黃海) 진출, 신라의 한강 유역 점령 등으로 별다른 치적(治績)을 쌓지 못한 채 재위 1년 만에 죽었다.

　혜왕(惠王)은 성왕(聖王)의 차남(次男)이다. 성왕의 죽음 이후 즉위한 형 위덕왕과 함께 국사(國事)에 참여했으나 활동한 기록이 많이 남아 있지는 않다. 선왕(先王)인 위덕왕이 74세에 죽었을 때 혜왕(惠王)의 나이는 71세였던 것으로 추정된다. 혜왕이 즉위할 무렵 백제는 잇따른 고구려와 신라의 발흥(勃興)으로 심각한 위기에 처해 있었다. 백제 전성기의 주된 경제적 토대였던 한강 유역이 고구려에게 점령당했다가 다시 신라에 장악되면서, 황해(黃海)에서의 해상(海上) 활동이 심하게 억제되었다.

　한편 백제와 오랜 동맹(同盟) 관계에 있었던 가야(伽耶)도 신라의 영향권에 복속되었고, 일본에 대한 영향력도 심각하게 감소했다. 이런 가운데에서 성왕(聖王)에 이르기까지 강화되어왔던 왕권이 성왕의 전사 이후 위덕왕(威德王)의 치세(治世) 기간 동안 약화되었고, 귀족계층(貴族階層)은 왕권의 공백(空白)을 틈타 격심한 권력투쟁의 양상(樣相)에 돌입했다. 이와 같은 불안정한 정세 사이에서 혜왕은 별다른 활동을 보이지 못한 채 즉위 이듬해에 죽었다. 혜왕의 아들 법왕(法王)이 그 뒤를 이어 왕위에 올랐다.

백제 제29대 법왕(法王)

　왕의 이름은 선(宣), 또는 효순(孝順)이고, 아버지는 혜왕(惠王)이다. 불안정한 정세(政勢)에서 즉위하자마자 살생(殺生)을 금하라는 명령을 내리고 절을 세우는 등 불교를 정책의 기조(基調)로 삼았으나 즉위 이듬해에 죽었다. 법왕은 혜왕의 아들로, 초기 생애(生涯)에 대한 기록은 거의 전해지지 않는다.

법왕은 599년 선왕인 혜왕이 죽은 뒤에 즉위했다. 혜왕이 즉위했을 때의 백제는 고구려와 신라의 발흥(勃興)에 따라 대외적으로 국력이 약화된 상태였고, 주된 경제적 토대였던 황해(黃海)와 남해(南海)의 해상권(海上權)도 고구려와 신라에게 밀리고 있는 상황이었다.

한편 성왕(聖王), 위덕왕(威德王)에 이어 왕권이 약화되면서 곤경(困境)에 빠졌던 혜왕이 죽은 뒤, 법왕(法王)은 종교를 통해 이를 풀어보고자 했다. 그는 즉위하자마자 살생(殺生)을 금지하는 불교의 계율(戒律)을 영(令)으로 내렸다. 살생 금지령에는 물고기를 잡는 그물과 사냥도구를 태워버리라는 내용도 포함되었다고 전한다.

600년에는 왕흥사(王興寺)를 중건(重建)하였고, 가뭄이 들자 칠악사(漆岳寺)에서 기우제(祈雨祭)를 지냈다는 기록이 있는 것으로 보아, 불안했던 왕권을 불교에 의지해서 지탱하고자 했던 것으로 추정된다. 하지만 귀족층(貴族層)의 분열과 쇠락한 국력의 문제를 미처 해결하지 못한 채 즉위 1년 만에 법왕도 죽고, 무왕(武王)이 그 뒤를 이었다.

백제 제30대 무왕(武王)

왕의 이름은 무강(武康) 혹은 무광(武廣), 헌병(獻丙), 일기사덕(一耆篩德)으로 전한다. 제29대 법왕의 아들이며, 제31대 의자왕(義慈王)의 아버지이다. 혜왕과 법왕(法王)이 모두 재위 2년 만에 죽음으로써, 왕실 권위의 약화 및 내외정세의 악화 속에 즉위했다.

무왕(武王)은 왕권의 안정을 위해 신라 서쪽 변방(邊方)을 빈번하게 침공하는 한편, 고구려의 남진(南進)을 견제하기 위해 수(隋)나라에 조공(朝貢)을 바치고 도움을 청했다. 수나라가 망하고 당나라가 일어나자 624년(武王, 25년) 사신을 보내 조공하고, 당 고조(高祖)로부터 대방군왕(帶方郡王) 백제왕(百濟王)이라는 칭호를 받았다.

627년 군사를 동원하여 신라에게 잃었던 땅을 되찾으려 했으나, 당나라의 권유(勸誘)로 중지했다. 한편 관륵(觀勒)을 일본에 보내어 천문(天文)·지리(地理)·역본(易本) 등의 서적(書籍)과 불교를 전하게 했다. 무왕(武王)은 강화된 왕권의 표징이자 왕권의 존엄(尊嚴)을 과시하려는 목적에서 대규모 역사를 단행했다.

630년 사비궁(泗沘宮)을 중수(重修)했으며, 634년 왕흥사(王興寺)를 완성했고, 왕궁(王宮)의 남쪽에 인공호수(人工湖水)를 만들었다. 이처럼 무왕 때의 백제는 정복전쟁의 승리와 더불어 대규모 토목사업을 시행할 정도로 전제왕권이 강화되어, 의자왕(義慈王)의 즉위 초기에 정치개혁을 통해 전제왕권을 구축할 수 있는 기반을 마련해주었다.

백제 제31대 의자왕(義慈王)

무왕(武王)의 맏아들이다. 용감하고 대담(大膽)하며 결단력(決斷力)이 있었다. 632년에 태자가 되었으며, 부모(父母)를 효성(孝誠)으로 섬기고 형제 간(兄弟間)에 우애(友愛)가 있어서 '해동증자(海東曾子)'라고 불렸다. 의자왕은 641년 즉위하면서 당(唐) 태종(太宗)에 의해 '주국대방군왕배제왕(柱國帶方郡王百濟王)'으로 책봉되어 정통성(正統性)을 확보하였다.

그는 왕위 초기에는 아주 훌륭한 정치를 폈다. 642년에 정변(政變)을 일으켜 권력을 장악한 고구려 연개소문(淵蓋蘇文)과 연합하여, 의자왕이 친히 군사를 이끌고 신라의 미후성(獼猴城) 등 40여 성(餘城)을 빼앗았다. 이어 장군 윤충(允忠)이 신라의 구(舊) 가야 지역 최대 거점인 대야성(大耶城)을 함락하는 등 백제의 힘을 떨쳤다. 이때 김춘추(金春秋)는 대야성(大耶城)에서 사위와 딸을 잃었다.

김춘추가 고구려로 들어가 군사원조(軍事援助)를 요청했을 때, 고구려는 본래 자신들의 땅이었던 죽령(竹嶺) 서북 지방을 돌려주면 돕겠다고 하였다. 의자왕은 당 태종(唐太宗)에게 부여강신(扶餘强臣)을 보내어 고구려와 연합하지 않고 오히려 당과 함께 고구려를 치기를 원한다고 하였다. 643년에는 고구려와 화친(和親)하고 당항성(黨項城)을 빼앗아 신라가 당나라로 가는 길을 막으려 시도하였다. 신라가 당에 구원을 요청하자 당 태종(太宗)은 644년 고구려에 사신을 보내어 고구려와 백제의 신라 공격을 멈추라고 요구하였다.

645년 당 태종이 고구려를 침략하고자 신라에서 원군(援軍)을 징발(徵發)하자 이 기회를 노려 649년 신라의 7성(城)을 습격하다가 김유신(金庾信)에게 역습을 당하였다. 그 후 백제는 결국 이를 다시 빼앗았다. 648년 겨울 김춘추는 당나라로 건너가 태종의 신임(信任)을 얻고, 649년 당 고종(高宗)이 즉위했을 때 진덕여왕(眞德女王)이 '태평송(太平頌)'을 써서 보내는 등, 중국과 외교 관계를 긴밀히 하였다. 백제도 조공사신(朝貢使臣)을 보내어 관계개선을 시도했으나 당(唐)이 신라의 실지(實智)를 반환하라고 하자 독자 노선을 걷기 시작하였다. 이후 백제와 당의 외교 관계는 멸망 시까지 단절되었다. 의자왕은 655년에 고구려, 말갈(靺鞨)과 연합해 신라의 성(城) 30여 개를 빼앗았고, 659년 4월 신라를 다시 공격하였다.

즉위 후에 국위(國位)를 만회하려던 의자왕의 노력은 57세를 넘기자 차츰 약해졌으며, 방탕해진 의자왕은 왕비 군대 부인(郡大夫人)과 함께 사치스러운 주연(酒宴)을 매일(每日) 열었다. 그로 인해 총기(聰氣)가 흐려지고 방종해져 충신 성충(誠忠)의 말을 무시하고 하옥(下獄)하자 국정(國政)이 문란해져 갔다. 그리고 그는 유언(遺言)을 남겼는데, 그 말이 "육로(陸路)는 탄현(炭峴)에서, 수로(水路)는 기벌포(伎伐浦)에서 막으소서"라고 하였지만 그는 그 말을 무시하고 여흥에 빠졌다.

거듭된 당(唐)의 경고를 무시하고 신라를 압박하자 마침내 당(唐)과 신라는 밀계(密計)하여 660년 나(羅)·당(唐) 연합군으로 협공(挾攻)을 하였다. 귀양(歸養)가 있던 홍수(興首)에게 사신을 보냈지만 성충(誠忠)과 같은 말을 하자 믿지 못했다. 기벌포(伎伐浦)에서 당군(唐軍)의 상륙을 저지하려던 백제군은 대패하였고, 황산벌(荒山伐)에는 계백(階伯)을 5천의 군사를 보내어 4번을 막아냈지만, 백제군의 10배나 되는 신라군의 수적 열세를 극복하지 못하고 결국 계백과 그의 군사는 전멸했다. 사비성(泗沘城) 부근)에서도 결전(決戰)이 벌어졌으나 백제군 1만이 전사하며 대패하고, 수도인 사비성(泗沘城)이 포위되자 태자융(融)과 함께 웅진성(熊津城)으로 피난했으며, 사비에는 둘째 아들 태(泰)가 남아 왕을 자처하며 항전(抗戰)하다가 곧 항복했다. 그 후 의자왕도 항복했다.

중앙군(中央軍)의 전멸과 왕성(王城)이 무너지며 거의 모든 왕족(王族)과 의자왕(義慈王)의 측근 최고 지배층들이 모조리 포로가 되자 가망 없다고 여기고 의자왕을 배신한 웅진성(熊津城) 방령(方領) 예식(禰植) 예식진(祢寔進)에 의해 항복이 진행되었다는 견해도 있지만, 『삼국사기(三國史記)』〈태종무열왕본기(太宗武烈王本紀)〉는 의자왕이 태자 및 웅진방령군(熊津方領軍)을 거느리고 스스로 웅진성(熊津城)을 나와 항복했다고 기록하고 있다.

의자왕이 너무 쉽게 항복을 하였는데, 의자왕은 이것을 대당(對當) 외교투쟁(外交鬪爭)의 실패를 인정하는 것이지, 국가의 멸망을 받아들이는 것이 아니었기 때문이라는 설(說)이 있다. 당은 이후 부여(扶餘) 융(融)을 웅진도독(熊津都督)으로, 신라 왕(新羅王)을 계림주(鷄林州) 대도독(大都督)으로 삼아 동맹을 맺게 하는 의식을 웅진(熊津) 취리산(取利山)에서 행한 바 있다. 즉 당나라는 동아세아(東亞細亞) 국제질서(國際秩序)를 회복하려는 의도를 가진 것이라고 보는 견해도 있다. 그 후 왕자들과 대신(大臣) 88명을 포함하여 백성 1만 2천 명 함께 당나라 수도인 낙양(落陽)으로 압송(押送)된 후 그해에 병으로 죽었다.

백제 왕조 역대표

역대	왕조명	연대	역대	왕조명	연대
1대	온조왕(溫祚王)	B18~A28	2대	다루왕(多婁王)	28~77년
3대	기루왕(己婁王)	77~128년	4대	개루왕(蓋婁王)	128~166년
5대	초고왕(肖古王)	166~214년	6대	구수왕(仇首王)	214~234년
7대	사반왕(沙伴王)	234~	8대	고이왕(古爾王)	234~286년
9대	책계왕(責稽王)	286~298년	10대	분서왕(汾西王)	298~304년
11대	비류왕(比流王)	304~344년	12대	계왕(契王)	344~346년
13대	근초고왕(近肖古王)	346~375년	14대	근구수왕(近仇首王)	375~384년
15대	침류왕(枕流王)	384~385년	16대	진사왕(辰斯王)	385~392년
17대	아신왕(阿莘王)	392~405년	18대	전지왕(腆支王)	405~420년
19대	구이신왕(久爾辛王)	420~427년	20대	비유왕(毗有王)	427~455년
21대	개로왕(蓋鹵王)	455~475년	22대	문주왕(文周王)	475~477년
23대	삼근왕(三斤王)	477~479년	24대	동성왕(東城王)	479~501년
25대	무녕왕(武寧王)	501~523년	26대	성왕(聖王)	523~554년
27대	위덕왕(威德王)	554~598년	28대	혜왕(惠王)	598~599년
29대	법왕(法王)	599~600년	30대	무왕(武王)	600~641년
31대	의자왕(義慈王)	641~660년	신라에게 멸망		

가야국(伽倻國) 왕조기(王朝記)

가야 제1대 수로왕(首露王)

　가야(伽耶)가 건국된 것은 후한(後漢) 세조(世祖) 광무제(光武帝) 건무(建武) 18년 (A,D 42년)이다. 이는 신라 유리왕(儒理王) 19년이고, 백제 다루왕(多婁王) 15년이며, 고구려 대무신왕(大武神王) 25년 때의 일이다. 『삼국유사(三國遺事)』에 관련 가락국기(駕洛國記)에 다음과 같은 설화 기록을 남기고 있다.

　천지개벽 이후 이 땅에 아도간(我刀干), 여도간(汝刀干), 피도간(彼刀干), 오도간(五刀干), 유수간(留守干), 유천간(留天干), 신천간(神天干), 오천간(五天干), 신귀간(神鬼干)등 아홉 간(干)이 있었으나, 호(戶) 수는 무릇 100호(戶)에 7만 5천 명이 살았는데, 나라로 부르는 칭호가 없었고 구간(九干)의 추장(酋長)이, 백성들을 통솔하고 살았다.

　저마다 산과 들에 모여 살면서 우물을 파서 마시고 밭을 갈아 먹었다. 바로 후한 세조 광무제 건무 18년 임인(서기 42년) 3월 계욕(稧浴, 봄에 물가에서 액막이 제사를 지내는 날) 날, 이곳 북(北) 구지봉(龜旨峰)에서 부르는 소리가 들여 이삼백 명 되는 무리가 모였다. 형체(形體)를 감추고 소리만 내어 말하기를 "거기 누가 있느냐?" 하였다.

　구간들이 대답하기를 "우리들이 있습니다." 하니 또 말하기를, "내가 있는 곳이 어디일꼬?" 하여 "구지(龜旨)다." 하고 대답했다. 또 말하였다. 하느님이 내게 명령한 까닭에 이곳에 와서 나라를 세우고 임금이 되라고 하여

여기 내려온 것이니, 너희들은 모름지기 봉우리 꼭대기의 흙 한 줌씩을 쥐고,

거북아 거북아
머리를 내밀어라.
만약 내놓지 않으면
구워서 먹으리.

이런 노래를 하라. 그러면서 춤을 추면 이것이 대왕(大王)을 마중하여 즐겨 뛰어 노는 것으로 될 것이다." 하는 김수로(金首露)의 설화이다.

한무제(漢武帝)가 훈족(獯族, 흉노, 몽골)을 복속하고 훈족 왕의 아들 일제(日磾, BC 134년~BC 86년)를 포로로 잡게 되었다. 그 당시 한무제(漢武帝)를 암살하려는 음모가 발생했는데 일제가 음모를 막아내는 공(功)을 세우자 한무제(漢武帝)가 일제에게 김 씨 성(姓)를 하사(下賜)하였다. 김일제(金日磾)는 흉노족(匈奴族)의 휴도왕(休屠王)의 태자였다. 부왕이 한무제 때 한(漢)나라 곽거병(霍去病)과의 전투에서 패하면서 한나라에 포로로 끌려와 처음엔 말을 키우는 노비(馬奴)로 살다 한무제의 눈에 띄어 마감(馬監)이 된다. 그리고 한무제를 암살하려는 자객을 한무제 앞에서 격투 끝에 체포한 공으로 제후(諸侯)인 '투후(秺侯)'라는 벼슬까지 받는다. 김일제(金日磾)가 김 씨 성(姓)을 하사받은 것은 본시 휴도왕(休屠王)이 금으로 사람을 만든 금인(金人)을 제천(祭天)한 까닭이라 한다. 『삼국사기』 〈백제본기〉 마지막의 사관논찬과 『삼국사기』 〈김유신 열전〉에 "신라인(新羅人)이 소호김천 씨(少皞金天氏)의 후손이기 때문에 성을 김 씨라고 했다"라는 이유가 잘 설명되는 것이었다. 그리고 한 무제는 죽을 때 김일제 등 3명의 고명대신(顧命大臣)에게 어린 소제(昭帝)를 잘 보살펴달라는 유언을 내린다.

김일제의 5대 후손에 김망(金朢)이라는 사람이 있었다. 김망(金朢)은 전한(前漢) 11대 원제(元帝)의 비(妃) 왕 씨(王氏)의 외척(外戚)이라 하여 왕망(王朢)의 이름으로 역사에 등장한다. 왕망은 서기 9년 전한(前漢)을 멸망시키고 신(新)나라를 건국했으나 서기 23년(건국 15년 만)에 멸망하고 말았다. 그왕망이 김수로(金首露)가 되었다.

한나라 고조(高祖) 유방(劉邦)이 권력을 장악하자 김왕망(金王綱)이 반란을 일으켜 한나라를 무너뜨리고 신(新)나라를 세웠는데 15년 만에 멸망했다. 그가 바로 김수로 세력이다. 그래서 김수로 일당이 한반도 남단(南端)으로 망명하게 된다. 그 일당이 김해(金海) 일대로 도망 오게 되고, 중국은 후한 시대로 접어든다. 김해 일대는 날씨가 따뜻하고 땅이 비옥하고 사철로 풍부하게 생산되는 지역이어서 사람들이 많이 몰리는 지역이었다고 한다.

진시황제(秦始皇帝)가 훈족(獯族)을 견제하려고 만리장성(萬里長城)을 쌓게 되었는데, 노역자들은 대부분 훈족(獯族)과의 전쟁 포로들이었다. 노역자들은 감시를 틈 타 도망하여 김해로 몰려와 살게 되었고,, 김해 일대)에 인구가 많아지자 망명자 중에서 영향력이 큰 무리가 6가야(伽耶)를 건국하게 되었으니, 그 중심 인물이 김수로 왕(金首露王)이고, 6가야(伽耶) 중 금관가야(金官伽耶)가 대표적인 가락국(駕洛國)이다.

고대 부족국가(部族國家) 시대, 낙동강(洛東江) 하류에 일어난 나라들을 통틀어 이르던 말. 금관가야(金官伽耶), 대가야(大伽耶), 소가야(小伽耶), 아라가야(阿羅伽耶), 성산가야(星山伽耶), 고령가야(古寧伽耶) 등의 여섯 나라로 이루어졌다. 562년 신라에게 멸망되었지만 수준 높은 문화를 이루었고, 이후 신라문화 발전 에 영향을 주었다. 특히 김수로 왕의 12대손인 김유신(金庾信)은 훗날 신라 진골(眞骨)에 편입되어 삼국통일의 위업(偉業)을 달성하는 데 큰 몫을 담당하기도 하였다.

우륵(于勒)의 12곡의 상가라도(上加羅都)가 이곳인데 상가라도의 명칭이 가야(伽耶)의 수도라는 의미로, 이 시기에 반파국(半破國) 중심의 대가야(大伽倻)가 어중간하게나마 중앙집권화)된 고대국가로 이행했음을 시사한다.

당초에 고령(高靈)지역은 변한(弁韓) 12국 중의 반로국(半路國, 반파국〔半破國〕의 오기), 일본 서기(日本書紀)의 반파국이었다. 반파국은 초기에 내륙 깊숙이 자리해 구야국(狗倻國) 주도(主都)의 해상무역에서는 한 발 물러나 있는 대신(大信)에 내륙 산간(山間) 일대의 농업 생산력과 옛 야로현(冶爐縣)(합천군 야로면)의 철광(鐵鑛)을 기반으로 주변 소국(小國)들을 점진적으로 복속시키며 발전하고 있었다.

김수로 왕(金首露王)의 결혼식

『삼국유사(三國遺事)』 제2 가락국기(駕洛國記)에 이르기를, 건무(建武) 24년 (AD 48) 무신(戊申) 7월 27일 구간(九干)이 조회(朝會)를 할 때 말씀을 올리기를 "대왕(大王)께서 강림(降臨)하심 후로 좋은 배필(配匹)을 구하지 못하셨으니 신(臣)들 집에 있는 처녀 중에서 가장 예쁜 사람을 골라 궁중에 들여보내어 대왕의 짝이 되게 하겠습니다" 하였다. 그러자 왕이 말하기를 "내가 여기에 내려온 것은 하늘의 명령이므로 나에게 짝을 지어 왕후(王后)를 삼게 하는 것도 역시 하늘의 명령이 있을 것이니 경(卿)들은 염려하지 말라" 하고는, 왕이 유천간(留天干)으로 하여금 배와 준마를 가지고 망산도(望山島)에 가서 기다리게 하고, 신귀간(神鬼干)에게 명하여 승점(망산도는 도읍 남쪽의 섬이고, 승점은 도읍 부근에 있는 나라이다)으로 가게 했더니, 갑자기 바다 서쪽에서 붉은 돛을 단 배가 붉은 기를 휘날리면서 북쪽을 바라보고 오고 있었다. 유천간(留天干) 등이 먼저 망산도에서 횃불을 올리니 사람들이 다투어 육지로 올라와 달려오므로 신귀간(神鬼干)은 이것을 바라보다가 대궐로 달려와서 왕에게 아뢰었다.

왕은 이 말을 듣고는 매우 기뻐하여 바로 구간(九干)을 보내 그들을 맞이하여 곧 모시고 대궐로 들어가려 하자, 왕후(王后)가 말하기를, "나는 본래 너희들을 모르는 터인데 어찌 감히 경솔하게 따라갈 수 있겠느냐?" 하였다. 유천간(留天干) 등이 돌아가서 왕후의 말을 전하니 왕이 옳게 여겨 유사(有司)를 데리고 행차(行差)해서 대궐 아래에서 서남쪽으로 60보쯤 되는 산기슭에 장막(帳幕)을 쳐서 임시 궁전을 만들어놓고 기다렸다.

왕후는 산 밖의 다른 나루터에 배를 대고 육지에 올라 높은 언덕에 이르러 입은 비단치마를 벗어 산신령(山神靈)에게 폐백(幣帛)으로 바쳤다. 이때 시종(侍從)한 신하 두 사람의 이름은 신보(申輔)와 조광(趙光)이고, 그들 아내의 이름은 모정과 모량이라고 했으며, 데리고 온 노비(奴婢)까지 합하면 20여 명이었다. 가지고 온 금수능라(錦繡綾羅)와 의상필단(衣裳疋緞), 금은주옥(金銀珠玉)과 구슬로 만든 패물(貝物)들은 이루 기록할 수 없을 만큼 많았다.

왕후가 점점 왕이 있는 곳에 가까이 오니, 왕이 나아가 맞아서 장막 궁전(帳幕宮殿)으로 들어갔다. 나머지 사람들은 뜰아래서 뵙고 즉시 물러갔는데, 왕은 유사(有司)에게 명하여 신하 내외들을 안내하게 하고 말하기를, "사람마다 방 하나씩을 주어 편안히 머무르게 하고, 그 이하 노비들은 한 방에 5, 6명씩 두어 편안히 있게 하라" 하고는 음식과 술을 주고, 좋은 이불 속에서 자게 했으며, 옷과 비단과 보화를 주고, 군사를 보내 호위(扈衛)하게 했다. 왕이 왕후와 함께 침전(寢殿)에 드니 왕후가 조용하게 왕에게 말하기를 "저는 아유타국(阿踰陀國) 공주(公主)인데, 성은 허(許)이고, 이름은 황옥(黃玉)이며, 나이는 16세입니다. 본국에 있을 때인 금년 5월에 부왕(父王)과 모후(母后)께서 저에게 말씀하시기를, '우리가 어젯밤 꿈에 함께 하늘의 상제(上帝)를 뵈었는데 상제께서는, 가락국(駕洛國)의 수로(首露)를 하늘이 내려보내서 왕위에 오르게 하였으니 신령(神靈)스럽고 성스러운 남자이다. 또 나라를 새롭게 다스리고자 하는데 아직 배필(配匹)을 정하지 못했으니 공주(公主)를 보내서 그 배필을 삼게 하라 하셨는데, 꿈을 깬 뒤에도 상제(上帝)의 말이 아직도 귓가에 생생하니, 너는 이 자리에서 부모(父母)와 작별(作別)하고 그곳으로 떠나라' 하셨습니다. 그리하여 저는 배를 타고 멀리 와서 감히 용안(容顏)을 가까이 하게 되었습니다" 하였다. 왕이 말하기를, "나는 태어나면서부터 성스러워서 공주가 멀리 올 것을 미리 알고 있어서 신하들의 왕비를 맞아들이라는 청을 따르지 않았습니다. 그런데 이제 현숙(賢淑)한 공주가 스스로 오셨으니, 이 몸에게는 매우 다행스러운 일입니다" 하고는 그녀와 혼인했다고 기록하고 있어, 수로왕(首露王)과 허황옥(許黃玉)이 혼인하게 된 경위가 자세하게 기록되어 있다.

김수로왕 왕후

허 황후(許皇后)라고도 한다. 김해 김 씨(金海金氏)·김해 허 씨(金海許氏)의 시조이다. 본래 인도 아유타국(阿踰陀國)의 공주로, 48년(유리왕 25년) 배를 타고 가야에 와서 왕비가 되고, 이듬해 태자 등거공(登居公)을 낳았다. 뒤에 가야국에 상륙한 곳은 주포촌(主浦村)이고, 비단 바지를 벗어 산령(山靈)에게 제사했던 곳은 능현(綾峴)이며, 붉은 기를 꽂고 들어온 바닷가는 기출변(旗出邊)으로 불렸다. 아들 10명을 낳았는데, 7명은 칠불(七佛, 일곱 부처가 되고)이 되고 2명에게 어머니의 성 허(許)를 주었다고 한다.

장유화상(長遊畫像)은 가락국(駕洛國) 수로왕비(首露王妃)인 허황옥(許黃玉)의 오라버니이다. 이에 대한 기록은 <김해 은하사 취운루 중수기(銀河寺翠

雲樓重修記)>에 적혀 있다. 허황옥 아유타국(阿踰陀國, 지금의 인도)의 공주로 1949년 전 가락국에 도착하였다고 『삼국유사(三國遺事)』가 전하고 있다. 허황옥 공주가 가락국 김수로왕과 결혼하여 왕비가 되었는데, 그때 나이 16세였다.

『삼국유사(三國遺事)』에 의하면 공주의 일행은 이름이 밝혀진 사람은 신하 신보(申輔)와 그의 모정(慕貞), 또 다른 신하 조광(趙光)과 그의 처 모량(慕良)뿐이고, 나머지 사람은 이름이 밝혀지지 않아서 누구였는지 알 수 없다.

그런데 <취운당(翠雲堂) 중수기(重修記)>에는 왕비의 오라버니가 '장유화상(長遊畵像)'이라고 적혀 있다. 그렇다면 아유타국에서 온 20여 명의 사람들 속에 왕비의 오라버니인 장유화상이 있었다는 이야기가 된다.

가야 제2대 거등왕(居登王)

거등왕(居登王)은 금관가야(金官伽倻)의 제2대 왕(재위 199~253)이다. 가야국(伽倻國)의 시조인 수로왕(首露王)과 허 왕후(許王后)의 아들로 11남매 중 장남이다. 다른 칭호는 도왕(道王)이다. 비(妃)는 천부경(泉部卿) 신보(申輔)의 딸 모정(慕貞)이며, 태자 마품(麻品)을 낳았다.

가야(伽耶) 건국 초기엔 왕가(王家)를 배출하는 김수로 일파와 왕비를 배출하는 허황옥 일파가 있었다. 그것을 입증하는 것이 거등왕(居登王)과 마품왕(麻品王)의 부인(夫人)들 모두 허 황후가 데려왔다는 인물들의 딸들로 구성되어 있다. 김해(金海) 무척산(巫尺山)에 있는 모은암(母恩庵)이 그가 어머니인 허 황후를 기려 만들었다고 전해지는 정자(亭子)다. 물론 현재 건물은 가야 시대 건물이 아니다. 모은암(母恩庵) 뒤편에는 남근석(男根石)이 존재해서 왕실의 번창을 기원하며 세운 건물이라는 추측도 가능하다.

재위 직후인 200년, 신라에 화친(和親)을 요청했다는 기록이 『삼국사기(三國史記)』에 남아 있다. 아마 이 시기에 신라에게 공격을 당하고 있었던 것으로 추정된다. 209년 7월에 포상팔국(浦上八國)의 난(亂)이 일어났다. 8개의 연해(沿海) 국가들이 금관국(金官國)을 침공한 사건으로, 힘에 부쳤는지 신라에 도움을 청하자 신라에서 내해이사금(奈解尼師今)이 태자우(優)로, 이벌찬(伊伐湌) 이음, 물계자(勿稽子)에게 6부의 군사들을 모아주어 8개 나라의 장군을 죽이고, 잡혀갔던 6천 명을 구했다고 기록되어 있다. 3년 후인 212년 3월에 왕자(王子) 1명을 인질로 보냈다고 기록되어 있다.연대(年代)를 신뢰할 경우에는 이러하나, 나주(羅州)의 보라국(保羅國)/발라국(鉢羅國)등 이 시기에 존재했다는 『삼국지(三國志)』『위서(魏書)』등 이전에는 보이지 않아 시대에 대해 회의(懷疑)하는 의견도 많다. 때문에 포상팔국(浦上八國)의 난(亂)에 대해서는 3세기 초반 4세기 초반, 4세기 후반, 5세기 초반, 6세기 초반 등 다양한 설(說)이 있으나, 대개 낙랑군(樂浪郡)과 대방군(帶方郡)이 멸망하여 교역권(交易圈)이 흔들리게 된 4세기 초반을 유력한 시기로 본다. 만약 이러한 가설(假說)이 맞다면 이 부분은 거등왕(居登王)의 연대기에서 소거(消去)해야 할 것이다.

역사적 사료(史料)로는 근거가 되지 못하지만 김해 김 씨(金海金氏) 족보(族譜)에 의하면, 하늘에서 내려온 선인(仙人)인 초선대(招仙臺)이 배를 타고 왔다고 전해진다(首露王墓在州西 招賢臺 在州東. 世傳, 駕洛國居登王 登此臺 招七點山昆始仙人 昆始乘舟而來, 因名焉=수로왕묘(首露王墓) 주(州)의 서쪽에 있다). 초현대(招賢臺)는 주(州)의 동쪽에 있다. 세상에 전하기를 가락국(駕洛國)의 거등왕(居登王)이 이 대(臺)에 올라 칠점산(七點山)의 참시(昆始) 선인(仙人)을 부르자, 참시가 배를 타고 왔다 하여 이런 이름을 붙였다고 한다.

『신증동국여지승람(新增東國輿地勝覽)』에도 기록은 옛 말에 이르기를, 가락국(駕洛國)의 거등왕(居登王)께서 칠점산(七點山)의 참시선인(昆始仙人)을 초대했다. 참시선인(昆始仙人)은 배를 타고 거문고를 안고 와서 이곳에 바둑을 두며 즐겼으니, 이 때문에 이곳을 초선대(初禪臺)라 하였다. 그때 왕과 선인(仙人)이 앉아 있던 연화대석(蓮花臺石)과 바둑판의 돌이 지금까지 남아 있다. 칠점산(七點山)은 양산군(梁山郡) 남쪽 44리 바닷가에 있으며, 산이 칠봉(七峯)인데, 칠점(七點)과 같으므로 칠점산(七點山)이라고 이름하였다(『신증동국여지승람(新增東國輿地勝覽)』).

참시선인(昆始仙人)은 거등왕(居登王)에게 치국(治國)의 도(道)를 가르치고 국가 운영(運營)에 대해 가르쳐주었다고 한다. 그는 칠점산에서 왔다하여 '칠점선인(七點仙人)'이라 불리기도 했고, 거문고를 가지고 다닌다 하여 금선(琴仙)이라고 했다고 전해지는데, 모습이 차가운 옥(玉)과 같고 말소리는 경(經)을 읽는 소리 같았다고 한다. 거등왕(居登王)이 그를 초대해 쇠고기로 만든 요리를 드렸으나 모두 사절하고, 단풍나무 진과 도라지를 요구해서 먹었다고 한다. 그리고 거등왕(居登王)에게 "임금이 자연스럽게 다스리면 백성이 자연스럽게 살게 된다"라고 일러주었고, 이를 받아들여 거등왕(居登王)이 나라를 잘 다스렸다고 적혀 있다.

왕의 초선대(招禪臺)는 도성에서 7리 정도 되는 넓은 들 가운데 있는데 거등왕이 칠점선인(七點仙人)의 이름을 부르면 선인(仙人)들이 배를 타고 거문고를 안고 와서 서로 기뻐하였다. 『신증동국여지승람(新增東國輿地勝覽)』에 의하면 칠성산(七星山)에 왕이 앉았던 돌인 연화석(蓮花石)이 있고, 이 돌에는 바둑판 모양이 새겨져 있다고 기록되어 있으나 현재는 남아 있지 않다. 그리고 옆 바위에는 석불(石佛)이 새겨져 있는데, 이를 거등왕 초상(肖像)이라는 전설도 존재한다.

가야 제3대 마품왕(麻品王)

마품왕, 마품(馬品)이라고도 하며, 가락국의 제3대 왕이다. 성은 김 씨로 거등왕(居登王)의 아들이며, 모정 부인(慕貞夫人)의 소생(小生)이다. 수로왕(首露王)과 허 왕후(許王后) 집단이 제3대 마품왕(麻品王)까지 교혼(交婚)했다는 『삼국유사(三國遺事)』〈가락국기(駕洛國記)〉의 기록도 이를 증명한다. 결국 두 집단은 최소한 초기 금관가야(金官伽倻)의 왕실 구성원을 상호 배타적으로 공유했던 것이다.

가평(嘉平) 5년 계유(癸酉; 253년) 금관국(金官國) 거등왕이 사망하고 즉위하였다. 마품왕(麻品王, 1년, 서기 259년) 아버지 거등왕의 뒤를 이어 즉위하니 왕비는 종장감 조광(趙匡)의 손녀 호구이니 태자 거칠미를 낳았다. 치세(治世)는 39년으로, 영평(永平) 원년(元年) 신해(辛亥; 291) 1월 29일에 죽음. 39년 1월 29일에 임금이 승하하니 태자 거즐미가 왕위에 올랐다.

가야 제4대 거칠미왕(居叱彌王)

이름은 김금물(金今勿)이고 왕호(王號)는 거질미왕(居叱彌王)이다. 영평(永平) 원년(291)에 즉위하여 치세(治世)는 56년이다. 영화(永和) 2년 병오(346) 7월 7일에 죽었다. 왕비는 아궁(阿躬) 아간(阿干)의 손녀(孫女) 아지(阿志)이며, 이품왕(伊品王)을 낳았다고 기록되어 있다.

아버지 마품왕(麻品王). 마품(馬品)이라고도 한다. 가평(嘉平) 5년 계유(癸酉, 253)에 즉위하여 치세는 39년이며, 영평(永平) 원년 신해(辛亥, 291) 1월 29일에 죽었다. 왕비는 종정감(宗正監) 조광(趙匡)의 손녀인 호구(好仇)인데, 태자 거질미(居叱彌)를 낳았다.

가야 제5대왕 이시품(伊尸品)

이품왕(伊品王)이라고도 한다. 아버지는 거질미왕(居叱彌王)이며, 어머니는 아궁(阿躬) 아간(阿干)의 손녀 아지(阿志)이다. 왕비는 사농경(司農卿) 극충(克忠)의 딸인 정신(貞信)으로, 좌지왕(坐知王)을 낳았다. 이품왕(伊品王)은 346년 음력 7월 7일에 즉위하여 407년 음력 4월 10일에 사망하였다.

무려 재위 기간이 62년인데, 그 전왕(前王)인 거질미왕 또한 장수(長壽)한 왕이다. 가야(伽耶)의 초대 왕인 수로왕(首露王)부터 장수한 데다 재위 기간이 길었으니 아리송하다. 90세 가까이 돼서 사망했다. 그의 치세 당시에는 고구려가 백제를 침략하여 가야(伽耶)가 백제와 연합하다가, 고구려가 그것을 이기자 가야의 국력이 약화되며 가야 연맹 맹주(盟主)의 자리를 대가야(大伽倻)에게 넘겨줄 수밖에 없게 된다. 가야 여전사(如戰死) 유골(遺骨)로 추정되는 연대(年代)가 이시품왕(伊尸品王)에서 좌지왕(坐知王)의 시기이니, 당시의 다급함을 알 수 있다.

또한 광개토왕릉비(廣開土陵碑)에 따르면, 400년에 왜(倭)가 신라를 침범함에 고구려가 구원군(救援軍)을 보내어 왜적(倭敵)을 물리치고 임나가라(任那加羅)에까지 이르렀다고 하는 기록이 있는데, 이것은 이시품왕 대의 사실로 주목된다.

가야 제6대 좌지왕(坐知王)

김질(金叱) 또는 김토(金吐)라고도 한다. 아버지는 5대 이시품왕(伊尸品王)이며, 어머니는 사농경(司農卿) 극충(克忠)의 딸 정신(貞信)이고, 비는 대아간 도령(道寧)의 딸 복수(福壽)이다. 취희왕(吹希王)의 아버지이다.

용녀(傭女)는 금관가야(金官伽倻) 제6대 좌지왕(坐知王,재위 407~421년)의 왕비이다. 좌지왕은 김질 또는 김토라고도 하는데, 아버지는 제5대 이시품왕, 어머니는 사농경(司農卿) 극충(克忠)의 딸 정신 부인(貞信夫人)이다. 407년 이시품왕이 세상을 떠나고 좌지왕이 즉위하면서 용녀(傭女)를 왕비로 맞이하였다고 한다.

그런데 용녀가 왕비가 되면서 문제가 생겼다. 『삼국유사(三國遺事)』〈가락국기(駕洛國記)〉에 따르면 좌지왕(坐知王)이 용녀(傭女)를 왕비로 삼고 용녀 무리에게 벼슬을 주자 국내가 소란(騷亂)해졌다고 한다. 뿐만 아니라 혼란을 틈타 이웃나라인 신라가 금관가야(金官伽倻)를 공격하려 모의하였다고 한다.

이때 종정경(宗正卿)인 박원도(朴元道)가 나섰다. "유초(遺草)를 보고 또 보아도 역시 털이 나는데 하물며 사람에 있어서이겠습니까. 하늘이 망하고 땅이 꺼지면 사람이 어느 곳에서 보전(保全)하겠습니까? 또 점쟁이가 점(占)을 쳐서 해괘(解卦)를 얻었는데, 그 점괘(占卦)의 말에 '소인(小人)을 없애면 군자(君子)가 와서 도울 것'이라고 했으니 왕께선 역(易)의 괘를 살피시옵소서."라고 하였다.

해괘(解卦)는 '주역(周易)'의 64괘(卦) 가운데 40번째로, 밖으로는 우레가 동(同)하고 아래로는 험한 물이 있어, 험한 과정을 지나 마침내 풀리는 것을 상징한다. '解'자에는 쇠뿔을 뺀다는 뜻이 있고, 쇠뿔을 단숨에 뽑듯이 풀때는 과감하게 행하여야 한다는 것을 뜻한다. 즉 박원도(朴元度)는 과감하게 용녀와의 관계를 끊어버리면 나라가 안정될 수 있다고 말한 것이다.

좌지왕은 박원도의 간언(諫言)을 옳은 말이라고 여겨 사과하고는 용녀를 하산도(荷山島)로 귀양 보냈다. 또한 정치를 고쳐 행하여 백성을 편안하게 다스렸다고 한다. 그 뒤 도령(道寧) 대아간(大阿干)의 딸 복수(福壽)를 새로운 왕비로 맞아 아들을 낳았다. 이 아들이 금관가야 제7대 취희왕(吹希王)이다.

대부분의 고대 여성은 어머니로서 혹은 누구의 부인이나, 딸이라는 계보 상(系譜上)의 존재로 등장한다. 그런데 용녀는 우리나라 문헌(文獻) 자료에 기록된 첫 유배(流配) 사례의 주인공으로 나타난다.

『삼국유사(三國遺事)』에서는 용녀가 유배를 가야 할 정도로 어떠한 정치적 행동을 했는지에 대해서는 나오지 않는다. 다만 용녀를 왕비로 삼고 그 무리들에게 벼슬을 주자 나라가 소란스러웠다고 하는 것으로 보아, 용녀가 왕비가 된 것 자체가 문제였던 게 아닐까 한다.

혹자는 용녀(傭女)라는 한자(漢字)가 고용(雇傭)살이 하는 여자라는 점에서, 실제 이름이 아니라 신분이 낮은 사람을 뜻하는 것으로, 그런 사람이 왕비가 되고 그 무리들이 관직(官職)을 차지한 것을 문제 삼은 것으로 보기도 한다. 혹은 용녀가 왕비가 된 후 나라가 혼란스러워진 틈을 타 신라가 꾀를 내어 침략하려 했다고 한 것에서, 용녀는 혼인동맹을 통해 가야(伽耶)에 온 신라 출신으로, 신라가 혼인을 정략적으로 이용하려 하면서 문제가 됐던 게 아니었을까 추측하기도 한다. 15년간을 왕위에 있었기에 이 시품왕 대에서는 20세 안팎이었을 것이다. 좌지왕(坐知王)의 치세에는 금관가야(金官伽倻)가 가야연맹(伽耶聯盟) 맹주(盟主)가 아니라, 대가야(大伽倻)가 맹주의 자리에 오른다. 주도권을 잃고 왕권도 약해지고 기강(紀綱)도 약해진 금관가야. 이때 충신(忠臣)의 말을 듣고 간사한 여인을 처단한 부분에서 오랜 재위 기간을 보면 알 수 있듯이, 초기에는 혼군(昏君)으로 보였어도 나중에는 좋은 치세(治世)가 보낸 것 같다.

가야 제7대 취희왕(吹希王)

취희왕(吹希王)혹은 질가왕(叱嘉王)은 가야(伽耶)의 군주(君主)로, 가락국(駕

洛國)의 제7대 국왕(國王)이다. 좌지왕(坐知王)의 아들이며 질지왕(銍知王)의 아버지이다. 일명은 질가(叱嘉)이니 영초(永初) 2년에 즉위하여 31년 동안 나라를 다스리다가 원가(元嘉) 28년 신묘(辛卯)(451) 2월 3일에 죽었다. 왕비는 각간(角干) 진사(進思)의 딸 인덕(仁德)이니 왕자 질지(銍知)를 낳았다.

가야 제8대 질지왕(銍知王)

김질왕(金王)이라고도 한다. 아버지는 7대 취희왕(吹希王)이며, 어머니는 진사(進思) 각간(角干)의 딸 인덕(仁德)이다. 취희왕의 뒤를 이어 왕위에 올랐으며 재위 기간은 451년부터 492년까지이다. 왕비는 김상(金相) 사간(沙干)의 딸 방원(邦媛)이고, 아들은 제9대 겸지왕(鉗知王)이다. 『삼국유사(三國遺事)』 왕력(王歷)에는 질지왕(銍知王)에 대해 김질왕(金叱王)이라는 이칭(異稱)과 아버지와 어머니, 즉위년(卽位年)과 다스린 햇수만을 간략하게 기록하였다. 그러나 『삼국유사(三國遺事)』 권2 기이2 〈가락국기(駕洛國記)〉 조의(造意) 맨 뒷부분에 붙어 있는 가락국 세계에는 "질지왕(銍知王)은 김질왕(金叱王)이라고도 하며 원가(元嘉) 28년(서기 451년)에 즉위하였다."라고 한다.

즉위한 이듬해에 시조인 수로왕(首露王)과 왕후 허황옥(許黃玉)의 명복을 빌기 위하여 그들이 처음 만난 자리에 왕후사(王后寺)라는 절을 짓고 전(田) 10결을 주어 비용으로 쓰게 하였다고 한다. 또한 『삼국유사(三國遺事)』 권3 탑상(塔像)4 금관성파사석탑(金官城婆娑石塔) 조에도 제8대 질지왕(銍知王) 2년 임진(壬辰)에 왕후사(王后寺)를 창건하여 당시까지 복을 빌고 남왜(南倭)를 진압하는 역할을 한다고 되어 있으며 치세 42년인 영명(永明) 10년(492) 임신 10월 4일에 붕(崩)하였다. 왕비는 김상(金相) 사간(沙干)의 딸 방원(邦媛)이고, 왕자 겸지(鉗知)를 낳았다.

왕후사(王后寺)의 창건과 연혁(沿革)에 대해서는 『삼국유사(三國遺事)』 권2 기이2 가락국기조(駕洛國記造)의 본문에 더욱 자세히 전한다. 그에 따르면 수로왕의 8대손인 김질왕(金叱王)이 정사(政事)에 부지런하고 간절히 불법(佛法)을 숭상하였는데, 원가(元嘉) 29년 임진(壬辰)에 세조(世祖) 거등왕(居登王))의 어머니 허황후(許皇后)의 명복을 빌기 위해 수로와 황후가 합혼(合婚)한 곳에 왕후사(王后寺)라는 절을 세우고, 사자(使者)를 보내 전(田) 10결을 바쳐 삼보(三寶)의 공양(供養) 비용으로 삼게 했다고 한다. 그 후 500년이 지나 장유사(長遊寺)를 세우고 전시(田柴) 300결을 바쳤는데, 왕후사(王后寺)가 장유사(長遊寺) 시지(柴地)의 동남쪽 표(標) 안에 있으므로 왕후사(王后寺)를 없애고 전장(田莊)으로 만들었다는 것이다.

한편 질지왕(銍知王)을 남제서(南齊書)에 보이는 '하지왕(荷知王)'과 동일 인물로 보기도 한다. 즉 "남제서(南齊書) 권58 열전39 만동남이(蠻東南夷) 가라(加羅)조에는 건원(建元) 원년 국왕 하지(荷知)가 사신을 보내와 방물(方物)을 바쳤고, 이에 조서(詔書)를 내려 보국장군본국왕(輔國將軍本國王)으로 삼았다(建元元年 國王荷知使來獻 詔曰 …可授輔國將軍本國王)."는 기록이 있다. 하지가 남제(南齊)에 사신을 보낸 건원(建元) 원년(서기 479년)은 질지왕 대(銍知王代)에 해당되므로, 하지왕은 곧 질지왕으로 볼 수 있다는 것이다. 그러나 하지왕은 제9대 겸지왕(今西龍), 또는 대가야의 왕으로 여겨지기도 하므로, 이를 곧 질지왕으로 단정할 수는 없을 듯하다. 질지왕은 영명(永明) 10년(492) 임신(壬申) 10월 4일에 죽었다. 질지왕과 왕비 김상(金相) 사간(沙干)의 딸 방원(邦媛) 사이에서 낳은 아들 겸지(鉗知)가 질지왕의 뒤를 이어 왕위에 올랐다.

가야 제9대 겸지왕(鉗知王)

김겸왕(金鉗王)이라고도 한다. 김(金)은 성(姓)이고, 겸지(鉗知)가 이름이나, 지(知)는 가야(伽耶)와 신라인의 이름에 붙는 어미로서 실제의 이름은 '겸(鉗)'이다. 아버지는 질지왕으로 김질왕(金王)으로도 불리었으며, 어머니는 사간 김상의 딸 방원이다. 왕비는 각간(角干) 출충(出忠)의 딸로 숙(淑)이며, 아들은 금관가야 마지막 왕인 구형왕(仇衡王)이다. 492년에 즉위하여 30년간 재위하였다.

일본인 학자들은 『삼국유사(三國遺事)』에 인용된 〈가락국기(駕洛國記)〉의 사료적(史料的) 신빙성(信憑性)을 부정하고, 제7대 취희왕(吹希王), 제8대 질지왕, 제9대 겸지왕을 가야금을 만들었다고 전하는 가실왕(嘉實王, 또는 嘉悉王)과 모두 같은 인물로 보고 있다. 그러나 그러한 견해는 대가야(大伽倻) 등과 같은 금관가야 이외의 가야국을 인정하지 않은 견해로서 재고되어야 할 것이다.

가야 제10대 구형왕(仇衡王, 521~532)

구형왕(仇衡王)은 겸지왕과 각간(角干) 출충(出忠)의 딸인 숙(淑)의 사이에서 태어났다. 그는 김해(金海) 금관가야의 제10대 왕이자 마지막 왕이다. 구형왕(仇衡王)을 구해왕(仇亥王)이라고도 한다.

532년 법흥왕(法興王, 19년)에게 왕비 및 세 아들 노종(奴宗), 무덕(武德), 무력(武力)과 함께 국고(國庫)의 보물을 가지고 신라에 항복하였다. 신라는 그들을 예(禮)로써 대접(待接)하고, 구형왕(仇衡王)에게 상등(上等)의 벼슬을 주고, 그 본국을 식읍(食邑)으로 삼게 하였다.

『삼국유사(三國遺事)』〈가락국기(駕洛國記)〉에는 금관가야의 멸망 연대(年代)를 진흥왕(眞興王 23년, 서기 562년)으로 기록해놓고 있으며 한편으로는 법흥왕(法興王,19년, 서기 532년)이라는 사실도 함께 제시하고 있다.

또한 〈가락국기(駕洛國記)에〉 의하면 구형왕(仇衡王)의 왕비는 분질수이질(分叱水爾叱)의 딸 계화(桂花)는 세 아들의 이름은 세종(世宗)·무도(茂刀)·무득(茂得)이라 하였는데,『삼국사기(三國史記)』의 이름과 표기가 다를 뿐이다.

구형왕(仇衡王)의 셋째 아들 김무력(金武力)은 관산성(管山城)전투에서 백제의 성왕(聖王)과 좌평(佐平) 4명을 죽이는 큰 공을 세우는 등 많은 무공(武功)을 세워 각간(角干)의 벼슬까지 올랐다. 김무력(金武力)의 손자가 바로 김유신(金庾信)이다. 금관가야는 멸망하였지만, 그 왕족은 진골귀족으로 신라에 편입되어 신 김 씨(新金氏)라 불리면서 신라의 왕족에 준하는 대우를 받았다.

〈가락국기(駕洛國記)〉의 관련 내용을 그대로 인용하면

겸지왕(鉗知王) 김겸왕(金鉗王)이라고도 한다. 영명(寧明) 10년에 즉위, 치세(治世) 30년, 정광(正光) 2년 신축(辛丑, 서기 521년) 4월 7일에 붕어함. 왕비는 출충(出忠)각간(角干)의 딸 숙(淑), 왕자(王子) 구형(仇衡)을 낳았다고 하였다.

김 씨는 정광(正光) 2년에 즉위. 치세(治世)는 42년 보정(寶鼎) 2년 임오(壬午, 서기562년) 9월에 신라 제24대 진흥왕(眞興王)이 군사를 일으켜 쳐들어오자, 왕이 친히 군사를 지휘했다. 그러나 적병(敵兵)의 수는 많고 이쪽은 적으므로 대전(對戰)할 수 없었다. 이에 왕은 동기(同氣) 탈지(奪志) 이질금(尼叱今)을 보내어 본국에 머물러 있게 하고, 왕자(王子)와 장손(長孫) 졸지공 등과 함께 항복하여 신라로 들어갔다. 진흥왕(眞興王) 때가 아니라 법흥왕(法

興王) 19년의 일이다. 『삼국사기(三國史記)』〈신라본기(新羅本紀)〉에는 김구해 (金仇亥) 충왕이 왕비 및 장남 노종(奴宗), 중남(中男) 무덕(武德), 계남(季男) 무력(武力)과 함께 신라에 항복했다고 되어 있다.

왕비는 분즐수이즐의 딸 계화(桂花)로, 세 아들을 낳았는데 첫째는 세종(世宗) 각간(角干), 둘째는 무도(武道) 각간, 셋째는 무득(武得) 각간이다. 〈개황록(開皇錄)〉에 보면, 양(梁)의 무제(武帝) 중대통(中大通) 4년 임자(壬子, 서기 532년)에 신라에 항복했다고 했다.

금관가야 역대표

왕대	왕조 명칭	재위(서기) 기간	재임 연도
1	수로왕(首露王)	42년~199년	157년간
2	거등왕(居登王)	199년~253년	54년간
3	마품왕(麻品王)	253년~291년	38년간
4	거질미왕(居叱彌王)	291년~346년	55년간
5	이시품왕(伊尸品王)	346년~407년	61년간
6	좌지왕(坐知王)	407년~421년	14년간
7	취희왕(吹希王)	421년~451년	30년간
8	질지왕(銍知王)	451년~491년	40년간
9	겸지왕(鉗知王)	491년~521년	30년간
10	구형왕(仇衡王)	521년~532년	11년간

제7장

『삼국사기(三國史記)』

간추린 통합 사기(史記)

〈BC 58년~서기 532년〉 사기

- BC 58년 주몽(朱蒙)이 동부여(東夫餘)왕의 신임(信任)을 받자 이를 반대 공신(功臣)들이 주몽을 모해(謀害)하니 피신하여 졸본부여(卒本夫餘)로 가서 제7대 북부여왕(北夫餘王)이 되고 나라를 세우고 국호를 고구려라 하고 시조(始祖)가 된 다음 성씨를 고 씨(高氏)로 하여 고주몽(高朱蒙)이라 했다.

- BC 57년 혁거세(赫居世)는 서벌(徐伐) 6촌장(村長)들이 박혁거세를 왕으로 추대하고 국호를 서라벌(徐羅伐)이라 하였다. 뒤에 다시 국호를 신라로 바꾸었다. BC 53년 알영(閼英)을 박혁거세왕의 비(妃)로 삼았다.

- BC 50년 왜(倭)가 신라를 침범하다가 패배하고 도망갔다.

- BC 36년 고구려는 불유국(沸流國) 송양왕(松讓王)과 합병(合併)하고 송양(松陽) 공주(公主)를 고구려 태자 유리(瑠璃)의 비(妃)로 삼았다.

- BC 34년 고구려는 성곽(城廓)과 궁실(宮室)을 세웠다.

- BC 32년 신라는 금성(金城)에 궁실(宮室)을 세웠다.

- BC 32년 고구려는 태백산(太白山=백두산) 동면(東面)에 있는 행인국(荇人國)을 정벌하였다.

- BC 28년 (10월) 고구려는 북옥저(北沃沮)를 멸(滅)하고 합병(合併)했다

- BC 28년 (4월) 낙랑(樂郞)이 신라를 공격하다가 퇴각(退却)했다.

- BC 24년 고구려 동명왕(東明王)의 어머니 유화 부인(柳花夫人)이 사망(死亡)하니 동부여(東扶餘)의 금와왕(金蛙王)은 태후(太后)의 예(禮)로 장사 치른 다음 신묘(神廟)를 세웠다.

- BC 20년 2월 신라는 호공(瓠公)을 마한(馬韓)에 보내 교빙(交聘=사신 교환)하 였다.

- BC 19년 마한(馬韓)의 왕이 죽으니 신라에서 사신을 마한(馬韓)에 보내 조문(弔文)했다.

- BC 19년 신라는 아진포(阿珍浦=포항) 앞바다에 표류(漂流)하던 알에서 탈해(脫解)가 탄생함.

- BC 19년 (9월) 고구려 동명왕(東明王)의 춘추(春秋=나이) 60세에 붕어(崩御)하시니 태자유리(留離)가 왕으로 즉위했다.

- BC 18년 백제 불류(沸流) 온조(溫祚) 형제는 졸본(卒本) 고구려에서 남하(南下)하여 온조(溫祚)가 하남위례성(河南尉禮城)에 백제국(百濟國)을 세웠다.

- BC 17년 고구려 유리왕(留離王)는 황조가(黃鳥歌)를 지어 부르게 하였으며

- BC 17년 백제는 을음(乙音)을 우보(右輔)로 삼았다.

- BC 16년 (9월) 말갈(靺鞨)이 백제 북쪽경계를 습격했다.

- BC 15년 백제는 낙랑(樂郞)에 사신을 보내 수교(修交)했다.

- BC 11년 (2월) 말갈(靺鞨)은 백제 위례성(慰禮城)을 포위하고 백제를 대부현(大斧峴)에서 격파하였다. 7월 백제는 마수성(馬首城)을 쌓았으며 낙랑(樂郞)과 화친(和親)했다.

- BC 9년 (4월)고구려는 선비국(鮮卑國)을 공격하여 투항시켰다.

- BC 9년 말갈(靺鞨)은 백제 북쪽 경계를 습격했다.

- BC 8년 (4월) 낙랑(樂浪)은 말갈(靺鞨)로 하여금 백제 병산책(瓶山柵=울타리)을 습격하게 하였고, 7월 백제는 독산(禿山) 구천책(狗川柵)을 구축하

여 낙랑(樂浪)의 길을 막았다.

- BC 6년 (1월) 동부여(東扶餘) 대소왕(帶素王)은 고구려 왕자(王子)를 인질 (人質)로 삼고자 요구하였고

- BC 6년 (7월) 백제는 한산(漢山)에 책(柵)을 세우고 위례(慰禮)의 민호(民戶, 백성의 집)을 옮기게 하고, 8월에 백제는 마한(馬韓)에 견사(遣使)하니 마한은 백제 경계(警戒)를 제정했다.

- BC 5년 (1월) 백제는 도읍을 하남(河南) 위례성(慰禮城)에서 한산(漢山)으로 천도(遷都)하고 7월 백제는 한강서북(漢江西北)에 축성(築成)하고 한성(漢城) 민호(民戶)를 옮겼다.

- BC 4년 (1월) 백제는 궁실(宮室)을 세웠다.

- BC 2년 (1월)낙랑(樂浪)은 백제의 위례성(慰禮城)을 불태웠으며, 4월 백제는 국모(國母=소서노)의 묘(廟)를 세웠다.

- BC 1년 (10월) 백제는 말갈(靺鞨)을 칠중하(七重河)에서 격토(擊討)시키고 말갈의 추장(酋長)을 사로잡았다.

- 서기 3년 (10월) 고구려는 국도(國都)를 졸본부여(卒本扶餘)에서 국내성 통구(通溝)로 천도하고 그곳에 위나엄성(尉那巖城)을 쌓았다.

- 서기 4년 신라의 남해왕(南解王)은 금년(今年) 3월 박혁거세 왕이 붕어(崩御)하시고 아들 남해(南解)가 즉위하고 7월 낙랑(樂浪)이 신라를 습격했다.

- 서기 4년 (8월) 백제는 석두(石頭)에 고목성(高木城)을 쌓았고 9월 백제는 말갈(靺鞨)을 대부현(大斧峴)에서 격파했다.

- 서기 6년 (1월) 신라는 박혁거세를 신라의 시조(始祖)로 추증(追增)하였다.

- 서기 6년 백제는 마한(馬韓) 땅을 침범하였다.

- 서기 8년 (1월) 신라 남해왕(南解王)의 장녀를 탈해 석 씨(脫解昔氏)와 혼인시켰다.

- 서기 8년 (10월) 백제는 마한(馬韓)을 공격하고 그 국읍(國邑)을 병합(倂合)

했는데, 원산(元山)과 금현(錦峴) 이성(二城)은 항복하지 않았다.

- 서기 9년 (4월) 마한(馬韓)의 원산(元山)과 금현(錦峴) 이성(二城)이 백제에 항복하고 마한(馬韓)은 멸망했다. (7월) 백제는 대두산성(大豆山城)을 쌓았다.

- 서기 9년 (8월) 부여(夫餘) 대소왕(帶素王)이 고구려에 사대(事大=약자가 강자를 사귐)을 권고했다.

- 서기 10년 (2월) 백제는 다루(多婁)를 태자로 삼고 내외 병사를 맡겼다.

- 서기 10년 (7월) 신라는 석탈해(昔脫解)를 좌보(左輔)로 삼아 군국정사(軍國政事)를 맡겼다.

- 서기 12년 왕망(王莽=중국 신한의 왕 이름)은 고구려군을 순노(徇奴=북부여 5부족의 하나)를 정벌에 동원하고자 하는데 불응하자, 고구려 왕을 하구려후(下句麗侯)로 강등한다고 포고하였다.

- 서기 13년 (1월) 백제는 국내 민가(民家)를 남북 이부(二部)로 나누었다.

- 서기 13년 (11월) 동부여(東扶餘)가 고구려를 공격했는데, 고구려 왕자 무휼(無恤)이 나가서 학반령(鶴盤嶺)에서 동부여군(東扶餘軍)을 격파했다.

- 서기 14년 (8월) 고구려는 양맥(梁貊)을 멸하였다. 그러나 신한(新漢)이 고구려현(高句麗縣)을 공략하였다.

- 서기 14년 낙랑(樂浪)은 신라 금성(金城)을 습격했고 왜(倭) 병선 100여척(隻)이 와서 해변의 민가를 공략하였다.

- 서기 15년 (8월) 백제는 동서 이부(東西二部)를 증설했다.

- 서기 16년 (10월) 구마한(舊馬韓)의 장수 주근(周勤)이가 백제에 항전(抗戰)해옴으로 곧 토벌했다.

- 서기 18년 (7월 8월) 백제는 탕정성(湯井城)과 고하부리성(古河夫里城)을 쌓고 원산(元山) 금현(錦峴)의 2성을 개축했다.

- 서기 18 (10월) 고구려 제2대 유리왕(瑠璃王)이 붕어하니 아들 무휼(無恤)

이 제3대 고구려 왕이 됐다.

- 서기 18년 무휼은 유리왕과 송양여(松讓女) 사이에서 셋째 아들로 태어나 병마(病魔)로 시달리는 아버지를 대신하여 군사를 이끌고 동부여의 침략을 괴멸시켰던 전술가이다. 고구려와 불류국(弗留國)을 합병하였던 불류국(弗留國) 외손자 무휼은 할아버지 동명왕이 세운 고구려의 군사력의 위상을 강화시켜 할아버지의 원수를 갚았다.

- 서기 19년 (4월) 예맥(穢貊)은 북명(北溟. 북명주) 강릉(江陵) 사람이 경작하던 밭을 얻은 예왕(濊王) 인(印, 조서)을 신라에 바쳤다.

- 서기 19년 (4월) 한강 북동부에 사는 백제인 1천여 호가 기황(饑荒=굶주린)하는 사람들이 고구려를 옮겨갔으니 백제의 패수(浿水) 대방(帶方) 사이가 공지(空地)가 되었다.

- 서기 20년 (2월) 백제의 온조왕(溫祚王)은 주양(走讓=춘천 지방) 패하(浿河=예성강) 등 북쪽 국경을 순행(巡幸)하였다.

- 서기 20년 (3월) 고구려는 동명왕 묘를 세웠으며 (10월)에는 동부여가 고구려에 견사(遣使)하여 교역을 원하였다.

- 서기 22년 (2월) 고구려 대무신왕(大武神王)은 동부여를 침공하여 대소왕(帶素王)을 죽였다. (4월) 동부여는 대소(帶素)의 동생을 왕으로 삼았다. (9월) 대소왕(帶素王)의 종제(從弟)는 군사 1만 명을 데리고 고구려에 투항했다.

- 서기 22년 말갈은 백제의 술천성(述川城) 려천(驪川) 지방 부현(斧峴)을 습격했다.

- 서기 23년 (1월) 백제는 해루(解婁)를 우보(右輔)로 삼았고, (2월) 백제는 위례성(尉禮城)을 개수(改修)했다.

- 서기 24년 (9월) 신라에서는 남해왕(南解王)이 붕어(崩御)하고 아들 유리(儒理)가 신라 제3대 왕으로 즉위했다. 신라를 자주 침공하던 말갈(靺

鞨)의 왕조한(王調漢)이 낙랑태수(樂浪太守) 유헌(劉憲)을 죽이고 대장군(大將軍)이 낙랑 태수라 자칭하였다.

- 서기 25년 (3월) 고구려는 을두지(乙豆智)를 우보(右輔)로 삼고 군국사(軍國事)를 맡겼다.

- 서기 25년 (10월) 남옥저인(南沃沮人) 20여 가(家)가 부양(斧壤)에 이르러 백제에 투항해 왔다.

- 서기 26년 (10월) 고구려는 개마국(蓋馬國)을 멸망시켰다. (12월)구다국왕(句茶國王)은 고구려에 투항해 왔다.

- 서기 27년 (1월) 고구려는 을두지(乙豆智)를 좌보(左輔)로 삼고 송옥구(松屋句)를 우보(右輔)로 삼아 군국사(軍國事)를 맡겼다.

- 서기 28년 (3월) 백제의 온조왕(溫祚王)이 붕어하고 아들 다루(多婁)가 백제 2대 왕으로 즉위했다.

- 서기 28년 (7월) 한(漢)나라 요동군(遼東郡) 태수(太守)가 고구려의 위나엄성(尉那巖城)을 포위했다.

- 서기 28년 신라는 밭갈이하는 쟁기(耕機)를 처음 사용했고 장빙고(藏氷庫)와 수레를 사용했다. 신라의 유리왕 때 '도솔가(兜率歌)'를 지었으며 경덕왕(景德王) 때는 월명사(月明師)가 작사한 사구체(四句体)의 향가(鄕歌)가 있었다.

- 서기 30년 (10월) 백제는 말갈(靺鞨)을 마수산(馬首山)에서 격파했고, 한(漢)은 왕준(王遵)을 보내서 낙랑군(樂浪郡)에 왕조(王調)의 난(亂)을 평정하였다. 한은 낙랑군의 동부도위(東部都尉)를 폐지하고 이로서 한의 군현(郡縣)을 없애고 서북부만 남겼다.

- 서기 31년 (8월) 백제는 말갈(靺鞨)을 고목성(高木城)에서 격파했다.

- 서기 32년 신라는 경주(慶州) 6촌을 개칭(改稱)하고 성씨를 사성(賜姓)했다. 신라는 이벌손(伊伐飡) 이손(伊飡) 등의 17관청을 두었으며 신라는

추석(秋夕)의 가배(嘉俳) 놀이를 하였다.

- 서기 32년 (4월) 고구려는 낙랑(樂浪)을 공격하여 항복을 받았으며, (12월) 고구려가 후한(後漢)에 사신을 보내 수호(修好)를 청했다.

- 서기 33년 (2월) 백제는 남부의 주군(州郡)에서 도전(稻田=밭에 벼농사)을 시작했다.

- 서기 34년 (2월) 백제(白帝)는 흘우(屹于)를 우보(右輔)로 삼았다. (9월) 말갈 (靺鞨)은 백제의 마수성(馬首城)을 불태웠다. 겨울에 말갈은 백제의 병산 책(瓶山柵)을 습격하였다.

- 서기 36년 (8월) 낙랑은 신라의 북쪽변두리 계산성(癸山城)을 공략했다.

- 서기 37년 고구려가 낙랑(樂浪)을 공멸시켰는데 낙랑인 5,000과 대방인 (大邦人=한사군 시대 중국 사람)들이 신라에 귀투(歸投)했다. 이 해(10월) 백제 는 흘우(屹于)를 좌보(左輔)로 진회(眞會)를 우보(右輔)로 삼았다.

- 서기 40년 (9월) 화려(華麗=고구려 국호를 지을 때 높은(高=주몽의 성씨)와 어구(語 句) 글자 구절은 아름답고 빛난 것이라 하였다. 이는 고구려의 준말로 화려(華麗)라 하였다. 불내현(不耐縣, 원산 지방) 사람은 기병(騎兵)으로 신라 북쪽 경계를 습격했는데, 맥인(貊人, 고구려의 예맥 부족)이 이를 격파했다.

- 서기 42년 (3월) 신라의 김해(金海) 지방에서 가락국 시조 수로왕(首露王) 이 건국하였다. 신라는 이서국(伊西國)을 멸망시켰다.

- 서기 44년 (9월) 후한(後漢)은 해로(海路)로 군사를 보내 살수(薩水, 청천강) 유역에 낙랑군을 회복시켰다.

- 서기 44년 (10월) 고구려는 대무신왕(大武神王=무휼)이 붕어하고 아우 해 읍(解邑)이 민중왕(閔中王)으로 즉위했다. 이 해 마한(馬韓)의 렴사부락인 (廉斯部落人) 소마시(蘇馬諟=사람 이름) 등은 낙랑군에 투항했다.

- 서기 47년 (10월) 고구려는 잠지부락(蠶支部落)의 대가대승(大加戴勝) 등 1 만여 호(戶)가 후한(後漢)의 낙랑군에 투항했다.

- 서기 48년 고구려 민중왕(閔中王)이 서거하고 해우(解憂)가 제5대모 본왕 (慕本王)으로 즉위했다.
- 서기 48년 (7월) 가락국은 왕비를 허씨(許氏)를 삼고 가락(駕洛)의 9간(干) 을 개칭했다.
- 서기 49년 고구려는 후한(後漢)의 북평(北平) 어양(漁陽) 상곡(上谷) 대원 (大原)을 공격하였다.
- 서기 49년 (10월) 북부여는 후한에 사신을 보내 수교하기로 했다.
- 서기 24년 (11월) 고구려는 두노(杜魯)라는 장수가 정변(政變)을 일으켜 모 본왕(慕本王)을 시해하고, 조카 궁(宮)이 제6대 태조왕(太祖王)이라 하였 다. 왕이 아직 연유(年幼)하여 태후(太后)가 수렴청정(垂簾聽政)하였으며, 태조로부터 고구려 왕손(王孫)은 계루부(桂婁部) 출신이 고구려의 왕계 (王系)를 고정(固定)하게 된다.
- 서기 55년 (2월) 고구려는 요서(遼西) 10성을 쌓고 후한(後漢)에 대비했다.
- 서기 55년 (8월) 말갈은 백제 북쪽 경계를 습격했다.
- 서기 56년 (2월) 백제는 우곡성(牛谷城)을 쌓아 말갈에 대비했다.
- 서기 56년 (7월) 고구려는 동옥저(東沃沮)를 정복하고 고구려의 영역이 동쪽은 창해(滄海), 남쪽은 살수(薩水)에 이르렀다.
- 서기 57년 (10월) 신라 유리왕이 붕어하고 탈해 석 씨(脫解昔氏)가 제4대 탈해왕(脫解王)으로 즉위했다.
- 서기 58년 (1월) 신라는 호공(瓠公)을 대보(大輔)로 삼았다.
- 서기 59년 (5월) 신라는 왜국(倭國, 일본)과 교빙(交聘, 서로 사귐)하였다.
- 서기 61년 (8월) 마한(馬韓)의 장수 맹군(孟君)은 복암성(覆巖城)에 둘려 신 라에 투항했다.
- 서기 63년 (10월) 백제왕은 낭자성(娘子城)에서 신라왕과 회견(會見)을 요 청하였으나 신라에서 이를 불응했다.

- 서기 64년 (10월) 백제는 신라의 와산성(蛙山城)을 습격했으나 신라는 기병(騎兵) 2천 명으로 격퇴시켰다.

- 서기 65년 신라는 금성시림(金城始林)에서 백계(白鷄)와 함께 금독(金犢)에서 남아(男兒) 김알지(金閼智)를 얻었으며 국호를 계림(鷄林)으로 고쳤다.

- 서기 66년 백제는 신라의 와산성(蛙山城)을 습격했다.

- 서기 67년 (1월) 신라는 박혁거세의 유적으로 국내의 주(州)와 군(郡)을 분장(分掌)하고 주주(州主) 군주(君主)라고 부르게 하였다. (2월) 신라는 순정(順貞)을 이벌손(伊伐湌)으로 삼아 정사를 맡겼다.

- 서기 68년 (8월) 갈사국(曷思國)은 고구려에 투항했다.

- 서기 72년 (2월) 고구려는 조나국(藻那國)을 공격하여 왕을 사로잡아 포박(捕縛)했다.

- 서기 73년 (5월) 왜(倭=일본)은 신라의 목출도(木出島)를 습격했다.

- 서기 74년 백제는 신라의 도읍 변두리를 습격했고

- 서기 74년 고구려는 주나국(朱那國)을 공격하여 왕자를 사로잡았다.

- 서기 75년 (10월) 백제는 신라 와산성(蛙山城)을 습격했다.

- 서기 76년 (9월) 신라는 와산성(蛙山城)을 수복(收復)했다.

- 서기 77년 (8월) 신라는 가야군을 황산진(黃山津)에서 격파했다.

- 서기 77년 (9월) 백제의 다루왕이 붕어하고 아들 기루(己婁)가 즉위했다.

- 서기 79년 신라는 오후산국(于尸山國.울릉도와 독도)을 쳐서 거칠산국(居漆山國)을 멸망시켰다.

- 서기 80년 (9월) 신라 탈해왕(脫解王)이 붕어하고 파사(婆娑)가 왕으로 즉위했다.

- 서기 84년 (5월) 계림(鷄林. 신라 고호였으나 나중에 계림주(鷄林州라 하였다)의 고타(古陁) 군주(君主)가 청우(靑牛, 청색소)를 나라에 바쳤다.

- 서기 87년 (7월) 신라는 가소(加召) 마두(馬頭)의 2성을 쌓았다.

- 서기 90년 (7월) 신라는 어사(御事) 10명을 나누어 보내 주주(州主)와 군주(郡主)를 염찰(廉察)하였다.

- 서기 94년 (2월) 마두성(馬頭城)을 습격한 가야군(伽倻軍)을 신라 기마병 1천이 가서 격퇴시켰다.

- 서기 96년 (9월) 가야는 신라 남변(南邊)을 습격했다.

- 서기 101년 (2월) 신라는 금성(金城) 동남(東南)쪽에 월성(月城)을 쌓고 왕(王)이 이거(移居)하였다.

- 서기 102년 (8월) 신라는 음즙벌국(音汁伐國)을 공멸(攻滅)시키고, 실직국(悉直國)과 압독국(押督國)을 공멸시키고 실직국(悉直國)과 압독국(押督國)은 신라에 항복했다.

- 서기 104년 (7월) 실직국(悉直國)에서 모반(謀扳, 내란)이 일어나 신라가 이를 토평(討平)시켰다.

- 서기 105년 (1월) 백제는 신라에 견사(遣使)하여 강화(講和. 화합의 말씀)을 전했고

- 서기 105년 고구려는 한(漢)나라의 요동(遼東) 6현(六縣)을 공략하다가 요동 태수에게 물러섰다.

- 서기 106년 (1월) 신라 왕은 압독(押督)을 순무(巡武)하셨으며 (8월) 신라의 마두(馬頭) 성주(城主)가 가야를 습격했다.

- 서기 108년 (8월) 신라는 비지국(比只國) 다벌국(多伐國) 초팔국(草八國)을 병합)했다.

- 서기 108년 말갈이 백제의 우곡성(牛谷城)을 습격했다.

- 서기 109년 고구려는 후한(後漢)에 사신을 보냈다.

- 서기 111년 북부여 단제(檀帝=단군)는 장(將帥) 보(步兵) 기(騎兵) 8천 명으로 후한(後漢)의 낙랑부(樂浪部)를 습격(襲擊)하였다.

- 서기 111년 고구려는 후한에 견사(遣使)를 보냈다.

- 서기 111년 신라는 백제의 나기부(奈己部)를 점령했다.
- 서기 112년 (10월) 신라의 파사왕(婆娑王)이 붕어하심에 아들 지마(祇摩)가 제6대 왕으로 즉위했다.
- 서기 113년 (3월) 백제는 신라에 견사(遣使)를 보냈다.
- 서기 115년 (2월) 가야는 신라와 낙동강 황산(黃山)에서 큰 싸움이 있었고 (7월) 신라 왕이 보병과 기병을 투입시켜 가야군을 황산에서 격퇴시켰다.
- 서기 116년 (8월) 신라왕은 병력 2만으로 가야를 공격했으나 승산 없이 귀환했다.
- 서기 118년 고구려는 예맥(濊貊)과 함께 한(漢)나라의 현토군(玄菟郡)과 화려성(華麗城)을 습격했다.
- 서기 120년 북부여는 왕자 위구태(尉仇台)를 후한에 사신으로 보냈다.
- 서기 121년 (1월) 후한(後漢) 유주자사(幽州刺史), 현토군 태수(玄菟郡太守), 요동군 태수(遼東郡太守) 등이 고구려를 공격했다. 고구려는 현토군과 요동군을 역습하여 그 성(城)을 불 지르고 2천여 명을 살육했다. (4월) 고구려와 선비(鮮卑)는 요동군의 요대현(遼帶縣)을 습격하여 요동 태수 채풍(蔡諷)을 죽였다.
- 서기 122년 (2월) 고구려는 마한(馬韓)과 예맥(濊貊)이 합세하여 요동군을 공격했는데, 부여(夫餘)는 요동군을 지원(支援)하였다. (7월) 고구려는 요동군(遼東郡)의 민호(民戶)를 돌려보냈다.
- 서기 123년 (3월) 신라는 왜국(倭國)과 수교(修交)를 했다.
- 서기 123년 (10월) 고구려는 목도루(穆度婁)를 좌보(左輔)로 고복장(高福章)을 우보(右輔)로 삼았다.
- 서기 124년 (10월) 고구려는 후한에 견사(遣使)를 보냈다.
- 서기 125년 (1월) 말갈은 신라의 북쪽 국경을 공격했다. (7월) 말갈은 신

라의 대령책(大嶺柵)을 습격했는데 백제는 신라에 원병(援兵)을 보냈다.

- 서기 128년 (11월) 백제의 기루왕(己婁王)이 서거하고 아들 개루(蓋婁)가 제4대 왕으로 즉위했다.

- 서기 132년 (2월) 백제는 북한산성(北漢山城)을 쌓았다.

- 서기 132년 (7월) 고구려는 관나(貫那) 환나(桓那) 비유나(沸流那) 등 제나 출신(諸那出身)들 왕제(王弟) 수성(遂成)을 옹립하고자 했다.

- 서기 134년 (8월) 신라의 지마왕(祗摩王)이 서거(하고 일성(逸聖)이 제7대 왕으로 즉위했다.

- 서기 136년 (1월) 신라는 웅선(雄宣)을 이손(伊飡)으로 삼아 내외병마사(內外兵馬事)를 겸지(兼知)하게 하였다. 부여 왕은 후한 수도에 갔다 왔다.

- 서기 137년 (2월) 신라의 장령(長嶺) 오책(五柵)을 말갈이 불태워버렸다.

- 서기 138년 (2월) 신라는 정사당(政事堂)을 두었다. (10월) 신라 왕은 태백산(太白山, 백두산)을 순방(巡房)하고 몸소 제사를 지냈다.

- 서기 139년 (8월) 말갈(靺鞨)은 신라 장령(長嶺)을 습격했다.

- 서기 144년 (2월) 신라의 민간의 금은주옥(金銀珠玉)의 사용을 금지하고 신라 제군(諸郡)의 제방을 보수하게 하였다.

- 서기 146년 (8월) 고구려는 요동군(遼東郡) 서안평현(西安平縣)을 습격하고 또 낙랑군을 습격하여 대방령(帶方令)을 죽이고 낙랑군의 태수 처자(妻子)를 포로로 잡았다.

- 서기 146년 (10월) 신라의 압독반란(押督反亂)을 일으키자 신라가 이를 토평(討平)했다.

- 서기 146년 고구려의 동생수성(遂成)이 제6대 태조왕(太祖王)을 내쫓고 제7대 차대왕(次大王)으로 즉위했다.

- 서기 147년 (2월) 고구려는 미유(彌儒)를 좌보(左輔)로 하고, (3월) 고구려는 우보(右輔) 고복장(高福章)을 죽였으며, (5월) 고구려는 어지유(菸支留)

를 좌보로 정했다.

- 서기 148년 (4월) 고구려 차대왕(次大王)은 태조왕(太祖王)의 원자(元子) 막근(莫勤)과 그의 동생 막덕(莫德)을 죽였다.
- 서기 154년 (2월) 신라의 일성왕(逸聖王)이 붕어(崩御)하시고 아들 아달라(阿達羅)가 제8대 왕으로 즉위했다. (3월) 신라는 기원(機元)을 이손(伊湌)으로 삼군국정사(軍國政事)를 맡겼다.
- 서기 156년 (4월) 신라는 계입령(鷄立嶺)에 길을 내어 개통했다.
- 서기 157년 신라는 연오랑(延烏郎) 세오녀(細烏女)가 왜(倭)로 건너갔다. (3월) 신라 왕은 장령진(長嶺鎭)을 순행(巡幸)했다.
- 서기 158년 (3월) 신라는 죽령로(竹嶺路)를 내어서 개통했고 또는 왜(倭)가 신라에 내빙(來聘)했다.
- 서기 165년 (3월) 고구려 태조왕(太祖王)이 서거했는데 나이가 119살이라 했다. (10월) 고구려 명림답부(明臨答夫)가 차대왕(次大王)을 시해(弑害)하고 왕제(王弟) 백고(伯固)가 제8대 신대왕(新大王)으로 즉위했다.
- 서기 165년 (10월) 신라는 아손길선(阿湌吉宣)이 모반하고 백제로 달아났다.
- 서기 166년 (1월) 고구려 전왕(차대왕, 次大王)의 아들 추안(鄒安)를 양국군(讓國君)으로 삼고 명림답부(明臨答夫)를 국상(國相)으로 삼아 내외 병마사(內外兵馬事)라 하였다.
- 서기 166년 백제의 개루왕(蓋婁王)이 서거하고, 아들 초고(肖古)가 제5대 왕으로 즉위했다.
- 서기 167년 (7월) 백제는 신라 서변(西邊)을 습격하니 신라가 대거(大擧) 반격(反擊)하였다.
- 서기 167년 (7월) 부여(夫餘)왕 부태(夫台)는 병력 2만 명으로 후한 현도군(玄菟郡)을 공격했다.

- 서기 168년 (4월) 한(漢)나라의 현도태수(玄菟太守) 탐림(耽臨)이 고구려를 습격했다. (12월) 고구려의 선비(鮮卑)는 후한의 유주(幽州)와 정주(井州)를 공격했다.
- 서기 169년 공손도(公孫度)가 현도 태수(玄菟太守)로 부임하자 반 독립적으로 요동 지방이 되었는데 고구려가 도움을 주었다.
- 서기 172년 (11월) 후한은 고구려를 습격하니 고구려는 이를 좌원(坐原)에서 공격하여 대파시켰다.
- 서기 179년 (9월) 고구려 국상(國相) 명림답부(明臨答夫)가 사망하였고, (12월) 고구려 신대왕(新大王)이 서거하자 아들 명무(明武)가 제9대 고국천왕(故國川王)으로 즉위했다.
- 서기 180년 (2월) 고구려 제나부(提那部)의 우씨녀(于氏女)를 왕후(王后)로 삼았다.
- 서기 184년 (3월) 신라 아달라왕(阿達羅王)이 서거하고 벌휴(伐休)가 제9대 왕으로 즉위했다.
- 서기 184년 후한의 요동 태수(遼東太守)가 고구려를 공격하니 고구려가 이를 격퇴했다.
- 서기 185년 (2월) 신라는 좌우군주(左右軍主)를 임명하여 소문국(召文國)을 정벌하였다.
- 서기 188년 (2월) 백제는 신라의 모산성(母山城)을 습격했다. 189년 (3월) 가락(駕洛)이 시조비(始祖妃) 허 씨(許氏)가 서거했다.
- 서기 189년 (7월) 신라는 백제와 싸움이 구양(狗壤)에서 치열했다.
- 서기 190년 (8월) 백제는 신라의 단산향(丹山鄕) 송곡성(宋谷城)을 습격했는데 신라군은 와산성(蛙山城)에서 패하였다.
- 서기 191년 (4월) 고구려 외성(外城) 좌가노(左可盧) 등이 반란을 일으켜 국도(國都)를 공격했는데 곧 토평(討平)되었다. 압록곡(鴨綠谷)의 을파소

(乙巴素)를 국상(國相)으로 삼았다.

- 서기 194년 (10월) 고구려는 진대법(賑貸法. 나라에서 굶주리는 백성을 구제하는 법)을 시작했다.
- 서기 196년 (4월) 신라에서는 벌휴왕(伐休王) 석씨(昔氏)가 서거하여 그의 자내해(自奈解)가 신라 제9대 왕으로 즉위했다.
- 서기 197년 (5월) 고구려 고국천왕(故國川王)이 승하하여 왕의 동생 연우(延優)가 고구려 제10대 산상왕(山上王)으로 즉위했다. 승하하신 고국천왕은 4형제 중 첫째이고 둘째 발기(發岐)가 반란을 일으켜 형을 죽이고 왕권을 탈취했다. 이해 한나라 사람이 고구려로 귀화하였다.
- 서기 198년 (2월) 고구려는 구도성(九都城)을 쌓았다. 199년 (3월) 가락국(駕洛國)의 수로왕(首露王)이 승하하고 아들 거등(居登)이 제3대 가락 왕으로 즉위했다.
- 서기 201년 (2월) 가야(伽倻)가 신라에 화친을 청해왔다.
- 서기 203년 (8월) 고구려 국상(國相) 을파소(乙巴素)가 서거하고 고우(高優)를 국상(國相)으로 삼았다.
- 서기 203년 (10월) 말갈(靺鞨)이 신라의 국경을 습격했다.
- 서기 205년 신라는 진충(眞忠)을 일벌손(一伐飡)으로 삼아 국정(國政)에 참여하게 하였다. 이 해에 요동(遼東)의 공손강(公孫康)이 낙랑군(樂浪郡)과 대방군(帶方郡)을 두었다.
- 서기 207년 (1월) 신라는 왕자 이음(王子利音)을 이벌손(伊伐飡)으로 삼아 내외(內外) 병마사(兵馬事)를 겸직하게 하였다.
- 서기 208년 (4월) 왜(倭)는 신라의 국경 변두리를 습격했다.
- 서기 209년 신라는 가락(駕洛)의 요청으로 원병(援兵)을 보내 일본 포상팔국(浦上八國)을 공격했다.
- 서기 209년 (10월) 고구려는 국도(國都)를 국내성(國內城)에서 구도성(九都

城)으로 옮겼다.

- 서기 210년 (2월) 백제는 적현성(赤峴城) 사도성(沙道城) 쌓았다 (10월) 거란 (契丹)이 백제 사도성(沙道城)을 습격했다.

- 서기 212년 (3월) 가야(伽耶) 왕자를 신라에 인질로 보내게 됐다. 골포(骨 浦) 지포(祉浦) 고사포(古史浦) 사람들이 신라 갈화성(竭火城)을 습격하니 신라의 물첨자(勿檐子)가 이를 격파하고 전공(戰功)을 세웠다.

- 서기 214년 (7월) 백제는 신라의 요차성(腰車城)을 습격했는데, 신라는 사현성(沙峴城)에서 백제군을 격파시켰다 (9월) 백제는 말갈의 석문성을 취하였지만 말갈은 백제의 미천(迷川)을 습격했다. (9월) 백제의 초고왕 (肖古王)이 승하하여 아들 귀수(貴須)가 백제 제6대 구수왕(九首王)으로 즉위했다.

- 서기 216년 (8월) 말갈(靺鞨)은 백제의 적현성(赤峴城)을 포위했으니 백제 는 사도성(沙道城) 아래서 이들을 격파했다.

- 서기 217년 (2월) 백제는 사도성(沙道城) 옆에 이책(二柵)을 세웠다.

- 서기 217년 (8월) 후한(後漢)은 평주(平州) 사람 하요(河遼) 등 1000여(餘) 가호(家戶)가 고구려에 귀투(歸投)시켰다.

- 서기 218년 (7월) 백제는 신라의 장산성(璋山城)을 습격하니 신라왕께서 몸소 출전하여 이를 격파했다.

- 서기 220년 (3월) 신라는 충훤(忠萱)을 이벌손(伊伐飡)으로 삼아 병마사 (兵馬事)를 겸지(兼知)하게 했다.

- 서기 220년 말갈은 백제의 북변(北邊)을 습격했다.

- 서기 222년 백제는 제방(堤防)을 수축(修築)하였고, (10월) 백제는 신라의 우두주진(牛頭州鎭)을 습격하다가 신라에게 대패했다.

- 서기 222년 신라는 연진(連珍)을 이벌손(伊伐飡)으로 삼아 병마사(兵馬使) 를 겸직(兼職)하게 하였다.

- 서기 224년 (7월) 신라는 봉산하(烽山下)에서 백제군을 격파하고, (8월) 신라는 봉산성(蓬山城)을 축성했다.

- 서기 227년 (5월)고구려는 산상왕(山上王) 서거하고 아들 우위거(憂位居)가 고구려제11대 동천왕(東川王)으로 즉위했다.

- 서기 228년 (3월) 고구려는 우씨(于氏)를 왕태후(王太后)로 봉(封)하였다.

- 서기 229년 (11월) 말갈(靺鞨)은 백제의 우곡(牛谷)을 습격했다.

- 서기 230년 (3월) 신라는 내해왕(奈解王)이 승하하고 왕족(王族) 조분(助賁)이 신라 제11대 왕으로 즉위했다 신라는 연충(連忠)을 이손(伊湌)으로 삼고 군국사(軍國事)를 맡겼다.

- 서기 230년 (7월) 고구려는 명림어수(明臨於漱)를 국상(國相)으로 삼았다.

- 서기 231년 (7월) 신라는 이손(伊湌) 석우노(昔于老)를 대장군(大將軍)으로 삼아 감문국(甘文國)을 정벌하여 군(郡)을 만들었다.

- 서기 232년 (4월) 왜는 신라의 금성(金城)을 습격하다가 신라왕이 몸소 출전하여 이를 격퇴시켰다.

- 서기 233년 (5월) 왜(倭)가 신라의 동변(東邊)을 습격하니 신라는 이를 보도(步道=길에서) 격퇴했다.

- 서기 233년 요동(遼東)의 공손씨(公孫氏)에게 가던 오(烏)나라 사신 수원(隨員)이 고구려로 도망쳐가서 고구려 사신을 시켜 이들을 오(烏)나라에 송환시켰다.

- 서기 234년 위(魏)나라는 고구려에 견사(遣使)하여 화친(和親)하기를 청했다.

- 서기 234년 백제는 구수왕(仇首王)이 붕어(崩御)하시고 아들 사반(沙伴)이 제7대 왕으로 즉위했으나 고왕(古王)의 모제(母弟) 고이(古爾)가 어린 소반(少伴)을 폐(廢)하고 자신이 제8대 고이왕(古爾王)으로 즉위했다.

- 서기 236년 (2월) 골벌국왕(骨伐國王)은 신라에 항복했다.

- 서기 236년 (7월) 오(吳)나라 손권(孫權)이 고구려에 사신을 보내 화친을 통하니 고구려는 오(吳)나라 사신의 목을 베어 위(魏)나라에 보냈다.
- 서기 237년 (7월) 고구려는 위나라에 사신을 보냈다.
- 서기 238년 위나라가 공손 씨(公孫氏) 토벌에 고구려는 병력 1천 명을 보내 위나라를 도왔는데 위는 낙랑(樂浪) 태수 선우사(鮮于詞) 대방(大邦) 태수 유흔(劉昕)을 보내 공손 씨(公孫氏) 지배 아래에 있던 이부(二部)를 빼앗아 낙랑군(樂浪郡) 점선현(秥蟬縣)에 신사비(神詞碑)를 건립했다.
- 서기 240년 백제는 신라의 서변(西邊)을 습격했고 (4월) 백제는 진충(眞忠)을 좌장(左將)으로 삼아 내외 병마사(兵馬使)를 맡겼다.
- 서기 242년 (4월) 백제는 숙부(叔父)인 질(質)을 우보(右輔)로 삼았으며
- 서기 242년 고구려는 위(魏)의 요동군(遼東郡) 안평현(安平縣)을 습격했다.
- 서기 244년 (1월) 신라는 석우노(昔于老)를 이벌손(伊伐飡)으로 삼아 병마사(兵馬事)를 겸직하게 하였고
- 서기 244년 (8월) 위(魏)나라 유주자사(幽州刺史) 관구검(毌丘儉)이 고구려를 공격하고, 고구려는 보병과 기병 2만으로 역습했으나 대패하여, 고구려 왕은 압록원(鴨綠原)으로 피신하고 구도성(九都城)이 함락되었다.
- 서기 245년 위(魏)는 현도군(玄菟郡) 태수 왕기(王頎)를 보내 고구려를 공격하고 위군(魏軍) 숙진 씨(肅眞氏)가 남계(南界)까지 북상(北上)했으나, 고구려군의 반공(反攻)으로 낙랑부(樂浪部)까지 퇴각했다.
- 서기 246년 백제는 대방군(帶方郡)을 공격하여 태수 궁존(弓尊)이 전사했고 위군(魏軍)의 반격(反擊)으로 백제 북진(北進)이 막혔다.
- 서기 247년 (3월) 백제는 진충(眞忠)을 우보(右輔)로 삼고 진물(眞勿)을 좌장군(左將軍)으로 삼아 병마사(兵馬使)로 맡겼다.
- 서기 247년 (5월) 신라의 조분왕(助賁王)이 승하하여 첨해(沾解)가 신라 제12대 왕으로 즉위했다.

- 서기 248년 (1월) 신라는 장훤(長萱)이을 서불감(舒弗邯)으로 삼았으며, (2월) 신라는 고구려에 사신을 보내어 화친을 청했다.

- 서기 248년 (9월) 고구려 동천왕(東川王)께서 승하하여 아들 연불(然弗)이 고구려 12대 중천왕(中川王)으로 즉위했다. (10월) 고구려는 연 씨(椽氏) 왕후(王后)로 삼았다.

- 서기 249년 신라는 사량벌국(沙梁伐國)을 멸했으며, (4월) 신라에 온 왜사(倭使)가 서불감석우노(舒弗邯昔于老)를 죽였다. (7월) 신라는 남당(南堂)을 세웠다.

- 서기 251년 (1월) 신라는 처음으로 남당(南堂)에서 총(總) 정사(政事)를 시작했다.

- 서기 251년 (4월) 고구려는 왕의 소후(小后) 관나 부인(貫那婦人)을 죽였다.

- 서기 253년 (8월) 가야(伽耶=금관가야)는 거등왕(居登王)이 서거하고 아들 임품(痲品)이 즉위했다.

- 서기 254년 (4월) 고구려는 음우(陰友)를 국상(國相)으로 삼았다.

- 서기 255년 (9월) 백제는 신라의 괴곡서(槐谷西)와 봉산성(烽山城)을 습격했다.

- 서기 258년 말갈장(靺鞨將)이 백제에 사신을 보내 양마(良馬)를 바쳤다.

- 서기 259년 (12월) 위장(魏長) 위지해(尉遲楷)가 고구려를 공격했는데, 고구려의 보병과 기병 5천 명으로 양맥곡(梁貊谷)에서 대파했다.

- 서기 260년 (1월) 백제는 육좌평(六左平) 달솔(達率) 등 16 관동(館洞)을 두었고, (2월) 백제는 백관(百官)의 복색(服色)을 정했다.

- 서기 260년 (1월) 백제왕이 처음으로 복(服) 관(冠) 포(袍)를 갖추고 남당(南堂)에서 청정(聽政)했다.

- 서기 261년 (12월) 신라 첨해왕(沾解王)의 승하로 미추왕(味鄒王)이 신라 13대 왕으로 즉위했다.

- 서기 262년 (1월) 백제는 적(賊. 도둑질)을 금했다.

- 서기 263년 (1월) 신라양부(良夫)를 서불감(舒弗邯)으로 삼고 내외 병마사 (兵馬使)를 겸지(兼支)하게 하였다.

- 서기 267년 (8월) 백제는 신라의 봉산성(烽山城)을 습격했다.

- 서기 268년 신라는 군신(群臣)을 남당(南堂)에 모아 정형(政刑)의 득실(得失)을 시문(視問)했다.

- 서기 270년 (10월) 고구려 중천왕(中川王)이 승하하여 아들 낙노(樂盧)가 고구려 13대 서천왕(西川王)으로 즉위했다.

- 서기 271년 (1월) 고구려는 우 씨(于氏)를 왕후(王后)로 삼았다. (7월) 고구려는 상루(尙婁)를 국상(國相)으로 삼았다.

- 서기 274년 (2월) 낙랑(樂浪) 대방(帶方) 현도군(玄菟郡) 등이 진(晋)나라의 평주(平州)에 속하게 되었다.

- 서기 276년 (4월) 고구려왕이 동북(東北)의 대진(大鎭)인 신성(新城)으로 가서 8월에 돌아왔다.

- 서기 278년 (10월) 백제는 신라의 괴곡성(槐谷城)을 공격했다.

- 서기 280년 숙신(肅愼)이 고구려를 습격하여 고구려의 단노성(檀盧城)을 취하고 그 추장(酋長)을 죽였다 (10월) 고구려 왕제(王弟) 달매(達買)에게 내외 병마사(兵馬事)를 맡겼다.

- 서기 283년 (9월) 백제는 신라의 괴곡성(槐谷城)을 습격했다. 대방군(帶方郡)에서 왕성금전(王姓錦塼)을 출토(出土)했다.

- 서기 284년 (10월) 신라의 미추왕(未鄒王)이 승하하여 유두(儒礻臽)가 신라 14대 왕으로 즉위했다.

- 서기 285년 (2월) 신라는 홍권(弘權)을 서불감(舒弗邯)으로 삼고 기무(機務)를 맡겼다. 선비(鮮卑) 모용괴(慕容廆)가 부여를 격파했으니 부여 의로 왕(依盧王)이 자살하고 자제(子弟)는 요저(夭沮)로 도피했다.

- 서기 286년 (1월) 백제는 신라에 견사(遣使)를 보내 화해를 청했다.

- 서기 286년 (2월) 고구려왕은 그의 이제(二弟)를 죽였다.

- 서기 286년 (11월) 백제는 고이왕(古爾王)이 승하하여 아들 책계(責稽)가 백제 제9대 왕으로 즉위했다.

- 서기 286년 고구려는 대방(帶方)을 공격했고 백제는 대방(帶方)의 요청으로 원병(援兵)을 보냈다.

- 서기 291년 (1월) 신라는 말구(末仇)를 이벌손(伊伐湌)으로 삼았다.

- 서기 291년 (2월) 가야(伽耶=금관가야)의 마품왕(麻品王)이 승하(僧下)하고 거질미(居叱彌)가 즉위했다.

- 서기 292년 고구려 서천왕(西川王)이 승하하고 아들 상부(相夫)가 고구려 14대 봉상왕(烽上王)으로 즉위했다. 고구려는 왕이 숙부 달매(達買)를 죽였다.

- 서기 292년 (6월) 왜(倭)가 신라의 사도성(沙道城)을 습격했다.

- 서기 293년 (8월) 선비(鮮卑)의 모용괴(慕容槐)가 고구려를 공격했는데 왕이 몸소 성(城)으로 출분(出奔)하여 신성성주(新城城主)가 선비군(鮮卑軍)을 격퇴시켰다.

- 서기 294년 왜는 신라의 장봉성(長峰城)을 습격했다.

- 서기 294년 (9월) 고구려는 창조리(倉助利)를 국상(國相)으로 삼았다.

- 서기 296년 이해 (8월) 선비(鮮卑)의 모용괴(慕容槐)는 고구려를 공격(攻擊)하여 서천왕능(西川王陵)을 파헤치고 곧 철수했다 고구려는 고노자(高奴子)를 신성태수(新城太守)로 임명했다.

- 서기 298년 (9월) 한(漢)의 맥인(貊人)이 백제를 공격하여 백제 책계왕(責稽王)이 전사하고 아들 분서(汾西)가 백제 10대 왕으로 즉위했다.

- 서기 298년 (12월) 신라 유례왕(儒禮王)이 서거하고 왕족(王族) 기림(基臨)이 신라 15대 왕으로 즉위했다.

- 서기 299년 ⑴월 신라는 장흔(長昕)을 이손(伊湌)으로 삼고 내외(內外) 병마사(兵馬事)를 겸지(兼支)하게 했다.
- 서기 300년 ⑴월 신라는 왜(倭)와 교빙(交聘, 사귐)하도록 불러들였다.
- 서기 300년 ⑼월 고구려 국상(國相) 창조리(倉助利)가 봉상왕(烽上王)을 폐(廢)하고 을불(乙弗)이 고구려 15대 미천왕(美川王)으로 즉위했다.
- 서기 302년 ⑼월 고구려는 병력 3만명으로 진(晉)나라 현도군(玄菟郡)을 공격하여 8천 명을 포로로 잡았다.
- 서기 304년 ⑵월 백제는 낙랑군(樂浪郡) 서현(西縣)을 공격했는데, ⑽월 진(晋)의 낙랑군(樂浪郡) 태수가 보낸 자객에게 백제 분서왕(汾西王)이 살해되어 왕족 비유(比流)가 백제 제11대 왕으로 즉위했다.
- 서기 307년 신라는 본래 서라벌(徐羅伐)이었는데 국호를 신라로 고쳤다. 그러나 지증왕(智證王) 4년까지 계림(鷄林)이라고도 했다.
- 서기 310년 ⑸월 신라의 기림왕(基臨王)이 승하하고 왕족 흘해(訖解)가 신라 16대 왕으로 즉위했다.
- 서기 311년 ⑻월 고구려는 요동군(遼東郡)의 서안평(西安平)을 습격했다.
- 서기 311년 신라는 급리(急利)를 아손(阿湌)으로 삼고 정사(政事)를 맡겼다.
- 서기 312년 ⑶월 왜국 왕(倭國王)이 견사(遣使)하여 왜 왕자(倭王子)의 배필을 구혼함에 따라 신라 아손(阿湌) 급리(急利)의 딸을 보냈다.
- 서기 312년 ⑷월 백제는 해구(解仇)를 병관좌평(兵官左平)으로 지명했다.
- 서기 313년 ⑽월 고구려는 낙랑(樂浪)을 공략하여 남녀 2천여 명을 사로잡았으므로 낙랑(樂浪)은 멸망하였다.
- 서기 314년 ⑼월 고구려는 대방군(帶方郡)을 공격했다.
- 서기 315년 ⑵월 고구려는 현도군(玄菟郡)을 격파했다.
- 서기 319년 ⑿월 진(晋)나라의 평주자사(平州刺史) 최비(崔毖)가 단 씨(段氏), 자문씨(字文氏)와 함께 모용괴(慕容廆)를 공격하다가 패하여 고구려

로 달아났다.

- 서기 310년 백제는 궁서(宮西)에 사대(射臺)를 건립했다.

- 서기 310년 (12월) 고구려는 요동(遼東)을 공격하다가 모용인(慕容仁)에게 패했다.

- 서기 321년 백제는 우복(優福)을 내신좌평(內臣左平)으로 삼았다.

- 서기 327년 (9월) 백제 내신좌평(內臣佐平) 우복(禹服)이 북한산성에서 모반(謀反)하는 것을 왕이 출사(出師)케하여 이를 평정해냈다.

- 서기 329년 (9월) 신라는 일본으로 조견(調絹, 옷감) 기타 직물 20척을 보냈다.

- 서기 330년 고구려는 후조(後趙)의 석륵(石勒)에게 사신을 파견했다. 신라는 김제(金堤)에 벽골지(碧骨池)를 축조하였다.

- 서기 331년 (2월) 고구려는 미천왕(美川王)이 승하하고 태자 사유(斯由)가 고구려 16대 고국원왕(故國原王)으로 즉위했다.

- 서기 333년 백제는 웅천(熊川)의 궁실(宮室)을 보수하고 (10월) 진의(眞義)를 내신좌평(內臣左平)으로 임명했다.

- 서기 334년 고구려는 평양성(平壤城)을 축성했다.

- 서기 335년 (4월) 고구려는 북변(北邊)에 신성(新城)을 축성했다.

- 서기 336년 (3월) 고구려는 진(晋)나라에 사신을 보냈다.

- 서기 337년 (2월) 신라는 백제에 사신을 보내 교빙(交聘, 사귐)하였다.

- 서기 339년 연(燕)나라 왕 모용황(慕容煌)이 고구려 신성(新城)을 침입했는데 화의(和議) 성립으로 철수했다.

- 서기 340년 고구려 세자를 연(燕)에 파견하였다.

- 서기 342년 (2월) 고구려는 9도(道) 성(城)을 수리하고 국내성(國內城)을 축성했다. (11월) 고구려는 연군(燕軍) 침입으로 9도 성을 함락시키고 궁실이 불타고 미천왕(美川王) 능(陵)이 파괴되고 왕모(王母)를 데리고 갔다.

- 서기 343년 (2월) 고구려 왕제(王弟)를 연(燕)에 보냈는데 미천왕구(美川王柩)를 돌려주었다. 그해 고구려는 진(晉)에 사신을 보냈다.
- 서기 344년 (2월) 왜국(倭國)이 신라에 청혼하니 신라에서 불응했다.
- 서기 344년 (10월) 백제 비류왕(比流王)이 서거하고 계왕(契王)이 백제 12대 왕으로 즉위했다.
- 서기 345년 신라는 강세(康世)를 이벌손(伊伐飡)으로 삼았다.
- 서기 345년 (10월) 고구려가 남소성(南蘇城)을 모용각(慕容恪)에게 빼앗겼다.
- 서기 346년 (9월) 백제 계왕(契王)이 승하하여 근초고(近肖古)가 백제 13대 왕으로 즉위했다.
- 346년 (7월) 가야국(伽倻國)은 이품왕(伊品王)이 즉위했다.
- 서기 346년 연왕(燕王=연나라 왕)은 모용황(慕容煌)의 아들 준(儁) 등을 보내 부여(夫餘)를 공격했다.
- 서기 346년 왜(倭)는 신라의 풍도(風島)를 공격하고 금성(金城)을 포위했으나 신라 기병들이 격퇴시켰다.
- 서기 347년 (1월) 백제는 진정(眞淨)을 조정좌평(朝政左平)으로 삼았다.
- 서기 349년 고구려는 전동이호군(前東夷護軍) 송황(宋晃)을 연(燕)으로 보내니 연왕(燕王) 모용준(慕容儁)은 이를 용서하고 다시 이름을 활(活)이라 하여 중위(中尉)로 삼았다.
- 서기 355년 고구려는 연(燕)나라에 사신을 보내어 공헌(貢獻)했다. 그리하여 연(燕)나라는 고구려 왕모(王母) 주 씨(周氏)를 돌려보냈다.
- 서기 355년 (9월) 백제는 일본(왜국)에 해태(뿔 하나 달린 사자)를 기르는 법을 가르쳤다.
- 서기 356년 신라 흘해왕(訖解王)이 승하하니 나물(奈勿)이 신라 17대 왕으로 즉위했다.

- 서기 358년 (2월) 나물왕(奈勿王)은 신라 시조묘(始祖廟)에 몸소 제사 지냈다.
- 서기 364년 (4월) 신라는 왜병(倭兵)을 부현(斧峴, 경주 부근) 동쪽 벌판에서 격파(擊破)했다.
- 서기 366년 (3월) 백제는 신라와 교빙(交聘)하였다.
- 서기 366년 고구려 승(僧) 도림(道琳)이 입적(入寂)했다.
- 서기 368년 백제는 신라에 사신을 보냈다.
- 서기 369년 (9월) 고구려는 백제를 치다가 치양(雉壤)에서 패배했다.
- 서기 369년 백제는 명칠지도(銘七支刀)를 어림잡아 제조하기로 하였다.
- 서기 370년 연(燕)나라 태부(太傅) 모용평(慕容評)이 고구려에 망명했다. 고구려왕은 그를 진(秦)나라에 보냈다.
- 서기 371년 고구려가 백제를 치니 10월에 백제는 고구려의 평양성을 공격하여 고구려 고국원왕(故國原王)이 전사했다. 그래서 고구려는 제17대 소수림왕(小獸林王)이 즉위했다.
- 서기 371년 백제는 한산(漢山)으로 도읍을 옮겼다.
- 서기 372년 (6월) 전진왕(前秦王) 부견(符堅) 사신과 중(僧) 순도(順道)를 고구려에 보냄으로 처음으로 고구려에 불교가 전래되었으며 스님이 고구려 태학(太學)을 세웠다.
- 서기 372년 (2월) 백제는 진(晋)에 사신을 보내고 (7월)에는 청목령(青木嶺)을 축성했다.
- 서기 372년 고구려는 처음 율령(律令)을 반포했다.
- 서기 372년 백제의 독산성주(禿山城主)가 신라에 내투(來投)하였다.
- 서기 374년 중(僧) 아도(阿道)가 고구려에 왔다.
- 서기 375년 (2월) 고구려 초문사(肖門寺)에 순도(順道)가 이불란사(伊佛蘭寺)에 아도(阿道)를 두었다.

- 서기 375년 (11월) 백제 근초고왕(近肖古王)이 승하하여 근구수(近仇首)가 백제 14대 왕으로 즉위했다.
- 서기 375년 고구려 고흥(高興)이 서기(書記)를 편찬했고 고구려는 백제의 수곡성(水谷城)을 함락시켰다.
- 서기 376년 (11월) 고구려는 백제 북부를 침공했다.
- 서기 376년 백제는 진고도(眞高道)를 내신좌평(內臣左平)으로 임명했다.
- 서기 377년 (10월) 백제는 고구려의 평양성(平壤城)을 침공했다.
- 서기 377년 (11월) 고구려는 백제를 쳤다. 한편 고구려는 진(秦)에 견사(遣使)를 보냈다.
- 서기 378년 (9월) 거란(契丹)이 고구려의 북병(北甁)에 침입하여 8마을을 함락시켰다.
- 서기 382년 신라는 전진(前秦)에 견사(遣使)를 보냈다.
- 서기 384년 (4월) 백제 근구수왕(近仇首王)이 승하하여 침류(枕流)가 백제 15대 왕으로 즉위했다.
- 서기 384년 (9월) 마라난타(摩羅難陀)가 백제에 불교를 전했다.
- 서기 384년 (11월) 고구려 소수림왕(小獸林王)이 승하하여 고국양(故國壤)이 고구려 18대 왕으로 즉위했다.
- 서기 385년 (6월) 고구려는 요동(遼東) 현도군(玄菟郡)을 함락시켰다. (11월) 모용농(慕容農)이 고구려를 침입하여 요동 현도 2군을 회복했다.
- 서기 385년 백제의 침류왕(枕流王)이 승하하여 진사왕(辰斯王)이 백제 16대 왕으로 즉위했다.
- 서기 386년 백제는 청목령(靑木嶺)에서 서북해(西北海)까지 관방(關防)을 설치했다.
- 서기 386년 (8월) 고구려는 백제를 쳤으며 고구려는 담덕(談德)을 태자로 삼았다.

- 서기 387년 (9월) 백제는 관미령(關彌嶺)에서 말갈과 싸웠다. 또한 백제는 진가모(眞嘉謨)를 달솔(達率) 두지(豆知) 은솔(恩率)로 했다.
- 서기 389년 (9월) 백제는 고구려의 남부를 침범하였다.
- 서기 390년 (9월) 백제가 고구려의 도압성(都押城)을 함락시켰다.
- 서기 391년 고구려 19대 왕에 광개토왕(廣開土王)이 즉위했다.
- 서기 391년 말갈은 백제 북부의 적현성(赤峴城)을 함락시켰다.
- 서기 392년 신라는 실성(實聖)을 고구려에 인질로 보냈다.
- 서기 392년 (7월) 고구려는 백제 북부(北部)를 치고 10여 성(城)을 함락시켰다.
- 서기 392년 (11월) 백제는 진사왕(辰斯王)이 승하하여 아신왕(阿莘王)이 백제 17대 왕으로 즉위했다.
- 서기 392년 백제는 진무관미성(辰武關彌城)을 회복하려다 실패했다.
- 서기 392년 (5월) 왜인이 신라 금성(金城)을 포위했으나 독산(獨山)에서 이를 대파했다.
- 서기 392년 고구려는 평양에 절을 지었다.
- 서기 393년 백제는 원자(元子) 전지(腆支)를 태자로 왕의 서제(庶弟) 홍(洪)을 내신좌평(內臣左平)으로 하였으며, (7월) 백제가 고구려와 수곡성(水谷城)에서 싸워 패하였다.
- 서기 395년 (8월) 말갈(靺鞨)은 신라 북면(北面)을 침범하여 실직(悉直)에서 대패했다.
- 서기 395년 (8월) 백제가 고구려를 치다가 저하(沮河)에서 대패(했다.
- 서기 395년 고구려는 비려(碑麗)를 쳤다.
- 서기 396년 고구려 광개토왕은 수군(水軍)을 거느리고 백제를 쳐서 58성(城) 700촌(村)을 함락하였으며 백제는 항복하고 왕제(王弟)를 인질로 보냈다.

- 서기 397년 (5월) 백제는 왜국(倭國)과 화친하고 태자 전지(腆支)를 인질로 보냈다.
- 서기 398년 백제는 진무(眞武)를 병관좌평(兵官左平)으로 삼았으며, (3월) 쌍현성(雙峴城)을 축성했다.
- 서기 399년 (8월) 백제가 고구려를 정벌하기 위해 병마(病馬)로 징벌(徵罰)하자 백성들이 신라로 도망갔다.
- 서기 399년 왜국(倭國)이 신라를 정벌하자 신라는 고구려에 구원을 청했다.
- 서기 400년 (2월) 연(燕)나라가 고구려의 신성(新城) 남소(南蘇) 2성을 함락시키니 고구려는 보병(步兵)과 기병(騎兵) 5만 명으로 왜구를 토벌, 신라를 구했다.
- 서기 401년 (7월) 신라는 볼모(人質)로 갔던 실성(實聖)이 고구려에서 돌아왔다.
- 서기 402년 (2월) 신라의 나물왕(奈勿王)이 승하하여 실성왕(實聖王)이 신라 18대 왕으로 즉위했다. (3월) 신라는 왜국과 통호(通好)하고 왕자 미사혼(未斯欣)을 대표로 보냈다.
- 서기 402년 고구려는 연(燕)나라의 숙군성(宿軍城)을 공격했다.
- 서기 403년 (2월) 왜국(倭國)은 백제에 사신을 보냈으며, (7월) 백제는 신라의 변경을 침입했다.
- 서기 403년 신라는 미사품(未斯品)을 서불감(舒弗邯)으로 삼았다.
- 서기 404년 (11월) 고구려는 연나라를 공격했으며, 왜국은 대방(帶方)의 지경에 침입했다.
- 서기 405년 (1월) 연나라 왕은 고구려의 요동성(遼東城)을 공격했고
- 서기 405년 (4월) 왜병(倭兵)이 신라의 명활성(明活城)을 공격했으나 실패했다.

- 서기 405년 (9월) 백제 아신왕(阿莘王)이 승하하여 전지(腆支)가 백제 18대 왕으로 즉위했다.
- 서기 406년 백제는 해충(解忠)을 달솔(達率)로 삼았고 (2월) 백제는 진(晋)나라에 견사(遣使)했다.
- 서기 406년 (12월) 연나라 왕 희(熙)는 고구려의 목저성(木底城)을 쳤으나 패배하고 돌아갔다.
- 서기 407년 왜병은 신라를 침범했고 가락국(駕洛國)은 제6대 좌지왕(坐知王)이 즉위했다.
- 서기 408년 (3월) 고구려는 북연(北燕)에 견사(遣使)를 보냈으며 북연(北燕) 왕 운(雲)은 시어사(侍御史)로 이발(李拔)을 고구려에 보내어 보답했다.
- 서기 409년 (7월) 고구려 동쪽 독산(禿山) 등 6성을 쌓고 평양 백성을 옮겼다.
- 서기 409년 왜국은 사신 야명주(夜明珠)를 백제에 보냈다.
- 서기 410년 고구려는 동부여(東扶餘)를 쳐서 64성을 함락시켰다.
- 서기 412년 신라는 내물(奈勿) 왕자 복호(卜好)를 고구려에 인질로 보냈다.
- 서기 413년 (10월) 고구려 광개토왕(廣開土王)이 승하하여 장수왕(長壽王)이 고구려 20대 왕으로 즉위했다.
- 서기 413년 신라는 평양주(平壤州)에 큰 다리를 완성했고
- 서기 413년 고구려는 고익(高翼) 등을 진(晋)나라에 견사(遣使)로 보냈다.
- 서기 414년 고구려는 광개토왕비(廣開土王碑)를 건립했다.
- 서기 414년 신라의 김파진(金波鎭) 등은 일본에서 한의방(漢醫方)을 전수(傳受)했다.
- 서기 415년 (8월) 신라는 왜병과 풍도(風島)에서 싸워 이를 격퇴했다.
- 서기 416년 진나라가 진나라 장군을 백제 왕으로 책봉했다.

- 서기 417년 (5월) 신라는 눌지(訥祇)가 실성왕(實聖王)을 죽이고 자립하여 마립간(麻立干=왕)이라 하였으니 신라는 19대 눌지왕(訥祇王)이 즉위했다.

- 서기 417년 (7월) 백제는 사구성(沙口城)을 쌓았다.

- 서기 418년 (1월) 신라의 왕제(王弟) 복호나림(卜好奈麻) 박제상(朴提上)과 함께 고구려로부터 돌아왔다. 한편 신라의 왕제(王弟) 미사흔(未斯欣)은 왜국으로부터 도망하여 돌아왔다.

- 서기 420년 (3월) 백제 전지왕(腆支王)이 승하하고 백제 19대 구이신왕(久爾辛王)이 즉위했다.

- 서기 421년 가락국(駕洛國)은 제7대 취희왕(吹希王) 즉위하였다.

- 서기 423년 (3월) 고구려는 송(宋)나라에 견사(遣使)를 보냈다.

- 서기 423년 (4월) 신라는 남당(南堂)에서 경노회(敬老會)를 행하였다.

- 서기 424년 (2월) 신라는 고구려에 견사(遣使)를 보냈다.

- 서기 425년 고구려는 위(魏)나라에 견사를 보냈다.

- 서기 427년 (12월) 백제의 구이신왕(久爾辛王)이 승하하여 제20대 백제왕은 필유왕(毗有王)이 즉위했다.

- 서기 427년 고구려는 평양으로 천도했다.

- 서기 428 왜국 사신이 백제에 왔다. 백제왕은 사부(四部)를 순무(巡撫)하고 빈곤한 백성에게 곡식을 하사하였다.

- 서기 429년 백제는 송(宋)나라에 사신으르 보냈다.

- 서기 429년 신라는 새로 실제(失堤)를 쌓았다.

- 서기 429년 백제는 신제도원(新齊都媛)을 일본에 보냈다.

- 서기 430년 (4월) 백제에 송사(宋使)가 와서 선왕(先王)의 작호(爵號)를 책수(冊授)하였다.

- 서기 432년 (9월) 위나라가 요동(遼東), 낙랑(樂浪), 대방(帶方), 현도(玄菟), 영구(營丘), 성주(成周)의 6군민(六郡民) 3만여 가구를 유주(幽州)로 옮겼다.

- 서기 433년 (7월) 백제는 신라에 사신을 보내서 화친하기로 하였다.
- 서기 433년 (5월) 신라의 미사흔(未斯欣)이 사망했다.
- 서기 434년 (2월) 백제는 신라에 좋은 말을 보냈다. (9월) 백제는 흰 매를 신라에 보냈다.
- 서기 434년 (10월) 신라는 황금(黃金)과 명주구(明珠球)로써 백제에 보답했다.
- 서기 435년 (2월) 신라는 역대의 원능(園陵)을 수리하고, (6월)고구려(高句麗)가 사신을 위에 보내 위왕(魏王)이 고구려 왕에 책봉하였다.
- 서기 436년 (4월) 연(燕)나라 왕 풍홍(馮弘)이 고구려에 투항했다. 뒤 (5월) 위나라 사신 봉발(封撥)은 고구려에 와서 연나라 왕을 돌려달라고 하였다.
- 서기 437년 (2월) 고구려가 위나라에 견사했다.
- 서기 438년 (3월) 고구려가 연왕(燕王) 풍홍(馮弘)을 북풍(北豊)에서 죽였다.
- 서기 438년 (4월) 신라는 백성들에게 우차법(牛車法)을 가르쳤으며 신라는 북풍성(北豊城)을 쌓았다.
- 서기 440년 왜인이 신라 변두리 경계를 침범했고
- 서기 440년 (10월) 백제는 송나라에 견사를 보냈다.
- 서기 441년 고구려가 송나라에 견사를 보냈다.
- 서기 443년 고구려와 백제가 송나라에 견사를 보냈다.
- 서기 444년 (4월) 신라에 왜관(倭冠)을 세웠다.
- 서기 447년 (7월) 백제에 기근이 들자 많은 백성들이 신라로 들어갔다.
- 서기 450년 (7월) 신라 아슬라(阿瑟羅) 성주삼직(城主三直)이 고구려의 변장(邊將)을 실직(悉直)들에서 죽였다. 이에 고구려 왕이 신라 서변(西邊)을 쳤다.
- 서기 451년 가락국(駕洛國) 제8대 질지왕(銍知王)이 즉위했다. 대동군(大

同郡) 동월산리(東月山里) 묘(墓) 현실벽서(玄室壁書)을 완성하고 신라의 근수재(近壽在) 명서봉(銘瑞鳳) 총은합간(塚銀合杆)을 만들었다.

- 서기 452년 가락국(駕洛國)은 왕후사(王后寺)를 창건했다. 457년에는 왕궁사(王宮寺)와 장유사(長遊寺. 김해 장유면 불모산에 있는 절)를 완성했다.

- 서기 453년 신라는 각종 낙인(樂人) 80여 명을 일본에 보냈다.

- 서기 454년 (8월) 고구려는 신라 북변(北邊)을 침입했다.

- 서기 455년 (9월) 백제의 필유왕(毗有王)이 승하하고 백제 21대 개서왕(蓋鹵王)이 즉위했다.

- 서기 455년 (10월) 고구려는 백제를 쳤으며 신라는 백제를 구했다. 고구려는 송나라에 견사(遣使)했다.

- 서기 458년 신라는 우은락(憂恩樂)을 짓고

- 서기 458년 신라의 눌지왕(訥祇王)이 승하하고 제20대 자비왕(慈悲王)이 즉위했다.

- 서기 461년 백제는 왕제(王弟)를 일본에 보냈다.

- 서기 462년 (3월) 고구려는 위(魏)나라에 견사하고

- 서기 462년 (5월) 왜인이 신라 활개성(活開城)을 쳤다.

- 서기 463년 (2월) 왜인이 신라 활랑성(活良城)을 쳤다.

- 서기 463년 송나라는 고구려왕을 거기대장군(車騎大將軍) 개부의동삼사(開府儀動三司)에 책봉했다.

- 서기 463년 (8월) 백제는 도기(陶器) 마피(馬鞍) 서재봉(書裁縫) 등을 일본에 보냈다.

- 서기 465년 (2월) 고구려는 위나라에 견사를 보냈다.

- 서기 466년 (3월) 고구려는 위나라에 다시 견사를 보냈다.

- 서기 467년 (2월) 고구려는 위나라에 견사를 보냈다.

- 서기 467년 신라는 전함(戰艦)을 수리했다.

- 서기 468년 (2월) 고구려는 말갈과 함께 신라의 실직성(悉直城)을 습격하였고 (4월) 고구려가 위나라에 견사를 보냈다.
- 서기 468년 (4월) 신라는 경도방리(京道坊里) 명칭을 정했다.
- 서기 469년 백제는 고구려 남부(南部)를 쳤으며 10월에는 백제 쌍현성(雙峴城)을 수리했다.
- 서기 470년 (2월) 고구려는 위나라에 견사를 보냈고
- 서기 470년 신라는 삼년산성(三年山城)을 쌓았다.
- 서기 471년 (2월) 신라는 모노성(芼老城)을 쌓았으며
- 서기 471년 (9월) 고구려 민노각(民奴各)이 등 위(魏)나라로 도망쳤다.
- 서기 472년 고구려는 위(魏)나라에 견사를 보냈고
- 서기 473년 (7월) 신라는 명활성(明活城)을 수리했으며 신라 아손벌지(阿湌伐智) 급손덕지(級湌德智)를 좌장군(左將軍)으로 하였다.
- 서기 474년 고구려는 위(魏)나라와 송(宋)나라에 견사(遣使)를 보냈다.
- 서기 474년 신라는 일반(一半) 사호(沙戸) 구례(仇禮) 광석(廣石) 자라(坐羅) 등의 성을 쌓았다.
- 서기 474년 (9월) 고구려 장수왕(長壽王)은 백제 왕도(王都) 남성(南城)을 함락하여 개초왕(蓋鹵王)을 죽였다.
- 서기 475년 (10월) 백제의 문주왕(文周王)이 백제 22대 왕으로 즉위하고 도읍을 웅진(熊津)으로 천도했다.
- 서기 476년 고구려는 위나라에 견사하고, 서기 476년 백제는 대두산성(大豆山城)을 쌓았으며, (3월) 백제가 송나라에 견사(遣使)를 보냈다. (4월) 탐라국(耽羅國)에서 백제에 조공을 바쳤다.
- 서기 477년 고구려는 위(魏)나라에 견사(遣使)를 보냈고
- 서기 477년 왜병(倭兵) 5도(道)로 신라에 침입했으며
- 서기 477년 백제 해구(解仇)가 문주왕(文周王)을 죽이고 삼근왕(三斤王)

을 백제 23대 왕으로 즉위했다.

- 서기 479년 (9월) 백제는 대두산성(大豆山城)을 두곡(斗谷)으로 옮겼다.

- 서기 480년 (4월) 남제국(南齊國)은 고구려(高句麗王)을 표기대장군(驃騎大將軍)에 책봉하였고

- 서기 480년 (11월) 말갈은 신라 북변(北邊)을 침범했다.

- 서기 481년 (3월) 고구려는 말갈(靺鞨)과 함께 신라 북변(北邊)을 쳐서 호명(狐鳴) 등 7개 성을 점령했는데

- 서기 481년 신라는 백제와 가야(伽耶)와 함께 이들을 니하(泥河) 서쪽에서 물리쳤다.

- 서기 482년 (5월) 왜인이 신라의 변경(邊境)을 침범하였고

- 서기 482년 (9월) 말갈(靺鞨)은 백제 한산성(漢山城)을 공격했다.

- 서기 483년 백제는 남제국(南齊國)에 사신을 보냈으며

- 서기 483년 (7월) 고구려는 신라 북변(北邊)을 쳤으며 (10월) 고구려는 위나라에 견사를 보냈다.

- 서기 484년 (2월) 신라는 구벌성(仇伐城)을 쌓았으며

- 서기 484년 (5월) 백제는 신라와 교빙(交聘)하였다.

- 서기 484년 고구려는 위)나라에 견사를 보냈다.

- 서기 485년 (4월) 신라는 시조묘(始祖廟)에 제사 지내고 묘 20채를 중축했다.

- 서기 486년 백제와 고구려는 남제국(南齊國)에 사신을 보냈고

- 서기 486년 (4월) 왜인이 신라를 침범했고

- 서기 486년 백제는 궁실(宮室)을 중수(重修)하고 우두성(牛頭城)을 쌓았다.

- 서기 486년 (1월) 신라는 삼년성(三年城)과 굴산성(屈山城)을 개축했다.

- 서기 487년 (3월) 신라는 사방에 우편역(郵便驛)을 두었고 (7월)에는 월성(月城)을 수리했다. 신라는 각연조사(覺然祖師)에 의하여 용추사(龍湫寺)

를 개산(開山)화 했다.

- 서기 488년 (1월) 신라왕은 월성(月城)으로 이거(移居) 했다.
- 서기 488년 고구려는 위(魏)나라에 사신을 보냈다.
- 서기 488년 (7월) 신라는 도나성(道羅城)을 쌓았고
- 서기 488년 위나라 병력이 백제를 쳤다.
- 서기 489년 (1월) 신라는 유식(遊食, 놀고먹는) 백성을 농사에 종사하도록 시켰다.
- 서기 489년 (9월) 고구려는 신라 북변(北邊)을 쳤으며 (10월)에는 고구려가 신라의 호산성(狐山城)을 함락시켰다.
- 서기 490년 (2월) 신라는 비라성(鄙羅城)을 증축(增築)했고 (3월)에 신라 처음으로 경사(京師)에 시사(市肆)를 두었다.
- 서기 490년 백제는 사현(沙峴) 이산(耳山) 2성(城)을 쌓았다.
- 서기 491년 (5월) 고구려는 위나라에 사신을 보냈다.
- 서기 491년 (7월) 백제의 기근으로 백성 600여 호가 신라로 들어갔다.
- 서기 491년 (12월) 고구려 장수왕(長壽王)이 승하하고 문자왕(文咨王)이 고구려 21대 문자명(文咨明王)으로 즉위했다.
- 서기 492년 고구려는 위나라에 사신을 보냈는데 위나라 효문제(孝文帝)는 고구려 왕으로 책봉하였다.
- 서기 492년 가락국(駕洛國)은 제9대 겸지왕(鉗知王)이 즉위했다.
- 서기 493년년 (3월) 백제왕은 신라에 청혼(請婚)했는데 신라는 이벌찬(伊伐湌) 비지(比智)의 딸을 보냈다.
- 서기 493년 (7월) 신라는 임해(臨海) 장령(長嶺) 2진(鎭)을 설치하고 왜적(倭賊)에 대비했다.
- 서기 493년 고구려는 일본에 공장수유지(工匠須流枳) 등을 보냈다.
- 서기 494년 (1월) 부여(夫餘)왕이 고구려에 항복했고

- 서기 494년 (7월) 신라의 실죽(實竹) 등이 고구려와 살수(薩水) 들에서 싸우다가 패하니 백제가 구원병을 보내왔다.
- 서기 495년 (2월) 고구려는 위나라에 사신을 보냈고 (8월) 고구려가 백제의 치양성(雉壤城)을 포위했는데 백제는 신라의 구원병을 얻어 이를 격퇴했다.
- 서기 496년 (2월) 가야국(伽倻國)은 신라에 하얀 꿩을 바쳤다.
- 서기 496년 (7월) 고구려는 신라의 우산성(牛山城)을 치므로 신라는 이를 니하(泥河)에서 물리쳤다.
- 서기 497년 (4월) 왜인이 신라의 변경을 침략했고
- 서기 497년 (8월) 고구려는 신라의 우산성(牛山城)을 함락시켰다.
- 서기 498년 백제는 웅진교(熊津橋)를 가설(假設)하고, (7월)에는 사정성(沙井城)을 쌓았고, (8월) 백제가 탐라(耽羅)를 치려고 함으로 탐라는 사신을 보내어 사죄(謝罪)하였다.
- 서기 499년 백제의 기근으로 2천여 명이 고구려로 옮겨갔다.
- 서기 500년 (3월) 왜인이 신라의 장봉진(長峰鎭)을 함락하였고
- 서기 500년 백제는 왕궁(王宮) 동쪽에 림유각(臨流閣)을 지었다.
- 서기 500년 (11월) 신라 소지왕(炤知王)이 승하하니 신라 22대 지증왕(智證王)이 즉위했다.
- 서기 500년 고구려는 4신총(四神塚) 쌍영총(雙楹塚) 등을 만들었다.
- 서기 500년 (3월) 백제는 탄현(炭峴)에 책(柵)을 세워 신라에 대비(對備)했으며 (8월)에는 가림성(加林城)을 쌓았고 (11월) 백제가 고구려의 수곡성(水谷城)을 공격했는데, (12월)은 백제의 파가(芦加) 동성왕東城王)을 죽였으니 25대 무령왕(武寧王)이 즉위했다.
- 서기 502년 (1월) 백제의 파가(芦加) 가림성(加林城)에서 반란을 일으켰다.
- 서기 502년 (2월) 신라는 순장법(殉葬法)을 금했다. (3월) 신라는 처음으

로 우경법(牛耕法)을 썼다.

- 서기 503년 (9월) 말갈(靺鞨)은 백제의 마두책(馬頭柵)을 불태우고 고목성 (高木城)을 공격했다.
- 서기 503년 (10월) 신라는 처음으로 국호를 신라라 정했다.
- 서기 504년 (4월) 신라는 상복법(喪服法)을 제정했다.
- 서기 504년 (4월) 고구려는 예실불(芮悉弗)을 위나라에 보냈다.
- 서기 504년 (9월) 신라의 파리이실(波里爾實)이 진덕(珍德), 마화(馬火) 등 12성을 쌓았다.
- 서기 505년 (2월) 신라는 주(州), 군(郡), 현(縣)을 정하고 실직주(悉直州)를 설치하고 이사부(異斯夫)를 군주(君主)로 삼았다. (11월) 신라는 처음으로 얼음을 저장하여 쓰게 되었다. 이를 석빙고(石氷庫)라 한다.
- 서기 506년 (7월) 말갈(靺鞨)은 백제의 고목성(高木城)을 공파(攻破)했고
- 서기 506년 (9월) 고구려는 위(魏)나라에 사신을 보냈다. (11월) 고구려가 백제를 정벌하려 하다가 눈이 많이 내려 회군하였다.
- 서기 507년 (5월) 백제는 고목성(高木城)에 2책(柵)을 세우고 장령성(長嶺 城)을 쌓았다.
- 서기 507년 (10월) 고구려는 위(魏)나라에 사신을 보냈다. (10월) 말갈과 함께 백제를 공격했다.
- 서기 508년 양(梁)나라는 고구려왕으로 책봉했다. (5월) 고구려는 사신 을 위(魏)나라에 보냈으며, (12월)에는 고구려가 또 위나라에 사신을 보 냈다.
- 서기 508년 신라는 동시전(東市典)을 설치했고
- 서기 508년 탐라국(耽羅國)은 백제와 통상교역(通商交易) 했다.
- 서기 509년 (1월) 신라는 경도(京都)에 동시(東市)를 두었으며, (3월) 신라 는 함정을 파서 맹수의 피해를 막았다.

- 서기 509년 (5월) 고구려는 위나라에 사신을 보냈다.
- 서기 510년 (1월) 백제는 제방(堤坊)을 쌓고 유민(流民)들이 정착하게 하였다.
- 서기 510년 (12월) 고구려는 위나라에 사신을 보냈다.
- 서기 512년 백제와 고구려는 양나라에 사신을 보냈다.
- 서기 512년 (6월) 신라는 아슬라주군주(阿瑟羅州軍主) 이사부(異斯夫) 우산국 (牛山國)을 항복시켰다.
- 서기 513년 (1월) (5월) (12월) 고구려는 위)나라에 사신을 보냈다.
- 서기 513년 백제는 오경박사(五經博士) 단양이(段楊爾) 등을 일본에 보냈다.
- 서기 514년 (1월) 신라는 아시촌(阿尸村)에 소경(小京)을 두었다.
- 서기 514년 (11월) 고구려는 위나라에 사신을 보냈다.
- 서기 514년 신라의 지증왕(智證王)이 승하하여 신라 23대 법흥왕(法興王) 이 즉위하고 시호법(諡號法)을 처음 시작했다.
- 서기 515년 (10월) 고구려는 위나라에 사신을 보냈다.
- 서기 516년 (4월) 고구려는 위(魏)나라에 사신을 보냈다.
- 서기 516년 백제는 오경박사(五經博士) 고안무(高安茂)를 일본에 보냈다.
- 서기 517년 (4월) 신라는 처음으로 병부(兵部)를 설치했다.
- 서기 517년 (4월) 고구려는 위나라에 사신을 보냈다.
- 서기 518년 (2월) 신라는 주산성(株山城)을 쌓았다.
- 서기 518년 고구려는 위나라에 사신을 보냈다.
- 서기 519년 고구려는 문자왕(文咨王)이 승하하고 제22대 안장왕(安藏王) 이 즉위하고 위나라에 사신을 보내어 선왕(先王)에게 차기대장군(車騎大將軍)으로 추증(追增)했다.
- 서기 520년 (1월) 신라는 진영(津令)을 반포(般浦)로 처음 사용했고 백관(百官)의 공복(公服)을 제정했다.

- 서기 520년 (1월) 고구려는 양(梁)나라에 사신을 보냈다. 이에 (12월) 양나라와 위나라는 고구려 왕으로 책봉했다.

- 서기 521년 (11월) 백제는 양(梁) 나라에 사신을 보냈다. 이에 (12월) 양나라는 백제 왕이라 책봉했다.

- 서기 521년 신라가 양나라에 사신을 보냈다.

- 서기 521년 가락국(駕洛國)은 제10대 구위왕(仇衡王)이 마지막으로 즉위했다.

- 서기 522년 3월 가락국 왕은 신라에 구혼하여 신라에서 이손비조부(伊飡比助夫)의 누이를 보내 가야 왕후가 됐다.

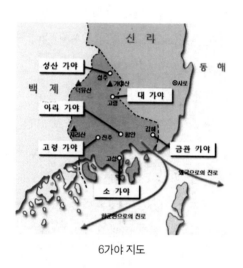

6가야 지도

- 서기 523년 (5월) 백제 무령왕(武寧王)이 승하하여 백제 26대 성왕(聖王)이 즉위하였다. 양나라에서는 백제 왕에 책봉했다.

- 서기 523년 (8월) 고구려는 백제를 침입했고, (11월) 고구려는 위나라에 말(馬)을 바쳤다.

- 서기 523년 (12월) 백제는 쌍현성(雙峴城)을 쌓았다.

- 서기 524년 (9월) 신라왕은 남쪽 변경(邊境)을 순시(巡視)하였을 때 가락

왕이 와서 만나고 갔다. 신라는 군사당주(軍師幢主) 벼슬을 두었다.

- 서기 525년 (2월) 신라는 대아손(大阿飡) 이등(伊登)을 사벌주(沙伐州)의 군주(軍主)로 삼았다.
- 서기 525년 (2월) 백제는 신라와 교빙(交聘)했다.
- 서기 526년 (3월) 고구려는 양(梁)나라에 사신을 보냈다.
- 서기 526년 (10월) 백제는 웅진성(熊津城)을 수리하고 사정책(沙井柵)을 세우고
- 서기 527년 신라는 처음으로 불교를 공인하였고, 이차돈(異次頓)이 순교 했다.
- 서기 528년 신라는 화엄사(華嚴寺)를 창건했다.
- 서기 529년 (10월) 고구려는 오곡원(五谷原)에서 백제와 싸움이 있었다.
- 서기 529년 신라는 살생(殺生)을 금하도록 하였다. 한편 신라는 가야의 4촌락을 점령하고 구례반라(久禮半羅) 5성을 축성했다.
- 서기 531년 (3월) 신라는 제방(堤坊)을 수리했고, (4월) 신라는 처음으로 상대등(上大等)의 관직 벼슬을 두었다.
- 서기 531년 (5월) 고구려의 안장왕(安藏王)이 승하하고, 고구려 23대 안원왕(安原王)이 즉위했다.
- 서기 532년 (3월) 위나라 왕은 고구려 왕을 책봉했다.

신라와 6가야 합병 (서기 532년~642년 사기)

- 서기 532년 가야(伽耶) 구위왕(仇衛王)은 신라에 항복하므로 가야국(伽倻國)은 신라에 병합되고 가야를 금관군(金官郡)이라 하였다.
- 서기 533년 (2월) 고구려는 위나라에 사신을 보냈다.

- 서기 534년 (3월) 백제는 양나라에 사신을 보냈다.

- 서기 534년 동위(東魏)나라는 고구려왕을 책봉하였다.

- 서기 534년 신라는 대흥사(大興寺)와 영흥사(永興寺)를 창건했다.

- 서기 535년 (2월) 고구려는 양나라에 사신을 보냈다.

- 서기 535년 신라는 불국사(佛國寺)를 중수(重修)했다.

- 서기 536년 신라는 처음으로 연호(年號)를 사용하여 건원(建元)이라 했다.

- 서기 536년 고구려는 동위(東魏)에 사신을 보냈다.

- 서기 537년 (12월) 고구려는 동위에 사신을 보냈다.

- 서기 538년 (1월) 신라는 외관(外官)에게 가족을 데리고 부임함을 허락했다.

- 서기 538년 백제는 도읍을 사비(泗沘)로 옮기고, 국호를 남부여(南夫餘)라 고치고, 공주(公州)에 고분벽서(古墳壁書)를 제작했다.

- 서기 539년 (5월) 고구려는 동위(東魏)에 사신을 보냈다.

- 서기 539년 신라는 자추사(刺楸寺)를 창건했다.

- 서기 540년 (7월) 신라 법흥왕(法興王)이 승하하고, 신라 24대 진흥왕(眞興王)이 즉위했다.

- 서기 540년 (9월) 백제는 고구려의 우산성(牛山城)을 공격했다.

- 서기 540년 신라 솔거(率居)가 황용사벽(皇龍寺壁) 노송(老松) 그림을 그렸다.

- 서기 541년 백제는 신라에 화친(和親)을 청했고 백제는 양나라에 사신을 보내어 불서(佛書)가 공장화사(工匠畵師, 그림 그리는 장인, 공)를 청하였다.

- 서기 542년 (12월) 고구려는 동위에 견사(遣使)를 보냈다.

- 서기 543년 (11월) 고구려는 동위에 견사를 보냈다.

- 서기 544년 (2월)신라는 흥륜사(弘倫寺)를 창건하고, 3월 신라는 출가하여 중(僧)이 되는 것을 허락하였으며 대충(大衝) 10정(성(城) 뚫는 수레 10대)

을 설치하고 경주(慶州)에 아도화상비(阿道和尚碑)를 건립했다.

- 서기 545년 (3월) 고구려는 안원왕(安原王)이 승하하고, 고구려 24대 양원왕(陽原王)이 즉위했다.
- 서기 545년 (7월) 신라 거칠부(居柒夫) 등에게 명하여 국사(國史)를 편찬하게 하였다.
- 서기 545년 백제는 장육불상(丈六佛像)을 만들었다.
- 서기 546년 (11월) 고구려는 동위에 견사를 보냈다.
- 서기 547년 (7월) 고구려는 백암성을 다시 쌓고 신성(新城)을 수리하였다.
- 서기 548년 (1월) 고구려는 예맥(濊陌)과 함께 백제의 독산성(獨山城)을 공격했는데, 백제는 신라의 구원으로 이를 물리쳤다.
- 서기 548년 신라는 협천(陜川) 대원사(大原寺)를 창건했다.
- 서기 549년 신라는 입학승각덕(入學僧覺德) 양나라 사신과 함께 처음으로 불사리(佛舍利)를 가지고 돌아왔으며, 신라 조정은 대관(大官) 대감(大監)을 두었다.
- 서기 550년 (1월) 백제는 고구려의 도살성(道薩城)을 공격하여 쳐부셨다. (9월) 북제(北齊)는 고구려 왕을 책봉했다. 백제는 고구려의 노비 포로를 일본에 보냈다.
- 서기 551년 신라는 개국(開國) 연호(年號)를 개원(改元, 연호를 고침)이라 하였으며, 신라는 고구려의 10성(城)을 빼앗고 신라는 처음으로 백좌강회(百座講會) 및 팔관회법(八關會法)을 설치하고, 우륵(于勒)을 하림궁(河臨宮)에 불려 가야금을 연주하게 하였다.
- 서기 552년 고구려는 장안성(長安城)을 쌓았다.
- 서기 552년 신라는 상주정(上州停)을 설치했다.
- 서기 552년 백제의 서부달솔(西部達率) 노리사치계(怒唎斯致契)는 불상(佛像) 경론(經論) 번개(幡蓋) 등을 갖고 일본으로 건너가 일본 불교의 시초

를 이루었다.

- 서기 553년 (2월) 신라의 신궁(新宮)을 황룡사(皇龍寺) 고쳤다. (7월) 신라는 백제의 동북부를 쳐서 신주(新州)를 설치했으며 신라는 법주사(法住寺)를 창건했다.

- 서기 554년 (7월) 백제의 성왕(聖王)이 신라의 관산성(管山城)을 치다가 전사하고 백제의 27대 위덕왕(威德王)으로 즉위했다.

- 서기 554년 (10월) 고구려는 백제의 웅천성(熊川城)을 쳤다.

- 서기 554년 백제 스님 담해(曇醢) 등 9명이 일본에 갔다.

- 서기 555년 (1월) 신라는 완산주(完山州)를 두었다. (10월) 신라 진흥왕(眞興王)은 북한산(北漢山)에 순수비(巡狩碑)를 세웠다.

- 서기 555년 고구려는 북제국(北齊國)에 사신을 보냈다.

- 서기 556년 (7월) 신라는 비열홀주(比列忽州)를 설치했다. 신라 혜명대사(惠明大師)가 갑사(甲寺)를 중건했다.

- 서기 557년 신라는 국원(國原)을 소경(小京)으로 하고 사벌주(沙伐州)를 폐하고, 감문주(甘文州)를 두고 신주(新州)를 폐하고 북한산주(北漢山州)를 두었다.

- 서기 557년 고구려는 구도성간(九都城干) 주리(朱理)가 모반(謀反)하다가 처형되었다.

- 서기 558년 (2월) 신라는 귀족 자제(子弟)와 6부(部)의 호민(豪民)을 국원(國原)에 옮겨 살게하였고 신라는 나마신득(奈麻身得)을 포노(砲弩)를 만들었다.

- 서기 559년 (3월) 고구려 양원왕(陽原王)이 승하하고 제25대 평원왕(平原王)이 즉위했다.

- 서기 560년 (2월) 북제국(北齊國)은 고구려 왕을 책봉했다.

- 서기 561년 (2월) 신라는 비자벌(比子伐)에서 군신(群臣)이 회의(會議)했고

- 서기 561년 (11월) 고구려는 진(陳)나라에 사신을 보냈다.

- 서기 561년 신라는 진흥왕(眞興王)의 순수비(巡狩碑)를 창녕(昌寧)에 세웠다.

- 서기 562년 (7월) 백제는 신라의 변경을 침략했다.

- 서기 562년 (9월) 신라는 가야가 반(叛, 배반)하므로 이사루(尼斯樓) 등으로 토벌했다. 신라는 제감(弟監)과 소감(小監)을 두었다.

- 서기 563년 신라에서 금동계미명(金銅癸未銘금동으로 계미년 제조) 삼존불(三尊佛)을 제조했다.

- 서기 564년 신라와 고구려는 각각 북제국(北齊國)에 사신을 보냈다. 신라는 처음으로 사신(仕臣, 신하의 벼슬)을 5명을 두었으며, 신라는 아라파사(阿羅波斯) 산성(山城)을 쌓았다.

- 서기 556년 신라는 대야주(大耶州)를 설치했으며, 진(陳)나라에서 신라에 석씨경론(釋氏經論, 석가경론)을 전했다.

- 서기 566년 (2월) 신라는 지원(祇園) 실제 두 절을 지었으며, 신라는 황룡사(皇龍寺) 공사를 마쳤다. 그리고 신라는 진나라에 사신을 보냈다.

- 서기 567년 (3월) 신라는 진(陳)나라에 사신을 보냈다. (9월) 백제 역시 진나라에 사신을 보냈다.

- 서기 568년 신라는 연호(年號)를 대창(大昌)이라 고쳤으며, (10월) 신라는 북한산 주(州)를 폐하고 남천주(南川州)라 하였고 비열홀주(比列忽州)를 폐)하고 달홀주(達忽州)라 하였다.

- 서기 570년 (6월) 고구려와 신라는 진(陳나라에 사신을 보냈다.

- 서기 570년 북제(北齊)나라는 백제 왕으로 봉했다.

- 서기 571년 (2월) 신라와 고구려는 진나라에 사신을 보냈다. (8월) 고구려는 궁실(宮室)을 중수했다.

- 서기 572년 (1월) 신라 연호(年號)를 홍제(鴻濟)라 고쳤으며, (10월) 신라는 전사장병(將兵)을 위하여 외사(外寺)에서 팔관연회(八關筵會)를 베풀었다.

- 서기 573년 고구려는 북제(北齊)에 사신을 보냈다.

- 서기 574년 (1월) 고구려는 진(陳)나라에 사신을 보냈다.

- 서기 574년 (3월) 신라는 황룡사(皇龍寺) 장육상(丈六像)을 주조했다.

- 서기 575년 신라는 동립사(東笠寺)를 창건하고 '도령가(徒領歌)'를 지어 유행시켰다.

- 서기 576년 신라의 진흥왕(眞興王)이 승하하고, 제25대 진지왕(眞智王)이 즉위했다. 신라는 원화(原花) 제도를 시작했고, 신라의 안홍법사(安弘法師) 호승(胡僧) 비마라(毗摩羅) 등이 돌아왔다. 신라는 원효(元曉)를 왕명(王名)으로 법흥사(法興寺)를 창건했다.

- 서기 577년 (7월) 백제는 진(陳) 주(周) 나라에 사신을 보내고, (10월) 백제는 신라의 서변(西邊)을 쳤다.

- 서기 577년 신라는 내리서성(內利西城)을 쌓았고

- 서기 577년 (11월) 백제는 경론(經論) 및 율사(律師) 선사비구니(禪師比丘尼) 주금사(呪禁師) 불공사장(佛工師匠) 등을 일본에 보냈다.

- 서기 578년년 (2월) 신라는 진나라에 사신을 보내고, 신라는 야산성(也山城)에서 백제와 싸웠다.

- 서기 578년 백제는 주(周)나라에 사신을 보냈다.

- 서기 578년 신라는 홍작비(鴻作碑)를 건립했다.

- 서기 579년 (2월) 백제는 웅현성(熊峴城)과 송술성(松述城)을 쌓았고

- 서기 579년 (7월) 신라의 진지왕(眞智王)이 승하하고 제26대 진평왕(眞平王)이 즉위했다 (10월) 신라는 불상(佛像)을 일본에 냈다.

- 서기 581년 (1월) 신라는 처음으로 위화부(位和府)를 두었다.

- 서기 581년 (12월) 백제와 고구려는 각각 수(隋)나라에 사신(使臣)을 보내고 수(隋)나라로부터 각각 왕의 책봉을 받았다.

- 서기 581년 백제는 선운사(禪雲寺)를 창건했다.

- 서기 582년 고구려와 백제는 각각 수(隋)나라에 사신을 보냈다.
- 서기 583년 (1월) 신라는 처음으로 선부서(船府署)를 두었다.
- 서기 583년 (2월) 고구려는 백성에게 농사와 양잠(養蠶)을 장려했다.
- 서기 583년 신라는 처음으로 서당(誓幢, 군부대 깃발)과 녹금서당(綠衿誓幢)을 두었다.
- 서기 583년 백제의 고승일요(高僧日曜)는 일본 왕의 초청으로 도일(度日)했다.
- 서기 584년 (2월) 신라 연호(年號)를 건복(建福)이라 개원(開元)했다. (3월) 신라는 조부령(調府令) 승부령(乘府令)을 각각 1명을 두었다.
- 서기 584년 고구려 승(僧) 혜변(惠便)이 일본에서 교화(敎化)로 불법(佛法)을 교육시켰다.
- 서기 585년 (7월) 신라 승(僧) 지명(智明)이 불법(佛法)을 구하고자 진나라에 들어갔다. 신라는 대궁(大宮) 사양궁(沙梁宮)의 3궁에 각각 사신(私臣)을 두었다.
- 서기 586년 (1월) 신라는 예부(禮部)를 설치했다.
- 서기 586년 고구려는 도읍을 장안성(長安城)으로 옮겼다.
- 서기 586년 백제는 진나라에 사신을 보냈다.
- 서기 587년 신라는 대승사(大乘寺)를 창건했고
- 서기 587년 백제의 사문풍국(沙門豊國)이 일본 왕궁에서 설법을 열었다.
- 서기 588년 신라는 경주(慶州)에 남산사(南山寺)를 창건했고
- 서기 588년 백제는 불사리(佛舍利)와 사공(寺工) 와사(瓦師) 화공(畵工) 등을 일본에 보냈다.
- 서기 589년 (3월) 신라는 집사성(執事省)에 대사(大舍) 병부(兵部)에 제감(弟監) 2인씩을 두었다.
- 서기 589년 고구려는 강서(江西) 우현리(遇賢里)에 삼묘(三墓)를 이루었다.

- 서기 590년 고구려는 수(隨)나라가 진(陳)나라를 멸망시킨 조서(弔書)를 듣고 국방을 염려하고 있는데, (10월)에 평원왕(平原王)이 승하하여 제26대 영양왕(嬰陽王)이 즉위했다. 이해에 온달(溫達) 장군이 전사했다.
- 서기 591년 (2월) 신라는 영객부(領客部)에 영(令) 2명을 두었다. (7월) 남산성(南山城)을 쌓고 4천 당(幢)을 두었다.
- 서기 592년 (1월) 고구려는 수나라에 사신을 보냈다.
- 서기 593년 (7월) 신라는 명활성(明活城)에 서형산성(西兄山城)을 고쳐 쌓았다.
- 서기 594년 수나라는 신라 왕을 책봉했다.
- 서기 595년 신라에서 김유신(金庾信, 594~673 가야 김 씨)이 출생하고
- 서기 595년 (5월) 고구려 고승(高僧) 혜자(惠慈)와 백제 고승 혜총(惠聰)이 일본에 건너갔다.
- 서기 596년 (3월) 신라 승(僧) 담육(曇育)이 수나라에 들어갔으며 신라는 수나라에 사신을 보냈다.
- 서기 596년 백제는 금동(金銅)으로 석가여래상(釋迦如來像) 광배완성(光背完城)했다. 지금 국립박물관에 소장되어 있다.
- 서기 597년 (5월) 고구려는 수나라에 사신을 보냈다.
- 서기 597년 신라는 삼랑사(三郞寺)를 창건하고
- 서기 597년 백제의 아좌태자(阿佐太子)가 일본에 건너갔다.
- 서기 598년 고구려는 말갈병을 거느리고 요서(遼西)를 침으로 수나라는 30만 대군으로 고구려를 침입했으나 패배하고 돌아갔다.
- 서기 598년 신라는 하서주(河西州) 궁부(弓父)를 두었다.
- 서기 598년 백제는 위덕왕(威德王)이 승하하고 제28대 혜왕(惠王)이 즉위했다.
- 서기 599년 백제 혜왕(惠王)이 승하하니, 제29대 법왕(法王) 선(宣)이 즉

위했다. 이 해 12월 백제는 살생을 금하고 백제의 지명법사(智命法師)가 수덕사(修德寺)와 금산사(金山寺)를 세웠다.

- 서기 600년 백제 법왕이 승하하고 제30대 무왕(武王)이 즉위했다. 백제는 왕흥사(王興寺)를 착공했다.
- 서기 600년 고구려는 이문진(李文眞)에게 『신집(新集)』 5권을 짓게 했다.
- 서기 602년 신라는 대내마(大奈麻) 상군(上軍)을 수나라에 보냈다.
- 서기 602년 (8월) 백제는 신라의 아막성산(阿莫城山)을 쳤다.
- 서기 602년 (9월) 신라 스님 지명(智明)이 수나라에서 돌아왔다.
- 서기 603년 (8월) 고구려가 신라의 북한산성(北漢山城)을 쳤다.
- 서기 604년 (7월) 신라의 대내마(大奈麻)와 만세(萬世) 혜문(惠文) 등을 수나라에 보내고 신라는 남천주(南川州)를 폐하고 북한산주(北漢山州)를 두었으며 신라는 군사당(軍師幢)을 쌓았다.
- 서기 605년 (2월) 백제는 각산성(角山城)을 쌓았다.
- 서기 605년 (3월) 신라는 담육(曇育)이 수나라에서 돌아왔으며, (8월) 신라가 백제의 동부(東部)를 치고 신라는 급당(急幢)을 두었다.
- 서기 607년 (3월) 백제는 연문진(燕文進) 왕호린(王孝隣)을 수(隨)나라에 보내고구려 정벌을 청하였다.
- 서기 607년 (5월) 고구려는 백제의 송산성(松山城)과 석두성(石頭城)을 공격했다.
- 서기 608년 신라는 수나라에게 고구려 정벌을 청하였다.
- 서기 608년 (4월) 고구려는 신라의 우명산성(牛鳴山城)을 함락시켰다. 고구려 스님 담징(曇徵) 법정(法定)이 일본에 갔다.
- 서기 609년 (4월) 백제의 사문(沙門)과 혜미(惠彌) 도흔(道欣)이 일본 비조(飛鳥)의 원흥사(元興寺)로 갔다.
- 서기 609년 고구려는 수나라에 견사를 보냈다.

- 서기 610년 백제는 송산성(松山城)과 석두성(石頭城)을 축성(築城)했다. 신라는 우명산성(牛鳴山城)을 축성(築城)하고 담징(曇徵) 스님은 법살사(法薩寺) 벽화를 그렸다.

- 서기 611년 (2월) 수나라 양제(糧帝)는 고구려 정벌을 명령했다.

- 서기 611년 (8월) 백제는 적암성(赤巖城)을 쌓고, (10월) 백제가 신라의 단잠성(椵岑城)을 공취(攻取)했다.

- 서기 612년 (2월) 수나라는 대군(大軍)으로 고구려의 요동성을 포위하고 수(隋)나라 장수 내호아(來護兒)가 수군(水軍)을 거느리고 살수(薩水)에 진격하니, (7월) 고구려 을지문덕(乙支文德) 장수가 수군을 섬멸했다.

- 서기 613년 (4월) 수나라 양제가 재차 고구려를 침입했는데 우문술(宇文述) 등 제장(諸將)으로 공격했으나 실패하고 되돌아갔다.

- 서기 613년 신라는 서당(誓幢)을 녹분서당(綠分誓幢)으로 고쳤다.

- 서기 614년 (2월) 신라는 사벌주(沙伐州)를 폐하고 일선주(一善州)를 두었다.

- 서기 614년 (2월) 수라가 또다시 고구려를 침입했고, (7월) 수나라 양제가 회원진(遠陳)에 도착하여 고구려에 항복을 청하려 했으나, 수군들이 모두 떠나버리고 없었다.

- 서기 615년 (1월) 신라는 수나라에 견사(遣使)를 보냈다.

- 서기 615년 고구려 스님 혜자(惠慈) 스님이 일본에서 귀국했다.

- 서기 616년 (10월) 백제는 신라의 모산성(母山城)을 쳤다.

- 서기 617년 고구려는 605년부터 수나라의 9부지(部伎)에 고구려 악(樂)이 참여함으로써 악기 및 공의(工衣)가 완비되었다.

- 서기 618년 (9월) 고구려 영양왕(嬰陽王)이 승하하여 제27대 영류왕(榮留王=건무建武)가 즉위했다.

- 서기 618년 신라는 백제를 쳐서 단잠성(椵岑城)을 회복하고, 신라 당기(唐器)의 영향을 받은 황녹유(黃綠釉)는 토기를 제작했다.

- 서기 619년 (2월) 고구려는 당나라에 사신을 보냈다. (4월) 고구려는 졸본(卒本)의 시조 고주몽(高朱蒙)의 묘에 제사 지냈다.
- 서기 621년 백제와 고구려는 각각 당나라에 사신을 보냈다.
- 서기 621년 신라는 왜전(倭典)을 영객전(領客典)으로 고치고 신라의 설계두(薛罽頭)가 당나라에 들어갔다.
- 서기 622년 (2월) 신라 내성사신(內省私臣) 1명을 두었고 대궁(大宮), 양양궁(良宮), 사양궁(師襄宮)의 3궁을 장악하게 하였다.
- 서기 622년 고구려는 수나라 때 포로를 돌려보냈다.
- 서기 623년 백제는 신라의 륵노현(勒弩縣)을 쳤다.
- 서기 623년 신라와 고구려는 각각 당나라에 사신을 보냈다. 신라는 병부대감(兵部大監) 2명을 두었다.
- 서기 624년 고구려에 도사(道士)가 와서 노자도덕(老子道德)를 강술(講述)했다.
- 서기 624년 백제는 신라의 속함(速含) 등 6성(城)을 공취(攻取)하고
- 서기 624년 신라는 당나라에서 책대사(冊對使)가 왔다.
- 서기 625년년 (11월) 신라는 고구려가 조공(朝貢)의 길을 막는다고 당나라에 호소했다.
- 서기 625년 고구려는 당나라에서 불로(佛老)의 교법(敎法)을 배웠다.
- 서기 625년 신라는 낭당(郎幢)을 두었다.
- 서기 626년 (8월) 백제는 신라의 주계성(州界城)을 공격했고
- 서기 626년 신라는 고이성(古爾城)을 쌓았다.
- 서기 626년 백제와 신라는 당나라에 가서 고구려가 당나라에 들어오는 길을 막고 방해한다고 호소했다.
- 서기 627년 (7월) 백제는 신라 서북쪽의 2성을 공취했고, (8월) 당(糖)나라는 백제와 신라 사이의 화친을 조정하였다.

- 서기 628년 (2월) 백제는 신라의 단잠성(椵岑城)을 공격했다.

- 서기 628년 (9월) 고구려는 당나라에 봉성도(封城圖)를 보냈다.

- 서기 628년 신라는 기근으로 자녀를 매매하는 사례가 발생했다.

- 서기 698년 (8월) 신라 김유신(金庾信)이 고구려 낭비성(娘臂城)을 공격했다.

- 서기 698년 백제 신라 고구려는 각각 당나라에 사신을 보냈다.

- 서기 630년 (2월) 백제는 사비궁(泗沘宮)을 중수(重修)했다.

- 서기 631년 (2월) 고구려 동북쪽 부여성(扶餘城)에서 동남해(東南海)에 이르는 천리장성(千里長城)을 쌓았다.

- 서기 631년 (8월)신라는 칠숙(柒宿), 석품(石品), 모판(毛飯) 공예품이 발달했다.

- 서기 632년 (1월) 신라 진평왕(眞平王)이 승하하고 27대 선덕여왕(善德女王)이 즉위했다. 진평왕 때 날현인(捺絃引)의 악(樂)을 만들고 청주(靑州)를 폐했다.

- 서기 632년 (7월) 백제는 신라를 쳤다.

- 서기 634년 (1월) 신라의 연호(年號)를 인평(仁平)이라 고치고 분황사(芬皇寺)를 창건했다.

- 서기 634년 (2월) 백제는 왕흥사(王興寺)를 준공했다.

- 서기 635년 당나라는 신라왕을 책봉했고 신라는 영묘사(靈廟寺)를 세웠다.

- 서기 636년 (2월) 백제는 당나라에 사신을 보냈다. (5월) 백제는신라의 독산성(獨山城)을 쳤다.

- 서기 636년 신라의 스님 자장(慈藏)이 당나라에 유학 갔다.

- 서기 637년 신라는 우수주(牛首州)를 설치했다.

- 서기 637년 (12월) 백제는 당나라에 사신을 보냈다.

- 서기 638년 (10월) 고구려는 신라의 칠중성(七重城)을 쳤다.
- 서기 638년 (11월) 신라는 고구려군을 칠중성에서 격파했다.
- 서기 639년 (2월) 신라는 아슬라주(阿瑟羅州)를 북소경(北小京)이라 하였다.
- 서기 639년 (10월) 백제는 당나라에 사신을 보냈다.
- 서기 640년 고구려 세자(世子) 환권(桓權)을 당나라에 보냈다.
- 서기 640년 당나라는 고구려, 신라, 백제의 자제들을 당나라에 보내어 국학(國學)에 입학하기를 청했다.
- 서기 640년 신라의 원광법사(圓光法師)가 입적(入寂)했다.
- 서기 641년 (3월) 백제 무왕(武王)이 승하하고 제31대 의자왕(義慈王)이 즉위했다.
- 서기 641년 당나라는 고구려 태자의 입조(入朝)에 보답코자 사신을 고구려에 보냈다.
- 서기 642년 백제는 신라의 미후성(獼猴城) 등 40여 성을 빼앗고 대야성(大耶城)을 함락시켰다.
- 서기 642년 백제는 고구려와 함께 신라의 당항성(黨項城)을 빼앗았다.
- 서기 642년 고구려는 연개소문(淵蓋蘇文)이 영유왕(榮留王)을 죽이고 제28대 보장왕(寶藏王)을 세웠다.

자랑스러운 고구려

광개토(廣開土) 대첩(大捷)

제16대 고국원왕(故國原王) 때 서쪽 한(漢)나라와 남쪽으로는 신라, 백제 등의 조우투쟁(遭遇鬪爭, 숨은 세력과 싸움)에서 한때 타격을 입었던 사실이 있었지만, 변화가 심한 대륙 정국(大陸政局)에 대하여 고구려의 태도 역시 의연미묘(依然微妙)하지 않을 수 없었다.

서적(鼠賊, 좀도적)의 전연(前燕)이 관중(關中, 지역 가운데)에서 나라를 일으켜 서기 370년 전진 왕(前秦王, 전진의 진시왕) 부견(符堅)에게 토벌당해 망하고, 연(燕)나라의 태부(太傅) 모용평(慕容評)이 고구려에 망명 와서 있다가 다시 연나라로 도망가는 것을 고구려는 다시 붙잡아 전진(前秦, 전(前) 진(秦)나라)에 보내니 호의를 표명(表明)받았다.

제17대 서기 373년 고구려 소수림왕(小獸林王) 2년 승려 순도가 전진(前秦)으로부터 불상(佛像)과 경문(經文)을 받아왔다. 이때부터 노자(老子)의 신선사상(神仙思想)에서 동방 불교철학이 시작되었다. 그렇지만 불교문화는 서방 중국보다 동방 조선에서 불가사의한 이적(異蹟)이 불교에서 일어났다고 한다.

서방 중국은 고조선에 노자 신선사상을 심어 종교화하고 유가사상(儒家思想)으로 문화 식민지(植民地)로 만들면서 한무제(漢武帝)는 군사 인해전술(人海戰術)을 무기화(武器化)하여 고조선을 멸망시켰다. 그뒤 고구려에 불교

사상)을 심어서 상국(上國) 행세를 하면서 조공을 챙겼다. 그랬던 전진(前秦)은 강북(江北)을 통일하고 동진(東秦)을 정벌하다가 비수(肥水)의 옛 왕자 모용수(慕容垂)가 전진을 배반하여 서기 384년 후연(後燕)을 일으킴으로써 서기 394년 후진(後秦)에게 망했다.

고구려는 유일한 우방(友邦) 전진을 잃고 대신 새로운 강적 후진을 만났다. 그런 고구려는 현토성(玄免城)과 요동성(遼東城)의 쟁탈(爭奪) 문제로 자연적으로 후연과 관계가 험악해졌다. 하여 이 2성을 조득모실(朝得募失, 아침에 얻어 저녁에 잃는다는 뜻)하였으니 고구려는 후연과 남쪽으로 백제 사이에도 대방(帶方) 문제로 역시 충돌이 그치지 아니하니 고구려는 사실다사(事實多事)한 때였다.

그러나 오랫동안 축척(縮尺)한 고구려는 국력을 약진(躍進)하여 일대통일국가(一大統一國家) 일대제국(一大帝國)을 나타낼 만한 단계에 도달하였던 것이다. 이 시대에 웅재대략(雄才大略, 크고 뛰어난 재능과 지략)을 품고 나타난 고구려의 지도자로서 유명한 제19대 광개토대왕(廣開土大王)이 있었다. 왕의 사적(史蹟)은 왕의 능비(陵碑)의 발견으로 더욱 상세히 알려졌다. 그 비(碑)에 의하면 완전한 묘호(廟號)는 국강상(國彊相) 광개토(廣開土) 경평안호태왕(境平安好太王)이요, 생존 당시 칭호는 영락대왕(永樂大王)이었다. 광개토대왕은 약칭(略稱)이고 영락(永樂)은 왕의 재위 시에 연호(年號)였다.

고구려와 백제, 신라의 전성시대

일제 말기에 발견된 통구(通溝, 중국 길림성 集安市 통구 평야) 부근의 고분 모두루 묘지(牟頭婁墓誌)에는 '국강상대(國岡上大) 광개토지(廣開土地) 호태성왕(好太聖王)'이라 쓰여 있고, 호태왕(好太王)이 '호태성왕(好太聖王)'으로 되어있으며, 왕릉 비문에 '29 등조(登祚) 영락대왕(永樂大王)'이라 쓰여 있다고 한다. 고구려의 왕호 미칭(美稱)에는 성왕(聖王)이라면 동명왕(東明王)이고, 명왕(明王)이라면 유리왕(瑠璃王)이다. 고려 시대는 대왕(大王) 또는 호왕(好王) 등의 예가 있으므로, 특히 왕에 있어서는 2중 3중으로 미호(美號)를 칭했던 것이다.

제18대 고국양왕(故國壤王)은 원래 사람됨이 호매(豪邁)하고 영득(英特)한 용병술이 신과 같아, 즉위 이내로 남정북벌(南征北伐) 동토서략(東土西略)하여 가는 곳마다 승리하였으니 전필승(戰必勝) 공필취(功必取)하였고, 토개척(土開拓)이 광대(廣大)하였다 하여 광개토왕(廣開土王)이라 하였다. 고구려가 만주 대륙의 완전한 주인(主人)이 되고, 또 고조선의 한 씨(韓氏), 위 씨(衛氏)의 땅을 완전히 통일했던 것도 광개토 사업(廣開土事業)이었다. 광개토대왕은 즉위 초부터 백제 탈환전(奪還戰)을 시작하여 백제의 북비(北鄙)인 석현(石峴) 등 10여 성을 탈취하고 요진(要鎭) 관미성(關彌城)을 함략(含略)하였는데, 그 위치가 정확하지 않아 황해도(黃海道) 해변가에는 없다고 한다.

백제는 고구려로부터 북계(北界) 침략에 대항하기 위해 멀리 일본과 친선(親善)을 도모하고 태자 전지(腆支)를 질자(質子)로 일본에 보내기까지 하였다. 이에 일본의 응원(應援)을 청하여 그 후원군 부대가 백제에 와서 주둔하고 있었다.

영락왕(永樂王)은 백제제 17대 아신왕(阿莘王) 5년(서기 397년) 수군(水軍)을 거느리고 백제 서해안에 상륙하여 파죽지세로 일팔성(一八城) 등 한수(漢水, 한강) 이북의 모든 성과 진을 공파(攻破)에 박진(迫進)하니, 백제 아신왕(百濟 阿莘王)은 세(勢)의 궁(窮)함을 알고 남녀 1,000명과 세포(細布) 1,000필을 내어 항복을 표시하고 화친(和親)을 청했다. 고구려 왕은 이를 받아들여 백제 왕)의 아우와 그의 대신(大臣) 10명을 인질로 삼았다. 백제 정토(征討)에 있어 영락왕(永樂王)이 공파(攻破)한 성이 58개이고 촌락이 700에 달하였다.

고구려는 비단 백제와의 관계에서 후자(候者)를 돕는 왜군과 충돌했을 뿐 아니라 가라제국(伽羅諸國)과 신라와 관계에서 또한 왜군과 접촉이 발생하게 되었다. 즉 가라제국을 후원하는 왜군이 신라에 침입하여 성지(城地)를 파양(破壤)하였을 때, 신라의 급고(急告)에 응하여 영락(永樂) 10년(서기 400년)에 보병과 기병 50,000명을 보내어 왜군을 추격하여 임나가라(任那伽羅)까지 무위(武威)를 나타냈던 것이다. 이에 대한 설(說)은 비문기사(碑文記史)에 자세히 언급돼 있다.

서쪽은 영락왕 때 후연(後燕)은 전연(前燕)를 대신하여 고구려의 서린강적(西隣强賊)이 되었다. 고구려 제18대 고국양왕(故國壤王) 때에 고구려와 요동, 현토(玄菟) 2성의 쟁탈전을 행하여 드디어 2성을 소유하고, 다시 국도(國都)를 용성(龍城, 요서 지역의 거점인 용성조양)에 옮긴 뒤 후연은 고구려의 남쪽을 돌아보고 고구려의 신성(新城),남소(南蘇) 등 70여 마을을 탈취하였다.

영락왕은 그 후 남쪽에 대해 고려하지 않고 서쪽 요동 경략(遼東經略)에 종사(從事, 일삼아)하였고, 영락(永樂) 12년(서기 402년) 왕이 파견한 고구려 군대가 요하(遼河)를 건너 멀리 후연의 숙군성(宿軍城, 군대가 잠자는 성)에 쳐들어가 평주척사(平州刺史) 모용귀(慕容歸)가 성을 버리고 달아나게 하였으니, 고구려는 요동성(遼東城)은 물론 현토성(玄菟城)까지 되찾아 700리 땅을 찾아냈다. 영락 14년(서기 404년) 11월 왕은 군사를 내어 후연을 침략한 다음해 정월(正月) 후연 왕 모용희(慕容熙)는 복수적(復讎賊, 도둑의 원수를 갚음)으로 몸소 병력을 거느리고 와 요동성을 포위하고, 익년(翌年)에 군사를 이끌고 깊이 목저성(木底城)까지 침입하였으나 모두 성공하지 못하고 돌아왔다.

요하(遼河) 이하의 땅은 완전히 고구려의 소유가 됨에 이르렀다. 옛날 6국의 연(燕)이 고조선(古朝鮮)의 땅인데 침략하여 요동군을 설치한 이래 약 6~7세기 동안 그곳이 외인(外人)의 지배 가운데 있다가, 다시 후연으로부터 동인(東人)의 손에 옮겨온 것이라 하였다.

영락왕릉비(永樂王陵碑)에는 의의 있는 요동경략(遼東經略)에 관한 문자가 보이지 않았으니 조득모실(朝得暮失)의 운명(運命) 중에 있었던 것을 취득한 것으로 생각 된다.

영락왕 17년(서기 407년) 후연의 신하 고운(高雲)이란 자가 연왕(燕王) 모용희를 죽이고 대신 자립하여 왕이 됨으로 18년(서기 408년)에 영락왕은 사신을 보내 동종동족(同宗同族)의 의(誼)를 베풀고 운(雲) 또한 시어사(侍御史) 이발(李跋)을 고구려에 보내어 회사(回謝)하였다고 한다.*

영락왕이 연의 고운(高雲)에 대하여 동종(同宗)의 의(誼)를 펴고 호(好)를 맺으려 한 것은 일종의 정책적 이의(異意)를 가진 것이며, 어쨌든 동족애(同族愛)를 엿볼 수 있는 것이다. 고운은 수년에 이르러 그 신하인 풍발(馮跋)에게 살해되고 말았다.

남고서고(南顧西顧)의 후려(後慮)의 변두리를 영락왕은 동쪽의 동부여(東夫餘)로 향하여 경략(經略)의 걸음을 내걸었다. 동부여는 지금의 함경남도에 있던 동예(東濊)를 자칭한 것이다. 동예는 후한 대에 고구려에 복속하여 부용(附庸, 작은 나라가 큰 나라에 의탁해서 지내는 일) 관계를 맺고 있더니, 고구려 제11대 동천왕(東川王) 때 이르러 위(魏)나라의 입구(入口)의 결과로, 그곳은 고구려의 지배를 떠나 취(聚)나라 낙랑(樂浪)에 예속하여 반독립적 제후국(諸侯國)으로 되어 고구려는 항상 서남(西南) 양방면(良方面)이 다사다난(多事多難)하여 이 방면을 돌아볼 겨를이 없었는데, 서기 410년에 이르러 비로소 왕의 경략을 보게 되었다.

왕은 이 해에 몸소 군사를 거느리고 동부여를 정벌하여 그 국성(國城)에

---

* 고운(高雲)의 조(祖=할아버지)는 고화(高和)이고, 고화는 본래 고구려의 지서(支庶)로 일찍이 연(燕)나라에 입적하여 자칭 고양 씨(高陽氏)의 후예라 하고 행세하더니, 운(雲)에 이르러 연왕(燕王)으로부터 성(姓)을 모용 씨(慕容氏)라하고 사성(賜姓)한 일까지 있었던 것이다.

다다르니, 성(城)은 곧 무저항으로 귀순하였고 기타(其他) 미구루(味仇婁) 등 모든 부락의 추장(酋長)들이 자진래왕(自進來往)하는 자가 많았다. 이로 인하여 철령(鐵嶺) 이북의 동부여 땅은 완전히 고구려 안으로 들어왔다.

다음 북(北)으로 비려(卑麗) 및 숙신(肅愼)에 대한 토략(討略)이 있었다. 비려는 진서동이전(晉書東夷傳)에 비려국(卑麗國)은 숙신 서북(西北)으로 말을 타고 200일 걸린다. 지나온 가호(家戶) 수가 20,000호라고 한다 숙신은 지금의 송화강 유역 함나빈(含那貧, 지금의 하르빈)부근이라고 한다. 왕의 무보(武步)가 이곳까지 순방(巡訪)한 것은 서기 395년이다. 몸소 군사를 이끌고 공파(攻破)한 그 부락(部落) 수가 6~7백이고, 소와 말을 획득함이 부지기수라 하였다.

북부여(北夫餘)는 앞서 고구려 제13대 서천왕(西川王) 16년(서기 285년) 선비 모용외(鮮卑慕容廆)에게 공파(攻破)되어, 왕의려(王依廬)는 자살하고 그의 아들 왕의라(王依羅)가 동이교위(東夷校尉)의 구원을 받아 겨우 고국을 회복하게 되었다. 그러나 고구려와 전연(前燕) 양국의 세력 발전에 개재(介在)한 북부여의 존위(尊威)는 그 수명을 오래 누리지 못하고 반세기를 지나 서기 346년에 북부여는 전연 왕 모용황(慕容晃)이 보낸 군대의 습격을 받아 국왕(國王) 현(縣)과 부락 50,000가구가 생포되고, 현(縣)은 전연의 진군 장군(鎭軍將軍)의 벼슬을 받아 동시에 모용황의 여식(女息)에게 장가들고, 이로써 부여의 역사는 완전히 막을 내렸다. 그리고 북부여의 땅은 전연(前燕)의 땅이 되었다가 얼마 후 영락왕 때 고구려에 합병되어 고구려 영토가 되었다.

영락왕 때 모두루(牟頭婁)를 시켜 북부여 진(北夫餘鎭)을 지키게 하였다가. 고구려 제20대 장수왕(長壽王) 23년(서기425년) 평양에 봉사(奉使)하였던 후위(後魏)의 이오(李傲)가 돌아가 견문(見聞)한 바에 따르면 고구려 사지(四至)를 동지책성(東至柵城, 지금의 휘춘) 남지소해(南至小海, 지금의 경기 해안) 북지구부여(北至舊夫餘)라 하였는데,『삼국사기(三國史記)』의 〈고구려기(高句麗記)〉에는 제21대 문자왕(文咨王) 3년(서기494년) 부여 왕 이와 그의 처자(妻子)가 모두 고구려에 내항(來降)하였으니, 영락왕의 제방면경략(諸方面經略, 성(城)을 쌓아 군(郡), 현(縣), 면(面)을 다스림의 공파(攻破)한 성의 수가 64개요, 마을의 수가 1,400촌이라 하였다.

한편 백제정토(百濟征討)에서 공파한 성촌(城村)의 수가 우선 58성, 700촌에 달하였다. 여기에 타처(他處, 임나가라(任那伽羅, 현재의 츠시마(つしま対馬島)) 요동 비려(卑麗, 고구려 제후국을 말함) 식신, 숙신(息愼, 肅愼, 고대 중국의 동북 지방에 살았던 통구스 계) 동부여 방면의 모든 것을 가(加)하여 총계를 낸다면 64성, 1,400촌에만 그칠 수 없으리라 하였다.

영락왕(永樂王, 광개토)의 일생)의 무훈(武勳)이 붉게 빛남을 평하면, 서쪽으로 요하(遼河)를 건너 광령(廣寧)까지 이르렀고, 남으로는 멀리 낙동강 유역까지 미쳤다. 그러나 2방면의 진출은 일시적 침략 혹은 구원적(救援的) 출정(出征)으로 말미암아 마치 일종의 폭풍우와 같이 홀연히 달려갔다가 돌아온 것이므로, 물론 그때 판도(版圖)가 이와 같이 원서(遠西), 원남(遠南)까지 미쳤다는 것은 아니다.

정작(正作) 완전한 경략 지역(經略地域)의 사지(四至)는 남으로는 예성강(禮城江) 유역에 이르렀고, 서쪽으로는 요하(遼河), 북으로는 송화강(松花江), 동으로는 동해(東海)가 극(極)이다 하여, 고구려의 세력이 이때만큼 강대하였던 것은 속일 수 없는 사실이다.

확실하게 고구려가 차지한 땅은 서쪽으로 요하 이동 땅을 완전히 경략하여 '고조선(古朝鮮)이 연(燕)나라에 잃었던 서방(西方) 천리 땅'을 회복하게 되었고, 남으로는 백제의 북비(北鄙)로, 동(東)으로는 동부여(東夫餘)를 정복하여, 옛날 위씨조선(衛氏朝鮮, 위만) 땅을 거의 대부분 회복한 그 사실이다. 이는 우리 민족의 매우 큰 의미이다.

영락왕의 능비(陵碑)는 당시 고구려의 국도(國都, 국내성) 부근에 높이 서 있으니, 그 건립은 영락왕이 조후(徂后) 2년(서기 414년) 제20대 장수왕(長壽王)2년이다. 지금으로부터 1,599년 전에 세운 광개토왕(廣開土王, 영락왕) 비갈 (碑碣)은 가장 오래된 거대한 비석(碑石)이다.

장군총

광개토대왕비

이 비석은 자연석인데, 입좌방형(立坐方形)으로 인공(人工)을 가하여 현재 지상(地上)에 나타난 부분의 높이가 21척, 넓이 5척~6척 5촌(寸)이다. 4면에 음각(陰刻) 문자가 1행 41자 44행, 총 문자 1,800여 자로 광개토(廣開土) 사적(事蹟)이 쓰여 있다.

이 비석이 서 있는 곳에서 서남쪽 300m에 대왕릉(大王陵)이란 고총(古冢)이 있는데, 그 체제가 굉장(宏壯)하게 돌을 깎아 벽돌을 만들어 쌓은 이 무덤을 호태왕(好太王) 즉 '영락대왕(永樂大王)의 릉(陵)'이 아닌가 하는 일부 학자의 설(說)이 있다. 이보다 1,600여m 되는 토구자산(土口子山)의 기슭에 접하는 고지대(高地帶)에 피라미드(Pyramid) 식 큰 무덤이 있다. 역시 규모가 훌륭하여 흔히 이를 영락대왕(永樂大王)의 능(陵)이라고 한다.

고구려가 죽령(竹嶺) 이북의 잃어버린 땅 이래 신라의 신흥(新興) 세력에 대하여 불안과 초조를 계속하고 있을 때, 중국 수나라의 새로운 강대 세력이 나타났다.

그간 중국에서는 서진(西晉) 이래 오호(五胡)의 난입(亂入)으로 남조(南朝)의 대립 등 분열과 혼란이 계속되다가, 이때 북(北)에서 수나라가 일어나 남조를 서기 589년 통일하게 되었다. 이때가 고구려 25대 평원왕(平原王) 30년이다.

그리고 외몽골(外蒙古) 및 서쪽 알타이산(Altai/Moun) 방면 터이기(土耳其) 계통의 돌궐족(突厥族)이 어떤 지역을 차지하고 굳세게 지키며 일시적으로 새북(塞北)을 통일하고 대제국(大帝國)을 건설하다가, 얼마 후 동서 돌궐(東西突厥)로 서기 572년 분열하는 등 대륙 방면에 새로운 형세가 나타난 것이다.

중국이 혼란 상태에 빠졌을 때 동고(東顧, 동향)의 겨를이 없는 방면에 정권이 수립되어 질서를 바로잡게 되면서, 그 세력의 영향이 반드시 우리 동방(東邦)에 미쳐 왔음은 고금을 통하여 현저히 나타나는 사례다. 고구려는 수나라 양국(兩國)이 요하(遼河)일선(一線)으로 국경을 상접(相接)하였고, 고구려 25대 평원왕(平原王) 때 수나라가 진나라 남조(南朝)를 멸하고 중원(中原)을 통일했을 때다.

이를 고려하여 고구려는 재빨리 병사를 증강하고 군량(軍糧)을 비축하는 등, 방수(防守) 대책을 세웠던 때가 서기 590년, 고구려 평원왕(平原王)이 서거하고 26대 영양왕(嬰陽王)이 즉위했다. 이에 앞서 비밀리에 재물(財物)로서 중국인 노수(弩手=노쇠 무기를 만드는 사람)를 매수하여 병기(兵器)를 만들었다.

서기 590년 수나라 문제(文帝)는 고구려의 내정(內情)을 정탐하기 위하여 사신을 고구려에 파견하였으며, 이를 눈치 챈 고구려에서는 그 사신을 한적한 곳에 안치(安置)하고 경비(警備)를 엄중히 하여, 그로 하여금 견문(見聞)의 자유를 갖지 못하게 하였다. 그때 고구려가 취한 태도는 자기방어상 당연한 일이라 하겠거늘, 수나라 문제(文帝)는 불쾌한 감정을 가지고 국서(國書)를 보내어 구(舊) 고구려 태조(太祖)를 나무랐다. 이 일은 여기서 끝나고 더 이상 확대하지 아니하였으나 수나라와 양국(兩國)의 관계가 미소(微小)하였다.

서기 590년 〈려기(麗記)〉에서 영양왕(嬰陽王)을 말하기를, "바람같이 시원하고 귀신같이 재주(才周)가 뛰어났으며, 세상을 구제(救濟)하고 자연스럽게 반겨주니 백성이 편안하였다"고 한다. 신왕(新王)의 대수정책(對隨政策)은 표면상으로는 당분간 정상 상태를 유지하여 피차사절(彼此使節)의 교환을 보게 되었지만, 내면적으로는 그에 대한 경계와 방비를 게을리하지 않은 듯했다.

영양왕(嬰陽王) 9년(서기 598년) 노골적으로 몸소 말갈병(靺鞨兵) 무리 10,000여 기병(奇兵)을 거느리고 요하 서쪽 요서 지방에 쳐들어간 일이 있었다. 국방(國防)을 튼튼히 하기 위하여 유리한 전략적 지점을 먼저 확보하려는 의도에서 나온 것이다. 그런데 수(隨)나라 문제(文帝)는 이에 대노(大

怒)하여 한왕 양수(漢王諒隨)라는 종실(宗室)과 왕세적(王世積)을 행군원사(行軍元師)로 삼아 수륙군(水陸軍) 300,000명을 통솔하고, 그 가운데 수군(水軍)은 주라후(周羅喉) 등이 인솔하고 고구려를 치게 하였다

수나라의 육상(陸上) 부대는 임유관(臨楡關)에서 나와 요하(遼河)로 행하는데, 도중에 홍수를 만나 군량(軍糧) 수송 보급이 계속되지 못하여 군사들이 굶주리고, 또 질역(疾疫)이 유행하였으며 해상(海上) 부대도 산동반도(山東半島)에서 바다를 건너 고구려의 수도 평양성으로 오다가, 바다 가운데서 폭풍을 만나 적지 않는 피해를 보았다. 이로서 수나라 장군은 목적을 이루지 못하고 군사를 돌이키니 이때가 고구려영양왕 9년(서기 598년)이고 수나라 문제 18년이다. 적의 손실은 10의 8~9였다. 영양왕은 수나라와 감정이 다소 풀리고, 한번 수나라의 태도를 살펴보려고 사신을 보내어 사죄의 뜻을 표하였다. 이로 인해 수나라 문제(文帝)는 정식으로 군사 행동 정파(停罷)를 명하고 전일(前日)과 같은 태도로 고구려를 대하였다. 그러나 이때 수나라의 지식층(知識層)에서는 오히려 고구려를 재정(再征)하자는 여론(輿論)이 비등했다. 유림(儒林)과 유현(儒賢)만은 불가(不可)함을 알고 '무이론(撫夷論)'이란 화평론(和平論)을 지어 주전론자(主戰論者)를 풍자하였다.

56년후 수나라 문제가 죽고 그 아들 양제(煬帝)가 즉위하였다. 서기 601년 양제는 욕심이 크고 호화사치로운 생활을 좋아하여 200만의 노동자를 부리고 광걸(廣傑)한 궁궐을 일으켰다. 또 100만 인부(人夫)를 징발(徵發)하여 자기의 유역(遊歷)에 필요한 운하(運河)를 개착(開鑿)했으며, 영토 확대의 헛된 야욕도 수반(隨伴)하였다. 문제가 고구려를 도모하다가 실패한 일도 있었으므로, 그는 일찍부터 감정(感情)을 품고 있었다. 그는 돌궐(突厥)과 밀통(密通)하는 고구려의 사절을 발견하고 불쾌히 여겨 그 사절에게 타이르기를, 고구려 왕이 친조(親朝)의 예(禮)를 닦지 아니하면 자기가 몸소 군사를 이끌고 치겠다고 하였다.

고구려가 돌궐과 밀통한 것은 우호관계를 맺어 수나라의 세력을 견제하려는 의도에서였을 것이다. 이때 양제의 호종신(扈從臣) 배구(裵矩)도 양제에게 즉시 고구려를 전취(戰取)할 것을 권고한 일이 있었으니, 양제가 고구려 원정을 결의한 것은 이때부터였던 것이다.

양제가 이러한 공갈적언사(恐喝的言事)에도 불구하고 고구려는 조금도 굴하지 않으면서 무언(無言)으로써 입조(入朝)를 거부하는 동시에 상당한 각오를 가지게 됐다. 마침내 양제는 자기의 결심대로 대규모 원정을 일으키려 하여 국내에 영(領)을 내리고 모병(募兵) 군량(軍糧) 마필(馬匹)을 징발(徵發)하고, 함선(艦船) 병기(兵器) 등의 제조및 수리, 기타 군수품의 준비에 총력을 기울이게 하였다. 수나라 전쟁 준비에 백성들이 받는 고통과 그로 인하여 죽거나 도피하는 자가 헤아릴 수 없이 많았고, 산동성(山東省) 등주해구(登州海口) 조선장(造船場)에는 관리의 가혹한 독역(督役) 아래 선공부(船工夫) 들은 낮과 밤을 가리지 않고 물속에 들어가서 조금도 쉬지 못하게 하였기 때문에 자살하는 자가 상당수라 하였다.

또 요서 지방(遼西地方)으로 군량(軍糧)을 운반하는데 사졸(士卒)들이 피로와 질병으로 죽는 자가 절반이나 되었고, 기타 징발(徵發) 고역(苦役)에 못 견디어 도적질을 일삼는 자가 곳곳에서 생기고, 그 중에는 '요동에 가서 헛되어 죽지 마라"라는 노래를 지어 퍼뜨리는 자가 있어 군역(軍役)을 도피하는 자가 많았다고 하였다. 이와 같은 수나라의 민간압전(民間壓戰)에서 생기는 사상(思想)이 팽배했다.

양제는 출병(出兵)을 강요하여 드디어 대업 팔 년 만에, 고구려 영양왕 23년(서기 612년) 정월에 전 육군을 지금의 북경 부근에 총집합시켜 양제가 직접 수륙양군(水陸兩軍)을 통솔하고 원정하기로 하였다.

양제는 신하 경질(庚質)을 불려 물어보기를 "짐(朕) 앞에 어버이처럼 받들게 하여 거사(巨事)하면 고구려를 그 제도와 당연한 바탕에 의해 땅과 백성을 우리가 하나의 나라를 대적(對敵)하면 경은 이겨내겠소 못 하겠소?" 하였다. 경질은 또 "신하가 살펴서 주관(主管)하여 친다면 온통 이길 수 있으나, 친행(親行)하면 어리석게 보아 원(願)하지 않는 충계(層階) 아래로 떨어질 것입니다."라고 했다. 다시 말하면 이길 수 있으나 전쟁은 불가(不可)하다고 말씀 올렸는데, 양제는 이 말을 듣지 않고 드디어 친정(親征)했다. 수나라가 이 전쟁에 군사 출정(出征) 규모와 형세가 어떠했는지를 『수서지(隨書誌)』 4권과 『자치통감(自治痛鑑)』 180권에 기재돼 있다고 했다. 이 책에서 말하기를 이 전쟁은 대략 육군 좌우양익(左右兩翼)으로 나누어 좌익 12군단 우익 12군단(軍團) 총병력 1,138,300명에 달하고, 군량(軍糧) 운반자 수는 이밖에 갑절이나 되었다고 한다.

그리고 수군(水軍)은 별도로 되어 총병력은 알 수 없으나 날마다 1군단씩 보내어 40일 만에 겨우 끊었다고 하면, 40군단 병력을 파병시켜 바다로 오고가면서 풍파(風波)로 수몰(水沒)되고 전사하여 10중 8~9가 전몰(戰歿)했다고 한다.

요동성(遼東城) 대첩(大捷)

이 해 3월 양제가 친솔(親率)한 육군(陸軍) 제 부대(諸部隊)는 국경 요하(遼河)에 집결하였다. 고구려에서는 이미 적의 침략을 예상하고 확인한 뒤였으므로 방비(防備)를 엄하게 하고 적이 오기만 기다리고 있었다.

적이 요수(遼水)에 이르자 고구려군은 일제히 진격하여 적의 도하공작(渡河工作)을 방해하였지만 적은 부교(浮橋) 3개를 만들어 한끝을 이끌고 동안(東岸)에 내리려 하였으나 일장여(一丈餘)가 짧아 언덕에 닿지 못하였다.

또다시 적의 용병(勇兵)들이 달려와 교두보(橋頭堡)를 얻고자 작전을 바꾸어 부교(浮橋)를 끌어갈 때, 아군은 높은 곳에 올라가 맹렬한 사격전(射擊戰)이 벌어졌는데, 적은 언덕에 오르지 못하고 죽는 자가 10 중 8~9였다. 그러나 적은 서안(西岸)으로 끌어 가서 이틀 만에 부교 길이를 연결시켜 다시 동안(東岸)에 대고 대병력(大兵力)이 쏟아져 내려 굳센 저항을 받으면서 도하(渡河)에 성공하더니, 요수 연변(遼水沿邊)의 가장 험고(險固)한 고구려 요새(요동성을 적의 주력 부대(主力部隊)를 포위하였다.

4월 요동성에 집결한 고구려 부대는 나름대로 작전 계획이 있었다. 적은 대병력(大兵力)의 장점인 인해전술(人海戰術)로 밀어붙일 것이니 아군은 소모전으로 출혈작전(出血作戰)을 유도하여 성문을 굳게 닫고 고수하고 자주 나가서 적을 쳐서 피로에 빠뜨리고 손해를 입혔다. 적의 총공격(總攻擊)이 여러 달에 미쳤지만, 성의 방위가 워낙 튼튼한지라, 아병(我兵)은 용감히 싸워 조금도 동요하지 아니하였다. 그래서 적병(敵兵)들은 요하부교(遼河浮橋) 작전에서 수만 명의 병사를 잃었다.

6월 요동성 남쪽에 와서 험고한 성의 형세를 본 양제는 제장(諸將)들을 불러 모아놓고 준렬(峻烈)히 꾸짖었다. 진신역전(盡身力戰, 내가 죽더라도 부지런히 싸우겠다)함이 없다면 그들을 먼저 죽이겠다는 극도(極度)의 위협을 하였으니, 제장들은 양제의 말을 듣고 모두 겁을 먹고 실색했다. 그런데 양제는 요동성 서쪽 멀리 십리(4㎞) 이상 떨어진 곳에 임시 처소를 만들어 거처하면서 제장들을 독려하여 고구려 모든 성을 공격하게 하였다. 그러나 고구려 군의 용감한 항전(抗戰)에 부딪쳐 어쩔 수 없이 이기지 못하고 고전(苦戰)했다.

적의 수군 측 진로(進路)와 활동은 수륙(水陸) 특공대로 훈련시켜 최고 지휘관에 내호아(來護兒)를, 부지휘관으로 주법상(周法尙)을 삼았다. 래호아는 수군을 인솔하여 중국 산동성(山東省) 등주(登州)에서 우리나라 황해도를 건너와 고구려 수도 평양성을 치려고 대동강 입구로 향하였다. 이때 적의 수군 총 수는 기록이 없지만 엄청난 군단(軍團)이라 그들의 기록 원문(記錄原文)은 "넓고 큰 바다 군사 길은 배와 배꼬리가 천리(千里)였다. 높이 돛단배(범선)는 번개같이 지나서 큰 군함(전선)이 구름같이 날았다"라고 하였으므로 그 우세(優勢)를 짐작할 만했다.

평양성(平壤城) 대첩

중국에서 평양 방면으로 대거(大擧) 침입한 육군(陸軍)은 요동(遼東)을 통과하여 압록강을 건너오고 수군(水軍)은 황해(黃海)로 건너오는 코스(Course)는 중국 산동반도(山東半島) 끝자락에서 우리나라 대동강 하류까지 거리는 육로 거리의 30%가 채 못 된다. 고구려에서는 적의 인해전술(人海戰術)에 대하여 후퇴유도 작전(後退柔道作戰)으로 적을 깊숙이 끌어들인 후 기습적으로 격파하는 것을 상식으로 삼았다. 이때에 대동강 하류에서 강을 거슬러 국도(國都) 평양으로 맹진(猛進)하여 들어오는 내호아(來護兒)의 대군(大軍)과 처음 충돌한 것은 평양에서 약60리 되는 곳인데, 아군은 거기서 적과 일전(一戰)한 후 거짓 패하는 체하고 후퇴하여 적을 유도하려는 작전을 세웠다. 본래 평양성은 내성(內城)과 외성(外城)으로 된 2중 성인데, 외성사찰(外城寺刹) 속에 정예부대(精銳部隊)를 잠복시키고 적을 외성 안으로 유인하였다.

적의 최고 지휘관 내호아(來護兒)가 아군이 참으로 패주(敗走)하는 줄 알고. 승승(繩繩) 진격하여 곧장 평양성 아래로 달려가는 것을 보고 부지휘관 주법상(周法尚)은 이를 저지하여 요동 방면에서 오는 육군 부대를 기다려 함께 진격하자고 하였다. 그러나 래호아는 이를 불고(不顧)하고 정병 40,000을 간발(簡拔)하여 곧장 성 아래로 쳐 들어갔다. 복병(伏兵) 설계를 마친 아군 측은 될수록 적을 완전히 유인하려고 다른 부대를 보내어 적과 접전(接戰)하게 하고 거짓 패하여 후퇴하였다.

적병(敵兵)은 그 뒤를 쫓아 성내(城內)로 들어와 수색(搜索)과 약탈(掠奪)을 마음대로 하며 오부(五部, 5 관할 부처)를 한참 어지럽게 뒤지고 있을 때, 공사(空寺, 외성 사찰) 속에 잠복했던 아군들이 벌떼같이 쏟아져 나와 적을 쳐부수니, 적은 불의(不意)의 피습(被襲)을 받아 마치 독안에 든 쥐떼처럼 여지없이 전멸되었다.

적장(敵將) 내호아는 겨우 목숨을 보전(保全)하여 달아나고, 적군 40,000 대군의 평양 대참패(大慘敗)로 후방 진지(陣地)로 되돌아간 사졸(士卒)은 겨우 수천 명에 불과했다. 하지만 다시 아군에게 추격당해 해포(海浦)로 퇴진하지 않을 수 없었다.

고구려의 교묘한 유도 작전은 적의 수군(水軍)에서 뿐만 아니라, 적의 육군(陸軍)에 대해서도 놀랍게 감행되었다. 적의 육군은 요동성의 작전이 교착 상태에 빠지자 별동 부대(別動部隊)를 조직하여 직접 평양을 공취(攻取)하려 했다. 그리하여 우문술(于文述), 우중문(于仲文) 이하 제장(諸將)이 거느린 9군 305,000명의 큰 부대가 요수(遼水)를 건너 압록강 서변(西邊)에 집결하였던 것이다.

적은 요서에서 출발할 때 인마당(人馬當) 100일간의 양식과 무기 화막(火幕) 등을 주었으므로, 매인(每人)이 부담(負擔)해야 할 무게는 3석 이상 되어 견디기가 어려웠다. 군령(軍令)을 엄하게 내려 만일 곡식을 버리는 자가 있으면 극형(極刑)에 처한다고 하였으나, 군사들은 무게를 못 이겨 몰래 땅에 묻어버리고 떠났다. 그 때문에 이미 중로(中路)에서 식량이 다하게 되었다.

살수(薩水) 대첩

이때에 고구려 영양왕(嬰陽王)은 압록강 월편(越便)에 집결한 적의 정황(情況)을 상탐(詳探)하려고 대신(大臣) 을지문덕(乙支文德)을 파견하여 거짓 항복하는 한편, 그 허실(虛實)을 정탐하게 되었다.

수나라 장수 우중문(于仲文) 등은 앞서 양제로부터 "若遇高元嬰陽王及文德者(來)必擒之(문덕원수〔文德元帥〕와 영양왕〔嬰陽王〕이 오면 사로잡으라)"라는 밀지(密旨)를 받았으므로, 우중문이 을지문덕을 사로잡으려 하였다. 그러나 이때 위무사(慰撫使)인 유사용(劉士龍)이 굳이 말리므로 그는 을지문덕을 돌려보냈다. 미구(未久)에 우중문은 후회하고 사람을 보내 을지문덕에게 거짓으로 "更有言議可復來也(다시 할 말이 있으니 되돌아오라)"라고 전하였으나, 을지문덕은 돌아보지도 않고 압록강을 건너왔다.

우중문(于仲文)은 을지문덕에게 과연 속았음을 깨닫고 분하게 여겨 우문술(宇文述)과 진격하기를 의논하였으나 군량(軍糧)의 부족함을 이유로 말렸다. 그러나 우중문은 "將軍仗十萬之衆不能破小賊何顏以見帝 무장(武裝)한 장군과 10만의 무리가 능력 없이 파소(破小=작은 전과)하므로 도적처럼 황제의 용안(容顏)을 어찌 보겠소"라 하며 크게 노하여 제장(諸將)들과 함께 압록강을 건너 을지문덕을 추격하였다.

을지문덕은 적병(敵兵)에게 기색(飢色, 굶주린 얼굴로)한 것처럼 하고 그들을 유인하여 더욱 피로에 빠지게 하니, 싸움마다 거짓 패주(敗走)를 하루 7번 싸우고 7번 달아났다. 이 말을 들은 우문술 등은 자신이 생겼으며, 또 군중(軍中)의 맹진(猛進)하자는 의론에 못 이겨. 드디어 살수(薩水)를 건너 평양에서 불과 30리 떨어진 곳까지 진입하고 산을 의지하여 진영(陣營)을 풀었다.

적을 이렇게까지 끌어들이는 데 성공한 을지문덕은 한번 점잖게 적장(敵將)을 회롱(懷籠)하기를 끊어보려고, 다음 시문(詩文) 일수(一首)를 지어 우중문에게 보냈다. 시(詩)를 번역하면 다음과 같다.

神策究天文妙算窮地理戰勝功旣高知足願云止
신 책 구 천 문 묘 산 궁 지 리 전 승 공 기 고 지 족 원 운 지

신묘(神妙)한 그대의 작전(作戰)무엇으로 형용(形容)할까?/천문지리(天文地理)에 통달(通達)했으니/싸움(전쟁, 戰爭)마다 이겨서 공(功)이 높았는가?/원(願)하노라. 이 싸움 그만두길, 족(足)한 줄 알았거든/

본래 고구려에서는 문무일치주의(文武一致主義)의 교육을 실시하여 문무(文武)의 지식을 후세와 같이 심히 구별하지 아니하였으므로 문무 겸비(兼備)의 인재가 많이 배출되었다. 그 중에서 을지문덕과 같은 이가 학문과 무술을 겸비한 가장 두드러진 대신(大臣)이라 짐작할 수 있다.

을지문덕은 다시 사람을 우문술에게 보내어 항복을 청한다. 즉 "철군(撤軍)하면 왕을 받들고 가서 제(帝)에게 조견(朝見)하겠다" 하고 적장(敵將)을 농락하였다. 우문술은 자기네 군사가 몹시 피로하고 또 평양성이 험고(險固)하여 갑자기 함락시키기 어려움을 알고 을지문덕의 제언(提言)이 허위임을 짐작하면서도 할 수 없이 따르는 듯이 철퇴를 결행하였다.

을지문덕은 자기 계책(計策)에 빠진 적의 섬멸(殲滅)을 기약하면서 이미 정비하여 두었던 정예부대로 사방에서 적을 추격하였다 이 추격전에서 적은 또 싸우고 또 후퇴하면서 살수(薩水)에 다다랐다. 그 군사가 반쯤 건널 무렵 을지문덕은 여지없이 그 뒤를 맹공(猛攻)하여 궤멸 상태에 빠뜨렸다.

적군의 대부분은 여기서 전사 또는 익사(溺死)하고, 적장(敵將) 신세웅(辛世雄)도 전사하였으며, 나머지 패잔(敗殘) 부대는 아군의 계속되는 추격에 희생되면서 모두 도주하기에 정신을 못 차렸다. 그리하여 살수(薩水)에서 압록강에 이르는 450리의 길을 1일 1밤에 달려갔고 출정할 때 305,000명의 대군(大軍)이었으나, 요동(遼東)에 생환(生還)하여 겨우 살아간 자는 2,700명에 불과했다. 병기(兵器)와 기타 군수품의 손실 또한 막대하였다고 한다. 살수대첩(薩水大捷)은 사상)최대의 큰 대첩이었다.

수나라 양제의 전술

양제(煬帝)는 참패)에 격노하여 우문술(宇文述) 등을 결박하여 죄를 다스리는 관작(官爵, 관직(官職)과 작위(爵位)를 아울러 이르는 말)을 파면하는 정도로 자기 분풀이를 하였을뿐더러 더 이상 전쟁을 계속할 용기와 방책(方策)이 없었다. 요동 방면 모든 요새의 고수(固守) 불항(不降)으로 인한 실패는 내호아의 패전이고, 다음 살수(薩水)의 참패, 양제의 원정 등은 전 중국의 생산 곡물과 쇠붙이를 몽땅 소모시켰으며 그 양이 태산 높이와 같았다고 하였다.

이듬해 정월 양제는 제2차 고구려 침입을 기획하여 또 다시 전국의 병정(兵丁)을 탁군(涿郡)에 집합하게 하고 차량(車輛) 기타 군수품을 징발했다. 동시에 그는 호언하기를 "지금 나의 세력이 산을 들어 옮기는 기세(氣勢)일

세, 하물며 이 소적(小敵)이···."라고 하였다.

3월에 양제는 드디어 대군(大軍)을 통솔하고 요동(遼東)으로 향하여 4월에 요수(遼水)를 건넜다. 하지만 그들의 작전계획이 전번(前番)과 같았다. 하여 우문술(宇文述) 역시 이번 작전의 지휘 사령관으로 임용(任用)되어 별군(別軍)을 인솔(引率)하고 압록강(鴨綠江)을 건너 평양으로, 내호아는 수군(水軍)을 이끌고 바다를 건너 역시 평양으로 향하도록 명을 내렸다.

양제는 기타 제장(諸將)들을 동독(董督)하여 요동성과 그 부근의 제 성(諸城) 진영을 공격하였다. 한편 고구려의 대비는 먼저보다 제 성진(諸城陣)이 모두 문을 더욱 굳게 닫고 수비를 강화했다. 그 중에 요동성은 저명하고 중요한 성인 만큼 적의 포위공격이 치열했다.

적은 비루(飛樓, 높이 세운 누각, 성벽 높이 보다 높아서 마치 널판지로 만든 원두막 같은 집인데, 위에는 소가죽으로 덮고 아래는 사다리가 붙어 올라가서 성문 안을 공격하는 장비)와 동차(橦車, 적진을 공격하는 수레, 여러 개 큰 바퀴를 달고 큰 쇳덩이로 성문을 파양하는 장비), 운제(雲梯, 높은 사다리) 등 모든 공성기구(攻城器具)와 지도(枝道, 갈림길) 굴(터널)을 뚫어서 성 사방을 맹공했다. 이 싸움은 밤과 낮을 가리지 않았다. 이러한 모든 기구와 방법으로 연일연야로 요동성을 공격하였으나 성안의 아군은 수시(守視) 응변(應變)으로 대응하고 선전(善戰) 선방(善防)함이 20여 일 계속됐다. 수많은 적군의 맹공을 막아내는 아병(我兵)의 고난과 희생도 컸으며 험고(險固)한 성을 공격하는 적측(敵側)의 피해는 형언(形言)할 수 없었다.

이때 적병 중에 심광(沈光)이란 사람이 있어 높이 15장대 되는 운제(雲梯) 꼭대기에 올라 성위에서 아병과 단병접전(短兵接戰)하여 아병이 다투어 수십을 무찌르니 아군이 분격하여 그 사람을 격추시켰다. 그 사람이 땅에 떨어지기 전에 우연히 제간(梯間)에 달린 줄을 잡게 되어 다시 용감하게 올라가는 것을 양제가 바라보고 장쾌(壯快)히 여겨, 즉석에서 조산대부(朝

散大夫)의 작위를 주었다.

이와 같은 전술(戰術)에도 성을 함락시킬 수 없었으니, 양제는 어량대도
(魚梁大道, 큰 포낭[布囊], 베로 만든 자루)와 팔륜루차(八輪樓車, 바퀴가 8개 달린 층루
(層樓=수레 높이가 성 위로 올라가게 한 망루) 등의 장비를 만들어 일거에 공멸(攻滅)
하려고 하였다. 어량대도 1,000,000개를 만들어 거기에 흙을 넣어, 넓이
는 10보(步) 높이가 성 둑 높이로 쌓아 그 위에 병정(兵丁)들이 올라가서 성
을 치도록 하였다. 또 팔륜루차를 어량 가운데 세워두고 병정들이 올라가
서 성문을 내려다보고 사격(射擊)하게 했다. 이런 것을 미처 다 만들지 못
하고 말았지만, 적측(敵側)의 곤란이 어떠했던가를 짐작할 수 있게 했다.

이렇게 승부(勝負)를 결(結)하지 못하고 고경(苦境)에 빠진 양제는 뜻밖에
도 중대한 돌발 사건의 급보(急報)를 본국으로부터 전해왔다. 이것은 수나
라 예부 상서(禮部尙書) 양현감(楊玄監)의 반란에 관한 급보였다. 양현감은
평소에 양제의 신임(信任)을 받아 이번 전역(戰役)에도 특히 제명(帝命)으로
여양(黎陽=지금의 하남성 준현)에 가서 군량(軍糧)을 운반, 감독하고 있었다. 원
래 그는 문무겸비한 인재로 큰 뜻을 품은 호걸(豪傑)이다. 당시 민중이 전
역(戰役)에 피폐하여 도피하는 자와 도적들과 난(亂)을 생각(生覺)하고 있는
실정(失政)을 동찰(洞察)하고, 이를 호기(好機)로 여겨 군량을 전선(戰線)에
전하지 않고 도리어 보류하는 일방의용군(一方義勇軍)을 모집하여 반란을
일으켰다.

6월 양현감은 군중(群衆)을 향하여 "군주(君主)가 무도불(無道不)하니 또
백성이 염려(念慮)하기를 천하가 떠들썩하여 어지럽고, 요동(遼東)에서 죽는
사람을 합하여 만(10,000)명이다. 이제 무리가 일어나니 병정(兵丁)으로 참
여하면 군주(君主)가 무너뜨린 많은 백성을 구할지라"라 했다. 다시 말하면
억조(億兆) 창생(蒼生, 모두 눈먼 백성)은 전화(戰禍)에서 구출하기 위해 그대들
과 더불어 난(亂)을 일으키려 하니 그대들은 협력하라는 호소였다.

이에 군중(群衆)들은 좋아서 뛰어나와 만세를 불렀으며, 그 뒤 행군(行軍) 시에도 매양 군중에게 "더할 나위 없이 부귀를 누리고 지냈지만, 지금 일신일가(一身一家)를 돌아보지 않고 오직 천하의 위급(危急)을 묻고자 함이라" 하였으니, 더욱 민중의 환호와 귀의(歸依)를 받게 되었다. 양현감(楊玄感)의 반란이 고구려의 전쟁과 일련의 관계를 가지고 있음은 물론이고, 양제는 이 반란의 급보(急報)를 듣고 대경(大驚, 크게 놀라) 전군(全軍)에게 철군(撤軍)을 명령 내려 창황(倉皇)으로 돌아가지 않을 수 없었다. 철군 측에는 또 중대한 사건이 발생하였다. 그것은 병부시랑(兵部侍郞) 군사차관(軍事次官)의 요직에 있는 곡사정(斛斯政)이 몰래 고구려에 투항(投降)한 사건이 있었다.

그 투항의 동기로 (6월) 수서곡사정전(隨書斛斯政傳) 70권의 기록은 "양현감(楊玄感)이 반란을 일으켜 세상을 바로잡고자 함에 참여코자 통모(通謀)하니, 현감(玄感)을 따르고자 하는 무리들은 세상을 바로잡는다 하여 그 안에서도 참여했다. 스스로가 안전(安全)하지 아니하므로 나와서 망명하여 고구려로 달아났다." 하여 양현감과 내통관계가 있어 그것이 탄로날까 하는 불안심리가 나온 것이라고 하였다. 이런 이유와 근거 없는 추측은 수(隨)나라 군(軍)의 전세(戰勢)가 불리고 또 본국의 내란(內亂)이 어떻게 약하(若何) 진전될지를 모르는 불안감과 복잡한 사료(思料)에서 기인한 것이다. 그것은 어찌했든 곡사정(斛斯政)의 투쟁은 적측(敵側)으로서는 중대한 형격(衡擊)이었으니, 무엇보다도 그가 군부(軍部)의 요인이었던 만큼 군사에 관한 모든 기밀이 고구려에 알려졌다. 그래서 수나라 군(軍)의 말미부대(末尾部隊)는 그 철퇴 시(撤退時)에 아군의 습격을 받아 적지 않은 손해를 면치 못했다.

양제는 본국으로 돌아가 반군(反軍)를 토벌하여 양현감을 포살(捕殺)하고 난을 평정한 다음, 번번이 원정 실패를 불구하고 또 고구려를 굴복시키겠다는 분풀이로 3차 원정을 계획했다. 양제 대업(大業, 10년) 고구려 영양왕 (嬰陽王) 25년(서기 615년) 2월 영(領)을 내려 군사를 동원하고, 먼저와 같은 코스(Course)로 진군(進軍)하여 7월에 양제가 양원진(懷遠鎭, 지금의 광녕)에 도착했으나, 본국 각처에서 봉기(蜂起)가 일어나 정세(政勢)가 어지러운 때라 징집(徵集) 기피(忌避)로 군사 수가 종전 같지 못했다.

내호아가 인솔(引率)하는 적의 수군(水軍)이 이때 요동반도(遼東半島)에 상륙하여 고구려 비사성(飛沙城)을 공함(攻陷)하고, 나아가 바닷길로 평양으로 향하려 할 즈음 양제로부터 전군(全軍) 철귀령(撤歸領)이 내려졌다. 이때 고구려가 전년(前年)에 투항(投降)해 온 적의 요인 곡사정을 양제에게 회송(回送)함과 동시에 정전강화(停戰講和)를 제의했기 때문이다. 그것은 고구려 역시 전쟁의 피해로 인해 다소 여유를 얻고자 함이었다.

곡사정(斛斯政)의 압송(押送)은 고구려로서는 원하는 게 아니었지만, 정전 약속이 있었기에 어쩔 수 없었다. 내호아는 양제의 철귀령(撤歸領)에도 불구하고 고구려의 피폐(疲弊)를 절호의 기회로 여겨 자기 계획대로 요동반도(遼東半島)에서 곧장 평양으로 진격하려고 하였다. 하지만 부하 제장(諸將)들이 즐겨하지 않고 말리므로 부득이 그만두었다. 그러므로 양제의 3차 원정도 결국 실패로 돌아갔다.

양제는 고구려의 사신을 인질로 삼고 곡사정을 형구(形具)에 채워 본국으로 철귀(撤歸)했다. 11월 곡사정을 참혹한 형벌로 죽인 다음 그 시체를 찢어서 솥에 삶고, 그 여체(餘體)는 추려서 뼈를 태워 갈아서 날려 보냈다고 한다. 참으로 소름끼치는 참혹한 형벌이라 하였다.

이듬해 수(隨)나라는 이연(李淵)의 아들 이세민(李世民) 부자(父子)가 난을 일으킨 반란군에게 그들의 수도 장안(長安)을 빼앗기고, 양제는 강도(江都)에서 피살되었다. 이로써 그의 사직(社稷, 조정)마저 서기 618년 상실(喪失)하고 말았다. 수(隨)나라를 대신하여 일어난 왕조(王朝)는 당(唐)이라 하고, 당나라의 고조(高祖)는 이연(李淵)이다. 수의 멸망은 사실상 요컨대 고구려 침략의 실패와 위신(威信)의 추락에 있음은 재론할 필요조차 없다. 민중(民衆)의 뜻을 버리고 무리한 전쟁을 수삼 차례 되풀이한 때문이다.

당(唐) 제국과의 싸움

이연(李淵)의 반란으로 수나라가 망하고 당나라가 일어날 당시 서기 618년 고구려 제26대 영양왕(嬰陽王)이 서거하여, 아우 건성(建成)이 제27대 영류왕(營留王)으로 즉위했다.

고구려와 당나라의 관계는 처음 양국(兩國)이 화친(和親)을 도모하여 서로 수호사(修好史)을 파견하고, 수나라 때 전쟁포로를 교환하고 기타 문화의 교류가 행하여졌다. 포로교환은 당나라에서 먼저 자진(自進)하여 중국에 잡혀간 고구려 사람을 찾아 헤아려 호송(護送)하는 동시에, 고구려에 억류(抑留)된 중국인 포로의 방환(放還)을 묘청(妙淸)하였으므로, 고구려에서도 전후 수차에 걸쳐 포로 10,000여 명을 송환했다. 이것이 포로의 전부가 아님은 물론 당나라 고조(高祖) 이연(李淵)은 이에 기뻐하였다. 서기 624년 당나라 무덕제(武德帝) 7년이고 고구려 영류왕(營留王) 7년이다. 이때 중국 도교도사(道敎道士)를 시켜 천존상(天尊像) 및 경전(經典) 등을 가지고 고구려에 와서 도교(道敎)를 강론하니, 고구려에서는 이를 환영하여 왕께서는 도인무속인(道人巫俗人) 등 관청(觀請)하는 사람이 수천 명에 달한다고 하였고, 다음해 사람을 당나라 보내 도법(道法)을 배워오게 하겠다고 하였으니, 당나라 고조는 쾌락하였다.

도교는 원래 후한 말(後漢末)에 불교와 상반되는 재래(在來)의 신선사상이다 도가(道家)는 노자(老子)와 장자(莊子)의 무위자연(無爲自然)을 주장하는 일종의 종교 집단이다. 당나라는 도교를 매우 숭상(崇尙)하여 고구려에 이를 전하여 화친(和親) 방법으로 하여 종교 식민지(植民地) 계획이 있었던 것이다. 당 고조(唐高祖)는 평화책(平和策)을 써서 고구려와 친선(親善)을 도모하였으나, 당 고조가 서기 627년 죽고 그 뒤를 이은 태종은 야심가로서 원근 모든 나라를 침략하기 시작했다. 당 태종을 도와 대업(大業)을 창설(創設)한 유공인물(有功人物)들은 본래부터 문무겸비(文武兼備)한 인물들이라 방현령(房玄齡), 두여해(杜如海), 위징(魏徵) 등의 명신(名臣)이 그를 보좌(補佐)하였으므로 당나라의 기초는 날로 건실(健實)하였다.

당 태종은 사람을 고구려에 보내 양제때 원정 전몰(戰歿)한 병사들의 유해(儒孩)를 거두어 장사 지내고 또는 전사자의 시체를 모아 흙을 덮고 그들의 전공(戰功)을 기념한 충혼탑(忠魂塔)을 헐어 깨뜨리니 고구려는 의구심을 품지 않을 수가 없었다. 이러한 당나라의 태도에 대비하기 위해 고구려는 영류왕(營留王) 14년(서기 631년)부터 연개소문(淵蓋蘇文)이 감독하여 서변(西邊) 국경지대 1,000리 장성을 쌓기 시작했다. 동북(東北)은 부여성(夫餘城)에서 일으켜 서남(西南) 바다까지 다다랐다. 이 성을 쌓는 데는 16년의 세월이 소요되었다.

당 태종 이세민(李世民)은 고구려를 도모하려는 야심을 가졌으나 전대(前代)의 실패를 감안(勘案)하여 매우 신중한 태도를 취한 듯하다. 그것은 고구려의 허(虛)와 실(實), 지리(地理)의 험(險)과 평(平)을 정탐하기 위하여 진대덕(陳大德)을 사절(使節)로 삼아 서기 641년 고구려에 보낸 사실로써 짐작할 수 있다. 전쟁을 하려면 무엇보다 지피지기(知彼知己)가 전술(戰術)의 요지(要旨)다. 하여 당 태종의 태도는 고구려에 대한 지식은 무시하고 자국 사정도 고려하지 않던 양제와 대조적이었다.

당나라 사신 진대덕(陳大德)은 고구려 경내(境內)에 들어와서 지나가는 길에 여러 성읍마다 그 성주(城主)에게 예물(禮物)을 후하게 주고, 산천풍속

(山川風俗)을 실제로 자세히 견문(見聞)한 바가 다대(多大)하였다. 그는 吾雅好山水此有勝處吾欲觀之 "내가 산수(山水, 산과 물)를 좋아해서 명승지를 보고 싶다"라고 거짓으로 인도(引導)를 받고, 멀고 가까운 곳을 두루 다니면서 정탐(偵探)하였다. 이렇게 유람(遊覽)하는 중에 그는 오고가는 중국 사람을 발견하고 직접 만났는데, 대개 수나라 말기 종군(從軍)했다가 포로가 되어 귀국하지 못하고 이곳 고구려 사람과 섞여 살면서 작별할 때는 모두 그를 바라보고 크게 울었다.

진대덕(陳大德)이 본국에 돌아가 태종(太宗)에게 보고하기를, "그 나라(고구려)는 문고창(聞高昌)을 잃고 크게 겁먹고 각사(各事)에 부지런히 시종(侍從)들더니, 정해진 일보다 더 친절하더라"고 보고했다. 이에 대하여 태종이 말하기를 "고구려는 한사군(漢四郡)에 붙어 있던 땅이다. 우리가 수만의 군사를 일으켜 요동(遼東)을 공격하라! 반드시 깨뜨려 기울어진 나라를 구원하고, 수군을 나누어 보내 동쪽에 갔다 와야 한다. 스스로 바닷길을 재촉하여 수륙(水陸) 합세전(合勢戰)으로 평양을 취함이 어렵지 아니함이라, 다만 산동현(山東縣)을 우리가 갈고 닦아 뒤집지 아니하면 힘써 노력(勞力)함이 귀(耳)와 같이 작다"고 대답하였다. 이 대답은 수군(水軍)과 육군(陸軍)이 합세하여 취함이 어렵지 아니함이,면 고구려를 얕보았음은 양제와 다를 바 없는 것이고, 자국(自國)의 민청(民請)을 고려(考慮)하여 군사를 경솔하게 움직인 것은 양제와 크게 다른 것이라 할 것이다. 그러나 야심이 발발한 그는 어떤 시기를 기다려 소지(掃地)의 실현을 기약하였던 것이다.

한편 고구려는 서변(西邊) 천리장성(千里長城)의 거역(巨役)이 채 끝나기도 전에 고구려 귀족사회의 자체 내 모순(矛盾)과 대립으로 서기 642년 큰 정변(政變)이 일어났다. 이 장성(長城)의 거역을 끝까지 감독하던 연개소문(淵蓋蘇文)의 정변(政變)이 그것이다. 연개소문은 의표웅위(儀表雄偉, 겉보기가 겁

남)하고 의기호일(意氣豪逸, 기세가 뛰어난 호걸)한 영웅적 성격을 가진 자로, 너무도 사납기 때문에 모든 대신(大臣)이 왕과 밀의(密議)하고 그를 주살(誅殺)하려고 하였다.

그런데 기밀이 누설되어 연개소문에게 알려졌다. 연개소문은 자기 부대 병력을 모아 거짓 검열을 행하고 나서 연회(宴會)를 베풀고, 자기의 정적(政敵) 모든 대신(大臣)과 기타 요인(要人)들에게 관람을 청하였다. 이에 출석한 모든 대신과 요인들을 때를 놓치지 않고 일망타진하여 100여 명을 학살하고, 이어 대궐로 들어가 영류왕(營留王)을 시해하니 청천벽력이었다. 연개소문을 음모했던 왕과 연개소문의 반대파(反對派)를 숙청하고, 왕의 조카 장(藏)을 고구려 제28대 보장왕(寶藏王)으로 삼고 스스로 대 막리지(大莫離支)가 되어 정권(政權)을 잡고 왕권마저 섭정했다. 연개소문의 위풍(威風)이 어떠했는가를 『구당서(舊唐書)』에서 다음과 같이 말하였다.

鬚貌甚威形體魁傑身佩五刀左右莫敢仰視恒令其蜀官
수 모 심 위 형 체 괴 걸 신 패 오 도 좌 우 막 감 앙 시 항 령 기 촉 관
附伏於地賤之上及下馬亦如之出　　必先布隊杖導者
부 복 어 지 천 지 상 급 하 마 역 여 지 출　　필 선 포 대 장 도 자
長呼以百姓畏避皆自投坑谷
장 호 이 백 성 외 피 개 자 투 갱 곡

얼굴에 수염이 심하고 몸 생김새가 으뜸이며, 능력이 뛰어난 호걸(豪傑)이라. 몸 좌우(左右)에 칼 5자루를 차고 용맹스러웠으며, 늦도록 존경받고 두려움이 굳센 자였으니, 그에 속하는 관원(官員)을 호령(號令)을 치면 고개 숙여 엎드렸고, 땅을 밟고 말 탈 때와 말에서 내릴 때 역시 같았다. 반드시 출정(出征)을 먼저 베풀면 군대가 호위(護衛)하고, 길을 인도(引導)하는 자가 긴 소리를 치면 지나가는 사람들이 피하고, 백성들이 겁을 먹고 피하다가 스스로 함께 구덩이에 빠지더라.

이 기사(記事)를 통해 그가 어떠했는지 짐작할 만하다.

연개소문의 정변(政變)과 그의 비상(飛霜)한 인격(人格)이 당시 주위 제국
(周圍諸國)에 큰 자극(刺戟)과 충격(衝擊)을 주었으리라 볼 것이며 그 정변 후
당 태종(太宗)은 고구려의 이 같은 소문을 듣고 놀라워하고, 전 왕의 죽음
을 슬퍼하여 조사(弔使)를 파견하며 근신(近臣)에게 이르기를, "연개소문이
임금을 시해(弑害)하고 나라를 빼앗았으니 짐(朕)은 기가 차는 바이다"라고
하였다. "그러나 원하지 아니하는 사람이 일하는 것을 어찌하면 좋을까?"
물으니 이에 방현령(房玄齡)은 "폐하께서 사용하는 무사(武士)와 곧 남은 무
기를 거두지 아니하고 무자(武者), 무인(武人)의 창(戈)과 함께 쓸 곳을 그쳤
다"라 하고, 장손(長孫) 무기(無記)와 같은 사람은 고구려에서 난리를 알리
는 사람이 없으니 마땅히 글을 써서 위로하여 주었다라고 하였다.

즉 고구려에서 한 사람이 와서 난리를 알리고 연개소문을 반대하는 자
가 없으니, 이 글은 안무(按撫, 편히 어루만져)해준 사람이 태종(太宗)이세민(李
世民)이라면서, 고구려의 전 왕(前王)의 신임받던 신하들에게 전해준 서한(書
翰)이라 하였다. 이때 남으로 백제 31대 최후의 의자왕(義慈王, 641~660년)이
신라를 쳐서 40여 성을 빼앗으니 신라에서는 그 서변(西邊)에서 절박감으
로 사람을 당나라에 보내 호소하는 한편, 숙적(宿敵)인 고구려에 왕족 김춘
추(金春秋, 훗날 신라 29대 왕)를 보내어 구원을 청했다. 그러나 고구려는 신라
가 이 앞에 죽령(竹嶺) 이북의 땅을 공취(攻取)한 점을 들어 책망하면서, 그
땅을 돌려주지 않으면 원병(援兵)을 낼 수 없다 하고, 도리어 김춘추를 유
인(誘因)한 다음 돌려보냈다. 또 전일(前日)의 적이던 백제와 제휴하여 자주
신라를 쳤다.

고구려는 백제와 더불어 신라의 당항성(党項城)을 쳐서 신라와 당나라
교통(交通) 길을 차단했다. 이에 신라는 극도로 고립과 불안에 빠져 긴박
한 사정을 당나라에 간청(懇請)하니, 이에 당 태종은 상리현장(相里玄奬)이

라는 사람을 고구려에 보내 신라를 치지 말라고 권했다.

그러나 연개소문은 냉연(冷然)하게 대답하기를, 고구려와 신라는 원수(怨讐) 같으니 틈이 나면 공격하였다. 수나라와 서로 거처를 침범할 때 신라는 틈을 타서 고구려 오백 리 땅과 성읍을 빼앗아갔다. 신라가 자리 잡고 있으면서 땅과 성을 돌이켜 반환(返還)하지 아니하므로, 이에 군사로 두렵게 하여도 몸은 미치지 아니했다고 하면서, 연개소문이 재삼 타일렀으나 부종(不從)하였다고 한다. 연개소문의 이 같은 말은 고구려 24대 양원왕(陽原王) 7년 때의 일이고, 신라 24대 진흥왕(眞興王) 12년(서기 551년)에 신라가 죽령(竹嶺) 이북 10군(郡)의 땅을 도둑질해갔다는 말이다.

현장(玄裝)이 돌아가서 복명(復命)하니 당 태종이 말하기를 "연개소문이 그렇게 임금을 시해(弑害)하고 도적 대신(大臣) 그들에게 잔인하고 포악하게 하였다. 그 백성들은 지금 또한 나의 명령을 알려라, 옳지 않게 또 치지 아니하리라." 하고 장엄(蔣儼)을 다시 사신으로 보내어 한번 더 연개소문을 달래보게 하였다. 그러나 연개소문은 노(怒)하여 병졸(兵卒)을 시켜 당 사신(唐使臣)을 위협하고 토굴 속에 가두었으니 당나라의 침입을 촉진시킨 직접적인 도화선이 되었다.

당 태종 이세민의 전면전

이세민(李世民)이 연개소문의 태도에 분노하여 기술(記述, 역사기록)한 바에 의하면, 연개소문이 영류왕(榮留王)을 시해(弑害)하고 대신들을 학살한 사건과 그의 독재정치에 대한 문책(問責) 표방(標榜)하고 고구려 원정군을 일으켰는데, 때는 서기 644년년 고구려 보장왕(寶藏王) 3년이고, 당 정관(唐貞觀) 18년 11월이라. 당군(唐軍) 편성은 당 태종 친솔(親率) 아래 육군(陸軍)은 이세적(李世勣=태종의 아우)를 요동도(遼東道) 행군총관(行軍總官)으로 삼아 요동으로 향하게 하고, 수군(水軍)은 장량(張亮)을 평양도(平壤道) 행군총관으로 삼아 평양을 향하도록 하였다.

선발대 보병과 기마병(騎馬兵) 90,000여 명의 대군(大軍)과 후발대(後發隊) 43,000여 대군으로 말 40,000필 전함(戰艦) 500척에 달했다. 멀고 가까운 곳에서 용감한 군사를 모집하매 응하는 장인(匠人)들의 노공(努功)으로 성벽을 오르는 기계를 만드는 사람이 불가승수(不可勝數, 숫자로 이기기 어렵다)라 하였다.

당 태조(唐太祖)의 말은 군사의 수효는 수대(隨代, 수나라 시대)에 비하면 10분의 1밖에 안 되지만, 질적으로 모두가 날래고 용맹스럽고. 경험과 지식(知識)을 가져 용군여신(用軍如神,, 군사의 쓰임새가 귀신 같아서)이라서 연개소문을 정토(征討) 불가피(不可避)라 강조했다. 그 다음 말은 옛날 수나라 시대 양제는 잔인하고 사나웠다. 그 아래 고구려 왕은 마음이 어질어서 화목(和睦)했던 무리를 쳐죽여 어지럽게 하였으나, 능(能)히 목적(目的)과 뜻을 이루지 못하고 고인(故人)이 됐다고 하며, 수대(隨代)의 패전(敗戰)을 밝히고 또 말하기를, "이제 간략하게 말하면 반드시 이기는 길은 5가지가 있다. 즉 1. 크고 작고 마주쳐야 하고 2. 쫓아 역(逆)으로 토벌해야 하고 3. 치란(治亂)으로 어지러움을 다스리고 4. 달아나는 적을 기다리게 하고 5. 원수(怨讐)를 마땅히 따르게 길들이면 어찌 이기지 아니하고 근심하겠소?" 했다. 하지만 당 태종의 이 말은 자신(自信)을 가지고 군사행동(軍事行動)을 일으킨 데 대한 당위성(當爲性)과 자기위안(自己慰安)과 자기선전(自己宣傳)에 불구한 말이다.

이듬해 적장(敵將) 이세적(李世勣)의 군(軍)은 북경 부근(北京附近)에서 출발)하여 우리의 류성(柳城)에 이르러 회원진(懷遠鎭)으로 향하는 것처럼 가장하고 통정진(通定鎭) 방면으로 진출하여 아군을 급격하려고 하였다.

4월에 세적은 통정진에서 요수(遼水)를 건너 현토성(玄菟城)에 이르니, 고구려에서는 모든 성읍을 폐문(閉門)하고 스스로 지켰는데, 적은 부대를 나누어 1파는 우리의 신성(新城)으로, 1파는 건안성을 공격하였다. 그러나 이기지 못하고 세적을 개모성(蓋牟城)을 쳐서 이를 함락시키고, 장량(張亮)이 거느린 수군은 요동반도에 상륙하여 비사성(卑沙城)을 간신히 공함(攻陷)하였다. 이때가 5월이다.

개모성(蓋牟城)을 함락시킨 이세적은 그 서남방(西南方)에 있는 유명한 요동성으로 작전을 옮겼으나 전대(前代) 양제가 여러 차례 실패를 거듭한 곳이다. 이때에 고구려는 요동성을 구원하기 위하여 보병(步兵)과 기병 40,000명을 보내서 적의 작전을 방해하였다.

적은 고구려의 원병(援兵)과 어울려 싸웠는데, 처음에는 잘못 불리한 지경에 빠지더니 다시 산졸(散卒)을 수습하고 아군을 돌격하여 마침내 퇴각시키고, 미구(未久)에 당 태종도 요수를 건너 마수산(馬首山)에 진(鎭)을 치고 이세적의 군사와 함께 요동성(遼東城)에 대한 포위 공격을 개시하였다.

아군은 이미 성 주위(城周圍)에 참호(塹壕)를 깊이 파서 적의 접근이 불가능하게 만들었다. 적은 흙을 져다가 참호(塹壕)를 메꾸기 시작했다. 이에 대해 구당서(舊唐書)199권의 고려조(高麗條)에 이렇게 기재(記載)되어 있다고 하는데, 이때 당 태종은 책임질 군사들은 오랫동안 성을 지키던 자였기에 제(帝)께서 몸소 말을 타고 다니면서 중량(重量) 있는 자를 가려서 지키게 하였으니, 관직(官職)에 있는 자들이 지휘를 두려워하면서 싸우게 하였다. 이것은 앞서 수대(隨代, 수나라 시대) 양제가 요동성(遼東城)에서 성지(城地)가 험고(險固)한 형세를 멀리서 보고 제장(諸將)들을 꾸짖어 "우리의 재량(才量)이 없어 존경하고 귀한 사람들을 함께 죽였다" 하였으니, 당 태종(當太宗)이 꾸짖는 말은 위에서만 보고 힘으로 겁주고 협박했으며 양제의 독전 방법은 잘못된 것이라 하였다.

적장 이세적은 포차(拋車, 돌 날리는 수레)를 배열시켜놓고 큰 돌을 날려 300보(步)를 내려치니 성이 맞는 곳마다 무너졌다. 그러나 성 안의 아병(我兵)들은 빨리 북루(北樓)를 쌓아 방어하였고, 또 적이 동차(橦車, 성문을 뚫어 부수는 수레)로 쳐부수면 급히 막았다. 적은 이렇게 악전고투의 10여 일이 지나도록 성을 공함(攻陷)하지 못했다. 그러더니 하루는 큰 남풍(南風)이 불어오는 강풍(强風)을 이용하여 장대(長大) 위에 사람을 올려서 화공(火攻, 기름 솜에 붙은 불)을 쏘아 성루(城樓)와 집들이 모두 소실(燒失)되게 하고 장졸(將卒)들을 성 위로 올려 보내니, 아군은 장렬 방어하였다. 그러나 적군의 수가 워낙 압도적이므로 유명한 요동성(遼東城)이 함락되고 말았다. 하여 성 안의 병력이 포로 된 자가 약 10,000명이며 남녀 유민 수가 40,000명이고 양곡(糧穀)이 500,000만 석에 달했다.

당군(唐軍)은 다음 백암성으로 옮겨가서 공격하였다. 공격 초(攻擊初)에 당장 이사마(李思摩)는 고구려군이 성중에서 쏘는 노시(弩矢)에 맞아 피 흘리는 것을 당 태종이 몸소 그 상처의 독혈(毒血)을 입으로 빨아주었으니 모든 장수들이 감동(感動)하였다. 당 태종은 장병(將兵)들을 사랑함이 이러하였다. 이때 고구려의 오골성에서 백암성을 구원하고자 보병(步兵)과 기병(騎兵) 10,000여명을 보냈는데, 당군(唐軍) 장수 계필하력(契必何力)의 정기(精騎, 날쌘 기병) 800명이 고구려 원병(援兵)을 기다리고 있다가 도중에서 마주쳐 싸우다가, 도리어 고구려에게 포위당하고 아방(我邦)의 창끝에 허리를 찔려 상처를 입는 잘못 위급(危急)에 빠졌으나, 마침 타장(他將)의 구원으로 드디어 고구려의 원병을 격퇴시켰다.

백암성(白巖城)의 장병들은 사기(士氣)가 왕성하여 선전(善戰)하였는데, 성주(城主) 손벌음(孫伐音)이 몰래 당군(唐軍)과 내통하여 적기(敵旗)를 성 위에 세우고 사기를 저상(沮喪)케 하여 마침내 항복하고 말았다. 백암성을 함락한 당군(唐軍) 측에서는 다음 작전에 대하여 일단 토의(討議)가 있었다. 당태종은 백암성 남쪽에 있는 안시성 동남쪽 영성(英城)보다도 안시성(安市城)을 먼저 칠 것을 주장하자 이세적(李世勣)이 말하기를, "안시성은 험(嶮)하고 그 정예 병력들이며. 그 성주(城主)의 재목(材木)이 용맹스럽습니다. 막리지(莫離支) 난(亂)에도 성 지키고 복종하지 아니했으니, 막리지가 죽인다 해도 재량(才量) 아래로 인하여 함께 아니했습니다."라고 안시성은 공격하여 함락시키기 어려움을 지적했다. "건안(建安)의 병력이 많은데 양곡(糧穀) 양이 작아 그들 뜻대로 안될 것입니다. 공(公)께서 안시성을 먼저 치도록 허락(許諾)하소서. 건안성 아래 측 가운데 안시성이 우리를 안겨주고 있나이다"라 하여 건안성의 약점과 건안성을 빼았으면 안시성은 저절로 장중(掌中)에 넣을 수 있다는 점을 강조하였다.

이에 당태종은 "건안성(建安城)은 남쪽에 있고 안시성은 북쪽에 있으니 우리 군사의 양곡(糧穀)이 모두 요동(遼東)에 있다. 지금 안시성을 넘어 또 건안성을 공박(攻駁)하여 만일 도적이 우리의 움직임을 길을 끊으면 만일 장졸(將卒)들은 어찌하리오"라고 반문(反問)하였다.

그리고 不如先攻安市安市下則鼓行而取建安耳=먼저 안시성을 취하면서 북을 치면 건안성이 귀가 떠들썩하게 함과 같지 않나라고 주장하였다. 당 태종은 또 공위(公爲)를 장수로 삼아 안득(安得, 편히 얻고)하였으니 불연(不然)이라. 대책(對策)은 공인(公人)이 세워야 한다고 하였다.

이때 고구려에서는 안시성을 응원(應援)하기 위하여 북부욕살(北部褥薩)

고연수(高延壽)와 남부욕살(南部褥薩) 고혜진(高惠眞)에게 말갈병(靺鞨兵)을 포함한 150,000명의 군사를 주어 파견하였는데, 어떤 늙은 대신(大臣)이 고연수(高延壽)에게 "기봉불가당야(其鋒不可當也(그의 칼날은 당하기 어려움)이라며 당 태종과 대적하기 어렵다고 하였다."라고 하면서 전략으로는, "만약 군사가 무너지더라도 겁내지 말고 물려서 밝은 해가 오래 동안 지켜줄 것이라. 그래서 군세고 날랜 그들을 따로 갈라 보내 단절(斷切)하고 먹을 것을 운반할 것이니, 그들은 열흘이 지나면 군량미(軍糧米)가 바닥날 것이라. 반드시 구해야 하므로 싸움으로 얻고자 한다면 얻지 못하고 돌아가야 할 것이니, 싸우지 아니하였다 하여도 그 길이 없는 것이 아니므로 싸우지 않고 이기고 취할 수 있으리라"고 필승(必勝)의 길을 가르쳐주었다.

그러나 고연수(高延壽)는 이를 듣지 않고 안시성으로 직진(直進)하여 상거(相距) 40리 되는 곳에 이르렀다. 당 태조(唐太祖)는 고연수(高延壽) 부대가 저회로 부지(扶持)하는 것을 일부러 소부대(小部隊)를 보내어 싸우다가, 양주(佯走, 거짓 도망)하였는데, 아군들은 그것을 알지 못하고 다투어 그 뒤를 진격하여 안시성의 동남 8리 되는 곳까지 이르러 산을 의거(依據)하여 진(陣)을 쳤다.

당 태종은 제장(諸將)을 모아놓고 작전을 토의한 뒤 부대를 여러 곳에 분산(分散) 배치하고 몸소 전투에서 지휘할 사이 좌충우돌하는 고구려군 진(陳)을 어지럽게 한 연후(然後)에, 대부대(大部隊)로 대거(大擧)하여 아군을 격파하고 귀로(歸路)를 차단하니 고연수(高延壽)와 고혜진(高惠眞)은 겁을 먹고 자청하여 무리 36,800명을 이끌고 항복하였다.

당 태조는 그들의 항복을 받고 그 중 3,500명을 가려서 중국 본토(本土)로 이송(移送)하고, 나머지는 대개 평양(平壤)으로 환송(還送)하였다. 아군 말갈(靺鞨) 연합군에 대하여 그들이 이번 싸움에서 당군의 진을 침범하였다 하여 용서하지 않고. 그 3,300명은 구덩이를 파고 묻어 죽였다. 당 태종은 이번 싸움에서 승리하였음을 기뻐하며 근신(近臣)에게 "짐위장여차하여(朕爲將如此河如(짐과 같이 하는 장수는 무엇보다 이와 같았다)"라고 과시하였으며, 또 그가 진(陳)을 치고 있던 산을 이름하여 진산(陣山)이라 하였다.

당 태종은 진영(陣營)을 안시성 동쪽으로 옮기고 이세적(李世勣) 등과 더불어 안시성에 총공격을 개시하였다. 이때 성내(城內)에는 견수부동(堅守不動=지키면서 움직이지않음)하다가 멀리서도 보라고 성주(城主) 양만춘(楊萬春)은 성 위에 올라가 안시성의 기치(旗幟=깃발)를 높이 매달고 조롱하듯이 북을 치고 떠들었으니, 당 태종이 심히 분노했다. 이세적이 말하기를, "성(城)에서 날마다 남녀 모두가 구덩이를 파고 참고 견딜 것이니 좋게 이기려면 성벽(城壁)입니다"라고 청하고 성벽을 강타(强打)하니 안시성 고구려 병사들은 사력(死力)을 다하여 견수(堅守)하였다고 한다.

당시 안시성의 인구를 『당서(唐書)』에서는 약 100,000명이라고 하나, 사실상 총인구는 50,000명에 불과했고, 전쟁에 참여할 수 있는 병사는 채 절반이 못 되었으나, 그 성주(城主)는 연개소문도 그를 다루기 힘든 사람이며 그의 용맹과 병법(兵法) 용병술(用兵術)이 뛰어난 장군이라고 기록에 올려져 있는데, 야사(野史)에서 그의 이름은 양만춘(楊萬春)이라 알려져 있다.

안시성은 지금 남만주(南滿洲) 철도(鐵道) 해성역(海城驛)에서 동남쪽에 있는 영성자(英城子)가 바로 그곳이다. 상기(上記) 당 태종의 설(說)과 같이 안시성은 본래 험고(險固)한 산에 의거(依據)한 요새(要塞)이며, 성내(城內) 군사(軍司)는 백전연마(百戰鍊磨)의 정예부대(精銳部隊)이고, 성주(城主) 또한 지용겸비(智勇兼備)한 인재였다고 한다. 그래서 적이 쉽사리 공격함은 곤란필설(困難筆舌)이라, 기록에 이렇게 적어놓았다. 절대적인 공방전이 치열한 때에 연개소문은 안시성의 전황(戰況)을 알고자 고죽리(高竹離)를 첩보(諜報)로 밀파(密派)하였는데 적당군(敵唐軍)의 척후병(斥候兵)에게 잡혀 끌려갔는데 당 태종이 결박을 풀고 물었다.

당 태종이 묻기를 "어찌하여 심하게 수척해졌느냐?" 고죽리(高竹離)가 말하기를 "도둑질 하러 가는 사이로서 밥을 못 먹은 지가 여러 날 되었습니다." 당 태종은 곧 명하여 그에게 밥을 먹이고 이어 "너(爾)는 염탐(廉探)하려 명을 받고 가서 널리 알리고 빨리 돌아오라는 막리지(莫離支)의 부탁을 알려 따르게 하려 왔다. 군사(軍師) 가운데서 하고자 하는 소식을 알리고 사람을 보내기로 하고 행하였으니, 우리가 가는 곳은 오솔길인데 어찌 사잇길을 꼭 급히 쫓아가게 하랴" 이르고 신을 신게 하고 돌려보냈다.

이는 당 태조가 관대(寬大)하다기보다 영웅심리(英雄心理)가 깔린 일종의 선전술(宣傳術)이라 하겠다. 당 태종의 보좌역(補佐役)을 맡은 고구려에서 항복한 장수 고연수(高延壽)의 권고(勸告)에 의해 안시성 공격을 그만두고 동쪽으로 달려가 방수(防守)가 허약(虛弱)한 오골성(烏骨城)을 공격하여 탈취하고, 압록강을 건너 곧장 평양(平壤)을 공취하는 편이 가장 첩경(捷徑)의 방편이라고 전략을 세운 것을 당 태종 역시 이에 따르려고 하나 오직 장손(長孫)은 거리낌 없이 반대했다.

또한 천자(天子, 임금)께서 몸소 출정(出征)함을 모든 장수들은 옳지 아니함이라. 위태로움을 걱정하였다. 뜻밖에 지금 건안성과 신성(新城)의 무리 100,000명을 오히려 포로로 잡았다. 만약 오골성(烏骨城)으로 향하여 우리가 같이 함께 아니하고 뒤를 밟아 먼저 안시성을 부수어 건안성을 취하고, 그런 뒤에 말을 타고 멀리 달려 나가니 이곳은 조금도 대책 없이 허술함이라. 하면서 천자(天子)의 친정(親征)은 요행(僥倖)을 바람이고 안시성을 먼저 공박(攻駁)함은 허구(虛構)한 주장만 했다는 것이다.

당 태조는 또 이 말을 옳게 여겨 제장(諸將)들로 하여금 안시성을 더 한층 가혹하고 격렬하게 싸우도록 독려(督勵)하였다. 당장(唐將) 도종(道宗)은 수많은 군사를 총동원하여 성 동남쪽 모퉁이에 흙으로 산을 쌓아올려, 점점 성 높이와 같게 쌓아 올리면서 동차(棟車, 나무장대 수레)를 만들고 전술

(戰術) 공성기(攻城機)를 이용하여 성첩(城堞)을 깨뜨리기 위해 토성(土城) 가운데 목책(木柵)을 세워 흙이 무너지지 않게 독역(督役)하여 주야로 쉬지 않고 병사를 하루 6~7차례 분번교전(分番交戰)시켜 성 높이보다 더 높게 쌓아 올렸다고 한다.

적장(敵將) 도종(道宗)의 부하 가운데 과감한 부복애(傅伏曖)라는 자를 시켜 군사를 이끌고 토산(土山)의 정상에 올라 수비를 담당하게 하여보았는데, 불의(不意)에 토산(土山)이 무너지며 성의 한쪽 모퉁이를 눌려 무너지니 성이 또한 무너졌다. 이때 마침 부복애(傅伏曖)는 잠시 그곳을 비워 딴 곳으로 가서 없으니, 아병(我兵)은 무너진 성 틈으로 수백 명이 쏟아져 나가 격전 끝에 그 토산을 탈취하고 토산 주위를 깎아 거기에 나무를 쌓아 물을 놓고 지키니 당병(唐兵)들은 얼씬도 하지 못했다.

열렬히 공격을 계속하였으나 도종(道宗)은 너무도 기가 차서 맨발로 태종(太宗) 앞에 나아갔다. 당 태종은 이것을 보고 격노(激怒)하여 부복애(傅伏曖)를 단칼에 목을 베고 제장(諸將)들을 명하여 토산 탈환전(土山奪還戰)을 명했으나 성공하지 못했다. 도종이 3일 동안이나 맹렬(猛烈)하게 싸운 남아(男兒)를 청죄(請罪)로 죽여주옵소서, 하니 당 태종의 분노는 오히려 풀리지 아니하였지만, 너의 죄(罪)는 죽어도 마땅하나 또 생각건대 깨뜨려 빼앗음이 있었으며, 요동성에서 세운 공(功)을 들어 너를 용서하리라고 하였다.

안시성의 공방전(攻防戰)은 온갖 재주와 힘을 들여 맹렬히 싸웠다. 날마다 접전(接戰)이 6~7차례로 적이 성을 포위함이 2~개월에 이르렀으나, 성병(城兵)은 글자 그대로 저사(抵死) 항거(抗拒)하고 고수(固守) 불항(不降)하면서, 칠수록 점점 사기가 왕성하여 선전(善戰)하므로 당 태종과 같은 영주(英主)와 이세적 이하 명장(名將) 정병(精兵)으로서도 여기서는 어쩔 수 없었다. 때는 9월이라. 요동(遼東)의 기후는 한랭(寒冷)하기 시작하여 병마(兵馬)와 양식은 바닥나게 되었다. 그러므로 당주(唐主)는 크게 실망하고 할 수 없이 철수하여 돌아가기로 결행하였다.

　성주(城主) 양만춘(楊萬春)은 성 위에 올라가서 당 태조를 바라보고 대단히 미안하다는 뜻으로 송별(送別)의 예를 표하니, 태종(太宗)은 적이지만 그 성주의 영웅적 전투에 감격하여 그에게 비단 100필을 증정(贈呈)하고 그 군주(君主)에 대한 충성심(忠誠心)을 면려(勉勵, 남을 격려함)하고 귀로(歸路)에서 원정을 후회하여 궁궐에 불러들여도 이와 같이 내가 시키는 일에도 듣지 않을 것이고, 옳은 일이 있어도 행하러 오라고 안시성 양만춘(楊萬春)에 대하여 이렇게 글을 남기고 탄식하였다 함은 유명한 이야기로 남았다. 그 동안 당군 사마(唐軍士馬)의 희생(犧牲)은 10에서 8~9이라 하였으니, 당나라는 막대한 손실(損失) 역시 고구려의 굳센 정신력(精神力)에 굴복한 것이라 하였다. 이번 안시성의 싸움을 분석하면 고구려의 끈질긴 인내성(忍耐性)에 동양(東洋) 최고의 대전(大戰)이요, 최고의 대첩(大捷)으로 남겼다. 세계 제1의 인구를 가진 한(漢)나라의 인해전술(人海戰術)에 빼앗긴 우리 조국 고조선(古朝鮮)의 영토를 고구려가 다시 찾아 지키면서 중국 수(隨)나라 양제 때와 당나라 태종(太宗) 이세민(李世民)의 인해전술에 시달리면서도 지켜냈다. 그럼에도 태종 이세민은 대국(大國)의 자존심이 꾸겨져 재차 고구려 원정을 시도했으나, 좌우(左右)의 불가(不可)함을 간(諫)하는 자가 많아 갑자기 고구려를 공파(攻破)하기 어려움을 깨닫고, 일시에 대거(大擧)하기 보다는 오히려 산발적(散發的)으로 소부대(小部隊)를 자주 보내어 고구려를 피로에 빠지게 한 다음 대대적(大大的)으로 원정을 감행(敢行)하여 방침(方針)을 취하였다.

　그리하여 당정관(唐貞觀) 21년 고구려 보장왕(高句麗寶藏王) 6년(서기 647년년)에 우진달(牛進達)을 해로(海路)로 이세적(李世勣)을 요동 방면(遼東方面)으로 보내서 수육양면(水陸兩面)으로 침입하게 하였는데, 이세적은 요수(遼水)를 건너 신성 방면(新城方面)의 길을 나아가 남소성(南蘇城) 등을 공격하였으나 이기지 못했으며, 우진달(牛進達)은 바다로 침입하여 석성(石城)을 취하고 적리성(積利城)을 진공(進攻)하였으나 역시 별다른 전과(戰果)를 올리지 못했다.

익년(翌年, 이듬해) 당나라는 설만철(薛萬徹) 등을 해로(海路)로 보내어 압록강 하류 방면에 침입하여 백작성(泊灼城)을 공위(攻圍)하였으나 역시 공함(攻陷)하지 못하고 돌아갔다. 당 태종은 이듬해 서기 649년 3월 180,000명의 대군(大軍)으로 재차 대규모 원정하려고 준비하던 중 병이 나서 죽고, 유조(遺詔)로써 원정을 파(罷)하게 하였다. 앞서 수(隨)나라 양제가 누차 고구려를 공취(攻取)하려다가 실패해 죽고, 당 태종은 수양제의 실패를 거울삼아 민력(民力)을 기르고 군사(軍士)를 정예(精銳)하게 단련시켜 신중과 신중을 다하여 군사를 일으켰지만 역시 성공하지 못하고 죽었다.

간추린 주요 사기(史記) 〈서기643년~660년〉

- 서기 643년 신라의 스님 자장(慈藏)이 당나라로부터 돌아왔다.

- 서기 643년 당나라는 고구려에 노자(老子)『도덕경(道德經)』을 전했다.

- 서기 643년 신라는 당나라에 고구려와 백제의 침략을 호소했다.

- 서기 644년 (9월) 신라의 김유신(金庾信)은 백제의 7성을 빼앗았다.

- 서기 644년 (11월) 당나라의 장량(張亮)과 이세적(李世勣)은 고구려를 침입했다.

- 서기 645년 (3월) 신라는 황룡사(皇龍寺) 탑(塔)을 창건하고

- 서기 645년 (5월) 백제는 신라 7성을 빼앗았다.

- 서기 645년 (5월) 고구려의 요동(遼東) 백암(白岩) 2성이 당나라에 항복했고 고구려는 안시성이 당나라 군(軍)에 포위되었다.

- 서기 646년 (5월) 고구려는 당나라에 사신을 보내서 사죄(謝罪)했다.

- 서기 646년 신라의 원효대사(元曉大師)는 『보역화엄경소(普譯華嚴經疏)』『십문화쟁론(十門和諍論)』『대승기신론별기(大乘起信論別記)』『발심문(發心文)』『명승집기(名僧集記)』 등을 저술했다.

- 서기 647년 (1월) 신라 선덕여왕(善德女王)이 승하하고 제28대 진덕여왕(眞德女王)이 즉위했다. 선덕여왕 때 첨성대(瞻星臺)를 세웠다.

- 서기 647년 (2월) 당나라의 이세적(李世勣, 이세민 왕의 동생) 등이 고구려를 침입했다.

- 서기 648년 당나라 설만철(薛萬徹)이 바다로 고구려를 침입했다.

- 서기 648년 당나라는 신라가 연호(年號)를 사용함을 꾸짖었다. 신라 김춘추(金春秋)는 그 아들을 당나라에 보내어 백제 정벌을 청했다.

- 서기 649년 신라는 처음으로 당나라의 의관(衣冠)을 사용하기로 하고 조정(朝庭)에서 당나라 의관(衣冠)을 사용했다.

- 서기 649년 백제가 신라의 석토성(石吐城)등 7성을 빼앗으므로 신라의 김유신(金庾信)이 도살성(道薩城)에서 이를 격파했다.
- 서기 650년 신라는 진골(眞骨) 지위에 있는 자(子)에게 아홀(牙笏)을 가지게 하였으며, 신라의 범민(凡民)을 당나라에 보내어 '태평송(太平頌)'을 바치게 했으며, 신라의 원효(元曉) 의상(義湘) 두 스님이 당나라로 가다가 요동(遼東)에서 돌아왔다.
- 서기 651년 (1월) 신라는 처음으로 하정례(賀正禮)를 거행(擧行)했으며, (2월) 신라는 품주(稟主)를 고쳐 집사부(執事部)로 하였다. 신라는 조부(調府) 이하 각서(各署)의 인원(人員)을 정했다.
- 서기 652년 (1월) 고구려 신라 백제는 각각 당나라에 사신을 보냈다.
- 서기 651년 신라는 한산주(漢山州)에 궁척(弓尺)을 두었다.
- 서기 653년 백제는 일본 과 통상(通商) 교역(交易)을 하였다.
- 서기 654년 (3월) 신라는 진덕여왕(眞德女王)이 승하하여 김춘추(金春秋)를 제29대 태종무열왕(太宗武烈王)으로 즉위했다. (5월) 신라는 리방부격(理方府格) 60여(餘)조(條)를 수정(修正)하고 신라는 계금당(罽衿幢)을 두었다.
- 서기 654년 (10월) 고구려는 말갈(靺鞨)과 함께 거란(契丹)을 쳤다.
- 서기 655년 신라는 고구려를 쳤다.
- 서기 655년 (5월) 고구려는 귀단수(貴湍水)에서 당나라 군사에게 패하였다.
- 서기 655년 (9월) 신라는 백제의 사비성(泗泌城)을 쳤다.
- 서기 656년 백제의 좌평(佐平) 성충(成忠)이 사망했고
- 서기 656년 신라의 김인문(金仁問, 김춘추 왕의 동생)이 당나라에서 돌아옴으로 이를 군주(軍主)에 임명하고 장산성(獐山城)을 쌓게 하였다.
- 서기 656년 신라는 문왕(文王)을 당나라에 보냈다.
- 서기 657년 (1월) 백제는 왕서자(王庶子) 41명을 좌평(佐平)으로 임명했다.
- 서기 657년 신라는 대일임전(大日任典)을 설치했다.

- 서기 658년 (6월) 당나라의 설인귀(薛仁貴=설인귀의 조상이 신라 출신) 등이 고구려를 공격했다.
- 서기 658년 신라는 제감(弟監)을 대사(大舍)로 고치고 실직정(悉直停)을 폐(廢)하고 하서정(河西停)을 설치했다.
- 서기 659년 (4월) 백제는 신라의 독산(獨山) 동잠(動箴) 2성을 쳤다.
- 서기 659년 (11월) 고구려는 광산(廣山)에서 당나라의 설인귀(薛仁貴)를 물리쳤다.
- 서기 659년 신라는 사정부(司正府)를 설치했다.
- 신라 660년 신라 김유신(金庾信)과 당나라 소정방(蘇定方)과 합세하여 백제를 공격하였다.

정개론(政開論)에 의해 주관사(主官使)는 독재정치(獨裁政治)요 주제사(主題詐)는 기만전법(欺瞞戰法)이다. 기만전법(欺瞞戰法)이란? 도학(道學) 현문(玄門)으로 학문 식민지(植民地)를 만들어 단군조선(檀君朝鮮)을 쇠퇴시켜 동방(東邦) 배달국(倍達國) ➡ 고조선(古朝鮮) ➡ 기씨왕조(箕氏王朝) ➡ 위만조선(衛滿朝鮮) ➡ 한(漢)나라에 의해 멸망 ➡ 고주몽(高朱蒙)의 고구려를 건국 ➡ 한사군(漢四郡)을 몰아내고 강국(强國)으로 서토(西土) 중국땅을 빼앗고, 백제 신라가 압박받게 되었다. 신라가 고립되자 신라는 국력을 길러야 했다. 이 시대 낭군(郎君)을 화랑(花郎)으로 보내면서 '아리랑(我利郎)' 노래가 나온 것이다. 신라 제28대 선덕여왕(善德女王, 647~654) 시대 국자랑(國子郎)을 본받아 화랑도(花郎徒)를 뽑아서 화랑도를 길러냈다. 특히 화랑도 출신으로 김춘추(金春秋)가 신라 제29대 태종(太宗) 무열왕(武烈王, 654~661)이 되었다. 왕제(王弟) 김인문(金仁問)과 김유신(金庾信) 장군이 화랑도 출신이다.

신라시대 '아리랑' 노래의 유래

아리랑(娥理郎) 아리랑(娥理郎) 아라리(娥羅離)요
아라령(娥離嶺) 고개를 넘어간다.
나를 버리고 가시는 님은 십리(十里)도 못 가 발(跋) 병난다.
〈우리네 (아낙네)들 가슴에 수심(愁心)도 많더라,〉

주(註) 娥理郎=나(我)를 거두어(理)준 낭(郎)군(사나이)=아리랑(娥理郎)
娥羅離신라를 지키려 나와 떠나는 내낭군=아라리(娥羅離)요
娥離嶺 (고개 명칭) 아리령=나(我)와 이별(離)한 고개(嶺)에서

아리아리 아리랑 쓰리쓰리랑 아라리가 났네
〈속이=아리고 아리서 아리랑(娥離郎)이 쓰리고 쓰려서 아라리(娥羅離)가
났네〉
아리랑 고개고개를 넘어간다.
〈아리령(娥離嶺=고개이름)이 고개고개를 넘어간다〉
청청 하늘에 참별도 많고
〈청청(靑푸르고 靑푸른)하늘에 참별(眞星)도 많다.
우리네 가슴에 수심도 많다.
〈우리네(아낙네)들 가슴속에 수심(愁心)도 많다〉

신라시대 아리다운 아씨(娥氏)의노래 아(娥,씨) 라(羅,신라)를 지키(理)는 낭
군(郎君), 화랑(花郎)을 그리워 하는 아리랑(娥理郎) 노래는 가슴 아픈 수심
가(愁心歌)였다.

신라 단독으로는 막강한 고구려와 비교할 수 없었으며 백제 또한 만만찮으므로 대국(大國)의 힘을 빌리기 위해 백성들의 배를 주리고 여러 해 동안 군량(軍糧)을 준비한 다음 당나라와 밀약(密約)하고 백제를 먼저 치고, 그 성공의 깃발 아래 고구려 침탈전(侵奪戰)에 몰두하여 통일신라(統一新羅)의 깃발을 올렸으나, 거대한 고구려 영토는 당나라에게 빼앗기고 한반도만 차지했다.

그러면서 거대한 중국은 고조선(古朝鮮)의 고토(故土) 황하(黃河)와 요동(遼東) 반도를 빼앗아 차지했다. 그때 고구려가 일어나 다물군(多勿軍)의 깃발이 힘차게 펼쳐졌다.

신라와 당나라의 밀약(密約) 전술

앞에서 고구려와 수·당의 대항전(對抗戰)관계를 기술(奇術)하였고 이제는 신(新) 당(唐)연합과 제(濟)·려(麗)의 멸망을 고찰해보자. 이보다 먼저 신라가 백제와 공동작전(共同作戰)으로 고구려 죽령(竹嶺) 이북 500리 땅을 쟁취(爭取)하고 나서 백제 고토(故土) 한강하류(漢江下流) 성들마저 탈거(奪據)하였으니, 백제의 성왕(聖王)은 격노(激怒)하여 이에 대한 보복(報復)으로 몸소 군사를 거느리고 신라의 서북계(西北界=지금의 옥천방면)를 침공하다가 도리어 성왕)이 패사(敗死)당했다.

이 때문에 양국(兩國)이 오랫동안 맺어온 우호관계(友好關係)가 그만 깨졌으며 이때 고구려는 신라에게 탈취당한 죽령 이북(竹嶺以北) 500리 땅을 회복하고자 신라를 괴롭히기 시작했다. 이때 신라는 배복(背腹)으로 적의 비수(匕首)를 받는 격이다. 이제 참고(參考)로 신라선덕여왕(善德女王) 2년에 이르기까지『삼국사기(三國史記)』에 나타나는 그 공침관계(攻侵關係)의 연력 기록(年曆記錄)은 다음과 같다.

나(羅)·당(唐)의 백제 공침(共侵)

(1) 서기 577년 벡제위덕왕(百濟威德王 24년) 신라 진지왕(眞智王) 2년, 백제가 신라의 서북변주군(西北邊州郡)을 침범하므로 신라왕은 이손세종

(伊飡世宗)을 명하여 일선(一善, 지금의 선산) 북쪽에서 이를 격파하고 내리서성(內利西城)을 축성(築城)하였다.

(2) 서기 579년 백제 위덕왕 26년, 신라 진지왕 4년 백제가 능현(能峴, 지금의 대전)의 송술성(松述城)을 축성(築城)하여 신라의 선산성(蒜山城) 마지현성(麻知峴城) 내리서성(內利西城) 이상 모든 성과 황간(黃澗) 영동(永東) 방면의 길을 막았다.

(3) 서기 601년 백제 무왕(武王) 3년, 신라 진평왕(眞平王) 23년 백제가 신라의 아막성(阿莫城, 지금의 운봉)을 와서 공격하니 신라군(軍)이 이를 대파(大破)하였는데 귀산(貴山)과 막항(幕項)은 전사했다.

(4) 서기 603년 고구려 영양왕(嬰陽王) 14년, 신라 진평왕(眞平王 25년) 고구려 장군 고등(高滕)이 신라의 한산(漢山) 땅에 북한산성(北漢山城)를 설치한 것은 바로 이듬해 영양왕(嬰陽王) 15년이다.

(5) 서기 608년 고구려 영양왕 19년, 신라 진평왕 30년, 신라가 고구려의 누침(累侵)에 못 이겨 원광(圓光, 스님)을 시켜 수 양제(隨煬帝)에 청병(請兵)하는 국서(國書)를 지어 이듬해에 보냈다. 이해에 고구려가 신라의 북경(北境)을 침습(侵襲)하고 또 미구(未久)에 우명산성(牛鳴山城)을 쳐 빼앗았다.

(6) 서기 616년 백제 무왕(武王) 17년, 신라 진평왕 38년, 백제가 신라의 모산성(母山城, 지금의 운봉)을 침공했다.

(7) 서기 618년 신라 진평왕 40년, 백제 무왕 19년, 신라의 한산주(漢山州)의 군주(郡主) 변품(邊品)이 단잠성(椵岑城)을 회복하기 위하여 백제와 싸워 이겼으나 부장 계론(部將溪論)이 전사했다.

(8) 서기 624년 백제 무왕(武王) 25년, 신라 진평왕 46년, 백제병(兵)이 신라의 속함(速咸, 지금 함양), 영잠(櫻岑), 기잠(岐岑), 봉잠(桻岑), 기현(旗縣), 혈책(穴柵) 등 6성(成)에 와서 포위하였는데, 그 중 함락 또는 항복하

기도 하였고 신라 장군 최눌(催訥)은 봉잠(烽岑), 영잠(櫻岑,) 기현(旗縣)
의 삼성병(三城兵)을 합하여 굳게 지키다가 이기지 못하고 전사했다.

(9) 서기 625년 신라 진평왕 47년, 고구려 영류왕(營留王) 8년 신라가 사신
을 당나라에 보내어 호소하기를 고구려가 신라와 당나라를 통하는
길을 막아 왕래(往來)하지 못하게 하고 자주 침탈(侵奪)한다고 하였다.

(10) 서기 629년 신라 진평왕 51년, 고구려 영류왕 12년, 신라가 대장군
용춘(大將軍龍春) 서현(舒玄)과 부장군 김유신(副將軍金庚信)을 보내서
고구려의 랑비성(浪臂城, 지금의 청주)를 쳐 이겼다.

(11) 서기 633년 백제 무왕 34년, 신라 선덕여왕 2년, 백제가 신라의 서곡
성(西谷城)을 침공하였다.

(12) 서기 636년 백제 무왕(武王) 37년, 신라 선덕여왕 5년, 백제가 신라의
독산성(獨山城, 지금의 괴산)을 공습(攻襲)하다가 대패(大敗)를 입었다.

(13) 서기 638년은 신라 선덕여왕 7년, 고구려 영류왕 21년이다. 이 해 고
구려가 신라의 북변(北邊)인 비중성(比重城, 지금의 적성)을 침공하였다.

(14) 서기 642년 백제 의자왕 2년, 신라 선덕여왕 11년이다. 이 해 백제
의자왕이 대병(大兵)으로 신라서변(西邊)의 40여 성을 공침(攻侵)하고,
또 고구려와 더불어 당나라로 통하는 길을 막고자 당항성(党項城, 지
금의 수원)을 공취(攻取)하려고 함에 선덕여왕이 서신(書信)을 당 태종(唐
太宗)에게 보내서 급(急)함을 고(告)하였는데, 이때 백제의 장군윤충(將
軍允充)이 군사를 거느리고 대야성(大耶城, 지금의 합천)을 공침(攻侵)하였
으나. 도독 품석(都督品釋) 등이 전사하고 품석(品釋)의 처(妻, 김춘추의
딸)도 해(害)를 입었다.

이와 같이 백제 고구려 양국(兩國)이 신라에 대한 공침(攻侵)이 일년을 연
이어 넘다시피 하였으므로 신라는 독립 상태(獨立狀態)에 빠졌으니, 이에
대한 타개책(打開策)으로 중국을 동맹국(同盟國)으로 삼아 백제와 고구려

양국(兩國)을 견제하려고 하였다. 그래서 신라는 앞서 수(隨)나라와 통하여 고구려의 누침(累侵)을 호소하고, 구원을 청하기도 하였으며, 또 수(隨)가 망하고 당(唐)이 일어남으로부터 당과 통호(通好)를 두텁게 하여 거기에 힘을 빌리려고 하였던 것은 곤경(困境)에 빠진 신라가 위기에 박차(拍車)를 가(加)한 것이라 하겠다. 이는 위 공침 관계(攻侵關係) 연력 기록(年歷記錄)(14)에 쓰여 있는 모든 사건이 이것이다.

신라의 서변(西邊) 40여 성을 백제로부터 공취당하였으니 이로부터 사활 문제(死活問題)를 위협받고 있던 중 또 백제의 대야성(大耶城) 전역(戰役)을 일으키는 것은 신라로서는 복부(腹部)에 비수(匕首)를 겨누는 것 같았다. 대야성(大耶城) 도독품석(都督品釋)은 김춘추(金春秋, 뒤에 태종 무열왕)의 여서(女婿) 부부(夫婦)인데, 이가 여기서 몰사(沒死)한 비극(悲劇)을 당했던 곳이다. 이때 신라왕은 김춘추(金春秋)를 고구려사신으로 보내어 구원병(救援兵)을 요청하였다.

김춘추를 신라사신으로 맞아들여 말하기를 죽령(竹嶺)이북땅이 본래 고구려의 영내(領內)라는 점(點)을 들어 만일 그것을 반환(返還)하였을 때 구원병을 보낼수 있다고 하였으나 김춘추는 이를 반대하니 고구려가 노(怒)하여 그를 별관(別館)에 가두었다가 뒤에 돌려보냈다.

이에 앞서 신라왕은 사신을 또 당태종(唐太宗)에게 보내어 고구려와 백제 이국(2國)이 신라가 통당(通唐)하는 길을 두절(杜絶)한다고 급보(急報)하고 이듬해 재차(再次) 사신을 보내서 원병(援兵)을 요청하였다.

당주(唐主) 태종(太宗)이 사농승(司農丞) 상리현장(相里玄奬)으로 하여금 서(書)를 가지고 고구려에 가서 백제와 고구려 이국(2國)이 신라의 침공을 정지(停止)하기를 권유(勸諭)하였으나 듣지 아니하므로 고구려 원정을 일으켜 몸소 요동역(遼東役)을 지휘(指揮)하다가 안시성의 양만춘(楊萬春)이 쏜 궁시(弓矢)에 눈을 실명(失明)당하고 돌아갔다.

당나라는 신라로부터 구원요청을 받고 호기(好期)로 여겨 신라의 군량미 (軍糧米)보급이 원활(圓滑)하게 될 것으로 믿고 대대적인 고구려 원정 계획을 세우게 된 것이다. 하여 시범적으로 고구려와 당나라의 충돌이 생김으로부터 백제는 신라에 대한 침공 정책(侵攻政策)이 더욱 강화하여 신라의 서변제성(西邊諸城)을 견제하려 하였다.

신라의 고립 상태는 극도(極度)에 달했으니 안으로는 조정(朝廷)에는 왕족 (王族) 김춘추와 김유신 등의 비범한 인물들이 있었으므로, 상하 국민들이 일치단결(一致團結)하여 멸사봉공(滅私奉公)의 정신(精神)이 강렬하였으니 신라는 유일한 여국(與國)인 대당제국(大唐帝國)이 흥강 도상(興降途上)에 있었으므로 난국(難國)을 타개(打開)할 길이 막히지 아니하였다.

이때 신라에서는 선덕여왕이 돌아가시고 진덕여왕(眞德女王)이 뒤를 이었고 그후 수년 뒤에 당(唐)에서도 태종(太宗, 이세민)이 죽고 그 아들 고종(高宗)이 즉위하였다. 신라 진덕여왕 2년, 서기 648년에 이손(伊飡) 김춘추와 그의 아들 문왕(文王, 법민)을 당나라에 파견하여 우호(友好)를 도모하는 한편 백제의 강폭(强暴)를 호소하고 당 고종(唐高宗) 4년에 신라는 태평송(太平頌)을 지어 왕이 몸소 이를 비단에 짜서 김춘추(金春秋)와 그 아들 법민(法敏=후에 문무왕)이 가지고 가서 당 고종(唐高宗)에게 전한 것이다.

당(唐)의 홍업(鴻業)을 찬양한 명문(名文)으로 당(唐)의 환심을 사기 위한 수단(手段)에 불과하지마는, 신라의 특권 계급의 사대사상(事大思想)을 드려낸 것의 하나다. 태평송(太平頌)의 송증(送贈)과 김춘추의 2차 사행(使行)이 모두 김춘추의 자청(自請)과 술책(術策)에서 나온 것이다. 이와 같은 사대주의사상은 신라로부터 나온 것이다. 김춘추의 행위가 비록 당의 환심을 사기 위한 수단에서 나왔다고 하지만 너무나 사대사상에 사로잡혔던 것을 알 수 있으니, 그가 귀국하던 이듬해 진덕여왕 3년 서기 649년 정월 왕명 (王命)으로써 당(唐)의 공복(公服)과 의관(衣冠)을 착용하게 한 것도 건의(建

議)에 기인(基因)되었음은 말할 것도 없다.

진덕여왕 5년 이래로 신라관제상(新羅官制上)에 주목할 만한 변혁(變革)하여 품주(稟主)를 집사부(執事部)라 개칭고 그 장관(長官)을 중시(中侍)라 하고 품주(稟主)에서 창부(倉部)를 분설(分設)하고 좌리방부(佐理方部)의 설치와 국학사인(國學舍人) 등의 설치는 무열왕(武烈王) 원년(元年) 이방부령(理方府令) 양수(良首) 등에 명하여 율영(律令)을 상작(詳酌=자세히 올려), 이방부격 60여 조(理方府格 60餘條)의 법령집(法令集)을 수정(修訂)하게 함과 같은 것 등이 있었음도 우연한 일이 아니라 할 것이다.

진덕여왕(眞德女王)의 뒤는 남녀간(男女間)에 성골 왕족(聖骨王族=부모양위 왕족)이 모두 그치고 진골 왕족(眞骨王族)의 일인인 김춘추가 중망(衆望)에 의하여 왕위에 오르니 태종무열왕(太宗武烈王)이다. 그 후 그로 인한 친당정책(親唐政策)은 더욱 박차(拍車)를 가하게 되었다. 그런데 태종무열왕 2년(서기 655년)에 고구려가 백제 해상(海上)을 통하여 말갈(靺鞨)과 연합하여 신라 북경(北境)의 30여 성을 침공한 사건이 발생하였다.

신라 태종무열왕은 곧 사신을 당에 보내어 구원을 청하니 당은 영주도독(營州都督) 정명진(程名振)과 좌우위중랑장(左右衛中郞將) 소정방(蘇定方)등을 명하여 고구려를 치게 하였다. 하여 정명진(程名振) 등의 군사는 요수(遼水)를 건너 신성(新城)서남에 해당하는 귀단수(貴端水) 부근에서 고구려군(軍)과 접전(接戰)하여 이를 깨뜨리고 나아가 신성(新城)외 부의 촌락을 불사르고 돌아왔을 뿐이고 그 이듬해 또한 정명진(程名振)과 설인귀(薛仁貴)를 시켜 고구려의 역봉진(亦峰鎭)을 공발(攻拔)하였으나 역시 성공을 거두지 못했다.

이때에 신라로서는 힘을 빌린다 하더라도 배복(背腹)에 접한 적을 일시(一時)에 구도(俱倒)시킬 수 없었고 ,그 중 하나를 먼저 쓰러뜨린 다음 또 하나를 도모하는 것이 양책(良策)인데, 그 중 고구려는 용역(容易)하지 아니하고 먼저 백제를 공멸(攻滅)의 대상으로 삼은 것은 어느 모로 보나 가장 순서적(順序的)이고 온당(穩當)한 전략이라고 생각하고 신라 태종왕(太宗王)은 사람을 당나라에 보내 백제의 내정(內情)을 밀고(密告)하는 동시에 위의 전략을 추진시켜 마침내 당(唐)의 허략(許略)을 얻어 냈다.

- 서기 660년 백제는 황산벌(荒山伐)에서 패배하고 웅진성(熊津城)에서 항복했다. 당나라는 백제의 옛 땅에 5부독부(五部督府)를 두었다.
- 서기 601년 (1월) 백제의 복신(福信)과 도침(道琛) 등은 주유성(周留城)에서 거병(擧兵)했는데
- 서기 661년 신라 태종무열왕(太宗武烈王)이 승하하니 제30대 문무왕(文武王)이 즉위했다.
- 서기 661년 (7월) 당나라 소정방(蘇定方)이 고구려 평양성을 포위했다.
- 서기 662년 고구려 연개소문(淵蓋蘇文)은 당나라 군사를 면수(勉水)에서 격파시키고 소정방(蘇定方)이 후퇴(後退)했다.
- 서기 662년 (2월) 탐라(耽羅)는 신라에 항복했고
- 서기 662년 (7월) 백제 복신(福信)은 당나라 군사에게 패배했다.
- 서기 663년 (9월) 신라는 당나라 군사와 함께 백제 주류성(周留城)을 함락시키니 부여풍(扶餘豊)은 고구려로 도망가고 백제는 평정되었다.

백제의 멸망

그간 백제의 국내 사정을 알아보면 무왕(武王, 백제 30대 왕) 때로부터 신라와 빈수(頻數)한 전쟁과 호화유흥(豪華遊興)의 생활은 국력을 소모함이 많았다. 무왕(武王)은 궁남(窮南)에 큰 연못을 파고 물을 끌어넣고 4안(岸)에

수양버들을 심고 연못 가운데 도서(島嶼)를 쌓고 선산(仙山)에 의(擬, 비교함)할 정도 공역(公役)을 사용했는데 그의 뒤를 이은 의자왕(義慈王)은 태자 시(時)에 웅용 담력(雄勇膽力)을 가진 사람로 해동증자(海東曾子)의 칭을 듣던 효행(孝行)의 인물이었다.

아버지 뒤를 이어 즉위하여서는 부왕(父王)의 풍(風)을 많이 승습(承襲)하고 더욱히 신라와 싸워 자주 이긴 후로는 교교호사(驕傲豪奢,호화사치)의 마음이 자라서 정치를 다년간(多年間) 그르치게 하고, 다년(多年)전쟁에 피폐(疲弊)한 국력을 가지고 치려(侈麗)한 태자궁(太子宮)과 망해정(望海亭)을 짓는 등 대토목공사(土木工事)가 의자왕(義慈王) 15년에 있었다. 궁녀(宮女) 영신(佞臣)들과 더불어 일야연락(一夜宴樂)에 파묻혀 후비(后妃) 요녀(妖女)들이 정치에 간여하여 현양(賢良)한 신하를 모해(謀害)하는 등 내부적으로 부패자멸(腐敗自滅)의 길을 걷고 있었다.

의자왕(義慈王 3년, 서기 643년) 당정관(唐貞觀 17년) 당태종(唐太宗)이 신라 사신(新羅使臣)에게 이르는 말 가운데 난(峻難)하여 고치지 못한 짜임새로 남녀(男女)가 서로 분잡(紛雜)하여 시끄럽게 연유음일(宴遊淫逸)의 풍(風)은 일찍부터다. 이 사실이 당(唐)에까지 전문(傳聞)이라 하였다.

『삼국사기(三國史記)』〈김유신전(金庾信傳〉에 의하면 신라 태종(太宗) 무열왕(武烈王) 2년 김유신이 백제에 침입하여 도비천성(刀比川城, 지금 영동 부근)을 쳐 이겼다는 때에 바로 백제의 군대와 대신(大臣)들은 사치(奢侈)와 음란(淫亂)애 빠져 나라 일을 걱정 안 했다. 백성의 원망과 신(神)이 경노(驚怒)하여 재해(災害)를 입게 된 것은 김유신(金庾信)이 이를 망루(望樓)에서 보고 가서 당(唐)에 고(告)하여 무도(無道)한 백제는 그 죄(罪)와 끈이 과중(過重)하여 하늘의 벌(伐)을 받아 성순(誠順)한 조민(弔民)은 쌀쌀한 날씨라 하였다.

당평제비문(唐平濟碑文)에 이르기를 잎사귀로 비유(比喩)하여 말하기를 직신(直臣)은 요부(妖婦)의 믿음 속에 형벌(刑罰)에서 살 곳을 오직 미침이 있어 선양(善良)과 충성(忠誠)함을 총애(寵愛)와 소임(所任)이 더함은 반드시 먼저 간사(奸詐)한 의심을 받게 됨이라 하였다.

주(駐)에 인용한 일본 세기(世紀)에 이르기를 혹은 백제의 멸망은 스스로 말미암아 임금과 대부인(大夫人, 천자의 모) 요녀(妖女, 요부)들과 무도(無道)하여 나라와 권세를 격탈(擊奪)된 것이며. 옛날처럼 어질고 선양(善良)하지 못하여 화(禍) 불러들어 언덕에서 주살(誅殺)당했다 한 것은 역시 당시 백제의 내부적(內部的) 부패상(腐敗上)을 전하는 기사(記事)들이다.

충양직신(忠良直臣)으로 알려진 좌평성충(左平成忠)이 의자왕(義滋王)의 황음일락(荒淫逸樂)을 간(諫)하다가 옥중(獄中)에 간혀 병사(病死)하였다는 것은 왕의 충양제거(忠良除去)의 대표적인 예로 전하는 바이다.

당주(唐主) 고종(高宗)은 신라와 약속에 따라 서기 660년 3월 드디어 출정(出征)군(軍)을 파견케 하였다. 원정군(遠征軍)을 이끄는 좌무위(左武衛) 대장군大(將軍) 소정방(蘇定方)을 신구도행군(神丘道行軍) 대총관(大聰管)총지휘관(總指揮官)으로 삼았으며 좌효위장군(左驍衛將軍)유백영(劉伯英) 등 이하(以下) 수육군 100,000명을 통솔(統率)하고 가서 백제를 치게 하는 동시에 신라로 하여금 이를 응원하게 하였다.

소정방(蘇定方)은 이해 6월 내주(來州=산동성)에서 황해(黃海)에 떠나서 동(東)으로 행하고 왕은 남천정(南川停)에 이르러 태자법민(法敏)으로 병선(兵船)100척을 이끌고 덕물도(덕물도)에서 소정방(蘇定方)을 맞게 하였다. 소정방이 태자 법민(法敏)과 약속하되 7월10일 로써 백제남쪽에 이르러 신라군(軍)과 연합하여 제도(濟都, 백제 수도)사비성(泗泌城)을 향하려고 하였다.

그후 태자는 왕명(王命)에 의하여 대장군(大將軍) 김유신(金庾信) 장군과 품일(品日) 흠순(欽純) 등으로 더불어 병(兵) 50,000명을 인솔(引率)하고 백제로 향하였다. 백제의 의자왕(義慈王)은 신라와 당군(唐軍)의 대군(大軍)이 동서(東西)로부터 침입하여 온다는 급보(急報)을 접하고 크게 당황하여 군신

(群臣)을 모아 전수(戰守)의 대책을 강구하게 되었다.

그러나 의론(議論)은 백출(百出)하여 좀처럼 결정되지 안했다. 즉 좌평의 직(左平義直)은 "물에 익숙하지 못한 당병(唐兵) 바다를 건너오면서 피곤(疲困)할 것이니 하륙(下陸)하는 즉시 이를 급격하면 승리를 거둘 것이다. 신라병(新羅兵)은 당병(唐兵)을 믿고 있는 만큼 당병(唐兵)이 패하면 감히 예진(銳進)하지 못할 것이니 먼저 당병(唐兵)과 결전(決戰)함이 옳다고 주장하였다." 그러나 달솔상영(達率常永)은 이에 반대하되 "당병(唐兵)은 멀리서 왔기 때문에 속전(速戰)을 원(願)하므로 그 예봉(銳鋒)을 당하기 힘들 것이다. 그러므로 당병의 길을 막아 그들을 더욱 피로하게 하는 한편 신라군(新羅軍)을 먼저 쳐서 그 예기(銳氣)를 꺾고 연후에 합세하여 당병)을 치는 것이 좋겠다."고 주장하였다.

왕은 어느 의견을 따라야 옳을지 뜻을 결정하지 못하고 유죄인(流罪人) 홍수(興首)에게 사람을 보내어 사태의 급보(急報)를 말하고 양책(良策)을 문의(問議)하였다. 홍수(興首)는 "당병(唐兵)의 무리가 많고 군률(軍律) 엄명(嚴明) 신라와 공동작전을 하고 있으니 평원(平原)에서 대진(對陣)하면 승패(勝敗)를 헤아릴 수가 없다. 백강(白江)과 탄현(炭峴)은 아국(我國)의 요로(要路)로써 일부단창(一夫單倉)으로 만인(萬人)을 당할 곳이니 당병(唐兵)으로 하여금 백강(白江)에 들어오지 못하게 하고 신라군으로 하여금 탄현(炭峴)을 넘지 못하게 한 후에 중폐고수(重閉固守)하다가 적의 량(糧)이 다하고 병(兵)이 피로함이 가하다고"하였다.

그러나 백제의 대신(大臣)들은 "죄인 홍수(罪人興首)는 왕을 원망(怨望)하고 있으므로 국가의 불리한 말을 할 것이니 듣지 아니함이 옳을 것이다. 오히려 당병(唐兵)이 백강(白江)을 들어올 것이니 신라군이 탄현(炭峴)을 올라온 뒤에 치는 것이 좋다"고 주장하여 왕께서도 이 의견에 찬성(贊成)하였던 것이다. 이때 이미 신라군(新羅軍)은 탄현(炭峴)을 넘어 사비(泗沘)로 향하는 길을 황산(黃山=連山)으로 취하였고 당군(唐軍)은 백강(白江)에 들어와 그 좌안(左岸)에 상륙하였다.

백제의 계백(階伯)은 결사대(決死隊) 5,000명을 거느리고 출발함에 앞서 국가의 위기를 예지(銳智)하고 〈살아서 노비(奴婢)가 되는 것이 죽음만 못하다〉하고 자기의 처자(妻子)를 모두 죽였다 한다. 그리고는 황산(黃山)에 이르러 험저(險岨)한 곳을 가려서 진영 3개를 베풀고 신라군(新羅軍)을 대기하였다.

김유신(金庾信) 등은 군(軍)을 삼도(三道)로 나누어 3번이나 공격했으나 번번이 패퇴(敗退)하였다. 그러나 계백(階伯)이 용기로 결사적인 방어를 했으나 중과부적(衆寡不敵)으로 마침내 패하고 계백은 전사하였고. 한편 당군(唐軍)을 방어하던 백마강(白馬江, 백강) 연안의 백제군도 당군의 역습을 받아 대패하였다.

이미 당군은 조류(潮流)를 타고 강을 거슬러 올라와 신라군과 합세하여 도성을 향하여 진군(進軍)하였다. 백제는 최후의 방어전(防禦戰)을 시도하였으나 역시 실패하고 나당군(羅唐軍)이 사비성(泗泌城)에 육박(肉薄)하니 의자왕(義慈王)은 태자 효(孝)와 함께 북방(北方) 웅진성(熊津城)으로 난(難)을 피하였다.

차자(次子) 태(泰)가 스스로 왕이 되어 성을 고수하였으나. 왕자 융(隆)과 태자의 아들 문사(文思)는 항복하여 성민(城民)의 전의(戰意)는 크게 꺾이었다. 이에 태(泰)도 항복하고 사비성(泗泌城)이 함락되니 의자왕(義慈王)도 태자와 함께 웅진(能津)으로부터 내항(來降)하였다.

백제는 시조(始祖)로부터 BC 18년~서기 663년까지 역대(歷代) 31왕 역년(歷年) 681년 만에 사직(社稷)을 잃게 되었다. 멸망당시의 백제국세(國勢) 오부(五部=5方) 37군(郡) 200성 총 76만 호라 하였다.

의자왕(義慈王)이 항복하자 신라의 태종(太宗)은 사비성(泗泌城)에 도착하여 제장(諸將)들을 위로하였는데, 신라 태종(太宗)은 소정방(蘇定方)과 함께 당상(堂上)에 함께 앉아 의자왕(義慈王)으로 하여금 술잔을 따르게 하니 백제의 군신(群臣)들이 목 메여 울었다고 한다.

소정방(蘇定方)은 의자왕(義慈王)과 태자 효(孝) 왕자(王子) 태(泰), 륭(隆), 연(演), 및 대신(大臣), 장사(將士) 합 93명과 백성 12,878인(人)을 포로로 하여 당으로 개시(凱施)하였다. 소정방이 귀국한 뒤에 낭장(郞將) 유인원(劉仁願)이 10,000명의 군대를 거느리고 사비성에 머물러 있었는데, 당주(唐主)는 다시 좌위중랑장(左衛中郞將) 왕문도(王文度)를 웅진도독(熊津都督)으로 임명 파견하여 주둔군(駐屯軍)을 총관(摠管)하게 하였다. 그러나 왕문도(王文度)는 도착하자 곧 병사(病死)했다.

당(唐)은 백제의 고토(故土)를 통치하기 위하여 웅진(熊津, 지금 공주), 마한(馬韓, 익산), 동명(東明), 금연(金連), 덕안(德安, 은진)의 오도독부(五都督府)를 설치하더니 그후 다시 이를 개편하여 웅진도독부(熊津都督府)를 최고치부(最高治府)로 하여 그 밑에 7州 52縣을 두었다.

백제인의 부흥(復興) 운동

사비성의 함락과 의자왕(義慈王)의 항복으로 백제의 국가 운명(運命)은 최후를 고(告)한 셈이다. 그러나 이것이 곧 백제의 완전한 평정(平定)을 의미하는 것은 아니었다. 백제의 유신(遺臣), 유장(遺將)들은 각지에서 국가 복흥 운동을 일으켜 백제 최후의 막(幕)을 장식(裝飾)하였다. 즉 사비성(泗泌城) 함락 후에도 남잠(南岑), 정현성(貞晛城) 등에는 여전히 백제군(百濟軍)이 웅거(雄據)해 있었으며 좌평정무(左平正武)가 병중(兵衆)을 모아 두시원옥(豆尸源嶽)에서 거(據)하여 나당군(羅唐軍)을 초약(抄掠, 노략질)하고 있었다.

나당군(羅唐軍)의 두통거리였던 임존성(任存城), 여기에는 흑치상지(黑齒常之)가 적어도 30,000명의 군대를 거느리고 웅거(雄據)하고 있어서 백제 부흥운동(百濟復興運動)의 초기 중심지가 되었다. 부흥운동(復興運動)의 중심인물은 왕족 복신(王族福信=무왕의 종친)과 승려 도침(僧侶道琛)이 있었는데 그들도 여기에 거(據)하고 있었던 것이다.

나당 연합군이 곧 이를 공격하였는데 끝내 성공하지 못하고 말았으며 부흥군(復興軍)은 오히려 50여 성을 회복하고 기세(氣勢)를 떨쳤다. 그리고 나아가서 사비성(泗沘城)을 포위하고 이를 거의 함락시킬 지경에 이르렀다. 당시 사비성에는 소정방(蘇定方)이 귀환 후 진수(陣守)의 임(任)을 맡은 유인원(劉仁願)이 거느린 10,000명의 당병(唐兵)과 신라 태종 무열왕(武烈王)의 아들 김인태(金仁泰)가 거느린 7,000여 신라군(新羅軍)이 머물고 있었는데 유인원이 나당군(羅唐軍)을 출동시켜 겨우 백제군을 격진(擊進)시켰는데 백제군(百濟軍)은 사비남령(泗沘南嶺)에 올라가 4~5책(柵)을 세우고 여기서 둔취(屯聚)하였다.

그리고 기회를 엿보면서 성읍을 초약(초약=노락질)하니 백제인(百濟人)으로서 이에 응(應)하는 자가 20여 성이 되었다. 따라서 사비성내(泗沘城內)의 당군(唐軍)은 외부와 연락이 두절될 수밖에 없었다. 위기를 구출(救出)하기 위하여 신라 왕 태종은 이 몸소 출정(出征)하고 앞에 말한 20여 성 가운데 하나로 생각되는 이례성(尒禮城)을 공함(攻陷)시키고 여기에 신라군(新羅軍)을 주둔(駐屯)하게 하였던 바 20여 성이 놀라서 모두 항복하였다.

태종(太宗)은 사비성(泗沘城) 남령(南嶺)을 공함(攻陷)하여 1,500인을 살해하였고 왕흥사잠성(王興寺岑城)을 또 공함(攻陷)하였다. 하여 백제군(百濟軍)은 본거지였던 임존성(任存城)으로 퇴각하고 사비성(泗沘城)의 위기는 일시에 면할 수 있게 되었다.

왕문도(王文度)가 병사(病死)하고 후임(後任)에 유인궤(劉仁軌)가 파견되었다. 유인궤(劉仁軌)가 도착한 것은 신라 태종(太宗) 8년(서기 661년) 백제가 멸망한 익년(翌年)이다. 복신(福信), 도침(道深) 등은 유인궤(劉仁軌)가 도착한다는 정보(情報)를 듣고 임존성(任存城)으로부터 남하(南下)하여 주유성(周留城=한산)에 거(據)하고 웅진강(熊津江=백강) 연안에 양책(兩柵)을 세워 새로 온 유인궤 군이 사비성의 유인원군(劉仁願軍)과 합세하는 것을 저지(沮止)하려고 하였다. 한편 사비성에 대한 공격도 재개하기에 이르렀다.

이때 상륙한 유인궤는 내원(來援)한 신라군(新羅軍)과 합세하여 고 사비성(古泗泌城=금강 하류)을 근거로 하여 주유성(周留城)에 대(對)한 공격을 시도하였다. 그러나 백제군(百濟軍)은 나당군(羅唐軍)을 대패(大敗)시키고 신라군은 본국으로 철귀(撤歸)하였다. 이에 유인궤도 주유성(周留城)의 공격을 중지(中止)하고 시비성(泗泌城)으로 향하여 백제군(百濟軍)의 공략을 받고 있는 유인원 군(劉仁願軍)을 구출(救出)한 것 같다. 이 때문에 사비성을 공격하던 백제군은 물려가고 임존성(任存城)으로 귀환할 수밖에 없었다.

이때 고구려 장군 뇌음신(惱音信)은 당시 고구려에 부용(附庸)하고 있던 말갈(靺鞨)의 장군 생해(生偕)와 합력하여 신라의 술천성(述川城)을 공격하다가 이기지 못하고 옮겨서 북한산성(北漢山城)을 공위(攻圍)하였다. 고구려의 침공은 아마 이때 백제의 부흥군(復興軍)을 외응(外應) 후원하기 위한 공작(工作)이었던 듯하다. 고구려군은 포차(抛車=돌 던지는 차)를 벌려놓고 돌을 날려 북한산성의 성벽을 파괴(破壞)하였다.

성주(城主)인 대사(大舍) 동타천(冬陁川)은 철질몽(鐵蒺蒙=말음쇠)를 성에서 던지어 인마(人馬)가 접근 못 하게 하고, 파양된 성접(城楪)의 부분에는 루조(樓槽)를 세우고 우마피(牛馬皮)와 의류(衣類)를 엄폐물(掩蔽物)로 매달고 그 안에서 노포(弩砲)를 발(發)하여 방어하였다.

이때 성내는 남녀 합하여 겨우 2,800명이 있었는데, 성주(城主)는 소약자(小弱者)까지 격려(激勵)하여 20여 일간 강적(强敵)을 막아 물리쳤다. 신라인의 한강유역(漢江流域) 방어가 얼마나 견고하고 그 지리의 이(利)를 득(得)함이 얼마나 컸던가를 또. 한번 인식할 수가 있었다.

서기 661년 신라 태종 무열왕(武烈王)은 즉위 8년 만에 돌아가시고 아들 문무왕(文武王)이 즉위했다. 문무왕은 즉위한 즉시 당(唐)의 고구려 정벌에 조력(助力)하지 않으면 안 되었다. 이러한 틈을 타서 백제군은 금강 이동(錦江以東, 지금 대전) 제성(諸城)을 점거(占據)하고 사비성과 웅진 방면의 당군이 신라와 연락하는 길을 차단(遮斷)하여 그를 고립상태(孤立狀態)에 빠지게 함으로써 당군(唐軍)을 축출하려는 전술을 사용하였다.

이로 인하여 당군(唐軍)의 요청을 받은 신라군은 고구려로 향하는 도중에 웅진도(熊津道)의 관통(關通)을 위(爲)하여 분투(奮鬪)하게 되었다. 신라군(新羅軍)은 백제군(百濟軍)이 웅거(雄據)한 옹산성(瓮山城)에 이르러 이를 포위 공함(攻陷)한 후 우술성(雨術城)으로 향하였다.

대전(大田)은 영남(嶺南)과 공주(公州) 부여(扶餘)와 호남(湖南)으로 통하는 교통상의 요지이므로 백제군은 또한 신라군의 진퇴로(進退路)를 차단함으로 우술성(雨術城)에 이거한 듯하다. 그러나 신라군은 이를 또 함락시키고 청주(淸州) 방면을 거쳐 북상(北上)하여 남천 주(南川州)로 간 것 같다

전년에 복신(福信)의 요청을 받은 일본은 이때 고(故) 왕자(王子) 풍(豊)과 함께 원병(援兵)을 파견해 왔으므로 복신(福信) 등은 이에 용기를 얻어 재차 금강(錦江) 이동에 대한 작전을 펼쳐 드디어 문무왕 2년 지라성(支羅城), 급윤성(及尹城), 대산책(大山柵), 사정(斯井), 내사지성(內斯只城)등 금강 이동 제(諸) 성책(城柵)을 점거하였다.

그 중에서 내사지성(內斯只城)은 황간(潢玕), 영동(嶺東) 방면으로부터 대전(大田)을 거쳐 공주(公州)로 가는 통로상의 요충(要衝)인 만큼 백제군이 이를 점거(占據)한 것은 웅진(熊津). 사비(泗泌). 방면의 당군에 대한 신라로부터 군량 운반(軍糧運搬)을 불가능하게 한 것이다. 당군은 이 통로를 타개(打開)

하기 위하여 7월에 강동제성(江東諸城)의 공격을 개시하여 지라(支羅), 급윤(及尹), 대산(大山), 사정(沙井)의 성책(城柵)을 공함(攻陷)하고, 8월에는 마침내 내사지성을 취하여 백제의 전략을 봉쇄하였다.

이와 같이 백제군의 부흥운동(復興運動)이 세(勢)를 떨치게 되자 유인원(劉仁願)은 본국에 원병(援兵)을 청하게 되었다. 이에 당(唐)은 손인사(孫仁師)를 장(將)으로 하여 7,000의 병(兵)으로 내원(來援)하게 하였다. 손인사는 문무왕(文武王) 3년(서기 663년)에 덕물도(德勿島)를 거쳐 웅진(熊津)으로 도착하였다. 원병(援兵)을 얻은 웅진과 사비(泗沘)의 유진 당군(留鎭唐軍)은 용기를 북돋우게 되었다. 그 반면에 백제 측에는 내홍(內訌)이 일어나서 통일과 단결(團結)에 귀열(龜裂)을 생겼다. 앞서 말한 복신(福信)은 도침(道琛)과 간극(間隙)으로 그를 죽이더니, 이번에는 풍왕(豊王)에게 죽음을 당하고 풍왕이 백제 부흥운동을 대표하기로 하였다.

이러한 내부적 분란(紛亂)으로 인한 이완(弛緩)은 결국 자체의 결정적 운명(運命)을 재촉하는 것밖에 되지 않았다. 원병(援兵) 도착으로 사기가 크게 오른 당군(唐軍)이 백제 부흥군의 본거지인 주유성(周留城)공격의 결심을 하게 된 것도 이러한 호기(好機)를 이용하려는 것이었다. 먼저 수륙(水陸)의 요충(要衝)인 가림성(加林城)을 공격한 후에 주유성(周留城)을 공격할 것을 주장하는 일부 장수의 의견이 있었지만 유인궤(劉仁軌)는 주유성이 함락되면 여타 성들은 자연적으로 함락될 것이라 하여 주유성을 직공(直攻)하기로 하였다.

이 작전에는 문무왕(文武王)이 몸소 거느린 신라군(新羅軍)도 참가하고 있었다. 이리하여 신라와 당(唐)의 연합군은 수륙(水陸)의 2로로 길을 나누어 진공(進攻)하게 되었는데 문무왕(文武王)과 손인사(孫仁師), 유인원(劉仁願) 등은 육군(陸軍)을 거느리고 육로를 취하였고, 유인궤(劉仁軌), 부여융(扶餘隆) 등은 수군(水軍) 및 양선(糧船)을 거느리고 금강하구(錦江河口)인 백강(白江)

으로 들어왔다.

당시 백강(白江)에 있던 일본의 응원(應援) 해군(海軍)은 사회접전(四回接戰)하여 대패(大敗)하고, 풍왕(風王)은 고구려로 망명했고, 이어서 주유성(周留城)도 함락되었다. 주유성이 함락한 이후에도 임존성(任存城)만은 지수신(遲受信)이 이에 웅거(雄據)하여 고수불항(固守不降)하였다. 신라군은 10여 일에 걸쳐 이를 공격했으나 끝내 성공하지 못했다. 그러나 주유성이 함락된 후 사기를 잃은 백제군은 속속 항복하였으니 그러한 사람 중에는 흑치상지(黑齒常之)와 사둔상가(沙吨相加) 등이 있었다.

유인궤는 이들 항중(降衆)을 우대하고 손인사(孫人師)의 반대를 무릅쓰고 그들에게 무기와 식량(食糧)을 주어 임존성을 공함(攻陷)하게 하니, 성은 마침내 함락되고 지수신(遲受信)은 고구려로 도망해버렸다. 백제의 최후 거점인 임존성은 결국 백제인(百濟人) 자신들에 의하여 함락되는 비극을 연출하고 드디어 백제인의 부흥운동은 그 종막을 고하였다.

그러나 그동안 4년이란 세월을 통하여 맹렬(猛烈)한 활동을 계속하여 일시에 적을 혼란 상태(混亂相態)에 빠뜨리게 하였던 만큼 그들의 애국적(愛國的) 의분(義憤)과 민족적 투쟁의식(意識)은 매우 왕성(旺盛)하여 백제사(百濟史)의 마지막 쪽을 장식하였다.

신라 종말(終末) 예고(豫告) 〈서기 668년~935년〉

- 서기 664년 (2월) 신라의 김인문(金仁問)과 유인원(劉仁願), 부여융(扶餘隆)은 웅진(熊津)에서 회맹(會盟)했다. (7월) 신라 김인문(金仁問) 등이 고구려 돌사성(突沙城)을 빼앗았다.
- 서기 665년 (8월) 신라왕은 유인원, 부여융과 취리산(就利山)에서 회맹(會

盟)하였고 신라 스님 혜통(惠通)은 당나라에서 돌아왔다.

- 서기 666년 (1월) 신라의 한림(漢林) 등을 당나라에 보내서 고구려를 정벌하기를 청하였다.

- 서기 666년 고구려 연개소문(淵蓋蘇文)이 죽으니 아들 두 형제 사이에 막리지(莫離支) 자리를 탐내고 불화가 생겼다. 고구려 연정토(淵淨土)는 신라에 항복했다.

- 서기 667년 (8월) 신라왕은 김유신(金庾信) 등 30장군을 이끌고 출경(出京)하였다. (9월) 당나라 이세적(李世勣)이 고구려의 신성(新城)을 설인귀(薛仁貴)가 고구려 남소(南蘇), 목저(木底), 창암(倉巖)을 각각 함락시켰다.

- 서기 668년 (9월) 당나라 군사가 고구려 평양성을 함락시키니 고구려는 멸망하였다. (12월) 당나라는 고구려의 옛 땅을 42주(州)로 행정구역(行政區域)을 설치했다.

- 신라 668년 신라 문무왕(文武王)은 이로써 3국(國)을 통일시켰다. 그러나 압록강(鴨綠江) 건너 요동(遼東) 요서(遼西) 지방과 부여(夫餘)까지는 당나라가 차지하고 신라는 백두산 이남 한반도만 차지했으나, 얻은 지 얼마 되지 않아서 당나라의 위협을 받았다. 곧 대진국발해(大震國渤海)가 일어나서 평양(平壤) 이북 땅을 빼앗겼다. 큰 나라 힘을 빌려 삼국을 통일 했으나 얻은 것은 없고 신라는 후에 자중지란(自中之亂)을 겪어야 했다.

- 서기 670년 (4월) 고구려 유민(遺民) 계모잠(罽牟岑)이 고구려 왕족(王族) 안승(安勝)을 추대하여 (8월) 안승(安勝)을 금마저(金馬渚)에 두어 고구려 왕에 책봉했다.

- 서기 671년 (6월) 장군 죽지(竹旨) 등이 석성(石城)에서 당나라 군사를 격파하고 (10월) 당나라의 조선(漕船) 70여 척을 격파했다. (12월) 신라 승(僧) 의상대사(義湘大師)가 당나라에서 돌아왔다.

- 서기 672년 (8월) 당나라 고간(高侃)과 이근행(李謹行) 등 번병(蕃兵) 40여 만으로 평양에 주둔했는데, (8월) 고구려병(高句麗兵)과 함께 당나라의 백수성(白水城)을 공격했으나 석문(石門)에서 패배하여 고구려는 완전히 멸망했다.
- 서기 673년 (7월) 신라 김유신이 사망했다. 신라 아손(阿飡) 대토(大吐)가 모반(謀反)했다. (9월) 당나라가 말갈(靺鞨)과 거란(契丹)을 이끌고 신라를 침입했다.
- 서기 674년 (1월) 당나라에서 역술(曆術)을 배워 신력(新曆)법을 쓰는 의안 법사(義安法師)를 대서성(大書省)으로 하고 신라는 안승(安勝)을 보덕왕(報德王)에 책봉했다.
- 서기 675년 (2월) 당나라 유인궤가 칠중성(七重城)을 쳤으며, (9월) 신라 군이 설인귀(薛仁貴)를 격퇴시켰다. 안북하(安北河)에 칠관성(七管城)을 쌓았다.
- 서기 676년 (2월) 당나라 안동도호부(安東都護府)를 요동(遼東) 고성(故城) 으로, 웅진도독부(熊津都督府)를 건안(建安) 고성(故城)으로 옮겼다. 신라 승(僧) 의상대사(義湘大師)가 부석사(浮石寺)를 창건했다.
- 서기 677년 (2월) 당나라는 안동도호부(安東都護府)를 신성(新城)에 옮기고 (3월) 좌사록관(左司綠館)을 설치하고 낭당(郞幢)을 자금서당(紫衿誓幢) 으로 고쳤다.
- 서기 678년 (1월) 선부(船府)를 설치하고 북원소경(北原小京)을 두었다.
- 서기 679년 (2월) 탐라(耽羅)를 경략하고, (10월) 동궁을 창건하고 사천왕 사(四天王寺)를 창건했다.
- 서기 680년 (3월) 신라는 왕의 누이를 보덕왕(報德王) 안승(安勝)에게 시집보내고 가야감(伽倻監)을 파하고 장군 6인을 두었다.
- 서기 682년 (4월) 위화부(位和府)에 금하신(衿荷臣)을 두어 선거(選擧)에 관

한 사항(事項)을 관장(管掌)하게 하였으며, (6월) 국학(國學. 국립학교)을 세웠다. (7월) 부여융(扶餘隆)이 낙양(落陽)에서 사망했다. 그리고 감은사(感恩寺)를 창건했다.

- 서기 683년 고구려 후(高句麗侯) 보덕왕(報德王) 안승(安勝)에게 소판(蘇判) 위(位)와 김 씨 성(姓)을 주어 서울(경주)에 머무르게 하였다. 이에 고구려 사람으로 황금서당(黃衿誓幢)을 두었다.

- 서기 684년 (11월) 보덕왕(報德王) 안승(安勝)의 아들 대문(大文)이 금마저(金馬渚)에서 모반(謀反)하다가 처형(處刑)되었다. 한편 영흥사(永興寺) 성전(成典)을 설치했다.

- 서기 685년 (3월) 서원소경(西原小京)과 남원소경(南原小京)을 설치하고 완산주(完山州)에 정주(箐州)를 설치하고 하주정(下州亭)을 파(破)하고 완산정(完山亭)을 설치했다.

- 서기 686년 (2월) 백제의 옛 땅에 주(州)와 군(郡)을 설치하였다. 그리고 (3월) 원효(元曉)가 사망했고 고구려의 강인(降人)에게 관작(官作)을 주었다.

- 서기 687 (3월) 사벌주(沙伐州)를 다시 설치하고 (5월) 문(文) 무(武)관(官)에게 요전(僚田) 반사(班賜)하였고, 백제 유민(遺民)으로 청금서당(青衿誓幢)을 설치하여 9서당(九誓幢)을 편성했다.

- 서기 688년 (1월) 아손원사(阿飡元師)를 시중(侍中)으로 하고 황금년무당(黃衿年武幢)을 설치했다.

- 서기 689년 (1월) 외관(外官)에서 녹읍(祿邑)을 파(破)하고 수년조(遂年租)를 주었고, (윤 9월) 서원경성(西原京城)을 쌓았다.

- 서기 690년 (10월) 전야산군(轉也山郡)를 설치하고 개지극당(皆知戟幢) 삼변수당(三邊守幢)을 설치했다.

- 서기 691년 남원성(南原城)을 축성(築城)하고 원자(元子) 리홍(理洪)을 태자로 책봉했다.

- 서기 692년 (7월) 신문왕(神文王)이 승하하고 제34대 효소왕(孝昭王)이 즉 위하고 설총(薛聰)의 이독문(吏讀文)으로 구경서(九經書)를 해석(解釋)하고 후생(後生)을 훈도(訓導)했다. 이 해에 의학(醫學=지금 의대)를 설치했다.

- 서기 693년 장창당(長槍幢)을 고쳐 비금서당(緋衿誓幢)으로 하였고 신라 왕은 장전(庄田) 10,000경(頃) 백율사(栢栗寺)에 바쳤다.

- 서기 694년 (4월) 김인문(金仁問)이 당나라에서 사망하고 나라에서는 송 옥(松嶽) 우잠(牛岑) 2성을 축조했다.

- 서기 695년 건자달(建子月)로서 정월(正月)로 하고 서시전(西市典)과 남시 전(南市典)을 설치했으며,

- 서기 696년 이손당원(伊飡幢元)을 중시(中侍)로 하고 령각사(靈覺寺)를 창 건했다.

- 서기 697년 석가사(釋迦寺)와 불무사(佛無寺)를 창건했다.

- 서기 698년 (3월) 일본 사신이 들어왔고 대아손순원(大阿飡順元)을 중시 (中侍)로 삼았다.

- 서기 699년 당나라 안동도호부(安東都護部)를 안동도독부(安東都督府)로 개칭(改稱)하였다.

고구려의 최후 저항

사비성(泗泌城)의 함락은 고구려의 앞길에 큰 암영(暗影)을 던져주었다. 당(唐)은 이듬해 고구려를 도모하려 하여 소정방(蘇定方), 임아용(任雅用), 계필하력(契必何力) 등에게 출정(出征)을 명하여 총 35군을 파병하고 신라로 하여금 군량(軍糧) 등을 보급하게 하였다.

당군(唐軍)은 수륙(水陸) 양면(兩面)으로 길을 나누어 소정방(蘇定方)은 수로군(水路軍)을, 계필하력(契必何力) 등은 육로군(陸路軍)을 거느리고 고구려 경내(境內)에 침입하게 하였으며, 이에 소정방(蘇定方)이 거느린 수군(水軍)이 먼저 대동강에 이르러 강상(江上)의 아군을 물리치고 이어 국도(國都) 평양성을 포위하였는데, 때는 고구려 보장왕(寶藏王) 20년(서기 661년) 8월이다.

평양성의 공격이 당(唐)으로서는 첫 시험이 아닌 만큼 맹렬하게 공격했고, 아군 역시 굳센 저항으로 쉽지 않은 싸움은 엄동(嚴冬)을 맞이하였다. 이해 추위는 특히 유심(有深)하였다. 이에 당군은 운제(雲梯, 긴 사다리) 충차(衝車, 성문을 찌르는 차) 등 모든 공성기(攻城器)를 사용하고, 또 토산(土山)을 쌓아 그위에 진(陣)을 치고 소리를 지르면서 수없이 달려들었다. 그러나 아군은 몇 배로 용감하게 싸워 적의 토산(土山) 2개를 공취(攻取)하고 나머지 2개마저 빼앗으려 하니 적은 싸움의 괴로움과 추위에 견디지 못하여 무릎을 껴안고 울면서 기운이 꺾이고 힘을 다했으나 성을 빼앗지 못하고 서기 662년 신년(新年)을 맞이하였다.

2월에 이르러 당(唐)의 별장(別將) 방효태(龐孝泰)의 군(軍)은 평양 부근의 사수(蛇水)라는 곳에서 연개소문(淵蓋蘇文)의 군(軍)과 싸워 전멸의 참패를 당하고 방효태(龐孝泰)도 그 아들 13인과 함께 전몰(戰歿)하였다고 한다. 이 사수(蛇水)의 싸움은 적에게 치명적 타격을 주었던 모양이다. 한편 소정방(蘇定方)은 이때에 당주(唐主)의 허락(許諾)을 얻어 장기간 평양성의 포위를 풀고 전군(全軍)을 돌이켰다.

당군(唐軍)의 평양성 공위(攻圍)는 6~7개월에 걸쳐 수(隨)·당(唐) 이래 일찍부터 있었던 일로 실로 가열(苛烈)한 장기전(長期戰) 었다. 앞서 안시성의 공방전(攻防戰)보다 4~5개월이나 더 오래 계속되었고 또 그때에 비하면 피차 적과 싸우는 이외에 추위와 싸워야 하는 악조건이 더하였던 것이다.

고구려군 측(君側)으로 보면 비단 그뿐만 아니다. 북(北)에서는 당장(唐將) 계필하력(契苾何力) 등의 육로군(陸路軍)이 요동(遼東)을 통과하여 점점 핍박(逼迫)해오고 있었으며 남쪽 신라는 무열왕(武烈王)의 뒤를 이은 문무왕(文武王) 즉위 2년이다. 왕의 외숙(外叔) 김유신 대장군(大將軍)이 당영(唐營)에 병력과 군량(軍糧)을 보급하기 위하여 대군을 거느리고 닥쳐오고 있어 불리한 국면에 이르고 있었다

마침내 이 난국(難局)을 극복하고 타개(打開)하여 적으로 하여금 큰 실패를 입고 물러가게 했던 것은 고구려 사람들의 굳센 정신력과 연개소문 같은 지도자가 있었던 때문이라고 아니할 수 없다. 계필하력(契苾何力) 등의 군(軍)은 그동안 압록강 서편(西便)에서 연개소문의 아들 남생(男生)이 거느린 정병(精兵)에게 저지되어 도강(渡江)하지 못하다가 마침 결빙(結氷)되어 대병력(大兵力)으로써 공격을 뚫고. 점차 진공(進攻)하여 왔으나 소정방(蘇定方)이 군(軍)을 돌이킴으로 그도 또한 철퇴하고 말았다.

신라 장군 김유신은 혹독한 추위와 험고(險固)한 산길에 천행만고(天幸萬苦)로 사력(死力)을 다하여 평양에 내회(來會)하였으나, 당군(唐軍)이 철수하므로 그도 물러가지 않을 수 없었는데, 당시 신라와 당(唐)의 양군(兩軍)의

곤경(困境)이 이루 말할 수 없었다. 당의 이번 원정 역시 이렇게 실패로 돌아가고 말았으나 당은 수양제(隋煬帝)때와 같은 국내의 불안과 동요는 일어나지 않고 도리어 기업(基業)이 날로 굳어져 세계제국(世界帝國)으로 발전하고 있었다.

그런데 고구려로 말하면 과거 60~70년 동안 신라, 수(隋), 당(唐), 거란(契丹) 등의 굳센 신흥세력(新興勢力)과 싸워서 거의 영일(寧日, 편안한 날)이 없었으며 해마다 기근이 계속되어 백성은 도탄(塗炭)에 빠지고 나라의 경제력은 고갈되었다. 이에 따라 백성의 부담이 무거워져 위정자에 대한 평이 점점 고조되었던 것이다.

그뿐 아니라 지배자 계급 자체 내에서도 영웅 연개소문(淵蓋蘇文)의 사후(死後)에는 내부적 분열과 이탈이 생겼다. 연개소문게는 남생(男生). 남산(男産). 남건(男建).의 3자(子)이 있었는데 보장왕(寶藏王) 23년(서기663년) 연개소문이 병으로 죽었다. 장자(長子) 남생(男生)이 그 뒤를 이어 대막리지(大莫離支)가 되어 국정(國政)을 총리(總理)하였다.

『일본서기(日本書記)』에 기록돼 있기를, 연개소문이 죽을 때 그 아들에게 유언(遺言)하기를 "너의 형제들은 어(漁)수(水)와 같이 화목(和睦)하여 작위(爵位)를 다투지 말라. 만일 그렇지 않으면 이웃 사람에게 조소(嘲笑)를 받으리라"하고 경계하였다고 한다. 아마 연개소문은 그 아들 사이에 어떤 불화(不和)가 있을까 염려하여 미리 그러한 유언을 남기고 죽었던 모양이다.

그런데 『구당서(舊唐書)』의 〈고려전(高麗典)〉에 의하면 연개소문이 죽고 그아들 남생(男生)이 대를 이어 대막리지(大莫離支)가 되니, 그 아우가 다른 숲으로 붕당(朋黨, 당파)하여 남건(男建), 남산(男産)이 화목하지 않고 각각 살면서 남생(男生)의 두 아우는 서로 물고 뜯으며 공격하더라고 했다. 남생 형제 간의 불목(不睦)과 당파(黨派)의 분열이 있었음을 말하면서, 불목의 이유에 대한 자세한 설명이 궐(闕)해 있다.

『자치통감(自治通鑑)』 권(券)201 당고종(唐高宗) 건봉 원년(乾封元年)에 의하면 대략 다음과 같다. 남생(男生)이 대막리지(大莫離支)가 되어 일시(一時) 정사(政事)를 두 아우에게 맡기고 나아가 지방의 제(諸)성진(陣)을 순찰(巡察)하던 중, 어떤 사람(두 아우의 당파)이 남건(男建)과 남산(男産)에게 이르기를 "남생(男生)은 두 아우가 자기의 지위를 빼앗을까 염려하여 그대를 제거하려고 하니 먼저 도모함만 같지 못하다." 하였다. 그러나 두 아우는 처음에 믿지 아니하였다.

또 어떤 사람(남생의 당파)이 남생에게 고하기를 "두 아우는 형이 돌아와 정권(政權)을 빼앗을까 하여 형을 막으려 한다"고 하였다. 이에 남생이 가만히 사람을 보내어 두 아우의 동정(動靜)을 정찰(偵察)하게 하였던 것이다. 남건과 남산은 왕명(王命)으로 남생을 불렀는데, 남생은 두려워하여 돌아오지 아니하였다.

이에 남건(男建)이 스스로 대막리지(大莫離支)가 되어 군사(軍士)를 내어 형을 쳤다고 한다. 이상 통감(通鑑)이 전하는 이야기가 어느 정도의 진실성(眞實性)이 있는지 의문이다. 하여튼 형제 간의 정권다툼으로 불화가 생기고, 따라서 양편(兩便)에 당여(黨與)가 분립(分立)되어 정쟁(政爭)이 벌어진 것만은 속일 수 없는 수치다.

익년(翌年)에 남생(男生)은 아우에게 패하여 구도(舊都) 국내성(國內城)으로 달아나 그곳을 근거(根據)로 하여 그 아들 헌성(獻誠)을 당(唐)으로 보내 원조(援助)를 청(晴)하였다. 당(唐)·라(羅) 두 나라가 호시탐탐하여 어느 때 또 쳐들어올지도 모를 이때, 고구려의 귀족사회가 이 모양으로 부패하여 분열을 일으켰으니 그 전도(前途)는 더욱 암담하지 않을 수 없었다.

당(唐)은 고구려의 내변(內變)을 호기(好機)로 하여 남생(男生)의 부자에게 위로와 관작(官爵)을 주는 동시에 계필하력(契苾何力) 등 제 장병(諸將兵)을 보내어 남생을 구원케 하고 이어 이세적(李世勣)을 주장(主將)으로 삼아 대군(大軍)을 이끌고 고구려를 치게 하였다.

이때 고구려의 중신(重臣)으로 연개소문의 아우 연정토(淵淨土)는 내외 정세(情勢)의 불리함을 보고 12성 763호(戶) 3,543인(人)을 들어 신라에 투항하였다. 이렇게 고구려에서는 거듭거듭 내부의 이탈을 보게 되었다.

이듬해(서기 667년) 당장(唐將) 이세적(李世勣)은 고구려의 서변(西邊) 요새(要塞)인 신성(新城) 봉천동북(奉天東北)을 공함(攻陷)하고, 별장(別將) 설인귀(薛仁貴) 등과 더불어 신성(新城)의 동쪽인 남소(南蘇, 지금의 남산성) 목저(木底, 흥경(興京)) 서쪽 목기(木奇) 창엄(倉嚴)의 3성을 적이 쳐서 빼앗고, 또 익년(翌年) 서기 668년에는 북쪽의 부여성(夫餘城, 지금의 농안 부근)을 취하고 기타 만주 방면의 제 성(諸城)을 공략하였다.

당군 측의 작전은 이렇게 먼저 압록강 이북의 고구려 제성진(諸城鎭)을 공탈(攻奪)한 다음 주력 대군(主力大軍)이 남하하여 평양을 도모하려는 것이었다. 그러므로 이세적(李世勣)을 주장(主將)으로 한 당(唐)의 주력은 압록강에 집결하여 고구려를 격파하고 승승장구하여 마침내 평양성을 포위하였다.

이때 신라에서도 왕제(王弟) 김인문(金仁問)이 대군(大軍)을 거느리고 평양(平壤)에 와서 모여 당군(唐軍)과 연합하였다. 당(唐)·라(羅) 연합군에게 포위 공격을 받는 평양성의 곤란(困難)은 상상하면 가슴이 터질 듯했고 적에 대한 분투(奮鬪)와 고전(苦戰)은 한 달 동안 계속되었다. 사방의 응원과 연결이 끊어진 외로운 성의 위급은 날로 더해갔고 왕은 형세(形勢)의 궁함을 알고 남산(男産) 등 중신(重臣)을 시켜 백기(白旗)를 가지고 당영(唐營)에 나아가 항복을 표하였다. 단 수상(首相) 남건(男建)은 오히려 성문(城門)을 닫고 철저한 항전(抗戰)을 계속하려 하였으나, 마침내 이(利)를 보지 못하였다.

당(唐)·라군(羅軍)은 성에 올라 문루(門樓)와 나각(羅閣)에 불을 질러 사나운 불꽃이 사방에 일어났다. 화려한 궁전 거실과 역대의 보물 전적(典籍)

은 모두 이때 적병(敵兵)에 의하여 회토화(灰土化)되고, 뿐만 아니라 역대의 왕릉(王陵)까지 당군(唐軍)에게 발굴당하여 일체의 부장품(副葬品)이 그들의 전략품화(戰掠品化)되어 가지고 갔으니, 참담함을 이기지 못해 자살하려다가 이루지 못한 왕과 기타 중신들은 당병(唐兵)에게 잡혀 장안(長安)으로 호송되었다. 보장왕(寶藏王) 27년(서기 668년) 9월 21일 역사 깊은 평양성이 함락되던 고구려의 최후의 치욕일(恥辱日)이었다. BC 58년 시조(始祖)주몽(朱蒙)으로부터 28대 보장왕(寶藏王)까지 750년을 전하였다

그러나 힘이 다하고 기운(氣運)이 지칠 때까지 끝끝내 잘 싸웠다. 고구려 사람의 왕성한 투지와 하기독립(下覊獨立)의 정신(精神)이 아니면 어찌 이러할 수 있으랴. 당시 고구려는 5부(部) 176성 민호(民戶) 총 697,000호(戶)가 있었는데, 당은 평양에 안동도호부(安東都護府)를 두고 설인귀(薛仁貴)를 이곳에 두어 총독(總督)의 임무를 맡게 했다. 또 전 영토(全領土)를 9도독부(9都督府) 42주(州) 100현(縣)으로 나누었다. 익년(翌年)에 당(唐)은 고구려 백성 38,300호를 당(唐)의 내지(內地)로 강제 이주시켰다.

신라의 제1차 삼국통일

『삼국사기(三國史記)』의 신라 문무왕(文武王) 10년(서기 670년) 6월조(條)에 의하면 수림성(水臨城) 사람 대형(大兄) 모잠(牟岑)은 고구려 유민(遺民)을 수합(收合)하여 궁모성(窮牟城, 평양 부근)에서 패강(浿江, 지금의 대동강) 남쪽에 이르러 당(唐)의 관사(官司)와 법안(法安) 등을 죽인 뒤 신라로 향하였다.

신라는 삼국(三國)을 통일했지만 당나라 군대가 고구려 땅에 남아서 신라와 싸울 준비 태세였다. 그 눈치를 알아낸 신라는 당나라 군사를 먼저 습격하였으나 당나라는 고구려 영토였던 압록강 이북과 두만강 이북 땅

을 차지하였다.

그러나 서(西) 압록강(鴨綠江) 유역에서 고구려 장군 대중상(大中像)의 아들 대조영(大祚榮)이 아버지가 세웠던 대진국(大振國)을 이어받아 발해국(渤海國)을 세워 세력을 확장하여, 요동반도로부터 두만강 이남과 압록강 이남까지 깊숙이 통일신라 땅을 빼앗았다. 당연히 신라의 입지(立地)는 좁아지고 고구려 유민(遺民)들의 부흥운동마저 예사롭지 않았다.

찬수(纂修) 후기(後記)

소문(蘇文) 아들 3형제 때문에 고구려 멸망

고구려는 잃어버린 고조선(古朝鮮)의 고토(故土)를 모두 찾아내고 중화(中華) 당나라와 700여 년간 싸울 때마다 방어전(防禦戰)으로 승리했다. 광개토대왕께서 넓혀놓은 광역(廣域) 관경(觀境)을 지키느라 천리장성을 쌓은 연개소문이지만, 고구려 간신배(奸臣輩)들이 그는 성격이 포악하다는 간언(諫言)에 의하여 그는 영류왕(榮留王)의 미움을 받게 된다.

『삼국유사(三國遺事)』에는 연개소문의 주청(奏請)으로 천리장성이 축조되었다고 했으나, 『삼국사기(三國史記)』에는 영류왕(榮留王)의 명으로 연개소문(淵蓋蘇文)이 642년 1월부터 그 공사를 감독하였다고 한다.

연개소문(淵蓋蘇文)은 자신을 죽이고자 안달(속을 태우며 조급하게 구는 일)하는 적들의 요구대로 먼 요동(遼東)땅에 가서 천리장성(千里長城)을 감독하겠다고 순순히 말할 수밖에 없었다. 그는 강한 고구려를 만들어보겠다는 야심으로 가득했다. 고구려 천리장성은 고구려 제27대 영류왕 때 연개소문이 쌓은 것인가? 그가 돌아와서 왜 쿠데타(coup d'état)로 영류왕을 시해하고 보장왕(寶藏王)을 세웠나?

쿠데타로 정권을 탈취하여 대막리지(大莫離支)가 되어 보장왕을 허수아비 왕으로 만들고 연개소문의 독재정권이 시작되었다. 마침내 고구려는 보장왕 때 나당 연합군(羅唐聯合軍, 신라와 당나라 군사)의 침입을 당하게 된다.

고구려가 연개소문 사후 몇 년 만에 멸망한 이유는 그의 아들 3형제(특히 연남생, 연남산)가 아버지의 후광(後光)으로 대막리지(大莫離支) 자리를 다투다가 생긴 조정(朝政) 분열 때문이다.

연개소문은 유언(遺言)으로 아들 3형제에게 물고기같이 사이좋게 지내고, 권력다툼을 하지 말라고 하였다. 그러나 연개소문의 아들 3형제는 서로 의심하기 시작하다가 의심은 확신(確信)으로 굳어져, 남건(男建)과 남산(男山) 형제는 형의 아들, 즉 조카 헌충(獻忠)을 죽이는 정변(政變)을 일으키면서 결정적으로 골육상쟁(骨肉相爭)이 시작되었다.

"천벌(天罰)을 받을 놈들 같으니!" 남생(男生)은 주먹으로 상을 내리치면서 자리에서 벌떡 일어섰다. "내 이놈들을 용서치 않을 것이다!" 결국 연개소문의 아들 3형제는 정권(政權)을 노리는 귀족 세력들의 간계(奸計)에 빠져 서로 칼끝을 겨누게 되었다.

여기서 과거의 주요 사례를 살펴보면, 수차례에 걸친 당(唐)과의 전쟁에서 단 한번도 패하지 않았던 고구려가 연개소문이 죽자 채 3년이 안 되어 망한 것은 바로 연개소문의 아들 3형제가 벌인 권력다툼 때문이었다.

고구려 멸망은 너무도 안타까운 역사였다. 국왕(國王)이라면 어질기보다 신하들 앞에 강력한 리더십(leadership)이 필요했지만, 영류왕(榮留王)은 그렇게 하지 못했다. 그 시대는 귀족들의 국정(國政) 관습(慣習)이 만연하여 장군들까지 자기 사람을 만들고자 하였다. 천리장성(千里長城)을 축성하고 돌아온 연개소문에게 찬양하고 상(賞)을 내려야 마땅하나, 반대로 토사구팽(兎死狗烹)시키려다가 연개소문이 먼저 쿠데타를 일으켜 영류왕(榮留王)을 시해(弑害)하고, 보장(寶藏)을 왕위에 올려놓고 자기 마음대로 하는 독재 정치를 휘둘렀다.

그래서 고구려의 장래(將來)는 이때부터 잘못되기 시작되었다, 연개소문이 병들어 죽자, 또 다시 간신배(奸臣輩)들이 연개소문의 아들 3형제를 각각 분열시켜 대막리지(大莫離支) 자리를 놓고 쟁탈전(爭奪戰)을 만들어 대막리지가 두 사람이 되었다.

이들 형제 이복형제(異腹兄弟)로서 장자(長子) 연남생(淵男生)은 망명하여 당나라로 차자(次子) 대막리지 연남건(淵男建)을 따르는 간신배들과 고구려 명장(名將)이 분리되어 당나라 침입에 대항하게 되었으니, 고구려가 멸망하게 된 원인이다. 참으로 안타까운 역사라 할 것이다.

고구려가 멸망하고 신라가 삼국(三國)을 통일했으나, 신라 역시 부패하여 왕실의 정변(政變)을 여러 차례 겪으면서 쇠퇴하다가, 고려(高麗)에게 나라를 바쳤고, 후백제(後百濟) 또한 왕실 정변(政變)으로 아들이 아비를 쫓아내고 왕위에 올랐다가 역시 멸망하여 고려(高麗)가 삼한(三韓)을 통일했다. 고려 역시 귀족 정치로 부패하여 이성계(李成桂)로부터 쿠데타로 멸망했다. 조선시대(朝鮮時代) 역시 붕당(朋黨) 정치로 얼룩진 정치가 계속하다가 결국 일제강점기(日帝强占期)를 맞아 대한(大韓) 임정(臨政)으로부터 좌우로 분단되었다. 참으로 부끄러운 역사를 남겼다. 지금이라도 정치인은 지난 역사를 타산지석(他山之石)으로 삼아야 할 것이다. 하여 하권(下卷) 안에 기록된 우리 역사를 꼭 살펴보시라!

저자 차재우(車在祐)